李宗侗（一八九五—一九七四）

字文伯，河北省高陽縣人。自幼聰明過人。十七歲時到法國留學，畢業於法國巴黎大學。一九二四年返國，受聘於國立北京大學，兼法文系主任，曾出任故宮博物院秘書長等職。一九四八年，受聘為國立臺灣大學歷史系教授。後歷兼國史館史料審查委員、編譯館編審委員、臺灣省文獻委員會顧問、中華文化復興運動推行委員會委員等職。對中國古代史頗有研究，在學術上時有獨特見解。

夏德儀（一九〇一—一九九八）

號卓如，為臺灣大學歷史系文史淵博精深知名教授。一九〇一年出生於江蘇，北大歷史系畢業，一九四六年來臺任教，先後開授中國通史、中國近代史、中國外交史等課程。教學之餘並擔任中學歷史教科書編委，以及參與臺灣文獻叢刊的史料編纂工作。一九九四年完成《百吉老人自訂年譜》一書。退休後定居美國，一九九八年去世於美國。

國立編譯館中華叢書編審委員會 主編

資治通鑑今註

第四冊

漢紀 魏紀

李宗侗 夏德儀等 校註

臺灣商務印書館

目次

【第四冊】

卷五十九　漢紀五十一

司馬光編集
林瑞翰註

起著雍執徐，盡上章敦牂，凡三年。（戊辰至庚午，西元一八八年至一九〇年）

孝靈皇帝下

中平五年（西元一八八年）

㈠春，正月，丁酉（十五日），赦天下。

㈡二月，有星孛于紫宮㊀。

㈢黃巾餘賊郭大㊁等起於河西白波谷，寇太原、河東。

㈣三月，屠各㊃胡攻殺并州刺史張懿㊄。

㈤太常江夏劉焉見王室多故，建議以為四方兵寇，由刺史威輕，既不能禁，且用非其人，以致離叛，宜改置牧伯㊅，選清名重臣以居其任。焉內欲求交阯牧㊆，侍中廣漢董扶㊇私謂焉曰：「京師將亂，益州分野㊈有天子氣。」焉乃更求益州。會益州刺史郤儉㊉賦歛煩擾，謠言遠聞，【考異】范書作郗儉，今從陳壽蜀志。而耿鄙㊁、張懿，皆為盜所殺，朝廷遂從焉議，選列卿、尚書為州牧，各以本秩居任㈢。以焉為益州牧，太僕黃琬為豫州牧，宗正東海劉虞為幽州牧，州任之重，自此而始。焉，魯恭王之後；虞，東海恭王之五世孫也。虞嘗為幽州刺史，民、夷懷其恩信，故用之。董扶及太倉令㈢趙韙㈣，皆棄官隨焉入蜀。

㈥詔發南匈奴兵配劉虞討張純，單于羌渠遣左賢王將騎詣幽州，國人恐發兵無已，於是右部醯落反(一五)，與屠各胡合，凡十餘萬人，攻殺羌渠，【考異】帝紀：「屠各胡攻殺幷州刺史張懿，遂與南匈奴左部胡合，殺其單于。今從匈奴傳。國人立其子右賢王於扶羅(一六)為持至尸逐侯單于。

㈦夏，四月，太尉曹嵩罷。

㈧五月，以永樂少府南陽樊陵為太尉，六月，罷。

㈨益州賊馬相、趙祗等起兵緜竹(一七)，自號黃巾，殺刺史郤儉，進擊巴郡、犍為，旬月之間，破壞三郡(一八)，有眾數萬，自稱天子。州從事賈龍率吏民攻相等，數日，破走，州界清靜。龍乃選吏卒，迎劉焉，焉徙治緜竹，撫納離叛，務行寬惠以收人心。

(十)郡國七(一九)大水。

(十一)故太傅陳蕃子逸與術士襄楷會於冀州刺史王芬坐，楷曰：「天文不利宦者，黃門、常侍，真族滅矣。」逸喜，芬曰：「若然者，芬願驅除。」因與豪傑轉相招合，上書言黑山賊(二〇)攻劫郡縣，欲因以起兵。會帝欲北巡河間舊宅(二一)，芬等謀以兵徼(二二)劫，誅諸常侍、黃門，因廢帝，立合肥侯，以其謀告議郎曹操。操曰：「夫廢立之事，天下之至不祥也。古人有權成敗，計輕重，而行之者，伊、霍(二三)是也。伊、霍皆懷至忠之誠，據宰輔之勢，因秉政之重，同衆人之欲，故能計從事立。今諸君徒見曩者之易，未覩當今之難，而造作非常(二四)，欲望必克，不亦危乎？」芬又呼平原華歆、陶丘洪(二五)共定計，洪欲行，歆止之曰：「夫廢立大事，伊、霍之所難，芬性疎而不武，此必無成。」洪乃止。會北方夜半有赤氣，東西竟天，太史上言北方有陰謀，不宜北行，帝乃止，敕芬罷兵，俄而徵之。芬懼，解印綬亡走，至平原自殺。

(十二)秋，七月，以射聲校尉馬日磾為太尉。日磾，融之族孫也。

㈢八月，初置西園八校尉。以小黃門蹇碩為上軍校尉，虎賁中郎將袁紹為中軍校尉，屯騎校尉鮑鴻為下軍校尉，議郎曹操為典軍校尉，趙融為助軍左校尉，馮芳為助軍右校尉，諫議大夫夏牟為左校尉，淳于瓊為右校尉，皆統於蹇碩。【考異】范書袁紹傳：「紹為佐軍校尉。」何進傳：「淳于瓊為佐軍校尉。」今從樂資山陽公載記。帝自黃巾之起，留心戎事，碩壯健有武略，帝親任之，雖大將軍亦領屬焉。

㈣九月，司徒許相罷，以司空丁宮為司徒，光祿勳南陽劉弘為司空，以衛尉條侯董重為票騎將軍㊅。重，永樂太后兄子也。

㈤冬，十月，青、徐黃巾復起，寇郡縣。

㈥望氣者以為京師當有大兵，兩宮流血，帝欲厭之，乃大發四方兵，講武於平樂觀㊆下，起大壇，上建十二重華蓋，蓋高十丈㊇，壇東北為小壇，復建九重華蓋，高九丈。列步騎數萬人，結營為陳。甲子（十六日），帝親出臨軍，駐大華蓋下；大將軍進駐小華蓋下。帝躬擐甲介馬㊈，稱無上將軍，行陳三帀而還，以兵授進。帝問討虜校尉蓋勳曰：「吾講武如是，何如？」對曰：「臣聞先王曜德不觀兵㉚，今寇在遠而設近陳，不足以昭果毅㉛，祇黷武㉜耳！」帝曰：「善！恨見君晚，羣臣初無是言也。」勳謂袁紹曰：「上甚聰明，但蔽於左右耳！」與紹謀共誅嬖倖。【考異】勳傳云，勳時與宗正劉虞、佐軍校尉袁紹同典禁兵。勳謂虞紹云。按虞於匈奴未叛之前，已為幽州牧，又宗正，非典兵之官，今除之。蹇碩懼，出勳為京兆尹。

㈦十一月，王國圍陳倉，詔復拜皇甫嵩為左將軍，督前將軍董卓，合兵四萬人以拒之。

㈧張純與丘力居鈔略青、徐、幽、冀四州，詔騎都尉公孫瓚討之。瓚與戰於屬國石門㉝，純等大敗，棄妻子，踰塞走，悉得所略男女。瓚深入無繼，反為丘力居等所圍於遼西管子城二百餘日，糧盡，眾潰，士卒死者什五六。

㈨董卓謂皇甫嵩曰：「陳倉危急，請速救之。」嵩曰：「不然，百戰百勝，不如不戰而屈人兵。陳倉雖小，城守固備，未易可拔。王國雖強，攻陳倉不下，其眾必疲，疲而擊之，全勝之道也，將何救焉？」國攻陳倉八十餘日，不拔。

【今註】㈠紫宮：紫微垣之別稱，為三垣之中垣，位於北斗東北，環拱極星成屏藩狀，故以象天子之宮。㈡郭大：大為太之誤。太本作泰，范曄以家諱改。㈢河西白波谷：《後漢書・靈帝紀》作西河白波谷，此作河西誤。薛瑩《後漢書》云：「黃巾郭泰等起於西河白波谷，時謂之白波賊。」白波谷在今山西省汾城縣東南，泰等築壘於此名曰白波壘。㈣屠各：匈奴種名。㈤張懿：懿《蜀志》作益，此據《後漢書・劉焉傳》。惠棟曰：「一作壹。」王先謙曰：「懿改作壹，或作益，避晉諱也。」㈥改置牧伯：漢刺史、州牧之稱，更相遞改。武帝元封五年，初置十三州部刺史，成帝綏和元年，更名州牧，哀帝建平二年，復為刺史，元壽二年，復為牧，光武中興，因之，至建武十八年，始復刺史之稱。至是劉焉復請改刺史為牧伯。㈦焉內欲求交阯牧：《三國蜀志・劉焉傳》：「焉內求交阯牧，欲避世難。」㈧董扶：扶字茂安，少學圖讖，究極其學，大將軍何進表薦，徵拜侍中。〈益部耆舊傳〉云：「扶發辭抗論，益部少雙，故號曰致止，言人莫能當，所至而談止也。後丞相諸葛亮問秦宓以扶所長，宓曰：『董扶褒秋毫之善，貶纖芥之惡。』」㈨分野：列宿所當之區域，謂之分野。蔡邕《月令章句》：「自危十度至壁八度，謂之豕韋之次，衞之分野；自壁八度至胃一度，謂之降婁之次，魯之分野；自胃一度至畢六度，謂之大梁之次，趙之分野；自畢六度至井十度，謂之實沈之次，晉之分野；自井十度至柳三度，謂之鶉首之次，秦之分野；自柳之度至張十二度謂之鶉火之次，周之分野；自張十二度至軫六度，謂之鶉尾之次，楚之分野；自軫六度至亢八度，謂之壽星之次，鄭之分野；自亢八度至尾四度，謂之大火之次，宋之分野；自尾四度至斗六度，謂之析木之次，燕之分野；自斗六度至須女二度，謂之星紀之次，越之分野；自須女二度至危十度，謂之玄枵之次，齊之分野。」

又《晉書・天文志》載後魏太史令陳卓所言郡國所入宿度：「自軫十二度至氐四度為壽星，於辰在辰，鄭分，屬兗州；自氐五度至尾九度為大火，於辰在卯，宋分，屬豫州；自尾十度至南斗十一度為析木，於辰在寅，燕分，屬幽州；自南斗十二度至須女七度為星紀，於辰在丑，吳越分，屬揚州；自須女八度至危十五度為玄枵，於辰在子，齊分，屬青州；自危十六度至奎四度為諏訾，於辰在亥，衞分，屬幷州；自奎五度至胃六度為降婁，於辰在戌，魯分，屬徐州；自胃七度至畢十一度為大梁，於辰在酉，趙分，屬冀州；自畢十二度至東井十五度為實沈，於辰在申，魏分，屬益州；自東井十六至柳八度為鶉首，於辰在未，秦分，屬雍州；自柳九度至張十六度為鶉火，於辰在午，周分，屬三河；自張十七度至軫十一度為鶉尾，於辰在巳，楚分，屬荊州。」⑩郤儉：《蜀志・郤正傳》云：儉，河南偃師人，郤正之祖。⑪耿鄙：按《蜀志・劉焉傳》，鄙時為梁州刺史。⑫選列卿、尚書為州牧，各以本秩居任：胡三省曰：「列卿秩中二千石，尚書秩六百石耳，東都以後，尚書職任重於列卿。」⑬太倉令：按《後漢書・百官志》，太倉令屬大司農，秩六百石，主受郡國轉漕穀。⑭韙：音偉（ㄨㄟˇ）。⑮詔發南匈奴兵配劉虞討張純至於是右部䤈落反：按《後漢書・南匈奴傳》，中平四年，詔發南匈奴兵配幽州牧劉虞討張純，五年，匈奴右部䤈落反，攻殺羌渠。《通鑑》並系於中平五年，蓋追述之語。胡三省曰：「建武中，右部薁鞬日逐王比來降，立為䤈落尸逐鞮單于。右部䤈落者，蓋其支庶，分居右部，因以為種落之號。」䤈音希（ㄒㄧ）。⑯於扶羅：李賢曰：「於扶羅即是前趙劉元海之祖也，其元海為亂晉之首。」元海，淵字。又《魏書》云：「於扶羅者，南單于子也。中平中，發匈奴兵，於扶羅率以助漢。會本國反，殺南單于，於扶羅遂將其眾留中國，因天下撓亂，與西河白波帥合，破太原、河內，抄略諸郡為寇。」⑰緜竹：屬廣漢郡，故城在今四川省德陽縣北。⑱進擊巴郡、犍為，旬月之間，破壞三郡：《後漢書・劉焉傳》云：「是時益州賊馬相亦自號黃巾，合聚疲役之民數千人，先殺緜竹令，進攻雒縣，殺郤儉，又擊蜀郡、犍為，旬月之間，破壞三郡。馬相自稱天子，眾至十餘萬人，遣兵破巴郡，殺郡守趙部。」李賢曰：「緜竹及雒屬廣漢郡，及蜀郡、犍為郡。」是三郡係指廣漢、蜀、犍為，而徇巴在破三郡之後。若循《通鑑》文意，則三郡為廣漢、巴、犍為，而無蜀郡，似非。⑲郡國七：惠棟曰：「案袁山松書，山陽、梁、沛、彭城、下邳、東海、琅邪七郡也。」⑳黑山賊：靈帝中平二年，張牛角、褚飛燕等糾眾作亂，號黑山賊。㉑帝欲北巡河間舊宅：胡三省曰：「帝先為解瀆亭侯，有舊宅在河間。」㉒徼：讀曰邀。㉓伊霍：伊尹、霍光。㉔非常：異乎尋常之事，指廢立。㉕陶丘洪：複姓陶丘，名洪。㉖九月，司徒許相罷至以衛尉條侯董重為票騎將軍：按《後漢書・靈帝紀》，以上諸事俱在八月。㉗平樂觀：李賢曰：「平樂觀在洛陽城內。」薛綜《東京賦》注：「平樂，觀名也，為土場於上以作樂，使遠觀之，謂之平樂觀。」㉘上建十二重華蓋，蓋高十丈：此據華嶠《後漢書》。王先謙曰：「續漢書十二重作十重，見書鈔及御覽七百二一。以下文九重高九丈例之，華書蓋衍『二』字。」㉙擐甲介馬：李賢曰：「擐，貫也；介亦甲也。」㉚先王曜德不觀兵：此《國語》載祭公謀父之言。韋昭曰：「曜，明也；觀，示也。」㉛果毅：《書・泰誓》傳云：「殺敵為果，致果為毅。」㉜黷武：李賢曰：「黷猶慢也，數也。」言用武無度。㊂屬國石門：胡三省曰：「屬國，遼東屬國也。」李賢曰：「石門，山名，在今營州柳城縣西南。」〔唐柳城縣，即今熱河省朝陽縣。〕

六年（西元一八九年）

㈠春，二月，國眾疲敝，解圍去，皇甫嵩進兵擊之。董卓曰：「不可，兵法：『窮寇勿迫，歸眾勿追。』」㈠嵩曰：「不然，前吾不擊，避其銳也；今而擊之，待其衰也。所擊疲師，非歸眾也。國眾且走，莫有鬥志，以整擊亂，非窮寇也。」遂獨進擊之，使卓為後拒，連戰，大破之，斬首萬餘級。卓大慙恨，由是與嵩有隙。韓遂等共廢王國，而劫故信都令漢陽閻忠，使督統諸部。忠病死，遂等稍爭權利，更相殺害，由是寖衰。

㈡幽州牧劉虞到部，遣使至鮮卑中，告以利害，責使送張舉、張純首，厚加購賞。丘力居等聞虞至，喜，各遣譯自歸。舉、純走出塞，餘皆降散。虞上㈡罷諸屯兵，但留降虜校尉公孫瓚㈢將步騎萬人，屯右北平。三月，張純客王政殺純，送首詣虞。公孫瓚志欲掃滅烏桓，而虞欲以恩信招降，由是與瓚有隙。

㈢夏，四月，丙子，朔，日有食之。

㈣太尉馬日磾免，遣使即拜幽州牧劉虞為太尉，封容丘侯㊃。【考異】袁紀：「三月，己丑，光祿劉虞為司馬，領幽州牧。」今從范書。

㈤蹇碩忌大將軍進，與諸常侍共說帝，遣進西擊韓遂，帝從之。進陰知其謀，奏遣袁紹收徐、兗二州兵，須紹還而西，以稽行期。

㈥初，帝數失皇子，何皇后生子辯，養於道人史子眇家，號曰史侯㊄；王美人生子協，董太后自養之，號曰董侯。羣臣請立太子，帝以辯輕佻㊅無威儀，欲立協，猶豫未決。會疾篤，屬㊆協於蹇碩。丙辰（十一日）帝崩于嘉德殿。碩時在內，欲先誅何進而立協，使人迎進，欲與計事，進即駕往。碩司馬潘隱與進早舊，迎而目之，進驚馳，從儳道㊇歸營，引兵入屯百郡邸㊈，因稱疾不入。

戊午（十三日），皇子辯即皇帝位，年十四。【考異】帝紀云年十七。張璠漢紀曰：「帝年十四。」今從之。尊皇后曰皇太后。太后臨朝，赦天下，改元為光熹，封皇弟協為勃海王，協年九歲。以後將軍袁隗為太傅，與大將軍何進參錄尚書事。

進既秉政，忿蹇碩圖己，陰規(一〇)誅之。袁紹因進親客張津勸進悉誅諸宦官，進以袁氏累世貴寵(一一)，而紹與從弟虎賁中郎將術皆為豪桀所歸，信而用之。復博徵智謀之士何顒、荀攸及河南鄭泰等二十餘人，以顒為北軍中候，攸為黃門侍郎(一二)，泰為尚書，與同腹心。攸，爽之從孫也。

蹇碩疑不自安，與中常侍趙忠、宋典等書曰：「大將軍兄弟，秉國專朝。今與天下黨人，謀誅先帝左右，掃滅我曹，但以碩典禁兵，故且沈吟。今宜共閉上閤(一三)，急捕誅之。」中常侍郭勝，進同郡人也，太后及進之貴幸，勝有力焉。【考異】袁紀作郭脈，九州春秋作郎勝，今從何進傳。故親信何氏，與趙忠等議，不從碩計，而以其書示進。庚午（二十五日），進使黃門令收碩誅之，因悉領其屯兵。

票騎將軍董重(一四)與何進權勢相害(一五)，中官挾重以為黨助。董太后每欲參干政事，何太后輒相禁塞(一六)，董后忿恚，詈曰：「汝今輈張，怙汝兄耶？(一七)吾敕票騎斷何進頭，如反手耳！」何太后聞之，以告進。五月，進與三公共奏：「孝仁皇后(一八)使故中常侍夏惲等，交通州郡，辜較(一九)財利，悉入西省(二〇)。故事，蕃后不得留京師(二一)，請遷宮本國(二二)。」奏可。辛巳（六日），進舉兵圍票騎府，收董重，免官自殺。六月，辛亥（七日），董太后憂怖暴崩，【考異】九州春秋曰：「太后憂懼自殺。」今從皇后紀。民間由是不附何氏。

㈦辛酉（十七日），葬孝靈皇帝于文陵(二三)。何進懲(二四)蹇碩之謀，稱疾不入陪喪，又不送山陵。

㈧大水。

㈨秋，七月，徙勃海王協為陳留王。

㈩司徒丁宮罷。

(十一)袁紹復說何進曰：「前竇武欲誅內寵，而反為所害者，但坐言語漏泄，五營兵士皆畏服中人，而竇氏反用之，自取禍滅。(二五)今將軍兄弟，並領勁兵，(二六)部曲將吏，皆英俊名士，樂盡力命，事在掌握，此天贊之時也。將軍宜一為天下除患，以垂名後世，不可失也。」進乃白太后，請盡罷中常侍以下，以三署郎㉗補其處。太后不聽，曰：「中官統領禁省，自古及今漢家故事，不可廢也。且先帝新棄天下，我奈何楚楚㉘與士人共對事乎㉙。」進難違太后意，且欲誅其放縱者。紹以為中官親近至尊，出納號令，今不悉廢，後必為患。而太后母舞陽君及何苗，數受諸宦官賂遺，知進欲誅之，數白太后，為其障蔽；又言大將軍專殺左右，擅權以弱社稷，太后疑以為然。進新貴，素敬憚中官，雖外慕大名，而內不能斷，故事久不決。

紹等又為畫策，多召四方猛將及諸豪傑，使並引兵向京城以脅太后，進然之。主簿廣陵陳琳諫曰：「諺稱『掩目捕雀』。夫微物尚不可欺以得志。況國之大事，其可以詐立乎？今將軍總皇威㉚，握兵要，龍驤虎步㉛，高下在心㉜，此猶鼓洪爐燎毛髮㉝耳！但當速發雷霆㉞，行權立斷，則天人順之，而反委㉟釋利器㊱，更徵外助，大兵聚會，彊者為雄，所謂倒持干戈，授人以柄，功必不成，秖為亂階耳！」進不聽。典軍校尉曹操聞而笑曰：「宦者之官，古今宜有，但世主不當假之權寵，使至於此；即既治其罪，當誅元惡，一獄吏足矣，何至紛紛召外兵乎？欲盡誅之，事必宣露，吾見其敗也。」

初，靈帝徵董卓為少府，㊲卓上書言：「所將湟中義從及秦胡兵，皆詣臣言牢直不畢㊳，稟賜斷絕，妻子饑凍。牽挽臣車，使不得行。羌胡憋腸狗態㊴，臣不能禁止，輒將順安慰㊵，增異復上㊶。」朝廷不能制。及帝寢疾，璽書拜卓并州牧，令以兵屬皇甫嵩。卓復上書，言：「臣誤蒙天恩，掌戎十年，士卒大小相狎彌久，戀臣畜養之恩，為臣奮一旦之命。乞將之北州㊷，效力邊垂㊸。」嵩從子酈【考異】袁紀作從子邐，今從范書。說嵩曰：「天下兵柄，在大人與董卓耳。今怨隙已結，埶不俱存。卓被詔委兵而上書自請，此逆命也；彼度京師政亂，故敢躊躇㊹不進，此懷姦也。二者刑所不赦；且其凶戾㊺無親，將士不附。大人今為元帥㊻，杖國威以討之，上顯忠義，下除凶害，無不濟也。」嵩曰：「違命雖罪，專誅亦有責也。㊼不如顯奏其事，使朝廷裁之。」乃上書以聞。帝以讓卓，卓亦不奉詔，駐兵河東，以觀時變。

何進召卓，使將兵詣京師。【考異】進傳曰：「召卓屯關中上林苑。」按時卓已駐河東，若屯上林則更為西去，非所脅太后也。今從卓傳。侍御史鄭泰諫曰：「董卓彊忍寡義，志欲無猒㊽，若借之朝政，授以大事，將恣凶欲，必危朝廷。明公以親德之重，據阿衡之權㊾，秉意獨斷，誅除有罪，誠不宜假卓以為資援也。且事留變生，殷鑒不遠，㊿宜在速決。」尚書盧植亦言不宜召卓，進皆不從。泰乃棄官去，謂荀攸曰：「何公未易輔也。」

進府掾王匡、騎都尉鮑信，皆泰山人，進使還鄉里募兵，並召東郡太守橋瑁屯成皋，使武猛都尉(51)丁原將數千人寇河內，燒孟津，火照城中，皆以宦官為言。

董卓聞召，即時就道，並上書曰：「中常侍張讓等，竊倖承寵，濁亂海內。臣聞揚湯止沸，莫若去薪；(52)潰癰雖痛，勝於內食(53)。昔趙鞅興晉陽之甲，以逐君側之惡(54)。今臣輒鳴鍾鼓(55)如雒陽，請收讓等以清姦穢。」太后猶不從。

何苗謂進曰：「始共從南陽來，俱以貧賤依省內以致富貴(56)，國家之事，亦何容易？覆水不收(五七)，宜深思之，且與省內和也。」

卓至澠池，而進更狐疑，使諫議大夫种邵(五八)宣詔止之，卓不受詔，遂前至河南(五九)。邵迎勞之，因譬令還軍。卓疑有變，使其軍士以兵脅邵，邵怒，稱詔叱之，軍士皆披(六〇)，遂前質責卓，卓辭屈，乃還軍夕陽亭(六一)。邵，暠之孫也。

袁紹懼進變計，因脅之曰：「交構已成，形勢已露，將軍復欲何待而不早決之乎？事久變生，復為竇氏矣！」進於是以紹為司隸校尉，假節，專命擊斷(六二)，從事中郎王允為河南尹。紹使雒陽方略武吏司察宦者，而促董卓等使馳驛上奏，欲進兵平樂觀，太后乃恐，悉罷中常侍、小黃門，使還里舍，唯留進所私人，以守省中。諸常侍、小黃門，皆詣進謝罪，唯所措置，進謂曰：「天下匈匈，正患諸君耳！今董卓垂至(六三)，諸君何不早各就國？」袁紹勸進便於此決之(六四)，至于再三，進不許。紹又為書告諸州郡，詐宣進意，使捕案中官親屬。進謀積(六五)，日頗泄，中官懼而思變。張讓子婦，太后之妹也。讓向子婦叩頭曰：「老臣得罪，當與新婦俱歸私門，唯㊅受恩累世，今當遠離宮殿，情懷戀戀，願復一入直，得暫奉望太后陛下顏色，然後退就溝壑，死不恨矣！」子婦言於舞陽君㊆，入白太后，乃詔諸常侍皆復入直。八月，戊辰（二十五日），進入長樂宮，白太后請盡誅諸常侍。中常侍張讓、段珪相謂曰：「大將軍稱疾，不臨喪，不送葬，今欻㊇入省，此意何為？竇氏事竟復起邪？」使潛聽，具聞其語㊈。乃率其黨數十人，持兵竊自側闥入伏省戶下。進出，因詐以太后詔，召進入，坐省閤。讓等詰㊉進曰：「天下憒憒㊀，亦非獨我曹罪也。先帝嘗與太后不快，幾至成敗㊁，我曹涕泣救解，各出家財千萬為禮，和悅上意，但欲託卿門戶耳！今乃欲滅我曹種族，不亦太甚乎？」於是尚方監渠穆㊂拔劍斬進於嘉德殿前。讓、珪等為詔，以故太尉樊陵為司隸校尉，少府許相為河南尹。尚書得詔板，疑之曰：「請大將軍出共議。」中黃門以進頭擲與尚書曰：「何進謀反，已伏誅矣！」進部曲將吳匡、張璋在外，聞進被害，欲引兵入宮，宮門閉，虎賁中郎袁術與匡共斫攻之。中黃門持兵守閤，會日暮，術因燒南宮青瑣門(七四)，【考異】何進傳作九龍門，今從袁紀。欲以脅出讓等。讓等人白太后，言大將軍兵反，燒宮，攻尚書闥(七五)。因將(七六)太后、少帝及陳留王，劫省內官屬，從複道走北宮(七七)。尚書盧植執戈於閣道窗下，仰數段珪，珪懼，乃釋太后，太后投閣，乃免。

袁紹與叔父隗，矯詔召樊陵、許相，斬之。紹及何苗引兵屯朱雀闕下，捕得趙忠等，斬之。吳匡等素怨苗不與進同心，而又疑其與宦官通謀，乃令軍中曰：「殺大將軍，即車騎(七八)也。吏士能為報讎乎？」皆流涕(七九)曰：「願致死。」匡遂引兵與董卓弟奉車都尉旻攻殺苗，棄其尸於苑中。紹遂閉北宮門，勒兵捕諸宦者，無少長皆殺之，凡二千餘人，或有無須(八〇)而誤死者。紹因進兵排宮，或上端門屋，以攻省內(八一)。

庚午（二十七日），張讓、段珪等困迫，遂將帝與陳留王數十人，步出穀門(八二)，夜至小平津(八三)，六璽(八四)不自隨，公卿無得從者，唯尚書盧植、河南中部掾(八五)閔貢，夜至河上(八六)，貢厲聲質責讓等且曰：「今不速死。吾將殺汝。」因手劍斬數人。讓等惶怖，叉手再拜叩頭，向帝辭曰：「臣等死，陛下自愛。」遂投河而死。貢扶帝與陳留王夜步逐螢光南行，還宮，行數里，得民家露車㊇㊆，共乘之，至雒舍㊇㊇止。辛未（二十八日），帝獨乘一馬，陳留王與貢共乘一馬，從雒舍南行，公卿稍有至者。

董卓至顯陽苑㊇㊈，遠見火起，知有變，引兵急進。未明，到城西，聞帝在北，因與公卿往。奉迎於北芒阪下。帝見卓將兵卒㊈㊀至，恐怖涕泣。羣公謂卓曰：「有詔却兵。」卓曰：「公諸人為國大臣，不能匡正王室，至使國家㊈㊀播蕩㊈㊁，何却兵之有？」卓與帝語，語不可了㊈㊂，乃更與陳留王語，問禍亂由起，王答，自初至終，無所遺失。卓大喜，以王為賢，且為董太后所養，卓自以與太后同族，遂有廢立之意。

是日，帝還宮，赦天下，改光熹為昭寧。失傳國璽，餘璽皆得之。以丁原為執金吾。騎都尉鮑信自泰山募兵適至，說袁紹曰：「董卓擁強兵，將有異志，今不早圖，必為所制。及其新至疲勞，襲之可禽也。」紹畏卓，不敢發，信乃引兵還泰山。

董卓之入也，步騎不過三千。自嫌兵少，恐不為遠近所服，率四五日輒夜潛出軍近營，明旦，乃大陳旌鼓而還，以為西兵復至，雒中無知者。俄而進及弟苗部曲皆歸於卓，卓又陰使丁原部曲司馬五原呂布殺原而并其眾，卓兵於是大盛，乃諷朝廷以久雨策免司空劉弘而代之。

初，蔡邕徒朔方㊈㊃，會赦，得還。五原太守王智，甫之弟也，奏邕謗訕朝廷，邕遂亡命江海積十二年。董卓聞其名而辟之，稱疾不就。卓怒詈曰：「我能族人。」邕懼而應命，到，署祭酒，甚見敬重，舉高第，三日之間，周歷三臺㊈㊄，遷為侍中。

㈦董卓謂袁紹曰：「天下之主，宜得賢明。每念靈帝，令人憤毒㊈㊅。董侯㊈㊆似可，今欲立之，為能勝史侯㊈㊇否？人有小智大癡，亦知復何如？為當且爾！劉氏種不足復遺㊈㊈。」紹曰：「漢家君天下四百許年，恩澤深渥，兆民戴之。今上富於春秋，未有不善宣於天下，公欲廢嫡立庶，恐眾不從公議也。」卓按劍叱紹曰：「豎子敢然㊀⓪⓪？天下之事，豈不在我？我欲為之，誰敢不從？爾謂董卓刀為不利乎？」紹勃然曰：「天下健者㉑，豈惟董公？」引佩刀橫揖徑出。卓以新至，見紹大家，故不敢害。紹縣㉒節於上東門㉓，逃犇冀州。

九月，甲戌朔。卓大會百僚，奮首而言曰：「皇帝闇弱，不可以奉宗廟，為天下主。今欲依伊尹霍光故事，更立陳留王，何如？」公卿以下皆惶恐，莫敢對；卓又抗言㉔曰：「昔霍光定策，延年按劍㉕。有敢沮大議，皆以軍瀍從事。」坐者㉖震動；尚書盧植獨曰：「昔太甲既立不明㉗，昌邑罪過千餘㉘，故有廢立之事，今上富於春秋，行無失德，非前事之比也。」卓大怒，罷坐，將殺植，蔡邕為之請。議郎彭伯㉙亦諫卓曰：「盧尚書海內大儒，人之望也。今先害之，天下震怖。」卓乃止，但免植官，植遂逃隱於上谷㉚。

卓以廢立議示太傅袁隗，隗報如議。甲戌（九月甲戌朔），卓復會羣僚於崇德前殿遂脅太后㉛策廢少帝曰：「皇帝在喪，無人子之心，威儀不類人君，今廢為弘農王。立陳留王協為帝。」袁隗解帝璽綬以奉陳留王，扶弘農王下殿，北面稱臣。太后鯁涕㈢，羣臣含悲，莫敢言者。卓又議太后蹴㈢迫永樂宮㈣，至令憂死，逆婦姑之禮㈤，乃遷太后於永安宮。赦天下，改昭寧為永漢丙子（初三日），卓酖殺何太后，公卿以下不布服，會葬素衣而已。卓又發何苗棺，出其尸，支解節斷，棄於道邊。殺苗母舞陽君，棄尸於苑枳落㈥中。

㈢詔除公卿以下子弟為郎，以補宦官之職，侍於殿上。

㈣乙酉（十二日），以太尉劉虞為大司馬，封襄賁㈦侯。董卓自為太尉領前將軍事，加節、傳、斧、鉞、虎賁，更封郿㈧侯。

㈤丙戌（十三日），以太中大夫楊彪為司空。

㈥甲午（二十一日）以豫州牧黃琬為司徒。

㈦董卓率諸公上書追理陳蕃、竇武及諸黨人，悉復其爵位，遣使弔祠，擢用其子孫。

㈧自六月雨，至于是月。

㈨冬，十月，乙巳（初三日），葬靈思皇后㈨。

(廿)白波賊寇河東，【考異】帝紀：「五年，九月，南單于叛，與白波賊寇河東。」案匈奴傳，帝崩之後，於扶羅乃與白波賊為寇，紀誤，今從傳。董卓遣其將牛輔擊之。

初，南單于於扶羅既立，國人殺其父者遂叛(三〇)，共立須卜骨都侯為單于，於扶羅詣闕自訟。會靈帝崩，天下大亂，於扶羅將數千騎與白波賊合兵寇郡縣。時民皆保聚，鈔掠(三一)無利，而兵遂挫傷，復欲歸國，國人不受，乃止河東平陽。須卜骨都侯為單于一年而死，南庭遂虛其位以老王(三二)行國事。

(廿一)十一月，以董卓為相國(三三)，贊拜不名，入朝不趨，劍履上殿。

(廿二)十二月，戊戌（初八日）以司徒黃琬為太尉，司空楊彪為司徒，光祿勳荀爽為司空。

初，尚書武威周毖(三四)、城門校尉汝南伍瓊、說董卓矯桓靈之政，擢用天下名士，以收眾望。卓從之【考異】范書云：「吏部尚書漢陽周珌、侍中汝南伍瓊。」袁紀作侍中周毖，今從魏志及英雄記。命毖、瓊與尚書鄭泰、長史何顒等沙汰穢惡，顯拔幽滯，於是徵處士荀爽、陳紀、韓融、申屠蟠。復就拜爽平原相，行至宛陵(三五)，遷光祿勳，視事三日，進拜司空。自被徵命及登台司，凡九十三日，又以紀為五官中郎將，融為大鴻臚。紀，實之子；融，韶之子也。爽等皆畏卓之暴，無敢不至，獨申屠蟠得徵書，人勸之行，蟠笑而不答，卓終不能屈，年七十餘，以壽終。

卓又以尚書韓馥為冀州牧，侍中劉岱為兗州刺史，陳留孔伷㉖為豫州刺史，【考異】九州春秋作孔胄，今從董卓傳。東平張邈為陳留太守，潁川張咨為南陽太守。卓所親愛，並不處顯職，但將校而已㉗。

㈢詔除光熹、昭寧、永漢三號㉘。

㈣董卓性殘忍，一旦專政，據有國家甲兵、珍寶，威震天下，所願無極，語賓客曰：「我相貴無上也㉙。」侍御史擾龍宗㉚詣卓白事，不解劍，立檛殺㉛之。是時雒中貴戚，室第相望，金帛財產，家家充積，卓縱放兵士，突其廬舍，剽虜資物，妻略婦女，不避貴戚，人情崩恐，不保朝夕。

卓購求袁紹急，周毖、伍瓊說卓曰：「夫廢立大事，非常人所及。袁紹不達大體，恐懼出奔，非有它志，今急購之，勢必為變。袁氏樹恩四世㉜，門生故吏徧於天下，若收豪桀以聚徒眾，英雄因之而起，則山東非公之有也。不如赦之，拜一郡守，紹喜於免罪，必無患矣！」卓以為然，乃即拜紹勃海太守，封邟鄉㉝侯。又以袁術為後將軍，曹操為驍騎校尉。術畏卓，出奔南陽。

操變易姓名，間行東歸。過中牟㉞，為亭長所疑，執詣縣，時縣已被㉟卓書，唯功曹心知是操，以世方亂，不宜拘天下雄儁，因白令㊱釋之。操至陳留，散家財，合兵得五千人。是時豪傑多欲起兵討卓者，袁紹在勃海，冀州牧韓馥遣數部從事守之㊲，不得動搖。東郡太守橋瑁詐作京師三公移書與州郡，陳卓罪惡，云見逼迫，無以自救，企望義兵，解國患難。馥得移，請從事問曰：「今當助袁氏邪，助董氏邪？」治中從事劉子惠曰：「今興兵為國，何謂袁董？」馥有慚色。子惠復言：「兵者凶事，不可為首。今宜往視他州，有發動者，然後和之。冀州於他州不為弱也，他人功未有在冀州之右者也。」馥然之。馥乃作書與紹，道卓之惡，聽其舉兵。【考異】范書、魏志俱有此事，范書在舉兵之後，魏志在舉兵之前。若在舉兵後，時袁紹已為盟主，馥何敢禁其發兵？若在舉兵前則近是也，今從魏志。

【今註】㊀窮寇勿迫，歸眾勿追：李賢曰：「司馬兵法之言。」　㊁上：胡三省曰：「上，奏也。」

㊂降虜校尉公孫瓚：《後漢書・公孫瓚傳》，瓚以石門之捷，拜降虜校尉，封都亭侯，復兼領屬國長史。㊃容丘：侯國，前漢屬東海郡，後漢省，故城在今江蘇省邳縣北。㊄何皇后生子辯，養於道人史子眇家，號曰史侯：李賢曰：「道人，謂道術之人也。」《獻帝春秋》曰：「靈帝數失子，不敢正名，養道人史子眇家，號曰史侯。」㊅輕佻：王逸曰：「佻，輕也。」輕薄而不端重。㊆屬：付託，音囑。㊇儳道：《廣雅》曰：「儳，疾也。」猶閒道。㊈百郡邸：胡三省曰：「天下郡國百餘，皆置邸京師。謂之百郡邸者，百郡總為一邸也。」㊉陰規：密謀。⑪袁氏累世貴寵：袁安為司徒，安子京為蜀郡太守，京弟敞為司空，京子湯為司空、司徒太尉，湯子成為左中郎將，成弟逢為司空，逢弟隗為太傅，故曰累世貴寵。⑫黃門侍郎：《後漢書・百官志》云，黃門侍郎，六百石，無員，掌侍從左右，給事中，關通中外。《獻帝起居注》曰：「帝初即位，初置侍中，給事黃門侍郎，員各六人，出入禁中，近侍帷幄，省尚書事。」是黃門侍郎本無定員，至獻帝始定為六人。⑬上閤：胡三省曰：「上閤，省閤也。」⑭董重：靈帝母董后之兄子，封脩侯。⑮權勢相害：同握權勢而相忌害。⑯禁塞：胡三省曰：「塞猶遏也。」言禁遏之使不得干預政事。⑰汝今輈張，怙汝兄邪：李賢曰：「輈張猶強梁也。」按輈與譸、侜、倃通。怙，憑恃。汝兄，謂何后兄何進。董后言何后恃何進之勢，強梁跋扈。⑱孝仁皇后，即董后。⑲辜較：總括財利。較讀曰榷，一作辜榷。障遏曰辜，專利曰榷，言障遏他人而自專其利。⑳西省：李賢曰：「西省，即謂永樂宮之司。」董后時居永樂宮，故稱西省。㉑故事，蕃后不得留京師：李賢曰：「蕃后，謂平帝母衞姬。王莽攝政，恐其專權，

后不得留在京師，故以為故事也。」㉒本國：指解瀆亭侯國。㉓文陵：李賢曰：「在洛陽西北二十里，陵高二十丈，周回三百步。」㉔懲：戒，止，言有所戒而止。㉕前竇武欲誅內寵至自取禍滅：事見卷五十六靈帝建寧元年。㉖今將軍兄弟，並領禁兵：將軍兄弟，謂何進及弟苗。進為大將軍，苗為車騎將軍，同握兵權。㉗三署郎：漢制，光祿勳屬官有中郎，分五官、左、右三署，故亦稱三署郎。㉘楚楚：李賢曰：「楚楚，鮮明貌也。詩曰：『衣冠楚楚。』」惠棟曰：「楚楚，似悽愴苦楚意，承上文言。」王元謙曰：「楚楚句反對上文，賢注不誤。」按二說俱通。㉙對事：討論國政。㉚總皇威：總攬皇帝之威權。時少帝年幼，進以元舅輔政，政令一出於己，故陳琳云然。㉛龍驤虎步：騰舉曰驤。龍驤虎步，喻氣慨威武。㉜高下在心：《左傳》舊注：「高下猶屈中。」言所欲無不如意。㉝鼓洪爐燎毛髮：洪爐至熾而毛髮至微，鼓至熾之焰以燎至微之物，喻成事之易。㉞雷霆：疾雷曰霆，喻威勢之盛。㉟委：放棄。㊱利器：謂兵柄。㊲初，靈帝徵董卓為少府：按《後書・董卓傳》，在中平六年。劉艾《靈帝紀》云：「五年，徵少府，六年，為并州牧。」㊳牢直不畢：胡三省曰：「牢，稟食也，古者宅稟為牢。」稟、廩古通，直同值，不畢猶曰不給。㊴羌胡憋腸狗態：方言：「憋，惡也。」李賢曰：「言羌胡心腸憋惡，情態如狗。」憋音撇，按亦作敝。㊵將順安慰：將順其情以安慰其心。㊶增異復上：洪氏《隸釋》曰：「漢靈帝建寧二年，魯相史晨祠孔廟，奏後云：『增異輒上。』光和二年，樊毅復華下民租口算，奏後云：『增異復上。』此蓋當時奏文結末之常語，蓋言總繼今事有增於此者，異於此者，將復上奏也。」㊷北州：北邊州郡。㊸垂：

陲本字。㊹躊躇：意志驕滿貌。㊺戾：暴虐。㊻大人今為元帥：胡三省曰：「嵩討王國時為督，故曰元帥。」㊼違命雖罪，專誅亦有責也：胡三省曰：「卓不釋兵為違命，嵩擅討卓為專誅。」㊽猒：通厭，飽足。㊾據阿衡之權：《詩・商頌・長發》：「實惟阿衡，左右商王。」傳：「阿衡，伊尹也。」箋：「阿，倚；衡，平也。伊尹，湯所依倚而取平，故以為官名。」蓋以伊尹喻何進。㊿且事留變生，殷鑒不遠：胡三省曰：「謂竇武之事，可為殷鑒也。」(51)武猛都尉：李賢曰：「武猛，謂其有武藝而勇猛，取其嘉名，因以名官。」(52)臣聞揚湯止沸，莫若去薪：《前漢書・枚乘傳》乘諫吳王曰：「欲湯之滄，一人炊之，百人揚之，無益也；不如絕薪止火而已。」鄭氏曰：「滄音愴，寒也。」此言揚湯止沸，沸愈不止，但抽薪去火則沸自止，喻凡事須治其本，否則無益。(53)潰癰雖痛，勝於內食：胡三省曰：「言癰疽蘊結，破之雖痛，勝於內食肌肉浸淫滋大也。」(54)昔趙鞅興晉陽之甲，以逐君側之惡：定十三年《公羊傳》：「晉趙鞅取晉陽之甲，以逐荀寅與士吉射。荀寅與士吉射者，曷為者也？君側之惡人也。」(55)鳴鍾鼓：公然討伐之意。(56)始共從南陽來，俱以貧賤依省內以致富貴：胡三省曰：「省，禁也。」省內，謂禁內宦官。何后家本南陽屠者，因宦官郭進得入掖庭，進兄弟以此致富貴。(57)覆水不收：《後漢書・光武紀》馬武云：「反水不收，後悔無及。」與此同義，喻釁隙既成，則難以善後。(58)种邵：种音蟲（ㄔㄨㄥˊ）。(59)河南：胡三省曰：「河南，周之王城，去雒陽不遠。」(60)披：披靡，潰散貌。(61)夕陽亭：李賢曰：「夕陽亭在河南城西。」(62)進於是以紹為司隸校尉，假節，專命擊斷：胡三省曰：「漢司隸校尉，本持節，至元帝時，諸葛豐為司隸，始去節。今假紹節，重其權也。」按《漢書・百官表》，司隸校尉去節，在元帝初元四年，事又見〈諸葛豐傳〉。(六三)垂至：將至。(六四)袁紹勸進便於此決之：紹勸進便於此時決計誅宦官。(六五)積日：多歷時日。(六六)唯：思惟。惟、唯古通，《後漢書・何進傳》作惟。(六七)舞陽君：何后母號舞陽君。(六八)欻：忽本字。(六九)使潛聽，具聞其語：言讓等使人潛聽，具聞進白太后語。(七〇)詰：責問。(七一)憒憒：《說文》曰：「憒憒，亂也。」(七二)先帝嘗與太后不快，幾至成敗：何后鴆殺陳留王協母王美人，靈帝怒，欲廢后，諸宦者固請，得止，事見上卷靈帝光和四年。(七三)尚方監渠穆：尚方監官名，渠姓，名穆。胡三省曰：「案百官志，尚方有令、丞而無監。桓靈之世，諸署令悉以宦官為之，尚方監必亦置於是時也。」(七四)青瑣門：孟康曰：「以青畫戶邊鏤中，天子制也。」顏師古曰：「青瑣者，刻為連瑣文而青塗之也。」(七五)尚書闥：闥即門，尚書闥即尚書門。(七六)將：挾持。(七七)北宮：漢明帝所建，故址在今河南省洛陽縣東。(七八)車騎：指何苗，苗時為車騎將軍。(七九)皆流涕：《後漢書・何進傳》：「進素有仁恩，士卒皆流涕。」(八〇)須：古鬚字，今通作鬚。(八一)或上端門屋，以攻省內：胡三省曰：「宮之正南門曰：端門。」屋，門上覆蓋。(八二)穀門：李賢曰：「穀門，洛城北當中門也。」(八三)小平津：古津名，在今河南省鞏縣西北。(八四)六璽：解見卷九漢元年註(六)。(八五)河南中部掾：《漢宮儀》曰：「諸郡置五部督郵，以監屬縣。河南尹監置四部督郵，中部為掾。」(八六)夜至河上：《御覽》引《獻帝春秋》曰「比曉到河上。」俗本作「北到河上」，蓋脫曉字，復誤比為北，《通鑑》因之作「夜至河上」。(八七)露車：胡三省曰：「露車者，上無巾蓋，四旁無帷裳，蓋民家以載物者耳！」(八八)雒舍：胡三省曰：「雒舍，地名，在北芒之北。」北芒，山名，一作北邙，又名邙山、芒山、北山、郟山，在今河南省洛陽縣北，接偃師、鞏、孟津三縣界。(八九)顯陽苑：胡三省曰：「顯陽苑，桓帝延熹二年所造，在雒陽西。」《御覽》一九六引《續漢書》云：「卓住兵屯陽苑。」意陽苑即顯陽苑。(九〇)卒：讀曰猝。(九一)國家：東漢羣臣，謂天子為國家。(九二)播蕩：流移失所。(九三)了：曉解。(九四)初，蔡邕徙朔方：事見卷五十七靈帝光和元年。(九五)三日之間，周歷三臺：《後漢書・蔡邕傳》云：「邕舉高第，補侍御史，又轉治書御史，遷尚書，三日之間，周歷三臺。」胡三省曰：「三臺尚書臺、御史臺、符節臺也。」錢大昕曰：「袁紹傳：『坐召三臺，專制朝政。』注引晉書云：『漢官尚書為中臺，御史為憲臺，謁者為外臺，是謂三臺。』然伯喈（邕字伯喈）未授謁者，何以便有三臺之稱？豈侍御史與治書御史亦分為二署耶？」(九六)憤毒：李賢曰：「毒，恨也。」(九七)董侯：謂陳留王協。協養於董太后，故稱董侯。(九八)史侯：謂少帝。帝養於史子眇家，故卓稱為史侯。(九九)人有小智大癡，亦知復何如？為當且爾，劉氏種不足遺：卓言陳留王雖少小有智慧，然長大未必不癡愚，為今之計，當且立之，後當廢漢而自立，故曰劉氏種不足遺。且爾，猶曰且如此。(一〇〇)敢然：何敢如此？責問之辭。(一〇一)健者：豪雄之輩。(一〇二)縣：讀曰懸。(一〇三)上東門：李賢曰：「洛陽城東面北頭門也。」(一〇四)抗言，高聲而言。抗、亢通。(一〇五)昔霍光定策，延年按劍：霍光定策欲廢昌邑，召丞相以下會議，百官莫敢發言，延年前離席按劍曰：「羣臣有後應者，請斬之。」事見卷二十四昭帝元平元年。(一〇六)坐者：謂與議百僚。(一〇七)太甲既立不明：《尚書・太甲》：「太甲既立不明，伊尹放諸桐。」太甲，湯孫，太丁之子。⑱昌邑罪過千餘：昌邑王賀即位二十七日，凡所徵發一千一百二十七事，見《漢書・霍光傳》。⑲彭伯：〈先賢傳〉作彭伯羣。⑳植遂逃隱於上谷：《續漢書》云：「植隱居上谷軍都山。」按《後漢書・郡國志》，軍都故屬上谷，後隸廣陽，在今河北省昌平縣西北。㉑太后：靈帝何皇后。㉒鯁涕：胡三省曰：「言不敢出聲，但鯁咽而流涕。」㉓蹴：通蹵。㉔永樂宮：靈帝母董太后所居。㉕逆婦姑之禮：《左傳》曰：「婦，養姑者也；虧姑以成婦，逆莫大焉！」董后，靈帝母，於何后為姑。卓謂何后迫死董后，有虧婦道，故引以為喻。㉖枳落：〈考工記〉云：「橘踰淮而北為枳。」按枳似橘而小，葉如橙而多刺；落，籬落，植枳成列為籬落，謂之枳落。㉗襄賁：屬東海郡，故城在今山東省臨沂縣西南。賁音肥（ㄈㄟˊ）。㉘郿：屬扶風，故城在今陝西省郿縣東北。郿音梅（ㄇㄟˊ）。㉙靈思皇后：何後諡思。㉚於扶羅既立，國人殺其父者遂叛：於扶羅，匈奴單于羌渠之子。羌渠被殺事見上卷中平五年。於扶羅既立為單于。殺羌渠者懼罪而叛。㉛鈔掠：強取曰鈔，刦奪曰掠。㉜老王：匈奴諸王之年老者。㉝以董卓為相國：胡三省曰：「漢自蕭何為相國後，不復除拜。」㉞呰：音祕（ㄇㄧˋ）。㉟宛陵：屬河南尹，即今安徽省宣城縣。㊱孔伷：伷音胄（ㄓㄡˋ）。㊲但將校而已：胡三省曰：「將校，謂中郎將、校尉。」㊳詔除光熹、昭寧、永漢三號：中平六年，靈帝崩，少帝改元光熹，獻帝立，改元昭寧，又改元永漢，今廢三年號，復稱中平六年。㊴我相貴無上也：卓自言當為至尊，非人臣之相。㊵擾龍宗：複姓擾龍，名宗。㊶撾殺：撾或作簻，以箠杖擊人至死曰撾殺。㊷袁氏樹恩四世：自袁安四世至紹，詳參註㊁。㊸邟鄉：即前漢之周承休侯國，元始二年更名郚，見《後漢書・黃瓊傳》。故址在今河南省臨汝縣東。㊃中牟：屬河南尹，故城在今河南省中牟縣東。㊄被：朱駿聲曰：「被猶受也。」㊅令：謂中牟令。㊆遣數部從事守之：胡三省曰：「部從事，部郡國從事也。勃海一郡，遣部從事數人守之，恐紹起兵也。漢制，部刺史佐吏如治中、別駕，皆稱從事史，以其為州所自辟除，故又稱部從事或州從事。

孝獻皇帝甲

初平元年（西元一九〇年）

㈠春正月，關東州郡皆起兵以討董卓，推勃海太守袁紹為盟主。紹自號車騎將軍，諸將皆板授官號㈠。紹與河內太守王匡屯河內，冀州牧韓馥留鄴，給其軍糧；豫州刺史孔伷屯潁川，兗州刺史劉岱、陳留太守張邈、邈弟廣陵太守超、東郡太守橋瑁、山陽太守袁遺、濟北相鮑信與曹操俱屯酸棗㈡，後將軍袁術屯魯陽㈢，眾各數萬。豪傑多歸心袁紹者，鮑信獨謂曹操曰：「夫略不世出，能撥亂反正者，君也。苟非其人，雖彊必斃，君殆天之所啟乎？」

㈡辛亥（初十日），赦天下。

㈢癸酉（正月壬寅朔，無癸酉）董卓使郎中令李儒酖殺弘農王辯。

㈣卓議大發兵以討山東，尚書鄭泰曰：「夫政在德，不在眾也。」卓不悅，曰：「如卿此言，兵為無用邪？」泰曰：「非謂其然也，以為山東不足加大兵耳！明公出自西州，少為將帥，閑習軍事；袁本初㊃公卿子弟，生處京師，張孟卓東平長者㊄，坐不闚堂㊅，孔公緒㊆清談㊇高論，噓枯吹生㊈，並無軍旅之才，臨鋒決敵㊉，非公之儔也。況王爵不加⑪，尊卑無序，若恃眾怙⑫力，將各棊峙⑬，以觀成敗，不肯同心共膽，與齊進退也⑭。且山東承平日久，民不習戰；關西頃遭羌寇，婦女皆能挾弓而鬬，天下所畏者，無若幷、涼之人與羌胡義從，而明公擁之以為爪牙，譬猶驅虎兕⑮以赴犬羊，鼓烈風以掃枯葉，誰敢禦之？無事徵兵，以驚天下，使患役之民，相聚為非，棄德恃眾，自虧威重也。」卓乃悅。

㈤董卓以山東兵盛，欲遷都以避之，公卿皆不欲而莫敢言。卓表河南尹朱儁為太僕，以為已副。使者召拜，儁辭不肯受，因曰：「國家西遷，必孤⑯天下之望，以成山東之釁，臣不知其可也。」

使者曰：「召君受拜而君拒之，不問徙事㊆而君陳之，何也？」儁曰：「副相國，非臣所堪也；遷都非計，事所急也；辭所不堪，言其所急，臣之宜也。」由是止不為副。

卓大會公卿，議曰：「高祖都關中十有一世；光武宮雒陽，於今亦十一世矣！案石包讖㊇，宜徙都長安以應天人之意。」百官皆默然，司徒楊彪曰：「移都改制，天下大事，故盤庚遷亳，殷民胥怨㊈。昔關中遭王莽殘破，故光武更都雒邑，歷年已久，百姓安樂。今無故捐宗廟，棄園陵，恐百姓驚動，必有糜沸之亂㊉。石包讖妖邪之書，豈可信用？」卓曰：「關中肥饒，故秦得併吞六國，且隴右材木自出，杜陵有武帝陶竈，幷功營之，可使一朝而辦，百姓何足與議？若有前却，我以大兵驅之，可令詣滄海㊀。」彪曰：「天下動之至易，安之甚難，惟明公慮焉！」卓作色曰：「公欲沮國計邪？」太尉黃琬曰：「此國之大事，楊公之言，得無可思？」卓不答。司空荀爽見卓意壯，恐害彪等，因從容言曰：「相國豈樂此邪？山東兵起，非一日可禁，故當遷以圖之，此秦漢之勢也㉒。」卓意小解㉓。琬退，又為駁議㉔。二月，乙亥（初五日），卓以災異奏免琬、彪等，以光祿勳趙謙為太尉，太僕王允為司徒。

城門校尉伍瓊、督軍校尉周毖固諫遷都，卓大怒，曰：「卓初入朝，二君勸用善士，故卓相從，而諸君到官，舉兵相圖，此二君賣卓，何用相負？」庚辰（初十日），收瓊、毖斬之。楊彪、黃琬恐懼，詣卓謝，卓亦悔殺瓊、毖，乃復表彪、琬為光祿大夫。

㈥卓徵京兆尹蓋勳為議郎，時左將軍皇甫嵩將兵三萬屯扶風㉕，勳密與嵩謀討卓。會卓亦徵嵩為城門校尉，嵩長史梁衍說嵩曰：「董卓寇掠京邑，廢立從意。今徵將軍，大則危禍，小則困辱。今及卓在雒陽，天子來西，以將軍之眾，迎接至尊，奉令討逆，徵兵羣帥㉖，袁氏逼其東，將軍迫其西，此成禽也。」嵩不從，遂就徵㉗。勳以眾弱，不能獨立，亦還京師，卓以勳為越騎校尉。

河南尹朱儁為卓陳軍事，卓折㉘儁曰：「我百戰百勝，決之於心，卿勿妄說，且汙我刀。」蓋勳曰：「昔武丁之明，猶求箴諫㉙，況如卿者而欲杜人之口乎？」卓乃謝之。

㈦卓遣軍至陽城⑳，值民會於社下㉑，悉就斬之，駕其車重，載其婦女，以頭繫車轅㉒，歌呼還雒，云攻賊大獲。卓焚燒其頭，以婦女與甲兵㉓為婢妾。

㈧（十七日）丁亥，車駕西遷。董卓收諸富室，以罪惡誅之，沒入其財物，死者不可勝計。悉驅徙其餘民數百萬口於長安，步騎驅蹙，更相蹈藉，飢餓寇掠，積尸盈路。卓自留屯畢圭苑中，悉燒宮廟、官府、居家，二百里內，室屋蕩盡，無復雞犬。又使呂布發諸帝陵及公卿以下冢墓，收其珍寶㉔。卓獲山東兵，以豬膏塗布十餘匹，用㉕纏其身，然後燒之，先從足起。

㈨三月，乙巳（初五日），車駕入長安。【考異】袁紀作己巳，今從范書。居京兆府舍㉖，後乃稍葺宮室而居之。時董卓未至，朝政大小，皆委之王允。允外相彌縫㉗，內謀㉘王室。甚有大臣之度，自天子及朝中，皆倚允。允屈意承卓。卓亦雅信焉㉙。

㈩董卓以袁紹之故，戊午（十八日），殺太傅袁隗、太僕袁基及其家尺口㊵以上五十餘人。

(十一)初，荊州刺史王叡㊶與長沙太守孫堅共擊零桂㊷賊，以堅武官，言㊸頗輕之。及州郡舉兵討董卓，叡與堅亦皆起兵。叡素與武陵太守曹寅不相能㊹，揚言當先殺寅，寅懼，詐作按行使者檄，移堅說叡罪過，令收行刑，訖，以狀上㊺。堅承檄，即勒兵襲叡。叡聞兵至，登樓望之，遣問欲何為？堅前部答曰：「兵久戰勞苦，欲詣使君求資直㊻耳！」叡見堅，驚曰：「兵自求賞，孫府君何以在其中？」堅曰：「被使者檄誅君。」叡曰：「我何罪？」堅曰：「坐無所知。」叡窮迫，刮金飲之而死㊼。堅前至南陽，眾已數萬人。南陽太守張咨不肯給軍糧，堅誘而斬之㊽，郡中震慄，無求不獲。前至魯陽，與袁術合兵，術由是得據南陽。【考異】范書術傳云：「劉表上術為南陽太守。」表傳云：「術阻兵屯魯陽，表不得至荊州。」魏志術傳：「孫堅殺張咨，術得據南陽。」魏武帝紀，此年二月，已云術屯南陽。蓋術初奔魯陽，此春孫堅取南陽，術乃據之，猶以魯陽為治所也。表堅行破虜將軍，領豫州刺史。

詔以北軍中候劉表為荊州刺史。時寇賊縱橫，道路梗塞，表單馬入宜城㊾，諸南郡名士蒯良、蒯越與之謀曰：「今江南宗賊㊿甚盛，各擁眾不附，若袁術因之，禍必至矣。吾欲徵兵，恐不能集，其策焉出？」蒯良曰：「眾不附者，仁不足也；附而不治者，義不足也。苟仁義之道行，百姓歸之，如水之趣下；何患徵兵之不集乎？」蒯越曰：「袁術驕而無謀，宗賊帥多貪暴，為下所患，若使人示之以利，必眾來，使君誅其無道，撫而用之。一州之人，有樂存之心，聞君威德，必襁負而至矣！兵集眾附，南據江陵，北守襄陽，荊州八郡㊿，可傳檄而定，公路㊿雖至，無能為也。」表曰：「善。」乃使越誘宗賊帥，至者五十五人，皆斬之而取其眾。遂徙治襄陽㊿，鎮撫郡縣，江南㊿悉平。

㈩董卓在雒陽，袁紹等諸軍皆畏其彊，莫敢先進。曹操曰：「舉義兵以誅暴亂，大眾已合，諸君何疑？向使董卓倚王室，據舊京，東向以臨天下，雖以無道行之，猶足為患。今焚燒宮室，劫遷天子，海內震動，不知所歸，此天亡之時也。一戰而天下定矣！」遂引兵西，將據成皋。張邈遣將衞茲分兵隨之，進至滎陽汴水㊿，遇卓將玄菟徐榮，與戰，操兵敗，為流矢所中，所乘馬被創，從弟洪以馬與操，操不受。洪曰：「天下可無洪，不可無君。」遂步從操，夜遁去。榮見操所將兵少，力戰盡日，謂酸棗未易攻也，亦引兵還。

操到酸棗，諸軍十餘萬，日置酒高會，不圖進取。操責讓之，因為謀曰：「諸君能聽吾計，使勃海(五六)引河內之眾臨孟津；酸棗諸將守成皋，據敖倉，塞轘轅、太谷(五七)，全制其險；使袁將軍(五八)率南陽之軍，軍丹、析(五九)，入武關，以震三輔(六〇)；皆高壘深壁，勿與戰，益為疑兵，示天下形勢(六一)，以順誅逆，可立定也。今兵以義動，持疑不進，失天下望，竊為諸君恥之。」邈等不能用。操乃與司馬沛國夏侯惇等詣揚州募兵，得千餘人，還屯河內(六二)。頃之，酸棗諸軍食盡，眾散。劉岱與橋瑁相惡，岱殺瑁，以王肱(六三)領東郡太守。青州刺史焦和(六四)亦起兵討董卓，務及諸將西行(六五)，不為民人保障。兵始濟河，黃巾已入其境。青州素殷實，甲兵甚盛，和每望寇奔北，未嘗接風塵，交旗鼓(六六)也。性好卜筮，信鬼神，入見其人，清談干雲(六七)，出觀其政，賞罰淆亂；州遂蕭條，悉為丘墟。頃之，和病卒，袁紹使廣陵臧洪領青州以撫之。

（十三）夏，四月，以幽州牧劉虞為太傅，道路壅塞（六八），信命竟不得通。先是幽部應接荒外（六九），資費甚廣，歲常割青、冀賦調（七〇）二億有餘以足之。時處處斷絕，委輸（七一）不至，而虞敝衣繩屨（七二），食無兼肉（七三），務存寬政，勸督農桑，開上谷胡市之利，通漁陽鹽鐵之饒（七四），民悅，年登，穀石三十，青、徐士庶避難歸虞者百餘萬口，虞皆收視（七五）溫卹，為安立生業，流民皆忘其遷徙焉！

（十四）五月，司空荀爽薨。

（十五）六月，辛丑（六月，己巳朔，無辛丑），以光祿大夫种拂為司空。拂，邵之父也。

（十六）董卓遣大鴻臚韓融、少府陰脩（七六）、執金吾胡毋班（七七）、將作大匠吳脩、越騎校尉王瓌（七八）安集關東，解譬袁紹等。胡毋班、吳脩、王瓌至河內，袁紹使王匡悉收擊殺之。【考異】謝承後傳漢書曰：「班，王匡之妹夫。班與匡書云：『僕與太傅馬公、太僕趙岐、少府陰脩、俱受詔命；關東諸郡，雖實嫉卓，猶以御奉王命不敢玷辱，而足下獨囚僕於獄，欲以釁鼓，此悖暴無道之甚者也。』按范書，此年六月，遣融等安集關東，袁術、王匡各執而殺之；三年八月，遣馬日磾及趙岐慰撫天下。袁紀遣馬、趙，亦在三年八月。時董卓已死，而此書云與馬、趙俱受詔，又云恚卓遷怒，自相乖迕，疑非班書，今不取。袁術亦殺陰脩，惟韓融以名德免。

(十七)董卓壞五銖錢(七九)，更鑄小錢，悉取雒陽及長安銅人、鐘虡、飛廉、銅馬之屬以鑄之(八〇)，由是貨賤物貴，穀石至數萬錢。

(十八)冬，孫堅與官屬會飲於魯陽城東，董卓步騎數萬猝至，堅方行酒談笑，整頓部曲，無得妄動。後騎漸益，堅徐罷坐，導引入城，乃曰：「向堅所以不即起者，恐兵相蹈藉，諸君不得入耳。」卓兵見其整，不敢攻而還。

(十九)王匡屯河陽津(八一)，董卓襲擊，大破之。

(廿)左中郎將蔡邕議孝和以下廟號稱宗者，皆宜省去，以遵先典(八二)，從之。

(廿一)中郎將徐榮薦同郡故冀州刺史公孫度於董卓，以為遼東太守。度到官，以法誅滅郡中名豪大姓百餘家，郡中震慄。乃東伐高句驪，西擊烏桓，語所親吏柳毅、陽儀(八三)等曰：「漢祚將絕，當與諸卿圖王耳！」於是分遼東為遼西、中遼郡，各置太守，越海收東萊諸縣，置營州刺史，自立為遼東侯平州牧，立漢二祖廟(八四)，承制郊祀天地，藉田(八五)，乘鑾路(八六)，設旄頭羽騎(八七)。

【今註】㈠板授官號：未經詔命，以權宜封拜官爵，謂之板授。時卓挾天子，紹等無由稟命，故權宜板授官號。㈡酸棗：屬陳留郡，故城在今河南省延津縣北。㈢魯陽：屬南陽郡，即今河南省魯山縣。㈣本初：袁紹字。㈤張孟卓東平長者：張邈字孟卓，東平壽張人。㈥坐不闚堂：李賢曰：「言不妄視也。」㈦公緒：孔伷字。㈧清談：摒棄世務，專談玄理。㈨噓枯吹生：李賢曰：「枯者噓之使生，生者吹之使枯，言談論有所抑揚也。」㈩臨鋒決敵：臨兵鋒與敵決勝。⑪王爵不加：言紹所板授諸將官爵，非由王命。⑫怙：憑，恃。⑬棊峙：棊亦作碁；峙屹立，言如碁之屹立，喻其穩固。⑭袁本初公卿子弟，生處京師至不肯同心共膽，與齊進退也：胡三省曰：「此數語，公業雖以釋言於卓，然關東諸將情態，實不過如此。」鄭泰字公業。⑮兕：獸名，一角，似野牛而青。⑯孤：孤負。⑰徙事：徙都之事。⑱石包讖：胡三省曰：「當時緯書之外，又有石包室讖，蓋時人附益為之，如孔子閉房記之類。」⑲盤庚遷亳，殷民胥怨：《書．盤庚序》：「盤庚五遷，將治亳殷，民咨胥怨。」孔安國曰：「胥，相也；民不欲徙乃咨嗟憂愁，相與怨上。」盤庚，殷王之名。商湯遷亳，仲丁遷囂，河亶甲居相，祖乙居耿，並盤庚遷殷，是為五遷。⑳糜沸之亂：如糜粥之沸於釜，喻騷亂之甚。㉑可令詣滄海：言雖令赴滄海而死，亦不敢辭。㉒此秦漢之勢也：言秦漢都關中，因山河形勢以制天下，今卓西遷，蓋亦此意。㉓意小解：怒意稍平。㉔駁議：《名義考》云：「行移家以不允其議曰駁。」駁議，言封駁遷都之議。㉕扶風：西漢治長安，東漢徙治槐里，在今陝西省興平縣東南。㉖羣帥：謂州郡牧守及統兵諸將。㉗嵩不從，遂就徵：胡三省曰：「嵩前不能從兄子酈之言，今又不從衍之策，自揣其才不足以制卓故也。」㉘折：折辱。㉙昔武丁之明，猶求箴諫：胡三省曰：「據國語，楚左史倚相曰：『昔衞武公年數九十有五矣，猶箴儆於國曰：毋謂我耄而捨我，必恭恪於朝，朝夕以交戒，我聞一二之言，必誦志而納之，以訓道我。及其沒也，謂之叡聖武公。』勳蓋以衞武公之事責卓也，史書傳寫，誤以公為丁耳！」㉚陽城：屬潁川郡，故城在今河南省登封縣東南。㉛社：祠土神之所。㉜轅：駕車之木，左右各一，下與軸連。㉝甲兵：貫甲執兵之士。㉞發諸帝陵及公卿以下冢墓，收其珍寶：《典論》曰：「喪亂以來，漢氏諸陵，無不發掘，至乃燒取玉柙、金鏤，體骨並盡。」㉟用：同以。㊱居京兆府舍：《三輔黃圖》曰：「京兆府，在尚冠前街東，入故中尉府。」按《後漢書．獻帝紀》，帝入長安，幸未央宮，與此異。㊲彌縫：補合。言融洽彼此，使無閒隙。㊳謀：翼贊。㊴雅信：《史記索隱》曰：「雅，素也。」言以素心相信託。㊵尺口：嬰兒長僅適尺，故曰尺口。㊶王叡：裴松之曰：「叡字通耀，晉太保祥伯父也。」㊷零桂：零陵、桂陽二郡。㊸言：言語之際。㊹不相能：各以己為能。㊺以狀上：胡三省曰：「上，奏也。」狀，謂誅叡始末。㊻資直：胡三省曰：「據吳錄，資直者，衣資之直也。」㊼刮金飲之而死：陶弘景曰：「生金有毒，不鍊，服之殺人。」㊽張咨不肯給軍糧，堅誘而斬之：《吳志．孫堅傳》，堅以牛酒禮咨，咨詣堅答謝，堅於席間斬之。吳歷曰：「堅詐得急疾，遣所親人說咨，言病困，欲以兵相付。咨利其兵，即將步騎五六百人詣堅營，遂執斬咨。」與本傳異。㊾宜城：本戰國楚鄢地，秦置鄢縣，漢改宜城，屬南郡，故城在今湖北省宜城縣南。㊿宗賊：惠棟曰：「吳志注引江表傳云：『鄱陽民帥別立宗部。』又云：『海昏縣有五六千家，相結聚，作宗伍。』蓋漢末喪亂，人民結聚，刼略郡縣，自下言之，謂之宗部，宗伍，自上言之，謂之宗賊。」(51)八郡：按《後漢書・郡國志》，荊州部南陽、南郡、江夏、零陵、桂陽、武陵、長沙七郡，《漢官儀》以章陵足為八郡：洪亮吉曰：「案諸地志，皆不言章陵郡何時所置，惟彌衡傳：『黃祖長子射為章陵太守。』魏志趙儼傳：『太祖征荊州，以儼領章陵太守。』劉表傳注引傅子言蒯越拜章陵太守事，又在射、儼前，疑郡亦建安時所立也。」(52)公路：袁術字。(53)徙治襄陽：《後漢書・郡國志》，武陵郡漢壽縣，荊州刺史治。蓋本治漢壽，至是始徙治襄陽。(54)江南：胡三省曰：「荊部在江南者，長沙、武陵、零陵、桂陽四郡也。」(55)汴水：水名，在滎陽西南。(56)勃海：謂袁紹，時紹為勃海太守。(57)轘轅、太谷：轘轅，山名，在今河南省偃師縣東南，鞏縣西南，登封縣西北，一名嶱嶺，山道奇險，古稱轘轅道。《元和郡縣志》云：「道路險阻，凡十二曲，將去復還，故曰轘轅。」太谷即大谷。李賢曰：「大谷口在故嵩陽西北八十五里，北出對雒陽故城。張衡東京賦云：『盟津達其後，大谷通其前』是也。」按其地在今洛陽縣南。靈帝中平元年，置八關以備黃巾，轘轅、大谷俱八關之一。(58)袁將軍：謂袁術，術時據南陽。(59)丹析：胡三省曰：「丹水及析縣。」皆屬弘農郡。丹水故城在今河南省淅川縣西；析縣在今河南省內鄉縣西北。(60)三輔：漢以京兆、馮翊、扶風為三輔。(61)示天下形勢：按操之計，蓋欲全制山東，以待關西之變。(六二)還屯河內：時袁紹屯河內，操蓋欲以其兵從紹。(六三)王肱：肱音工（ㄍㄨㄥ）。(六四)焦和：姓焦名和。(六五)務及諸將西行：胡三省曰：「務進兵與酸棗諸將相及也。」(六六)接風塵，交旗鼓：謂交鋒接戰。凡戎馬所至則風起塵揚，又行軍必建立旗鼓，以為識別號令，故云。(六七)干雲：喻其高雅。(六八)道路壅塞：時盜賊蠭起，羣雄割據，故信使不通。(六九)荒外：荒服之外。凡中國政令不及之處，皆稱荒外。(七〇)賦調：田租曰賦，戶稅曰調。(七一)委輸：轉運。委通逶，取逶隨輸運之意。(七二)繩屨：以繩編織之屨，即草屨。(七三)兼肉：肉味二種。(七四)開上谷胡市之利，通漁陽鹽鐵之饒：胡三省曰：「上谷舊有關市，與胡人貿易；漁陽舊有鹽官、鐵官。」(七五)視：撫循。(七六)陰脩：姓陰，名脩。(七七)胡毋班：複姓胡毋，名班。(七八)壞音瑰（ㄍㄨㄟ）。(七九)董卓壞五銖錢：李賢曰：「光武中興，除王莽貨泉，更用五銖錢。」至是卓又廢之。(八〇)悉取雒陽及長安銅人、鐘虡、飛廉、銅馬之屬以鑄之：潘岳《關中記》云：「秦取天下兵器，鑄以為銅人十二，置之諸宮，漢時皆在長安，卓壞以為錢，餘二人，徙在青門內東宮前。鍾虡四枚，皆在漢高祖廟中。」李賢曰：「鍾虡，以銅為之。前漢書音義曰：『虡，鹿頭龍身神獸也。』說文：『鍾鼓之跗，以猛獸為飾也。』武帝置飛廉館，音義云：『神禽身如鹿，頭如爵，有角，蛇尾，文如豹文。』明帝永平五年，迎取長安飛廉、銅馬置上西門外，名平樂館。銅馬，則東京所作，置於金馬門外者也。」虡音巨（ㄐㄩˋ）。(八一)河陽津：即孟津，一名河陽渡。(八二)左中郎將蔡邕議孝和以下廟號稱宗者皆宜省去，以遵先典：胡三省曰：「禮，祖有功而宗有德。和帝以下無復可宗，故去之。」(八三)陽儀：姓陽名儀。(八四)漢二祖：

高祖、世祖。㊅藉田：天子親耕之田。臣瓚曰：「藉謂蹈藉也。」言躬藉田畝以勸率天下。㊅鑾路：路，王者之車，亦稱鑾車。車上設鈴，行時有聲如鑾鳴，謂之鑾車。㊆旄頭羽騎：騎士名。羽騎即羽林騎，《漢官儀》云：「舊選羽林為旄頭，被髮先驅。」今羽騎披髮作旄狀，故曰旄頭羽騎。

卷六十　漢紀五十二

起重光協洽盡昭陽作噩，凡三年。（辛未至癸酉，西元一九一年至一九三年）

司馬光編集
林瑞翰註

孝獻皇帝乙

初平二年（西元一九一年）

㈠春，正月，辛丑（初六日），赦天下。

㈡關東諸將議以朝廷㊀幼冲㊁，迫於董卓，遠隔關塞㊂，不知存否，幽州牧劉虞，宗室賢儁，欲共立為主。曹操曰：「吾等所以舉兵而遠近莫不響應者，以義動故也。今幼主微弱，制於姦臣，非有昌邑㊃亡國之釁，而一旦改易，天下其孰㊄安之？諸君北面，我自西向㊅。」韓馥、袁紹以書與袁術曰：「帝非孝靈子，欲依絳、灌誅廢少主，迎立代王故事，奉大司馬虞為帝。」術陰有不臣之心，不利國家有長君，乃外託公義以拒之。紹復與術書曰：「今西名有幼君，無血脈之屬㊆，公卿以下，皆媚事卓，安可復信？但當使兵往屯關要，皆自蹙死，東立聖君，太平可冀，如何有疑？又室家見戮，不念子胥，可復北面乎㈧？」術答曰：「聖主聰叡，有周成之質。賊卓因危亂之際，威服百寮㈨，此乃漢家小厄之會，乃云今上無血脈之屬，豈不誣乎？又曰室家見戮，可復北面？此卓所為，豈國家哉？慺慺㈩赤心，志在滅卓，不識其他。」馥、紹竟遣故樂浪太守張岐等齎議上虞尊號。虞見岐等，厲色叱之曰：「今天下崩亂，主上蒙塵，吾被重恩，未能清雪國恥，諸君各據州郡，宜共勠力，盡心王室，而反造逆謀，以相垢汙邪？」固拒之。馥等又請虞領尚書事，承制封拜，復不聽，欲犇匈奴以自絕，紹等乃止。

㈡二月，丁丑（十二日），以董卓為太師，位在諸侯王上。

㈢孫堅移屯梁㈡東，為卓將徐榮所敗，復收散卒，進屯陽人㈢。卓遣東郡太守胡軫督步騎五千擊之，以呂布為騎督。軫與布不相得，堅出擊，大破之，梟其都督華雄。

或謂袁術曰：「堅若得雒，不可復制，此為除狼而得虎也。」

術疑之，不運軍糧。堅夜馳見術（一三），畫地計校，曰：「所以出身不顧者，上為國家討賊，下慰將軍家門之私讎。堅與卓非有骨肉之怨也，而將軍受浸潤之言（一四），還相嫌疑，何也？」術踧踖（一五），即調發軍糧。堅還屯，卓遣將軍李傕說堅，欲與和親，令堅疏子弟任刺史、郡守者，許表用之。堅曰：「卓逆天無道，今不夷汝三族，縣示四海，則吾死不瞑目，豈將與乃（一六）和親邪？」復進軍大谷（一七），距雒九十里。卓自出與堅戰於諸陵間，卓敗走，卻屯澠池，聚兵於陝。堅進至雒陽，擊呂布，復破走。堅乃掃除宗廟，祠以太牢，得傳國璽於城南甄官井中（一八），分兵出新安、澠池間以要卓。卓謂長史劉艾曰：「關東軍敗數矣，皆畏孤，無能為也，惟孫堅小戇（一九），頗能用人，當語諸將，使知忌之。孤昔與周慎西征邊、韓於金城（二〇），孤語張溫，求引所將兵為慎作後駐，溫不聽，溫又使孤討先零叛羌，孤知其不克而不得止，遂行，留別部司馬劉靖將步騎四千屯安定，以為聲勢。叛羌欲截（二一）歸道，孤小擊，輒開，畏安定有兵故也。虜謂安定當數萬人，不知但靖也。而孫堅隨周慎行，謂慎求先將萬兵造㉒金城，使慎以二萬作後駐，邊、韓畏慎大兵，不敢輕與堅戰，而堅兵足以斷其運道，兒曹㉓用其言，涼州或能定也。溫既不能用孤，慎又不能用堅，卒用敗走。堅以佐軍司馬，所見略與人同，固自為可㉔，但無故從諸袁兒㉕，終亦死耳！」乃使東中郎將董越屯澠池，中郎將段煨屯華陰，中郎將牛輔屯安邑，其餘諸將布在諸縣，以禦山東。輔，卓之壻也。卓引還長安，孫堅修塞諸陵，引軍還魯陽。

㈣夏，四月，董卓至長安，公卿皆迎拜車下。卓抵手㉖謂御史中丞皇甫嵩曰：「義真㉗怖未乎？」嵩曰：「明公以德輔朝廷，大慶方至，何怖之有？若淫刑以逞，將天下皆懼，豈獨嵩乎？」

卓黨欲尊卓比太公，稱尚父。卓以問蔡邕，邕曰：「明公威德，誠為巍巍㉘，然比之太公，愚意以為未可。宜須關東平定，車駕還反舊京，然後議之。」卓乃止。

卓使司隸校尉劉囂籍吏民有為子不孝、為臣不忠、為吏不清、為弟不順者，皆身誅，財物沒官。於是更相誣引㉙，冤死者以千數。百姓囂囂(三〇)，道路以目(三一)。

(五)六月，丙戌（二十三日），地震。

(六)秋，七月，司空种拂免，以光祿大夫濟南淳于嘉為司空。太尉趙謙罷，以太常馬日磾為太尉。

(七)初，何進遣雲中張楊還并州募兵，會進敗，楊留上黨，有眾數千人。袁紹在河內，楊往歸之，與南單于於扶羅屯漳水(三二)，韓馥以豪傑多歸心袁紹，忌之，陰貶節(三三)其軍糧，欲使其眾離散。會馥將麴義(三四)叛，馥與戰而敗，紹因與義相結。

紹客逢紀(三五)謂紹曰：「將軍舉大事而仰人資給，不據一州，無以自全。」紹曰：「冀州兵強，吾士饑乏，設不能辦，無所容立。」紀曰：「韓馥庸才，可密要(三六)公孫瓚，使取冀州。馥必駭懼，因遣辯士為陳禍福，馥迫於倉卒(三七)，必肯遜讓。」紹然之，即以書與瓚。瓚遂引兵而至，外託討董卓，而陰謀襲馥。馥與戰，不利。會董卓入關，紹還軍延津(三八)，使外甥陳留高幹及馥所親潁川辛評、荀諶、郭圖等說馥曰：「公孫瓚將燕代之卒，乘勝來南，而諸郡應之，其鋒不可當；袁車騎㊴引軍東向㊵，其意未可量㊶也。竊為將軍危之。」馥懼曰：「然則為之奈何？」諶曰：「君自料寬仁容眾，為天下所附，孰與袁氏？」馥曰：「不如也。」「臨危吐決㊷，智勇過人，又孰與袁氏？」馥曰：「不如也。」「世布恩德天下，家受其惠，又孰與袁氏？」馥曰：「不如也。」諶曰：「袁氏一時之傑，將軍資三不如之勢，久處其上，彼必不為將軍下也。夫冀州，天下之重資也，彼若與公孫瓚並力取之，危亡可立而待也。夫袁氏，將軍之舊㊸，且為同盟㊹，當今之計，若舉冀州以讓袁氏，彼必厚德將軍，瓚亦不能與之爭矣！是將軍有讓賢之名，而身安於泰山也。」馥性恇怯㊺，因然其計。馥長史耿武、別駕閔純、治中李歷聞而諫曰：【考異】九州春秋作耿彧，今從范書、魏志、袁紀又范書，騎都尉沮授諫，無李歷，今從魏志、袁紀。「冀州帶甲㊻百萬，穀支十年，袁紹孤客窮㊼軍，仰我鼻息㊽，譬如嬰兒在股掌之上，絕其哺乳，立可餓殺，奈何欲以州與之？」馥曰：「吾袁氏故吏，且才不如本初，度德而讓，古人所貴，諸君獨何病焉！」先是馥從事趙浮、程渙將強弩萬張屯孟津，聞之，率兵馳還。時紹在朝歌清水[49]，浮等從後來，船數百艘，眾萬餘人，整兵鼓，夜過紹營，紹甚惡之。浮等到，謂馥曰：「袁本初軍無斗糧，各已離散，雖有張楊、於扶羅，新附未肯為用，不足敵也。小從事等請以見兵拒之，旬日之間，必土崩瓦解，明將軍但當開閤[50]高枕，何憂何懼？」馥又不聽，乃避位出居中常侍趙忠故舍，遣子送印綬以讓紹。紹將至，從事十人爭棄馥去，獨耿武、閔純杖刀拒之，不能禁，乃止，紹皆殺之。紹遂領冀州牧，承制以馥為奮威將軍而無所將御[51]，亦無官屬。紹以廣平[52]沮授為奮武將軍，使監護諸將，寵遇甚厚。魏郡審配、鉅鹿田豐並以正直，不得志於韓馥，紹以豐為別駕[53]，配為治中[54]，及南陽許攸、逢紀、潁川荀諶皆為謀主，紹以河內朱漢為都官從事[55]，漢先為韓馥所不禮，且欲徼[56]迎紹意，擅發兵圍守馥第，拔刃登屋，馥走上樓，收得馥大兒，槌折兩腳，紹立收漢殺之。馥猶憂怖，從紹索去[57]，往依張邈。後紹遣使詣邈，有所計議，與邈耳語[58]，馥在坐上，謂為見圖，無何，起至溷[59]，以書刀[60]自殺。

鮑信謂曹操曰：「袁紹為盟主，因權專利，將自生亂，是復有一卓也。若抑之則力不能制，祇以遘難(六一)。且可規(六二)大河之南，以待其變。」操善之。會黑山于毒、白繞、眭(六三)固等十餘萬眾略東郡，王肱不能禦，曹操引兵入東郡，擊白繞於濮陽，破之，袁紹因表操為東郡太守，治東武陽(六四)。

(八)南單于劫張楊以叛袁紹，屯於黎陽。董卓以楊為建義將軍，河內太守。

(九)太史望氣，言當有大臣戮死者。董卓使人誣衛尉張溫與袁術交通，冬、十月，壬戌(朔)笞殺溫於市以應之。

(十)青州黃巾寇勃海，眾三十萬，欲與黑山合。公孫瓚率步騎二萬人，逆擊於東光(六五)南，大破之，斬首三萬餘級。賊棄其輜重，犇走度河，瓚因其半濟，薄之(六六)，賊復大破，死者數萬，流血丹水(六七)，收得生口七萬餘人，車甲財物不可勝筭，威名大震。

(十一)劉虞子和為侍中，帝思東歸，使和偽逃董卓，潛出武關詣虞，令將兵來迎。【考異】范書劉虞傳：「虞使田疇使長安，時和為侍中，因遣從武關出。」按魏志公孫瓚傳，但云天子思歸，不云因疇至也。若爾當令和與疇俱還，不應出武

（關，又疇未還，劉虞已死。虞死在初平四年冬，界橋戰在三年春，范書誤也。）和至南陽，袁術利虞為援，留和不遣，許兵至俱西，令和為書與虞。虞得書，遣數千騎詣和。公孫瓚知術有異志，止之，虞不聽。瓚恐術聞而怨之，亦遣其從弟越將千騎詣術，而陰教術執和，奪其兵，由是虞、瓚有隙(六八)。和逃術來北，復為袁紹所留。是時關東州郡，務相兼并以自彊大，袁紹、袁術亦自離貳(六九)。術遣孫堅擊董卓未返，紹以會稽周昂為豫州刺史，襲奪堅陽城(七〇)，堅歎曰：「同舉義兵，將救社稷，逆賊垂破而各若此，吾當誰與戮力乎？」引兵擊昂，走之。袁術遣公孫越助堅攻昂，越為流矢所中，死，公孫瓚怒曰：「余弟死，禍起於紹。」遂出軍屯磐河(七一)，上書數紹罪惡，進兵攻紹，冀州諸城，多叛紹從瓚。紹懼，以所佩勃海太守印綬授瓚從弟範，遣之郡，而範遂背紹，領勃海兵以助瓚。瓚乃自署其將帥嚴綱為冀州刺史、田楷為青州刺史、單經(七二)為兗州刺史，又悉改置郡縣守令。

初，涿郡劉備，中山靖王之後也(七三)。少孤貧，與母以販履為業。長七尺五寸，垂手下膝，顧自見其耳(七四)，有大志，少語言，喜怒不形於色。甞與公孫瓚同師事盧植，由是往依瓚。瓚使備與田楷徇青州，有功，因以為平原相。

備少與河東關羽、涿郡張飛相友善，以羽、飛為別部司馬，分統部曲。備與二人寢則同牀，恩若兄弟，而稠㊄人廣坐，侍立終日，隨備周旋，不避艱險。常山趙雲，為本郡將吏兵詣公孫瓚，瓚曰：「聞貴州人，皆願袁氏㊅，君何獨迷而能反乎？」雲曰：「天下詾詾㊆，未知孰是，民有倒縣㊇之厄。鄙州論議，從仁政所在，不為忽袁公私明將軍也。」劉備見而奇之，深加接納。雲遂從備至平原，為備主騎兵。

㊁初，袁術之得南陽，戶口數百萬，而術奢淫肆欲徵歛無度，百姓苦之，稍稍離散。既與袁紹有隙，各立黨援，以相圖謀。術結公孫瓚而紹連劉表，豪傑多附於紹。術怒曰：「羣豎不吾從，而從吾家奴乎㊈？」又與公孫瓚書曰：「紹非袁氏子。」紹聞，大怒。

術使孫堅擊劉表，表遣其將黃祖逆戰於樊、鄧㊉之間，堅擊破之，遂圍襄陽。表夜遣黃祖潛出發兵，祖將兵欲還，堅逆與戰，祖敗，走竄峴山(八一)中。堅乘勝夜追祖，祖部曲兵從竹木間暗射堅，殺之。【考異】范書：「初平三年，春，堅死。」吳志孫堅傳亦云初平三年。英雄記曰：「初平四年正月七日死。」袁紀：「初平三年五月。」山陽公載記載策表曰：「臣年十七，喪失所怙，」裴松之按策以建安五年卒，時年二十六，計堅之亡，策應十八，而此表云十七，則為不符，張璠漢紀及胡沖吳歷並以堅初平三年死，此為是而本傳誤也，今從之。堅所舉孝廉長沙桓階詣表請堅喪，表義而許之。堅兄子賁率其士眾就袁術，術復表賁為豫州刺史，術由是不能勝表。

(十三)初，董卓入關留朱儁守雒陽，而儁潛與山東諸將通謀，懼為卓所襲，出犇荊州。卓以弘農楊懿為河南尹，儁復引兵還雒，擊懿，走之。儁以河南殘破，無所資，乃東屯中牟，移書州郡，請師討卓。徐州刺史陶謙上儁行車騎將軍(八二)，遣精兵三千助之，餘州郡亦有所給。謙，丹陽(八三)人，朝廷以黃巾寇亂徐州，用謙為刺史，謙至，擊黃巾，大破走之，州境晏然。

(十四)劉焉在益州陰圖異計。沛人張魯，自祖父陵以來，世為五斗米道(八四)，客居于蜀。魯母以鬼道，常往來焉家，焉乃以魯為督義司馬(八五)，以張脩為別部司馬，與合兵掩殺漢中太守蘇固，斷絕斜谷閣(八六)，殺害漢使。焉上書言米賊斷道，不得復通，又託他事殺州中豪強王咸、李權等十餘人，以立威刑。犍為太守任岐及校尉賈龍由此起兵攻焉，焉擊殺岐、龍。焉意漸盛，作乘輿，車具千餘乘。劉表上焉有似子夏在西河疑聖人之論(八七)。時焉子範為左中郎將，誕為治書御史(八八)，璋為奉車都尉，皆從帝在長安，惟小子別部司馬瑁，素隨焉，帝使璋曉喻焉，焉留璋不遣。

(十五)公孫度威行海外，中國人士避亂者多歸之。北海管寧、邴原、王烈皆往依焉。寧少時與華歆為友，嘗與歆共鋤菜，見地有金，寧揮鋤不顧，與瓦石無異，歆捉而擲之，人以是知其優劣。邴原遠行遊學，八九年而歸。師友以原不飲酒，會(八九)米肉送之。原曰：「本能飲酒，但以荒思廢業，故斷(九〇)之耳！今當遠別，可一飲燕。」於是共坐飲酒，終日不醉。寧、原俱以操尚稱，度虛館以候(九一)之。寧既見度，乃廬於山谷。時避難者多居郡南，而寧獨居北。示無還志，後漸來從之，旬月而成邑。寧每見度，語唯經典，不及世事，還山專講詩書，習俎豆，非學者無見也。由是度安其賢，民化其德。

邴原性剛直，清議以格物(九二)，度以下，心不安之。寧謂原曰：「潛龍以不見成德(九三)。言非其時，皆招禍之道也。」密遣原逃歸，度聞之，亦不復追也。

王烈器業過人，少時名聞在原、寧之右，善於教誘鄉里。有盜牛者，主得之，盜請罪曰：「刑戮是耳，乞不使王彥方(九四)知也。」烈聞而使人謝之，遺布一端(九五)。或問其故，烈曰：「盜懼吾聞其過，是有恥惡之心。既知恥惡，則善心將生，故與布以勸為善也。」後有老父遺劍於路，行道一人見而守之。至暮，老父還，尋得劍，怪之，以事告烈。烈使推求(九六)，乃先盜牛者也。諸有爭訟曲直，將質(九七)之於烈，或至塗而反，或望廬而還，皆相推(九八)以直，不敢使烈聞之。度欲以為長史，烈辭之，為商賈以自穢(九九)，乃免。

【今註】㊀朝廷：謂天子，此指獻帝。㊁幼沖：幼小。李賢曰：「幼小在位曰沖。」㊂關塞：胡三省曰：「關塞，謂幽谷關、桃林塞也。」㊃昌邑：昌邑王賀。㊄孰：誰。㊅諸君北面，我自西向：諸君，謂議廢立諸將，時劉虞在幽州，獻帝在長安，幽州在北，長安在西。操云諸君欲北面事虞，我自西向事帝耳！㈦無血脈之屬：謂獻帝非靈帝子。㈧室家見戮，不念子胥，可復北面乎：初平元年，董卓以袁紹起兵關東，殺太傅袁隗，並夷其族。紹以殺隗出於帝意，謂既不能效子胥報父兄之讎，豈可復北面事之乎？㈨百寮：百官，楊慎曰：「文選注：『寮，小窓也。』同官為寮，指其齋署同窓為義；今士子同業曰同窓。官先事，士先志，官之同寮，亦士之同窓也。」㈩悽悽：忠謹貌。⑪梁：縣名，屬河南尹，故城在今河南省臨汝縣西。⑫陽人：《後漢書．郡國志》，河南尹梁縣有陽人聚，故城在今河南省臨汝縣西。⑬堅夜馳見術：《吳志．孫堅傳》：「陽人去魯陽百餘里，堅夜馳見術。」一時術屯魯陽。⑭浸潤之言：《論語．顏淵》：「浸潤之譖。」鄭注：「譖人之言，如水之浸潤，漸以成也。」⑮踧踖：侷促不安貌。⑯乃：汝。⑰大谷：地名，其地在今河南省洛陽縣南，詳見卷五十九獻帝初年元年註㊲。⑱甄官井中：胡三省曰：「甄官署之井中也。晉職官悉，少府之屬有甄官令，而續漢志無之，蓋屬於他署，未置專官也。甄官掌琢石陶土之事。」⑲戇：愚直。⑳孤昔與周慎西征邊、韓於金城，事見卷五十八靈帝中平二年。邊韓，謂邊章、韓遂。㉑戳：截本字。㉒造：往。㉓兒曹：鄙視之辭，謂周慎、張溫輩。㉔為可：言其才為可用。㉕諸袁兒：謂袁紹、袁術輩。㉖抵手：拍手。抵音紙（ㄓˇ）。㉗義真：皇甫嵩字。㉘巍：高大貌。㉙誣引：誣告連引。㉚囂囂：憂懼貌。㉛以目：韋昭曰：「不敢發言，以目相眄而已。」㉜漳水：胡三省曰：「濁漳水出上黨長子而東過鄴，鄴則韓馥所居也。」按漳水有二源，一曰清漳水，源出山西省黎城縣，西南流，復北而東南，入河南省，至林縣，會於濁漳水；二曰濁漳水源出山西長子縣境，東流折北入河南省境，至林縣合清漳水，始稱漳水，亦稱漳河。㉝貶節：減損。㉞麴義：胡三省曰：「姓譜，漢有平原鞠譚，其子閟避難，改曰麴氏，後遂為西平著姓。」㉟逢紀：逢姓，紀名。㊱要：讀曰邀。㊲卒：讀曰猝。㊳延津：津名，故址在今河南省延津縣北。㊴袁車騎：紹討卓，自號東騎將軍。㊵引軍車向：胡三省曰：「白河內至延津為東向。」㊶意未可量：言其意在兼併，難以預量。㊷吐決：胡三省曰：「吐決，謂吐奇決策也。」吐謂談吐，奇謂奇計。㊸舊：舊交。㊹同盟：紹與馥嘗會盟討卓，故曰同盟。㊺恇怯：恐懼畏縮。㊻帶甲：披甲之士。㊼窮：困疲。㊽仰我鼻息：胡三省曰：「鼻氣噓之則溫，吸之則寒，故云然。」意謂對方生死之權，操於己手，如鼻之呼吸，欲其溫則溫，欲其寒則寒。㊾清水：胡三省曰：「據水經，清水出河內修武縣，逕獲嘉、汲縣而入於河，不至朝歌，唯淇水則逕至縣歌耳！蓋俗亦呼其水為清水。據九州春秋，紹時在朝歌清水口，浮等自玉津東下，則兩軍皆舟行大河而向鄴也。清水口即淇口，南岸即延津。」朝歌，今河南省淇縣地。㊿閤：小門。(五一)將御：猶言統率。(五二)廣平：縣名，屬鉅鹿郡，故城在今河北省雞澤縣東。(五三)別駕：漢置別駕從事史，為州史刺之佐吏，其職掌《後漢書・百官志》云：「行部則奉引，錄眾事。」舊解以為刺史行部，別乘傳車從行，故曰別駕。(五四)治中：《後漢書・百官志》，漢於諸州置功曹從事史，為州刺史之佐吏，主州選署及眾事。以其居中治事，主眾曹文書，故曰治中。(五五)都官從事：《後漢書・百官志》，都官從事，司隸屬官，主察舉百官犯法者。胡三省曰：「紹置都官從事，則猶領司隸校尉也。」紹領司隸校尉，見上卷中平六年。(五六)徼：音驕（ㄐㄧㄠ），求取。(五七)索去：求去。(五八)耳語：附耳密語。(五九)溷：廁所。(六〇)書刀：古人削簡為書，書刀即削簡之刀。(六一)遘難：遘與構同，謂構成釁隙。(六二)規：規劃謀取。(六三)畦：音雖。(六四)東武陽：縣名，屬東郡，故城在今山東省朝城縣西。(六五)東光：縣名，屬渤海郡，故城在今河北省東光縣東。(六六)薄：迫蹴。(六七)流血丹水：流血染水，水為之赤。(六八)由是虞、瓚有隙：虞為牧幽州，即與瓚有隙，至是仇怨益深。(六九)離貳：不和洽協一。(七〇)襲奪堅陽城：胡三省曰：「堅領豫州刺史，屯陽城。」(七一)磐河：磐一作般，又作槃。郭璞曰：「水曲如鈎流般桓也。」《水經》云：「大河故瀆東北逕西平昌縣故城北，分派東入般縣為般河。」漢般縣屬平原郡，故城在今山東省德平縣東北。(七二)單經：單姓，經名。單讀如單于之單。(七三)涿郡劉備，中山靖王之後也：《三國蜀志・先主傳》：「備字玄德，涿郡涿縣人，漢景帝子中山靖王勝之後也。勝子貞，元狩六年封涿縣陸城亭侯，坐酎金失侯，因家焉。」(七四)垂手下厀，顧自見其耳：言其有異相。厀與膝同。(七五)稠：《玉篇》：「稠，密也。」義與眾同。(七六)皆願袁氏：皆願從袁氏。胡三省曰：「願下當有從字。」(七七)訩訩：喧擾貌。訩本作詾，省文作訩。(七八)縣：談曰懸。(七九)羣豎不吾從，而從吾家奴乎：紹，司空逢之庶子，伯父出為成之後，而術乃逢之嫡子，故譏紹為家奴。(八〇)樊、鄧：樊城、鄧縣，俱屬南陽郡，故城在今湖北省襄陽縣北。(八一)峴山：在湖北省襄陽縣南。(八二)上儁行車騎將軍：上，上表；行，攝行。(八三)丹陽：此吳之丹陽，非楚之丹陽，屬丹陽郡，故城在今安徽省當塗縣東。惠棟曰：「案晉志，陽當作楊。」以縣境有丹楊山，山多赤柳，故名。(八四)自祖父陵以來，世為五斗米道：陵即張天師，五斗米道即後所謂天師道，奉道者納米五斗，故曰五斗米道。(八五)督義司馬：《隸釋》云：「劉焉在蜀，創置督義司馬，此焉率意自置。」按漢無督義司馬官。㊅斜谷閣：為褒斜谷之北口，谷口有關，曰斜谷關。《郿縣志》云：「斜谷在郿縣西南三十里，入谷口二百二十里，抵鳳縣界；出連雲棧，復百五十里，出谷，抵褒城。」㊆劉表上焉有似子夏在西河疑聖人之論：《禮記・檀弓》：「曾子責子夏曰：『吾與子事夫子於洙泗之間，退而歸老於西河之上，使西河之人，疑女於夫子，而罪一也。』」表蓋言焉在蜀僭擬，使蜀人疑為天子也。㊇治書御史：《後漢書・百官志》，治書侍御史二人，秩六百石。本注曰：「掌選明法律者為之，凡天下諸讞疑事，掌以法律，當其是非。」蔡質曰：「選御史高第補之。」胡廣曰：「孝宣感路溫舒言秋季後請讞，時帝幸宣室，齋居而決事，令侍御史二人治書，治書御史起此。」㊈會：會合。㊉斷：戒絕。㊈㊀候：伺其至。㊈㊁格物：正物，正物之不正以歸於正。㊈㊂潛龍以不見成德：《易・乾初九》：「潛龍勿用。」孔子曰：「君子以成德為行。潛之為言也，隱而未見，行而未成，是以君子弗用。」㊈㊃彥方：王烈字。㊈㊄端：古度名。古以二丈為端，見《爾雅》；或謂布帛六丈曰端，見《集韻》。㊈㊅推求：尋求。㊈㊆質：求正。㊈㊇推：推讓。㊈㊈為商賈以自穢：漢俗重士農而輕商賈，故為商賈以自穢。

三年（西元一九二年）

㈠春，正月，丁丑（正月庚寅朔，無丁丑），赦天下。

㈡董卓遣牛輔將兵屯陝，輔分遣校尉北地李傕、張掖郭汜、武威張濟將步騎數萬，擊破朱儁於中牟，因掠陳留、潁川諸縣，所過殺虜無遺。

初，荀淑有孫曰彧㊀，少有才名，何顒見而異之，曰：「王佐才也。」及天下亂，彧謂父老曰：「潁川四戰之地㊁，宜亟避之。」鄉人多懷土不能去，彧獨率宗族去，依韓馥。會袁紹已奪馥位，待彧以上賓之禮，彧度紹終不能定大業，聞曹操有雄略，乃去紹從操。操與語，大悅，曰：「吾子房也㊂。」以為奮武司馬㊃。其鄉人留者，多為傕、汜等所殺。

㈢袁紹自出拒公孫瓚，與瓚戰於界橋㊄南二十里。瓚兵三萬，其鋒甚銳，紹令麴義領精兵八百先登，強弩千張夾承之㊅。瓚輕其兵少，縱騎騰之，義兵伏楯下不動，未至十數步，一時同發，讙呼動地，瓚軍大敗，斬其所置冀州刺史嚴綱。【考異】九州春秋作劉綱，今從范書、魏志。獲甲首千餘級。追至界橋，瓚斂兵還戰。義復破之，遂到瓚營，拔其牙門㊆，餘眾皆走。

初，兗州刺史劉岱與紹、瓚連和，紹令妻子居岱所，瓚亦遣從事范方將騎助岱。及瓚擊破紹軍，語岱令遣紹妻子，別敕范方，若岱不遣紹家，將騎還，吾定紹，將加兵於岱。岱與官屬議，連日不決，聞東郡程昱有智謀，召而問之。昱曰：「若棄紹近援而求瓚遠助，此假人於越以救溺子之說也㈧，夫公孫瓚非袁紹之敵也，今雖壞紹軍，然終為紹所禽。」岱從之，范方將其騎歸，未至而瓚敗。

㈣曹操軍頓丘㈨，于毒等攻東武陽。操引兵西入山，攻毒等本屯㈩。諸將皆請救武陽，操曰：「使賊聞我西而還，武陽自解也；不還，我能敗其本屯，虜不能拔武陽，必矣！」遂行。毒聞之，棄武陽還，操遂擊眭固及匈奴於扶羅於內黃㈡，皆大破之。

㈤董卓以其弟旻為左將軍，兄子璜為中軍校尉，皆典兵事；宗族內外，並列朝廷；卓侍妾懷抱中子，皆封侯，弄以金紫㈢。卓車服僭擬天子，召呼三臺㈢，尚書以下，皆自詣卓府啟事。又築塢於郿㈣，高、厚皆七丈，積穀為三十年儲，自云事成雄據天下，不成守此，足以畢老。卓忍於誅殺，諸將言語有蹉跌⑮者，便戮於前，人不聊生。

司徒王允與司隸校尉黃琬、僕射士孫瑞、尚書楊瓚密謀誅卓。中郎將呂布便⑯弓馬，膂⑰力過人，卓自以遇人無禮，行止常以布自衛，甚愛信之，誓為父子。然卓性剛褊⑱，嘗小失卓意，卓拔手戟⑲擲布。布拳捷⑳，避之而改容顧謝，卓意亦解，布由是陰怨於卓。卓又使布守中閤而私於傅婢㉑，益不自安。王允素善待布，布見允，自陳卓幾見殺之狀，允因以誅卓之謀告布，使為內應。布曰：「如父子何？」曰：「君自性呂，本非骨肉。今憂死不暇，何謂父子？擲戟之時，豈有父子情邪？」布遂許之。

夏，四月，丁巳（四月己未朔，無丁巳），帝有疾新愈，大會未央殿。卓朝服乘車而入，陳兵夾道，自營至宮，左步右騎，屯衛周帀㉒，令呂布等扞衛前後。王允使士孫瑞自書詔以授布㉓，布令同郡騎都尉李肅【考異】袁紀作李順，今從范書、魏志。與勇士秦誼、陳衛等十餘人偽著衛士服，守掖門內以待卓。卓入門，肅以戟刺之。卓衷甲㉔不入，傷臂墮車，顧大呼曰：「呂布何在？」布曰：「有詔討賊臣。」卓大罵曰：「庸狗敢如是邪？」布應聲持矛刺卓，趣兵斬之㉕。主簿田儀及卓倉頭前赴其尸，布又殺之，凡所殺三人。布即出懷中詔版以令吏士曰：「詔討卓耳，餘皆不問。」吏士皆正立不動，大稱萬歲，百姓歌舞於道，長安中士女賣其珠玉衣裝市酒肉相慶者，填滿街肆。弟旻、璜等及宗族老弱在郿，皆為其羣下所斫射死。暴卓尸於市，天時始熱，卓素充肥，脂流於地，守尸吏為大炷㉖，置卓臍中，然之，光明達曙，如是積日。諸袁門生聚董氏之尸，焚灰，揚之於路。塢中有金二三萬斤，銀八九萬斤，錦綺、奇玩㉗積如丘山。

以王允錄尚書事；呂布為奮威將軍㉘，假節，儀比三司㉙，封溫侯㉚，共秉朝政。

卓之死也，左中郎將高陽㉛侯蔡邕在王允坐，聞之，驚歎。允勃然㉜叱之曰：「董卓國之大賊，幾亡漢室，君為王臣，所宜同疾；而懷其私遇，反相傷痛，豈不共為逆哉？」即收付廷尉。邕謝曰：

「身雖不忠，古今大義，耳所厭聞㉝，口所常玩，豈當背國而嚮卓也？願黥首刖足繼成漢史㉞。」士大夫多矜救之，不能得。太尉馬日磾謂允曰：「伯喈㉟曠世逸才㊱，多識漢事，當繼成後史，為一代大典；而所坐至微，誅之，無乃失人望乎？」允曰：「昔武帝不殺司馬遷，使作謗書，流於後世㊲。方今國祚中衰，戎馬在郊，不可令佞臣執筆在幼主左右，既無益聖德，復使吾黨蒙其訕議。」日磾退而告人曰：「王公其無後乎！善人㊳，國之紀也；制作，國之典也；滅紀廢典，其能久乎？」邕遂死獄中㊴。

初，黃門侍郎荀攸與尚書鄭泰、侍中种輯等謀曰：「董卓驕忍無親，雖資彊兵，實一匹夫耳，可直刺殺也！」【考異】魏志云：「攸與何顒、伍瓊同謀。」按顒、瓊死已久，恐誤。事垂就而覺，收攸繫獄，泰逃奔袁術。攸言語飲食自若，會卓死，得免。

㈥青州黃巾寇兗州，劉岱欲擊之。濟北相鮑信諫曰：「今賊眾百萬，百姓皆震恐，士卒無鬥志，不可敵也。然賊軍無輜重，唯以鈔略為資。今不若畜士眾之力，先為固守，彼欲戰不得，攻又不能，其勢必離散，然後選精銳據要害擊之，可破也。」岱不從，遂與戰，果為所殺。

曹操部將東郡陳宮謂操曰：「州今無主而王命斷絕，宮請說州中綱紀(四〇)，明府尋往牧之(四一)，資之以收天下，此霸王之業也。」宮因往說別駕、治中曰：「今天下分裂而州無主，曹東郡(四二)命世之才也，若迎以牧州，必寧生民。」鮑信等亦以為然，乃與州吏萬潛等至東郡迎操，領兗州刺史(四三)。操遂進兵擊黃巾於壽張東，不利。賊眾精悍，操兵寡弱，操撫循激勵，明設賞罰，承間設奇(四四)，晝夜會戰，戰輒禽獲，賊遂退走。鮑信戰死，操購求其喪，不得，乃刻木如信狀，祭而哭焉。詔以京兆金尚為兗州刺史，將之部，操逆擊之，尚犇袁術。

(七)五月，【考異】范書丁酉大赦，袁紀丁未大赦。按是年正月丁丑大赦，及李傕求赦，王允曰：「一歲不再赦。」然則五月必無赦也。以征西將軍皇甫嵩為車騎將軍。

(八)初，呂布勸王允盡殺董卓部曲，允曰：「此輩無罪，不可。」布欲以卓財物班賜公卿將校，允又不從。允素以劍客遇布，布負其功勞，多自誇伐，既失意望，漸不相平。允性剛稜㊺疾惡，初懼董卓，故折節下之。卓既殲滅，自謂無復患難，頗自驕傲，以是羣下不甚附之。允始與士孫瑞議，特下詔赦卓部曲，既而疑曰：「部曲從其主耳，今若名之惡逆而赦之，恐適使深自疑，非所以安之也！」乃止。又議悉罷其軍，或說允曰：「涼州人素憚袁氏而畏關東，今若一旦解兵開關，必人人自危。可以皇甫義真為將軍，就領其眾因使留陝以安撫之。」允曰：「不然，關東舉義兵者，皆吾徒也。今若距險屯陝，雖安涼州而疑關東之心，不可也。」時百姓訛言當悉誅涼州人，卓故將校遂轉相恐動，皆擁兵自守，更相謂曰：「蔡伯喈但以董公親厚，尚從坐；今既不赦我曹，而欲使解兵。今日解兵，明日當復為魚肉矣！」呂布使李肅至陝，以詔命誅牛輔。輔等逆與肅戰，肅敗走弘農，布誅殺之。李傕等輔恇怯失守㊻，會營中無故自驚，輔欲走，為左右所殺。李傕等還㊼，輔已死。傕等無所依，遣使詣長安求赦。王允曰：「一歲不可再赦。」不許。傕等益懼，不知所為，欲各解散，間行歸鄉里。

討虜校尉武威賈詡曰：「諸君若棄軍單行，則一亭長能束君矣！不如相率而西以攻長安，為董公報仇。事濟，奉國家以正天下；若其不合㊽，走未晚也。」傕等然之，乃相與結盟，率軍數千，晨夜西行，王允以胡文才、楊整脩皆涼州大人㊾，召使東解釋之，不假借以溫顏。謂曰：「關東鼠子欲何為邪？卿往呼之。」於是二人往，實召兵而還。

傕隨道收兵，比㊿至長安，已十餘萬，與卓故部曲樊稠、李蒙等合圍長安城。城峻不可攻，守之(51)八日。【考異】魏志云：「十日。」今從范書。呂布軍有叟兵內(52)反，六月，戊午（朔）引傕眾入城，放兵虜掠。布與戰城中，不勝，將數百騎以卓頭繫馬鞍出走，駐馬青瑣門(53)外，招王允同去。允曰：「若蒙社稷之靈，上安國家，吾之願也，如其不獲(54)，則奉身以死之。朝廷(55)幼少，恃我而已，臨難苟免，吾不忍也。努力謝關東諸公，勤以國家為念。」太常种拂曰：「為國大臣，不能禁暴禦侮，使白刃向宮，去將安之？」遂戰而死。

傕、汜屯南宮掖門，殺太僕魯馗(56)、大鴻臚周奐、城門校尉崔烈、越騎校尉王頎(五七)，吏民死者萬餘人，狼籍(五八)滿道。王允扶帝上宣平門(五九)避兵，傕等於城門下，伏地叩頭。帝謂傕等曰：「卿等放兵縱橫，欲何為乎？」傕等曰：「董卓忠於陛下而無故為呂布所殺，臣等為卓報讎，非敢為逆也。請事畢，詣廷尉受罪。」傕等圍門樓，共表請司徒王允出，問太師何罪？允窮蹙，乃下見之。己未（初二日），赦天下。以李傕為揚武將軍，郭汜為揚烈將軍(六〇)，樊稠等皆為中郎將。傕等收司隸校尉黃琬，殺之。

初，王允以同郡(六一)宋翼為左馮翊，王宏為右扶風。傕等欲殺允，恐二郡為患，乃先徵翼、宏。宏遣使謂翼曰：「郭汜、李傕以我二人在外，故未危(六二)王公。今日就徵，明日俱族，計將安出？」翼曰：「雖禍福難量，然王命所不得避也！」宏曰：「關東義兵鼎沸(六三)，欲誅董卓。今卓已死，其黨與易制耳！若舉兵共討傕等，與山東相應，此轉禍為福之計也。」翼不從，宏不能獨立，遂俱就徵。甲子（初七日），傕收允及翼、宏，並殺之，允妻子皆死。宏臨命詬(六四)曰：「宋翼豎儒(六五)，不足議大計。」傕尸王允於市，莫敢收者。故吏平陵令京兆趙戩棄官收而葬之。始允自專討卓之勞，士孫瑞歸功不侯㈥㈥，故得免於難。臣光曰：「易稱勞謙君子有終，吉㈥㈦。士孫瑞有功不伐，以保其身，可不謂之智乎？」

㈨傕等以賈詡為左馮翊，欲侯之，詡曰：「此救命之計，何功之有？」固辭不受。又以為尚書僕射，詡曰：「尚書僕射，官之師長㈥㈧，天下所望。詡名不素重㈥㈨，非所以服人也。」乃以為尚書。

㈩呂布自武關犇南陽，袁術待之甚厚。布自恃有功於袁氏㈦〇，恣兵鈔掠，術患之。布不自安，去從張楊於河內。李傕等購求布急，布又逃歸袁紹。

㈩㈠丙子（十九日），以前將軍趙謙為司徒。

㈩㈡秋，七月庚子（十三日），以太尉馬日磾為太傅，錄尚書事。

㈩㈢八月，以車騎將軍皇甫嵩為太尉。

㈩㈣詔太傅馬日磾、太僕趙岐杖節鎮撫關東。

㈩㈤九月，以李傕為車騎將軍，領司隸校尉，假節；郭汜為後將軍，樊稠為右將軍，張濟為驃騎將軍㈦㈠，皆封侯㈦㈡。傕、汜、稠筦㈦㈢朝政，濟出屯弘農。

(十六)司徒趙謙罷。

(十七)甲申（二十九日），以司空淳于嘉為司徒；光祿大夫楊彪為司空，錄尚書事。

(十八)初，董卓入關，說韓遂、馬騰與共圖山東，遂、騰率眾詣長安。會卓死，李傕等以遂為鎮西將軍，遣還金城；騰為征西將軍，遣屯郿。

(十九)冬，十月，荊州刺史劉表遣使貢獻。以表為鎮南將軍，荊州牧，封成武侯㊃。

(廿)十二月，太尉皇甫嵩免，以光祿大夫周忠為太尉，參錄尚書事。

(廿一)曹操追黃巾至濟北，悉降之，得戎卒三十餘萬，男女百餘萬口，收其精銳者，號青州兵㊄。

操辟陳留毛玠為治中從事，玠言於操曰：「今天下分崩，乘輿㊅播蕩㊆，生民廢業，饑饉流亡。公家無經歲之儲，百姓無安固之志，難以持久。夫兵義者勝㊇，守位以財㊈。宜奉天子以令不臣，脩耕植以畜軍資(八〇)，如此，則霸王之業可成也。」操納其言。遣使詣河內太守張楊，欲假塗(八一)西至長安，楊不聽。定陶董昭說楊曰：「袁、曹雖為一家，勢不久。曹今雖弱，然實天下之英雄也，當故結之(八二)。況今有緣，宜通其上事，並表薦之。若事有成，永為深分(八四)。」楊於是通操上事，仍表薦操。昭為操作書與李傕、郭汜等，各隨輕重致殷勤。傕、汜見操使，以為關東欲自立天子，今曹操雖有使命，非其誠實，議留操使。黃門侍郎鍾繇說傕、汜曰：「方今英雄並起，各矯命專制，唯曹兗州乃心王室，而逆其忠款(八五)，非所以副將來之望也。」傕、汜乃厚加報答(八六)。繇，皓之曾孫也(八七)。

(廿二)徐州刺史陶謙與諸守相共奏記(八八)，推朱儁為太師，因移檄牧伯(八九)，欲以同討李傕等，奉迎天子。會李傕用太尉周忠、尚書賈詡策，徵儁入朝，儁乃辭謙議而就徵，復為太僕。

(廿三)公孫瓚復遣兵擊袁紹，至龍湊(九〇)，紹擊破之。瓚遂還幽州，不敢復出。

(廿四)刺史汝南陳溫卒。袁紹使袁遺領揚州，袁術擊破之。遺走至沛，為兵所殺。術以下邳陳瑀為揚州刺史。【考異】獻帝紀：「四年三月，袁術殺陳溫，據淮南。」魏志術傳云：「術殺溫，領其州。」裴松之按英雄記：「溫自病死，不為術所殺。」九州春秋曰：「初平三年，楊州刺史陳禕死，術以瑀領楊州。」蓋陳禕當為陳溫，實以三年卒，今從之。

【今註】㈠彧：通郁。㈡四戰之地：地勢平坦，四面受敵之地。㈢吾子房也：操蓋比荀彧為張良。㈣以為奮武司馬：操初起兵討卓，行奮武將軍，故以彧為奮武司馬。㈤界橋：橋名。李賢曰：「今貝州宗城縣側有古界城，此城近枯漳水，則界橋蓋當在此之側也。」杜佑曰：「界橋在貝州宗城縣東。」唐貝州，即今河北省清河縣。㈥夾承之：夾列兩翼以承敵。㈦牙門：韋昭曰：「軍門立旌為門，若今牙門矣！」按古行軍有牙旗，置營則立旗為軍門，謂之牙門。封氏《聞見記》云：「詩曰：『祈父予王爪牙。』祈父，司馬，掌武備，眾猛獸以爪牙為衞，故軍前大旗，謂之牙旗。」㈧此假人於越以救溺子之說也：言勢遠不能相及，喻不宜棄近援而求遠助。㈨頓丘：縣名，屬東郡，故城在今河北省清豐縣西南。㈩操引兵西入山，攻毒等本屯：胡三省曰：「毒等時掠魏郡，屯於西山。」⑪內黃：縣名，屬魏郡，故城在今河南省內黃縣西北。⑫金紫：金印紫綬。漢制，徹侯金印紫綬。⑬三臺：見上卷靈帝中平六年註(九五)。⑭郿：縣名，屬扶風：故城在今陝西省郿縣東北。卓築塢於此，世稱郿塢。塢故址在今郿縣北。⑮蹉跌：意外之失誤。蹉亦作差。⑯便：便習。⑰膂：脊骨。⑱剛褊：剛戾燥急。⑲手戟：《釋名》云：「手戟，手所持擿之戟也。」⑳拳捷：拳勇而迅捷。㉑傳婢：顏師古曰：「凡言傅婢者，謂傅相其衣服衽席之事。一說傅曰附，謂近幸也。」㉒周帀：完密。㉓王允使士孫瑞自書詔以授布：東漢尚書主總領綱紀，頒發詔令。時孫瑞為尚書僕射，允懼謀泄，故使孫瑞自書詔。㉔衷甲：杜預曰：「甲在衣中。」言披甲於內而加衣於外。㉕趣兵斬之：趣讀曰促。促使兵士斬卓。㉖炷：燈炷，燈中燃火之處。㉗奇玩：珍奇玩物。㉘呂布為奮威將軍：沈約曰：「呂布為奮武將軍。」㉙儀比三司：胡三省曰：「儀比三司猶儀同三司也。」㉚溫：縣名，屬河內郡，故在今河南省溫縣西南。㉛高陽：縣名，前漢屬涿郡，後漢屬河間國，故城今河北省高陽縣東。㉜厭聞：厭，足，猶曰常聞。㉝勃然：慍怒變色貌。㉞願黥首刖足，繼成漢史：胡三省曰：「初，邕徙朔方，自徒中上書，乞續漢書諸志，蓋其所學所志者在此。」㉟伯喈：蔡邕字。㊱曠世逸才：才華俊逸，舉世無匹。㊲昔武帝不殺司馬遷，使作謗書，流於後世：李賢曰：「凡史官記事，善惡必書。謂遷所著史記，但是漢家不善之事，皆為謗也，非獨指武帝之身，即高祖善家令之言，武帝筭緡榷酤之類是也。班固集云：『司馬遷著書，成一家之言，至以身陷刑，故微文刺譏，貶損當世，非誼士也。』」㊳善人，國之紀也：《左傳》云：「善人，天地之紀也，而驟絕之，不亡何待？」㊴邕遂死獄中：魏收云：「邕冢在陳留小黃縣。」樂史云：「在開封縣東北四十五里。邕死獄中，葬於此。」㊵綱紀：《世語》曰：「岱既死，陳宮謂太祖曰：『州今無主而王命斷絕，宮請說州中，明府尋往牧之，資之以收天下，此霸王之業也。』」綱紀二字，溫公所加，謂州別駕、治中之屬。《文選》注：「綱紀謂主簿也，教，主簿宜之，故曰綱紀。」虞預《晉書》東平主簿王豹白事齊王曰：「況豹雖陋，固大州之綱紀也。」是兩晉以後通謂州郡佐吏為綱紀，非漢世用語。㊶牧之：自為州牧。㊷曹東郡：操時為東郡太守。㊸兗州刺史：《魏志・武帝紀》作兗州牧。㊹設奇：伏奇兵以制勝。㊺剛稜：胡三省曰：「稜，方稜也。剛稜猶言剛方。」㊻失守：失其職守。㊼李傕等還：自陳留、潁川諸郡還。㊽不合：胡三省曰：「謂事不濟，不與本計合也。」㊾大人：李賢曰：「大人，長老之稱，言尊事之也。」按《後漢書・蘇章傳》：「章祖父純，字桓公，有高名，性強切而持毀譽，士友咸憚之，三輔號為大人。」惠棟曰：「蘇氏為扶風著姓，故云大人。」㊿比：及。(51)守之：伺其變。(52)叟兵，李賢曰：「叟兵即蜀兵也，漢代謂蜀為叟。」(53)青瑣門：青瑣，門窗之飾。孟康曰：「以青畫戶邊鏤中，天子制也。」顏師古曰：「青瑣者，刻為連瑣文而以青塗之也。」(54)不獲：不獲所願。(55)朝廷：謂天子。(56)馗：音逵。(57)欣：音祈。(58)狼籍：籍亦作藉，散亂不整貌。(59)宣平門：《三輔黃圖》曰：「長安城東面北頭門號宣平門。」(60)以李傕為楊武將軍，郭汜為楊烈將軍：胡三省曰：「楊武將軍始於建武之初馬成為之；楊烈將軍始於是時。」(61)同郡：王允太原祁縣人，同郡謂太原郡。(62)危：危害。(63)鼎沸：喻形勢洶湧，如鼎水沸騰。(64)詬：怒罵。(65)豎儒：鄙賤之辭，言此儒賤劣如童豎。(66)歸功不侯：歸功於允，不受封侯之賞。(67)易稱勞謙君子有終，吉：此《易・雪卦》爻辭。程頤曰：「有勞而能謙，又須君子行之有終，則吉。夫樂高喜勝，人之常情，平時能謙，固已鮮矣！況有功勞可尊乎？雖使知謙之善，勉而為之，若矜負之心不忘，則不能常久，欲其有終，不可得也。惟君子安履謙順，故久而不變，乃所謂有終，則吉也。」

（六八）師長：孔穎達曰：「師訓為眾。眾長，眾官之長。」（六九）名不素重：非素有重名。（七〇）布自恃有功於袁氏：布殺卓，為袁氏報仇，故自謂有功於袁氏。（七一）驃騎將軍：《後漢書・董卓傳》作鎮東將軍，此據《魏志・董卓傳》。（七二）皆封侯：傕封池侯，汜封美陽侯，稠封萬年侯，濟封平陽侯。（七三）莞：同管。（七四）成武：縣名，前漢屬山陽，郡後漢改屬濟陰郡，故城即今山東省城武縣。（七五）號青州兵：胡三省曰：「所降者青州黃巾也，故號青州兵。」（七六）乘輿：謂天子。蔡邕曰：「天子至尊，不敢渫瀆言之，故托之於乘輿。乘猶載，輿猶車也。天子以天下為家，不以京師宮室為常處，則當乘輿車以行天下，故羣臣托稱輿以言之。或謂之車駕。」（七七）播蕩：流移失所。（七八）兵義者勝：《前漢書・魏相傳》云：「救亂誅暴，謂之義兵，兵義者土。」（七九）守位以財：《易・大傳》云：「『何以為人？』曰：『財。』『何以守位？』曰：『仁。』」（八〇）宜奉天子以令不臣，脩耕植以畜軍資：不臣者，不守臣節，謂割據羣雄。畜讀曰蓄。胡三省論曰：「操之所以芟羣雄者，在迎天子都許，屯田積穀而已，二事乃玠發其謀也。」（八一）假塗：猶假道，塗與途同。自兗州至長安須經河內，故假道於張楊。（八二）當故結之：胡三省曰：「故者，結交之固也。謂因事而結之。」（八三）上事：謂奏章。（八四）深分：分者契分，言契分深厚。（八五）忠款：忠誠。《史記・司馬相如傳》：「謁款天神。」《集解》：「款，誠也。」《荀子・修身篇》：「愚款端愨。」注：「款，誠款也。」（八六）傕、汜乃厚加報答：厚報操以慰安其心。胡三省論曰：「當是時，董昭在河內，鍾繇在長安，操不能使也，而各為操道地，蓋聞其雄略，先為効用以自結也。」（八七）繇，皓之曾孫也：鍾皓事見卷五十三桓帝建和三年。（八八）奏記：封章陳事曰奏記。《文心雕龍・書記》：「後漢始有公府奏記，記之言志，進己志也。」(八九)牧伯：謂諸州牧及部刺史。(九〇)龍湊：胡三省曰：「龍湊，地名，在平原界。漢晉春秋載紹與瓚書曰：『龍河之師，羸兵前誘，大兵未濟，而足下膽破眾散，不鼓而敗。』則龍湊在河津也。詳味紹書，龍湊宜在勃海界；又袁譚軍龍湊，曹操攻之，拔平原，走保南皮，蓋在平原界也。」

四年（西元一九三年）

㈠春，正月，甲寅，朔，日有食之。

㈡丁卯（十四日），赦天下。【考異】袁紀五月丁卯赦，今從范書。

㈢曹操軍甄城㊀。袁術為劉表所逼，引兵屯封丘㊁，黑山別部及匈奴於扶羅皆附之。曹操擊破術軍，遂圍封丘。術走襄邑㊂，又走寧陵㊃，操追擊，連破之，術走九江。揚州刺史陳瑀拒術不納，術退保陰陵㊄，集兵於淮北，復進向壽春㊅。瑀懼，走歸下邳。術遂領其州，兼稱徐州伯。

李傕欲結術為援，以術為左將軍，封陽翟侯。假節。

㈣袁紹與公孫瓚所置青州刺史田楷連戰二年，士卒疲困，糧食並盡，互掠百姓，野無青草。紹以其子譚為青州刺史，楷與戰，不勝。會趙岐來和解關東，瓚乃與紹和親，各引兵去。

㈤三月，袁紹在薄落津㊆，魏郡兵反，與黑山賊于毒等數萬人共覆鄴城，殺其太守，紹還屯斥丘㊇。

㈥夏，曹操還軍定陶。

㈦徐州治中東海王朗及別駕琅邪趙昱說刺史陶謙曰：「求諸侯莫如勤王㊈。今天子越⑩在西京，宜遣使奉貢。」謙乃遣昱奉章至長安，詔拜謙徐州牧，加安東將軍，封溧陽侯⑪。以昱為廣陵太守，朗為會稽太守。是時徐方⑫百姓殷盛，穀實差豐⑬，流民多歸之，而謙信用讒邪，踈遠忠直，刑政不治⑭，由是徐州漸亂。許劭避地廣陵，謙禮之甚厚，劭告其徒曰：「陶恭祖⑮外慕聲名，內非真正。侍吾雖厚，其勢必薄。」遂去之。後謙果捕諸寓士⑯，人乃服其先識。

㈧六月，扶風大雨雹。

㈨華山崩裂。

(十)太尉周忠免；以太僕朱儁為太尉，錄尚書事。

(十一)下邳闕宣(一七)聚眾數千人，自稱天子，陶謙擊殺之。【考異】范書謙傳作闕宣，今從魏志武紀及謙傳，魏武紀又曰：「謙與宣共舉兵取泰山、華、費，掠任城。謙傳亦云：「謙始與合從，後遂殺之，並其眾。」按謙據有徐州，託義勤王，何藉宣數千之眾而與之合從？蓋謙別將與宣共襲曹嵩，故曹操以此為謙罪而伐之耳！

(十二)大雨，晝夜二十餘日，漂沒民居。

(十三)袁紹出軍入朝哥鹿腸山(一八)，討于毒，圍攻五日，破之，斬毒及其眾萬餘級。紹遂尋山(一九)北行，進擊諸賊左髭、丈八等，皆斬之；又擊劉石、青牛角、黃龍、左校、郭大賢、李大目、于氐根等，復斬萬級，皆屠其屯壁，遂與黑山賊張燕及四營屠各(二〇)、鴈門烏桓戰於常山。燕精兵數萬，騎數千匹。紹與呂布共擊燕，連戰十餘日，燕兵死傷雖多，紹軍亦疲，遂俱退。呂布將士多暴橫，紹患之。布因求還雒陽，紹承制以布領司隸校尉，遣壯士送布而陰圖之。布使人鼓箏(二一)於帳中，密亡去。送者夜起斫，帳被皆壞，明旦，紹聞布尚在，懼，閉城自守，布引軍復歸張楊。

㈣前太尉曹嵩避難在琅邪，其子操令泰山太守應劭迎之。嵩輜重百餘兩㈢，陶謙別將守陰平㈢，士卒利嵩財寶，掩襲嵩於華、費㈣間，殺之，並少子德。秋，操引兵擊謙，攻拔十餘城，至彭城，大戰，謙兵敗，走保郯㈤。初，京、雒遭董卓之亂，民流移東出，多依徐土。遇操至，坑殺男女數十萬口於泗水，水為不流。操攻郯，不能克，乃去，攻取慮㈥、睢陵㈦、夏丘㈧，皆屠之，雞犬亦盡，墟邑㈨無復行人。

㈤冬，十月，辛丑（二十二日），京師地震。

㈥有星孛於天市㈢。

㈦司空楊彪免，丙午（二十七日），以太常趙溫為司空，錄尚書事。

㈧劉虞與公孫瓚積不相能。瓚數與袁紹相攻，虞禁之不可，而稍節其稟假㈡。瓚怒，屢違節度，又復侵犯百姓，虞不能制，乃遣驛使奉章陳其暴掠之罪；瓚亦上虞稟糧不周。二奏交馳，互相非毀，朝廷依違㈢而已。瓚乃築小城於薊㈢城東南以居之。虞數請會，瓚輒稱病不應。虞恐其終為亂，乃率所部兵合十萬人以討之。時瓚部曲放散在外，倉卒掘東城欲走。虞兵無部伍，不習戰，又愛民廬舍，敕不聽焚燒，戒軍士曰：「無傷餘人，殺一伯珪㉞而已。」攻圍不下。瓚乃簡募銳士數百人，因風縱火，直衝突之，虞眾大潰。虞與官屬北犇居庸㉟，瓚追攻之，三日，城陷，執虞並妻子還薊，猶使領州文書。會詔遣使者段訓增虞封邑，督六州事，拜瓚前將軍，封易侯㊱，瓚乃誣虞前與袁紹等謀稱尊號，脅訓斬虞及妻子於薊市。故常山相孫瑾、掾張逸、張瓚等相與就虞罵瓚，極口然後同死。瓚傳虞首於京師，故吏尾敦㊲於路刼虞首歸葬之。虞以恩厚得眾心，北州百姓流舊㊳，莫不痛惜。

初，虞欲遣使奉章詣長安，而難其人。眾咸曰：「右北平田疇，年二十二，年雖少，然有奇材。」虞乃備禮，請以為掾，具車騎。將行，疇曰：「今道路阻絕，寇虜縱橫，稱官奉使，為眾所指。願以私行，期於得達而已。」虞從之。疇乃自選家客二十騎，俱上西關㊴，出塞，傍北山㊵，直趣朔方，循間道至長安致命。詔拜疇為騎都尉，疇以天子方蒙塵未安，不可以荷佩榮寵，固辭不受。得報，馳還，比至，虞已死。疇謁祭虞墓，陳發章表(四一)，哭泣而去。公孫瓚怒，購求獲疇，謂曰：「汝不送章報我，何也？」疇曰：「漢室衰頹(四二)，人懷異心，唯劉公不失忠節，章報所言，於將軍未美，恐非所樂聞，故不進也。且將軍既滅無罪之君，又讎守義之臣，疇恐燕趙之士，皆將蹈東海而死，莫有從將軍者也！」瓚乃釋之。疇北歸無終(四三)，率宗族及附從者數百人，埽(四四)地而盟曰：「君仇不報，吾不可以立世。」遂入徐無山中(四五)，營深險平敞地而居，躬耕以養父母。百姓歸之，數年間至五千餘家。疇謂其父老曰：「今眾成都邑，而莫相統一，又無法制以治之，恐非久安之道。疇有愚計，願與諸君共施之，可乎？」皆曰：「可。」疇乃為約束、相殺傷、犯盜、諍(四六)訟者，隨輕重抵罪，重者至死，凡一十餘條。又制為婚姻嫁娶之禮，興學校講授之業，班行於眾，眾皆便之，至道不拾遺。北邊翕然(四七)服其威信，烏桓、鮮卑各遣使致饋，疇悉撫納，令不為寇。

(九)十二月，辛丑（二十三日），地震。

(廿)司空趙溫免，乙巳（二十七日），以衛尉張喜為司空。

【今註】㈠甄城：縣名，《後漢書・郡國志》作鄄城。惠棟曰：「鄄，衞邑，從邑，垔聲。案漢隸字源鄄亦作甄，古字通也。春秋莊十四年單伯會齊侯於鄄，杜預云：『今甄城。』荀彧、袁紹傳皆作甄。」屬濟陰郡，故城在今山東省濮縣東。㈡封丘：縣名，宋白曰：「封丘，古封國之地，左傳所謂封父之繁弱是也。漢為封丘縣。」屬陳留郡，故城在今河南省延津縣北。㈢襄邑：縣名，屬陳留郡，故城在今河南縣睢縣西。㈣寧陵：戰國魏之寧邑，漢置寧陵縣，故屬陳留縣，後改屬梁國，故城在今河南省寧陵縣南。㈤陰陵：縣名，屬九江郡，故城在今安徽省定遠縣西北。㈥壽春：縣名，屬九江郡，揚州刺史治，故城即今安徽省壽縣。㈦薄落津：津名，在安平國經縣西漳水上。經縣故城在今河北省廣宗縣東。㈧斥丘：縣名，屬魏郡，故城在今河北省成安縣東南。㈨求諸侯莫如勤王：此引《左傳》晉大夫狐偃之言。㈩越：流亡。⑪溧陽：縣名，屬丹陽郡，故城在今江蘇省溧陽縣西北。⑫徐方：胡三省曰：「古語多謂州為方，故方州八伯謂之方伯。書曰：『惟此陶唐，有此冀方』，詩曰：『徐方不庭』是也。」⑬差豐：較豐。⑭不治：紊亂。⑮恭祖：陶謙字。⑯寓士：流寓徐州人士。⑰闕宣：姓闕名宣。孫伯曰：「闕姓出下邳，漢有荊州刺史闕翊。」顧炎武曰：「讖文言代漢者當塗高。當塗而高者，闕也，故闕宣自稱天子。」⑱入朝哥鹿腸山：哥當作歌。朝歌殷都，漢屬河內郡，故城在今河南省淇縣東北。續漢志曰：「朝歌有鹿腸山。」㊆尋山：沿山搜求。㊇屠名：匈奴種名。㊈箏：樂器名。《玉篇》云：「箏似瑟，十三弦。」胡三省曰：「箏制與瑟同，瑟二十五弦而箏十三弦。」朱駿聲曰：「古箏五弦，施於竹如筑，秦蒙恬改為十二弦，變形如瑟，易竹以木，唐以後加十三弦。」顏師古曰：「箏亦瑟類也，本十二弦，今則十三。」是漢時箏本十二弦，至唐始增為十三弦。㊉兩：同輛。㊀陰平：縣名，屬東海郡，故城在今江蘇省沭陽縣西北。㊁華、費：胡三省曰：「前漢志，華、費縣皆屬泰山郡；續漢志，泰山有費縣，無華縣，蓋併省也。」按費，侯國，故屬東海郡，後改屬泰山郡。吳卓信曰：「後漢光武十王傳，永平二年，以華縣益琅邪，是明帝時尚有華縣，三國志稱臧霸泰山華人，郭班世語言曹嵩在泰山華縣，泰山尉孔宙碑陰所列門生故吏諸名亦有題泰山華者，然則東漢元有華縣，殆省併旋復耳。」華縣故城在今山東省費縣東北，費在今費縣西北。㊂郯：本國，後為縣，屬東海郡，徐州刺史治，故城即今山東省郯城縣。㊃取慮：縣名，屬下邳國。顏師古曰：「取音趨，又音秋，慮音盧。」故城在今河南省淮陽縣西南。㊄睢陵：縣名，屬下沛國，即今河南省淮陽縣。㊅夏丘：縣名，故屬沛國，後屬下邳國，即今安徽省泗縣。㊆墟邑：邑聚成墟。㊇天市：星座名，又稱天市垣。三垣之下垣。位於房心東北，有星二十二，以帝座為中樞，成屏藩之狀。《史記．天官書》：「房心東北曲十二星曰旗，旗中四星曰天市，中六星曰市樓。」正義曰：「天市垣二十二星，在房心東北，主國市聚交易之所，一曰天旗。」《觀象玩占》云：「天市垣一曰天府，一曰長城，一曰天旗庭。」㊈稟假：給以糧食曰稟，貸之以物曰假。稟與廩同。㉜依違：或依或違，意不能決。㉝薊：縣名，本燕國，後屬廣陽郡，幽州刺史治，故城在今河北省大興縣西南。㉞伯珪，公孫瓚字。㉟居庸：縣名，屬上谷郡，故城在今察哈爾延慶縣東。㊱易：縣名，故屬涿郡，後屬河間國，故城在今河北省雄縣西北。㊲尾敦：尾姓，敦名。㊳流舊：胡三省曰：「流者，他州人流入幽州者也；舊者，舊著籍幽州者也。」㊴西關：胡三省曰：「西關即居庸關。」㊵北山：胡三省曰：「北山即陰山。」㊶章表：胡三省曰：「章表當依下文作章報。」㊷積：通穨。㊸疇北歸無終：疇右北平無終縣人。無終故城即今河北省薊縣。㊹埽：清除，亦作掃。㊺徐無山中：徐無，縣名，屬右北平郡，故城在今河北省遵化縣西北，縣境有山，曰徐無山。㊻諍：諍與爭同。㊼翕然：和洽貌。

卷六十一　漢紀五十三

起閼逢閹茂，盡旃蒙大淵獻，凡二年。（甲戌至乙亥，西元一九四年至一九五年）

司馬光編集
林瑞翰註

孝獻皇帝丙

興平元年（西元一九四年）

㈠春，正月，辛酉（十三日），赦天下。

㈡甲子（十六日），帝加元服。

㈢二月，戊寅（朔），有司奏立長秋宮，詔曰：「皇妣㊀宅兆㊁未卜，何忍言後宮之選乎？」壬午（初五日），三公奏改葬皇妣王夫人㊂，追上尊號曰靈懷皇后。

㈣陶謙告急於田楷，楷與平原相劉備救之。備自有兵數千人，謙益以丹陽兵四千，備遂去楷歸謙，謙表為豫州刺史，屯小沛㊃，曹操軍食亦盡，引兵還。

㈤馬騰私有求於李傕，不獲而怒，欲舉兵相攻，帝遣使者和解之，不從。韓遂率眾來和騰、傕，既而復與騰合。諫議大夫种邵㊄、侍中馬宇、左中郎將劉範謀使騰襲長安，己為內應，以誅傕等。壬申（二月戊寅朔，無壬申，按後漢書獻帝紀，長平觀之戰在三月，三月戊申朔，廿五日壬申）騰、遂勒兵屯長平觀㊅，邵等謀泄，出犇槐里。傕使樊稠、郭汜及兄子利擊之，騰、遂敗走，還涼北；又攻槐里，邵等皆死。庚申（三月十三日），詔赦騰等㊆，夏，四月，以騰為安狄將軍，遂為安降將軍㊇。

㊅曹操使司馬荀彧、壽張令程昱守甄城㊈。復往攻陶謙，遂略地至琅琊、東海，所過殘滅。還，擊破劉備於郯東，謙恐，欲走歸丹陽㊉，會陳留太守張邈叛操，迎呂布，操乃引軍還。

初，張邈少時好游俠，袁紹、曹操皆與之善。及紹為盟主㊁，有驕色，邈正議責紹，紹怒，使操殺之，操不聽，曰：「孟卓㊂，親友也，是非當容之，今天下未定，奈何自相危也？」操之前攻陶謙㊂，志在必死，敕家曰：「我若不還，往依孟卓。」後還，見邈，垂泣㊃相對。

陳留高柔謂鄉人曰：「曹將軍雖據兗州，本有四方之圖㊄，未得安坐守也。而張府君恃陳留之資，將乘間為變，欲與諸君避之，何如？」眾人皆以曹、張相親，柔又年少，不然其言。柔從兄幹自河北呼柔㊅，柔舉宗從之。

呂布之捨袁紹從張楊也㊆，過邈，臨別，把手共誓。紹聞之，大恨。邈畏操終為紹殺己也，心不自安。前九江太守陳留邊讓嘗譏議操，操聞而殺之，并其妻子。讓素有才名，由是兗州士大夫皆恐懼。陳宮性剛直壯烈，內亦自疑，乃與從事中郎許汜、王楷及邈弟超共謀叛操。宮說邈曰：「今天下分崩，雄傑並起，君以千里之眾，當四戰之地，撫劒顧盼，亦足以為人豪，而反受制於人，不亦鄙乎？今州軍東征㊇，其處空虛，呂布壯士，善戰無前，若權迎之共牧兗州，觀天下形勢，俟時事之變，此亦縱橫之一時也。」邈從之。時操使宮將兵留屯東郡，遂以其眾潛迎布為兗州牧。布至，邈乃使其黨劉翊告荀彧曰：「呂將軍來助曹使君擊陶謙，宜亟供其軍食。」眾疑惑，或知邈為亂，即勒兵設備，急召東郡太守夏侯惇於濮陽。惇來，布遂據濮陽。時操悉軍攻陶謙，留守兵少，而督將、大吏⑲多與邈、宮通謀，惇至，其夜誅謀叛者數十人，眾乃定。豫州刺史郭貢，率眾數萬來至城下，或言與呂布同謀，眾甚懼。貢求見荀彧，彧將往，惇等曰：「君，一州鎮也⑳；往必危，不可。」彧曰：「貢與邈等，分㉑非素結也，今來速，計必未定。及其未定說之，縱不為用，可使中立㉒，若先疑之，彼將怒而成計。」貢見彧無懼意，謂鄄城未易攻，遂引兵去。是時，兗州郡縣皆應布，唯鄄城、范㉓、東阿㉔不動，布軍降者言陳宮欲自將兵取東阿，又使氾嶷㉕取范，吏民皆恐。程昱本東阿人，彧謂昱曰：「今舉州皆叛，唯有此三城，宮等以重兵臨之，非有以深結其心，三城必動。君，民之望也，宜往撫之。」昱乃歸，過范，說其令靳允㉖曰：「聞呂布執君母、弟、妻子，孝子誠不可為心。今天下大亂，英雄並起，必有命世能息天下之亂者，此智者所宜詳擇也。得主者昌，失主者亡，陳宮叛迎呂布而百城皆應，似能有為，然以君觀之，布何如人哉？夫布麤中㉗少親，剛而無禮，匹夫之雄耳！宮等以勢假合，不能相君㉘也。兵雖眾，終必無成。曹使君智略不世出㉙，殆天所授。君必固范，我守東阿，則田單之功可立也㉚，孰與違忠從惡而母子俱亡乎？唯君詳慮之。」允流涕曰：「不敢有貳心。」時汎、嶷已在縣，允乃見嶷，伏兵刺殺之，歸，勒兵自守。

徐眾評曰：「允於曹公，未成君臣，母，至親也，於義應去。衞公子開方仕齊，積年不返，管仲以為不懷其親，安能愛君㉛？是以求忠臣必於孝子之門，允宜先救至親。徐庶母為曹公所得，劉備遣庶歸北㉜。欲為天下者，恕人子之情也，曹公亦宜遣允。」

㈦昱又遣別騎絕倉亭津㉝，陳宮至，不得渡。昱至東阿，東阿令潁川棗祗㉞已率厲吏民，拒城堅守，卒完三城以待操。操還，執昱手曰：「微㉟子之力，吾無所歸矣。」表昱為東平相，屯范。

呂布攻鄄城不能下，西屯濮陽。曹操曰：「布一旦得一州，不能據東平，斷亢父、泰山之道㊱，乘險要我，而乃屯濮陽，吾知其無能為也。」乃進攻之。

㈧五月，以揚武將軍郭汜為後將軍，安集將軍㉗樊稠為右將軍，並開府如三公，合為六府㉘，皆參選舉李傕等各欲用其所舉，若一違之，便忿憤喜怒，主者㉙患之，乃以次第用其所舉，先從傕起，汜次之，稠次之；三公所舉，終不見用。

㈨河西四郡㊵以去涼州治㊶遠，隔以河寇㊷，上書求別置州。六月，丙子（朔），詔以陳留邯鄲商㊸為雍州刺史，典治之。

㈩丁丑（初二日），京師地震，戊寅（初三日）又震。

(十一)乙酉晦，日有食之。

(十二)秋，七月，壬子（初七日），太尉朱儁免。

(十三)戊午（十三日），以太常楊彪為太尉，錄尚書事。

(十四)甲子（十九日），以鎮南將軍楊定為安西將軍，開府如三公。

(十五)自四月不雨，至於是月。穀一斛直錢五十萬，長安中人相食。帝令侍御史侯汶㊹出太倉米豆為貧人作糜㊺，餓死者如故。帝疑稟賦㊻不實，取米豆各五升於御前作糜，得二盆，乃杖汶五十，於是悉得全濟。

(十六)八月，馮翊羌寇屬縣，郭汜、樊稠等率眾破之。

(十七)呂布有別屯在濮陽西，曹操夜襲破之，未及還，會布至，身自搏戰，自旦至日昳(四七)，數十合，相持甚急。操募人陷陳，司馬陳留典韋(四八)將應募者進當之。布弓弩亂發，矢至如雨，韋不視，謂等人(四九)曰：「虜來十步乃白之。」等人曰：「十步矣。」又曰：「五步乃白。」等人懼，疾言虜至矣。韋持戟大呼而起，所抵(五〇)無不應手倒者。布眾退，會日暮，操乃得引去，拜韋都尉，常將親兵數百人，繞大帳(五一)左右。

濮陽大姓田氏為反間，操得入城，燒其東門，示無反(五二)意。及戰，軍敗，布騎得操而不識，問曰：「曹操何在？」操曰：「乘黃馬走者，是也。」布騎乃釋操而追黃馬者。操突火而出，至營，自力勞軍，令軍中促為攻具，進復攻之(五三)。與布相守百餘日，蝗蟲起，百姓大餓，布糧食亦盡，各引去。九月，操還鄄城，布到乘氏(五四)，為其縣人李進所破，東屯山陽。

冬，十月，操至東阿。袁紹使人說操，欲使操遣家居鄴。操新失兗州，軍食盡，將許之。程昱曰：「意者將軍殆臨事而懼，不然，何慮之不深也？夫袁紹有幷天下之心，而智不能濟也，將軍自度能為之下乎？將軍以龍虎之威，可為之韓、彭邪？今兗州雖殘，尚有三城；能戰之士，不下萬人。以將軍之神武，與文若(五五)、昱等，收而用之，霸王之業可成也，願將軍更慮之。」操乃止。

(廿八)十二月，司徒淳于嘉罷，以衛尉趙溫為司徒，錄尚書事。

(廿九)馬騰之攻李傕也，劉焉二子範、誕皆死。議郎河南龐羲素與焉善，乃募將(五六)焉諸孫入蜀，會天火(五七)燒城，焉徙治成都(五八)，疽發背而卒。州大吏趙韙(五九)等，貪焉子璋溫仁，共上璋為益州刺史。詔拜潁川扈瑁(六〇)為刺史，璋將沈彌、婁發、甘寧反，擊璋，不勝，走入荊州，詔乃以璋為益州牧。璋以韙為征東中郎將，率眾擊劉表，屯朐䏰(六一)。

(卅)徐州牧陶謙疾篤，謂別駕東海麋竺(六二)曰：「非劉備不能安此州也。」謙卒，竺率州人迎備，備未敢當，曰：「袁公路(六三)近在壽春，君可以州與之。」典農校尉(六四)下邳陳登曰：「公路驕豪，非治亂之主。今欲為使君合步騎十萬，上可以匡主濟民，下可以割地守境，若使君不見聽許，登亦未敢聽使君也。」北海相孔融謂備曰：「袁公路豈憂國忘家者邪？冢中枯骨，何足介意(六五)！今日之事，百姓與能(六六)，天與不取，悔不可追。」備遂領徐州。

(廿)初，太傅馬日磾與趙岐俱奉使至壽春，岐守志不撓，袁術憚之；日磾頗有求於術，術侵侮之，從日磾借節視之，因奪不還，條(六七)軍中十餘人，使促辟之。日磾從術求去，術留不遣，又欲逼為軍師，日磾病(六八)其失節，嘔血而死。

(廿一)初，孫堅娶錢唐吳氏，生四男，策、權、翊、匡及一女。堅從軍於外，留家壽春。策年十餘歲，已交結知名。舒人周瑜，與策同年，亦英達夙成(六九)，聞策聲問(七〇)，自舒來造(七一)焉，便推結分好(七二)，勸策徙居舒，策從之。瑜乃推道旁大宅與策，升堂拜母，有無通共。及堅死，策年十七，還葬曲阿(七三)，已乃渡江，居江都，結納豪俊，有復讎之志(七四)。丹陽太守會稽周昕與袁術相惡，術上策舅吳景領丹陽太守，攻昕，奪其郡，以策從兄賁為丹陽都尉。策以母、弟託廣陵張紘，徑到壽春見袁術，涕泣言曰：「亡父昔從長沙入討董卓，與明使君會於南陽，同盟結好，不幸遇難，勳業不終㊄。策感惟㊅先人舊恩，欲自憑結㊆，願明使君垂察其誠。」術甚奇之，然未肯還其父兵，謂策曰：「孤用貴舅㊇為丹陽太守，賢從伯陽㊈為都尉，彼精兵之地㊉，可還依召募。」策遂與汝南呂範及族人孫河迎其母，詣曲阿依舅氏，因緣召募，得數百人，而為涇縣㊀大帥祖郎㊁所襲，幾至危殆；於是復往見術。術以堅餘兵千餘人還策。表拜懷義校尉。策騎士有罪，逃入術營，隱於內廄。策指使人就斬之。訖，詣術謝㊂。術曰：「兵人好叛，當共疾之，何為謝也！」由是軍中益畏憚之。

術初許以策為九江太守，已而更用丹陽陳紀。後術欲攻徐州，從廬江太守陸康求米三萬斛，康不與，術大怒，遣策攻康，謂曰：「前錯用㊃陳紀，每恨本意不遂。今若得康，廬江真卿有也。」策攻康，拔之，術復用其故吏劉勳為太守，策益失望。

侍御史劉繇，岱之弟也，素有盛名，詔書用為揚州刺史。州舊治壽春(八五)，術已據之，繇欲南渡江，吳景、孫賁迎置曲阿。及策攻廬江，繇聞之，以景、賁本術所置，懼為袁、孫所并，遂構嫌隙，迫逐景、賁，景、賁退屯歷陽(八六)。繇遣將樊能、于麋屯橫江(八七)，張英屯當利口(八八)以拒之。術乃自用故吏惠衢(八九)為揚州刺史，以景為督軍中郎將，與賁共將兵擊英等。

【今註】㈠皇妣：父曰考，母曰妣，此謂獻帝母王美人。王美人死見卷五十八靈帝光和四年。㈡宅兆：《孝經》：「卜其宅兆而安厝之。」註：「宅，墓穴也；兆，塋域也。」㈢三公奏改葬皇妣王夫人：《後漢書．后紀》曰：「改葬文昭陵。」㈣謙表為豫州刺史，屯小沛：胡三省曰：「沛國治相縣而沛自為縣，屬沛國，時人謂沛縣為小沛由此時，呼備為劉豫州。豫州刺史本治譙，備領刺史而屯小沛。按此時又有豫州刺史郭貢，朝命不行，私相署置者也。」㈤种邵：姓种名邵。种音沖。㈥長平觀：李賢曰：「前書音義曰：『長平，陂名也，上有觀，在池陽宮南，去長安五十里。』」㈦詔赦騰等：胡三省曰：「傕等力不能制騰、遂，因下詔赦之。」㈧以騰為安狄將軍，遂為安降將軍：胡三省曰：「二將軍號一時暫置耳，後世不復置。」㈨甄城：甄，鄄古字通，詳參上卷初平四年註㈠。㈩謙恐，欲走歸丹陽：按謙，丹陽郡丹陽縣人。(一一)紹為盟主：山東羣雄討卓，紹為盟主，見卷五十九初平元年。㉒孟卓：張邈字。㉓操之前攻陶謙：見上卷初平四年。㉔垂泣：垂淚。㉕本有四方之圖：言素有志於天下。㉖柔從兄幹自河北呼柔：高幹時從袁紹在河北。㉗呂布捨袁紹從張楊：事見上卷初平四年。㉘州軍東征：州軍，謂兗州之軍；東征，謂東征徐州。㉙督將、大吏：胡三省曰：「督將，領兵；大吏，通掌州郡事者。」㉚君，一州鎮也：言一州士人，倚君以為重。㉛分：情分。㉜中立：無所偏倚。㉝范：屬東郡，故城在今山東省范縣東南。㉞東阿：屬東郡，故城在今山東省陽穀縣東北。㉟汎嶷：姓汎名嶷。㊱靳允：姓靳名允，戰國時楚有幸臣靳尚。靳音近（ㄐㄧㄣˋ）。㊲麤中：麤，疏略，音粗；麤中猶言粗心。《韓非子・十過篇》：「知伯之為人也，麤中而少親也。」㊳不能相君：胡三省曰：「不能相與定君臣之分。」㊴不世出：言有非常之才，非世間所常見。㊵田單之功可立也：田單以即墨之眾，復齊七十餘城，見卷五周赧王三十六年。㊶衞公子開方仕齊，積年不返，管仲以為不懷其親，安能愛君：衞公子開方去衞仕齊，齊桓公信愛之。管仲病，桓公問羣臣誰可相者，曰：「開方如何？」管仲曰：「倍親以適君，非人情，難近。」㊷徐庶母為曹公所得，劉備遣庶歸北：事見後卷六十五建安十三年。㊸倉亭津：古津名。胡三省引《述征記》曰：「倉亭津在范縣界北，去東阿六十里。」㊹棗祇：姓棗名祇。胡三省引《潁川文士傳》云「棗氏本姓棘，避難改焉。」㊺微：同無。㊻不能據東平，斷亢父、泰山之道：胡三省曰：「東平國當亢父、泰山之道。」按亢父，縣名，前漢屬東平國，後漢分屬任城國，故城在今山東省濟寧縣南。亢音杭。㊼安集將軍：胡三省曰：「安集將軍，亦一時暫置。」㊽合為六府：李傕先以車騎將軍開府，汜、稠又開府，與三公合為六府。(39)主者：主選舉之事者。胡三省曰：「主者，蓋尚書也。」(40)河西四郡：謂金城、酒泉、燉煌、張掖郡。(41)涼州治：涼州刺史本治漢陽郡隴州縣，中平以後，徙治冀縣。馬與龍曰：「案魏志閻溫傳，馬超圍州所治冀城；楊阜傳，惟冀城奉州郡固守，是靈帝中平以後，迄建安末，涼州治冀也。」冀縣故城在今甘肅省甘谷縣南。(42)隔以河寇：為河寇所隔絕。胡三省曰：「河寇，蓋羣盜阻河為寇者。」(43)邯鄲商：複姓邯鄲，名商。胡三省曰：「蓋以邑為姓。」(44)侯汶：汶音聞。(45)糜：稀粥。(46)稟賦：稟通廩。賜穀曰稟，施與曰賦。(47)昳：日西斜。徐灝段曰：「昳，跌古通，言日蹉跌而下也。」昳音跌。(48)典韋：姓典名韋。(49)等人：胡三省曰：「等人者，立等以募人，及等者謂之等人。或曰，等人，一等應募之人也。」按後說，等人猶曰諸人。(50)所抵：所當。(51)大帳：操所居帳。(52)反：通返。(53)至營：自力勞軍，令軍中促為攻具，進復攻之：胡三省曰：「既自力勞軍，又促軍進攻者，恐既敗之後，士氣衰沮也。」(54)乘氏：屬濟陰郡，《博物記》曰：「古乘丘。」故城在今山東省鉅野縣境。(55)文若：荀彧字。(56)將：攜帶。(57)天火：《左傳》宣公十六年：「人火曰火，天火曰災。」凡非人為之火，如因雷電等所引起之火，皆曰天火。(58)為徙治成都：焉入蜀之初，治緜竹，至是徙治成都。(59)趙韙等：按《華陽國志》，韙等，謂韙及治中從事王商。韙音偉。(60)扈瑁：瑁音冒。(61)朐䏰：朐音劬（ㄑㄩˊ），又作胊，音蠢（ㄔㄨㄣˇ）。䏰一作忍。朐䏰，縣名，屬巴郡，故城在今四川省雲陽縣西。(62)麋竺：姓麋名竺，竺音竹。(63)公路：袁術字。(64)典農校尉：胡三省曰：「據裴松之註三國志云：『陶謙表登為典農校尉。』」魏志曰：『曹公置典農校尉，秩比二千石。』」蓋先已有此官，曹公增其秩耳。」(六五)冢中枯骨，何足介意：胡三省曰：「據陳壽志，備謂竺等曰：『袁公路近在壽春，此君四世五公，君可以州歸之。』融言冢中枯骨，何足介意，正為四世五公發也。」餘按冢中枯骨，但以喻人之無能為，不必指四世五公而言。(六六)百姓與能：與謂授之以政，能謂能者。胡註：「易曰：『人謀鬼謀，百姓與能』，言百姓惟能者是與也。」(六七)條：分條列舉。(六八)病：與患同義。(六九)英達夙成：英達謂英俊明達，夙成言早成。(七〇)聲問：猶曰名譽。問亦作聞。(七一)自舒來造：造，至。言瑜自舒至壽春訪策。(七二)推結分好：胡三省曰：「推分而結好也。」(七三)曲阿：屬吳郡，即今江蘇省丹陽縣。(七四)有復讎之志：策父堅為黃祖所殺，故策蓄志復讎。(七五)亡父昔從長沙入討董卓至不幸遇難，勳業不終：堅與術等會盟討卓，見卷五十九初平元年，後為黃祖所殺，見卷六十初平二年。(七六)惟：思念。(七七)欲自憑結：憑有依託之意，結謂結交，策自言欲結交於袁術為身家依託之計。(七八)貴舅：謂策舅吳景。(七九)賢從伯陽：謂策從兄孫賁，賁字伯陽。(八〇)彼精兵之地：彼指丹陽。胡三省曰：「丹陽縣為精兵處。」(八一)涇縣：屬丹陽郡，故城在今安徽省涇縣西。(八二)祖郎：姓祖名郎。(八三)詣術謝：謝入術營專殺之罪。(八四)錯用：誤用。(八五)州舊治壽春：胡三省曰：「續漢志，揚州本治歷陽，蓋中世以後，徙治壽春也。」(八六)歷陽：屬九江郡，即今安徽省和縣。(八七)橫江：津渡名，即今安徽省和縣東南之橫江浦，對江南之采石，為長江下游之要津。(八八)當利口：今名當利浦，在安徽省和縣東南。(八九)惠衢：姓惠名衢。

二年（西元一九五年）

㈠春，正月，癸丑（十一日），赦天下。【考異】袁紀作癸酉。按長歷，是月癸卯朔，無癸酉，今從范書。曹操敗呂布於定陶。

㈡詔即拜㈠袁紹為右將軍。【考異】袁紀作後將軍，今從范書。

㈢董卓初死，三輔民尚數十萬戶，李傕等放兵刼掠，加以饑饉，二年間，民相食略盡。李傕、郭汜、樊稠各相與矜功爭權，欲鬥者數矣。賈詡每以大體責之，雖內不能善，外相含容。

樊稠之擊馬騰、韓遂也，李利戰不甚力，稠叱之曰：「人欲截汝父頭㈡，何敢如此？我不能斬卿邪？」及騰、遂敗走，稠追至陳倉，遂語稠曰：「本所爭者，非私怨，王家事耳！與足下州里人㈢，欲相與善語而別。」乃俱却騎㈣，前接馬，交臂相加，共語良久而別。軍還，李利告傕，韓、樊交馬語，不知所道，意愛甚密，傕亦以稠勇而得眾，忌之。稠欲將兵東出關，從傕索㈤益兵。二月，傕請稠會議，便於坐殺稠，由是諸將轉相疑貳。傕數設酒請郭汜，或留汜止宿，汜妻恐汜愛傕婢妾，思有以間之，會傕送饋㊅，妻以豉為藥，擿㊆以示汜，曰：「一栖不兩雄㊇，我固疑將軍信李公也。」他日，傕復請汜飲，大醉，汜疑其有毒，絞糞汁飲之㊈，於是各治兵相攻矣。汜謀迎帝幸其營，夜有亡者告傕。三月，丙寅（二十五日），傕使兄子暹將數千兵圍宮，以車三乘迎帝。太尉楊彪曰：「自古帝王無在人家者，諸君舉事，奈何如是？」暹曰：「將軍計定矣。」於是羣臣步從乘輿以出，兵即入殿中，掠宮人、御物。帝至傕營，傕又徙御府金帛置其營，遂放火燒宮殿、官府、居民悉盡。帝復使公卿和傕、汜；汜留楊彪及司空張喜、尚書王隆、光祿勳劉淵、衛尉士孫瑞、太僕韓融、廷尉宣璠㊉、大鴻臚榮郃⑪、大司農朱儁、將作大匠梁邵、屯騎校尉姜宣等於其營以為質。朱儁憤懣⑫，發病死。

㈣夏，四月，甲子（四月壬申朔，無甲子，後漢書獻帝紀作甲午，甲午二十三日），立貴人琅邪伏氏為皇后，以后父侍中完為執金吾。

㈤郭汜饗公卿，議攻李傕。楊彪曰：「羣臣共鬥，一人劫天子，一人質公卿，可行乎？」汜怒，欲手刃之。彪曰：「卿上不奉國家，吾豈求生邪？」中郎將楊密固諫，汜乃止。

傕召羌胡數千人，先以御物繒綵與之，許以宮人、婦女，欲令攻郭汜，汜陰與傕黨中郎將張苞等謀攻傕。丙申（二十五日），汜將兵夜攻傕門，矢及帝簾帷中，又貫傕左耳。苞等燒屋，火不然⑬。楊奉於外拒汜，汜兵退，苞等因將所領兵歸汜。是日，傕復移乘輿幸北塢⑭，使校尉監塢門，內外隔絕，侍臣皆有飢色。帝求米五斗、牛骨五具以賜左右，傕曰：「朝晡⑮上餔⑯，何用米為？」乃以臭牛骨與之，帝大怒，欲詰責之，侍中楊琦諫曰：「傕自知所犯悖逆，欲轉車駕幸池陽⑰黃白城⑱，臣願陛下忍之。」帝乃止。司徒趙溫與傕書曰：「公前屠陷王城⑲，殺戮大臣，今爭睚眥之隙⑳，以成千鈞之讎㉑。朝廷欲令和解，詔命不行，而復欲轉乘輿於黃白城，此誠老夫所不解㉒也。於易一為過，再為涉，三而弗改，滅其頂，凶㉒，不如早共和解。」傕大怒，欲殺溫，其弟應諫之，數日乃止㉔。

傕信巫覡㉕厭勝之術，常以三牲祠董卓於省門外。每對帝或言明陛下，或言明帝，為帝說郭汜無狀，帝亦隨其意應答之，傕喜，自謂良得㉖天子歡心也。閏月己卯（初九日），帝使謁者僕射皇甫酈和傕、汜【考異】袁紀酈作麗，今從范書。酈先詣汜，汜從命；又詣傕，傕不肯，曰：「郭多㉗盜馬虜耳，何敢欲與吾等邪？必誅之。君觀吾方略、士眾，足辦㉘郭多否邪？郭多又刼質公卿，所為如是，而君苟欲左右㉙之邪？」酈曰：「近者董公之強，將軍所知也。呂布受恩而反圖之，斯須㉚之間，身首異處，此有勇而無謀也。今將軍身為上將，荷國寵榮，汜質公卿而將軍脅主，誰輕重乎？張濟與汜有謀；楊奉，白波賊帥耳，猶知將軍所為非是，將軍雖寵之，猶不為用也。」傕呵㉛之令出。酈出，詣省門㉜，白傕不肯奉詔，辭語不順。帝恐傕聞之，亟令酈去。傕遣虎賁王昌呼欲殺之，昌知酈忠直，縱令去，還答傕，言追之不及。

㈥辛巳（十一日），以車騎將軍李傕為大司馬，在三公之右。

㈦呂布將薛蘭、李封屯鉅野㉝，曹操攻之，布救蘭等，不勝而走，操遂斬蘭等。操軍乘氏，以陶謙已死，欲遂取徐州，還乃定布。荀彧曰：「昔高祖保關中，光武據河內㉞，皆深根固本，以制天下。進足以勝敵，退足以堅持，故雖有困敗，而終濟大業。將軍本以兗州首事，平山東之難㉟，百姓無不歸心悅服。且河濟㊱天下之要地也，今雖殘壞，猶易以自保，是亦將軍之關中、河內也，不可以不先定。今已破李封、薛蘭，若分兵東擊陳宮，宮必不敢西顧。以其間收熟麥，約食畜穀㊲，一舉而布可破也。破布然後南結揚州㊳，共討袁術，以臨淮、泗。若舍布而東㊴，多留兵則不足用，少留兵則民皆保城，不得樵采，布乘虛寇暴，民心益危，唯甄城、范、衛㊵可全，其餘非已之有，是無兗州也。若徐州不定，將軍當安所歸乎？且陶謙雖死，徐州未易亡也！彼懲往年之敗，將懼而結親㊶，相為表裏㊷。今東方皆已收麥，必堅壁清野以待將軍。攻之不拔，略之無獲，不出十日，則十萬之眾，未戰而先自困耳！前討徐州，威罰實行[43]，其子弟念父兄之恥，必人自為守，無降心，就能破之，尚不可有也[44]。夫事故有棄此取彼者，以大易小可也；以安易危可也；權一時之勢，不患本之不固，可也；今三者莫利，惟將軍熟慮之。」操乃止。布復從東緡[45]與陳宮將萬餘人來戰，操兵皆出收麥，在者不能千人，屯營不固。屯西有大隄，其南樹木幽深，操隱兵隄裏，出半兵隄外。布益進，乃令輕兵挑戰，既合，伏兵乃悉乘隄[46]，步騎並進，大破之，追至其營而還，布夜走。操復攻拔定陶，分兵平諸縣。布東犇劉備，張邈從布，使其弟超將家屬保雍丘[47]。布初見備，甚尊敬之，謂備曰：「我與卿同邊地人也[48]，布見關東起兵，欲誅董卓，布殺卓，東出，關東諸將無安布者，皆欲殺布耳！」請備於帳中，坐婦牀上，令婦向拜[49]，酌酒飲食，名備為弟。備見布語言無常[50]，外然之而內不悅。

㈧李傕、郭汜相攻連月，死者以萬數。六月，傕將楊奉謀殺傕，事泄，遂將兵叛傕，傕眾稍衰。庚午（六月庚子朔，無庚午，庚午七月朔），鎮東將軍張濟自陝至[51]，欲和傕、汜，遷乘輿幸弘農。帝亦思舊京(五二)，遣使宣諭(五三)，十反，汜、傕許和，欲質其愛子，傕妻愛其男，和計未定，而羌胡數來闚省門，曰：「天子在此中邪？李將軍許我宮人，今皆何在？」帝患之，使侍中劉艾謂宣義將軍(五四)賈詡曰：「卿前奉職公忠，故仍升榮寵。今羌胡滿路，宜思方略。」詡乃召羌胡大帥，飲食之，許以封賞，羌胡皆引去，傕由此單弱。於是復有言和解之計者，傕乃從之，各以女為質。

秋，七月甲子（七月庚午朔，無甲子）車駕出宣平門(五五)，當度橋，汜兵數百人遮橋曰：「此天子，非也，車不得前。」傕兵數百人皆持大戟與車前，兵欲交，侍中劉艾大呼曰：「是天子也。」使侍中楊琦高舉車帷，帝曰：「諸君何敢迫近至尊邪？」汜兵乃却。既度橋，士眾皆稱萬歲。夜到霸陵，從者皆饑，張濟賦給各有差。傕出屯池陽。丙寅（七月庚午朔，無丙寅），以張濟為驃騎將軍，開府如三公，郭汜為車騎將軍，楊定為後將軍，楊奉為興義將軍(五六)，皆封列侯。又以故牛輔部曲董承(五七)為安集將軍。

郭汜欲令車駕幸高陵(五八)，公卿及濟以為宜幸弘農，大會議之不決。帝遣使諭汜曰：「弘農近郊廟，勿有疑也。」汜不從，帝遂終日不食，汜聞之，曰：「可且幸近縣。」八月，甲辰（初六日），車駕幸新豐。丙子（八月己亥朔，無丙子，當作丙午，丙午初八日），郭汜復脅帝還都郿，侍中种輯知之，密告楊定、董承、楊奉，令會新豐。郭汜自知謀泄，乃棄軍入南山㊄。

㈨曹操圍雍丘，張邈詣表術求救，未至，為其下所殺。

㈩冬，十月，以曹操為兗州牧。

㈪戊戌（朔），郭汜黨夏育、高碩等謀脅乘輿西行。侍中劉艾見火起不止，請帝出幸一營以避火㊅。楊定、董承將兵迎天子幸楊奉營，夏育等勒兵欲止乘輿，楊定、楊奉力戰，破之，乃得出。壬寅（初五日），行幸華陰，寧輯將軍段煨㊆其服御及公卿已下資儲，欲上幸其營。煨與楊定有隙，定黨种輯、左靈言煨欲反，太尉楊彪、司徒趙溫、侍中劉艾、尚書梁紹皆曰：「段煨不反，臣等敢以死保。」董承、楊定脅弘農督郵，令言郭汜來在煨營，帝疑之，乃露次㊇於道南。丁未（初十日），楊奉、董承、楊定將攻煨，使种輯、左靈請帝為詔，帝曰：「煨罪未著，奉等攻之而欲令朕有詔邪？」輯固請至夜半，猶弗聽，奉等乃輒攻煨營，十餘日不下，煨供給御膳，稟贍百官，無有二意。詔使侍中、尚書告諭定等，令與煨和解，定等奉詔還營。

李傕、郭汜悔令車駕東，聞定攻煨，相招共救之，因欲劫帝而西。楊定聞傕、汜至，欲還藍田，為汜所遮，單騎亡走荊州。張濟與楊奉、董承不相平，乃復與傕、汜合。十二月，帝幸弘農。張濟、李傕、郭汜共追乘輿，大戰於弘農東澗。承、奉軍敗，百官士卒，死者不可勝數，棄御物、符策、典籍[六三]，略無所遺。射聲校尉沮儁被創墜馬，傕謂左右[六四]曰：「尚可活否？」儁罵之曰：「汝等凶逆，逼劫天子，使公卿被害，宮人流離，亂臣賊子，未有如此也。」傕乃殺之。壬申（十二月丁酉朔，無壬申），帝露次曹陽[六五]，承、奉乃譎傕等與連和，而密遣間使至河東，招故白波帥李樂、韓暹、胡才及南匈奴右賢王去卑，並率其眾數千騎來，與承、奉共擊傕等，大破之，斬首數千級。於是董承等以新破傕等，可復東引。庚申（二十四日），車駕發東〔六六〕，董承、李樂衛乘輿，胡才、楊奉、韓暹、匈奴右賢王於後為拒。傕等復來戰，奉等大敗，死者甚於東澗。光祿鄧淵、廷尉宣璠、少府田芬、大司農張義皆死。司徒趙溫、太常王絳、衞尉周忠、司隸校尉管郃為傕所遮，欲殺之，賈詡曰：「此皆大臣，卿奈何害之！」乃止。李樂曰：「事急矣！陛下宜御馬。」上曰：「不可舍百官而去，此何〔六七〕辜哉！」兵相連綴四十里，方得至陝〔六八〕，乃結營自守。時殘破之餘，虎賁、羽林不滿百人，傕、汜兵繞營叫呼，吏士失色，各有分散之意。李樂懼，欲令車駕御船過砥柱〔六九〕，出孟津，楊彪以為河道險難，非萬乘所宜乘，乃使李樂夜渡，潛具船，舉火為應。上與公卿步出營，皇后兄伏德扶后，一手挾絹十匹，董承使符節令〔七〇〕孫徽從人間斫之，殺旁侍者，血濺后衣，河岸高十餘丈，不得下，乃以絹為輦，使人居前負帝，餘皆匍匐而下；或從上自投，冠幘〔七一〕皆壞。既至河邊，士卒爭赴舟，董承、李樂以戈擊之，手指於舟中可掬〔七二〕。帝乃御船，同濟者皇后及楊彪以下，纔數十人，其宮女及吏民不得渡者，皆為兵所掠奪，衣服俱盡，髮亦被截，凍死者不可勝計。衛尉士孫瑞為傕所殺。傕見河北有火，遣騎候㊆之，適見上渡河，呼曰：「汝等將天子去邪？」董承懼，射之，以被為幔㊃。既到大陽㊄，幸李樂營。河內太守張楊使數千人負米來貢餉，乙亥（十二月丁酉朔，無乙亥），帝御牛車，幸安邑。河東太守王邑奉獻綿帛，悉賦公卿以下，封邑為列侯。拜胡才為征東將軍，張楊為安國將軍，皆假節開府；其壘壁羣帥，競求拜職，刻印不給，至乃以錐畫之。乘輿居棘籬中，門戶無關閉，天子與羣臣會，兵士伏籬上觀，互相鎮壓㊅以為笑。帝又遣太僕韓融至弘農，與傕、汜等連和，傕乃放遣公卿、百官，頗歸所掠宮人及乘輿器服。已而糧穀盡，宮人皆食菜果。乙卯（十九日），張楊自野王㊆來朝，謀以乘輿還雒陽，諸將不聽，楊復還野王。

是時，長安城空四十餘日，彊者四散，羸者相食，二三年間，關中無復人迹。沮授說袁紹曰：「將軍累葉㊇台輔，世濟忠義，今朝廷播越㊈，宗廟殘毀，觀諸州郡，雖外託義兵，內實相圖，未有憂存社稷卹民之意。今州域粗定(八〇)，兵強士附，西迎大駕，即宮鄴都(八一)，挾天子而令諸侯，畜士馬以討不庭(八二)，誰能禦之？」潁川郭圖、淳于瓊曰：「漢室陵遲(八三)，為日久矣，今欲興之，不亦難乎？且英雄竝起，各據州郡，連徒聚眾，動有萬計，所謂秦失其鹿，先得者王。今迎天子自近，動輒表聞，從之則權輕，違之則拒命，非計之善者也。」授曰：「今迎朝廷，於義為得，於時為宜，若不早定，必有先之者矣。」紹不從。【考異】魏志紹傳曰：「天子在河東，紹遣郭圖使焉。圖還，說紹迎天子都鄴，紹不從。」今後范書。

(十一)初，丹陽朱治嘗為孫堅校尉(八四)，見袁術政德不立，勸孫策歸取江東。時吳景攻樊能、張英等，歲餘不克，策說術曰：「家有舊恩在東，願助舅討橫江，橫江拔，因投本土(八五)召募，可得三萬兵，以佐明使君定天下。」術知其恨(八六)，而以劉繇據曲阿，王朗在會稽，謂策未必能定，乃許之，表策為折衝校尉，將兵千餘人，騎數十匹，行收兵，比至歷陽，眾五六千。時周瑜從父尚為丹陽太守，瑜將兵迎之，仍助以資糧，策大喜曰：「吾得卿，諧(八七)也。」

進攻橫江、當利，皆拔之，樊能、張英敗走。策渡江轉鬥，所向皆破，莫敢當其鋒者。百姓聞孫郎〔八八〕至，皆失魂魄，長吏委城郭，竄伏山草〔八九〕。及策至，軍士奉令不敢虜略雞犬菜茹〔九〇〕，一無所犯，民乃大悅，競以牛酒勞軍。策為人美姿顏，能笑語，闊達〔九一〕聽受，善於用人，是以士民見者，莫不盡心，樂為致死。【考異】魏志袁紀皆云，初平四年，策受袁術使渡江；漢獻帝紀、吳志孫策傳皆云，興平元年；虞溥江表傳云，策興平二年渡江。按術初平四年始得壽春，策傳云：「術欲攻徐州，從陸康求米。」事必在劉備得徐州後也。劉繇傳稱吳景攻繇，歲餘不克，則策渡江不應在興平元年已前，今依江表傳為定。策攻劉繇牛渚〔九二〕營，盡得邸閣〔九三〕糧穀、戰具。時彭城相薛禮、下邳相笮融〔九四〕依繇為盟主，禮據秣陵城〔九五〕，融屯縣南，策皆擊破之，又破繇別將於梅陵〔九六〕，轉攻湖孰〔九七〕、江乘〔九八〕，皆下之，進擊繇於曲阿。繇同郡太史慈〔九九〕時自東萊〔一〇〇〕來省繇，會策至，或勸繇可以慈為大將，曰：「我若用子義〔一〇一〕，許子將不當笑我邪〔一〇二〕？」但使慈偵視輕重，時獨與一騎卒，遇策於神亭〔一〇三〕，策從騎十三，皆堅舊將遼西韓當、零陵黃蓋輩也。慈便前鬥，正與策對，策刺慈馬，而擥〔一〇四〕得慈項上手戟，慈亦得策兜鍪〔一〇五〕，會兩家兵騎並各來赴，於是解散。繇與策戰，兵敗，走丹徒。【考異】帝紀，繇敗走在興平元年，今從江表傳。）策入曲阿，勞賜將士，發恩布令，告諭諸縣，其劉繇、笮融等故鄉、部曲來降首㉖者，一無所問。樂從軍者一身行，復除門戶㉗；不樂者不強；旬日之間，四面雲集，得見兵二萬餘人，馬千餘匹，威震江東。

丙辰（二十日），袁術表策行殄寇將軍。策將呂範言於策曰：「今將軍事業日大，士眾日盛，而綱紀猶有不整者，範願暫領都督，佐將軍部分之。」策曰：「子衡㉘既士大夫，加手下已有大眾，立功於外㉙，豈宜復屈小職，知軍中細事乎？」範曰：「不然，今捨本土㉚而託將軍者，非為妻子也，欲濟世務也。譬猶同舟涉海，一事不牢，即俱受其敗，此亦範計，非但將軍也。」策笑，無以答。範出，便釋褠㉛，著袴褶㉜，執鞭詣閤下啟事，自稱領都督，策乃授傳㉝，委以眾事，由是軍中肅睦，威禁大行。策以張紘為正議校尉，彭城張昭為長史，常令一人居守，一人從征討，及廣陵秦松、陳端等，亦參與謀謨。策待昭以師友之禮，文武之事，一以委昭。昭每得北方士大夫書疏，專歸美於昭，策聞之，歡笑曰：「昔管子相齊，一則仲父，二則仲父，而桓公為霸者宗㉔；今子布㉕賢，我能用之，其功名獨不在我乎㉖？」

袁術以從弟胤為丹陽太守，周尚、周瑜皆還壽春。

劉繇自丹徒將犇會稽，許劭曰：「會稽富實，策之所貪，且窮在海隅，不可往也。不如豫章，北連豫壤，西接荊州，若收合吏民，遣使貢獻，與曹兗州相聞，雖有袁公路隔在其間㉗，其人豺狼㉘，不能久也。足下受王命，孟德㉙、景升㉚必相救濟。」繇從之。

(十三)初，陶謙以笮融為下邳相，使督廣陵、下邳、彭城糧運，融遂斷三郡委輸㉛以自入，大起浮屠祠㉜，課人誦讀佛經，招致旁郡好佛者，至五千餘戶。每浴佛㉝，輒多設飲食，布席於路，經數十里，費以鉅億計㉞。及曹操擊破陶謙，徐土不安，融乃將男女萬口走廣陵，廣陵太守趙昱待以賓禮。先是彭城相薛禮為陶謙所逼，屯秣陵，融利廣陵資貨，遂乘酒酣殺昱，放兵大掠，因過江依禮，既而復殺之。

劉繇使豫章太守朱皓攻袁術所用太守諸葛玄，玄退保西城㉟。

【考異】袁暐獻帝春秋云：「劉表上玄領豫章太守。」范書陶謙傳亦云劉表所用，而陳志諸葛亮傳云術所用。按許劭勸繇依表，必不攻其所用也，今從亮傳。及繇泝江西上，駐於彭澤㉖，使融助皓攻玄。許劭謂繇曰：「笮融出軍，不顧名義者也。朱文明㉗喜推誠以信人，宜使密防之。」融到，果詐殺皓，代領郡事。繇進討融，融敗走，入山，為民所殺。詔以前太傅掾華歆為豫章太守。

丹陽都尉朱治逐吳郡太守許貢而據其郡，貢南依山賊嚴白虎㉘。

㈣張超在雍丘，曹操圍之急，超曰：「惟臧洪當來救吾㉙。」眾曰：「袁、曹方睦，洪為袁所表用㉚，必不敗好以招禍。」超曰：「子源㉛天下義士，終不背本，但恐見制強力㉜，不相及耳！」洪時為東郡太守，徒跣號泣，從紹請兵，將赴其難，紹不與；請自率所領以行，亦不許。雍丘遂潰。張超自殺，操夷其三族，洪由是怨紹，絕不與通。紹興兵圍之，歷年不下，紹令洪邑人陳琳以書喻之，洪復書曰：「僕小人也，本乏志用，中因行役，蒙主人㉝傾蓋㉞，恩深分厚，遂竊大州，寧樂今日自還接刃乎？當受任之初，自謂究竟大事，共尊王室，豈悟本州被侵，郡將遘戹㉟，請師見拒，辭行被拘，使洪故君，遂至淪滅，區區微節，無所獲申，豈得復全交友之道，重虧忠孝之名乎？斯所以忍悲揮戈，收淚告絕。行矣孔璋㊱，足下徼利於境外，臧洪投命於君親；吾子託身於盟主㊲，臧洪策名於長安㊳；子謂余身死而名滅，僕亦笑子生而無聞焉。」紹見洪書，知無降意，增兵急攻。城中糧穀已盡，外無彊救，洪自度必不免，呼將吏、士民，謂曰：「袁氏無道，所圖不軌㊴，且不救洪郡將，洪於大義不得不死，念諸君無事，空與此禍，可先城未敗，將妻子出。」皆垂泣曰：「明府與袁氏本無怨隙，今為本朝郡將之故，自致殘困，吏民何忍當舍㊵明府去也？」初尚掘鼠，煮筋角，後無可復食者。主簿啟內廚米三升，請稍以為饘粥㊶。洪歎曰：「何能獨甘此邪？」使作薄糜，徧班士眾；又殺其愛妾，以食將士，將士咸流涕無能仰視者。男女七八千人，相枕而死，莫有離叛者。城陷，生執洪，紹大會諸將，見洪，謂曰：「臧洪何相負若此，今日服未？」洪據地瞋目曰：「諸袁事漢四世五公㊷，可謂受恩。今王室衰弱，無扶翼之意，欲因際會希冀非望，多殺忠良，以立姦威。洪親見呼張陳留㊸為兄，則洪府君㊹亦宜為弟，同共戮力，為國除害，奈何擁眾，觀人屠滅？洪惜力劣㊺，不能推刃㊻為天下報仇，何謂服乎？」紹本愛洪，意欲令屈服原之，見洪辭切，知終不為己用，乃殺之。洪邑人陳容，少親慕洪，時在紹坐，起謂紹曰：「將軍舉大事，欲為天下除暴，而先誅忠義，豈合天意？臧洪發舉為郡將，奈何殺之？」紹慙，使人牽出，謂曰：「汝非臧洪儔㊼，空復爾為㊽。」容顧曰：「仁義豈有常？蹈之則君子，背之則小人。今日寧與臧洪同日而死，不與將軍同日而生也。」遂復見殺。在坐無不歎息，竊相謂曰：「如何一日殺二烈士。」

㈤公孫瓚既殺劉虞㊾，盡有幽州之地，志氣益盛。恃其才力，不恤百姓，記過忘善，睚眦必報；衣冠善士，名在其右者，必以灋害之；有材秀者，必抑困使在窮苦之地。或問其故？瓚曰：「衣冠皆自以職分當貴不謝人惠。」故所寵愛，類多商販庸兒㊿，與為兄弟，或結婚姻，所在侵暴，百姓怨之。劉虞從事漁陽鮮于輔(51)等，合率州兵，欲共報仇，以燕國閻柔(五二)素有恩信，推為烏桓司馬(五三)。柔招誘胡、漢數萬人，與瓚所置漁陽太守鄒丹戰於潞(五四)北，斬丹等四千餘級；烏桓峭王亦率種人及鮮卑七千餘騎隨輔，南迎虞子和，與袁紹將麴義合兵十萬共攻瓚，破瓚於鮑丘(五五)，斬首二萬餘級。於是代郡、廣陽、上谷、右北平，各殺瓚所置長吏，復與鮮于輔、劉和兵合，瓚軍屢敗。先是有童謠曰：「燕南垂，趙北際，中央不合大如礪，唯有此中可避世。」瓚自謂易(五六)地當之，遂徙鎮易，為圍塹十重，於塹裏築京(五七)，皆高五六丈，為樓其上，中塹為京，特高十丈，自居焉。以鐵為門，斥去左右，男人七歲以上，不得入門，專與姬妾居，其文簿、書記，皆汲而上之(五八)，令婦人習為大聲，使聞數百步，以傳宣教令。踈遠賓客，無所親信，謀臣猛將，稍稍乖散(五九)，自此之後，希復攻戰。或問其故，瓚曰：「我昔驅畔胡於塞表，埽黃巾於孟津(六〇)，當此之時，謂天下指麾可定，至於今日，兵革方始。觀此，非我所決(六一)，不如休兵力耕，以救凶年。兵法：『百樓不攻』，今吾諸營，樓櫓(六二)數十重，積穀三百萬斛，食盡此穀，足以待天下之事矣。」

(十六)南單于於扶羅死。弟呼廚泉立，居于平陽(二六)。

【今註】(一)即拜：胡三省曰：「即拜者，就拜之也。時紹在鄴，就鄴拜之。」(二)人欲截汝父頭：汝父，謂李傕，古時父之兄弟皆稱父，利，傕之兄子，故稱云然。(三)與足下州里人：州里猶曰鄉里。韓遂謂己與樊稠有同鄉之誼。(四)却騎：騎謂從騎，却騎，命從騎退却。(五)索：請求。(六)饋：以食物贈人曰饋。(七)擿：音剔（ㄊㄧ），撥動曰擿。(八)一栖不兩雄：鳥止息曰栖，亦作棲。此以雞為喻，謂兩雄不同栖，同栖必鬬。(九)絞糞汁飲之：胡三省曰：「糞汁解眾毒。」(一〇)宣璠：姓宣名璠。璠音凡（ㄈㄢˊ）。(一一)滎部：姓滎名部。部音格（ㄍㄜˊ）。(一二)憤懣：憤鬱煩悶。懣音悶。(一三)然：古燃字。(一四)北塢：胡三省曰：「據傕、汜和後，然後帝得出長安宣平門，則此塢蓋在長安城中，傕、汜於城中各築塢而居也。」(一五)朝晡：天明時曰朝，申時曰晡，皆進食時刻。(一六)飰：胡三省曰：「飰與飯同。」(一七)池陽：屬馮翊，故城在今陝西省涇陽縣西北。(一八)黃白城：《太平寰宇記》曰：「黃白城在耀州三原縣西南十五里，秦曲梁宮在城內。三原，本漢池陽地。」三原縣，後魏置，故城在今陝西省三原縣東北。(一九)王城：指長安，王者所都，故曰王城。(二〇)睚眥之隙：睚眥，瞋目怒視貌。睚眥之隙，喻嫌隙之小。(二一)千鈞之讎：一鈞三十斤。千鈞之讎，喻仇怨深重。(二二)解：曉悟。(二三)於易一為過，再為涉，三而弗改，滅其頂，凶：胡三省曰：「易大過上六曰：『過，涉，滅頂，凶。』」溫依此而分一，再、三之義。」㉔其弟應諫之，數日乃止：《獻帝起居注》曰：「其從弟應，溫故掾也。」㉕巫覡：女曰巫，男曰覡，俱司降神之事。覡音檄（ㄒㄧˊ）。㉖良得：甚得。㉗郭多：《英雄記》曰：「郭汜一名多。」㉘辨：治理，引申為制服之義。㉙左右：扶助。按左右為佐佑之本字，李富孫曰：「古左右字作ナ又，而相助字作左右，易、詩、爾雅猶不加人傍。後人剔製佐佑字，而以左右為ナ又，論語左右手是也；尚書、周禮從人傍，皆後人所改也。」㉚斯須：猶曰須臾。㉛呵：怒叱。㉜省門：胡三省曰：「天子所居曰禁中，亦曰省中，省門即禁門也。」又《文選注》引荀欣等曰：「漢制王所居曰禁中，諸公所居曰省中。」據荀說則省與禁本自有別。顏師古曰：「省，察也；言入此中，皆當察視，不可妄也。」㉝鉅野：屬山陽郡，故城在今山東鉅野縣南。㉞昔高祖保關中，光武據河內：胡三省曰：「高祖取天下，令蕭何守關中，光武經營河北，令寇恂守河內，皆以為王業根本。」㉟將軍本以兗州首事，平山東之難：首事，首創其事。曹操初從東郡太守，鮑信等迎領兗州牧，遂以經營天下，故曰以兗州首事；操擊黃巾於壽張，降之於濟北，是所謂平山東之難。㊱河濟：黃河濟水之間，指兗州。孔安國謂兗州之域，東南據濟，西北距河。㊲約食畜穀：約，省儉；畜，積儲。㊳南結揚州：謂南結劉繇以為援，時繇為揚州刺史。㊴舍布而東：舍，讀曰捨；言棄布不顧而東徇徐州。㊵衞：胡三省曰：「僞謂濮陽。杜預曰：『濮陽，古衞地。』」㊶結親：親相交結。㊷表裏：外為表，內為裏，言為內外相依之勢，其一方有急，另一方則應援之。㊸威罰實行：胡三省曰：「謂多所屠戮也。」㊹就能破之，尚不可有也：言徐州子弟，念父兄之讎，縱力不敵而心不服，雖破其兵，仍不能據有其民。㊺東緡：屬山陽郡。惠棟曰：「緡音旻（ㄇㄧㄣˊ）。」故城在今山東省金鄉縣東北。㊻乘隄：登隄。㊼雍丘：屬陳留郡，即今河南省杞縣。㊽我與卿同邊地人也：布五原人，備涿郡人。五原、涿郡皆邊郡。㊾向拜：向劉備而拜。㊿無常：無常度。(51)鎮東將軍張濟自陝至：濟出屯弘農，見上卷初平三年。陝縣，屬弘農郡，即今河南省陝縣。(52)舊京：謂洛陽。(53)遣使宣諭：袁宏紀曰：「濟使太官令孫篤，太尉張式宣諭。」(54)宣義將軍：胡三省曰：「宣義將軍，亦一時暫置。」(55)宣平門：《三輔黃圖》云：「長安城東面北頭門也。」(56)楊奉為興義將軍：胡三省曰：「以楊奉自白波賊帥勤王，故以興義寵之。」按興義之號，亦一時暫置。(57)董承：按《蜀志・先主傳》，承，獻帝之舅。裴松之曰：「按董承，漢靈帝母董太后之姪，於獻帝為丈人，蓋古無丈人之名，故謂之舅也。」(58)高陵，屬馮翊，故城在今陝西省高陵縣西南。(59)乃棄軍入南山：南山即終南山，亦稱秦嶺，其脈橫亙陝西省南部，東端入河南省至陝縣，西端入甘肅省至天水，主峯在長安縣南。按《後漢書・董卓傳》，「汜棄軍，還就李傕。」(60)請帝出幸一營以避火：胡三省曰：「時郭汜、楊定、董承、楊奉各自為營，艾不敢指言，故請幸一將營，惟帝意所向也。」(61)寧輯將軍段煨：胡三省曰：「寧輯之號猶安集，亦一時暫置也。」煨音威（ㄨㄟ）。(62)露次：同露宿，野宿無寢舍，謂之露宿。(63)御物、符策、典籍：御物謂天子御用之物，符謂符信；策謂策書，典籍謂典章、圖籍之類。(64)左右：指侍從諸人。(65)曹陽：李賢曰：「曹陽，澗名，在今陝州西南七里，俗謂之七里澗。」按曹陽澗一名曹陽坑，見《水經注》，又名曹陽墟，見《元和志》。其地在今河南省陝縣西，今名石橋溝。(六六)發東：自曹陽出發東行。(六七)此：指百官。(六八)陝：屬弘農郡，即今河南省陝縣。(六九)砥柱：亦作底柱。《水經．河水注》：「河水逕大陽縣南，又東過底柱間。底柱，山名也。昔禹治洪水，山陵當水者鑿之，故破山以通河，河水分流包山而過，山見水中若柱然，故曰底柱。三穿既決，水勢疎分，指狀表目，亦曰三門山。」底柱山在今山西省平陸縣東五十里大河中流，南與河南省陝縣接界。(七〇)符節令：按《後漢書．百官表》，符節令，少府屬官，秩六百石，為符節臺率，主符節事；凡遣使，掌授節。(七一)幘：顏師古曰：「幘者，韜髮之中，所以整亂髮也，當在冠下，或單著之。」韜髮即藏髮。(七二)手指於舟中可掬：以兩手承取謂之掬，舟中斷指既多，故可掬。(七三)候：偵察。(七四)以被為幔：胡三省曰：「懼催兵射之，故以被為幔以禦箭。幔，幕也。」幔音慢（ㄇㄢˋ）。(七五)大陽：屬河東郡，故城在今山西省平陸縣東北。(七六)鎮壓：猶言積疊。〈西都賦〉：「禽相鎮壓，獸相枕藉。」(七七)野王：屬河內郡，即今河南省沁陽縣。(七八)累葉：累世。(七九)播越：流亡失所。李賢曰：「播，遷也；越，逸也；言失所居。」(八〇)州域粗定：州域謂冀州之域，時紹坐鎮冀州；粗定即略定。(八一)即宮鄴都：就鄴建都，以為天子宮廷。(八二)不庭：不朝於王庭。(八三)陵遲：衰微之意，按陵遲又曰陵夷。王先謙曰：「陵與夷皆平也；文選長揚賦注引薛君韓詩章句曰：『四平曰陵。』史記：『始未嘗不欲固其根本，而枝葉稍陵夷衰微也。』陵夷衰微四字平列。陵夷之為陵遲，蓋猶逶夷之為逶遲。」(八四)丹陽朱治嘗為孫堅校尉：治丹陽郡故鄣縣人，從堅討長沙、零、桂三郡賊，堅表治行都尉，又從破董卓於陽人，表治行督軍校尉，見《吳志．朱治傳》。(八五)因投本土：胡三省曰：「策本江東人，故謂之本土。」(八六)術知其根，術嘗許策為九江太守，又許為廬江太守而皆未用，故策恨之。(八七)諧：和合，言事必可成。(八八)孫郎：〈江表傳〉云：「策時年少，雖有位號而士民皆呼為孫郎。」(八九)山草：胡三省曰：「山草，言深山茂草之中也。李固對策曰：『臣伏從山草，痛心傷臆。』則山草二字，當時長談也。」(九〇)茹：菜之總名。(九一)濶達：李賢曰：「濶達，大度也。」(九二)牛渚：按《後漢書・郡國志》，丹陽郡秣陵縣南有牛渚。按牛渚，山名，一名采石，在今安徽省當塗縣北。(九三)邸閣：蓄藏資糧之所。《演繁露》云：「為邸為閣，貯糧也。」《蜀志・後主傳》云：「亮使諸軍運米集於斜谷口，治斜谷邸閣。」蓋亦以為儲糧之所。(九四)笮融：姓笮名融。笮音窄（ㄗㄜˊ）。(九五)秣陵城：秣陵，屬丹陽郡。沈約曰：「秣陵，其地本名金陵，本治去京邑六十里。」故城在今江蘇省江寧縣南。(九六)梅陵：胡三省曰：「唐書地理志，宣州南陵縣有梅根鎮，今有梅根港。」梅根鎮故址在今安徽省貴池縣東，自六朝以來，設冶鼓鑄於此，稱梅根監，又稱梅根冶。又按裴注引〈江表傳〉作海陵，故址在今江蘇省泰縣東。(九七)湖孰：屬丹陽郡，故城在今江蘇省江寧縣東南。(九八)江乘：屬丹陽郡，故城在今江蘇省句容縣北。(九九)太史慈：複姓太史，名慈。胡三省曰：「太史，以官為氏。」(一〇〇)東萊：郡名，治掖，即今山東省掖縣治。按劉繇與太史慈俱東萊郡人。(一〇一)子義：太史慈字。(一〇二)許子將不當笑我邪：許子謂許劭。劭有高名，好覈論人品，為時人所重，故繇云然。(一〇三)神亭：在今江蘇省金壇縣西北。(一〇四)擥：同攬。(一〇五)兜鍪：俗謂之盔，戰時禦兵刃之冠，古謂之冑，秦漢以來，始名兜鍪。(一〇六)降首：自陳其罪曰首。降首，猶曰降服。(一〇七)復除門戶：復除一門，免其賦役。

⑱子衡：呂範字。⑲立功於外：按《吳志・呂範傳》，範先從策攻破廬江，立功湖熟，後領宛陵令，討賊於丹陽。⑳捨本土：呂範汝南人，範不仕於汝南而從策，故曰捨本土。㉑褠：單衣。㉒袴褶：古戎衣之別稱。《通雅・衣服篇》：「古袴上連衣，故戎衣謂之袴褶。」㉓傳：符信，詳參卷十五文帝前十二年註㊃。㉔昔管子相齊至而桓公為霸者宗：《新序》云：「有司請吏於齊桓公，公曰：『以告仲父。』有司又請，公曰：『以告仲父。』在側者曰：『一則告仲父，二則告仲父，易哉為君。』公曰：『吾未得仲父則難，已得仲父，曷為其不易？』故王者勞於求賢，佚於得人。」故孫策引以為喻。㉕子布：張昭字。㉖其功名獨不在我乎：策謂昭賢，則功名在己，猶管仲賢，而功名歸於齊桓。胡三省曰：「策任張昭，何足以當管仲？策之斯言，蓋因北方人士書疏，從而歸重耳！」㉗袁公路隔在其間：胡三省曰：「豫章在大江東南，豫、兗之壤在淮北，袁術時據九江、廬江之間，故云隔在其中。」㉘豺狼：獸之貪殘者，以喻貪殘之人。㉙孟德：曹操字。㉚景升：劉表字。㉛委輸：轉運，此謂轉運物資。㉜浮屠祠：即佛廟。浮屠即佛陀之異譯，簡稱為佛。㉝浴佛：胡三省曰：「釋氏謂佛以四月八日生，事佛者以是日為浴佛會。」㉞以鉅億計：鉅，泛言其多。以鉅億計，猶言以億億計。㉟西城：胡三省曰：「西城在豫章南昌縣西。」㊱彭澤：屬豫章郡，故城在今江西省湖口縣東南。按《後漢書・郡國志》，彭蠡澤在彭澤縣西，即今之鄱陽湖。㊲文明：朱皓字。㊳山賊嚴白虎：嚴白虎，吳人，有眾萬餘，依山屯聚，在吳郡之南，見《吳志・孫策傳》、〈朱治傳〉。㊴惟臧洪當來救吾：按《魏志・臧洪傳》，張超先為廣陵太守，請洪為功曹。是洪本超之故吏，故超

云然。㉚洪為袁所表用：《魏志‧臧洪傳》云，洪為超使劉虞，值公孫瓚之難，因寄寓於袁紹，紹表洪為青州刺史，又表為東郡太守。㉛子源：臧洪字。㉜見制強力：為強有力者所禁制。㉝主人：指袁紹。㉞傾蓋：《孔叢子》曰：「孔子與程子相遇於途，傾蓋而語。」李賢曰：「傾蓋，謂駐車交蓋也。」㉟郡將遘戹：郡將謂張超，漢人謂郡守曰郡將。遘戹，猶曰遇難。㊱孔璋：陳琳字。㊲盟主：謂袁紹。㊳策名於長安：策名，謂著名於簡策；長安，帝都，時獻帝在長安。策名長安，意即盡忠王室。㊴不軌：不循法度。㊵舍：同捨。㊶饘粥：饘亦粥。《禮‧檀弓》疏：「厚曰饘，稀曰粥。」㊷諸袁事漢，四世五公：胡三省曰：「自袁安至袁隗四世：安為司徒，子敞為司空，孫湯為司徒，曾孫逢為司空，隗為太傅，凡五公。」㊸張陳留：謂張邈。邈官至陳留太守。㊹洪府君：洪，臧洪自謂；府君，謂張超。洪廣陵人，超為廣陵太守，故云。㊺劣：卑弱。㊻推刃：《公羊傳》定四年：「父不受誅，子復讎可也；父受誅，子復讎，推刃之道也。」按此言苟父罪不當誅而死，則子當為復讎；苟父罪當誅，而子為復讎，則猶推刃之一來一往殊無意義；蓋深許子胥之能報父讎，非推刃可比。後世因以推刃為復讎之代辭。㊼儔：倫比。㊽爾為：胡三省曰：「爾為，猶如此也。」㊾公孫瓚既殺劉虞：事見上卷初平四年。㊿故所寵愛，類多商販、庸兒：《英雄記》云：「瓚所寵遇驕恣者，若故卜數師劉緯臺、販繒李移子、賈人何樂當等三人。定兄弟之誓，自號為伯，三人者為仲、叔、季，常稱古者曲周、灌嬰之屬以譬也。」(51)鮮于輔：複姓鮮于，名輔。(52)燕國閻柔：《後漢書‧烏桓傳》云：「廣陽人閻柔，少沒烏桓鮮卑中，為其種人所歸信。」燕國即廣陽，前漢為燕國，後漢為廣陽郡，治薊，故城在今河北省大興縣西南。(53)烏桓司馬：《漢官儀》云：「護烏桓校尉有司馬三人，秩六百石。」(54)潞：屬漁陽郡，故城在今河北省通縣東。(55)鮑丘：水名。李賢曰：「鮑丘水又謂之潞水，在今幽州漁陽縣。」唐之漁陽，即今河北省薊縣治。按古鮑丘水之上游，即今之潮河；下游為今之鮑丘河、富頭河、薊運河。自明以來，河道中湮，北運河與薊運河各據其故瀆之半。今之鮑丘河，在三河、寶坻二縣之間，南流合窩頭河，入薊運河。平時常涸，雨則奔注，俗呼瀉肚河。(56)易：易縣前漢屬涿郡，後漢屬河間國，故城在今河北省雄縣西北。(57)於塹裏築京：京，人力所築之高丘。瓚所築京即世所謂之易京。《水經注》云：「易京城在易城西四五里，其樓基尚存，猶高一匹餘。基上有井，世名曰京樓，即瓚所保也。」(58)汲而上之：胡三省曰：「以繩索引之而上，若汲水然。」(59)乖散：乖背離散。(60)昔我驅畔胡於塞表，埽黃巾於孟津：事見卷五十九靈帝中平五年及上卷初平二年。(61)非我所決：瓚自謂其才力不足以決天下事。(62)樓櫓：櫓，櫓之或字。李賢曰：「櫓即樓也。釋名曰：『樓無屋為樓櫓也』。」按櫓即望樓，用以窺察敵情。(63)平陽：屬河東郡，故城在今山西省臨汾縣西南。

卷六十二 漢紀五十四

起柔兆困敦，盡著雍攝提格，凡三年。（丙子至戊寅，西元一九六年至一九八年）

司馬光編集
林瑞翰 註

孝獻皇帝丁

建安元年（西元一九六年）

㈠春，正月，癸酉（初七日），大赦，改元。

㈡董承、張楊欲以天子還雒陽，楊奉、李樂不欲，由是諸將更相疑貳。

㈢二月，韓暹攻董承，承犇野王㊀。韓暹屯聞喜，胡才、楊奉之塢鄉㊁。胡才欲攻韓暹，上使人喻止之。

㈣汝南、潁川黃巾何儀等，擁眾附袁術，曹操擊破之。

㈤張楊使董承先繕脩雒陽宮，太僕趙岐為承說劉表，使遣兵詣雒陽，助脩宮室，軍資委輸，前後不絕。夏，五月，丙寅（初二日），帝遣使至楊奉、李樂、韓暹營，求送至雒陽，奉等從詔。

六月，乙未（朔），車駕幸聞喜。㈥袁術攻劉備，以爭徐州。備使司馬張飛守下邳，自將拒術於盱眙㊂、淮陰㊃，相持經月，更有勝負。下邳相曹豹，陶謙故將也，與張飛相失，飛殺之，城中乖亂。袁術與呂布書，勸令襲下邳，許助以軍糧。布大喜，引軍水陸東下㊄，備中郎將丹陽許耽開門迎之，張飛敗走。布虜備妻子及將吏家口，備聞之，引還，比至下邳，兵潰。備收餘兵，東取廣陵，與袁術戰，又敗，屯於海西㊅。【考異】蜀志備傳，於此云楊奉、韓暹寇徐、楊間，備邀擊，盡斬之。按暹、奉後與呂布同破袁術，於時未死也，備傳為誤。饑餓困蹴㊆，吏士相食，從事東海麋竺以家財助軍。備請降於布，布亦忿袁術運糧不繼，乃召備，復以為豫州刺史，與並勢擊術，使屯小沛㊇，【考異】備傳云：「遣關羽守下邳。」此在布敗後，備傳誤也。布自稱徐州牧。布將河內郝萌夜攻布，布科頭㊈袒衣走詣都督高順營，順即嚴兵㊉入府討之。萌敗走。比明，萌將曹性擊斬萌。

㈦庚子（初六日），楊奉、韓暹奉帝東還，張楊以糧迎道路。秋，七月甲子（朔），車駕至雒陽，幸故中常侍趙忠宅。丁丑（十四日），大赦。八月辛丑（初八日），幸南宮楊安殿。張楊以為己功，故名其殿曰楊安。楊謂諸將曰：「天子當與天下共之。朝廷自有公卿、大臣，楊當出扞外難。」遂還野王。楊奉亦出屯梁㈡，韓暹、董承並留宿衛。癸卯（初十日）以安國將軍張楊為大司馬，楊奉為車騎將軍，韓暹為大將軍，領司隸校尉，皆假節鉞。是時宮室燒盡，百官披荊棘，依牆壁間；州郡各擁強兵，委輸不至。羣僚飢乏，尚書郎㈢以下，自出採稆㈢，或飢死墻壁間，或為兵士所殺。

㈧袁術以讖言「代漢者當塗高」，自云名字應之㈣，又以袁氏出陳，為舜後㈤，以黃代赤，德運之次㈥，遂有僭逆之謀。聞孫堅得傳國璽㈦，拘堅妻而奪之。及聞天子敗於曹陽㈧，乃會羣下議稱尊號，眾莫敢對。主簿閻象進曰：「昔周自后稷至于文王，積德累功，參分天下有其二，猶服事殷㈨。明公雖奕世克昌㈩，未若有周之盛；漢室雖微，未若殷紂之暴也。」術默然。術聘處士張範，範不往，使其弟承謝之。術謂承曰：「孤以土地之廣，士民之眾，欲徼福齊桓㉑，擬迹高祖，何如？」承曰：「在德不在彊。夫用德以同天下之欲，雖由匹夫之資，而興霸王之功，不足為難；若苟欲僭擬，干時而動，眾之所棄，誰能興之？」術不悅。

孫策聞之，與術書曰：「成湯討桀，稱有夏多罪㉒；武王伐紂，曰殷有重罰㉓。此二主者，雖有聖德，假使時無失道之過，無由逼而取也。今主上非有惡於天下，徒以幼小脅於彊臣，異於湯武之時也。且董卓貪淫驕陵㉔，志無紀極㉕，至於廢主自興，亦猶未也，而天下同心疾之，況效尤而甚㉖焉者乎？又聞幼主明智聰敏，有夙成㉗之德，天下雖未被其恩，咸歸心焉。使君五世相承㉘，為漢宰輔，榮寵之盛，莫與為比。宜效忠守節，以報王室，則旦、奭㉙之美，率土所望也。時人多惑圖緯之言，妄牽非類之文，苟以悅主為美，不顧成敗之計，古今所慎，可不孰慮㉚？忠言逆耳㉛，駮議致憎㉜，苟有益於尊明，無所敢辭。」術始自以為有淮南之眾，料策必與己合，及得其書，愁沮發疾。既不納其言，策遂與之絕。

㈨曹操在許㉝，謀迎天子。眾以為山東未定，韓暹、楊奉負功恣睢㉞，未可卒制㉟。荀彧曰：「昔晉文公納周襄王，而諸侯景從㊱；漢高祖為義帝縞素，而天下歸心㊲。自天子蒙塵㊳，將軍首唱義兵，徒以山東擾亂，未遑遠赴。今鑾駕旋軫㊴，東京榛蕪㊵，義士有存本之思，兆民懷感舊之哀。誠因此時，奉主上以從人望，大順也；秉至公以服天下，大略也；扶弘義以致英俊，大德也。四方雖有逆節，其何能為？韓暹、楊奉安足恤哉？若不時定㊶，使豪傑生心，後雖為慮，亦無及矣！」操乃遣揚武中郎將㊷曹洪將兵西迎天子，董承等據險拒之，洪不得進。【考異】魏志此事在正月，而荀彧傳迎天子在都雒後，今從傳。議郎董昭以楊奉兵馬最彊而少黨援，作操書與奉曰：「吾與將軍聞名慕義，便推赤心。今將軍拔萬乘之艱難，反之舊都，翼佐之功，超世無疇，何其休哉！方今羣凶猾夏㊸，四海未寧，神器㊹至重，事在維輔。必須眾賢以清王軌，誠非一人所能獨建。心腹四支㊺，實相恃賴；一物不備，則有闕焉！將軍當為內主㊻，吾為外援，今吾有糧，將軍有兵，有無相通，足以相濟，死生契濶(47)，相與共之。」奉得書，喜悅，語諸將軍曰：「兗州諸軍，近在許耳！有兵有糧，國家所當依仰也。」遂共表操為鎮東將軍，襲父爵費亭侯(48)。【考異】魏志在六月，而董昭傳在都雒後，今從傳。

韓暹矜功專恣，董承患之，因潛召操，操乃將兵詣雒陽。既至，奏韓暹、張楊之罪，暹懼誅，單騎犇楊奉。帝以暹、楊有翼(49)車駕之功，詔一切勿問。辛亥（十八日），以曹操領司隸校尉，錄尚書事。操於是誅尚書馮碩等三人(50)，討有罪也；封衞將軍董承等十三人為列侯(51)，賞有功也；贈射聲校尉沮儁為弘農太守，矜死節也(52)。

操引董昭並坐，問曰：「今孤來此，當施何計？」昭曰：「將軍興義兵以誅暴亂，入朝天子，輔翼王室，此五霸之功也。此下諸將，人殊意異，未必服從。今留匡弼，事勢不便，惟有移駕幸許耳！然朝廷播越，新還舊京，遠近跂望(53)，冀一朝獲安，今復徙駕，不厭眾心。夫行非常之事，乃有非常之功，願將軍筭其多者(54)。」操曰：「此孤本志也。楊奉近在梁，耳聞其兵精，得無為孤累乎？」昭曰：「奉少黨援，心相憑結，鎮東、費亭之事，皆奉所定[55]。宜時遣使，厚遺答謝，以安其意，說京都無糧，欲車駕暫幸魯陽[56]，魯陽近許，轉運稍易，可無縣乏之憂[57]。奉為人勇而寡慮，必不見疑。比使往來，足以定計，奉何能為累？」操曰：「善。」即遣使詣奉。庚申（二十七日），車駕出轘轅[58]而東，遂遷都許，己巳（八月庚午朔，無己巳，九月癸亥朔，己巳初七日），幸曹操營，以操為大將軍，封武平[59]侯。始立宗廟社稷於許。

㈩孫策將取會稽，吳人嚴白虎等眾各萬餘人，處處屯聚。諸將欲先擊白虎等，策曰：「白虎等羣盜，非有大志，此成禽耳！」遂引兵渡浙江。會稽功曹虞翻說太守王朗曰：「策善用兵，不如避之。」朗不從，發兵拒策於固陵。策數渡水戰，不能克。策叔父靜說策曰：「朗負阻城守，難可卒拔。查瀆[60]南去此數十里，宜從彼據其內，所謂攻其無備，出其不意者也。」策從之。夜多然火為疑兵，分軍投查瀆道，襲高遷屯[61]。朗大驚，遣故丹陽太守周昕等帥兵逆戰，策破昕等，斬之，朗遁走，虞翻追隨營護。朗浮海至東冶(六二)，策追擊，大破之，朗乃詣策降。策自領會稽太守，復命虞翻為功曹，待以交友之禮。策好游獵，翻諫曰：「明府喜輕出微行，從官不暇嚴(六三)，吏卒常苦之。夫君人者，不重則不威(六四)，故白龍魚服，困於豫且(六五)；白蛇自放，劉季害之(六六)，願少留意。」策曰：「君言是也。」然不能改。

(十一)九月，司徒淳于嘉、太尉楊彪、司空張喜皆罷。

(十二)車駕之東遷也，楊奉自梁欲邀之，不及。冬，十月，曹操征奉，奉南犇袁術，遂攻其梁屯，拔之。

(十三)詔書下袁紹，責以地廣兵多，而專自樹黨(六七)，不聞勤王之師，但擅相討伐(六八)。紹上書深自陳愬(六九)，戊辰（十月癸巳朔，無戊辰），以紹為太尉，封鄴侯。紹恥班在曹操下(七〇)，怒曰：「曹操當死數矣，我輒救存之(七一)，今乃挾天子以令我乎？」表辭不受。操懼，請以大將軍讓紹。丙戌（十月癸巳朔，無丙戌，十一月壬戌朔，丙戌二十五日，按後漢書獻帝紀，在十一月丙戌），以操為司空，行車騎將軍事。

操以荀彧為侍中，守尚書令。操問彧以策謀之士，彧薦其從子蜀郡太守攸（七二）及潁川郭嘉。操徵攸為尚書，與語，大悅，曰：「公達（七三）非常人也，吾得與之計事，天下當何憂哉？」以為軍師。

初，郭嘉往見袁紹，紹甚敬禮之。居數十日，謂紹謀臣辛評、郭圖曰：「夫智者審於量主，故百全而功名可立。袁公徒欲效周公之下士，而不知用人之機。多端寡要，好謀無決，欲與共濟天下大難，定霸王之業，難矣！吾將更舉而求主，子盍去乎？」二人曰：「袁氏有恩德於天下，人多歸之。且今最強，去將何之？」嘉知其不寤，不復言，遂去之。操召見，與論天下事，喜曰：「使孤成大業者，必此人也。」嘉出，亦喜曰：「真吾主也。」操表嘉為司空祭酒（七四）。

操以山陽滿寵為許令。操從弟洪有賓客在許界，數犯法，寵收治之，洪書報（七五）寵，寵不聽。洪以白操，操召許主者（七六），寵知將欲原客，乃速殺之。操喜曰：「當事不當爾邪？」

㈩北海太守孔融，負其高氣，志在靖難，而才疎意廣，訖無成功(七七)，高談清教，盈溢官曹，辭氣溫雅，可玩而誦，論事考實，難可悉行；但能張磔(七八)網羅，而目理甚疏，造次(七九)能得人心，久久亦不願附也。其所任用，好奇取異，多剽輕小才，至於尊事名儒鄭玄，執子孫禮，易其鄉名曰鄭公鄉(八〇)，及清儁之士左承祖、劉義遜等，皆備在座席而已，不與論政事，曰：「此民望，不可失也。」黃巾來寇，融戰敗，走保都昌(八一)。時袁、曹、公孫首尾相連，融兵弱糧寡，孤立一隅，不與相通。左承祖勸融宜自託強國，融不聽而殺之，劉義遜棄去。青州刺史袁譚攻融，自春至夏，戰士所餘，纔數百人，流矢交集，而融猶隱几(八二)讀書，談笑自若。城夜陷，乃奔東山(八三)，妻子為譚所虜。曹操與融有舊，徵為將作大匠。

袁譚初至青州，境土自河而西，不過平原，譚北排田楷(八四)，東破孔融，威惠甚著。其後信任羣小，肆志奢淫，聲名遂衰。

(十三)中平以來，天下亂離，民棄農業，諸軍竝起，率乏糧穀，無終歲之計。饑則寇掠，飽則棄餘。瓦解流離，無敵自破者，不可勝數。袁紹在河北，軍人仰食桑椹(八五)；袁術在江淮，取給蒲蠃(八六)；

民多相食，州里蕭條。羽林監棗祇(八七)請建置屯田，曹操從之，以祇為屯田都尉，以騎都尉任峻為典農中郎將(八八)，募民屯田許下，得穀百萬斛。於是州郡例置田官，所在積穀，倉廩皆滿，故操征伐四方無運糧之勞，遂能兼幷羣雄，軍國之饒，起於祇而成於峻。

(十四)袁術畏呂布為己害，乃為子求婚，布復許之。術遣將紀靈等步騎三萬攻劉備，備求救於布。諸將謂布曰：「將軍常欲殺劉備，今可假手於術。」布曰：「不然，術若破備，則北連泰山諸將(八九)，吾為在術圍中，不得不救也。」便率步騎千餘馳往赴之。靈等聞布至，皆斂兵而止。布屯沛城西南，遣鈴下(九〇)請靈等，靈等亦請布，布往就之，與備共飲食。布謂靈等曰：「玄德(九一)，布弟也，為諸君所困，布來救之。布性不喜合鬥，喜解鬥耳(九二)！」乃令軍候植戟於營門，布彎弓顧曰：「諸君觀布射戟小支(九三)，中者當各解兵，不中可留決鬥。」布即一發，正中戟支，靈等皆驚，言：「將軍天威也。」明日復歡會，然後各罷。

備合兵得萬餘人，布惡之，自出兵攻備，備敗走，歸曹操。操厚遇之，以為豫州牧。或謂操曰：「備有英雄之志，今不早圖，後必為患。」操以問郭嘉，嘉曰：「有是，然公起義兵，為百姓除暴，推誠仗信，以招俊傑，猶懼其未也。今備有英雄名，以窮歸己而害之，是以害賢為名也。如此，則智士將自疑，回心擇主，公誰與定天下乎？夫除一人之患以沮四海之望，安危之機也，不可不察。」【考異】傅子以為程昱、郭嘉勸操殺備，今從魏書。操笑曰：「君得之矣。」遂益其兵，給糧食，使東至沛收散兵以圖呂布。

初，備在豫州舉陳郡袁渙為茂才㊈㊃，渙為呂布所留，布欲使渙作書罵辱備，渙不可，再三彊之，不許。布大怒，以兵脅渙，曰：「為之則生，不為則死。」渙顏色不變，笑而應之曰：「渙聞唯德可以辱人，不聞以罵。使彼固君子邪，且不恥將軍之言；彼誠小人邪，將復將軍之意㊈㊄，則辱在此，不在於彼。且渙他日之事劉將軍，猶今日之事將軍也，如一旦去此，復罵將軍，可乎？」布慚而止。

㈤張濟自關中引兵入荊州界，攻穰城㊅，為流矢所中，死。荊州官屬皆賀，劉表曰：「濟以窮來，主人無禮㊆，至於交鋒，此非牧意。牧受弔，不受賀也。」使人納其眾，眾聞之，喜，皆歸心焉。濟族子建忠將軍繡代領其眾，屯宛。初，帝既出長安，宣威將軍賈詡上還印綬，往依段煨于華陰。詡素知名，為煨軍所望，煨禮奉甚備。詡潛謀歸張繡，或曰：「煨待君厚矣！君去安之？」詡曰：「煨性多疑，有忌詡意。禮雖厚，不可恃久，將為所圖㊇。我去必喜，又望吾結大援於外，必厚吾妻子；繡無謀主，亦願得詡，則家與身必俱全矣。」詡遂往繡，執子孫禮。煨果善視其家。詡說繡附於劉表，繡從之。詡往見表，表以客禮待之。詡曰：「表，平世㊈三公才也，不見事變，多疑無決，無能為也。」

劉表愛民養士，從容自保，境內無事，關西、兗、豫學士歸之者以千數。表乃起立學校，講明經術，命故雅樂郎河南杜夔作雅樂㊉，樂備，表欲庭觀之，夔曰：「今將軍號不為天子，合樂而庭作之，無乃不可乎？」表乃止。

平原禰衡，少有才辯而尚氣剛傲，孔融薦之於曹操，衡罵辱操㉑，操怒謂融曰：「禰衡豎子，孤殺之猶雀鼠耳，顧此人素有虛名，遠近將謂孤不能容之。」乃送與劉表，表延禮以為上賓。衡稱表之美盈口，而好譏貶其左右，於是左右因形而譖之曰：「衡稱將軍之仁，西伯不過也；唯以為不能斷，終不濟者，必由此也。」其言實指表短而非衡所言也。表由是怒，以江夏太守黃祖性急，送衡與之，祖亦善待焉。後衡眾辱祖，祖殺之㉒。

【今註】㈠承犇野王：野王，張楊所屯。㈡塢鄉：胡三省曰：「郡國志，河南緱氏縣西南有塢聚。」緱氏縣故城在今河南省偃師縣南。按胡註，此塢聚即塢鄉。㈢盱眙：屬下邳國，故城在今安徽省盱眙縣東北。㈣淮陰：屬下邳國，故城在今江蘇省淮陰縣南。㈤引軍水陸東下：胡三省曰：「布去年奔備，蓋屯於下邳之西。」㈥海西：前漢屬東海郡，後漢屬廣陵郡，故城在今江蘇省東海縣南。㈦踧：通蹙，迫蹙。㈧小沛：李賢曰：「高祖本泗水郡沛縣人，及得天下，改泗水為沛郡，小沛即沛縣。」故城在今江蘇省沛縣東。㈨科頭：不冠露髻謂之科頭。王維詩云：「科頭箕踞長松下。」胡三省曰：「今江東人猶謂露髻為科頭。」㈩嚴兵：整飭軍隊。⑪梁：屬河南郡，故城在今河南省臨汝縣西。⑫尚書郎：漢制，尚書分曹，任曹務者，謂之尚書郎，亦稱侍郎。《後漢書・百官志》云：「尚書侍郎三十六人，四百石。」本注曰：「一曹有六人，主作文書起章。」按後漢分尚書為六曹，故總為三十六人。蔡質《漢儀》曰：「尚書郎初從三署詣臺試，初上臺稱守尚書郎中，歲滿稱尚書郎，三年稱侍郎。」㊂稆：稆與穭同，音呂，野禾曰穭。㊃自云名字應之：袁術字公路。李賢曰：「術自以術及路皆是塗，故云應之。」㊄袁氏出陳為舜後：李賢曰：「陳大夫轅濤塗，袁氏其後也。」㊅以黃代赤，德運之次：五德相生，以土承火，得應運之次，黃象土，赤象火，故云以黃代赤。㊆孫堅得傳國璽：事見卷五十九靈帝初平元年。㊇天子敗於曹陽：事見上卷興平二年。㊈昔周自后稷至于文王，積德累功，參分天下其二，猶服事殷：《國語》曰：「后稷勤周，十五代而王。」《毛詩・國風序》曰：「國君積行累功，以致爵位。」《論語》孔子曰：「三分天下有其二，猶服事殷。」㊉奕世克昌：李賢曰：「奕猶量也。詩云：『不顯奕代。』又曰：『克昌厥後。』」按賢注，奕世猶言累世。⑪徽福齊桓：徽福猶求福，言欲與齊桓比美。下擬迹為徽福之對文，意同。⑫成湯討桀，稱有夏多罪：《尚書・湯誓》曰：「有夏多罪，天命殛之。」⑬武王伐紂，曰殷有重罰：《史記・周本紀》：「武王徧告諸侯曰：『殷有重罪，不可以不畢伐。』」⑭驕陵：驕主陵上。⑮紀極：終極。⑯效尤而甚：《左傳》：「尤而效之，罪又甚焉。」效尤，謂蹈襲他人之過誤。⑰夙成：早慧。⑱五世相承：李賢曰：「安生京，京生湯，湯生逢，逢生術，凡五代。」⑲旦奭：周公旦，召公奭。⑳孰：古熟字。㉑忠言逆耳：《史記・留侯世家》張良曰：「忠言逆耳利於行，毒藥苦口利於病。」㉒駁議致憎：李賢曰：「駁，駁也；議不同也。」言執持異議，致生憎惡。㉓許：屬潁川郡，獻帝徙都，改曰許昌。故城在今河南省許昌縣西南。㉞恣睢：恣行暴戾。㉟未可卒制：急切未可制服。卒，讀曰猝。㊱晉文公納周襄王，而諸侯景從：晉文公用狐偃言，納周襄王而定霸業，諸侯信服。顏師古曰：「景從，言如景之從形也。」景、影古通。㊲漢高祖為義帝縞素，而天下歸心：事見卷九高祖二年。㊳蒙塵：胡三省曰：「蒙，冒也，言播越在草莽，蒙冒塵埃也。」㊴旋軫：鄭玄曰：「軫，車後橫木也。」旋軫，猶曰回鑾。㊵榛蕪：草木叢雜，喻其荒涼。㊶時定：及時定計。㊷揚武中郎將：胡三省曰：「西漢有中郎將，東漢分置三署、虎賁、羽林中郎將。建安之後，羣雄兵爭，自相署置，始有名號中郎將。」名號，謂揚武之屬。㊸猾夏：孔安國曰：「猾，亂也；夏，華夏。」㊹神器：《文選注》：「神器，帝位也。」㊺支：同肢。㊻內主：言居中主政。㊼契潤：毛萇曰：「契潤，勤苦也。」㊽襲父爵費亭侯：胡三省曰：「操祖曹騰封費亭侯，養子嵩襲爵，今以操襲嵩爵也。」按《漢書・地理志》，沛郡酇縣有費亭，《帝王世紀》曰：「曹騰封費亭侯，酇縣有費亭是也。」酇縣，後漢屬沛國。㊾翼：輔佐。㊿誅尚書馮碩等三人：袁宏紀曰：「誅議郎侯祈、尚書馮碩、侍中壺崇。」按壺崇《後漢書・獻帝紀》作臺崇。惠棟曰：「按孫愐廣韻臺姓下云：『漢有侍中臺崇。』又十六國春秋：『臺產字國初，上洛人，漢侍中臺崇之後。』作壺者非。」(五一)封衞將軍董承等十三人為列侯：袁宏紀曰：「封衞將軍董承、輔國將軍伏完、侍中丁沖、种輯、尚書僕射鍾繇、尚書郭溥、御史中丞董芬、彭城相劉艾、馮翊韓斌、東郡太守楊眾、議郎羅邵、伏德、趙蕤為列侯。」錢大昕曰：「伏完襲父爵不其侯，當在桓靈之世，豈待此時始封列侯？此史文之可疑者。竊意完但增加食戶，其子德別受列侯之封耳！」(五二)贈射聲校尉沮儁為弘農太守，矜死節也：沮儁死事見上卷興平二年。(五三)跂望：舉踵而望。《詩・河廣》：「跂予望之。」(五四)筭其多者：言舉事有利有弊，惟筭其利多而弊少者行之。(五五)鎮東、費亭之事，皆奉所定：言操得拜鎮東將軍，封費亭侯爵，皆出自奉意。(五六)魯陽：屬南陽郡，即今河南省魯山縣。(五七)縣乏：虛乏。縣讀曰縣。(五八)轘轅：按《後漢書・郡國志》，河南緱氏縣有轘轅關。臣瓚曰：「險道名，在縣東南。」《國策・秦策》張儀曰：「秦下兵三川，塞轘轅、緱氏之口。」《元和志》云：「山路險阻，凡十二曲，將去復還，故曰轘轅。」按關靈帝所置，在今河南省偃師縣東南。(五九)武平：胡三省曰：「武平，屬陳國，此取其以神武平禍亂也。」故城在今河南省鹿邑縣西北。(六〇)查瀆：一名柤瀆，《水經注》：「浙江東逕柤塘，謂之柤瀆，孫策襲王朗所從出之道也。」其故址在今浙江省蕭山縣境。(六一)高遷屯：裴松之曰：「案今永興縣有高遷橋。」沈約曰：「永興本漢餘暨縣，吳更名。」永興故城在今浙江省蕭山縣西。(六二)東冶：《後漢書・郡國志》云：「會稽郡章安縣，故冶，閩越地，光武更名。」按《前漢書・地理志》，冶縣，屬會稽郡，顏師古曰：「本閩越地。」齊召南曰：「東越傳，秦并天下，以其地為閩中郡。漢五年，復立無諸為閩越王，王閩中故地，都東冶，即此冶縣。」是東冶即前漢之冶縣，後漢之章安，故城在今福建省閩侯縣東北冶山之麓。(六三)不暇嚴：無暇戒嚴為之防衛。(六四)不重則不威：不尊重則無威嚴。(六五)白龍魚服，困於豫且：張衡〈東京賦〉：「白龍魚服，見困豫且。」註引《說苑》曰：「吳王欲從民飲酒，伍子胥諫曰：『不可。昔白龍下清泠之淵，化為魚，漁者豫且射中其目。白龍上訴，天帝曰：當是之時，若安置而形？白龍對曰：我下清泠之淵，化為魚。天帝曰：魚固人之所射也，豫且何罪？夫白龍，天帝貴畜也；豫且，宋國之賤臣也。白龍不化，豫且不射。今棄萬乘之位，而從布衣之士飲酒，臣恐其有豫且之患矣。』王乃正。」〔六六〕白蛇自放，劉季害之：高祖斬白蛇，事見卷七秦二世元年。〔六七〕專自樹黨：胡三省曰：「樹黨，謂以子譚為青州刺史、熙為幽州刺史、外甥高幹為并州刺史。」〔六八〕擅相討伐：胡三省曰：「謂與公孫瓚相攻也。」〔六九〕愬：同訴。〔七〇〕紹恥班在操下：《後漢書．袁紹傳》：「時曹操自為大將軍，紹恥為之下。」李賢曰：「太尉位在大將軍上。初，武帝以衞青征伐有功，以為大將軍，欲尊寵之，故置大司馬官號以冠之，其後霍光、王鳳等皆然；明帝以弟東平王蒼有賢材，以為驃騎大將軍，以王，故位公上；和帝以舅竇憲征匈奴，還遷大將軍，在公上以勳戚者，不拘常例焉。」〔七一〕曹操當死者數矣，我輒救存之：胡三省曰：「謂操自滎陽、汴水之敗，收兵從紹於河內，紹表為東郡太守；呂布襲取兗州，紹復與操連和，欲令其遣家居鄴也。」〔七二〕蜀郡太守攸：攸既免董卓之禍，棄官歸，復辟公府，舉高弟，遷任城相，不行。以蜀漢險固，人民殷盛，乃求為蜀郡太守，道絕，不得至，駐荊州。見《魏志．荀攸傳》。〔七三〕公達：荀攸字。〔七四〕司空祭酒：《魏志．郭嘉傳》作司空軍祭酒，此逸軍字。〔七五〕報：胡三省曰：「報，告也。前書霍顯曰：『少夫幸報我以事。』」〔七六〕許主者：許縣之主，謂許令滿寵。〔七七〕訖無成功：終無成功。〔七八〕張礫：胡三省曰：「礫，開也。」張礫猶曰張開。〔七九〕造次：猶言倉卒。〔八〇〕鄭公鄉：《後漢書．鄭玄傳》：「孔融深敬於玄，屣履造門，告高密縣為玄特立一鄉，曰：『昔齊置士鄉，越有君子軍，皆異賢之意也。鄭君好學，實懷明德。昔太史公、廷尉吳公、謁者僕射鄧公皆漢之名臣，又南山四皓有園公、夏黃公，潛光隱耀，世加其高，皆悉稱公。然則公者，仁德之正號，不必三事、大夫也，今鄭君鄉宜曰鄭公鄉。』」(八二)都昌：屬北海郡，故城在今山東昌邑縣西。(八三)隱几：李賢曰：「隱，憑也。莊子曰：『南郭子綦隱几而坐。』」(八四)東山：胡三省曰：「都昌縣之東山也。」(八五)北排田楷：排，排除。田楷，公孫瓚將，瓚署為高州刺史，見卷六十初平二年。(八六)椹：桑實。(八七)蒲蠃：蒲，水草，可食，《詩・韓奕》：「其蔌維何，維筍維蒲。」蠃，通螺，海產，似蚌而小。(八七)羽林監棗祗：按《後漢書・百官志》，羽林有左右監，秩各六百石，屬光祿勳。棗姓，祗名。《潁川文士傳》云：「祗本姓棘，先避難，易為棗。」(八八)典農中郎將：《魏志》曰：「曹公置典農中郎將，秩二千石。」(八九)泰山諸將：謂臧霸、孫觀、吳敦、尹禮、昌豨等。(九〇)鈴下：隨從護衛之卒，胡三省曰：「在鈴閣之下，有使令則掣鈴以呼之，故名。」《晉書・羊祜傳》：「鈴閣之下，侍衛者不過十數人。」《漢官儀》云：「太常駕四馬，主簿前車八乘，有鈴下、侍閤、辟本、五百等員。」(九一)玄德：劉備字。(九二)不喜合鬪，喜解鬪耳：胡三省曰：「言不喜人之鬪，喜解人之鬪也。」(九三)戟小支：戟旁曲支。(九四)茂才：胡三省曰：「武帝元封六年，詔州郡舉茂才。茂才即秀才也，避光武諱，史遂書為茂才。」(九五)使彼固君子邪至將復將軍之意：胡三省曰：「言布以書罵備，備君子邪，固不以罵為恥；其小人邪，將復以書罵布也。」(九六)穰城：屬南陽郡，即今河南省鄧縣。(九七)濟以窮來，主人無禮：胡三省曰：「言無効勞授館之禮也。」《獻帝春秋》云：「濟引眾入荊州，賈詡隨之，歸劉表襄陽，城守不受，」濟以窮蹙歸表，表不受，故表自云無禮。(98)煨性多疑至將為所圖：胡三省曰：「詡既為煨軍所望，則必為煨所忌矣，久留則煨懼詡奪其軍，必將圖而殺之。」(99)平世：太平盛世。(100)雅樂：《漢書・禮樂志》：「漢興，樂家有制氏，以雅樂聲律世世在太樂官，但能紀其鏗鎗鼓舞而不能言其義。」蔡邕曰：「漢樂四品，一曰太予樂，典郊廟、上陵、殿舉之樂，二曰周頌雅樂，典辟雍、饗射、六宗、社稷之樂；三曰黃門鼓吹，天子所以宴樂羣臣；四曰短簫鐃歌，軍樂也。」(101)《法言・吾子》：「或問：『交五聲十二律也，或雅或鄭何也？』曰：『中正則雅，多哇則鄭。』」注：「中正者，宮商溫雅也；多哇者，淫聲繁越也。」按此，雅樂即古之正樂。(102)衡罵辱操：操欲見衡，衡不肯往而數有恣言，操懷忿，召衡為鼓吏，故為衡所辱罵。(103)衡眾辱祖，祖殺之：胡三省曰：「操怒衡而送與表，猶以表為寬和愛士，觀其能容與否也；表怒衡而送與祖，知祖性急，必不能容衡，是直欲置之死地耳，二人皆挾數用術，表則淺矣。」

二年（西元一九七年）

(1)春，正月，曹操討張繡，軍于淯水(1)，繡舉眾降。操納張濟之妻，繡恨之，又以金與繡驍將胡車兒。繡聞而疑懼，襲擊操軍，殺操長子昂，操中流矢，敗走。校尉典韋與繡力戰，左右殊傷略盡，韋被數十創。繡兵前搏之，韋雙挾兩人擊殺之，瞋目大罵而死。操收散兵還住舞陰㈡，繡率騎來追，操擊破之，繡走還穰，復與劉表合。是時諸軍大亂，平虜校尉泰山于禁獨整眾而還，道逢青州兵刼掠人，禁數其罪而擊之，青州兵走詣操。禁既至，先立營壘，不時謁操。或謂禁：「青州兵已訴君矣，宜促詣公辨之。」禁曰：「今賊在後，追至無時，不先為備，何以待敵？且公聰明，譖訴何緣得行？」徐鑿塹安營訖，乃入謁，具陳其狀。操悅，謂禁曰：「淯水之難，吾猶狼狽，將軍在亂能整，討暴堅壘㈢，有不可動之節，雖古名將，何以加之！」於是錄禁前後功，封益壽亭侯，操引軍還許。

㈡袁紹與操書，辭語驕慢，操謂荀彧、郭嘉曰：「今將討不義而力不敵，何如？」對曰：「劉項之不敵公所知也。漢祖惟智勝項羽，故羽雖彊，終為所禽。今紹有十敗，公有十勝，紹雖彊，無能為也。紹繁禮多儀，公體任自然，此道勝也；紹以逆動，公奉順以率天下㈣，此義勝也；桓、靈以來，政失於寬，紹以寬濟寬，故不攝㈤，公糾之以猛，上下知制，此治勝也；紹外寬內忌，用人而疑之，所任唯親戚子弟，公外易簡而內機明，用人無疑，唯才所宜，不問遠近㈥，此度勝也；紹多謀少決，失在後事㈦，公得策輒行，應變無窮，此謀勝也；紹高議揖讓，以收名譽，士之好言飾外㈧者多歸之，公以至心待人，不為虛美，士之忠正遠見而有實者，皆願為用，此德勝也；紹見人饑寒，恤念之形於顏色，其所不見，慮或不及，公於目前小事，時有所忽，至於大事，與四海接恩之所加，皆過其望，雖所不見，慮無不周，此仁勝也；紹大臣爭權，讒言惑亂，公御下以道，浸潤㈨不行，此明勝也；紹是非不可知，公所是，進之以禮，所不是，正之以灋，此文勝也；紹好為虛勢，不知兵要㈩，公以少克眾，用兵如神，軍人恃之，敵人畏之，此武勝也。」操笑曰：「如卿所言，孤何以德堪之？」嘉又曰：「紹方北擊公孫瓚，可因其遠征，東取呂布。若紹為寇，布為之援，此深害也。」彧曰：「不先取呂布，河北未易圖也。」操曰：「然吾所惑者，又恐紹侵擾關中，西亂羌胡，南誘蜀漢，是我獨以兗、豫抗天下六分之五也，為將奈何？」或曰：「關中將帥以十數，莫能相一，唯韓遂、馬騰最彊。彼見山東方爭，必各擁眾自保。今若撫以恩德，遣使連和，雖不能久安，比公安定山東，足以不動。侍中尚書僕射鍾繇，有智謀，若屬㊁以西事，公無憂矣。」操乃表繇以侍中守司隸校尉，持節督關中諸軍，特使不拘科制㊂。繇至長安，移書騰、遂等，為陳禍福，騰、遂各遣子入侍。

㈢袁術稱帝於壽春，自稱仲家㊀，以九江太守為淮南尹，置公卿、百官，郊祀天地。沛相陳珪，球弟子也，少與術遊。術以書召珪，又劫質其子，期必致珪。珪答書曰：「曹將軍興復典刑，將撥平凶慝㊃，以為足下當戮力同心，匡翼漢室，而陰謀不軌，以身試禍，欲吾營私阿附，有死不能也。」術欲以故兗州刺史金尚為太尉㊄，尚不許而逃去，術殺之。

㈣三月，詔將作大匠孔融持節拜袁紹大將軍，兼督冀、青、幽、并四州。

㈤夏，五月，蝗。

㈥袁術遣使者韓胤以稱帝事告呂布，因求迎婦，布遣女隨之。陳珪恐徐、揚合從㈥，為難未已，往說布曰：「曹公奉迎天子，輔贊國政，將軍宜與協同策謀，共存大計。今與袁術結昏，必受不義之名，將有累卵之危矣。」布亦怨術初不已受也㈦，女已在塗，乃追還絕昏，械送韓胤，梟首許市。

陳珪欲使子登詣曹操，布固不肯。會詔以布為左將軍，操復遺布手書，深加慰㈧納，布大喜，即遣登奉章謝恩，並答操書。登見操，因陳布勇而無謀，輕於去就，宜早圖之。操曰：「布狼子野心，誠難久養，非卿莫究其情偽。」即增珪秩中二千石㈨，拜登廣陵太守。臨別，操執登手，曰：「東方之事，便以相付。」令陰合部眾，以為內應。

始，布因登求徐州牧，不得，登還，布怒，拔戟斫几曰：「卿父勸吾協同曹操，絕婚公路。今吾所求無獲，而卿父子並顯重，但為卿所賣耳！」登不為動顏，徐對之曰：「登見曹公，言養將軍譬如養虎，當飽其肉，不飽則將噬人。公曰：『不如卿言，譬如養鷹，饑即為用，飽則颺⑳去。』其言如此。」布意乃解。

袁術遣其大將張勳、橋蕤㉑等與韓暹、楊奉連勢，步騎數萬趣下邳，七道攻布。布時有兵三千，馬四百匹，懼其不敵，謂陳珪曰：「今致術軍，卿之由也，為之奈何？」珪曰：「暹、奉與術，卒合㉒之師耳！謀無素定，不能相維，子登策之，比於連雞，勢不俱棲㉓，立可離也。」布用珪策，與暹、奉書曰：「二將軍親拔大駕，而布手殺董卓，俱立功名，今奈何與袁術同為賊乎？不如相與並力破術，為國除害。」且許悉以術軍資與之。暹、奉大喜，即回計㉔從布，布進軍，去勳營百步，暹、奉兵同時叫呼，並到勳營，勳等散走。布兵追擊，斬其將十人首，所殺傷墮水死者殆盡。布因與暹、奉合軍向壽春，水陸竝進，到鍾離㉕，所過虜掠，還渡淮北，留書辱術。術自將步騎五千，揚兵淮上，布騎皆於水北，大咍㉖笑之而還。

泰山賊帥臧霸襲琅邪蕭建於莒㉗，破之。霸得建資實，許以賂布而未送，布自往求之。其督將高順諫曰：「將軍威名宣播，遠近所畏，何求不得而自行求賂？萬一不克，豈不損邪？」布不從。既至莒，霸等不測往意，固守拒之，無獲而還。順為人清白，有威嚴，少言辭，所將七百餘兵，號令整齊，每戰必克，名陷陳營，布後疎順，以魏續有內外之親，奪其兵以與續，及當攻戰，則復令順將，順亦終無恨意。布性決易，所為無常，順每諫曰：「將軍舉動，不肯詳思，忽有失得，動輒言誤，誤豈可數乎？」布知其忠而不能從。

(七)曹操遣議郎王誧㉘以詔書拜孫策為騎都尉，襲爵烏程侯㉙，領會稽太守，使與呂布及吳郡太守陳瑀共討袁術。策欲得將軍號以自重，誧便承制假策明漢將軍㉚。策治嚴㉛，行到錢唐㉜，瑀圖襲策，潛結祖郎、嚴白虎等使為內應，策覺之，遣其將呂範、徐逸攻瑀於海西，瑀敗，單騎犇袁紹。

【考異】江表傳曰：「建安二年夏，王誧奉戊辰詔書賜策。」不知其何月也。

(八)初，陳王寵㉝有勇，善弩射㉞。黃巾賊起，寵治兵自守，國人畏之，不敢離叛。國相會稽駱俊，素有威恩，是時王侯無復租祿，而數見虜奪，或幷日而食(三五)，轉死(三六)溝壑，而陳獨富彊，鄰郡人多歸之，有眾十餘萬。及州郡兵起，寵率眾屯陽夏(三七)，自稱輔漢大將軍。袁術求糧於陳，駱俊拒絕之，術忿恚(三八)，遣客詐殺俊及寵，陳由是破敗。

(九)秋，九月，司空曹操東征袁術。術聞操來，棄軍走，留其將橋蕤等於蘄陽(三九)以拒操，操擊破蕤等，皆斬之。【考異】范書呂布傳云：「布破張勳於下邳，生擒橋蕤。」此又一橋蕤將，蕤被獲又還也。然魏志呂布傳無橋蕤事，當是范書誤。術走渡淮，時天旱歲荒，士民凍餒，術由是遂衰。

操辟陳國何夔為掾，問以袁術何如？對曰：「天之所助者順，人之所助者信，術無信順之實，而望天人之助，其可得乎？」操曰：「為國失賢則亡，君不為術所用，亡不亦宜乎？」操性嚴，掾屬公事，往往加杖，夔常蓄毒藥，誓死無辱，是以終不見及。

沛國許褚，勇力絕人，聚少年及宗族數千家，堅壁以禦外寇，淮、汝、陳、梁間，皆畏憚之。操徇淮、汝，褚以眾歸操。操曰：「此吾樊噲也。」即日拜都尉，引入宿衛；諸從褚俠客，皆以為虎士(四〇)焉。

㈩故太尉楊彪與袁術昏姻㊶，曹操惡之，誣云：「欲圖廢立。」奏收下獄，劾以大逆。將作大匠孔融聞之，不及朝服，往見操曰：「楊公四世清德㊷，海內所瞻。周書：『父子兄弟，罪不相及㊸。』況以袁氏歸罪楊公乎？」操曰：「此國家㊹之意。」融曰：「假使成王殺邵公，周公可得言不知邪？」操使許令滿寵按彪獄，融與尚書令荀彧皆屬寵曰：「但當受辭，勿加考掠。」寵一無所報，考訊如灋。數日，求見操，言之曰：「楊彪考訊，無他辭語。此人有名海內，若罪不明白，必大失民望，竊為明公惜之。」操即日赦出彪。

初，彧、融聞寵考掠彪，皆怒，及因此得出，乃更善寵。彪見漢室衰微，政在曹氏，遂稱腳攣㊺，積十餘年不行，由是得免於禍。

(十一)馬日磾喪至京師㊻，朝廷議欲加禮。孔融曰：「日磾以上公㊼之尊秉髦節㊽之使而曲媚姦臣㊾，為所牽率。王室大臣，豈得以見脅為辭？聖上哀矜舊臣，未忍追案，不宜加禮。」朝廷從之。

金尚喪至京師，詔百官弔祭，拜其子瑋為郎中。

(十二)冬，十一月，曹操復攻張繡，拔湖陽(五〇)，禽劉表將鄧濟；又攻舞陰，下之。

(十三)韓暹、楊奉在下邳，寇掠徐、揚間，軍饑餓，辭呂布，欲詣荊州，布不聽。奉知劉備與布有宿憾，私與備相聞，欲共擊布，備陽許之，奉引軍詣沛，備請奉入城，飲食未半，於座上縛奉，斬之。暹失奉，孤特(五一)，與十餘騎歸幷州，為杼秋(五二)令張宣所殺。胡才、李樂留河東，才為怨家所殺，樂自病死。郭汜為其將伍習所殺。

(十四)潁川杜襲、趙儼、繁欽(五三)避亂荊州，劉表俱待以賓禮。欽數見奇於表，襲喻之曰：「吾所以與子俱來者，徒欲全身以待時耳，豈謂劉牧當為撥亂之主，而規長者委身哉？子若見能不已，非吾徒也，吾與子絕矣。」欽慨然曰：「請敬受命。」及曹操迎天子都許，儼謂欽曰：「曹鎮東必能匡濟華夏，吾知歸矣。」遂還詣操，操以儼為朗陵(五四)長。陽安都尉(五五)江夏李通妻伯父犯灋，儼收治，致之大辟。時殺生之柄，決於牧守，通妻子號泣，以請其命，通曰：「方與曹公戮力，義不以私廢公。」嘉儼執憲不阿，與為親交。

【今註】㈠清水：清水出弘農盧氏縣支離山，東逕宛縣南，即繡敗操軍處，見《水經注》。按清水又稱白河，源出今河南省嵩縣西南，東南流經南陽、新野諸縣，入湖北省襄陽縣境，會唐河，注漢水。㈡舞陰：屬南陽郡，故城在今河南省泌陽縣西北。㈢討暴堅壘：胡三省曰：「討暴，謂擊刼掠者，堅壘，謂先鑿塹安營也。」㈣奉順以率天下：胡三省曰：「謂奉天子以率天下，於理為順。」㈤不攝：散漫不整。㈥不閒遠近：不親近而閒遠。㈦後事：不能把握事機。㈧好言飾外：好為浮言而無實學。㈨浸潤：《論語・顏淵》：「浸潤之譖。」鄭注：「譖人之言，如水之浸潤，漸以成也。」㈩兵要：用兵要道。⑪屬：付託，言囑。⑫不拘科制：不拘常法。科謂法令之條目，制謂制度。⑬自稱仲家：《典略》曰：「乃建號稱仲氏。」沈濤曰：「仲乃術所僭國號，其稱曰家，猶漢氏之稱漢家耳。公孫述傳：『遂自立為天子，號成家。』亦是僭國號曰成也。」⑭慝：邪惡。⑮術欲以故兗州刺史金尚為太尉：金尚奔術事見卷六十初平三年。⑯徐、揚合從：時術領揚州，布領徐州，故曰徐、揚合從。⑰布亦怨術初不己受也：傕、汜之亂，布自關中奔袁術，術患之，布不自安，乃去術依張楊於河內，事見卷六十初平三年。⑱尉：慰之本字。⑲增珪秩中二千石：胡三省曰：「漢制，王國相秩二千石，增秩中二千石，則秩視九卿。」⑳飈：乘風飛揚。㉑橋蕤：姓橋名蕤。蕤青綏（ㄖㄨㄟˊ）。㉒卒合：倉猝連合，言非素結。卒讀曰猝。㉓比於連雞，勢不俱棲：《戰國策》秦惠王曰：「諸侯之不可一，猶連雞之不能俱上於棲。」㉔回計：改計。㉕鍾離：胡三省曰：「鍾離縣，屬九江郡；距壽春二百餘里。」按其故城在今安徽省鳳陽縣東北。㉖咍：音台，蚩笑。杜甫詩：「任受眾人咍。」又《文選注》：「楚人謂相調笑曰咍。」㉗莒：前漢屬城陽國，後漢屬琅邪國，即今山東省莒縣。㉘王誧：誧音浦（ㄆㄨˇ）。㉙襲爵烏程侯：策父堅以討賊功封烏程侯，今以策襲父封。烏程縣屬吳郡，即今浙江省吳興縣。㉚明漢將軍：胡三省曰：「明漢將軍，亦權宜置，言明於順逆而知尊漢室也，下輔漢同。」㉛治嚴：治嚴即治裝，謂整治行裝待發。漢避明帝諱，以裝、莊同聲，多改裝為嚴。㉜錢唐：前漢屬會稽郡，後漢省，即今江蘇省杭縣，後漢當屬吳郡界。㉝陳王寵：《後漢書·明帝八王傳》，寵，明帝子陳敬王羨之曾孫。㉞善弩射：《明帝八王傳》：「寵善弩射，十發十中，中皆同處。」㉟幷日而食：以一日之糧分兩日而食。㊱轉死：流移而死。㊲陽夏：屬陳國，故城即今河南省太康縣。夏音假（ㄐㄧㄚˇ）。㊳恚：怒恨，音惠（ㄏㄨㄟˋ）。㊴蘄陽：《水經》曰：「蘄水出江夏蘄春縣北山」。酈注云：「即蘄山也。西南流經蘄山、又南對蘄陽，注于大江，亦謂之蘄陽口。」蘄陽，即漢之蘄春，晉避鄭太后諱改曰蘄陽，故城在今湖北省蘄春縣北。胡三省曰：「據三國志，術時侵陳，操東征之，術留蕤等拒操，蕤等敗死，術乃走渡淮，則蓋戰於淮外也，安得至江夏之蘄陽哉？此蓋沛國之蘄縣，范史衍陽字，而通鑑因之耳！」蘄縣屬沛國，故治即今安徽省宿縣。㊵虎士：虎賁士之屬。㊶故太尉楊彪與袁術昏姻：按《後漢書·楊彪傳》，彪子修，袁術之甥。是彪蓋娶於袁氏。㊷楊公四世清德：彪父賜、賜父秉、秉父震，四世顯達，俱以清白聞。㊸父子兄弟，罪不相及：〈康誥〉曰：「父不慈，子不祇，兄不友，弟不恭，不相及也。」㊹國家：胡三省曰：「國家謂帝也。」㊺攣：肋肉痙縮。㊻馬日磾喪至京師：日磾死見卷六十一興平元年。㊼上公：《後漢書．百官志》，太傅位上公。㊽髦節：髦通旄，節上有旄，故曰旄節。㊾姦臣：謂袁術。日磾為術所辱，見卷六十興平元年。㊿湖陽：屬南陽郡，故城在今河南省唐河縣東。(51)孤特：特亦獨之義，孤特猶言孤獨。(52)抒秋：前漢屬梁國，後漢改屬沛國，故城在今江蘇省碭山縣東。(53)繁欽：姓繁名欽。胡三省曰：「繁音婆（ㄆㄛˊ）。左傳殷氏七族有繁氏，漢有御史大夫繁延壽。」(54)朗陵：屬汝南郡，故城在今河南省確山縣西南。(55)陽安都尉：陽安縣，故屬汝南郡。漢末，操析汝南二縣，置陽安都尉，見《魏氏春秋》、《魏志．李通傳》。

三年（西元一九八年）

㈠春，正月，曹操還許㈡。三月，將復擊張繡，荀攸曰：「繡與劉表相恃為彊，然繡以遊軍仰食於表，表不能供也，勢必乖離。不如緩軍以待之，可誘而致也。若急之，其勢必相救。」操不從，圍繡於穰。

㈡夏，四月，使謁者僕射裴茂詔關中諸將段煨等討李傕，夷其三族。以煨為安南將軍，封閺鄉侯。

㈢初，袁紹每得詔書，患其有不便於己者，欲移天子自近，使說曹操，以許下埤㊁溼，雒陽殘破，宜徙都鄄城以就全實。操拒之。田豐說紹曰：「徙都之計，既不克從，宜早圖許，奉迎天子，動託詔書，號令海內，此筭之上者。不爾，終為人所禽，雖悔無益也。」紹不從。會紹亡卒詣操，云田豐勸紹襲許，操解穰圍而還，張繡率眾追之。五月，劉表遣兵救繡，屯於安眾㊂，守險以絕軍後。操與荀彧書曰：「吾到安眾，破繡必矣。」及到安眾，操軍前後受敵，操乃夜鑿險偽遁，表、繡悉軍來追，操縱奇兵，步騎夾攻，大破之。它日，彧問操前策，賊必破何也？操曰：「虜遏吾歸師，而與吾死地㊃，吾是以知勝矣。」繡之追操也，賈詡止之曰：「不可追也，追必敗。」繡不聽，進兵交戰，大敗而還。詡登城謂繡曰：「促更追之，更戰必勝。」繡謝曰：「不用公言，以至於此，今已敗，奈何復追？」詡曰：「兵勢有變㊄，促追之。」

繡素信詡言，遂收散卒更追合戰，果以勝還。乃問詡曰：「繡以精兵追退軍，而公曰必敗，以敗卒擊勝兵，而公曰必克，悉如公言，何也？」詡曰：「此易知耳！將軍雖善用兵，非曹公敵也。曹公軍新退，必自斷後，故知必敗。曹公攻將軍，既無失策，力未盡而一朝引退，必國內有故㊅也。已破將軍，必輕軍速進，留諸將斷後，諸將雖勇，非將軍敵，故雖用敗兵而戰，必勝也。」繡乃服。

㈣呂布復與袁術通，遣其中郎將高順及北地太守鴈門張遼㊆攻劉備，曹操遣將軍夏侯惇救之，為順等所敗。秋，九月，順等破沛城，虜備妻子，備單身走。

曹操欲自擊布，諸將皆曰：「劉表、張繡在後而遠襲呂布，其危必也。」荀攸曰：「表、繡新破，勢不敢動。布驍猛，又恃袁術，若從橫淮泗間，豪傑必應之。今乘其初叛，眾心未一，往可破也。」操曰：「善。」比行，泰山屯帥臧霸、孫觀、吳敦、尹禮、昌豨等皆附於布。操與劉備遇於梁，進至彭城。陳宮謂布宜逆擊之，以逸待勞，無不克也。布曰：「不如待其來，蹙著泗水中。」冬，十月，操屠彭城，廣陵太守陳登率郡兵為操先驅，進至下邳。布自將，屢與操戰，皆大敗，還保城，不敢出。操遺布書，為陳禍福，布懼，欲降。陳宮曰：「曹操遠來，勢不能久，將軍若以步騎出屯於外，宮將餘眾閉守於內。若向將軍，宮引兵而攻其背；若但攻城，則將軍救於外。不過旬月，操軍食盡，擊之可破也。」布然之，欲使宮與高順守城，自將騎斷操糧道。布妻謂布曰：「宮、順素不和，將軍一出，宮、順必不同心共城守也。如有蹉跌㊇，將軍當於何自立乎？且曹氏待公臺如赤子，猶舍而歸我㊈；今將軍厚公臺，不過曹氏，而欲委全城，捐妻子，孤軍遠出？若一旦有變，妾豈得復為將軍妻哉？」布乃止，潛遣其官屬許汜、王楷求救於袁術。術曰：「布不與我女，理自當敗，何為復來？」汜、楷曰：「明上(一〇)今不救布，為自敗耳！布破，明上亦破也！」術乃嚴兵，為布作聲援。布恐術為女不至故不遣救兵，以緜纏女身，縛著馬上，夜自送女出，與操守兵相觸，格射(一一)不得過，復還城。

河內太守張楊，素與布善，欲救之，不能，乃出兵東市㈡，遙為之勢。十一月，楊將楊醜殺楊以應操，別將眭固㈢復殺醜，將其眾北合袁紹。楊性仁和，無威刑，下人謀反，發覺，對之涕泣，輒原不問，故及於難。

操掘塹圍下邳，積久，士卒疲敝，欲還。荀攸、郭嘉曰：「呂布勇而無謀，今屢戰皆北，銳氣衰矣。三軍以將為主，主衰則軍無奮意，陳宮有智而遲。今及布氣之未復，宮謀之未定，急攻之，布可拔也。」乃引沂、泗灌城㈣。月餘，布益困迫。【考異】范書布傳云：「灌其城三月。」魏志傳亦曰：「圍之三月。」按操以十月至下邳，及殺布，共在一季，不可言三月，今從魏志武紀。臨城，謂操軍士曰：「卿曹無相困我，我當自首於明公。」陳宮曰：「逆賊曹操，何等明公。今日降之，若卵投石，豈可得全也？」布將侯成，亡其名馬，已而復得之，諸將合禮以賀成。成分酒肉，先入獻布，布怒曰：「布禁酒，而卿等醞釀，為欲因酒共謀布邪？」成忿懼，十二月，（癸酉）二十四日，成與諸將宋憲、魏續等，共執陳宮、高順，率其眾降。布與麾下登白門樓(一五)，兵圍之急，布令左右取其首詣操，左右不忍，乃下降。布見操曰：「今日已往，天下定矣！」操曰：「何以言之？」布曰：「明公之所患，不過於布，今已服矣。若令布將騎，明公將步，天下不足定也。」顧謂劉備曰：「玄德！卿為坐上客，我為降虜，繩縛我急，獨不可一言邪？」操笑曰：「縛虎不得不急。」乃命緩布縛。劉備曰：「不可！【考異】獻帝春秋曰：「太祖意欲活布，命使寬縛，主簿王必趨進曰：『布，勍虜也，其眾近在外，不可寬也。』太祖曰：『本欲相緩，主簿得不聽如之何？』」今從范書、陳志。明公不見呂布事丁建陽、董太師乎(一六)？」操頷之(一七)。布目備曰：「大耳兒(一八)最叵信(一九)。」操謂陳宮曰：「公臺平生，自謂智有餘，今竟何如？」宮指布曰：「是子不用宮言，以至於此。若其見從，亦未必為禽也。」操曰：「奈卿老母可？」宮曰：「宮聞以孝治天下者，不害人之親。老母存否，在明公，不在宮也。」操曰：「奈卿妻子何？」宮曰：「宮聞施仁政於天下者，不絕人之祀。妻子存否，在明公，不在宮也。」操未復言。宮請就刑，遂出不顧，操為之涕泣，並布、順皆縊殺之，傳首許市。操召陳宮之母養之，終其身；嫁宮女，撫視其家，皆厚於初。前尚書令陳紀、紀子羣在布軍中，操皆禮用之。張遼將其眾降，拜中郎將。臧霸自亡匿，操募索㊀得之，使霸招吳敦、尹禮、孫觀等，皆詣操降。操乃分琅邪、東海為城陽、利城、昌慮郡㊁，悉以霸等為守相。

初，操在兗州，以徐翕、毛暉為將。及兗州亂，翕、暉皆叛，兗州既定，翕、暉亡命投霸。操語劉備，令霸送二首。霸謂備曰：「霸所以能自立者，以不為此也。霸受主公生全之恩，不敢違命，然王霸之君，可以義告，願將軍為之辭。」備以霸言白操，操歎息，謂霸曰：「此古人之事，而君能行之，孤之願也。」皆以翕、暉為郡守。陳登以功加伏波將軍。

㈤劉表與袁紹深相結約，治中鄧羲諫表，表曰：「內不失貢職，外不背盟主，此天下之達義㊂也，治中獨何怪乎？」羲乃辭疾而退。長沙太守張羨，性屈強㊂，表不禮焉。郡人桓階說羨舉長沙、零陵、桂陽三郡以拒表，遣使附於曹操，羨從之。【考異】魏志桓階傳：「袁曹相拒官渡而階說羨。」按范書劉表傳，建安三年，羨拒表，在官渡前也。

㈥孫策遣其正議校尉㉔張紘獻方物，曹操欲撫納之，表策為討逆將軍㉕，封吳侯㉖。【考異】江表傳曰：「倍於元年所獻，其年制書拜討逆，封吳侯。」按策貢獻在二年，非元年也。又陳志紘傳曰：「建安四年，遣紘奉章詣許。」按吳書，紘述策材略忠款，曹公乃優文褒崇，改號加封。然則紘來在策封吳侯前，本傳誤也。以弟女配策弟匡，又為子彰取孫賁㉗女，禮辟策弟權、翊，以張紘為侍御史。袁術以周瑜為居巢㉘長，以臨淮魯肅為東城㉙長，瑜、肅知術終無所成，皆棄官渡江從孫策。策以瑜為建威中郎將，肅因家於曲阿。曹操表徵王朗，策遣朗還，操以朗為諫議大夫，參司空軍事。

袁術遣間使齎印綬與丹陽宗帥祖郎等，使激動山越，共圖孫策。劉繇之犇豫章也，太史慈遁於蕪湖㉚山中，自稱丹陽太守。策已定宣城㉛以東，惟涇㉜以西六縣未服，慈因進住涇縣，大為山越㉝所附，於是策自將討祖郎於陵陽㉞，禽之。策謂郎曰：「爾昔襲孤㉟，斫孤馬鞍，今創軍立事，除棄宿恨，惟取能用，與天下通耳，非但汝，汝勿恐怖。」郎叩頭謝罪，即破械，署門下賊曹㊱。又討太史慈於勇里㊲，禽之，解縛，捉㊳其手，曰：「寧識神亭時邪㊴？若卿爾時得我，云何㊵？」慈曰：「未可量也。」策大笑，曰：

「今日之事，當與卿共之。聞卿有烈義(四一)，天下智士也，但所託未得其人(四二)耳！孤是卿知己，勿憂不如意也。」即署門下督軍。還，祖郎、太史慈俱在前導，軍人以為榮。會劉繇卒於豫章，士眾萬餘人，欲奉豫章太守華歆為主，歆以為因時擅命，非人臣所宜，眾守之連月，卒謝遣之。其眾未有所附，策命太史慈往撫安之，謂慈曰：「劉牧往責吾為袁氏攻廬江(四三)，吾先君兵數千人，盡在公路許(四四)，吾志在立事，安得不屈意於公路而求之乎？其後不遵臣節，諫之不從(四五)，丈夫義交，苟有大故，不得不離。吾交求公路及絕之，本末如此，恨不及其生時與共論辯也。今兒子在豫章，卿往視之，並宣孤意於其部曲，部曲樂來者與俱來，不樂來者且安慰之，並觀華子魚(四六)所以牧御，方規(四七)何如？卿須幾兵，多少隨意。」慈曰：「慈有不赦之罪，將軍量同桓文(四八)，當盡死以報德。今並息兵，兵不宜多，將數十人足矣。」左右皆曰：「慈必北去不還。」策曰：「子義捨我，當復從誰？」餞送昌門(四九)，把腕別曰：「何時能還？」答曰：「不過六十日。」慈行，議者猶紛紜，言遣之非計。策曰：「請君勿復言，孤斷之詳矣。太史子義雖氣勇有膽烈，然非縱橫之人(五〇)。其心秉道義，重然諾，一以意許知己，死亡不相負，諸君勿憂也。」慈果如期而反，謂策曰：「華子魚，良德也，然無他方規，自守而已。又丹陽僮芝(五一)自擅廬陵(五二)，番陽(五三)民帥別立宗部(五四)，言我已別立郡海昏上繚(五五)，不受發召，子魚但覩視之而已。」策拊掌大笑，遂有兼并之志。

(七)袁紹連年攻公孫瓚，不能克，以書諭之，欲相與釋憾連和，瓚不答而增修守備，謂長史太原關靖曰：「當今四方虎爭，無有能坐吾城下，相守經年者，明矣！袁本初其若我何？」紹於是大興兵以攻瓚。先是瓚別將有為敵所圍者，瓚不救，曰：「救一人，使後將恃救，不肯力戰。」及紹來攻，瓚南界別營，自度守則不能自固，又知必不見救，或降或潰。紹軍徑至其門(五六)，瓚遣子續請救於黑山諸帥(五七)，而欲自將突騎，出傍西山(五八)，擁黑山之眾侵掠冀州，橫斷紹後。關靖諫曰：「今將軍將士，莫不懷瓦解之心，所以猶能相守者，顧戀其居處老少，而恃將軍為主故耳！堅守曠日，或可使紹自退；若舍之而出，後無鎮重，易京之危，可立待也。」瓚乃止。紹漸相攻逼，瓚眾日蹙。

【今註】㊀曹操還許：攻張繡而還。㊁埤：同卑，地勢下溼。《荀子・宥坐》：「其流也埤下。」注：「埤讀為卑。」孔穎達曰：「下濕，謂土地窊下，常沮洳，名為濕也。」㊂安眾：侯國，屬南陽郡，故城在今河南省鎮平縣東南。㊃而與吾死地：《兵法》曰：「歸師勿遏。」又曰：「陷之死地而後生，投之亡地而後存。」㊄兵勢有變：胡三省曰：「言兵勢無常，審知其變，則因敗而為勝。」㊅有故：胡三省曰：「有故，謂有變也。」㊆北地太守張遼：胡三省曰：「布以遼遙領北地太守耳！」㊇蹉跌：意外之失誤。《後漢書・蔡邕傳》：「專必成之功，而忽蹉跌之敗。」㊈曹氏待公臺如赤子，猶舍而歸我：陳宮字公臺，舍讀曰捨。宮棄操歸布事，見上卷興平元年。㊉明上：時術僭號，故稱之為明上。⑪格射：相拒而射。按格當作挌，格為錯字，見《說文》段注。⑫東市：胡三省曰：「野王縣東市也。」楊屯於野王。⑬畦固：姓畦名固。畦音雖（ㄙㄨㄟ）。⑭引沂、泗灌城：胡三省曰：「泗水東南流，過下邳縣西，沂水南流，亦至下邳縣西，而南入於泗，故併引二水以灌城。」《水經・沂水注》：「沂水于下邳縣北西流，分為二水，一水于城北西南入泗，一水逕城東屈從縣南，亦注泗，謂之小沂水。水上有橋，徐、泗間以為圯，昔張子房遇黃石公於圯上，即此處也。操於此處，引沂、泗灌城。」⑮白門樓：《水經注》曰：「下邳城南門，謂之句門，魏武禽陳宮於此。」宋武《北征記》曰：「下邳有三重大城，周四里，呂布所守也，魏武禽布於白門。白門，大城之門也。」宋白曰：「下邳中城，南臨白門樓。」⑯明公不見呂布事丁建陽、董太師乎：丁原字建陽，董卓官至太師。布先事此二人，後皆殺之。事見卷五十九靈帝中平六年及卷六十初平三年。⑰頷之：《說文》：「頷，頤也。」頷之，微動頤以應之。⑱大耳兒：備顧自見其耳，故布呼為大耳兒。⑲叵信：叵，不可，音頗（ㄆㄛˇ）。叵信，不可信。⑳募索：募人求之。㉑操乃分琅邪、東海為城陽、利城、昌慮郡：胡三省曰：「城陽，西漢王國，光武省，併入琅邪。利城、昌慮二縣，皆屬東海。此蓋因諸屯帥所居而分為郡也。」利城在今江蘇省贛榆縣西，昌慮在今山東省滕縣東南。㉒達義：猶通義。㉓屈強：梗戾不順。按屈亦作倔。㉔正議校尉：胡三省曰：「正議校尉，亦孫策私所署置。」㉕討逆將軍：胡三省曰：「討逆將軍，亦創置也。」㉖封吳侯：胡三省曰：「由烏程徙封吳，進其封也。」㉗孫賁：賁，孫堅之侄，見《吳志・孫賁傳》。㉘居巢：侯國，屬廬江郡，故城在今安徽省巢縣東北。㉙東城：前漢屬九江郡，後漢省。胡三省曰：「當是術復置也。」故城在今安徽省定遠縣東南。㉚蕪湖：屬丹陽郡，故城在今安徽省蕪湖縣東。㉛宣城：前漢屬丹陽郡，後漢省，故城在今安徽省南陵縣東。此宣城即漢之故城。㉜涇：屬丹陽郡，故城在今安徽省涇縣西。㉝山越：越民之依山阻險而居者，號山越。㉞陵陽：屬丹陽郡，故城在今安徽省石埭縣東北。㉟爾昔襲孤：祖郎襲孫策事見上卷興平元年。㊱賊曹：漢尚書有二千石曹，成帝初置，主郡國；光武時，改掌中都官水火、盜賊、詞訟、罪法，亦謂之賊曹。㊲勇里：屬涇縣。㊳捉：捉訓握，如握髮亦曰捉髮。㊴寧識神亭時邪：慈與策大戰於神亭，見上卷興平二年。㊵云何：猶曰將如何處置。㊶聞卿有烈義：胡三省曰：「慈，東萊人，少為郡奏曹史。時郡與州有隙，交章以聞，而州章先到雒，慈𢧵取壞之，由是知名，後赴孔融之急，詣劉備求救，此策所謂烈義也。」按慈事迹見《吳志・太史慈傳》。㊷但所託未得其人耳：胡三省曰：「謂劉繇也。」㊸劉牧往責吾為袁氏攻盧江：劉繇奉王命為揚州牧，故以牧稱之；策攻廬江事見上卷興平元年。㊹許：所，處。㊺諫之不從：策諫術事見上建安元年。㊻子魚：華歆字。㊼方規：方略規劃。㊽桓文：齊桓、晉文。㊾昌門：胡注引《孫權記》註曰：「吳西郭門曰閶門，夫差作，以天門通閶闔，故名之。後春申君改曰昌門。」㊿非縱橫之人：言其人質樸尚義，非縱橫家之詭辯者可比。(51)僮芝：姓僮名芝。《風俗通》云：「漢有交趾刺史僮尹。」(52)廬陵：屬豫章郡，故城在今江西吉安縣南。(53)番陽：屬豫章郡，故城在今江西省鄱陽縣東。(54)宗部：胡三省曰：「宗部，即所謂江南宗賊也。」(55)別立郡海昏上繚：胡三省曰：「時縣民數千家，自相結聚，作宗伍，壁於上繚。」上繚，地名，屬海昏，《水經・贛水注》：「繚水又徑海昏縣，謂之上繚水。」海昏，侯國，屬豫章郡，即今江西省建昌縣。繚音僚（ㄌㄧㄠˊ）。(56)其門：胡三省曰：「易京之門也。」(57)黑山諸帥：謂張燕等。(58)出傍西山：胡三省曰：「自易京西抵故安、閻鄉以西諸山，連接中山之界，山谷深廣，皆黑山諸賊所依阻也。」

卷六十三 漢紀五十五

起屠維單閼，盡上章執徐，凡二年。（己卯至庚辰，西元一九九年至二〇〇年）

司馬光編集
林瑞翰註

孝獻皇帝戊

建安四年（西元一九九年）

㈠春，黑山賊帥張燕與公孫續率兵十萬，三道救之。未至，瓚密使行人齎書告續，使引五千鐵騎於北隰㊀之中，起火為應。瓚欲自內出戰，紹候得其書，如期舉火，瓚以為救至，遂出戰，紹設伏擊之，瓚大敗，復還自守。紹為地道，穿其樓下，施木柱之㊁，度足達半，便燒之，樓輒傾倒，稍至京中㊂。瓚自計必無全，乃悉縊其姊妹妻子，然後引火自焚。紹趣兵登臺，斬之，田楷戰死。關靖歎曰：「前若不止將軍自行，未必不濟㊃。吾聞君子陷人危，必同其難，豈可以獨生乎？」策馬赴紹軍而死。續為屠各所殺。漁陽田豫說太守鮮于輔㊄曰：「曹氏奉天子以令諸侯，終能定天下，宜早從之。」輔乃率其眾以奉王命。詔以輔為建忠將軍，都督幽州六郡。

初，烏桓王丘力居死，子樓班年少，從子蹋㈥頓有武略，代立，摠攝上谷大人難樓、遼東大人蘇僕延、右北平大人烏延等。袁紹攻公孫瓚，蹋頓以烏桓助之。瓚滅，紹承制，皆賜蹋頓、難樓、蘇僕延、烏延等單于印綬；又以閻柔得烏桓心，因加寵慰，以安北邊。其後，難樓、蘇僕延奉樓班為單于，以蹋頓為王，然蹋頓猶秉計策。

㈡眭固屯射犬㈦。夏，四月，曹操進軍臨河，使將軍史渙、曹仁渡河擊之。仁，操從弟也。固自將兵，北詣袁紹求救，與渙、仁遇於犬城，渙、仁擊斬之。操遂濟河，圍射犬，射犬降，操還軍敖倉。

初，操在兗州，舉魏种孝廉。兗州叛㈧，操曰：「唯魏种且不棄孤。」及聞种走，操怒曰：「种不南走越，北走胡，不置汝也。」既下射犬，生禽种，操曰：「唯其才也㈨。」釋其縛而用之，以為河內太守，屬以河北事。

㈢以衛將軍董承為車騎將軍。

㈣袁術既稱帝，淫侈滋甚，媵御數百，無不兼羅紈，厭粱肉，自下飢困，莫之收恤。既而資實空盡，不能自立，乃燒宮室，犇其部曲陳簡、雷薄於灊山⑩。復為簡等所拒，遂大窮，士卒散走，憂懣⑪不知所為，乃遣使歸帝號於從兄紹⑫，曰：「祿去漢室久矣，袁氏受命當王，符瑞炳然。今君擁有四州⑬，人戶百萬，謹歸大命，君其興之。」袁譚自青州迎術，欲從下邳北過，曹操遣劉備及將軍清河朱靈邀之，術不得過，復走壽春。六月，至江亭，坐簀床⑭而歎曰：「袁術乃至是乎？」因憤慨結病，歐血死。術從弟胤，畏曹操，不敢居壽春，率其部曲奉術柩及妻子犇廬江太守劉勳於皖城⑮。【考異】吳志孫策傳曰：「術死，長史楊弘、大將張勳等將其眾欲就策，廬江太守劉勳邀擊，悉虜之，收其珍寶以歸。」與諸書不同，今從范書、陳志術傳及江表傳。故廣陵太守徐璆⑯得傳國璽獻之⑰。

㈤袁紹既克公孫瓚，心益驕，貢御稀簡。主簿耿包密白紹，宜應天人，稱尊號。紹以包白事⑱示軍府，僚屬皆言包妖妄，宜誅。

紹不得已，殺包以自解。

紹簡精兵十萬，騎萬匹，欲以攻許。沮授諫曰：「近討公孫瓚，師出歷年，百姓疲敝，倉庫無積，未可動也。宜務農息民，先遣使獻捷天子，若不得通，乃表曹操隔我王路(一九)，然後進屯黎陽，漸營河南，益作舟船，繕修器械，分遣精騎，抄其邊鄙，令彼不得安，我取其逸，如此可坐定也。」郭圖、審配曰：「以明公之神武，引河朔之彊眾，以伐曹操，易如覆手(二〇)，何必乃爾？」授曰：「夫救亂誅暴，謂之義兵；恃眾憑彊，謂之驕兵。義者無敵，驕者先滅(二一)。曹操奉天子以令天下，今舉師南向，於義則違；且廟勝之策(二二)，不在彊弱。曹操法令既行，士卒精練，非公孫瓚坐而受攻者也。今棄萬安之術，而興無名之師(二三)，竊為公懼之。」圖、配曰：「武王伐紂，不為不義，況兵加曹操，而云無名？且以公今日之彊，將士思奮，不及時以定大業，所謂天與不取，反受其咎(二四)，此越之所以霸，吳之所以滅也。監軍(二五)之計，在於持牢(二六)，而非見時知幾之變也。」紹納圖言。圖等因是譖授曰：「授監統內外，威震三軍。若其寖盛，何以制之？夫臣與主同者亡，此黃石之所忌也㉗。且御眾於外，不宜知內㉘。」紹乃分授所統為三都督，使授及郭圖、淳于瓊各典一軍。騎都尉清河崔琰諫曰：「天子在許，民望助順，不可攻也。」紹不從。

許下諸將聞紹將攻許，皆懼，曹操曰：「吾知紹之為人，志大而智小，色厲而膽薄，忌克㉙而少威，兵多而分畫不明，將驕而政令不壹。土地雖廣，糧食雖豐，適足以為吾奉也。」孔融謂荀彧曰：「紹地廣兵強。田豐、許攸，智士也，為之謀；審配、逢紀，忠臣也，任其事；顏良、文醜，勇將也，統其兵；殆難克乎？」彧曰：「紹兵雖多，而灋不整；田豐剛而犯上，許攸貪而不治，審配專而無謀，逢紀果而自用，此數人者，勢不相容，必生內變。顏良、文醜，一夫之勇耳，可一戰而禽也。」

秋，八月，操進軍黎陽，使臧霸等將精兵，入青州以扞東方㉚，留于禁屯河上。九月，操還許，分兵守官渡㉛。袁紹遣人招張繡，並與賈詡書結好。繡欲許之，詡於繡坐上，顯謂紹使㉒曰：「歸謝袁本初，兄弟不能相容㉓，而能容天下國士乎？」繡驚懼曰：「何至於此？」竊謂詡曰：「若此，當何歸？」詡曰：「不如從曹公。」繡曰：「袁強曹弱，又先與曹為讎㉔，從之如何？」詡曰：「此乃所以宜從也。夫曹公奉天子以令天下，其宜從一也；紹彊盛，我以少眾從之，必不以我為重，曹公眾弱，其得我必喜，其宜從二也；夫有霸王之志者，固將釋私怨，以明德於四海，其宜從三也；願將軍無疑。」冬，十一月，繡率眾降曹操。操執繡手，與歡宴，為子均取繡女，拜揚武將軍，表詡為執金吾，封都亭侯㉕。

關中諸將以袁曹方爭，皆中立顧望。涼州牧韋端使從事天水楊阜詣許。阜還關右，諸將問袁、曹勝敗孰在？阜曰：「袁公寬而不斷，好謀而少決。不斷則無威，少決則後事，今雖彊，終不能成大業。曹公有雄才遠略，決機無疑，灋一而兵精，能用度外㉖之人，所任各盡其力，必能濟大事者也。」

曹操使治書侍御史河東衛覬㉗鎮撫關中。時四方大有還民，關中諸將多引為部曲。覬書與荀彧曰：「關中膏腴之地，頃遭荒亂，人民流入荊州者十萬餘家。聞本土安寧，皆企望㊳思歸，而歸者無以自業，諸將各競招懷以為部曲，郡縣貧弱，不能與爭，兵家遂彊，一旦變動，必有後憂。夫鹽，國之大寶也；亂來放散，宜如舊置使者監賣，以其直益市㊴犂牛，若有歸民，以供給之。勤耕積粟，以豐殖關中，遠民聞之，必日夜競還。又使司隸校尉留治關中，以為之主，則諸將日削，官民日盛，此彊本弱敵之利也。」彧以白操，操從之，始遣謁者僕射監鹽官㊵，司隸校尉治弘農㊶，關中由是服從。

袁紹使人求助於劉表，表許之，而竟不至，亦不援曹操。從事中郎㊷南陽韓嵩、別駕零陵劉先說表曰：「今兩雄相持，天下之重，在於將軍。若欲有為，起乘其敝可也；如其不然，固將擇所宜從。豈可擁甲十萬，坐觀成敗，求援而不能助，見賢而不肯歸？此兩怨必集於將軍，恐不得中立矣！曹操善用兵，賢俊多歸之，其勢必舉袁紹，然後移兵向江漢，恐將軍不能禦也。今之勝計㊸，莫若舉荊州以附曹操，操必重德將軍㊹，長享福祚，垂之後嗣，此萬全之策也。」蒯越亦勸之，表狐疑不斷，乃遣嵩詣許，曰：「今天下未知所定，而曹操擁天子都許，君為我觀其釁。」嵩曰：「聖達節，次守節㊺，嵩守節者也。夫君臣名定，以死守之。今策名委質㊻，唯將軍所命，雖赴湯蹈火，死無辭也。以嵩觀之，曹公必得志於天下，將軍能上順天子，下歸曹公，使嵩可也；如其猶豫，嵩至京師，天子假嵩一職，不獲辭命，則成天子之臣，將軍之故吏耳！在君為君，則嵩守天子之命，義不得復為將軍死也，惟加重思㊼，無為負嵩。」表以憚使㊽，彊之㊾。至許，詔拜嵩侍中、零陵太守。及還，盛稱朝廷、曹公之德，勸表遣子入侍。表大怒，以為懷貳，大會寮屬，陳兵㊿持節(51)將斬之，數(52)曰：「韓嵩敢懷貳邪？」眾皆恐，欲令嵩謝，嵩不為動容，徐謂表曰：「將軍負嵩，嵩不負將軍。」具陳前言。表妻蔡氏諫曰：「韓嵩，楚國之望也，且其言直，誅之無辭。」表猶怒，考殺從行者，知無他意，乃弗誅而囚之。

㈥揚州賊帥鄭寶欲略居民以赴江表(53)，以淮南劉曄，高族名人(54)，欲刧之使唱此謀，曄患之。會曹操遣使詣州，有所案問，曄要(55)與歸家。寶來候使者，曄留與宴飲，手刃殺之，斬其首以令寶軍，曰：「曹公有令，敢有動者，與寶同罪。」其眾數千人皆讋服(56)，推曄為主。曄以其眾與廬江太守劉勳，勳怪其故，曄曰：「寶無灋制其眾，素以鈔略為利，僕宿無資(57)而整齊之，必懷怨難久，故以相與耳。」

勳以袁術部曲眾多，不能贍，遣從弟偕求米於上繚諸宗帥，不能滿數(58)，偕召勳使襲之。孫策惡勳兵強，偽卑辭以事勳，曰：「上繚宗民，數欺鄙郡，欲擊之，路不便。上繚甚富，實願君伐之，請出兵以為外援。」且以珠寶、葛越(59)賂勳，勳大喜。外內盡賀，劉曄獨否。勳問其故，對曰：「上繚雖小，城堅池深，攻難守易，不可旬日而舉也。兵疲於外，而國內虛，策乘虛襲我，則後不能獨守，是將軍進屈於敵，退無所歸。若軍必出，禍今至矣。」勳不聽，遂伐上繚。至海昏，宗帥知之，皆空壁逃遷，勳了無所得。時策引兵西擊黃祖，行及石城〔六〇〕，聞勳在海昏，策乃分遣從兄賁、輔將八千人屯彭澤〔六一〕，自與領江夏太守周瑜將二萬人襲皖城，克之，得術、勳妻子及部曲三萬餘人，表汝南李術為廬江太守，給兵三千人以守皖城，皆徙所得民東詣吳。

勳還至彭澤，孫賁、孫輔邀擊，破之，勳走保流沂〔六二〕，求救於黃祖。祖遣其子射率船軍〔六三〕五千人助勳，策復就攻勳，大破之，勳北歸曹操，射亦遁走。策收得勳兵二千餘人，船千艘，遂進擊黃祖。

十二月，辛亥（初八日），策軍至沙羨〔六四〕，劉表遣從子虎及南陽韓晞將長矛五千來救祖。甲寅（十一日），策與戰，大破之，斬晞，祖脫身走，獲其妻子及船六千艘，士卒殺溺死者數萬人。

策盛兵將徇豫章，屯於椒丘〔六五〕，謂功曹虞翻曰：「華子魚自有名字〔六六〕，然非吾敵也。若不開門讓城，金鼓一震，不得無所傷害。卿便在前，具宣孤意。」翻乃往見華歆曰：「竊聞明府與鄙郡故王府君〔六七〕齊名中州，海內所宗，雖在東垂，常懷瞻仰。」歆曰：「孤不如王會稽。」翻復曰：「不審豫章資糧器仗，士民勇果，孰與鄙郡？」歆曰：「大不如也。」翻曰：「明府言不如王會稽，謙光之譚耳(六八)！精兵不如會稽，實如尊教。孫討逆智略超世，用兵如神，前走劉揚州(六九)，君所親見；南定鄙郡(七〇)，亦君所聞也。今欲守孤城，自料資糧，已知不足，不早為計，悔無及也。今大軍已次椒丘，僕便還去，明日日中，迎檄不到者，與君辭矣。」歆曰：「久在江表，常欲北歸。孫會稽來，吾便去也。」乃夜作檄，明旦，遣吏齎迎，策便進軍，歆葛巾迎策。【考異】華嶠譜敘曰：「孫策略有揚州，盛兵徇豫章，一郡大恐，官屬請出郊迎，歆曰：『無然。』策稍進，復白發兵，又不聽，及策至，一府皆造閤，請出避之，乃笑曰：『今將自來何遽避之？』有頃，門下白曰：『孫將軍至請見。』乃前與歆共坐，談議良久，夜乃別去。義士聞之，皆長歎而心自服也。」此說太不近人情，今不取。策謂歆曰：「府君年德名望，遠近所歸，策年幼稚，宜脩子弟之禮。」便向歆拜，禮為上賓。

孫盛曰：「歆既無夷皓韜邈之風，又失王臣匪躬之操(七一)，橈心於邪儒之說，交臂於陵肆之徒(七二)，位奪節墜，咎孰大焉！」

(七)策分豫章為廬陵郡，以孫賁為豫章太守，孫輔為廬陵太守。會僮芝病，輔遂進取廬陵(七三)，留周瑜鎮巴丘(七四)。

孫策之克皖城也，撫視袁術妻子。及入豫章，收載劉繇喪，善遇其家，士大夫以是稱之。會稽功曹魏騰，嘗迕策意，策將殺之，眾憂恐，計無所出。策母吳夫人倚大井，謂策曰：「汝新造江南，其事未集，方當優賢禮士，捨過錄功。魏功曹在公盡規㊄，汝今日殺之，則明日人皆叛汝，吾不忍見禍之及，當先投此井中耳！」策大驚，遽釋騰。初，吳郡太守會稽盛憲舉高岱孝廉，許貢來領郡，岱將憲避難於營帥許昭家。烏程鄒佗、錢銅及嘉興㊅王晟㊆等各聚眾萬餘，或數千人，不附孫策。引兵撲討，皆破之。進攻嚴白虎，白虎兵敗，犇餘杭㊇投許昭。程普請擊昭，策曰：「許昭，有義於舊君，有誠於故友㊈，此丈夫之志也。」乃舍之㊉。

(八)曹操復屯官渡。操常從士㊀徐他等謀殺操，入操帳，見校尉許褚，色變，褚覺而殺之。

(九)初，車騎將軍董承稱受帝衣帶中密詔，與劉備謀誅曹操。操從容謂備曰：「今天下英雄，惟使君與操耳！本初之徒，不足數也。」備方食，失匕箸㊁，值天雷震，備因曰：「聖人云：『迅雷風烈必變㊂，』良有以也。」遂與承及長水校尉种輯、將軍吳子蘭、王服等同謀。會操遣備與朱靈邀袁術，程昱、郭嘉、董昭皆諫曰：「備不可遣也。」操悔，追之不及。術既南走，朱靈等還，備遂殺徐州刺史車胄，留關羽守下邳，行太守事，身還小沛。【考異】蜀志先敘董承謀洩誅死，備乃殺車胄。魏志備殺車胄後，明年，董承乃死。袁紀備據下邳，亦在承死前，蜀志誤也。東海賊昌豨及郡縣多叛操為備㊃。備眾數萬人，遣使與袁紹連兵。操遣司馬長史沛國劉岱、中郎將扶風王忠擊之，不克。備謂岱等曰：「使汝百人來，無如我何！曹公自來，未可知耳！」

【今註】㊀濕：李賢曰：「下溼曰濕。」參閱上卷建安三年註㊁。㊁施木柱之：於地道之中支木為柱，使不下陷。㊂京中：易京之中，公孫瓚居守處。㊃前若不止將軍自行，未必不濟：瓚本欲自將突騎，出傍西山以斷紹後，關靖諫止之，故靖云爾。胡三省曰：「公孫瓚之計與陳宮之計一也，陳宮之計，呂布不能用，公孫瓚之計，關靖止之，是知不惟決計之難，贊決者亦難也。」㊄太守鮮于輔：輔既斬鄒丹，遂領漁陽太守。㊅：蹋：音榻（ㄊㄚˋ）。㊆射犬：《後漢書‧郡國志》，河內郡野王縣有射犬聚，故址在今河南省沁陽縣東北。㊇兗州叛：張邈舉兗州叛操，見卷六十一興平元年。㊈唯其才也：言愛其才能，故釋其前衍。㊉灊山：李賢曰：「灊縣之山也。」灊音潛（ㄑㄧㄢˊ），屬廬江郡，故城在今安徽省霍山縣東北。⑪憂懣：憤鬱煩悶。懣音悶。⑫從兄紹：術，袁逢之子；紹，逢之孽子，出為逢兄成後。紹年長於術，故於術為從兄。③四州：李賢曰：「青、冀、幽、幷。」
④簀床：李賢曰：「簀，第也，謂無茵蓐也。」⑤皖城：皖縣屬廬江郡，即今安徽省潛山縣。⑥璆：音求（ㄑㄧㄡˊ）。⑦傳國璽：胡三省曰：「傳國璽，術拘孫堅妻所奪者。」⑧白事：所白之事。⑨王路：胡三省曰：「王路，謂尊王之路也。」⑩覆手：猶云反手，喻事之至易。《史記・陸賈傳》，賈謂南越王曰：「漢使一偏將將十萬臨越，殺王降漢，如反覆手耳！」⑪夫救亂誅暴，謂之義兵；恃眾憑強，謂之驕兵；義者無敵，驕者先滅：《前漢書・魏相傳》，相上書曰：「救亂誅暴，謂之義兵，兵義者王；恃國家之大，矜人庶之眾，欲見威於敵者，謂之驕兵，兵驕者滅。此非但人事，乃天道也。」⑫廟勝之策：《淮南子》曰：「運籌於廟堂之中，決勝乎千里之外。」此謂之廟勝。《孫子》曰：「未戰而廟勝，得筭多也；未戰而廟不勝，得筭少也。」⑬無名之師：《前漢書・高帝紀》，新城三老董公遮說高祖曰：「順德者昌，逆德者亡；師出無名，事故不成。」《禮記・檀弓》陳太宰嚭曰：「師必有名。」《前漢書音義》曰：「有名，伐有罪也。」⑭天與不取，反受其咎：《史記・吳太伯世家》引范蠡之言。⑮監軍：紹使授監護諸將，故稱監軍。⑯持牢：惠棟曰：「牢，重也。」持牢即持重。⑰臣與主同者亡，此黃石之所忌也：李賢曰：「臣與主同者，權在於主也；主與臣同者，權在臣也。黃石者，即張良於下邳圯上所得者，三略也。」惠棟曰：「獻帝傳云：『臣與主同者昌，主與臣同者亡。』此漏「昌主與臣同者」六字，觀章懷注益明。⑱知內：主內政。知猶主，《左傳》襄二十六年：「子產其將知政矣！」知政即主政。⑲忌克：性忌諱而好

陵人。㉚使臧霸等將精兵，入青州以扞東方：胡三省曰：「臧霸起於泰山，稱雄於東方，故使之為扞。」㉛官渡：在今河南省中牟縣東北，《水經注》云：「莨蕩渠經曹公壘北，有高臺，謂之官度臺，在中牟城，俗謂之中牟臺。」㉜顯謂紹使：胡三省曰：「顯者，明言之於稠人中也。」㉝兄弟不能相容：胡三省曰：「謂與袁術有隙，各結黨與以相圖也。」㉞先與曹為讎：謂淯水之戰，繡殺操之子昂，見上卷建安二年。㉟都亭侯：《史記索隱》曰：「都亭，郭下之亭也。」李賢曰：「凡言都亭者，並城內亭也。漢法，大縣侯位視三公，小縣侯位視上卿，鄉侯、亭侯視中二千石。」胡三省曰：「凡郡、國、縣、道治所，皆有都亭。」㊱度外：意度之外。㊲覬：音記（ㄐㄧˋ）。㊳企望：舉踵而望。㊴益市：增購。㊵始遣謁者僕射監鹽官：胡三省曰：「河東安邑鹽池，舊有鹽官。鹽之為利厚矣！齊用管子鬻筴而霸，晉之定都，諸大夫必欲其近鹽；至漢武之世，斡之以佐軍興；及唐安史之亂，第五琦榷鹽以贍國用；自此遂為經賦，其利居天下歲入之半。」操榷鹽賦之利，實自衛覬啟之。㊶司隸校尉治弘農：胡三省曰：「時以鍾繇為司隸校尉。據魏略及三國志，繇實治洛陽，蓋暫治弘農以招撫關中也。」㊷從事中郎：胡三省曰：「漢制，惟司隸校尉有從事中郎，至漢末，則州牧亦有從事中郎矣。」㊸勝計：言諸計之中，此計為勝。㊹重德將軍：厚感將軍之德。㊺聖達節，次守節：此《左傳》曹公子欣時之言。㊻策名委質：服虔曰：「古者始仕，必先書其名於策，委死之質於君，然後為臣，亦必死節於其君也。」質讀曰贄。韋昭曰：「質，贄也，士質以雉，委質而退。」㊼重思：重，複疊之意；重思，猶言再思、三思。㊽憚使：憚於使許。㊾彊之：強之使行。〔五〇〕陳兵：〈魯語〉臧文仲云：「大刑用甲兵。」韋昭曰：「謂臣有大逆，則被甲聚兵而誅之。」
〔五一〕持節：胡三省曰：「持節以示將斬，猶不敢專殺，存漢制也。」〔五二〕數：責備，有逐條數舉其罪之意。〔五三〕江表：猶曰江外，指長江以南諸地而言。〔五四〕以淮南劉曄，高族名人：曄字子揚，漢光武子阜陵王延之後，與蔣濟、胡質，俱為揚州名士。〔五五〕要：讀曰邀。〔五六〕讋服：讋音摺（ㄓㄜˊ），顏師古曰：「失氣也。」李賢曰：「懼也。」與懾服同。〔五七〕僕宿無資：言素無名位以為憑藉。〔五八〕滿數：滿足其所求之數。〔五九〕葛越：孔穎達曰：「葛越，南方布名，用葛為之，左思吳都賦云：『蕉葛升越，弱於羅紈』，是也。」《文選注》：「葛越，草布也。今葛布謂之葛越，白布謂之白越。」〔六〇〕白城：屬丹陽郡，故城在今安徽省貴池縣西。〔六一〕彭澤：屬豫章郡，故城在今江西省湖口縣東南。〔六二〕流沂：胡三省曰：「流沂，地名，近西塞。西塞山在今壽昌軍東北三十里。」壽昌軍，即今湖北省鄂城縣地。〔六三〕船軍：胡三省曰：「船軍即舟師也。」〔六四〕沙羨：屬江夏郡，晉灼曰：「羨音夷（ㄧˊ）。」故城在今湖北省武昌縣西南。〔六五〕椒丘：胡三省曰：「椒丘去豫章南昌縣數十里。」故城在今江西省新建縣北。〔六六〕華子魚自有名字：華歆字子魚。胡三省曰：「自有名字，言其名聞當時也。」〔六七〕王府君：指王朗。朗嘗為會稽太守，為策所破。〔六八〕謙光之譚：易曰：「謙尊而光。」程傳：「君子志存乎謙易達理，終身不巽，自卑而人益尊之，自晦而德益光顯。」譚與談同。〔六九〕劉揚州：謂劉繇，繇嘗為揚州牧。〔七〇〕鄮郡：謂會稽。翻會稽人，故自稱鄮郡。〔七一〕歆既無夷皓韜遯之風，又失王臣匪躬之操：胡三省曰：「夷皓，謂伯夷、四皓也。易曰：『王臣蹇蹇，匪躬之故。』」言華歆不能高尚其志，又失蹇蹇匪躬之節也。」蹇蹇，盡忠貌。易疏：「能涉蹇難而往濟蹇，故曰王臣蹇蹇也；盡忠於君，匪以私身之故而不往濟君，故曰匪躬之故。」⑫橈心於邪儒之說，交臂於陵肆之徒：屈服曰橈。胡三省曰：「邪儒謂虞翻，陵肆謂孫策也。」⑬會僮芝病，輔遂進取廬陵：僮芝據廬陵事見上卷建安三年。⑭留周瑜鎮巴丘：裴松之曰：「案孫策于時始得豫章、廬陵，尚未能得定江夏，瑜之所鎮，應在今巴丘縣也，與後所卒巴丘處不同。」按松之所謂巴丘，孫策始置，屬廬陵郡，晉因之。故城在今江西省峽江縣北。⑮盡規：盡心規畫。⑯嘉興：漢曰由拳，屬吳郡，三國吳改曰嘉興。〈孫權傳〉：「黃龍三年，由拳野稻自生，改為禾興。五年，改為嘉興。」故城在今浙江省嘉興縣南。⑰晟：音聖（ㄕㄥˋ）。⑱餘杭：前漢屬會稽郡，後漢分屬吳郡，故城在今浙江省餘杭縣南。⑲許昭有義於舊君，有誠於故友：裴松之曰：「許昭有義於舊君，謂濟盛憲也；有誠於故友，則受嚴白虎也。」⑳舍：讀曰捨。㉑常從士：胡三省曰：「常從士，常隨從在左右者。」㉒備方食，失匕箸：匕，取飯之具，今謂飯匙；箸即筷子。胡三省曰：「備以操知其英雄，懼其圖己，故驚失匕箸也。」㉓迅雷風烈必變：此《論語》記孔子之容。孔穎達曰：「迅，急疾也。風疾雷為烈，此陰陽氣激為天之怒，故孔子必變容以敬之也。」㉔東海賊昌豨及郡縣多叛操為備：胡三省曰：「據蜀志，昌豨即昌霸。呂布之敗，太山諸屯帥皆降於曹操，獨豨反側於其間，蓋自恃其才略過於臧霸之徒也。」

五年（西元二〇〇年）

㈠春，正月，董承謀洩。壬子（正月甲戌朔，無壬子），曹操殺承及王服、种輯，皆夷三族。

操欲自討劉備，諸將皆曰：「與公爭天下者，袁紹也。今紹方來而棄之東㈠，紹乘人後，若何？」操曰：「劉備，人傑也；今不擊，必為後患。」郭嘉曰：「紹性遲而多疑，來必不速；備新起，眾心未附，急擊之，必敗。」操師遂東。冀州別駕田豐說袁紹曰：「曹操與劉備連兵，未可卒解。公舉軍而襲其後，可一往而定。」紹辭以子疾，未得行。豐舉杖擊地曰：「嗟乎！遭難遇之時，而以嬰兒病失其會。惜哉！事去矣㈡！」

曹操擊劉備，破之，【考異】魏書曰：「備謂操與大敵連，不得東，而候騎卒至，言曹公來，備大驚，然猶未信，自將數十騎出望公軍，見麾旌，便棄眾而走。」計備必不至此，魏書多妄。獲其妻子，進拔下邳，禽關羽，又擊昌豨，破之。備犇青州，因袁譚以歸袁紹，紹聞備至，去鄴二百里迎之㈢。駐月餘，所亡士卒稍稍歸之。

曹操還軍官渡，紹乃議攻許。田豐曰：「曹操既破劉備，則許下非復空虛。且操善用兵，變化無方，眾雖少，未可輕也，今不如以久持之。將軍據山河之固，擁四州之眾，外結英雄，內修農戰㈣，然後簡其精銳，分為奇兵㈤，乘虛迭出㈥，以擾河南；救右則擊其左，救左則擊其右，使敵疲於奔命，民不得安業，我未勞而彼已困，不及三年可坐克也。今釋廟勝之策，而決成敗於一戰，若不如志，悔無及也。」紹不從。豐彊諫，忤紹，紹以為沮眾㈦，械繫之。於是移檄州郡，數操罪惡。二月，進軍黎陽。沮授臨行，會其宗族，散資財以與之，曰：「勢存則威無不加，勢亡則不保一身，哀哉！」其弟宗曰：「曹操士馬不敵㈧，君何懼焉？」授曰：「以曹操之明略，又挾天子以為資；我雖克伯珪㈨，眾實疲敝，而主驕將忲㈩，軍之破敗，在此舉矣！楊雄有言：『六國蚩蚩，為嬴弱姬㈡。』其今之謂乎！」

振威將軍㈢程昱，以七百兵守鄄城。曹操欲益昱兵二千，昱不肯，曰：「袁紹擁十萬眾，自以所向無前，今見昱兵少，必輕易不來攻；若益昱兵，過則不可不攻，攻之必克，徒兩損其勢，願公無疑。」紹聞昱兵少，果不往，操謂賈詡曰：「程昱之膽，過於賁育矣㊂。」

袁紹遣其將顏良攻東郡太守劉延於白馬㊃，沮授曰：「良性促狹，雖驍勇，不可獨任。」紹不聽。夏四月，曹操北救劉延。荀攸曰：「今兵少不敵，必分其勢乃可。公到延津㊄若將渡兵向其後者，紹必西應之，然後輕兵襲白馬，掩其不備，顏良可禽也。」操從之。紹聞兵渡，即分兵西邀之，操乃引軍兼行趣白馬。未至十餘里，良大驚，來逆戰，操使張遼、關羽先登擊之。羽望見良麾蓋㊅，策馬刺良於萬眾之中，斬其首而還，紹軍莫能當者，遂解白馬之圍，徙其民循河而西。紹渡河追之，沮授諫曰：「勝負變化，不可不詳。今宜留屯延津，分兵官渡，若其克獲，還迎㊆不晚；設其有難，眾弗可還。」紹弗從。授臨濟歎曰：「上盈其志，下務其功，悠悠黃河，吾其濟乎㊇？」遂以疾辭，紹不許而意恨之，復省其所部，幷屬郭圖。

紹軍至延津南，操勒兵駐營南阪㈩九下，使登壘望之，曰：「可五六百騎。」有頃，復白騎稍多，步兵不可勝數。操曰：「勿復白。」令騎解鞍放馬。是時白馬輜重就道，諸將以為敵騎多，不如還保營。荀攸曰：「此所以餌敵，如何去之？」操顧攸而笑㈡〇，紹騎將文醜與劉備將五六千騎前後至，諸將復白可上馬，操曰：「未也。」有頃，騎至稍多，或分趣輜重，操曰：「可矣。」乃皆上馬。時騎不滿六百，遂縱兵擊，大破之，斬醜。醜與顏良皆紹名將也，再戰，悉禽之，紹軍奪氣㈡一。

初，操壯關羽之為人，而察其心神，無久留之意，使張遼以其情問之。羽歎曰：「吾極知曹公待吾厚，然吾受劉將軍恩，誓以共死，不可背之，吾終不留，要當立效以報曹公乃去耳！」遼以羽言報操，操義之。及羽殺顏良，操知其必去，重加賞賜。羽盡封其所賜，拜書告辭而犇劉備於袁軍，左右欲追之，操曰：「彼各為其主，勿追也。」

操還軍官渡，閻柔遣使詣操，操以柔為烏桓校尉；鮮于輔身見操於官渡，操以輔為右度遼將軍，還鎮幽土㉒。㈡廣陵太守陳登，治射陽㉓。孫策西擊黃祖，登誘嚴白虎餘黨，圖為後害，策還擊登軍，到丹徒㉔，【考異】此事出江表傳。據策傳云：「策謀襲許，未發而死。」陳矯傳云：「登為孫權所圍於匡奇，登令矯求救於太祖，太祖遣赴救。吳軍既退，登設伏追奔，大破之。」先賢行狀云：「登有吞滅江南之志，孫策遣軍攻登於匡奇城，登大破之，斬虜以萬數。賊忿喪軍，尋復大興兵向登，登使功曹陳矯求救於太祖。」此數者，參差不同。孫盛異同評云：「按袁紹以建安五年至黎陽，策以四月遇害，而志云策聞曹公與紹相拒於官渡，謬矣，伐登之言，為有證也。」今從之。須待運糧。

初，策殺吳郡太守許貢，【考異】江表傳曰：「初，貢上表於漢帝，言策驍雄，宜召還京邑，若放於外，必作世患。候吏得表以示策，策以讓貢，貢辭無表，策令武士絞殺之。」按貢先為朱治所追，已去郡依嚴白虎，安能復爾？蓋策破白虎時殺貢耳。貢奴客潛民間，欲為貢報讎。策性好獵，數出驅馳，所乘馬精駿，從騎絕不能及。卒㉕遇貢客三人，射策中頰，後騎尋至，皆刺殺之。策創甚，召張昭等謂曰：「中國方亂，以吳越之眾，三江㉖之固，足以觀成敗，公等善相吾弟。」呼權佩以印綬，謂曰：「舉江東之眾，決機於兩陳㉗之間，與天下爭衡㉘，卿不如我；舉賢任能，各盡其心，以保江東，我不如卿。」丙午（四月初四日），策卒，【考異】虞喜志林云策以四月四日死，故置此。陳志策傳：「策陰欲襲許迎漢帝，密治兵，部署未發，為許貢客所殺。」郭嘉傳曰：「策渡江，北襲許，眾聞皆懼。嘉料之曰：『策輕而無備，必死於匹夫之手。』果為貢客所殺。」嘉雖先見安能知策死於未襲許之前乎？蓋時人見策臨江治兵，疑其襲許，嘉料其不能為耳！時年二十六。

權悲號，未視事。張昭曰：「孝廉㉙此寧哭時邪？」乃改易權服，扶令上馬，使出巡軍。昭率僚屬，上表朝廷，下移屬城、中外將校，各令奉職。周瑜自巴丘將兵赴喪，遂留吳，以中護軍㉚與張昭共掌眾事。時策雖有會稽、吳郡、丹陽、豫章、廬江、廬陵，然深險之地，猶未盡從，流寓之士，皆以安危去就為意，未有君臣之固，而張昭、周瑜等謂權可與共成大業，遂委心而服事焉。

㈢秋，七月，立皇子馮為南陽王。壬午（十二日），馮薨。

㈣汝南黃巾劉辟等叛曹操應袁紹，紹遣劉備將兵助辟，郡縣多應之。紹遣使拜陽安都尉李通為征南將軍，劉表亦陰招之，通皆拒焉。或勸通從紹，通按劍叱之曰：「曹公明哲，必定天下，紹雖彊盛，終為之虜耳！吾以死不貳。」即斬紹使，送印綬詣操。通急錄戶調㉛，朗陵長趙儼見通曰：「方今諸郡並叛，獨陽安懷附，復趣收其緜絹，小人樂亂，無乃不可乎？」通曰：「公㉜與袁紹相持甚急，左右郡縣背叛乃爾，若緜絹不調送，觀聽者必謂我顧望，有所須待也。」儼曰：「誠亦如君慮，然當權其輕重，小緩調，當為君釋此患。」乃書與荀彧曰：「今陽安郡百姓困窮，鄰城並叛，易用傾蕩，乃一方安危之機也。且此郡人執守忠節，在險不貳，以為國家宜垂慰撫，而更急斂緜絹，何以勸善？」彧即白操，悉以緜絹還民，上下歡喜，郡內遂安。

通擊羣賊瞿恭[23]等，皆破之，遂定淮、汝之地。

時操制新科，下州郡，頗增嚴峻，而調緜絹方急，長廣[24]太守何夔言於操曰：「先王九服[25]之賦，以殊遠近；制三典[26]之刑，以平治亂。愚以為此郡宜依遠域新邦之典，其民間小事，使長吏臨時隨宜，上不背正灋，下以順百姓之心，比及三年，民安其業，然後乃可齊之以灋也。」操從之。

劉備略汝、潁之間，自許以南吏民不安，曹操患之。曹仁曰：「南方以大將軍方有目前急，其勢不能相救，劉備以彊兵臨之，其背叛故宜也。備新將紹兵，未能得其用，擊之可破也。」操乃使仁將騎擊備，破走之，盡復收諸叛縣而還。備還至紹軍，陰欲離紹，乃說紹南連劉表。紹遣備將本兵復至汝南，與賊龔都等合眾數千人，曹操遣將蔡楊擊之，為備所殺。

袁紹軍陽武㊲，沮授說紹曰：「北兵雖眾而勁果不及南，南軍穀少而資儲不如北。南幸於急戰，北利在緩師。宜徐持久，曠以日月。」紹不從。八月，紹進營稍前，依沙塠㊳為屯，東西數十里，操亦分營與相當。

㈤九月庚午朔，日有食之。

㈥曹操出兵與袁紹戰，不勝，復還堅壁。紹為高櫓㊴，起土山射營中，營中皆蒙楯㊵而行。操乃為霹靂車㊶，發石以擊紹樓，皆破。紹復為地道攻操，操輒於內為長塹以拒之。操眾少糧盡，士卒疲乏，百姓困於征賦，多叛歸紹者，操患之，與荀彧書，議欲還許，以致紹師㊷。彧報曰：「紹悉眾聚官渡，欲與公決勝敗，公以至弱當至彊，若不能制，必為所乘，是天下之大機也，且紹，布衣之雄耳！能聚人而不能用。以公之神武明哲，而輔以大順，何向而不濟？今穀食雖少，未若楚、漢在滎陽、成皋間也。是時劉、項莫肯先退者，以為先退則勢屈也。公以十分居一之眾㊸畫地㊹而守之，搤其喉而不得進，半年已矣。情見勢竭必將有變，此用奇之時，不可失也。」操從之，乃堅壁持之。操見運者撫之曰：「卻㊺十五日，為汝破紹，不復勞汝矣。」

紹運穀車數千乘至官渡，荀攸言於操曰：「紹運車旦暮至，其將韓猛，銳而輕敵，擊可破也。」操曰：「誰可使者？」攸曰：「徐晃可。」乃遣偏將軍㊻河東徐晃與史渙邀擊猛，破走之，燒其輜重。

冬，十月，紹復遣車運穀，使其將淳于瓊等將兵萬餘人送之，宿紹營北四十里。沮授說紹，可遣蔣奇，別為支軍於表㊼以絕曹操之鈔㊽，紹不從。許攸曰：「曹操兵少，而悉師拒我，許下餘守，勢必空弱，若分遣輕軍星行㊾掩襲，許可拔也。許拔，則奉迎天子以討操，操成禽矣！如其未潰，可令首尾奔命，破之必也。」紹不從，曰：「吾要當先取操。」會攸家犯灋，審配收繫之，攸怒，遂犇操。【考異】魏志武紀曰：「攸貪財，袁紹不能足，來奔。」今從范書紹傳。操聞攸來，跣出迎之，撫掌笑曰：「子卿遠來㊿，吾事濟矣！」既入坐，謂操曰：「袁氏軍盛，何以待之？今有幾糧乎？」操曰：「尚可支一歲。」攸曰：「無是，更言之。」又曰：「可支半歲。」攸曰：「足下不欲破袁氏邪？何言之不實也。」操曰：「向言戲之耳！其實可一月，為之奈何？」攸曰：「公孤軍獨守，外無救援，而糧穀已盡，此危急之日也。袁氏輜重萬餘乘，在故市烏巢㊿一，屯軍無嚴備，若以輕兵襲之，不意而至，燔其積聚，不過三日，袁氏自敗也。」操大喜，乃留曹洪、荀攸守營，自將步騎五千人，皆用袁軍旗幟，銜枚縛馬口，夜從間道出，人抱束薪，所歷道有問者，語之曰：「袁公恐曹操鈔略後軍，遣兵以益備。」聞者信以為然，皆自若。既至，圍屯，大放火，營中驚亂。會明，瓊等望見操兵少，出陳門外，操急擊之，瓊退保營，操遂攻之。

紹聞操擊瓊，謂其子譚曰：「就操破瓊，吾拔其營，彼固無所歸矣㊿二。」乃使其將高覽、張郃等攻操營，郃曰：「曹公精兵往，必破瓊等，瓊等破，則事去矣！請先往救之。」郭圖固請攻操營，郃曰：「曹公營固，攻之必不拔。若瓊等見禽，吾屬盡為虜矣。」紹但遣輕騎救瓊而以重兵攻操營，不能下。

紹騎至烏巢，操左右或言賊騎稍近，請分兵拒之，操怒曰：「賊在背後乃白。」士卒皆殊死戰，遂大破之，斬瓊等，盡燔其糧穀。士卒千餘人，皆取其鼻，牛馬割脣舌，以示紹軍，紹軍將士皆恟懼。郭圖慚其計之失，復譖張郃於紹曰：「郃快軍敗(五三)。」郃忿懼，遂與高覽焚攻具，詣操營降。曹洪疑不敢受，荀攸曰：「郃計畫不用，怒而來奔，君有何疑？」乃受之。於是紹軍驚擾，大潰，紹及譚等幅巾(五四)乘馬，與八百騎渡河。操追之，不及，盡收其輜重、圖書、珍寶，餘眾降者，操盡阬之，前後所殺七萬餘人。【考異】范書紹傳曰：「所殺八萬人。」按獻帝起居注曹公上言，凡斬首七萬餘級。沮授不及紹渡，為操軍所執。乃大呼曰：「授不降也，為所執耳！」操與之有舊，迎謂曰：「分野殊異(五五)，遂用圮絕(五六)，不圖今日乃相禽也。」授曰：「冀州(五七)失策，自取犇北，授知(五八)力俱困，宜其見禽。」操曰：「本初無謀，不相用計。今喪亂未定，方當與君圖之。」授曰：「叔父母弟，縣命袁氏；若蒙公靈，速死為福。」操歎曰：「孤早相得，天下不足慮也！」遂赦而厚遇焉。授尋謀歸袁氏，操乃殺之。

操收紹書中，得許下及軍中人書，皆焚之(五九)，曰：「當紹之彊，孤猶不能自保，況眾人乎？」冀州城邑多降於操，袁紹走至黎陽北岸，入其將軍蔣義渠營，把其手曰：「孤以首領相付矣！」義渠避帳而處之，使宣號令。眾聞紹在，稍復歸之。

或謂田豐曰：「君必見重矣！」豐曰：「公(六〇)貌寬而內忌，不亮(六一)吾忠，而吾數以至言迕之。若勝而喜，猶能赦我；今戰敗而恚，內忌將發，吾不望生。」紹軍士皆拊膺泣曰：「向令田豐在此，必不至於敗。」紹謂逢紀曰：「冀州諸人，聞吾軍敗，皆當念吾，惟田別駕前諫止吾，與眾不同，吾亦慙之。」紀曰：「豐聞將軍之退，拊手大笑，喜其言之中也。」紹於是謂僚屬曰：「吾不用田豐言，果為所笑。」遂殺之。

初，曹操聞豐不從戎(六二)，喜曰：「紹必敗矣！」及紹犇遁，復曰：「向使紹用其別駕計，尚未可知也。」

審配二子，為操所禽。紹將孟岱言於紹曰：「配在位專政，族大兵彊，且二子在南，必懷反計。」郭圖、辛評亦以為然，紹遂以岱為監軍，代配守鄴。護軍逢紀素與配不睦，紹以問之，紀曰：「配天性烈直，每慕古人之節，必不以二子在南為不義也，願公勿疑。」紹曰：「君不惡之邪？」紀曰：「先所爭者，私情也，今所陳者，國事也。」紹曰：「善。」乃不廢配。配由是更與紀親。

冀州城邑叛者，紹稍復擊定之。紹為人寬雅有局度〔六三〕，喜怒不形於色，而性矜愎〔六四〕自高，短於從善，故至於敗。

(七)冬，十月辛亥（十二日），有星孛于大梁〔六五〕。

(八)廬江太守李術攻殺揚州刺史嚴象，廬江梅乾、雷緒、陳蘭等，各聚眾數萬在江淮間，曹操表沛國劉馥為揚州刺史。時揚州獨有九江〔六六〕，馥單馬造合肥空城，建立州治〔六七〕，招懷乾緒等，皆貢獻相繼，數年中，恩化大行，流民歸者以萬數。於是廣屯田，興陂堨〔六八〕，官民有畜〔六九〕，乃聚諸生，立學校，又高為城壘，多積木石，以脩戰守之備。

(九)曹操聞孫策死，欲因喪伐之，侍御史張紘(七〇)諫曰：「乘人之喪，既非古義；若其不克，成讎棄好。不如因而厚之。」操即表權為討虜將軍(七一)，領會稽太守。操欲令紘輔權內附，乃以紘為會稽東部都尉(七二)。紘至吳，太夫人以權年少，委紘與張昭共輔之。紘思惟補察，知無不為。太夫人問揚武都尉會稽董襲曰：「江東可保不(七三)？」襲曰：「江東有山川之固，而討逆(七四)明府，恩德在民；討虜(七五)承基，大小用命；張昭秉眾事，襲等為爪牙，此地利人和之時也，萬無所憂。」

權遣張紘之部，或以紘本受北任，嫌其志趣不止於此，權不以介意(七六)。魯肅將北還(七七)，周瑜止之，【考異】肅傳曰：「劉子揚招肅往依鄭寶，肅將從之。瑜以權可輔，止肅。」按劉曄殺鄭寶，以其眾與劉勳，勳為策所滅，寶安得及權時也？因薦肅於權，曰：「肅才宜佐時，當廣求其比，以成功業。」權即見肅，與語，悅之，賓退，獨引肅合榻(七八)對飲，曰：「今漢室傾危，孤思有桓文之功，君何以佐之？」肅曰：「昔高帝欲尊事義帝而不獲者，以項羽為害也。今之曹操，猶昔項羽，將軍何由得為桓文乎？肅竊料之，漢室不可復興，曹操不可卒除，為將軍計，惟有保守江東，以觀天下之釁耳！若因北方多務，勦除黃祖，進伐劉表，竟長江所極，據而有之，此王業也。」權曰：「今盡力一方，冀以輔漢耳！此言非所及也。」張昭毀肅年少麤疎，權益貴重之，賞賜儲偫(七九)，富擬其舊(八〇)。權料(八一)諸小將兵少而用薄者幷合之。別部司馬(八二)汝南呂蒙，軍容鮮整，士卒練習，權大悅，增其兵，寵任之。

功曹駱統勸權尊賢接士，勤求損益，饗賜之日，人人別進(八三)，問其燥濕(八四)，加以密意(八五)，誘諭使言，察其志趣，權納用焉。統，俊(八六)之子也。廬陵太守孫輔，恐權不能保江東，陰遣人齎書呼(八七)曹操。行人以告權，悉斬輔親近，分其部曲，徙輔置東(八八)。

曹操表徵華歆為議郎，參司空軍事。

廬江太守李術不肯事權(八九)而多納其亡叛，權以狀白曹操曰：「嚴刺史(九〇)昔為公所用而李術害之，肆其無道，宜速誅滅。今術必復詭說求救，明公居阿衡之任(九一)，海內所瞻，願敕執事，勿復聽受。」因舉兵攻術於皖城，術求救於操，操不救。遂屠其城，梟術首，徙其部曲二萬餘人。

(十)劉表攻張羨(九二)，連年不下，曹操方與袁紹相拒，未暇救之。羨病死，長沙(九三)復立其子懌。表攻懌及零、桂(九四)，皆平之。於是表地方數千里，帶甲十餘萬，遂不供職貢，郊祀天地，居處服用，僭擬乘輿焉。

(十一)張魯以劉璋闇懦，不復承順，襲別駕司馬張脩殺之而并其眾(九五)，璋怒，殺魯母及弟，魯遂據漢中，與璋為敵。璋遣中郎將龐羲擊之，不克。璋以羲為巴郡太守，屯閬中(九六)以禦魯。羲輒召漢昌(九七)賨民(九八)為兵。或構羲於璋，璋疑之；趙韙數諫不從，亦恚恨。初，南陽三輔民流入益州者數萬家，劉焉悉收以為兵，名曰東州兵。璋性寬柔，無威略，東州人侵暴舊民，璋不能禁。趙韙素得人心(九九)，因益州士民之怨，遂作亂，引兵數萬攻璋，厚賂荊州(一〇〇)，與之連和。蜀郡、廣漢、犍為皆應之。

資治通鑑卷六十三終。

【今註】(一)今紹方來而棄之東：胡三省曰：「言紹方來寇，乃棄而不顧而東征備也。」(二)遷難遇之時，而以嬰兒病失其會，惜哉，事去矣。胡三省曰：「紹攻公孫瓚而操乘間東取呂布，操擊劉備而紹不能襲許，此其所以敗也。」㊂紹聞備至，去鄴二百里迎之。胡三省曰：「紹遠出迎備，重敬之也。」㊃農戰：謂重農業以為攻戰之本。《商子．農戰》：「凡人主之所勸民者官爵也；國之所以興者農戰也。」又：「聖人知治國之要，故令民歸心於農。歸心於農，則民樸而可正也，紛紛則易使也。」㊄奇兵：兵出不意曰奇。《孫子》曰：「凡戰以正合，以奇勝。」註云：「正者當敵，奇者擊其不備。」按奇有詭譎之意。㊅迭出：更番而出。㊆沮眾：敗壞士氣。㊇曹操士馬不敵：不敵，言強弱不侔。惠棟曰：「魏武帝軍策令云：『袁本初鎧馬萬領，吾大鎧二十領；本初馬鎧三百具，吾不能有十具。』故云不敵也。」㊈伯珪：公孫瓚字。㊉忲：驕泰無遠慮。⑪六國蚩蚩，為嬴弱姬：李賢曰：「此法言之文也。嬴，秦姓；姬，周姓。方言曰：『蚩，悖也。』六國悖惑，侵弱周室，終為秦所併也。」⑫振威將軍：胡注引沈約曰：「振威將軍，始於後漢初，宋登為之。」⑬賁育：孟賁、夏育，皆古勇士。⑭白馬：屬東郡，故城在今河南省滑縣東。⑮延津：渡口名，杜預曰：「陳留酸棗縣北有延津。」在今河南省延津縣北。胡三省曰：「曹操所向，乃延津南岸。」⑯麾蓋：胡三省曰：「戎車大將所乘者，設幢麾，張蓋。」幢、麾，俱旌旗之屬，用以指揮部眾。⑰還迎：胡三省曰：「還迎留屯大軍也。」⑱吾其濟乎：反問之辭。言此去不得復濟黃河北還。⑲南阪：白馬縣有山，曰白馬山，見《水經注》。胡三省曰：「南阪，其在山之南歟！」按操用荀攸策，進軍向延津，若將渡河狀，聞紹分兵而西，乃引軍兼行趣白馬，至是駐營南阪下。⑳操顧攸而笑：操與攸計合，恐謀泄，故顧攸而笑，欲其止勿言。㉑紹軍奪氣：胡三省曰：「軍以氣為主，氣奪則其軍不振。」㉒閻柔遣使詣操至操以輔為右度遼將軍，還鎮幽土：胡三省曰：「當是時，幽州為紹所統，與許隔遠，而柔、輔已歸心於操矣。漢度遼將軍，始於范明友，中興之後，置度遼將軍以護南匈奴，屯於西河。今使鮮于輔還鎮幽土，故以為右度遼將軍。自中國而北向，以西河為左，幽土為右也。」㉓射陽：前漢屬臨淮郡，後漢屬廣陵郡，故城在今江蘇省淮安縣東南。㉔丹徒：前漢屬會稽郡，後漢分屬吳郡，故城在今江蘇省鎮江縣東南。㉕卒：讀曰猝。㉖三江：韋昭曰：「三江，謂吳松江、錢唐江、浦陽江也。」《吳地記》云：「松江東北行七十里，得三江口；東北入海為婁江，東南入海為東江，並松江為三江。」㉗陳：讀曰陣。㉘爭衡：衡，所以平輕重；爭衡，謂爭輕重之勢。㉙孝廉：謂孫權。權先為陽羨長，郡察孝廉，故以稱之。見《吳志·孫權傳》。㉚中護軍：胡三省曰：「秦置護軍都尉，漢因之，高祖以陳平為護軍中尉。武帝復以為護軍都尉，屬大司馬。三國虎爭，始有中護軍之官。東觀記曰：『漢大將軍出征，置中護軍一人。』魏晉以後，資輕者為中護軍，資重者為護軍將軍，然吳又有左右護軍，則吳制自是分中、左、右為三部。」㉛戶調：戶調即戶稅，戶出綿絹謂之調。㉜公：謂曹操。㉝翟恭：姓翟名恭。㉞長廣：前漢屬琅邪郡，後漢屬東萊郡，故城在今山東省萊陽縣東。胡三省曰：「此蓋操遣樂進入青州，新收以為郡。」㉟九服：自王畿以外，每五百里依次為侯服、甸服、采服、衞服、蠻服、夷服、鎮服、藩服，謂之九服，見《周禮·夏官·職方氏》。㊱三典：《周禮·秋官·大司寇》：「掌建邦之三典，以佐王刑邦國，詰四方。一曰刑新國，用輕典；二曰刑平國，用中典；三曰刑亂國，用重典。』」註：「典，法也。」㊲陽武：屬河南尹，故城在今河南省陽武縣東南。㊳埴：同堆。㊴高櫓：即高樓，用以伺望敵情。樓露上無屋曰櫓，參閱卷六十一興平二年註(63)。㊵楯：通盾，戰時執之以蔽兵刃。㊶霹靂車：李賢曰：「以其發石聲震烈，呼為霹靂，即今之拋車也。」拋車即以機藏石之車，《唐書・高麗傳》：「李勣列拋車，飛大石，所當輒潰。」㊷以致紹師：賢曰：「致猶至也。兵法，善戰者致人，不致於人。」㊸十分居一之眾：言操眾僅紹十分之一。㊹畫地：李賢曰：「言畫地作限隔也。」㊺卻：胡三省曰：「卻，後也。晉人帖中多用『少卻』字，其意猶言少退也。」㊻偏將軍：胡三省曰：「按沈約志，曹魏置將軍四十號，偏將軍、裨將軍居其末。」㊼表：外。言與瓊軍為表裏。㊽鈔：略取。㊾星行：星夜而行。㊿子卿遠來：胡三省曰：「許攸字子遠，今呼為子卿，貴之也。或曰，操字攸曰：『子遠卿來，吾事濟矣！』於文為順。」(51)烏巢：一名烏巢澤，見《水經注》，故址在今河南省延津縣東南。(52)就操破瓊，吾拔其營，彼固無所歸矣：胡三省曰：「就，即也。言即使操破淳于瓊，而我攻拔其營，將無所歸也。」(53)郃快軍敗：言郃聞軍敗而快意。(54)幅巾：以縑巾全幅束頭，謂之幅巾。傅子曰：「漢末王公多委正服，以幅巾為雅。是以袁紹、崔豹之徒，雖為將帥，皆著縑巾。」(55)分野殊異：言所處封域不同。分野註見卷五十九靈帝中平五年註㊈。(56)圮絕：圮，毀棄，圮絕猶言隔絕。(57)冀州：謂袁紹。紹牧冀州，故以稱之。(58)知：讀曰智。(59)操收紹書中，得許下及軍人書，皆焚之：胡三省曰：「此光武安反側之意。英雄處事，世雖相遠，若合符節。」(60)公：謂袁紹。(61)亮：

同諒，信也。(六二)聞豐不從戎：謂聞紹囚豐，不使從軍。(六三)局度：器量。(六四)矜愎：驕矜狠戾。愎音僻（ㄅㄧˋ）。(六五)有星孛于大梁：李賢曰：「大梁，西之分。」蔡邕曰：「自胃一度至畢六度，謂之大梁之次。」皇甫謐曰：「自胃七度至畢十度，曰大梁之次。」(六六)時揚州獨有九江：胡三省曰：「時廬江、丹陽、會稽、吳郡、豫章皆屬孫氏。馥刺揚州，獨有九江耳！」(六七)馥單馬造合肥空城，建立州治：胡三省曰：「郡國志，漢揚州刺史治歷陽，今馥移合肥，後又移治壽春，而江左揚州刺建業，揚州分矣。」江左，謂孫英。(六八)陂堨：蓄水之池曰陂，以土障水曰堨。堨音遏（ㄜˋ）。(六九)畜：讀曰蓄，積儲曰蓄。(七〇)侍御史張紘：紘本策故吏，策遣紘獻方物，至許，拜侍御史，見上卷建安三年。(七一)討虜將軍：胡三省曰：「討虜將軍之號，創置於此。」(七二)會稽東部都尉：沈約曰：「臨海太守，本會稽東部都尉治。前漢都尉治鄞，後漢分會稽為吳郡，疑是都尉徙治章安也。」(七三)不：讀否。(七四)討逆：謂孫策，策為討逆將軍。(七五)討虜：謂孫權，權為討虜將軍。(七六)介意：胡三省曰：「介，間也，纖微也，言其意不以纖微嫌間也。」(七七)魯肅將北還：肅從孫策事見上卷建安三年。(七八)榻：牀之低而小者，《釋名》云：「長狹而卑曰榻。」按古時無椅，坐臥俱在榻上，有坐榻、臥榻之別。此榻當指坐榻。榻音榻（ㄊㄚˋ）。(七九)儲偫：偫，謂儲物以待用。《漢書・孫寶傳》：「設儲偫。」顏師古曰：「謂豫備器物也。」按偫亦作跱，《後漢書・章紀》：「所經道上郡無得設儲跱。」李賢曰：「儲，積也；偫，具也；言不預有蓄備。」偫音跱（ㄓˋ）(八〇)富擬其舊：胡三省曰：「魯肅家本饒富，先嘗指囷以資周瑜矣。」此言權貴重肅，所以賞賜儲偫者甚豐，擬其原有資產。(八一)料：覈計。(八二)別部司馬：《後漢書・百官志》，大將軍營五部，部各校尉一人，軍司馬一人，其別營屬為別部司馬；其兵多少，多隨時宜。(八三)別進：個別進見。(八四)問其燥濕：胡三省曰：「人之居處，避濕就燥。問其燥濕者，問其居處何如也。」(八五)密意：殷勤之意。(八六)駱俊：見上卷建安二年。(八七)呼：招之使來。(八八)置東：胡三省曰：「置之吳東也。」(八九)廬江太守李術不肯事權：術本權兄策所署置，見本卷建安四年。(九〇)嚴刺史：謂嚴象。(九一)明公居阿衡之任：阿衡，伊尹官號，權蓋以伊尹況操。(九二)劉表攻張羨：羨叛表附操，見上卷建安三年。(九三)長沙：謂長沙人士，時羨為長沙太守。(九四)零、桂：零陵、桂陽二郡，羨舉長沙、零陵、桂陽三郡以拒表，見上卷建安三年。(九五)張魯襲別駕司馬張脩殺之而幷其眾：魯初與脩取漢中，書見卷六十初平二年。(九六)璋以羲為巴郡太守，屯閬中：閬中，屬巴郡，即今四川省閬中縣。《蜀志・劉璋傳》、《英雄記》俱云，「以羲為巴西太守。」當從之。巴西郡，璋分巴郡所置。《譙周巴記》曰：「初平六年，趙韙分巴為二郡，欲得巴舊名，以墊江為治，安漢以下為永寧郡。建安六年，劉璋分巴，以永寧為巴東郡，墊江為巴郡，閬中為巴西郡。」(九七)漢昌：和帝永元中，分宕渠之地置漢昌縣，屬巴郡，故城即今四川省巴中縣。(九八)賨民：《巴記》曰：「夷人歲入賨錢，口四十，謂之賨民。」《晉書音義》曰：「巴人呼賦為賨，因謂之賨人。」(九九)趙韙素得人心：胡三省曰：「趙韙從焉入蜀，璋又韙所立，益州之大吏也。」(一〇〇)荊州：謂劉表，時表為荊州牧。

卷六十四　漢紀五十六

起重光大荒落，盡旃蒙作噩，凡五年。（辛巳至乙酉，西元二〇一年至二〇五年）

司馬光編集
林瑞翰註

孝獻皇帝己

建安六年（西元二〇一年）

㈠春，正月，丁卯，朔，日有食之。

㈡曹操就穀於安民㊀，以袁紹新破，欲以其間擊劉表。荀彧曰：「紹既新敗，其眾離心，宜乘其困遂定之，而欲遠師江漢，若紹收其餘燼㊁，乘虛以出人後，則公事去矣！」操乃止。夏，四月，操揚兵河上，擊袁紹倉亭軍㊂，破之。秋，九月，操還許。

㈢操自擊劉備於汝南，備奔劉表，龔都等皆散㊃。表聞備至，自出郊迎，以上賓禮待之，益其兵，使屯新野。備在荊州數年，嘗於表坐，起至廁，慨然流涕。表怪問備，備曰：「平常身不離鞍，髀肉㊄皆消，今不復騎，髀裏肉生。日月如流，老將至矣，而功業不建，是以悲耳。」

㈣曹操遣夏侯淵、張遼圍昌豨於東海㊅，數月，糧盡，議引軍還。遼謂淵曰：「數日已來，每行㊆諸圍，豨輒屬目視遼；又其射矢更稀，此必豨計猶豫㊇，故不力戰。遼欲挑㊈與語，儻㊉可誘也。」乃使謂豨曰：「公有命，使遼傳之。」豨果下與遼語。遼為說操神武，方以德懷四方，先附者受大賞，豨乃許降。遼遂單身上三公山，入豨家，拜妻子。豨歡喜，隨遼詣操，操遣豨還。

㈤趙韙圍劉璋於成都，東州人恐見誅滅，相與力戰，韙遂敗退，追至江州⑪，殺之⑫。

龐羲懼，遣吏程祁宣旨於其父漢昌令畿，索賨兵⑬。畿曰：「郡合部曲，本不為亂，縱有讒諛，要在盡誠，若遂懷異志，不敢聞命。」羲更使祁說之，畿曰：「我受牧恩，當為盡節；汝為郡吏，自宜效力⑭。不義之事，有死不為。」羲怒，使人謂畿曰：「不從太守⑮，禍將及家。」畿曰：「樂羊食子⑯，非無父子之恩，大義然也。今雖羹祁以賜畿，畿啜之矣！」羲乃厚謝於璋，璋擢畿為江陽㈦太守。朝廷聞益州亂，以五官中郎將牛亶為益州刺史，徵瑋為卿㈧，不至。

張魯以鬼道教民，使病者自首㈨其過，為之請禱，實無益於治病，然小人昏愚，競共事之。犯法者三原㈩，然後乃行刑。不置長吏，皆以祭酒㈡為治，民夷便樂之。流移寄在其地者，不敢不奉其道。後遂襲取巴郡，朝廷力不能征，遂就寵魯為鎮民中郎將，領漢寧太守㈢，通貢獻而已。民有地中得玉印者，羣下欲尊魯為漢寧王。功曹巴西閻圃諫曰：「漢川之民，戶出十萬，財富土沃，四面險固。上匡天子，則為桓文；次及竇融，不失富貴。今承制署置，勢足斬斷㈢，不煩於王㈣。願且不稱，勿為禍先。」魯從之。

【今註】㈠安民：《水經》云，濟水自鉅野澤東北流，過張縣西界安民亭南，與汶水會。壽張縣，本曰壽良，光武改曰春張，故屬東郡，明帝永平二年，改屬東平國，故城在今山東省東平縣西南。㈡餘燼：燼者，燋燭既然之餘，以此破敗後之殘餘兵力。㈢倉亭軍：胡三省曰：「紹蓋遣軍屯倉亭津。」㈣襲都等皆散：備與襲都合軍事見上卷建安五年。㈤髀肉：股外曰髀，髀肉即股肉。㈥曹操遣夏侯淵、張遼圍昌狶於東海：狶叛操，操故伐之。狶叛操事見上卷建安三年。⑦行：巡視。⑧屬：讀曰矚，注目曰矚。⑨猶豫：遲疑不決貌。言狶計或降或戰，未有所決。王念孫曰：「猶豫，雙聲字，猶楚辭言夷猶耳！」《楚辭・九歌・湘君》：「君不行兮夷猶。」夷猶，遲疑不前貌。猶亦作由，《後漢書・馬融傳》：「或夷由未殊。」李賢注：「夷由，不行也。」義同。猶豫之豫亦作與，《曲禮》：「卜靈者，所以使民決嫌疑，定猶與也。」《釋文》曰：「與本亦作豫。」是猶豫、猶與、夷猶同夷由皆、音義而異字。⑩挑：引誘。⑪儻：亦作倘，或然之辭。⑫韙遂，追至江州，殺之：《英雄記》曰：「韙將龐樂、李異反殺韙軍，斬韙。」江州，縣名，屬巴郡，故城即今四川省巴縣。胡三省曰：「趙韙隨劉焉入蜀，將以圖富貴，而卒以殺身，行險以徼幸，不如居易以俟命也。」

⑬賨兵：徵賨民為兵，謂之賨兵。賨民解詳上卷建安五年註(98)。⑭我受牧恩，當為盡節；汝為郡吏，自宜效力：牧謂劉璋。纖自謂受璋厚恩，當為璋盡節；其子祁為羲所署，自宜為羲效力。效與効同。

⑮太守：龐羲自謂，羲時為巴西太守，參閱上卷建安五年註(96)。⑯樂羊食子：《國策》曰：「樂羊為將，為魏文侯攻中山，中山之君，烹其子而遺之羹，樂羊坐於幕下而啜之。」⑰江陽：本犍為郡江陽縣，璋析立為郡，故城即今四川省瀘縣。⑱卿：胡三省曰：「卿，九卿也。」⑲自首：有罪自陳曰自首。⑳原：宥罪。㉑祭酒：《魏志・張魯傳》，魯以鬼道教民，其來學者初名為鬼卒，其後稍升號為祭酒，祭酒各領部眾，多者為治頭大祭酒。㉒領漢寧太守：袁山松書曰：「建安二十年，分漢中之安陽置漢寧郡。」錢大昕曰：「案曹公破張魯在建安二十年，而魯領漢寧太守乃在其前，則

漢寧之名，由來已久，大率劉焉父子所表授耳！山松書蓋據曹公破漢中之歲書之。魏志建安二十年復漢寧郡為漢中，蓋得其實矣。」沈濤曰：「據魏志，改漢中為漢寧，非置也。且復漢中在二十年，則漢寧之置，必在其前，袁書以為二十年置，亦誤。」㊂斬斷：猶言隔絕，言隔絕四封以自固守。㊃不煩於王：不須假借於王號。

七年（西元二〇二年）

㈠春，正月，曹操軍譙㈠，遂至浚儀㈡，治睢陽渠㈢，遣使以太牢祀橋玄㈣，進軍官渡。

㈡袁紹自軍敗，慙憤發病。嘔血，夏，五月，薨㈤。初紹有三子，譚、熙、尚。紹後妻劉氏愛尚，數稱於紹，紹欲以為後而未顯言之，乃以譚繼兄後㈥，出為青州刺史。沮授諫曰：「世稱萬人逐兔，一人獲之，貪者悉止，分定故㈦也。譚，長子，當為嗣而斥使居外，禍其始此矣。」紹曰：「吾欲令諸子各據一州以視其能。」於是以中子熙為幽州刺史，外甥高幹為幷州刺史㈧，逢紀、審配素為譚所疾㈨，辛評、郭圖皆附於譚，而與配、紀有隙。及紹薨，眾以譚長，欲立之。配等恐譚立而評等為害，遂矯紹遺命，奉尚為嗣。譚至，不得立，自稱車騎將軍㈩，屯黎陽。尚少與之兵，而使逢紀隨之。譚求益兵，審配等又議不與，譚怒，殺逢紀。秋，九月，曹操渡河攻譚。譚告急於尚，尚留審配守鄴㈡，自將助譚。與操相拒，連戰，譚、尚數敗，退而固守。尚遣所置河東太守郭援與高幹、匈奴南單于共攻河東，發使與關中諸將馬騰等連兵，騰等陰許之。援所經城邑，皆下，河東郡吏賈逵守絳㈢，援攻之急，城將潰，父老與援約，不害逵乃降㈢，援許之。援欲使逵為將，以兵劫之，逵不動，左右引逵使叩頭，逵叱之曰：「安有國家長吏，為賊叩頭㈣？」援怒，將斬之，或伏其上以救之。絳吏民聞將殺逵，皆乘城呼曰：「負約殺我賢君，寧俱死耳！」乃囚於壺關㈤，著㈥土窖㈦中，蓋以車輪。逵謂守者曰：「此間無健兒邪？而使義士死此中乎？」有祝公道者適聞其言，乃夜往盜引出逵，折械遣去，不語其姓名。

曹操使司隸校尉鍾繇圍南單于於平陽㈧，未拔而援至。繇使新豐㈨

令馮翊張既說馬騰，為言利害，騰疑未決。傅幹說騰曰：「古人有言：『順道者昌，逆德者亡⑳。』曹公奉天子，誅暴亂，灋明政治㉑，上下用命，可謂順道矣。袁氏恃其彊大，背棄王命，驅胡虜以陵中國，可謂逆德矣。今將軍既事有道，陰懷兩端㉒，欲以坐觀成敗，吾恐成敗既定，奉辭責罪，將軍先為誅首矣。」於是騰懼，幹因曰：「智者轉禍為福，今曹公與袁氏相持，而高幹、郭援合攻河東，曹公雖有萬全之計，不能禁河東之不危也。將軍誠能引兵討援，內外擊之㉓，其勢必舉㉔。是將軍一舉斷袁氏之臂，解一方之急，曹公必重德將軍，將軍功名無與比矣！」騰乃遣子超將兵萬餘人與繇會。

初，諸將以郭援眾盛，欲釋平陽去。鍾繇曰：「袁氏方彊，援之來，關中陰與之通，所以未悉叛者，顧吾威名故耳！若棄而去，示之以弱，所在之民，誰非寇讎？縱吾欲歸，其得至乎㉕？此為未戰先自敗也。且援剛愎好勝，必易㉖吾軍。若渡汾㉗為營，及其未濟擊之，可大克也。」援至，果徑前渡汾，眾止之，不從。濟水末半，繇擊，大破之。戰罷，眾人皆言援死而不得其首。援，繇之甥也。晚後馬超校尉南安㉘龐德於鞬㉙中出一頭，繇見之而哭。德謝繇，繇曰：「援雖我甥，乃國賊也，卿何謝之有？」南單于遂降。【考異】魏志張既傳曰：「高幹及單于皆降。」非也。

㈢劉表使劉備北侵，至葉㉚，曹操遣夏侯惇、于禁等拒之。備一旦燒屯去，惇等追之，裨將軍㉛鉅鹿李典曰：「賊無故退，疑必有伏。南道窄狹，草木深，不可追也。」惇等不聽，使典留守而追之，果入伏裏，兵大敗，典往救之，備乃退。

㈣曹操下書責孫權任子㉜，權召群僚會議，張昭、秦松等猶豫不決。權引周瑜詣吳夫人㉝前定議，瑜曰：「昔楚國初封，不滿百里之地，繼嗣賢能，廣土開境，遂據荊揚，傳業延祚九百餘年㉞。今將軍承父兄餘資㉟，兼六郡㊱之眾，兵精糧多，將士用命，鑄山為銅，煮海為鹽㊲，境內富饒，人不思亂，有何逼迫而欲送質？質一入，不得不與曹氏相首尾㊳，與相首尾㊴，則命召不得不往，如此，便見制於人也。極不過一侯印，僕從十餘人，車數乘，馬數匹，豈與南面稱孤同哉㊃？不如勿遣，徐觀其變。若曹氏能率義以正天下，將軍事之未晚；若圖為暴亂，彼自亡之不暇，焉能害人㊃？」吳夫人曰：「公瑾㊃議是也。公瑾與伯符㊃同年小一月耳，我視之如子也，汝其兄事之！」遂不送質。

【今註】㊀譙：縣名，屬沛國，操之鄉里。故城即今安徽省亳縣。㊁浚儀：縣名，屬陳留郡，故城在今河南開封縣西北。㊂睢陽渠：胡三省曰：「睢水經陳留郡浚儀縣，受莨蕩渠水，東過睢陽縣，謂之睢陽渠。」㊃遣使以太牢祀橋玄：玄識操於微時，謂操曰：「天下將亂，非命世之才，不能濟也，能安之者，其在君乎？」故祀之。㊄夏五月，紹薨：《獻帝春秋》曰：「紹為人政寬，百姓德之，河北士女，莫不傷怨，市巷揮淚，如或喪親。」欒史曰：「紹墓在相州臨漳西北十六里，漢之鄴也。」㊅乃以譚繼兄後：胡三省曰：「紹本司空逢之孽子，出後伯父成。成蓋先有子而紹後之。紹欲廢譚立尚，故以譚繼兄後。」㊆萬人逐兔，一人獲之，貪者悉止，分定故也：《慎子》曰：「兔走於街，百人追之，貪人具存，人莫之非者，以兔為未定分也；積兔滿市，過不能顧，非不欲兔也，分定之後，雖鄙不爭。」沮授蓋引此為喻。㊇紹出譚為青州刺史至以外甥高幹為幷州刺史：按《後漢書・袁紹傳》，以上皆建安以前時事，《通鑑》因紹死，譚、尚爭權而追書之。㊈疾：憎惡。㊉自稱車騎將軍：胡三省曰：「袁紹初起兵，自稱車騎將軍，故譚亦稱之。」⑪尚留審配守鄴：《魏志

・袁紹傳》：「尚欲分兵益譚，恐譚遂奪其眾，乃使審配守鄴。」㉒絳：縣名，屬河東郡，故城在今山西省曲沃西南。㉓城將潰，父老與援約，不害逵乃降：《集古錄・賈逵碑跋》云：「此碑但云為援所執，臨以白刃，不屈而已，不載絳人約援事。如傳所載，不獨逵有德於絳人，而絳人臨危能與逵生死，亦可謂賢矣！自古碑碣稱述功德，常患過實，如逵與絳人德義，碑不應略而不著，頗疑陳壽作傳好奇而所得非實也。」按賈逵碑與《魏志・賈逵傳》所載不同，《通鑑》蓋據《魏志・賈逵傳》。㉔安有國家長吏，為賊叩頭：胡三省曰：「逵，郡吏，非長吏也，以守絳故自謂縣長吏。」長吏謂縣令長。㉕壺關：縣名，屬上黨郡，故城即今山西省長治縣。㉖著：放置。㉗窖：掘地藏粟之所。㉘鍾繇圍南單于於平陽：胡三省曰：「平陽縣，屬河東郡，時南單于呼廚泉居之。」故城在今山西省臨汾縣西南。㉙新豐：屬京北尹，故城在今陝西省臨潼縣東北。㉚順道者昌，逆德者亡：此新城三老董公之言。㉛瀍明政治：治與明為對文。治，理也，《國語・齊語》：「教不善則政不治。」司馬彪《戰略》作「法明國治。」《通鑑》改國為政。㉜內外擊之：胡三省曰：「謂河東之兵擊之於內，馬騰之兵擊之於外也。」又與袁氏通謀。㉝兩端：舉計左右不定之意。謂騰既附曹公，又與袁氏通謀。㉞必舉：猶曰必克。言必克高幹、郭援之軍。㉟若棄而去，示之以弱，所生之民，誰非冠讎？誰吾欲歸，其得至乎：胡三省曰：「言若退師避援，則關中諸將必叛，雖欲歸司隸治所，亦不得而至也。」㊱易：輕敵之意。㊲汾：汾水。汾水南過平陽縣東，見《水經・汾水注》。㊳南安：《秦州記》曰：「靈帝中平五年，分漢陽置南安郡，領豲道、新興、中陶三縣。」按南安郡，治豲道縣，故城在今甘肅省隴西縣東北渭水北。㉙鞬：音堅（ㄐㄧㄢ），馬上盛弓矢之皮袋。㉚葉：縣名，屬南陽郡，故城即今河南省葉縣南。㉛屯：軍屯。㉜裨將軍：胡三省曰：「裨將軍在偏將軍之下。」㉝任子：《漢儀注》：「吏二千石以上視事滿三年，得任同產若子一人為郎。」顏師古曰：「任者，保也。」言保舉其子以為郎。操責權任子，蓋欲刼以為質。㉞吳夫人：孫權母。㉟楚國初封，不滿百里之地，繼嗣賢能，廣土開境，遂據荊揚，傳業延祚九百餘年：胡三省曰：「周成王封熊繹於楚以子男之田，國於丹陽，漢南郡枝江縣是也。其後浸強，至若敖、蚡冒，封畛於汝；武王、文王，奄有江漢之間；莊王以後，與中國爭盟；成王破越，至于南海；及秦而滅，凡九百餘年。」按古制，公侯國方百里，伯七十里，子男五十里。楚子爵，故曰初封不滿百里。㊱承父兄餘資：父謂孫堅，兄謂孫策；餘資，遺留子孫之功業，猶曰餘緒。㊲六郡：胡三省曰：「會稽、吳、丹陽、豫章、廬陵、廬江也。」㊳鑄山為銅，煮海為鹽：吳境有銅山、鹽海之利，自前漢時吳王濞即因以富強。㊴相首尾：共為一體之意。㊵與相首尾至豈與南面稱孤同哉：胡三省曰：「建安十三年，操自荊州東下，約孫權會獵。時周瑜未至，魯肅說權，其意亦與此同。」㊶若曹氏能率義以正天下，將軍事之未晚；若圖為暴亂，彼自亡之不暇，焉能害人：胡三省論曰：「此數語所謂相時而動也。然瑜之言，不悖於大義，魯肅、呂蒙輩不能及也。」㊷公瑾：周瑜字。㊸伯符：孫策字。

八年（西元二〇三年）

㈠春，二月，曹操攻黎陽，【考異】魏志武紀作三月，今從范書袁紹傳。㈠又魏志紹傳云：「譚、尚與太祖相拒黎陽，自二月至九月。」當云自九月至二月。與袁譚、袁尚戰於城下，譚、尚敗走，還鄴。夏，四月，操追至鄴，收其麥。【考異】范書紹傳曰：「尚逆擊，破操軍。」今從魏志紹傳㈡。諸將欲乘勝遂攻之，郭嘉曰：「袁紹愛此二子，莫適立也㈢，今權力相侔，各有黨與㈣，急之則相保，緩之則爭心生。不如南向荊州㈤，以待其變，變成而後擊之，可一舉定也。」操曰：「善。」五月，操還許，留其將賈信屯黎陽。

譚謂尚曰：「我鎧甲不精，故前為曹操所敗。今操軍退，人懷歸志，及其未濟，出兵掩之，可令大潰，此策不可失也。」尚疑之㈥，既不益兵，又不易甲。譚大怒，郭圖、辛評因謂譚曰：「使先公出將軍為兄後者，皆審配之謀也。」譚遂引兵攻尚，戰於門外㈦，譚敗，引兵還南皮㈧。

別駕北海王脩率吏民自青州㈨往救譚，譚欲更還攻尚，脩曰：

「兄弟者，左右手也，譬人將鬥而斷其右手，曰：『我必勝。』其可乎？夫棄兄弟而不親，天下其誰親之？彼讒人離間骨肉，以求一朝之利，願塞耳勿聽也。若斬佞臣數人，復相親睦，以御四方，可橫行於天下。」譚不從。

譚將劉詢起兵漯陰(一〇)以叛譚，諸城皆應之。譚歎曰：「今舉州皆叛，豈孤之不德邪？」王脩曰：「東萊太守管統，雖在海表(一一)，此人不反，必來。」後十餘日，統果棄其妻子來赴譚，妻子為賊所殺，譚更以統為樂安(一二)太守。

㈡秋，八月，操擊劉表，軍于西平(一三)。

㈢袁尚自將攻袁譚，大破之。譚犇平原，嬰城固守(一四)。尚圍之急，譚遣辛評弟毗詣曹操請救，劉表以書諫譚曰：「君子違難，不適讎國(一五)；交絕不出惡聲(一六)。況忘先人之讎(一七)，棄親戚之好，而為萬世之戒，遺同盟(一八)之恥哉？若冀州有不弟之傲(一九)，仁君當降志辱身，以濟事為務。事定之後，使天下平其曲直，不亦為高義邪？」又與尚書曰：「金、木、水、火，以剛柔相濟，然後克得其和，能為民用⑳。青州㉑天性峭急㉒，迷於曲直㉓。仁君度數弘廣，綽然㉔有餘，當以大包小，以優容劣。先除曹操，以卒先公之恨。事定之後，乃議曲直之計，不亦善乎？若迷而不反，則胡夷將有譏誚之言，況我同盟，復能戮力為君之役哉？此韓盧、東郭自困於前，而遺田父之獲者也㉕。」譚、尚皆不從。

辛毗至西平，見曹操，致譚意。羣下多以為劉表彊，宜先平之。譚、尚不足憂也。荀攸曰：「天下方有事而劉表坐保江漢之間，其無四方之志可知矣。袁氏據四州之地，帶甲數十萬，紹以寬厚得眾心，使二子和睦，以守其成業㉖，則天下之難未息也㉗。今兄弟遘惡㉘，其勢不兩全；若有所并，則力專，力專則難圖也㉙。及其亂而取之，天下定矣！此時不可失也。」操從之。後數日，操更欲先平荊州，使譚、尚自相敝。辛毗望操色，知有變，以語郭嘉。嘉白操，操謂毗曰：「譚必可信，尚必可克不㉚？」毗對曰：「明公無問信與詐也，直當論其勢耳！袁氏本兄弟相伐，非謂他人能間其間，乃謂天下可定於己也㉛。今一旦求救於明公，此可知也㉜。顯甫㉝見顯思㉞困而不能取，此力竭也。兵革敗於外㉟，謀臣誅於內㊱，兄弟讒鬩㊲，國分為二。連年戰伐，介冑生蟣蝨㊳，加以旱蝗，饑饉並臻；天災應於上，人事困於下，民無愚智，皆知土崩瓦解，此乃天亡尚之時也。今往攻鄴，尚不還救，即不能自守；還救，即譚踵㊴其後。以明公之威，應困窮之敵，擊疲敝之寇，無異迅風之振秋葉矣㊵！天以尚與明公，明公不取而伐荊州，荊州豐樂，國未有釁㊶。仲虺有言：『取亂侮亡㊷。』方今二袁不務遠略㊸，而內相圖，可謂亂矣；居者無食，行者無糧，可謂亡矣；朝不謀夕，民命靡繼，而不綏之。欲待他年㊹，他年或登㊺，又自知亡而改脩厥德，失所以用兵之要矣㊻！今因其請救而撫之，利莫大焉！且四方之寇，莫大於河北㊼，河北平則六軍盛㊽而天下震矣。」操曰：「善。」乃許譚平。

冬，十月，操至黎陽。尚聞操渡河，乃釋平原，還鄴。尚將呂曠、高翔㊾畔歸曹操，譚復陰刻將軍印以假曠、翔，操知譚詐，乃為子整聘譚女以安之㊿而引軍還。

㈣孫權西伐黃祖，破其舟軍，惟城未克而山寇(五一)復動，權還，過豫章，使征虜中郎將呂範平鄱陽(五二)，盪寇中郎將程普討樂安(五三)，建昌都尉(五四)太史慈領海昏(五五)，以別部司馬黃蓋、韓當、周泰、呂蒙等守劇縣(五六)令長。討山越，悉平之。建安(五七)、漢興(五八)、南平(五九)民作亂，聚眾各萬餘人，權使南部都尉會稽賀齊進討，皆平之。復立縣邑，料出兵萬人，拜齊平東校尉。

【今註】㈠魏志武紀作三月，今從范書袁紹傳：《魏志・武帝紀》，操破譚、尚之軍在三月，《後漢書・袁紹傳》在二月。潘眉曰：「紹以建安七年五月死，曹公征譚、尚在是年九月，至明年三月，乃大破之，蓋以三月破之，夏四月進攻鄴，五月還許也。」按黎陽去鄴不遠，若破尚在二月，似不必至四月始追至鄴，當從《魏志・武紀》在三月。㈡范書紹傳曰，尚逆擊，破操軍。今從魏志紹傳：胡三省曰：「余謂此諸葛孔明所謂偪於黎陽時也，必有破操軍事，魏人諱而不書耳！」《漢晉春秋》載諸葛亮〈後出師表〉云：「曹操智計，殊絕於人，其用兵也，髣髴孫吳，然困於南陽，險於烏巢，危於祁連，偪於黎陽，幾敗北山，殆死潼關，然後偽定一時耳！」胡氏所言蓋本此。㈢莫適立也：顏師古曰：「適，當也。」言莫知所當立。㈣各有黨與：胡三省曰：「謂辛評、郭圖等附譚，審配等附尚也。」㈤南向荊州：欲以圖劉表，時表據荊州。㈥尚疑之：疑譚欲襲己。㈦門外：胡三省曰：「鄴城門外也。」按《後漢書・袁紹傳》作「外門」。李賢曰：「外門，郛郭之門」。⑧引兵還南皮：自鄴引兵還南皮。南皮縣，屬勃海郡，故城在今河北省南皮縣東北。⑨青州：《後漢書・郡國志》，青州刺史治臨菑。故治在今山東省臨淄縣北。⑩漯陰：縣名，屬平原郡，在漯水之南，故曰漯陰。故城在今山東省臨邑縣西。⑪海表：猶曰海外，喻其邊遠。按東萊郡在今山東半島之東北部，北臨渤海，東邊黃海。管統時為東萊太守，故云在海表。⑫樂安：本千乘國，和帝改名樂安。漢末，國除為郡。⑬操擊劉表，軍于西平：胡三省曰：「從郭嘉之謀也。」西平縣，屬汝南郡，故城在今河南省西平縣西。⑭嬰城固守：《前漢書音義》曰：「嬰，以城自繞也。」王先謙曰：「嬰城固守，謂繞城守禦耳！」⑮君子違難，不適讎國：《左傳》載公山不狃之言。杜預曰：「違，奔亡也。」⑯交絕不出惡聲：《史記・樂毅傳》毅遺燕惠王書曰：「臣聞古之君子，交絕不出惡聲。」⑰先人之讎：謂曹操。操敗紹於官渡，紹悲憤而薨。⑱同盟：劉表自謂。表與袁紹同盟。⑲若冀州有不弟之傲：《左傳》曰：「段不弟，故不言弟。」書曰：「象傲。」不弟，言不事先之禮。段謂共叔段，鄭莊公之弟；象，舜之弟，表蓋引此以為喻。冀州，謂袁尚，時尚據冀州，故稱之。⑳金、木、水、火，以剛柔相濟，然後克得其和，能為民用：胡三省曰：「金能勝木，然執柯伐柯，非木無以成金斵削之利；水能勝火，然水在火上，非火無以成水烹飪之功。此類非一，可以概推也。」㉑青州：謂袁譚時譚據青州，故稱之。㉒峭急：猶言峻急，言其遇事操切，不能容物。㉓迷於曲直：不能明辨是非。㉔綽然：寬裕貌。㉕此韓盧、東郭，自困於前，而遺田父之獲者也：淳于髡說齊成王曰：「韓盧者，天下之俊犬也；東郭兔者，天下之狡兔也。韓盧逐東郭，騰山者五，環山者三，兔極於前，犬疲於後，犬兔俱疲，各死其處，田父見而獲之，無勞苦而獲其功。今齊、魏相持，頓兵敵眾，恐秦乘其後而有田父之功也。」見《國策・齊策》。表蓋引此以為喻，謂譚、尚相爭，將為曹操所乘。㉖成業：既成之功業。㉗天下之難未息也：胡三省曰：「謂能為曹操患也。」㉘遘惡：胡三省曰：「遘當作構。或曰：遘，遇也，謂以惡相過也。」按王粲〈七哀詩〉：「豺虎方遘患。」《文選注》：「遘與構同，古字通也。」構惡猶曰結怨。㉙若有所幷則力專，力專則難圖也：胡三省曰：「謂譚、尚若幷於一，則能專力以禦操，其勢難圖。」㉚不：讀曰否。㉛袁氏本兄弟相伐，非謂他人能間其間，乃謂天下可定於己也：胡三省曰：「言袁氏兄弟相攻，其初計不謂他人能乘其間，乃謂幷青、冀為一，則可乘勢以定天下耳！」㉜此可知也：言其勢窮可知。㉝顯甫：袁尚字。㉞顯思：袁譚字。㉟兵革敗於外：謂官渡、黎陽諸役。㊱謀臣誅於內：謂田豐、逢紀之誅。㊲讒鬩：傷良曰讒，狠戾曰鬩。㊳介冑生蟣蝨：穿戴既久，則生蟣蝨。蝨卵曰蟣。㊴踵：追躡。㊵無異迅風之振秋葉：秋葉易隕，況以迅風振之，喻其勢至易。㊶釁：可乘之機。㊷取亂侮亡：見《尚書》。孔安國曰：「亂則取之，有亡形則侮之。」㊸遠略：謂經營天下之事。㊹欲待他年：言曹操欲待他年而後攻之。㊺登：歲熟曰登。此指青、冀歲熟而言。㊻失所以用兵之要：言用兵之要，在於乘敵方之釁而攻之，若待青、冀歲熟，譚、尚修德改過，人民便附而後攻之，則失用兵之要矣！㊼四方之寇，莫大於河北：漢末羣雄，以袁氏為最強，故云。㊽河北平則六軍盛：言可收河北之軍資以為己用。胡三省曰：「觀毗之言，非為譚請救也，勸操以取河北也。」㊾高翔：《魏志・袁紹傳》作呂翔。㊿操知譚詐，乃為子整聘譚女以安之：整建安二十二年封郿侯，二十三年薨，無子。黃初二年，追進爵謚曰戴公。見《魏志・整傳》。安之者，令譚不疑操有圖己之心。胡三省曰：「操本有伐尚因而取譚之心，況復有誘曠、翔之事乎？聘其女為子婦以安之，所謂將欲取之，必姑與之也。」(51)山寇：謂山越。胡三省曰：「丹陽、豫章、廬陵皆有山越。」(52)使征虜中郎將呂範平鄱陽、會稽：胡三省曰：「呂範傳止云鄱陽，孫權傳則有會稽二字。以地理考之，會稽二字衍。」鄱陽縣，屬豫章郡，故城在今江西省鄱陽縣東。建安十五年，權始分豫章立鄱陽郡，見《吳志・孫權傳》。(53)樂安：縣名，吳置，屬鄱陽郡，見《晉書・地理志》。故城在今江西省德興縣東。(54)建昌都尉：和帝永元十六年，分海昏，立建昌縣，屬豫章郡，見《後漢書・郡國志》。孫策分海昏、建昌左右六縣，以太史慈為建昌都尉，治海昏，見《吳志・太史慈傳》。建昌故城在今江西省奉新縣西。(55)海昏：前漢縣，後漢侯國，屬豫章郡，吳為建昌都尉治，故城即今江西省永修縣。(56)劇縣：胡三省曰：「劇，難也；甚也。言其地當山越之要，最為艱劇之甚者也。」按即艱劇難治之縣。(57)建安：胡三省曰：「建安本治縣地，會稽南部都尉治焉。建安中，分東侯官置建安縣，用漢年號也。」按故治即今福建省建甌縣。(58)漢興：沈約曰：「漢末立，吳更名吳興。」按即秦之烏程，吳為郡，故治即今浙江省吳興縣。(59)南平：沈約曰：「南平縣，亦漢末立，晉武平矣，改曰延平。」按即今福建省南平縣。

九年（西元二〇四年）

㈠春，正月，曹操濟河，遏淇水入白溝以通糧道㈠。二月，袁尚復攻袁譚於平原㈡，留其將審配、蘇由守鄴。曹操進軍至洹水㈢。蘇由欲為內應，謀泄，出犇操。操進至鄴，為土山地道以攻之。尚武安㈣長尹楷㈤屯毛城，以通上黨糧道，夏，四月，操留曹洪攻鄴，自將擊楷，破之而還，又擊尚將沮鵠於邯鄲，拔之㈥。易陽㈦令韓範、涉㈧長梁岐皆舉縣降。徐晃言於操曰：「二袁未破，諸城未下者，傾耳而聽。宜旌賞二縣，以示諸城。」操從之，範、岐皆賜爵關內侯。

黑山賊帥張燕遣使求助，操拜平北將軍。

五月，操毀土山地道，鑿塹圍城㈨，周回四十里。初令淺，示若可越。配望見，笑之，不出爭利。操一夜濬之，廣深二丈，引漳水以灌之㈩，城中餓死者過半。秋，七月，尚將兵萬餘人還救鄴。未到，欲令審配知外動止，先使主簿鉅鹿李孚入城。孚斫問事杖㈡，繫著馬邊，自著平上幘⑫，將三騎投暮詣鄴下，自稱都督，歷北圍，循表⑬而東，步步呵責守圍將士，隨輕重行其罰，遂歷操營，前至南圍，當章門⑭，復責怒守圍者，收縛之，因開其圍⑮，馳到城下，呼城上人。城上人以繩引孚得入。配等見孚，悲喜，鼓譟稱萬歲。守圍者以狀聞，操笑曰：「此非徒得入也，方且復出⑯。」孚知外圍益急，不可復冒⑰，乃請配悉出城中老弱以省穀，夜簡別數千人，皆使持白旙⑱從三門⑲並出降。孚復將三騎作降人服，隨輩⑳夜出，突圍得去。

尚兵既至，諸將皆以為此歸師㉑，人自為戰，不如避之。操曰：「尚從大道來，當避之；若循西山者，此成禽耳㉒！」尚果循西山來，東至陽平亭，去鄴十七里，臨滏水㉓為營，夜舉火以示城中，城中亦舉火相應。配出兵城北，欲與尚對決圍。操逆擊之，敗還；尚亦破走，依曲漳㉔為營，操遂圍之。未合，尚懼，遣使求降，操不聽，圍之益急。尚夜遁，保祁山㉕【考異】魏志紹傳：「還走濫口。」范書作藍口，今從魏武紀。，操復進圍之。尚將馬延、張顗等臨陳降，眾大潰。尚犇中山，盡收其輜重[26]，得尚印綬、節、鉞及衣物以示，城中崩沮。審配令士卒曰：「堅守死戰，操軍疲矣！幽州[27]方至，何憂無主？」操出行圍[28]，配伏弩射之，幾中。配兄子榮為東門[29]校尉，八月，戊寅（初二日），榮夜開門內[30]操兵，配拒戰城中，操兵生獲之。辛評家繫鄴獄，辛毗馳往，欲解之，已悉為配所殺。

操兵縛配詣帳下，毗逆以馬鞭擊其頭，罵之曰：「奴，汝今日真死矣！」配顧曰：「狗輩，正由汝曹破我冀州，恨不得殺汝也。且汝今日能殺生我耶[31]？」有頃，操引見，謂配曰：「曩日孤之行圍，何弩之多也？」配曰：「猶恨其少[32]！」操曰：「卿忠於袁氏，亦自不得不爾！」意欲活之。配意氣壯烈，終無撓辭[33]，而辛毗等號哭不已，遂斬之。冀州人張子謙先降，素與配不善，笑謂配曰：「正南[34]卿竟何如我？」配厲聲曰：「汝為降虜，審配為忠臣，雖死，豈羨汝生邪？」臨行刑，叱持兵者令北向，曰：「我君在北也[35]。」操乃臨祀紹墓，哭之，流涕，慰勞紹妻，還其家人寶物，賜雜繒絮，稟食之。

初，袁紹與操共起兵，紹問操曰：「若事不輯，則方面何所可據㊱？」操曰：「足下意以為何如？」紹曰：「吾南據河，北阻燕、代，兼戎狄之眾，南向以爭天下㊲，庶可以濟乎？」操曰：「吾任天下之智力，以道御之，無所不可。」

九月，詔以操領冀州牧，操讓還兗州㊳。

初，袁尚遣從事安平牽招㊴至上黨督軍糧，未還，尚走中山。招說高幹以幷州迎尚，幷力觀變，幹不從。招乃東詣曹操，操復以為冀州從事。又辟崔琰為別駕，操謂琰曰：「昨案戶籍，可得三十萬眾，故為大州也。」琰對曰：「今九州幅裂，二袁兄弟，親尋干戈㊵。冀方蒸庶，暴骨原野，未聞王師存問㊶風俗，救其塗炭，而校計甲兵，唯此為先，斯豈鄙州士女所望於明公哉？」操改容謝之。

許攸恃功驕嫚㊷嘗於眾坐呼操小字曰：「某甲㊸，卿非我，不得冀州也！」操笑曰：「汝言是也！」然內不樂，後竟殺之。

㈡冬，十月，有星孛于東井㊹。

㈢高幹以幷州降操，復以幹為幷州刺史。

㈣曹操之圍鄴也，袁譚復背之，略取甘陵、安平、勃海、河間，攻袁尚於中山。尚敗走故安(45)，從袁熙，譚悉收其眾，還屯龍湊(46)。操與譚書，責以負約，與之絕婚，女還，然後進討。十二月，操軍其門，譚拔平原，走保南皮(47)，臨清河(48)而屯，操入平原，略定諸縣。

㈤曹操表公孫度為武威將軍，封永寧鄉侯。度曰：「我王遼東，何永寧也？」藏印綬於武庫(49)，是歲，度卒，子康嗣位，以永寧鄉侯封其弟恭。

操以牽招嘗為袁氏領烏桓(50)，遣詣柳城撫慰烏桓。值峭王嚴五千騎欲助袁譚，又公孫康遣使韓忠假峭王單于印綬，峭王大會羣長(51)，忠亦在坐。峭王問招：「昔袁公言受天子之命，假我為單于；今曹公復言當更白天子，假我真單于；遼東復持印綬來，如此，誰當為正？」招答曰：「昔袁公承制，得有所拜假，中間違錯(52)天子命，曹公代之，言當白天子，更假真單于(53)。遼東下郡，何得擅稱拜假也？」忠曰：「我遼東在滄海之東，擁兵百餘萬，又有扶餘、穢貊(五四)之用。當今之勢，彊者為右，曹操何得獨為是也？」招呼忠曰：「曹公允(五五)恭明哲，翼戴(五六)天子，伐叛柔服(五七)寧靜四海。汝君臣頑嚚(五八)，今恃險遠，背違王命，欲擅拜假，侮弄神器(五九)，方當屠戮，何敢慢易，咎毀大人(六〇)？」便捉忠頭頓築(六一)，拔刀欲斬之。峭王驚怖，徒跣抱招以救請忠，左右失色。招乃還坐，為峭王等說成敗之效，禍福所歸，皆下席跪伏，敬受敕(六二)教，便辭遼東之使，罷所嚴騎。

㈥丹陽大都督嬀覽、郡丞戴員殺太守孫翊(六三)，將軍孫河屯京城(六四)，馳赴宛陵(六五)，覽、員復殺之，遣人迎揚州刺史劉馥(六六)，令住歷陽(六七)，以丹陽應之。覽入居軍府中，欲逼取翊妻徐氏，徐氏紿之曰：「乞須晦日(六八)，設祭除服，然後聽命。」覽許之。徐氏潛使所親語翊親近舊將孫高、傅嬰等，與共圖覽。高嬰涕泣許諾，密呼翊時侍養(六九)者二十餘人，與盟誓合謀。到晦日，設祭，徐氏哭泣盡哀，畢，乃除服，薰香沐浴，言笑懽悅。

大小悽愴(七〇)，怪其如此。覽密覘(七一)，無復疑意。徐氏呼高、嬰置戶內，使人召覽入。徐氏出戶拜覽，適得一拜，徐大呼：「二君可起。」高、嬰俱出，共殺覽，餘人即就外殺員。徐氏乃還縗絰(七二)，奉覽、員首以祭翊墓，舉軍震駭。孫權聞亂，從椒丘(七三)還，至丹陽，悉族誅覽、員餘黨，擢高、嬰為牙門(七四)，其餘賞賜有差。

河子韶，年十七，收河餘眾屯京城。權引軍歸吳，夜至京城下營，試攻驚之(七五)。兵皆乘城，傳檄備警，讙聲動地，頗射外人。權使曉喻，乃止。明日，見韶，拜承烈校尉，統河部曲。

【今註】(一)遏淇水入白溝以通糧道：胡三省曰：「袁尚在鄴，操將攻之，故通糧道。」《水經》曰：「淇水東過內黃縣南為白溝。」內黃，今河南省內黃縣西北。(二)二月，袁尚復攻袁譚於平原：《後漢書・袁紹傳》在三月，《魏志・武帝紀》在二月。(三)洹水：《水經》云：「洹水出上黨泫氏縣，東過隆慮縣北，又東北出山，過鄴縣南。」(四)武安：縣名，屬魏郡，故城在今河南省武安縣西南。(五)尹楷：姓尹名楷。(六)操自將擊楷，破之而還；又擊尚將沮鵠於邯鄲，拔之：裴松之曰：「鵠，沮授子也。」何焯曰：「破楷則高幹并州之援北斷，拔邯鄲則袁熙幽州之援東絕。擊楷必自將者，運道不通則堅城大眾有自潰之勢，所係尤大也。」(七)易陽：縣名，屬趙國，故城在今河北省永年縣西。

㈧涉：胡三省曰：「涉縣蓋漢末分上黨之潞縣置，魏後置廣平郡，易陽、涉二縣皆屬焉。」宋白曰：「涉縣因縣南涉河為名。磁州昭義縣，理故涉城，永泰元年改名昭義。」昭義，今河北省磁縣西北。㈨操毀土山、地道，鑿塹圍城：胡三省曰：「土山、地道，急攻也。知非攻可拔，故鑿塹圍城，絕其內外以久困之。」㈩引漳水以灌之：《水經》云：「漳水過鄴縣西。」酈道元曰：「魏武之攻鄴也，引漳水以圍之。」《獻帝春秋》曰：「司空鄴城圍，周四十里，初淺而狹，如或可越，審配不出爭利，望而笑之。司空一夜增脩，廣深二丈，引漳水以注之，遂拔鄴。」按此，操蓋引漳水注塹以困鄴城，《魏志・武帝紀》云「決漳水灌城」，似非。⑪問事杖：問事，卒也，主行杖，猶伍伯之類。問事杖，問事所執杖也。⑫平上幘：顏師古曰：「幘者，韜髮之巾，所以整亂髮也，當在冠下，或單著之。」《晉書・輿服志》引《漢儀注》曰：「冠進賢者宜長耳，今介幘也；冠惠文者宜短耳，今平上幘也。始時各隨所宜，遂因冠為別。文吏服介幘，武官服平上幘。」⑬表：胡三省曰：「圍城所立標表也。」⑭章門：胡三省曰：「鄴城有七門，正南曰章門，亦曰中陽門。七門之名，蓋即石氏所命也。」石氏謂石趙。⑮因開其圍：胡三省曰：「不先經操營前，則守圍者必疑，不可得而收縛，圍亦不可開矣。孚之來也，其定計固指從章門入也。」⑯操笑曰：「此非徒得入也，方且復出。」：胡三省曰：「操知其復出，非不欲嚴為防也，審孚所以得入之由，服其多智，有不可得而防者也。」⑰冒：假冒操軍。⑱白幡：幡與旛同，旗幟白幡即白旗。⑲三門：胡三省曰：「鄴城南面三門曰鳳陽門、中陽門、廣陽門。」⑳輩：謂出降者。㉑歸師：《孫子・軍事篇》：「歸師勿遏，圍師必闕，窮寇勿追，此用兵之法也。」—㉒操曰：「尚從大道來，當避之；若循西山來者，此成禽耳！」—：胡三省曰：「從大道來，則人懷救根本，不顧勝敗，有必死之志；循山而來，則其戰可前可卻，人有依險自全之心，無同力致命之意。操所以料尚者如此，兵法所謂觀敵之動者也。」—禽與擒同。㉓滏水：《後漢書・郡國志》，鄴有滏水。左思〈魏都賦〉云：「北臨漳、滏。」註云：「滏北有滏水。水熱，故名滏口。」—滏水，一名滏陽河，源出河南省武安縣之滏山。《元和志》云：「鼓山亦名滏山，滏水出焉，亦名滏口，即太行之第四徑也。」—尚軍屯滏水，蓋欲因險以為營。㉔曲漳：李賢曰：「漳水之曲也。」—㉕保祁山：《魏志・武帝紀》作祁山，《魏志・袁紹傳》作濫口，《後漢書・袁紹傳》作藍口。顧祖禹曰：「藍嵯山在彰德府城西，晉書註安陽境有藍嵯山，後漢書尚遁保藍口，蓋藍山之口也，或謂之祁山。諸葛公謂曹操危於祁連者，蓋即藍口之戰云。」—彰德府，今河南省安陽縣。㉖盡收其輜重：《魏武帝集・破袁尚上事》曰：「尚單騎遁走，捐棄偽節、鈇鉞，大將軍、邟鄉侯印各一枚，兜鍪萬九千六百二十枚，其矛楯弓戟不可勝數。」—㉗幽州：謂袁熙。紹署熙為幽州刺史。㉘行圍：巡行圍困鄴城之軍隊。㉙東門：胡三省曰：「鄴城東門曰建泰門，藍石氏所命也。」—㉚內：讀曰納。㉛且汝今日能生殺我耶：言生殺之權由曹操，不由辛毗。㉜猶恨其少：謂射操不中，故恨矢少。㉝撓辭：屈撓之辭。㉞正南：審配字。㉟我君在北也：時袁尚奔中山，中山在鄴之北。胡三省曰：「袁紹下上，能盡死以效命者，審配一人而已。」—㊱紹問操曰：「若事不輯，則方面何所據？」—：胡三省曰：「輯猶集也；集，成也。觀紹此言，則起兵之時，固無勤王之心而有割據之志矣！」㊲吾南據河，北阻燕代，兼戎狄之眾，南向以爭天下：紹初起時，但有渤海一郡，其後雄據四州，擁百萬之眾，果如其初策，事雖不濟，亦一代之俊傑。㊳操讓還兗州：操本領兗州牧，今但領冀州而讓還兗州。胡三省曰：「當時政自操出，領則真領，而讓非真讓矣。」㊴牽招：牽姓，招名。㊵二袁兄弟，親尋干戈：《左傳》子產曰：「昔高辛氏有二子，伯曰閼伯，季曰實沈，居于曠林，不相能也，日尋干戈，以相征討。」琰對蓋引此。杜預曰：「尋，用也。」言動用干戈以相殘殺。㊶存問：顏師古曰：「存，省視也。」猶慰問。㊷許攸恃功驕嫚：胡三省曰：「烏巢以捷，計出於攸，故恃其功。」驕嫚：驕恣而無禮。嫚與慢同。㊸某甲：裴松之曰：「操一名吉利，小字阿瞞。曰某甲者，史隱其辭。」㊹東井：即井宿，二十八宿之一，朱鳥七宿之首宿，有星八，屬雙子座。《史記・天官書》：「南宮朱鳥權衡，東井為水事。」《晉書・天文志》：「南方東井八星，天之南門，黃道所經，天之亭候。主水衡事，法令所取事也。」㊺故安：縣名，屬涿郡，故城在今河北省易縣東南。㊻龍湊：胡三省曰：「龍湊城在平原、勃海間，為河津要口。」參閱卷六十初平三年註(九〇)。㊼譚拔平原，走保南皮：譚拔平原之眾，走保南皮。㊽清河：在南皮縣西。㊾武庫：胡三省曰：「遼東郡之武庫也。」㊿牽招嘗為袁氏領烏桓：袁紹為冀州牧，嘗辟招為督軍從事，兼領烏垣突騎，見《魏志・牽招傳》。(五一)大會羣長：烏桓部落，各有君長。(五二)違錯：胡三省曰：「違，異也，背也；錯，乖也。」(五三)更假真單于：言昔袁紹承制，得有所拜假，今操將白天子，更假為真。(五四)扶餘穢貊：穢貊，東夷種名；扶餘，國名，穢貊別族所建。濊與穢同。(五五)允：孔安國曰：「允，信也。」(五六)翼戴：輔翼而推戴之。(五七)伐叛柔服：叛者討伐之，服者懷柔之。(五八)頑嚚：凶愚之意。《書・堯典》：「父頑母嚚。」《左傳》曰：「口不道忠信之言為嚚。」(五九)神器：胡三省曰：「威福，帝王之神器。」(六〇)大人：胡三省曰：「大人謂曹公。」(六一)頓築：捉首頓地如築土狀。(六二)赦：告誡。(六三)丹陽大都督嬀覽、郡丞戴員殺太守孫翊：嬀覽，姓嬀名覽，嬀音規（ㄍㄨㄟ）。《吳志・孫韶傳》，覽、員俱盛憲之黨，盛憲初為吳郡太守，舉覽、員為孝廉，後憲為孫權所殺，覽、員亡匿山中。翊為丹陽太守，皆禮致之，至是殺翊為盛復仇。(六四)京城：京城即漢吳郡丹徒縣，孫權自吳徙居之，名曰京城。後遷都建業，於此置京口縣，見《元和志》。故治即今江蘇省鎮江縣。(六五)宛陵：縣名，丹陽郡治，即今安徽省宣城縣。(六六)揚州刺史劉馥：馥，曹操所置。(六七)歷陽：侯國，屬九江郡，揚州刺史治，即今安徽省和縣。胡三省曰：「歷陽與丹陽隔江，使馥來屯以為聲援。」(六八)晦日：每月之末日。(六九)侍養：胡三省曰：「侍養謂侍翊左右而厚蒙給養者。」(七〇)悽愴：悲傷。(七一)覘：窺視。(七二)還縗絰：復著縗絰。(七三)椒丘：在豫章，華歆所築，今江西省新建縣北。(七四)牙門：胡三省曰：「牙門將也。」(七五)試以驚之：試攻京城以驚動韶眾。權此舉欲以觀韶才能。

十年（西元二〇五年）

㈠春，正月，曹操攻南皮。袁譚出戰，士卒多死。操欲緩之，議郎曹純㊀曰：「今縣師㊁深入，難以持久。若進不能克，退必喪威。」乃自執桴㊂鼓以率攻者，遂克之，譚出走，追斬之。

李孚自稱冀州主簿，求見操曰：「今城中彊弱相陵，人心擾亂，以為宜令新降為內所識信者，宣傳明教。」操即使孚往㊃，入城告諭吏民，使各安故業，不得相侵，城中乃安。操於是斬郭圖等及其妻子㊄。袁譚使王修運糧於樂安，聞譚急，將所領兵往赴之。至高密，聞譚死，下馬號哭曰：「無君焉歸？」遂詣曹操乞收葬譚尸，操許之，復使修還樂安督軍糧。

譚所部城皆服，唯樂安太守管統不下。操命修取統首㊅，修以統亡國忠臣，解其縛，使詣操，操悅而赦之，辟修為司空掾。郭嘉說操多辟青、冀、幽、幷名士以為掾屬，使人心歸附，操從之。

官渡之戰，袁紹使陳琳為檄書，數操罪惡，連及家世，極其醜詆㊆。及袁氏敗，琳歸操，操曰：「卿昔為本初移書，但可罪狀孤身，何乃上及父祖邪？」琳謝罪，操釋之㊇，使與陳留阮瑀俱管記室㊈。

先是漁陽王松據涿郡，郡人劉放說松以地歸操，操辟放參司空軍事。

袁熙為其將焦觸、張南所攻，與尚俱犇遼西烏桓⑩。觸自號幽州刺史，驅率諸郡太守、令、長背袁向曹，陳兵數萬，殺白馬而盟，令曰：「敢違者斬。」眾莫敢仰視，各以次歃。別駕代郡韓珩曰：「吾受袁公父子厚恩，今其破亡，智不能救，勇不能死，於義闕矣！若乃北面曹氏，所不能為也。」一坐為珩失色。觸曰：「夫舉大事，當立大義。事之濟否，不待一人，可卒珩志以厲事君。」乃捨之。觸等遂降曹操，皆封為列侯。

㈡夏，四月，黑山賊帥張燕率其眾十餘萬降，封安國亭侯。

㈢故安趙犢、霍奴等殺幽州刺史及涿郡太守。三郡烏桓⑪攻鮮於輔於獷平⑫。秋，八月，操討犢等，斬之；乃渡潞水救獷平，烏桓走出塞。

㈣冬，十月，高幹聞操討烏桓，復以并州叛。執上黨太守，舉兵守壺關口⑬。操遣其將樂進、李典擊之。

河內張晟，眾萬餘人，寇崤澠間，弘農張琰起兵以應之。河東太守王邑被徵，郡掾衛固及中郎將范先等詣司隸校尉鍾繇請留之，繇不許。固等外以請邑為名而內實與高幹通謀。曹操謂荀彧曰：「關西諸將，外服內貳。張晟寇亂澠殽，南通劉表；固等因之，將為深害。當今河東，天下之要地也㊃。君為我舉賢才以鎮之。」彧曰：「西平㊄太守京兆杜畿，勇足以當難，智足以應變。」操乃以畿為河東太守。鍾繇促王邑交符㊅，邑佩印綬，徑從河北㊆詣許自歸，衛固等使兵數千人，絕陝津㊇。杜畿至數月，不得渡。操遣夏侯惇討固等，未至，畿曰：「河東有三萬戶，非皆欲為亂也。今兵迫之急，欲為善者無主，必懼而聽於固。固等執專，討之不勝，為難未已；討之而勝，是殘一郡之民也。且固等未顯絕王命，外以請故君為名，必不害新君，吾單車直往，出其不意。固為人多計而無斷，必偽受吾，吾得居郡一月，以計縻之，足矣！」遂詭道從郖津度㊈。范先欲殺畿以威眾，且觀畿去就，於門下斬殺主簿以下三十餘人，畿舉動自若，於是固曰：「殺之無損，徒有惡名，且制之在我。」遂奉之。畿謂固、先曰：「衞、范，河東之望也，吾仰成而已。然君臣有定義，成敗同之，大事當共平議。」以固為都督，行丞事，領功曹⑳，將校吏兵三千餘人，皆范先督之。固等喜，雖陽事畿㉑，不以為意。固欲大發兵，畿患之，說固曰：「今大發兵，眾情必擾，不如徐以貲募兵。」固以為然，從之，得兵甚少㉒。畿又喻固等曰：「人情顧家，諸將掾史，可分遣休息，急緩召之不難。」固等惡逆眾心，又從之。於是善人在外，陰為己援，惡人分散，各還其家。會白騎㉓攻東垣㉔，高幹入濩澤㉕。畿知諸縣附己，乃出，單將數十騎，赴堅壁而守之。吏民多舉城㉖助畿者。比數十日，得四千餘人。固等與高幹、張晟共攻畿，不下，略諸縣，無所得。曹操使議郎張既西徵關中諸將馬騰等，皆引兵會擊晟等，破之，斬固、琰等首，其餘黨與皆赦之。於是杜畿治河東，務崇寬惠，民有辭訟，畿為陳義理，遣歸諦思之㉗，父老皆自相責怒，不敢訟。勸耕桑，課畜牧，百姓家家豐實；然後興學校，舉孝弟㉘，修戎事，講武備，河東遂安。畿在河東十六年，常為天下最㉙。

㈤秘書監㉚侍中荀悅作申鑒五篇㉛奏之。悅，爽㉜之兄子也。時政在曹氏，天子恭己㉝，悅志在獻替㉞，而謀無所用，故作是書。其大略曰：「為政之術，先屏四患，乃崇五政。偽亂俗，私壞法，放越軌，奢敗制，四者不除，則政末由行矣，是謂四患；興農桑以養其生，審好惡以正其俗，宣文教以章其化，立武備以秉其威，明賞罰以統其法，是謂五政。人不畏死，不可懼以罪，人不樂生，不可勸以善。故在上者先豐民財以定其志，是謂養生。善惡要乎功罪，毀譽效於準驗，聽言責事，舉名察實，無或詐偽，以蕩眾心㉟。故俗無姦怪，民無淫風，是謂正俗。榮辱者，賞罰之精華也；故禮教榮辱以加君子，化其情也，桎梏鞭撲以加小人，化其形也。若教化之廢，推中人而墜於小人之域；教化之行，引中人而納於君子之塗，是謂章化。在上者必有武備以戒不虞，安居則寄之內政，有事則用之軍旅㊱，是謂秉威。賞、罰，政之柄也㊲，人主不妄賞，非愛其財也，賞妄行則善不勸矣！不妄罪，非矜其人也，罪妄行則惡不懲矣！賞不勸，謂之止善；罰不懲，謂之縱惡；在上者能不止下為善，不縱下為惡，則國灋立矣，是謂統灋。四患既蠲，五政又立，行之以誠，守之以固，簡而不怠，踈而不失，垂拱揖讓而海內平矣！」

【今註】㊀曹純：曹仁之弟。㊁縣師：縣讀曰懸，孤軍深入敵境謂之縣師，取無所繫屬之意。㊂桴：音浮（ㄈㄨˊ）。桴與枹同，鼓槌。㊃操即使孚往：胡三省論曰：「李孚，小才也；挾才以求知，非懷才以待聘者也。」㊄操於是斬郭圖等及其妻子：胡三省論曰：「郭圖、審配各有黨附，交鬬譚、尚，使尋干戈以貽曹氏之驅除。譚、尚既敗，二人亦誅，禍福之報為不爽矣。」㊅操命修取統首：胡三省曰：「使修還運糧，就取統首也。」㊆數操罪惡，連及家世，極其醜詆：《後漢書・袁紹傳》紹檄書曰：「司空曹操祖父騰，故中常侍，與左悺、徐璜並作妖孽，饕餮放橫，傷化虐人；父嵩乞匄攜養，因贓買位，輿金輦寶，輸貨權門，竊盜鼎司，傾覆重器。操贅閹遺醜，本無令德，僄佼鋒俠，好亂樂禍。」按此檄又載《文選》及《魏志・紹傳》引《魏氏春秋》，各有節刪。㊇操釋之：《魏志》曰：「太祖愛琳才而不咎也。」㊈記室：《後漢書・百官志》：「記室令史，主上章表，報書記。」㊉遼西烏桓：遼西烏桓，蹋頓所部。⑪三郡烏桓：謂遼西蹋頓、遼東屬國蘇僕延及右北平烏延所部之烏桓。⑫獷平：縣名，屬漁陽郡，故城在今河北省密雲縣東北。⑬壺關口：李賢曰：「潞州上黨縣有壺山口，因其險而置關焉。」唐上黨縣即今山西省長治縣。按《後漢書・郡國志》上黨郡有壺關縣，即唐之上黨縣。㊃當今河東，天下之要地也：胡三省曰：「高幹據幷州，馬騰、韓遂等據關中，往來交通，皆由河東，故曰要地。」㊄西平：郡名，漢末分金城郡置。㊅符：郡符。古時外官各持半符以為信，另半存於朝廷，如有更代則由朝廷遣持半符勘合之。參閱卷九漢元年註㊆。㊆河北：縣名，屬河東郡，故城在今山西省芮城縣東北。㊇陝津：陝津隔河北對茅城，亦謂之茅津見《水經・河水注》。津在今山西省平陸縣西南，即今之大陽渡，對岸即河南省陝縣。《後漢書・郡國志》河東郡大陽縣有茅津，即其地。㊈從郖津度：度與渡同。郖津，渡口名，頭一作竇，見漢武故事；又作洹，見《水經注》。《水經・河水注》：「河水東合門水，於此有洹津之稱。」津在今河南省靈寶縣西北黃河津濟處。㊉以固為都督，行丞事，領功曹：胡三省曰：「既以為都督，又令行郡丞事，又領功曹也。都督掌兵，丞貳太守，於郡事無所不關，功曹掌選署功勞，陽以郡權悉與之也。」㊀雖陽事畿：按文意，雖當作遂。㊁得兵甚少：胡三省曰：「以眥募兵則郡計不足以繼，故得兵甚少。」㊂白騎：何焯曰：「魏志龐德傳云：『張白騎叛于宏農。』白騎即上張晟耶？按後漢書朱雋傳：『自黃巾賊後，復有張白騎之徒，並起山谷，騎白馬者為張白騎。』」此蓋泛指張白騎之徒眾。㊃東垣：《後漢書・郡國志》河東郡有垣縣，故城在今山西省垣曲縣西。胡三省曰：「東字衍。」何焯曰：「後漢書郡國志垣有王屋山。注引史記曰：『魏武侯二軍城王垣。』博物志云：『山在東，狀如垣。』據杜畿傳，則漢末亦稱桓為東垣矣！」㊄獲澤：侯國，屬河東郡，故城在今山西省陽城縣西。㊅舉城：舉河東屬下諸城。㉗諦思：胡三省曰：「諦，審也。」猶曰細思。㉘弟：讀曰悌。善事兄長曰悌。㉙畿在河東十六年，常為天下最：言畿治河東十六年，治績常為諸郡冠。胡三省曰：「畿之子為杜恕，恕之子為杜預。其守河東，觀其方略，固未易才也。余竊謂杜氏仕於魏、晉，累世貴盛，必有家傳，史因而書之，固有過其實者。」未易才，言其才未可量。㉚秘書監：桓帝延熹二年，置秘書監，見《後漢書．桓帝紀》。《漢官儀》云：「秘書監一人，秩六百石。」《東觀漢記》云：「掌古今文字，考合異同。」㉛作申鑒五篇：胡三省論曰：「荀悅申鑒，其立論精切，關於國家興亡之大致，過於彧、攸，至於揣摩天下之勢，應敵設變，以制一時之勝，悅未必能也。曹操姦雄，親信彧、攸而悅乃在天子左右。悅非比於彧、攸而操不之忌，蓋知悅但能持論，其才必不能辦也。東都之季，荀淑以名稱而彧、攸以智略濟，荀悅蓋得其祖父之彷彿耳！其才不足以用世，其言僅見於此書，後之有天下國家者，尚論其世，深味其言，則知悅之忠於漢室，而有補於天下國家也。」㉜爽：荀淑之子。㉝恭己：《論語》孔子曰：「無為而治者，其舜也與！夫何為哉，恭己正南面而已矣！」疏云：「舜但恭敬己身，正南面嚮明而已。」後世遂以政在強臣，己無所預為恭己。㉞獻替：獻可替否，即獻善止不善之意。《左傳》晏子對齊侯曰：「君所謂可而有否焉，臣獻其否之成其可；君所謂否而有可焉，臣獻其可以去其否。」㉟無或作偽，以蕩眾心：胡三省曰：「蕩謂動之也。以詐偽動之，則人之心亦必動於詐偽，以應其上。」㊱安居則寄之內政，有事則用之軍旅：《國語》齊桓公問管仲曰：「國安可乎？」管仲曰：「未可。君若正卒伍，修甲兵，則大國亦將修之，小國設備。

可作內政而寄軍令焉。」注云：「正國政也。言修國政而寄軍令，鄰國不知。」㊆賞、罰，政之柄也：韓子曰：「二柄者，刑、德也。殺戮之謂刑，慶賞之謂德。」

卷六十五　漢紀五十七

司馬光編集
林瑞翰註

起柔兆閹茂，盡著雍困敦，凡三年。（丙戌至戊子，西元二〇六年至二〇八年）

孝獻皇帝庚

建安十一年（西元二〇六年）

㈠春，正月，有星孛于北斗㊀。

㈡曹操自將擊高幹，留其世子丕守鄴，使別駕從事崔琰傅之。操圍壺關，三月，壺關降。高幹自入匈奴求救，單于不受。幹獨與數騎亡，欲南犇荊州㊁，上洛都尉㊂王琰捕斬之，幷州悉平。

曹操使陳郡梁習以別部司馬領幷州刺史。時荒亂之餘，胡狄雄張㊃，吏民亡叛，入其部落，兵家擁眾㊄，各為寇害。習到官，誘諭招納，皆禮召其豪右，稍稍薦舉，使詣幕府；豪右已盡，次發諸丁彊㊅以為義從㊆。又因大軍出征，令諸將分請以為勇力㊇，吏兵已去之後，稍移其家，前後送鄴，凡數萬口，其不從命者，興兵致討，斬首千數，降附者萬計，單于恭順，名王⑨稽顙，服事供職，同於編戶⑩。邊境肅清，百姓布野，勤勸農桑，令行禁止⑪。長老稱詠，以為自所聞識刺史未有如習者。習乃貢達⑫名士避地州界者河內常林、楊俊、王象、荀緯及太原王淩之徒，操悉以為縣長，後皆顯名於世。

初，山陽仲長統⑬遊學至并州，過高幹，幹善遇之，訪以世事。統謂幹曰：「君有雄志而無雄材，好士而不能擇人，所以為君深戒也。」幹雅自多⑭，不悅統言，統遂去之。幹死，荀彧舉統為尚書郎⑮，著論曰昌言⑯，其言治亂，略曰：「豪傑之當天命者，未始有天下之分者也。無天下之分，故戰爭者競起焉！角⑰智者皆窮，角力者皆負，形不堪復伉，勢不足復校，乃始羈首係頸就我之銜紲⑱耳！及繼體⑲之時，豪傑之心既絕，士民之志已定，貴有常家，尊在一人。當此之時，雖下愚之才居之，猶能使恩同天地，威侔鬼神。周、孔⑳數千，無所復角其聖；賁、育㉑百萬，無所復奮其勇矣！彼後嗣之愚主，見天下莫敢與之違，自謂若天地之不可亡也。乃犇㉒其私嗜，騁其邪欲，君臣宣淫㉓上下同惡，荒廢庶政，棄忘人物。信任親愛者，盡佞諂容說之人也。寵貴隆豐者，盡后妃姬妾之家也。遂至熬天下之脂膏，斲㉔生民之骨髓，怨毒無聊，禍亂並起，中國擾攘，四夷侵叛，土崩瓦解，一朝而去。昔之為我哺乳之子孫者，今盡是我飲血之寇讎也。至於運徙勢去，猶不覺悟者，豈非富貴生不仁㉕，沈溺致愚疾邪？存亡以之迭代，治亂從此周復㉖，天道常然之大數也。」

㈢秋，七月，武威太守張猛殺雍州㉗刺史邯鄲商，州兵討誅之。猛，奐之子也。

㈣八月，曹操東討海賊管承，至淳于㉘，遣將樂進、李典擊破之，承走入海島。

㈤昌豨復叛㉙，操遣于禁討斬之。

㈥是歲，立故琅邪王容子熙為琅邪王㉚，齊、北海、阜陵、下邳、常山、甘陵、濟陰、平原八國皆除㉛。

㈦烏桓乘天下亂，略有漢民十餘萬戶，袁紹皆立其酋豪為單于，以家人子為己女妻焉㈢。遼西烏桓蹋頓尤彊，為紹所厚，故尚兄弟歸之。數入塞為寇，欲助尚復故地。曹操將擊之，鑿平虜渠、泉州渠㈢以通運。

㈧孫權擊山賊麻、保二屯㈣，平之。

【今註】㈠北斗：星座名。有星七，以其位於北方，聚成斗形，故名。《晉書・天文志》：「北斗七星，在微北。一曰天樞，二曰璇，三曰璣，四曰權，五曰玉衡，六曰開陽，七曰搖光。一至四為魁，五至七為杓。」《星經》：「北斗星謂之七政。魁四星為璇璣，杓三星為玉衡。」㈡南犇荊州：欲依劉表。㈢上洛都尉：上洛，前漢縣，屬弘農郡，後漢為侯國，改屬京兆尹。劉昫曰：「言縣在洛水之上也。」胡三省曰：「有嶢關，在縣西北，故置都尉。」㈣胡狄雄張：雄張，雄強囂張，《魏志・倉慈傳》：「大姓雄張，亦此義。胡狄謂匈奴，時南匈奴部落皆在幷州界。㈤兵家擁眾：胡三省曰：「謂諸豪右擁眾自保者。」按兵家、豪右，皆指南匈奴諸部酋豪而言。㈥丁彊：丁口之強壯者。㈦義從：胡三省曰：「言其以義從軍也。」按《後漢書・班超傳》：「以幹為假司馬，將弛刑及義從千人就超。」幹謂徐幹。胡三省註：「義從，自奮願從行者。或曰義從，胡也。」又〈段熲傳〉：「諸種羌共寇幷、涼二州，熲將湟中義從討之。」胡註：「湟中有義從胡，即小月氐。」徇下文意，此義從亦謂南匈奴，蓋後漢每謂胡人之向義從軍者為義從。㈧令諸將分請以為勇力：勇力亦軍號，取義勇武有力。此言令諸將分請諸義從以為勇力。蓋不令義從集結，分散其勢以利控制。⑨名王：匈奴諸王之知名者。⑩編戶：胡三省曰：「編，聯次也。編於民籍，故曰編戶。」⑪令行禁止：令出必行，禁之則止。⑫貢達：上貢以通達於朝廷。⑬仲長統：仲長複姓，統名。⑭自多：自以為多才。⑮尚書郎：官名。漢制尚書分曹，任曹務者謂之尚書郎。《後漢書・百官志》：「尚書侍郎三十六人，四百石。」本注曰：「一曹有六人，主作文起草。」蔡質《漢儀》曰：「尚書郎初從三署詣臺試，初上臺稱守尚書郎中，歲滿稱尚書郎，三年稱侍郎。」按西漢之制，尚書分四曹，後漢分六曹，曹有郎六人，凡三十六人。⑯昌言：孔安國曰：「昌，當也。」昌言，當理之言。沈欽韓曰：「抱朴子：『統作昌言，未竟而亡，後董襲撰次之。』案董當作繆，魏志劉劭傳注：『繆襲撰統昌言表。』」⑰角：較量。⑱就我之銜紲：李賢曰：「銜，勒也；紲，羈也。」言若以銜紲加之於馬，使之就範。⑲繼體：猶曰嗣位。《漢書・師丹傳》：「先帝暴棄天下而陛下繼體。」又〈平當傳〉：「今聖漢受命而王，繼體承業。」⑳周、孔：周公、孔子。㉑賁育：孟賁、夏育，皆古之勇士。㉒犇：放縱。㉓宣淫：《左傳》洩冶諫衞靈公曰：「公卿宣淫，人無效焉。」杜預曰：「宣，示也。」㉔斲：斲削。音琢（ㄓㄨㄛˊ）。㉕不仁：癡頑麻木，不知警醒之意。蘇輿曰：「不仁猶癡頑，謂於治亂漠不相關。醫書有以手足風頑，謂之四體不仁，亦或言麻木，班超傳『兩手不仁』是也。」㉖周復：《左傳》：「美惡周必復，天之道也。」周復，周而復始之意，此謂治極則亂，亂極則平。㉗雍州：興平元年，分涼州河西四郡為雍州，見《後漢書・獻帝紀》。李賢曰：「謂金城，酒泉，燉煌，張掖。」一馬與龍曰：「晉志：『獻帝時以河西五郡置雍州。』蓋武威郡旋入雍州。按此，雍州凡部金城、酒泉、燉煌、張掖、武威五郡。」袁紀雍州作涼州，此據范書獻帝紀。㉘淳于：縣名，屬北海國，故城在今山東省安邱縣東北。㉙昌豨復叛：豨降操見上卷建安六年。㉚立故琅邪王容子熙為琅邪王：容，光武子琅邪孝王京之六世孫。京子宇，宇子壽，壽子尊，尊子據，據子容，容薨，國絕。先是初平元年，容遣弟邈至長安奉章貢，時曹操為東郡太守，邈見帝，盛稱操忠誠，操以此德容，而為其立後。㉛齊、北海、阜陵、下邳、常山、甘陵、濟陰、平原八國皆除：齊，光武兄齊武王縯之後。北海，縯少子北海靖王興之後。阜陵，光武子阜陵質王延之後。下邳，明帝子下邳惠王衍之後。常山，明帝子淮陽頃王昞之後。甘陵，章帝子清河孝王慶之後。濟陰悼王長，明帝子，立十三年而薨，無子，國除；安帝廢太子保為濟陰王，其後入承大統，即順帝，後遂無封濟陰者；按《後漢書》，當為濟北之誤。濟北，章帝子濟北惠王壽之後，亦以是年國除。平原，和帝子平原懷王勝始封，薨而無子，以河間孝王開子翼紹封，安帝廢翼為蠡吾侯，子志立為桓帝，復以帝兄碩為平原王以奉翼後，至是國除。胡三省曰：「除八國者，漸以弱漢宗室也。」㉜以家人子為己女妻焉：以平民女為己女以妻烏桓單于。㉝平虜渠、泉州渠：《魏志・武帝紀》：「鑿渠自呼沲入泒水，名平虜渠，又從泃河口鑿入潞河，名泉州渠，以通海。」趙一清曰：「後漢書光武紀注：『呼沲河舊在饒陽南，魏太祖因饒河故瀆決令北注新溝水，所以今在饒陽縣北。』案水經鮑邱水注引陳壽魏志曰：『曹太祖從泃河口鑿渠逕雍奴、泉州以通河海。』濡水注曰：『濡水自雍奴縣承鮑水邱東出，謂之鹽關口，魏太祖征踢頓，與泃河俱導，世謂之新河，陳壽魏志以通河海也。』道元兩引陳志，俱有『河海』字，與今書不同。河即呼沲河也。」㈢麻、保二屯：江水東過陸口，左得白沙口，一名沙屯，即麻屯口，見《水經・江水注》。

十二年（西元二〇七年）

㈠春，二月，曹操自淳于還鄴。丁酉（初五日），操奏封大功臣二十餘人，皆為列侯；因表萬歲亭侯㊀荀彧功狀。三月，增封彧千戶，又欲授以三公㊁，彧使荀攸深自陳讓，至于十數，乃止。

㈡曹操將擊烏桓。諸將皆曰：「袁尚亡虜耳，夷狄貪而無親，豈能為尚用？今深入征之，劉備必說劉表以襲許，萬一為變，事不可悔。」郭嘉曰：「公雖威震天下，胡恃其遠，必不設備。因其無備，卒㊂然擊之，可破滅也。且袁紹有恩於民夷，而尚兄弟生存。今四州之民，徒以威附，德施未加，舍㊃而南征，尚因烏桓之資招其死主之臣㊄，胡人一動，民夷俱應，以生蹋頓之心，成覬覦㊅之計，恐青、冀非己之有也。表坐談客耳，自知才不足以御備。重任之則恐不能制，輕任之則備不為用，雖虛國遠征，公無憂矣！」操從之。行至易㈦，郭嘉曰：「兵貴神速。今千里襲人，輜重多，難以趨利；且彼聞之，必為備，不如留輜重，輕兵㈧兼道㈨以出，掩㈩其不意。」

初，袁紹數遣使召田疇於無終⑪，又即授將軍印，使安輯所統，疇皆拒之。及曹操定冀州，河間邢顒⑫謂疇曰：「黃巾起來二十餘年，海內鼎沸，百姓流離。今聞曹公瀍令嚴，民厭亂矣，亂極則平，請以身先。」遂裝還鄉里。疇曰：「邢顒，天民之先覺者也⑬。」操以顒為冀州從事。疇忿烏桓多殺其本郡冠蓋⑭，意欲討之而力未能。操遣使辟疇，疇戒其門下趣治嚴⑮。門人曰：「昔袁公慕君，禮命五至，君義不屈；今曹公使一來而君若恐弗及者，何也⑯？」疇笑曰：「此非君所識也。」遂隨使者到軍，拜為蓨⑰令，隨軍次無終。時方夏，水雨，而濵海洿下⑱，濘滯不通，虜亦遮守蹊要⑲，軍不得進，操患之，以問田疇，疇曰：「此道秋夏每常有水，淺不通車馬，深不載舟船，為難久矣！舊北平郡治在平岡⑳，道出盧龍，達于柳城㈡。自建武以來，陷壞斷絕垂二百載，而尚有微逕可從。今虜將以大軍當由無終，不得進而退，懈弛無備，若嘿㈢回軍，從盧龍口越白檀㈢之險，出空虛之地，路近而便，掩其不備，蹋頓可不戰而禽也。」操曰：「善。」乃引軍還，而署大木表於水側路傍，曰：「方今夏暑，道路不通，且俟秋冬，乃復進軍。」虜候騎見之，誠以為大軍去也。操令疇將其眾為鄉導，上徐無山㈣，塹山堙谷五百餘里，經白檀，歷平岡，涉鮮卑庭㈤，東指柳城㈥。未至二百里，虜乃知之。尚，熙與蹋頓及遼西單于樓班㈦、右北平單于能臣抵之㈧等將數萬騎逆軍。八月，操登白狼山㈨，卒㈩與虜遇，眾甚盛。操車重㈡在後，被中者少，左右皆懼。操登高望虜陣不整，乃縱兵擊之。使張遼為前鋒，虜眾大崩，斬蹋頓及名王已下，胡漢降者二十餘萬口。遼東單于速僕丸㈢與尚、熙犇遼東太守公孫康，其眾尚有數千騎。或勸操遂擊之，操曰：「吾方使康斬送尚、熙首，不煩兵矣！」九月，操引兵自柳城還。

公孫康欲取尚、熙以為功，乃先置精勇於廐中，然後請尚，熙入。未及坐，康叱伏兵禽之，遂斬尚、熙幷速僕丸首送之。諸將或問操：「公還而康斬尚、熙，何也？」操曰：「彼素畏尚、熙。吾急之則幷力，緩之則自相圖，其勢然也。」操梟尚首，令三軍敢有哭之者斬。牽招獨設祭悲哭㉝，操義之，舉為茂才。時天寒且旱，二百里無水，軍又乏食，殺馬數千匹以為糧，鑿地入三十餘丈方得水。既還，科問前諫者㉞，眾莫知其故，人人皆懼。操皆厚賞之，曰：「孤前行乘危以徼倖。雖得之，天所佐也，顧不可以為常。諸君之諫，萬安之計，是以相賞，後勿難言之！」

㈢冬，十月，辛卯（初三日），有星孛于鶉尾㉟。

㈣乙巳（十七日），黃巾殺濟南王贇。

㈤十一月，曹操至易水，烏桓單于代郡普富盧、上郡那樓皆來賀。師還，論功行賞，以五百戶封田疇為亭侯，疇曰：「吾始為劉公報仇，率眾遁逃㊱，志義不立，反以為利，非本志也。」固讓不受。操知其至心，許而不奪㊲。操之北伐也，劉備說劉表襲許，表不能用。及聞操還，表謂備曰：「不用君言故，為失此大會㊳。」

備曰：「今天下分裂，日尋干戈，事會之來，豈有終極乎？若能應之於後者，則此未足為恨也！」

㈥是歲，孫權西擊黃祖，虜其人民而還。

㈦權母吳氏疾篤，引見張昭等，屬㊴以後事而卒。

㈧初，琅邪諸葛亮，寓居襄陽隆中㊵，每自比管仲、樂毅，時人莫之許也，惟潁川徐庶與崔州平謂為信然。州平，烈之子也㊶。劉備在荊州，訪士於襄陽司馬徽。徽曰：「儒生俗士，豈識時務？識時務者在乎俊傑，此間自有伏龍、鳳雛。」備問為誰，曰：「諸葛孔明㊷、龐士元也㊸。」徐庶見備於新野，備器之㊹。庶謂備曰：「諸葛孔明，臥龍也。將軍豈願見之乎？」備曰：「君與俱來。」庶曰：「此人可就見，不可屈致也。將軍宜枉駕顧之。」備由是詣亮，凡三往，乃見㊺，因屏人曰：「漢室傾頹，姦臣竊命，孤不度德量力，欲信㊻大義於天下，而智術淺短，遂用猖蹶㊼，至于今日。然志猶未已，君謂計將安出？」亮曰：「今曹操已擁百萬之眾，挾天子而令諸侯，此誠不可與爭鋒；孫權據有江東，已歷三世，國險而民附，賢能為之用，此可與為援，而不可圖也；荊州北據漢、沔㊽，利盡南海㊾，東連吳會㊿，西通巴、蜀，此用武之國，而其主不能守，此殆天所以資將軍也。益州險塞，沃野千里，天府之土。劉璋闇弱，張魯在北，民殷國富而不知存恤；智能之士，思得明君(51)，將軍既帝室之胄(52)，信義著於四海，若跨有荊、益，保其巖阻(53)，撫和戎、越，結好孫權，內脩政治，外觀時變，則霸業可成，漢室可興矣！」備曰：「善。」於是與亮情好日密。關羽、張飛不悅，備解之曰：「孤之有孔明，猶魚之有水(54)也，願諸君勿復言！」羽、飛乃止。

司馬徽清雅，有知人之鑒。同縣龐德公，素有重名，徽兄事之。諸葛亮每至德公家，獨拜牀下，德公初不令止。德公從子統，少時樸鈍(55)，未有識者，惟德公與徽重之。德公嘗謂孔明為臥龍，士元為鳳雛，德操(56)為水鑑(57)，故德操與劉備語而稱之。

【今註】㊀萬歲亭侯：潘眉曰：「太平寰宇記九：『新鄭，漢舊縣，屬河南郡，有萬歲亭，後漢荀彧封萬歲亭侯于此。』」㊁又欲授以三公：《後漢書·荀彧傳》云：「又欲授以正司，」李賢曰：「或先守尚書令，今欲正除也。」惠棟曰：「案彧別傳：『太祖欲表彧為三公。』當得其實。」㊂卒：讀曰猝。㊃舍：讀曰捨。㊄死主之臣：忠貞不貳，能為其主效死節之臣。㊅覬覦：非分之望。《左傳》：「是以民服事其上而下無覬覦。」《文選》班彪〈王命論〉：「收陵、嬰之明分，絕信、布之覬覦。」覬音記（ㄐㄧˋ），覦音俞（ㄩˊ）。㊆易：易縣前漢屬涿郡，後漢改屬河間國，故城在今河北省雄縣西北。㊇輕兵：輕裝疾行之軍隊。㊈兼道：猶曰兼程，言行軍之速度為常日之一倍。⑩掩：掩襲，謂襲擊敵人盡殲滅之。《淮南子．主術篇》：「畋不掩羣。」注：「掩，盡也。」⑪紹數遣使召田疇於無終：疇保無終見卷六十初平四年。⑫邢顒：顒字子昂，河間鄚人，舉孝廉、司徒辟皆不就，易姓字，適右北平從田疇遊，積五年而曹操定冀州，乃還鄉里。見《魏志．邢顒傳》。⑬邢顒，天民之先覺者也：胡三省論曰：「伊尹曰：『予，天民之先覺者也。』此以道自任者也；若邢顒之先覺，特見幾耳！」⑭冠蓋：冠服車蓋之士，士大夫之別稱。⑮治嚴：即治裝。東漢明帝諱莊，莊裝同聲，故改裝為嚴，後遂因之。⑯昔袁公慕君，禮命五至，君義不屈；今曹公使一來而君恐弗及者，何也：唐庚曰：「昔漢明帝問於吳良曰：『先帝召卿不至，及從驃騎游，何耶？』良曰：『先帝以禮待下，故臣得以禮進退；驃騎以法檢下，故臣為法屈耳！』疇之用意，蓋亦如此。是日袁氏政寬，故疇可得不至；曹氏刻急，故不敢不來。非慕義，故終身不受封爵。疇雖不言，言在其中矣！」⑰蓨：縣名，前漢屬倍都國，後漢改屬勃海郡。蓨與脩通，《晉志》作蓨，《漢志》、《魏志》作脩。〈景帝紀〉、〈周亞夫傳〉作條。顏師古曰：「脩音條。」亞夫封條侯即此。故城在今河北省景縣南。

⑱洿下：亦作窊下，濁水溷積而不流。洿音烏（ㄨ）⑲蹊要：蹊亦作徯，徑道。蹊要謂徑道之險要處。⑳平岡：《漢書．地理志》作平剛，前漢縣，屬右北平郡，後漢省。按《方輿紀要》，平岡故城在營州城西南五百里。營州，故治和龍，即今熱河省朝陽縣。㉑道出盧龍，達于柳城：胡三省曰：「水經注：『自無終東出盧龍塞，又東越青陘，至凡城二百許里。自凡城東北出趣平岡，可百八十里，向黃龍，則五百里。』故田疇引軍出盧龍塞，塹山堙谷五百餘里，逕白檀，歷平岡，登白狼山望柳城也。」盧龍，即盧龍塞，亦稱盧龍口，又稱盧龍道，在今河北省遷安縣西北。《水經注》：「濡水東南逕盧龍塞，塞道自無終縣東出度濡水，向林蘭陘，東至青陘。盧龍之險，峻坂縈折，故有九崢之名。」《承德府志》：「府治東南二百五十里有烏龍山，塞之得名蓋由此。」林蘭陘即今喜峯口，青陘即今冷口。承德府，今熱河省承德縣。㉒嘿：與默同。㉓白檀：前漢縣，屬漁陽郡，故城在今熱河省承德縣西古北口東北一百四十里。㉔徐無山：《史記正義》曰：「徐無山在右北平徐無縣西北。」按即田疇保聚處。㉕鮮卑庭：胡三省曰：「此時鮮卑庭已在右北平郡界蓋慕容廆之先也。」㉖柳城：前漢縣，屬遼西部，後漢省，故城在今遼寧省興城縣西南。㉗樓班：丘力居之子。㉘右北平單于能臣抵之：胡三省曰：「右北平單于曰烏延，能臣抵之，或者烏延之異名歟！」錢大昕曰：「以烏丸鮮卑傳考之，右北平單于乃烏延，非能臣抵之，其名能臣氏之者，則代郡烏桓，非右北平也。氐與抵音相近。」㉙白狼山：胡三省曰：「水經注：『白狼山在右北平石城縣西。』烏丸傳：『逆戰於凡城，則白狼山蓋在凡城。』」凡城在今熱河省平泉縣境。按白狼，前漢縣，屬右北平郡，

後漢省。顏師古曰：「有白狼山，故以名縣。按方輿紀要，白狼故城在營州故城西南，白狼山亦在西南。營州故城即今熱河省朝陽縣。㉚卒：讀曰猝。㉛車重：胡三省曰：「車重即輜重。」載重物之車。㉜速僕丸：胡三省曰：「速僕丸，即蘇僕延，語有輕重耳！」㉝牽招獨設祭悲哭：胡三省曰：「牽招先為袁氏從事，故祭哭之。」㉞科問前諫者：科，條。條具前諫者姓名，逐人以問之。㉟鶉尾：蔡邕曰：「自張十二度至軫六度，謂之鶉尾之次，楚之分野。」陳卓曰：「自張十七度至軫十一度為鶉尾，於辰在巳，楚分，屬荊州。」參看卷五十九中平五年註⑨。㊱吾始為劉公報仇，率眾遁逃：劉公謂劉虞。疇遁逃於徐無山中，事見卷六十初平四年。㊲不奪：不奪其志。《論語》孔子曰：「匹夫不可奪志也。」孔注：「匹夫雖微，苟守其志，不可得而奪也。」㊳大會：大機會。㊴屬：讀曰囑。㊵琅邪諸葛亮，寓居襄陽隆中：《蜀志・諸葛亮傳》：「亮早孤，從父玄為袁術所署豫章太守。玄將亮及亮弟均之官。會漢朝更選朱皓代玄，玄素與荊州牧劉表有舊，往依之。」《漢晉春秋》曰：「亮家於南陽之鄧縣，在襄陽城西二十里，號曰隆中。」㊶州平，烈之子也：此據《蜀志・諸葛亮傳》注引《崔氏譜》。又《太平御覽》卷四八一引梁祚《魏國統》云：「崔州平者，漢太尉烈之孫也。」㊷諸葛孔明：諸葛亮字孔明。㊸龐士元：龐統字士元。㊹器之：胡三省曰：「物之有用者謂之器。器之者，器重之也，重其才之足以用世也。」㊺備由是詣亮，凡三往，乃見：胡三省論曰：「備以梟雄之才，聞徐庶一言，三枉駕以見孔明，此必庶之材器，有以取重於備，備遂信之也。」㊻信：讀曰申。㊼猖蹶：胡三省曰：「猖，披猖；蹶，顛蹶。」㊽漢、沔：漢水、沔水。

㊾利盡南海：胡三省曰：「謂自桂陽、蒼梧跨有交州，則利盡南海也。」㊿吳會：吳郡、會稽郡。(51)智能之士，思得明君：胡三省曰：「張松、法正之徒雖未與亮交際，亮固逆知之矣！」(52)冑：後裔。(53)巖阻：猶曰險阻。《左傳》：「制，巖邑也。」巖邑猶曰險邑。(54)猶魚之有水：魚有水則生，無水則死，故以為喻。(55)樸鈍：材未成器曰樸，鋒刃不利曰鈍，以喻才華無所表見。(56)德操：司馬徽字。(57)水鑑：言其清雅有知人之鑑。

十三年（西元二〇八年）

㈠春，正月，司徒趙溫辟曹操子丕，操表溫辟臣子弟，選舉故不以實，策免之。【考異】獻帝起居注在十五年，范書帝紀在十三年。按是年罷三公官，溫不至十五年也。

㈡曹操還鄴，作玄武池㈠以肄㈡舟師。

㈢初，巴郡甘寧將僮客八百人歸劉表㈢，表儒人，不習軍事。寧觀表事勢終必無成，恐一朝眾散，并受其禍，欲東入吳。黃祖在夏口㈣，軍不得過，乃留依祖。三年，祖以凡人畜㈤之。孫權擊祖，祖軍敗走，權校尉凌操將兵急追之。寧善射，將兵在後，射殺操，祖由是得免。軍罷還營，待寧如初。祖都督蘇飛數薦寧，祖不用。寧欲去，恐不免，飛乃白祖以寧為邾⑥長，寧遂亡犇孫權。【考異】吳志孫權傳，建安八年，十二年皆嘗討黃祖；凌統傳：「父操死時，統年十五，攝父兵，後擊麻保屯，刺殺陳慶。」按周瑜、孫瑜傳以十一年擊麻保屯，則操死似在八年，然後五年寧乃奔權，似晚。今無年月可據，追言之。周瑜、呂蒙共薦達之，權禮異同於舊臣。寧獻策於權曰：「今漢祚日微，曹操終為篡盜。南荊之地，山川形便，誠國之西勢⑦也。寧觀劉表，慮既不遠，兒子又劣⑧，非能業傳基者也。至尊當早圖之，不可後操⑨。圖之之計，宜先取黃祖。祖今昏耄已甚，財穀並乏，左右貪縱，吏士心怨，舟船戰具，頓⑩廢不脩，怠於耕農，軍無法伍。至尊今往，其破可必。一破祖軍，鼓行而西，據楚關⑪，大勢彌廣，即可漸規巴蜀矣！」權深納之。張昭時在坐，難曰：「今吳下業業⑫，若軍果行，恐必致亂。」寧謂昭曰：「國家以蕭何之任付君，君居守而憂亂，奚以希慕古人乎？」權舉酒屬寧曰：「興霸⑬今年行討，如此酒矣！決以付卿，卿但當勉建方略，令必克祖，則卿之功，何嫌張長史之言乎⑭？」權遂西擊黃祖。祖橫兩蒙衝⑮，挾守沔口，以栟閭⑯大紲⑰繫石為矴⑱，上有千人，以弩交射，飛矢雨下，軍不得前。偏將軍董襲與別部司馬淩統俱為前部，各將敢死百人，人被兩鎧，乘大舸(一九)，突入蒙衝裏。襲身以刀斷兩紲，蒙衝乃橫流，大兵遂進。祖令都督陳就以水軍逆戰，平北都尉呂蒙(二〇)勒前鋒，親梟就首。於是將士乘勝，水陸並進，傅(二一)其城，盡銳攻之，遂屠其城。祖挺身走，追斬之，虜其男女數萬口。

權先作兩函，欲以盛祖及蘇飛首。權為諸將置酒，甘寧下席叩頭，血涕交流，為權言飛疇昔(二二)舊恩(二三)，寧不值飛，固已捐骸於溝壑，不得致命於麾下，今飛罪當夷戮，特從將軍乞其首領。權感其言，謂曰：「今為君置之。若走去何？」寧曰：「飛免分裂之禍，受更生之恩，逐之尚必不走，豈當圖亡(二四)哉？若爾(二五)，寧頭當代入函。」權乃赦之。凌統怨寧殺其父操，常欲殺寧，權命統不得讎之，令寧將兵屯於他所。

(四)夏，六月，罷三公官，復置丞相、御史大夫(二六)。癸巳（初九日），以曹操為丞相。操以冀州別駕從事(二七)崔琰為丞相西曹掾(二八)。司空東曹掾陳留毛玠為丞相東曹掾(二九)，元城(三〇)令河內司馬朗為主簿(三一)，弟懿為文學掾㉜，冀州主簿盧毓為法曹㉝議令史㉞。毓，直之子也。琰、玠並典選舉，其所舉用皆清正之士，雖於時有盛名而行不由本者，終莫得進拔敦實㉟，斥華偽，進沖遜㊱，抑阿黨㊲，由是天下之士，莫不以廉節自勵，雖貴寵之臣，輿服不敢過度，至乃長吏還者，垢面羸衣㊳，獨乘柴車；軍吏入府，朝服徒行。吏潔於上，俗移於下。操聞之，歎曰：「用人如此，使天下人自治，吾復何為哉！」

司馬懿少聰達，多大略，崔琰謂其兄朗曰：「君弟聰亮明允，剛斷英特，非子所及也。」操聞而辟之。懿辭以風痺㊴，操怒，欲收之。懿懼，就職。

㈤操使張遼屯長社，臨發，軍中有謀反者，夜驚亂起火，一軍盡擾。遼謂左右曰：「勿動，是不一營盡反，必有造變者，欲以驚動人耳！」乃令軍中其不反者安坐。遼將親兵數十人中陳而立㊵。有頃，皆定，即得首謀者殺之。遼在長社，于禁屯潁陰，樂進屯陽翟，三將任氣㊶，多共㊷不協。操使司空主簿趙儼幷參三軍㊸，每事訓諭，遂相親睦。

㈥初，前將軍馬騰與鎮西將軍韓遂結為異姓兄弟，後以部曲相侵，更為讎敵。朝廷使司隸校尉鍾繇、涼州刺史韋端和解之，徵騰入屯槐里。曹操將征荊州，使張既說騰，令釋部曲還朝。騰許之，已而更猶豫。既恐其為變，乃移諸縣促儲偫㊹，二千石郊迎。騰不得已，發東㊺。操表騰為衛尉，【考異】典略曰：「建安十五年，徵騰為衛尉。」按張既傳：「曹公將征荊州，令既說騰入朝。」蓋三字誤為五耳。以其子超為偏將軍，統其眾；悉徙其家屬詣鄴。

㈦秋，七月，曹操南擊劉表。

㈧八月，丁未（二十四日），以光祿勳山陽郗慮㊻為御史大夫。

㈨壬子（二十九日），太中大夫孔融棄市。融恃其才望，數戲侮曹操，發辭偏宕㊼，多致乖忤。操以融名重天下，外相容忍而內甚嫌之。融又上書宜準古王畿之制，千里寰內，不以封建諸侯㊽。操疑融所論建漸廣，益憚之。融與郗慮有隙，慮承操風旨，構成其罪，令丞相軍謀祭酒路粹㊾奏：「融昔在北海㊿，見王室不靜而招合徒眾，欲規不軌；及與孫權使語，謗訕朝廷。又前與白衣禰衡跌蕩㊼放言㊽，更相贊揚，衡謂融曰：『仲尼不死。』融答：『顏回復生。』大逆不道，宜極重誅。」操遂收融幷其妻子，皆殺之。初，京兆脂習㊾與融善，每戒融剛直太過，必罹世患。及融死，許下莫敢收者，習往撫尸，曰：「文舉㊿舍㊿我死，吾何用生為？」操收習，欲殺之，既而赦之。

㈩初，劉表二子琦、琮。表為琮娶其後妻蔡氏之姪，蔡氏遂愛琮而惡琦。表妻弟蔡瑁、外甥張允並得幸於表，日相與毀琦而譽琮。琦不自寧㊿，與諸葛亮謀自安之術，亮不對。後乃共升高樓，因令去梯，謂亮曰：「今日上不至天，下不至地，言出子口而入吾耳，可以言未？」亮曰：「君不見申生在內而危，重耳居外而安乎㊿？」琦意感悟，陰規出計。會黃祖死，琦求代其任，表乃以琦為江夏太守。表病甚，琦歸省疾，瑁、允恐其見表而父子相感，更有託後之意，乃謂琦曰：「將軍命君撫臨江夏，其任至重。今釋眾擅來，必見譴怒。傷親之歡，重增其疾，非孝敬之道也。」遂遏於戶外，使不得見，琦流涕而去。表卒，瑁、允等遂以琮為嗣。琮以侯印授琦，琦怒，投之地，將因犇喪作難，會曹操軍至，琦犇江南(五八)。

章陵太守(五九)蒯越及東曹掾傅巽等勸劉琮降操，曰：「逆順有大體，強弱有定勢。以人臣而拒人主，逆道也；以新造之楚而禦中國，必危也；以劉備而敵曹公，不當(六〇)也。三者皆短，將何以待敵？且將軍自料何如劉備？若備不足禦曹公，則雖全楚不能以自存也；若足禦曹公，則備不為將軍下也。」琮從之。【考異】范書、陳志表傳，皆云韓嵩亦說琮降。按嵩時被囚，必不預謀。

九月，操至新野，琮遂舉州降，以節(六一)迎操。諸將皆疑其詐，婁圭曰：「天下擾擾，各貪王命以自重，今以節來，是必至誠。」操遂進兵。

時劉備屯樊(六二)，琮不敢告備。備久之乃覺，遣所親問琮，琮令官屬宋忠詣備宣旨。時曹操已在宛，備乃大驚駭，謂忠曰：「卿諸人作事如此，不早相語，今禍至，方告我，不亦太劇(六三)乎？」引刀向忠曰：「今斷卿頭，不足以解忿，亦恥丈夫臨別復殺卿輩。」

遣忠去。乃呼部曲共議，或勸備攻琮，荊州可得。備曰：「劉荊州臨亡，託我以孤遺㊅㊃，背信自濟，吾所不為，死何面目以見劉荊州乎？」備將其眾去。過襄陽，駐馬呼琮，琮懼，不能起。琮左右及荊州人多歸備。備過辭表墓，涕泣而去，比到當陽㊅㊄，眾十餘萬人，輜重數千兩。日行十餘里，別遣關羽乘船數百艘，使會江陵㊅㊅。或謂備曰：「宜速行，保江陵。今雖擁大眾，被甲者㊅㊆少，若曹公兵至，何以拒之？」備曰：「夫濟大事，必以人為本。今人歸吾，吾何忍棄去？」

習鑿齒論曰：「劉玄德雖顛沛㊅㊇險難而信義愈明；勢逼事危而言不失道。追景升之顧，則情感三軍；戀赴義之士，則甘與同敗。終濟大業，不亦宜乎？」

㈩劉琮將王威說琮曰：「曹操聞將軍既降，劉備已走，必懈弛無備，輕行單進。若給威奇兵數千，徼㊅㊈之於險，操可獲也。獲操，即威震四海，非徒保守今日而已。」琮不納。

操以江陵有軍實㊆〇，恐劉備據之，乃釋輜重，輕軍到襄陽，聞備已過，操將精騎五千急追之。一日一夜，行三百餘里，及於當陽之長坂(七一)。備棄妻子，與諸葛亮、張飛、趙雲等數十騎走。操大獲其人眾、輜重。徐庶母為操所獲，庶辭備，指其心曰：「本欲與將軍共圖王霸之業者，以此方寸之地也。今已失老母，方寸亂矣，無益於事，請從此別。」遂詣操。張飛將二十騎拒後，飛據水斷橋，瞋目橫矛曰：「身(七二)是張益德(七三)也，可來共決死。」操兵無敢近者。

或謂備趙雲已北走，備以手戟擿(七四)之曰：「子龍(七五)不棄我走也。」頃之，雲身抱備子禪與關羽船會，得濟沔，遇劉琦眾萬餘人，與俱到夏口。

曹操進軍江陵，以劉琮為青州刺史，封列侯，並蒯越等侯者凡十五人。釋韓嵩之囚(七六)，待以交友之禮，使條品州人優劣，皆擢而用之。以嵩為大鴻臚，蒯越為光祿勳，劉先為尚書，鄧義為侍中。荊州大將南陽文聘別屯在外，琮之降也，呼聘欲與俱，聘曰：「聘不能全州，當待罪而已。」操濟漢(七七)，聘乃詣操。操曰：「來何遲邪？」聘曰：「先日不能輔弼劉荊州，以奉國家。荊州雖沒，常願據守漢川，保全土境。生不負於孤弱，死無愧於地下，而計不在已，以至於此，實懷悲慙，無顏早見耳！」遂歔欷流涕。操為之愴然，字謂之曰：「仲業(七八)，卿真忠臣也！」厚禮待之，使統本兵為江夏太守。

初，袁紹在冀州，遣使迎汝南士大夫西平和洽(七九)，以為冀州土平民彊，英傑所利，不如荊州土險民弱，易依倚也。遂從劉表，表以上客待之。洽曰：「所以不從本初，辟(八〇)爭地也。昏世之主，不可黷近(八一)。久而不去，讒慝(八二)將興。」遂南之武陵。

表辟南陽劉望之為從事，而其友二人皆以讒毀為表所誅，望之又以正諫不合，投傳(八三)告歸。望之弟廙(八四)謂望之曰：「趙殺鳴犢，仲尼回輪(八五)。今兄既不能法柳下惠和光同塵於內(八六)，則宜模范蠡遷化於外(八七)；坐而自絕於時，殆不可也。」望之不從，尋復見害。廙犇揚州。

南陽韓暨避袁術之命，徙居山都山(八八)，劉表又辟之，遂遁居孱陵(八九)，表深恨之。暨懼，應命，除宜城長。

河東裴潛亦為表所禮重，潛私謂王暢之子粲及河內司馬芝曰：「劉牧非霸王之才，乃欲西伯自處(九〇)，其敗無日矣！」遂南適長沙。於是操以暨為丞相士曹屬(九一)，潛參丞相軍事(九二)，洽、廙、粲，皆為掾屬(九三)，芝為菅(九四)令，【考異】粲傳曰：「太祖置酒漢濱，粲奉觴賀云云。」按操恐劉備據江陵，至襄陽，即過，日行三百里。引用名士皆至江陵後所為，不得更置酒漢濱，恐誤。從人望也。

(十二)冬，十月，癸未，朔，日有食之。

(十三)初，魯肅聞劉表卒，言於孫權曰：「荊州與國鄰接，江山險固，沃野萬里，士民殷富，若據而有之，此帝王之資也。今劉表新亡，二子(九五)不協，軍中諸將各有彼此(九六)。劉備，天下梟雄(九七)，與操有隙(九八)，寄寓於表，表惡其能而不能用也。若備與彼協心，上下齊同，則宜撫安，與結盟好；如有離違(九九)，宜別圖之，以濟大事。肅請得奉命弔表二子，並慰勞其軍中用事者，及說備使撫表眾，同心一意，共治曹操。備必喜而從命，如其克諧，天下可定也。今不速往，恐為操所先。」權即遣肅行，到夏口，聞操已向荊州，晨夜兼道，比至南郡而琮已降。備南走，肅徑迎之，與備會於當陽長坂。肅宣權旨，論天下事勢，致殷勤之意，且問備曰：「豫州〔二〇〕今欲何至？」備曰：「與蒼梧太守吳巨有舊，欲往投之。」肅曰：「孫討虜〔二一〕聰明仁惠，敬賢禮士，江表英豪咸歸附之。已據有六郡，兵精糧多，足以立事。今為君計，莫若遣腹心自結於東〔二二〕，以共濟世業〔二三〕，而欲投吳巨，巨是凡人，偏在遠郡，行將為人所併，豈足託乎？」備甚悅。肅又為諸葛亮曰：「我，子瑜〔二四〕友也。」即共定交。子瑜者，亮兄瑾也，避亂江東，為孫權長史。

備用肅計，進住〔二五〕鄂縣〔二六〕之樊口〔二七〕。曹操自江陵將順江東下，諸葛亮謂劉備曰：「事急矣，請奉命求救於孫將軍。」遂與魯肅俱詣孫權。亮見權於柴桑〔二八〕，說權曰：「海內大亂，將軍起兵江東，劉豫州收眾漢南，與曹操共爭天下。今操芟夷〔二九〕大難，略已平矣！遂破荊州，威震四海。英雄無用武之地，故豫州遁逃至此，願將軍量力而處之。若能以吳越之眾，與中國抗衡〔三〇〕，不如早與之絕；若不能，何不按兵束甲，北面而事之？今將軍外託服從之名，而內懷猶豫之計，事急而不斷，禍至無日矣。」權曰：「苟如君言，劉豫州何不遂事之乎？」亮曰：「田横，齊之壯士耳，猶守義不辱㊂，況劉豫州王室之胄，英才蓋世，衆士慕仰，若水之歸海。若事之不濟，此乃天也，安能復為之下乎？」權勃然㊂曰：「吾不能舉全吳之地，十萬之衆，受制於人。吾計決矣，非劉豫州莫可以當曹操者。然豫州新敗之後，安能抗此難乎？」亮曰：「豫州軍雖敗於長坂，今戰士還者及關羽水軍精甲萬人。劉琦合江夏戰士亦不下萬人。曹操之衆，遠來疲敝。聞追豫州，輕騎一日一夜行三百餘里，此所謂強弩之末，勢不能穿魯縞者㊂也。故兵灋忌之曰：『必蹶上將軍。』且㊃北方之人，不習水戰；又荊州之民附操者，偪兵勢耳，非心服也！今將軍誠能命猛將，統兵數萬，與豫州協規同力，破操軍必矣。操軍破，必北還，如此，則荊、吳之勢強，鼎足之形成矣㊄。成敗之機，在於今日。」權大悅，與其羣下謀之。是時曹操遺權書曰：「近者奉辭伐罪，旌麾南指，劉琮束手。今治水軍八十萬衆，方與將軍會獵於吳。」權以示臣下，莫不響震失色。長史張昭等曰：「曹公，豺虎也，挾天子以征四方，動以朝廷為辭，今日拒之，事更不順。且將軍大勢可以拒操者，長江也；今操得荊州，奄有其地，劉表治水軍，蒙衝、鬪艦㉖乃以千數，操悉浮以沿江，兼有步兵，水陸俱下，此為長江之險，已與我共之矣！而勢力眾寡㉗，又不可論。愚謂大計不如迎之。」魯肅獨不言。權起更衣，肅追於宇㉘下。權知其意，執肅手曰：「卿欲何言？」肅曰：「向察眾人之議，專欲誤將軍，不足與圖大事。今肅可迎操耳，如將軍不可也！何以言之？今肅迎操，操當以肅還付鄉黨，品其名位，猶不失下曹從事㉙，乘犢車㉚，從吏卒，交游士林㉛，累官故不失州郡㉜也。將軍迎操，欲安所歸乎？願早定大計，莫用眾人之議也。」權歎息曰：「諸人持議，甚失孤望。今卿廓開大計，正與孤同。」時周瑜受使至番陽，肅勸權召瑜還。瑜至，謂權曰：「操雖託名漢相，其實漢賊也。將軍以神武雄才，兼仗父兄之烈㉝，割據江東，地方數千里，兵精足用，英雄樂業㉞，當橫行天下，為漢家除殘去穢，況操自送死而可迎之邪？請為將軍籌之：今北土未平，馬超、韓遂尚在關西，為操後患，而操舍鞍馬，仗舟楫，與吳越爭衡㉕。今又盛寒，馬無藁草㉖，驅中國士眾，遠涉江湖之間，不習水土，必生疾病。此數者，用兵之患也，而操皆冒行之。將軍禽操，宜在今日。瑜請得精兵數萬人，進住夏口，保為將軍破之。」權曰：「老賊欲廢漢自立久矣，徒忌二袁、呂布、劉表與孤耳！今數雄已滅，惟孤尚存，孤與老賊勢不兩立。君言當擊，甚與孤合，此天以君授孤也！」因拔刀斫前奏案㉗曰：「諸將吏敢復有言當迎操者，與此案同㉘。」乃罷會。是夜，瑜復見權曰：「諸人徒見操書。言水步八十萬，而各恐懾，不復料其虛實，便開此議㉙，甚無謂也。今以實校之，彼所將中國人，不過十五六萬，且已久疲，所得表眾，亦極七八萬耳，尚懷狐疑。夫以疲病之卒，御狐疑之眾㉚，眾數雖多，甚未足畏。瑜得精兵五萬㉛，自足制之，願將軍勿慮。」權撫其背曰：「公瑾，卿言至此，甚合孤心。子布、元表㉜諸人，各顧妻子，挾持私慮，深失所望；獨卿與子敬㉝與孤同耳！此天以卿二人贊孤也！五萬兵難卒合㉞，已選三萬人，船糧、戰具俱辦，卿與子敬、程公㉟便在前發，孤當續發人眾，多載資糧為卿後援。卿能辦之者誠決㊱，邂逅不如意㊲，便還就孤，孤當與孟德決之。」遂以周瑜、程普為左右督，將兵與備並力逆操，以魯肅為贊軍校尉㊳，助畫方略。

劉備在樊口，日遣邏吏㊴於水次候望權軍。吏望見瑜船，馳往白備，備遣人慰勞之。瑜曰：「有軍任，不可得委署㊵，儻能屈威㊶，誠副其所望。」備乃乘單舸往見瑜曰：「今拒曹公，深為得計，戰卒有幾？」瑜曰：「三萬人。」備曰：「恨少㊷。」瑜曰：「此自足用，豫州但觀瑜破之。」備欲呼魯肅等共會語，瑜曰：「受命不得妄委署，若欲見子敬，可別過㊸之。」備深愧喜㊹，進與操遇於赤壁㊺。

時操軍眾已有疾疫，初一交戰，操軍不利，引次江北，瑜等在南岸。瑜部將黃蓋曰：「今寇眾我寡，難與持久。操軍方連船艦，首尾相接，可燒而走也。」乃取蒙衝、鬥艦十艘，載燥荻、枯柴，灌油其中，裹以帷幕，上建旌旗，豫備走舸㊻繫於其尾，先以書遺操，詐云欲降。時東南風急，蓋以十艦最著前，中江舉帆，餘船以次俱進。操軍吏士皆出營立觀，指言蓋降。去北軍二里餘，同時發火，火烈風猛，船往如箭，燒盡北船，延及岸上營落。頃之，煙炎㊼張天，人馬燒溺，死者甚眾。瑜等率輕銳繼其後，雷鼓㊽大震，北軍大壞。操引軍從華容道㊾步走，遇泥濘，道不通，天又大風，悉使羸兵負草填之，騎乃得過。羸兵為人馬所蹈藉，陷泥中死者甚眾。劉備、周瑜水陸並進，追操至南郡。時操軍兼以饑疫，死者太半。操乃留征南將軍曹仁、橫野將軍㊿徐晃守江陵，折衝將軍樂進守襄陽，引軍北還。

周瑜、程普將數萬眾與曹仁隔江，未戰，甘寧請先徑進取夷陵，往，即得其城，因入守之。

益州將襲肅舉軍降(51)，周瑜表以肅兵益橫野中郎將(52)呂蒙。蒙盛稱肅有膽用，且慕化遠來，於義宜益(53)，不宜奪也。權善其言，還肅兵。

曹仁遣兵圍甘寧，寧困急，求救於周瑜。諸將以為兵少不足分，呂蒙謂周瑜、程普曰：「留凌公績㉔於江陵，蒙與君行。解圍釋急，勢亦不久，蒙保公績能十日守也。」瑜從之。大破仁兵於夷陵，獲馬三百匹而還。於是將士形勢自倍，瑜乃渡江屯北岸，與仁相拒。

十二月，孫權自將圍合肥㉕。【考異】魏志武紀：「十二月，權為備攻合肥。公自五陵征備，至巴丘，遣張喜救合肥。權聞喜至，乃走；公至赤壁與備戰，不利。」孫盛異同評曰：「按吳志，備先破公軍，然後權攻合肥，而北紀云先攻合肥，後有赤壁之事。二者不同，吳志為是。」又陳矯傳云：「陳登為權所圍。于匡奇令矯求救於曹操。」而先賢行狀云：「登為策所圍。」按策始欲攻登未濟江，已為許貢客所殺。吳書云：「權征合肥，命張昭別討匡奇。於時陳矯已為曹仁長史，又陳登年二十六而卒，必已不在，不登之被圖，果在何時也。

使張昭攻九江之當塗㉖，不克。

劉備表劉琦為荊州刺史，引兵南徇四郡。武陵太守金旋、長沙太守韓玄、桂陽太守趙範、零陵太守劉度皆降，廬江營帥雷緒率部曲數萬口歸備。備以諸葛亮為軍師中郎將㉗，使督零陵、桂陽、長沙三郡，調其賦稅以充軍實。以偏將軍趙雲領桂陽太守。

㈣益州牧劉璋聞曹操克荊州，遣別駕張松致敬於操。松為人短小放蕩，然識達精果。操時已定荊州，走劉備，不復存錄㉘松。主簿楊脩白操辟松，操不納。松以此怨歸，勸劉璋絕操，與劉備相結，璋從之。

習鑿齒論曰：「昔齊桓一矜其功，而叛者九國(五九)；曹操暫自驕伐，而天下三分。皆勤之於數十年之內，而棄之於俯仰之頃，豈不惜乎！」

(十五)曹操追念田疇功，恨前聽其讓(六〇)，曰：「是成一人之志，而虧王法大制也。」乃復以前爵封疇。疇上疏陳誠，以死自誓，操不聽，欲引拜之，至于數四，終不受。有司劾疇狷介(六一)違道，苟立小節，宜免官加刑。操下世子及大臣博議，世子丕以疇同於子文辭祿(六二)，申胥逃賞(六三)，宜勿奪(六四)以優其節。尚書荀彧、司隸校尉鍾繇亦以為可聽。操猶欲候之。疇素與夏侯惇善，操使惇自以其情喻之。惇就疇宿而勸之，疇揣知其指，不復發言。惇臨去，固邀疇(六五)，疇曰：「疇負義逃竄之人耳(六六)，蒙恩全活，為幸多矣，豈可賣盧龍之塞以易賞祿哉？縱國私疇，疇獨不愧於心乎？將軍雅知疇者，猶復如此。若必不得已，請願效死，刎首於前。」言未卒，涕泣橫流。惇具以答操，操喟然(六七)知不可屈，乃拜為議郎。

操幼子倉舒卒，操傷惜之甚。司空掾邴原女早亡，操欲求與倉舒合葬。原辭曰：「嫁殤，非禮也(六八)。原之所以自容於明公，公之所以待原者，以能守訓典(六九)而不易也。若聽明公之命，則是凡庸也，明公焉以為哉！」操乃止。

(七)孫權使威武中郎將賀齊討丹陽黟(七〇)歙(七一)賊，黟帥陳僕、祖山等二萬戶屯林歷山(七二)，四面壁立，不可得攻。軍住經月，齊陰募輕捷士於隱險處，夜以鐵戈拓山潛上，縣(七三)布以援(七四)下人，得上者百餘人，令分布四面，鳴鼓角，賊大驚，守路者皆逆走還依眾。大軍因是得上，大破之。權乃分其地為新都郡(七五)，以齊為太守。

【今註】㈠玄武池：胡三省曰：「鄴城有玄武苑，操鑿池其中。」㈡肄：練習。㈢巴郡甘寧將僮客八百人歸劉表：寧走荊州事見卷六十一興平元年。㈣夏口：應劭曰：「沔水自江夏別至南郡華容為夏水，過江夏郡而入于江，蓋指夏水入江之地為夏口。」其後孫權於夏口築城，名夏口城，故址在今湖北省武昌縣西黃鵠山。㈤畜：胡三省曰：「畜，養也。」款待之意。㈥邾：縣名，屬江夏郡。《地道記》曰：「楚滅邾，徙其君此城。」故城在今湖北省黃岡縣西北。㈦國之西勢：胡三省曰：

「謂在吳之西，據上流之形勢。」⑧兒子又劣：言劉表本無遠慮，今其子又不如表。⑨至尊當早圖之，不可後操：寧謂權當早圖劉表，否則操必先權而圖之。⑩頓：破壞。《左傳》：「甲兵不頓。」⑪楚關：即扞關。《史記・楚世家》：「蜀伐楚，取茲方，楚為扞關以拒之。」故曰楚關。故城在今湖北省長陽縣西。⑫業業：危懼貌。《書・皐陶謨》：「兢兢業業」。⑬興霸：甘寧字。⑭卿但當勉建方略，令必克祖，則卿之功，何嫌張長史之言乎：胡三省曰：「昭為權長史。權之此言既以獎甘寧之氣，又以全張昭之體。不有居者，誰守社稷？不有行者，誰扞牧圉？」「不有居者，維守社稷？不有行者，誰扞特圉？」係胡氏引《左傳》之言。⑮蒙衝：《釋名》曰：「船狹而長曰蒙衝。」杜佑曰：「蒙衝，以生牛皮蒙船，覆背，兩廂開掣棹孔，左右有弩窗矛穴，敵不得近，矢石不能敗。此不用大船，務於速疾，乘人之所不及，非戰之船也。」⑯栟閭：即椶閭。⑰紲：長繩。⑱矴：矴與碇同，錘舟之石。⑲舸：巨舟。《方言》：「南楚江湘凡船大者謂之舸。」舸音哿（ㄍㄜˇ）⑳平北都尉呂蒙：《吳志・呂蒙傳》，蒙拜別部司馬，從討丹陽，所向有功，拜平北都尉。㉑傳：通附。㉒疇者：往日。〈檀弓〉：「予疇昔之夜。」鄭注：「疇，發聲也；昔猶前也。」㉓舊恩：胡三省曰：「舊恩，謂舊而不用，又開之使奔吳也。」㉔亡：亡走。㉕若爾：猶曰如此。指飛若亡走而言。㉖復置丞相，御史大夫：漢初以丞相、太尉、御史大夫為三公，哀帝元壽二年，以大司馬、大司徒、大司空為三公，光武中興，以太尉、司徒、司空為三公。至是復置丞相、御史大夫。㉗別駕從事：解見卷六十初平二年註〔五三〕。㉘西曹掾：漢制，公府有東、西、戶、奏、辭、法、尉、賊、決、兵、金、倉諸曹，各置掾、屬、令史，分主眾事。西曹掾秩四百石，主府史署用，見《後漢書・百官志》。㉙東曹掾：秩四百石，主二千石長史遷除及軍吏。㉚元城：縣名，屬魏郡，故城在今河北省大名縣東。㉛主簿：《後漢書・百官志》：公府有黃閣主簿，錄省眾事。㉜文學掾：胡三省曰：「文學掾，漢郡曹有之，操於公府創置也。」㉝法曹：主郵驛科程事。㉞議令史：胡三省曰：「時公府諸曹皆置議令史。」㉟敦實：敦勉樸實之士。㊱沖遜：胡三省曰：「沖，謙虛也；和也。」沖和謙遜之士。㊲阿黨：阿諛黨附之輩。㊳羸衣：《釋文》曰：「羸，劣也。」破敝之意。㊴風痺：病名，手足麻木不仁之症。舊說病痺之因由於風濕，故名。《靈樞・壽夭剛柔篇》：「病在陽者命曰風，病在陰者命曰痺，陰陽俱病，命曰風痺。」㊵中陳而立：立於軍陳之正中。陳讀曰陣。㊶任氣：意氣用事。㊷共：胡三省曰：「共，初與也。」㊸並參三軍：並參張遼、于禁、樂進三軍事。㊹儲偫：資糧器物。《漢書・孫寶傳》：「更為除舍設儲偫。」顏法：「謂預備器物也。」偫亦作跱，《後漢書・章帝紀》：「所經道上郡縣無得設儲跱。」李賢注：「儲，積也；跱，具也；言不預有蓄備。」㊺發東：發而東詣鄴。㊻郗慮：郗姓，音嗤（ㄔ），慮名。㊼偏宕：李賢曰：「偏邪跌宕，不拘正理。」胡三省曰：「偏者，論議抑揚，有所偏重也；宕，過也。」宕音蕩（ㄉㄤˋ）。㊽千里寰內不以封建諸侯：寰內，王畿之內。《周禮》：「方千里曰國畿，其外五百里侯畿。」鄭玄曰：「畿，限也。」胡三省曰：「千里寰內不以封建，則操不可以居鄴矣，故憚之。」㊾軍謀祭酒路粹：胡三省曰：「軍師祭酒、軍謀祭酒，皆操所置。」《典略》曰：「粹字文蔚，陳留人，少學於蔡邕。建安初，以高第擢拜尚書郎，後為軍謀祭酒，與陳琳、阮瑀等典記室。」(五〇)融昔在北海：建安初，融為北海相。(五一)跌蕩：蕩亦作宕。李賢曰：「跌蕩，無儀檢也；放縱也。」(五二)放言：恣所欲言。(五三)脂習：脂姓，習名。《魏略》曰：「習字元升，後為中大夫。」又曰：「操威德日盛，融故以舊意，書疏倨傲。習常責融令改節，融不從之。」(五四)文舉：孔融字。(五五)舍：讀曰捨。(五六)琦不自寧：《典論》曰：「蔡氏稱美於內，允、瑁嘆德於外，日月以之而琦益疏。」王補論曰：「袁譚求救於曹操，表以棄親即讎為言；尚環攻譚，又規其失義自亡，厥後譚、尚均為操所擒而袁氏盡墮，二書所戒，其不信乎？然表竟自忘覆轍，廢長立愛以喪荊州，是又所謂明不見眉睫也。范史合傳，意在於斯，故贊結以『矜強少成，坐談奚望；回皇冢嬖，身穨業喪。』垂鑒深矣！」(五七)君不見申生在內而危，重耳居外而安乎：申生，晉獻公太子，為驪姬所譖，自縊而死。重耳，申生之弟，懼驪姬之讒，出奔狄。獻公既卒，數傳至懷公，秦穆公怨之，乃求得重耳，發兵納為晉侯，是為文公，遂為霸主。(五八)琦奔江南：胡三省曰：「按劉備敗於當陽，濟沔，與琦會，然後俱到夏口。琦奔江南在劉琮降後，史究其終言之。」(五九)章陵太守：章陵縣，故舂陵，世祖更名，屬南陽郡，漢末為郡。胡三省曰：「四親園廟在章陵，時以為郡，置守。」(六〇)不當：猶曰不敵。(六一)節：胡三省曰：「節，漢節也；琮父表受之於漢。」(六二)樊：胡三省曰：「樊城在襄陽東北，臨漢水，周大夫樊仲山甫之邑也。」故城在今湖北，省襄陽縣北位漢水北岸，與縣城隔水相望，自古為荊襄兵家必爭之地。(六三)劇：胡三省曰：「劇，甚也。」(六四)劉荊州臨亡，託我以孤遺：胡三省曰：「無父曰孤。遺，棄也。言父母棄之而去，故曰孤遺。今人謂孤獨無所依仰者為孤遺。」《魏書》曰：「表病篤，託國於備，顧謂曰：『我兒不才，而諸將並零落，我死之後，卿便攝荊州。』備曰：『諸子自賢，君其憂疾。』或勸備宜從表言，備曰：『此人待我厚，今從其言，人必以我為薄，所不忍也。』」(六五)當陽：縣名，屬南郡，故城在今湖北省當陽縣東。(六六)江陵：南郡治，故城即今湖北省江陵縣。(六七)被甲者：謂戰士。(六八)顛沛：馬融曰：「顛沛，偃仆也。」亦即困頓之意。(六九)徼：讀曰邀，截擊。(七〇)軍實：胡三省曰：「糧儲器械之類。」(七一)長坂：地名，在今湖北省當陽縣東北。(七二)身：胡三省曰：「自漢末迄于梁、陳，士大夫率自謂曰身。」(七三)張益德：張飛字益德。(七四)擿讀與擲同。(七五)子龍：趙雲字。(七六)釋韓嵩之囚：劉表囚韓嵩事見卷六十三建安四年。(七七)漢：水名。胡三省曰：「即沔也。」如淳曰：「漢中人謂漢水為沔水。」顏師古曰：「漢上曰沔。」按漢水有東漢水，西漢水。東漢水源出陝西省寧羌縣北之嶓冢山，初名漾水，即〈禹貢〉所謂「嶓冢導漾，東流為漢。」東南經沔縣為沔水，經褒城縣納褒水。始稱漢水。《清一統志》：「禹貢所謂沔、漾、漢，皆指東漢水，今寧羌州嶓冢山出者是也。」(七八)仲業：文聘字。(七九)和洽：姓和名洽。(八〇)辟：讀曰避。(八一)黷近：李賢曰：「黷猶慢也，數也。」黷近，親近過度。(八二)讒慝：猶曰讒邪。《書‧畢命》：「旌別淑慝。」〈晉語〉：「以伏蠱慝。」皆邪惡之義。(八三)傳：傳車。(八四)廙：音異（一）(八五)趙殺鳴犢，仲尼回輪：《史記‧孔子世家》：「孔子既不得用於衞，將西見趙簡子。至於河而聞竇鳴犢、舜華之死也，臨河而歎曰：『美哉水，洋洋乎！丘之不濟，此命也夫！』子貢趨而進曰：『敢問何謂也？』孔子曰：『竇鳴犢、舜華，晉之賢大夫也。

趙簡子未得志之時，須此兩人，而後從政；及其已得志，殺之乃從政。丘聞之也，刳胎殺夭則麒麟不至郊，竭澤涸漁則蛟龍不合陰陽，覆巢毀卵則鳳凰不翔，何則？君子諱傷其類也。夫禽獸之於不義也，尚知辟之，而況丘哉！』乃還。」廙見望之二友皆以讒毀為表所誅，故引此為喻以諫望之。(八六)今兄既不能法柳下惠和光同塵於內：柳下惠為士師，三黜而不去。《孟子》曰：「柳下惠不羞污君，不卑少官，遺佚而不怨，阨窮而不憫，故曰爾為爾，我為我。雖袒裼裸於我側，爾焉能浼我哉！故由由然與之偕而不自失焉！所謂和光同塵也。」和光同塵謂與塵俗相合而不自標榜立異。(八七)宜模范蠡遷化於外：模范蠡，言以范蠡為模範。胡三省曰：「范蠡去越而扁舟五湖，卒居於陶，隨其所遷而自為變化也。」(八八)山都山：胡三省曰：「山都山在南陽郡山都縣。」山都故城在今湖北省人陽縣東北。(八九)孱陵：縣名，屬武陵郡，故城在今湖北省公安縣南。(九〇)西伯自處：自以為有文王之德。(九一)丞相士曹屬：胡三省曰：「丞相府有戶曹、賊曹、兵曹、鎧曹、士曹，掾屬各一人。兵鎧十三曹，蓋操所置也。」(九二)參丞相軍事：胡三省曰：「時方用兵，故丞相府置參軍事。職官分紀：『漢三公府有參軍事。』蓋亦謂此時所置耳！」(九三)掾屬：《漢書音義》曰：「正曰掾，副曰屬。」漢公府諸曹並置掾、屬。東、西曹掾比四百石，餘掾比三百石；屬比二百石，見《後漢書・百官志》。崔實〈政論〉：「三公乃天子之股肱，掾屬則三公之喉舌。故三府掾乃言行之本，禍福之主。及其遷除，或朞月而長州郡，或數年而至公卿。」(九四)菅：音肩(ㄐㄧㄢ)縣名，屬濟南郡，故城在今山東省章邱縣西北。(九五)二子：謂劉琦、劉琮。(九六)軍中諸將各有彼此：言軍中諸將，或附劉琦，或附劉琮，不能同心協力。

(九七)梟雄：《前漢書・張良傳》良曰：「九江王布，楚梟將。」顏注：「梟，言最勇健也。」梟雄，猶曰豪雄。(九八)有隙：有嫌隙。胡三省曰：「謂備欲殺操不遂也。」(九九)如有離違：言備若與表有離違。胡三省曰：「離違，言人有離心，互相違異也。」(一〇〇)豫州：備先為豫州牧，故以為稱。(一〇一)孫討虜：操表權為討虜將軍，故以為稱。(一〇二)自結於東：時備在荊州，吳於荊州為東。(一〇三)世業：胡三省曰：「世業，猶言世事也。」余按世業，傳世之業。(一〇四)子瑜：諸葛瑾字。(一〇五)住：駐軍。(一〇六)鄂縣：屬江夏郡，故城即今湖北省鄂城縣。胡三省曰：「孫策破黃祖於此，改曰武昌，通鑑以為孫權所改。」(一〇七)樊口：地名，在湖北省鄂城縣西北，當樊港入長江之口，故名。(一〇八)柴桑：縣名，屬豫章郡，故城在今江西省九江縣西南。(一〇九)芟夷：《左傳》：「如農夫之務去草焉，芟夷蘊崇之。」杜注：「芟，刈；夷，殺。」芟夷本謂除草，轉為平難之義。(一一〇)抗衡：敵對，解詳卷四漢高十一年註(八)。(一一一)田橫守義不辱：事見卷十一漢高帝五年。(一一二)勃然：變色貌。《孟子・萬章》：「王勃然變乎色。」註：「慍怒而驚懼，故勃然變色。」(一一三)強弩之末，勢不能穿魯縞：《史記・韓安國傳》：「彊弩之極，矢不能穿魯縞；衝風之末，力不能漂鴻毛。非初不勁，末力衰也。」顏師古曰：「縞，素也。曲阜之地，俗善作之，尤為輕細，故以取喻也。」(一一四)必蹶上將軍：《孫子》曰：「兵灋：百里而趨利者蹶上將。」(一一五)荊、吳勢強，鼎足之形成矣：胡三省曰：「荊謂備，吳謂權，鼎足之形，謂三分天下也。」(一一六)鬭艦：杜佑曰：「鬭艦，船上設女墻，可高三尺，墻下開掣棹孔，船內五尺。又建棚與女墻齊，棚上又建女墻，上無覆背，前後左右樹牙旗幟幡金鼓，此戰船也。」(一一七)勢力眾寡：言操眾而吳寡。㉘宇：屋邊曰宇。㉙下曹從事，諸曹從事之最卑下者。㉚犢車：《晉書・輿服志》：「犢車，牛車也。古之貴者不乘牛車，漢武帝推恩之末，諸侯寡弱，貧者至乘牛車。其後稍見貴之，自靈、獻以來，天子至士遂以為常乘。」㉛士林：賢士大夫薈萃之所。胡三省曰：「京邑、大都，四方賢士所聚也。」㉜州郡：州謂州牧、刺史，郡謂郡守。㉝烈：積功。㉞樂業：樂其所業。胡三省曰：「言無他志也。」㉟操舍鞍馬，仗舟楫，與吳越爭衡：胡三省曰：「北人便於鞍馬，南人便於舟楫。言操舍長就所短。」舍讀曰捨。㊱藁草：馬食。《說文》：「藁，稈也。」按亦作稾。㊲奏案：披閱奏章之几案。㊳與此案同：胡三省曰：「言欲斬之也。」㊴此議：謂迎操之議。㊵狐疑之眾：胡三省曰：「言新附之人，心懷狐疑，未能出死命而為之力戰也。」㊶五萬：《吳志・周瑜傳》作三萬，此據《江表傳》。㊷元表：按《江表傳》作文表，文表，秦松字，此作元表誤。㊸子敬：魯肅字。㊹卒：讀曰猝。㊺程公：謂程普。《吳志・程普傳》：「普最年長，時人皆呼程公。」㊻能辨之者誠決：胡三省曰：「謂能辨操，則誠為能決勝也。」㊼邂逅不如意：胡三省曰：「不期而會曰邂逅。謂兵之勝負，或有不如本心之所期者也。」㊽贊軍校尉：胡三省曰：「使之贊軍謀，因以為官稱。」㊾邏吏：邏，巡視，邏吏，巡邏之吏卒。㊿委署：胡三省曰：「委，棄也；署，置也。」一謂棄置其軍以就備。(51)屈威：自屈其威望而來見。(52)恨少：謂其力不足以破操。(53)過：過訪。(54)備深愧喜：胡三省曰：「愧者，自愧呼肅之非，喜者，喜瑜之整也。」(55)赤壁：山名，在今湖北省嘉魚縣東北江濱，一曰石頭關，當長江南岸，石山隆起，形如長垣，周瑜破操軍於此。(56)走舸：杜佑曰：「走舸，舷上立女牆，置棹夫多，戰卒少，皆選勇力精鋭者。往返如飛鷗，乘人之所不及。金鼓旗幟，列之於上，此戰舡也。」㊼煙炎：炎與燄同。《三國志殿本考證》云：「太平御覽作熛炎。」《說文》段注引三蒼云：「熛，迸火也。」㊽靁鼓：靁，雷本字，靁鼓猶曰擂鼓。胡三省曰：「靁，疾擊鼓也。」㊾華容道：胡三省曰：「華容縣，屬南郡從此道可至華容也。」華容故城在今湖北省監利縣東。㊿橫野將軍：胡三省曰：「橫野大將軍，光武以命王常。」(51)益州將襲肅舉軍降：胡三省曰：「先取夷陵，則與益州為鄰，故襲肅舉軍以降。襲姓，肅名。」(52)橫野中郎將：胡三省曰：「橫野本將軍號，以資序未至，故為中郎將。」(53)宜益：謂宜益其兵。(54)凌公績：凌統字公績。(55)合肥：侯國，屬九江郡，故城在今安徽省合肥縣東北。(56)當塗：縣名，屬九江郡，故城在今安徽省懷遠縣東南。(57)軍師中郎將：胡三省曰：「軍師亦古將軍號。曹操初置軍師祭酒，而備置軍師中郎將，皆以一時軍事創置官名也。然軍師祭酒，止決軍謀，中郎將則有兵柄。」(58)存錄：存恤錄用。(59)昔齊桓一矜其功，而叛者九國：《公羊傳》曰：「葵丘之會，桓公震而矜之，叛者九國。」(60)曹操追念田疇功，恨前聽其讓：疇讓封爵事見本卷建安十二年。(61)狷介：耿介自守，不與時人苟合。(62)子文辭祿：胡註引《國語》鬭且曰：「楚成王聞子文之朝不及夕也，以令尹秩之。成王每出，子文之祿必逃，王止而又復。人謂子文曰：『人生求富而子逃之，何也？』對曰：『夫從政者，以庇民也。民多曠者，而我取富焉，是勤民以自封也，死無日矣！我逃死，非逃富也。』」(63)申胥逃賞：胡註引《左傳》：吳破楚入郢，申包胥如秦乞師，立依庭牆而哭，日夜不絕聲，勺飲不入口者七日。秦師乃出，大敗吳師。楚子入于郢，賞申包胥。包胥曰：『吾為君也，非為申也。君既定矣，又何求？』遂逃賞。」(六四)勿奪：勿奪其志。(六五)邀疇：邀疇受封爵之賞。(六六)疇負義逃竄之人耳：疇自謂負義不能為劉虞報讎，而逃竄於徐無山中。(六七)喟然：歎息貌。(六八)嫁殤，非禮也：胡三省曰：「未成人而死曰殤；生未為配偶而死合葬，故曰非禮。」(六九)訓典：先王之遺訓遺典。(七〇)黟：縣名，屬丹陽郡。故城在今安徽省黟縣東。黟，《漢志》作黝。王念孫曰：「說文：『黟，黑水也，從黑，多聲，丹陽有黟縣。』又云：『漸水出丹陽黟南蠻中，東入海。』即地理志本作黟明矣！水經注引此亦作黟。黟從多聲，於古音屬歌部，於今音屬支部。若黝從幼聲，則古今音皆屬幽部，幽字無與支、歌部通者，黟字不得借作黝也，此因字形有似而誤耳！」(七一)歙：縣名，屬丹陽郡，故城即今安徽省歙縣。(七二)林歷山：《魏氏春秋》曰：「丹陽黟縣有林歷山。」(七三)縣：讀曰懸。(七四)援：援引。(七五)新都郡：吳新都郡，轄故黟、歙二縣地，晉武帝太康元年，更名新安郡。

卷六十六　漢紀五十八

起屠維赤奮若，盡昭陽大荒落，凡五年。（己丑至癸巳，西元二〇九年至二一三年）

司馬光編集
林瑞翰註

孝獻皇帝辛

建安十四年（西元二〇九年）

㈠春，三月，曹操軍至譙㈠。

㈡孫權圍合肥，久不下。權率輕騎欲身往突敵，長史張紘諫曰：「夫兵者，兇器；戰者，危事也㈡。今麾下㈢恃盛壯之氣，忽彊暴之虜，三軍之眾，莫不寒心。雖斬將搴旗，威震敵場，此乃偏將之任，非主將之宜也。願抑賁、育之勇，懷霸、王㈣之計。」權乃止。曹操遣將軍張喜將兵解圍，久而未至，揚州別駕楚國蔣濟密白刺史偽得喜書，云步騎四萬已到雩婁㈤，遣主簿迎喜。三部使齎書語城中守將，一部得入城，二部為權兵所得，權信之，遽燒圍走。【考異】魏志武紀：「十一月，權圍合肥。」劉馥傳云：「攻圍百餘日。」孫權傳云：「踰月不能下。」由此言之，權退必在今年明矣。

屯田。

㈢秋，七月，曹操引水軍自渦入淮㈥，出肥水，軍合肥，開芍陂㈦

㈣冬，十月，荊州地震。

㈤十二月，操軍還譙。

廬江人陳蘭、梅成據灊㈧、六㈨叛，操遣盪寇將軍張遼討斬之，因使遼與樂進、李典等將七千餘人屯合肥。

【考異】遼傳無年，按繁欽征天山賦云：「建安十四年十二月甲辰，丞相武平侯曹公東征，臨川未濟，羣舒蠢動，割有灊、六，乃俾上將盪寇將軍張遼治兵南岳之陽。」又云：「陟天柱而南徂。」故置於此。

㈥周瑜攻曹仁，歲餘，所殺傷甚眾，仁委城走。權以瑜領南郡太守，屯據江陵；程普領江夏太守，治沙羨；呂範領彭澤太守㈩，呂蒙領尋陽令。劉備表權行車騎將軍，領徐州牧。會劉琦卒，權以備領荊州牧。周瑜分南岸地㈡以給備，備立營於油口㈢，改名公安。權以妹妻備，妹才捷剛猛，有諸兄風，侍婢百餘人，皆執刀侍立，備每入，心常凜凜㈢。

曹操密遣九江蔣幹往說周瑜，幹以才辯獨步㈣於江淮之間，乃布衣葛巾，自託私行詣瑜，瑜出迎之。立謂幹曰：「子翼㈤良苦㈥，遠涉江湖，為曹氏作說客邪？」因延幹與周觀營中，行視倉庫、軍資、器仗訖，還飲宴，示之侍者、服飾、珍玩之物，因謂幹曰：「丈夫處世，遇知己之主，外託君臣之義，內結骨肉之恩，言行計從，禍福共之，假使蘇、張(一七)更生，能移其意乎？」幹但笑，終無所言。還白操，稱瑜雅量高致(一八)，非言辭所能間也。

㈦丞相掾和洽言於曹操曰：「天下之人，材德各殊，不可以一節取也。儉素過中，自以處身則可；以此格物，所失或多(一九)。今朝廷之議，吏有著新衣，乘好車者，謂之不清；形容不飾、衣裘敝壞者，謂之廉潔。至令士大夫故汙辱其衣，藏其輿服；朝府大吏，或自挈壺飧(二〇)以入官寺。夫立教觀俗，貴處中庸(二一)，為可繼也。今崇一概難堪之行(二二)以檢(二三)殊塗(二四)，勉而為之，必有疲瘁(二五)，古之大教，務在通人情而已，凡激詭(二六)之行，則容隱偽矣！」操善之。

【今註】㊀曹操軍至譙：自赤壁還至譙。《魏志・武帝紀》：「操軍至譙，作輕舟，治水軍。」㊁兵者，兇器；戰者，危事也：《前漢書・鼂錯傳》錯兵事疏云：「兵，兇器；戰，危事也。」㊂麾下：時權在軍中，故稱麾下。㊃霸、王：霸謂霸業，王謂王業。㊄雩婁：前漢縣，後漢為侯國，屬廬江郡，故城在今河南省商城縣東北。雩音於（ㄩˊ）。㈥曹操引水軍自渦入淮：渦水，古蒗蕩渠支津，今湮，非今之渦河。《前漢書・地理志》淮陽國扶溝縣：「渦水首受狼湯渠，東至向，入淮。過郡三，行千里。」王先謙曰：「過郡三，謂河南、淮陽、沛。」向縣，屬沛郡，故城在今安徽省懷遠縣東北；扶溝縣故城在今河南省扶溝縣東北。魏文帝〈浮淮賦序〉云：「建安十四年，王師自譙東征，大興水軍，汎舟萬艘。」㈦芍陂：在安徽省壽縣南，一名期思陂，又名安豐塘。《後漢書・王景傳》：「景遷廬江太守，郡界有楚相孫叔敖所起芍陂稻田，景率吏民修起蕪廢，由是墾闢倍多，境內豐給。」《水經》云：「肥水出九江成德縣廣陽鄉西北，過其縣西，北入芍陂。」酈《注》云：「芍陂水上承洛澗水，東北逕白芍亭東，積而為湖，謂之芍陂。陂周百二十里許，在壽春縣南八十里，楚相孫叔敖所造。魏太尉王凌與吳將張休戰于芍陂，即此處也。」㈧灊：縣名，屬廬江郡，故城在今安徽省霍山縣東北。灊，古潛字。㈨六：前漢縣，為六安國治，後漢改名六安，屬廬江郡，故城在今安徽省六安縣北。㈩呂範領彭澤太守：《吳志・呂範傳》：「範領彭澤太守，以彭澤、柴桑、歷陽為奉邑。」後漢歷陽屬九江郡，彭澤、柴桑俱屬豫章郡，權割此三縣置彭澤郡。彭澤故城在今江西省湖口縣東。⑪南岸地：胡三省曰：「荊江之南岸，則零陵、桂陽、武陵、長沙、四郡地也。」⑫油口：油水入江之處，在今湖北省公安縣東北。⑬心常凜凜：胡三省曰：「恐為所圖也。」凜凜，寒冷貌，郝經詩：「靜聽風雨急，透骨寒凜凜。」凡心懷恐懼則有寒意，故曰凜凜。⑭獨步：特出無偶。⑮子翼：蔣幹字。⑯良苦：即甚苦，猶甚久曰良久。⑰蘇張：蘇秦、張儀。⑱雅量高致：雅量謂度量寬洪，高致謂意氣高逸。⑲儉素過中，自以處身則可；以此格物，所失或多：過中謂偏激。此言過於儉素，自以處身則可，然不可以為正物矯俗之標準。⑳壺飧：戴氏侗曰：「飧，夕食也；古者夕則餕朝膳之餘，故熟食曰飧。」以壺盛飯曰壺飧。㉑中庸：常道。程子曰：「不偏之謂中，不易之謂庸。」㉒難堪之行：不飾形容，汙辱其衣，壺飧以食，皆士大夫之所難堪。㉓檢：約束。㉔殊塗：謂貴賤有別。㉕疲瘁：因頓不振。㉖激詭：矯激詭異。

十五年（西元二一〇年）

㈠春，下令曰：「孟公綽為趙魏老則優，不可以為滕薛大夫㊀。若必廉士而後可用，則齊桓其何以霸世㊁？二三子㊂其佐我明揚仄陋㊃，唯才是舉，吾得而用之。」

㈡二月，乙巳朔，日有食之。

㈢冬，曹操作銅爵臺㊄於鄴。

㈣十二月，己亥（十二月辛丑朔，無己亥），操下令曰：「孤始舉孝廉㊅，自以本非巖冗知名之士，恐為世人之所凡愚㊆，欲好作政教以立名譽，故在濟南，除殘去穢㊇，平心選舉，以是為彊豪所忿，恐致家禍，故以病還鄉里。時年紀尚少，乃於譙東五十里築精舍(八)，欲秋夏讀書，冬春射獵，為二十年規(九)，待天下清乃出任耳！然不能得如意，徵為典軍校尉(一〇)，意遂更欲為國家討賊立功，使題墓道言『漢故征西將軍曹侯之墓』，此其志也。而遭值董卓之難，興舉義兵(一一)，後領兗州，破降黃巾三十萬眾(一二)，又討擊袁術，使窮沮而死(一三)，摧破袁紹(一四)，梟其二子(一五)，復定劉表(一六)，遂平天下，身為宰相，人臣之貴已極，意望已過矣。設使國家無有孤，不知當幾人稱帝，幾人稱王？或者人見孤彊盛，又性不信天命，恐妄相忖度，言有不遜之志(一七)，每用耿耿(一八)，故為諸君道此言，皆肝鬲(一九)之要也。然欲孤便爾(二〇)委捐所典兵眾以還執事，歸就武平侯國，實不可也。何者？誠恐己離兵，為人所禍。既為子孫計，又己敗，則國家傾危(二一)，是以不得慕虛名而處實禍也(二二)。然兼封四縣，食戶三萬，何德堪之？江湖未靜(二三)，不可讓位；至於邑土，可得而辭。今上還陽夏、柘、苦(二四)三縣戶二萬，但食武平(二五)萬戶，且以分損謗議，少減孤之責也。」

㈤劉表故吏士多歸劉備。備以周瑜所給地少，不足以容其眾，乃自詣京㉖見孫權，求都督荊州㉗。瑜上疏於權曰：「劉備以梟雄之姿，而有關羽、張飛熊虎之將㉘，必非久屈為人用者。愚謂大計宜徙備置吳，盛為築宮室，多其美女玩好以娛其耳目；分此二人㉙，各置一方，使如瑜者，得挾與攻戰㉚，大事可定也。今猥㉛割土地以資業之㉜，聚此三人，俱在疆場，恐蛟龍得雲雨，終非池中物也㉝。」呂範亦勸留之。權以曹操在北方，當廣擥㉞英雄，不從㉟。備還公安，久乃聞之，歎曰：「天下智謀之士，所見略同。時孔明諫孤莫行，其意亦慮此也。孤方危急，不得不往，此誠險塗，殆不免周瑜之手。」周瑜詣京見權曰：「今曹操新敗，憂在腹心㊱，未能與將軍連兵相事㊲也。乞與奮威俱進取蜀，而并張魯，因留奮威固守其地，與馬超結援，瑜還與將軍據襄陽以蹙操，北方可圖也。」權許之。奮威者，孫堅弟子奮威將軍丹陽太守瑜也。周瑜還江陵，為行裝，於道病困，與權牋曰：「脩短命矣，誠不足惜，但恨微志未展，不復奉教命耳！方今曹操在北，疆場未靜；劉備寄寓，有似養虎㊳。天下之事，未知終始，此朝士㊴旰食㊵之秋，至尊垂慮之日也。魯肅忠烈，臨事不苟，可以代瑜。儻所言可采，瑜死不朽矣！」卒於巴丘㊶。【考異】按江表傳，瑜與策同年，策以建安五年死，年二十六，瑜死年三十六，故知在今年也。權聞之，哀慟曰：「公瑾有王佐之資，今忽短命，孤何賴哉？」自迎其喪於蕪湖㊷。瑜有一女二男，權為長子登娶其女；以其男循為騎都尉，妻以女；胤為興業都尉，妻以宗女。

初，瑜見友於孫策，太夫人又使權以兄奉之。是時權位為將軍，諸將賓客為禮尚簡，而瑜先盡敬，便執臣節。程普頗以年長，數陵侮瑜，瑜折節㊸下之，終不與校。普後自敬服而親重之，乃告人曰：「與周公瑾交，若飲醇醪㊹，不覺自醉。」

權以魯肅為奮武校尉。代瑜領兵，令程普領南郡太守。魯肅勸權以荊州借劉備，與共拒曹操，權從之。【考異】肅傳曰：「曹公聞權以土地業備，方作書，落筆於地。」恐操不至於是，今不取。乃分豫章為番陽郡㊺，分長沙為漢昌郡㊻。復以程普領江夏太守；魯肅為漢昌太守，屯陸口㊼。

初，權謂呂蒙曰：「卿今當塗㊽掌事，不可不學。」蒙辭以軍中多務，權曰：「孤豈欲卿治經為博士邪？但當涉獵[49]見往事耳！卿言多務，孰若孤？孤常讀書，自以為大有所益。」蒙乃始就學。及魯肅過尋陽，與蒙論議，大驚曰：「卿今者才略非復吳下阿蒙。」蒙曰：「士別三日，即刮目相待，大兄何見事之晚乎？」肅遂拜蒙母，結友而別。

劉備以從事龐統守耒陽[50]令，在縣不治，免官。魯肅遺備書曰：「龐士元非百里才也，使處治中、別駕之任，始當展其驥足耳[51]！」諸葛亮亦言之。備見統與善譚[52]，大器之，遂用統為治中，親待亞於諸葛亮，與亮並為軍師中郎將。

(六)初，蒼梧士燮為交阯太守，交州刺史朱符為夷賊所殺，州郡擾亂，燮表其弟壹領合浦太守，䵋[53]領九真太守，武領南海太守。燮體器寬厚，中國士人多往依之，雄長一州，偏在萬里，威尊無上[54]，出入儀衛甚盛，震服百蠻。朝廷遣南陽張津為交州刺史，津好鬼神事，常著絳帕頭[55]，鼓琴燒香，讀道書，云可以助化[56]，為其將區景[57]所殺，劉表遣零陵賴恭代津為刺史。是時蒼梧太守史璜死，表又遣吳巨代之。朝廷賜燮璽書，以燮為綏南中郎將，董督七郡，領交阯太守如故。巨與恭相失，巨舉兵逐恭，恭走還零陵。孫權以番陽太守臨淮步騭(五六)為交州刺史。士燮率兄弟奉承節度，吳巨外附內違，騭誘而斬之，威聲大震。權加左將軍，燮遣子入質，由是嶺南始服屬於權。

【今註】㊀孟公綽為趙魏老則優，不可以為滕薛大夫：此《論語》載孔子之言。朱子曰：「公綽，魯大夫，趙，魏，晉卿之家；老，家臣之長；大家執重而無諸侯之事，家老望尊而無官守之責；優，有餘也。滕、薛，二國名；大夫，任國政者滕、薛國小政繁，大夫位高責重。然則公綽蓋廉靜寡欲而短於才者。」此言人之才行各有優劣，任國政者但須取長捨短，量其所長而用之。㊁若必廉士而後可用，則齊桓其何以霸世：《論語．八佾》：「或曰：『管仲儉乎？』孔子曰：『管氏有三歸，官事不攝。焉得儉？』」操意蓋謂管仲雖非廉士，然有治國之才，桓公用之，卒霸諸侯。㊂二三子：謂操左右用事之臣。㊃明揚仄陋：《書．堯典》：「明明揚側陋。」仄與側同。明舉明德之士於僻側鄙陋之處。㊄孤始舉孝廉：操年二十，舉孝廉為郎，見《魏志．武帝紀》。㊅恐為世人之所凡愚：言恐世人以凡愚待之。㊆故在濟南，除殘去穢：《魏志．武帝紀》：「遷濟南相國，有十餘縣長吏，阿附貴戚，贓汙狼籍，於是奏免其八。禁斷淫祀，姦宄逃竄，郡界肅然。」㊇精舍：明潔之舍。㊈規：

計劃。⑩徵為典軍校尉：事見卷五十九靈帝中平五年。⑪遭值董卓之難，興舉義兵：事見卷五十九初平元年。⑫後領兗州，破降黃巾三十萬眾：事見卷六十初平元年。⑬討擊袁術，使窮沮而死：事見卷六十三建安四年。⑭摧破袁紹：事見巷六十三建安五年。⑮梟其二子：二子謂紹子譚、尚。操斬譚事見卷六十四建安十年，斬尚事見上卷建安十二年。⑯復定劉表：操破荊州見上卷建安十三年。⑰不遜之志：謂將篡漢。⑱耿耿：王逸曰：「耿耿猶儆儆。」洪興祖曰：「耿耿，不安也。」⑲肝鬲：胡三省曰：「鬲，胸鬲也。」以喻衷誠之言。⑳便爾：便如此。㉑又已敗，則國家傾危：操自謂一旦讓位，委棄權勢，則羣雄必爭起為亂；漢朝將因此而傾危。㉒是以不得慕虛名而處實禍也：虛名謂引退，實禍謂秉國政。操蓋謂引退於已有高名，然於國無益，故曰虛名；秉國政則不見諒於人，故曰處實禍。㉓江湖未靜：謂孫權，劉備尚存。㉔陽夏、拓、苦：此三縣俱屬陳國。陽夏即今河南省太康縣，拓在今河南省拓城縣北，苦在今河南省鹿邑縣東。㉕武平：縣名，屬陳國，故城在今河南省鹿邑縣西北。㉖京：胡三省曰：「京，京口城也。權時居京，故劉備、周瑜皆詣京見之。後都秣陵，於京口置京督，又曰徐陵督。爾雅絕高曰京，其城因山為壘，緣江為境，因謂之京口。」京口即今江蘇省鎮江縣。㉗求都督荊州：胡三省曰：「荊州八郡，瑜既以江南四郡給備，備又欲兼得江漢間四郡也。」荊州八郡參看卷五十九獻帝初平元年註(51)。㉘熊虎之將：喻其勇猛如熊虎。㉙二人：謂關羽、張飛。㉚使如瑜者，得挾與攻戰：瑜意欲置關羽、張飛於麾下為裨將。㉛猥：《廣雅・釋言》：「猥，頓也。」王念孫曰：「頓猶突也。月令：『寒氣總至。』註：『總猶猥、卒也』卒與猝同，猥猝皆頓也。成十八年公羊傳疏引春秋說云：『厲公猥殺四大夫。』言頓殺四大夫也。」㉜資業之：資助之使成霸業。㉝恐蛟龍得雲雨，終非池中物也：謂備終不久為人下，特時機未至耳。㉞擥：招擥。總持曰擥。㉟不從：謂權不從瑜、範之言。㊱曹操新敗，憂在腹心：謂操新遭敗衂，威望頓損，中原之人，或將乘機而起，有腹心之疾。㊲相事：胡三省曰：「謂相與從事於戰攻也。」㊳劉備寄寓，有似養虎：《史記》陳平、張良說漢王曰：「此天亡楚之時也，不如因其機而取之。今釋弗擊，此所謂養虎自遺患也。」瑜謂備有大志，今若捨之，將自遺患。㊴朝士：官吏之在朝者。㊵旰食：後時而食。日晚為旰，事繁不得及時而食，故曰旰食。㊶巴丘：裴松之曰：「瑜欲取蜀，還江陵治嚴，所卒之處，應在今之巴陵，與前所鎮巴丘名同處異也。」胡三省曰：「據水經注，巴丘山在湘水右岸，晉武帝太康元年，立巴陵縣，宋文帝元嘉十六年，置巴陵郡。」按即今湖南省岳陽縣。㊷蕪湖：縣名，屬丹陽郡，故城在今安徽省蕪湖縣東。㊸折節：紆屈其志節。《史記・張儀傳》：「齊王大怒，折節而下秦。」㊹若飲醇醪：顏師古曰：「醇者不雜，曰其醲也；醪，汁滓合之酒也。」醇醪味甜而美，故以為喻。㊺番陽郡：番、鄱通。鄱陽本豫章縣，至是立為郡，故治在今江西省鄱陽縣東。㊻漢昌郡：漢昌，縣名，後漢置，屬長沙郡，至是析立為郡，三國吳更名吳昌，故城在今湖南省平江縣東。㊼陸口：在湖北省嘉魚縣西南，陸水入江之處，今名陸溪口。孫權使魯肅、呂蒙屯陸口即此，一名呂蒙城。㊽當塗：謂據要地，轉為秉握政權之喻。㊾涉獵：顏師古曰：「言若涉水獵獸，不專精也。」㊿耒陽：縣名，屬桂陽郡，故城即今湖南省耒陽縣。(五一)龐士元非百里才也，使處治中、別駕之任，始當展其驥足耳：龐統字士元。肅謂統大才不可小用。治中、別駕，州刺史之佐吏，參閱卷六十初平二年註(五三)、(五四)。驥，良馬，日行千里，故以驥足喻賢才。(五二)善譚：胡三省曰：「善譚者劇論當世事也。」譚與談同。(五三)蹢：音賄（ㄏㄨㄟˋ）。(五四)雄長一州，偏在萬里，威尊無上：胡三省曰：「天下殽亂，爕雄據偏州，人但知威尊，無復知有天子也。」(五五)絳帕頭：以絳巾為帕頭。陸游曰：「袹頭者，巾幘之類，猶今言幞頭。」帕、袹、幞通。《唐書・輿服志》：「幞頭超於後周，便武事者也。」幞頭又名帕首，後周武帝所制，裁幅巾出四腳以幞頭，故名，見《廣韻》。(五六)化：謂羽化。(五七)區景：姓區名景。(五八)步騭：姓步名騭，騭音陟（ㄓˋ）。

十六年（西元二一一年）

㈠春，正月，以曹操世子丕為五官中郎將，置官屬，為丞相副㈠。

㈡三月，操遣司隸校尉鍾繇討張魯，使征西護軍夏侯淵㈡等將兵出河東與繇會。倉曹屬㈢高柔諫曰：「大兵西出，韓遂、馬超疑為襲己，必相扇動。宜先招集三輔，三輔苟平，漢中可傳檄而定也。」操不從。關中諸將果疑之，馬超、韓遂、侯選、程銀、楊秋、李堪、張橫、梁興、成宜、馬玩等十部皆反㈣，其眾十萬，屯據潼關㈤。操遣安西將軍㈥曹仁督諸將拒之，勅令堅壁，勿與戰；命五官將丕留守鄴，以奮武將軍㈦程昱參丕軍事；門下督㈧廣陵徐宣為左護軍，留統諸軍；樂安國淵㈨為居府長史，統留事。秋，七月，操自將擊超等。議者多言關西兵習長矛，非精選前鋒，不可當也。操曰：「戰在我，非在賊也㈩。賊雖習長矛，將使不得以刺，諸君但觀之。」

八月，操至潼關，與超等夾關而軍。操急持之而潛遣徐晃、朱靈以步騎四千人渡蒲阪津㈡，據河西為營。【考異】晃傳曰：「太祖至潼關，恐不得渡，召問晃。晃曰：『公盛兵於此，而賊不復別守蒲阪，知其無謀也。今假臣精兵渡蒲阪津為軍先，以截其裏，賊可禽也。』太祖曰：『善。』」按武紀，潛遣二將渡蒲阪，皆太祖之謀，而晃傳云皆晃之策，蓋陳氏各欲稱其功美，不相顧耳！閏月，操自潼關北渡河。兵眾先渡，操獨與虎士百餘人留南岸斷後。馬超將步騎萬餘人攻之，矢下如雨，操猶據胡牀不動。許褚扶操上船，船工中流矢死，褚左手舉馬鞍以蔽操，右手刺船；校尉丁斐放牛馬以餌賊，賊亂取牛馬，操乃得渡。遂自蒲阪渡西河，循河為甬道而南。超等退拒渭口㈢，操乃多設疑兵，潛以舟載兵入渭為浮橋，夜，分兵結營於渭南。超等夜攻營，伏兵擊破之。超等屯渭南，遣使求割河以西請和，操不許。

九月，操進軍悉渡渭，超等數挑戰，又不許⑬。固請割地，求送任子⑭，賈詡以為可偽許之。操復問計策，詡曰：「離之而已。」操曰：「解⑮。」韓遂請與操相見，操與遂有舊，於是交馬語移時⑯，不及軍事，但說京舊故，拊手歡笑。時秦胡⑰觀者，前後重沓⑱，操笑謂之曰：「爾欲觀曹公邪？亦猶人也！非有四目兩口，但多智耳！」既罷，超等問遂：「公何言？」遂曰：「無所言也。」超等疑之。他日，操又與遂書，多所點竄，如遂改定者，超等愈疑遂。【考異】許褚傳曰：「太祖與韓遂、馬超等會語，左右皆不得從，唯將褚。超負其力，陰欲前突太祖，素聞褚勇，疑從騎是褚，乃問曰：『公有虎侯者安在？』太祖顧指褚，褚瞋目眄之，超不敢動。」按時超不與遂同在彼，故疑此說妄也。操乃與克日⑲會戰，先以輕兵挑之，戰良久，乃縱虎騎⑳夾擊，大破之，斬威宜、李堪等。遂、超犇涼州，楊秋犇安定。

諸將問操曰：「初，賊守潼關，渭北道缺㉑，不從河東擊馮翊，而反守潼關，引日而後北渡，何也？」操曰：「賊守潼關，若吾入河東，賊必引守諸津，則西河未可渡。吾故盛兵向潼關，賊悉南守，西河之備虛，故二將㉒得擅取西河，然後引軍北渡。賊不能與吾爭西河者，以二將之軍也。連車樹柵，為甬道而南，既為不可勝㊂，且以示弱；渡渭為堅壘，虜至不出，所以驕之也。故賊不為營壘而求割地，吾順言許之，所以從其意，使自安而不為備。因畜㊃士卒之力，一旦擊之，所謂疾雷不及掩耳㊄。兵之變化，固非一道也。」始，關中諸將每一部到，操輒有喜色。諸將問其故，操曰：「關中長遠，若賊各依險阻，征之不一二年，不可定也。今皆來集，其眾雖多，莫相歸服，軍無適主，一舉可滅㊅，為功差易，吾是以喜。」

冬，十月，操自長安北征楊秋，圍安定。秋降，復其爵位，使留撫其民。

十二月，操自安定還，留夏侯淵屯長安，以議郎張既為京兆尹。既招還流民，興復縣邑，百姓懷之。

遂、超之叛也，弘農、馮翊縣邑多應之，河東民獨無異心。操與超等夾渭為軍，軍食一仰河東。及超等破，餘畜尚二十餘萬斛。操乃增河東太守杜畿秩中二千石㊆。

扶風灋正為劉璋軍議校尉㉘，璋不能用，又為其州里㉙俱僑㉚客者所鄙㉛，正邑邑㉜不得志，益州別駕張松與正善，自負其才，忖㉝璋不足與有為，常竊歎息。松勸璋結劉備，璋曰：「誰可使者？」松乃舉正。璋使正往，正辭謝，佯為不得已而行，還為松說備有雄略，密謀奉戴以為州主。會曹操遣鍾繇向漢中，璋聞之，內懷恐懼，松因說璋曰：「曹公兵無敵於天下，若因張魯之資以取蜀土，誰能禦之？劉豫州，使君之宗室，而曹公之深讎也，善用兵，若使之討魯，魯必破矣！魯破則益州彊，曹公雖來，無能為也。今州諸將龐羲、李異等皆恃功驕豪㉞，欲有外意㉟。不得豫州則敵攻其外，民攻其內，必敗之道也。」璋然之。遣灋正將四千人迎備。主簿巴西㊱黃權諫曰：「劉左將軍㊲有驍名，今請到，欲以部曲遇之，則不滿其心；欲以賓客禮待，則一國不容二君。若客有泰山之安，則主有累卵之危㊳，不若閉境以待時清㊴。」璋不聽，出權為廣漢長㊵。從事廣漢王累自倒懸於州門以諫璋，一無所納。灋正至荊州，陰獻策於劉備曰：「以明將軍之英才，乘劉牧㊶之懦弱，張松，州之股肱㊷，響應於內，以取益州，猶反掌也。【考異】韋曜吳書曰：「備前見張松，後得灋正，皆厚以恩德接納，盡其殷勤之歡，因問蜀中濶狹兵器府庫人馬眾寡及諸要害道里遠近，松等具言之。」按劉璋、劉備傳，松未嘗先見備，吳書誤也。備疑未決。龐統言於備曰：「荊州荒殘，人物殫盡。東有孫車騎㊸，北有曹操，難以得志。今益州戶口百萬，土沃㊹財富，誠得以為資，大業㊺可成也。」備曰：「今指與吾為水火者，曹操也㊻。操以急，吾以寬；操以暴，吾以仁；操以譎，吾以忠；每與操反，事乃可成耳！今以小利而失信義於天下㊼，奈何？」統曰：「亂離之時，固非一道所能定也；且兼弱攻昧㊽，逆取順守㊾，古人所貴。若事定之後，封以大國，何負於信？今日不取，終為人利㊿耳！」備以為然。乃留諸葛亮、關羽等守荊州，以趙雲領留營司馬51。備將步卒數萬人入益州。

孫權聞備西上，遣舟船迎妹，而夫人欲將備子禪還吳，張飛、趙雲勒兵截江，乃得禪還。

劉璋敕在所供奉備，備入境如歸，前後贈遺以巨億計。備至巴郡，巴郡太守嚴顏拊心歎曰：「此所謂獨坐窮山，放虎自衛52者也。」

備自江州(五三)北由墊江水(五四)詣涪(五五)，璋率步騎三萬餘人，車乘帳幔(五六)，精光(五七)耀日，往會之。張松令灋正白備，便於會襲璋。備曰：「此事不可倉卒(五八)。」龐統曰：「今因會執之，則將軍無用兵之勞而坐定一州也。」備曰：「初入他國，恩信未著，此不可也。」璋推備行大司馬，領司隸校尉；備亦推璋行鎮西大將軍，領益州牧。所將吏士，更相之適(五九)歡飲百餘日。璋增備兵，厚加資給，使擊張魯；又令督白水軍(六〇)。備幷軍三萬餘人，車甲、器械資貨甚盛。璋還成都，備北到葭萌(六一)，未即討魯，厚樹恩德以收眾心。

【今註】㊀以曹操世子丕為五官中郎將，置官屬，為丞相副：《後漢書・百官志》，五官中郎將一人，比二千石，主五官郎。胡三省曰：「漢五官中郎將，主五官郎而已，未嘗置官屬也；領屬光祿勳，未嘗為丞相副也。」趙一清曰：「魏、晉更無其官，殆以曹丕始居之，故廢耳！」㊁征西護軍夏侯淵：胡三省曰：「淵之族，操所自出也，付以先征先驅之任。以資序未得為征西將軍，故以護軍為名。」《魏志・武帝紀》注引〈曹瞞傳〉及郭頒《世語》並云操父嵩本夏侯氏之子，夏侯惇之叔父。淵，惇之族弟，故胡氏謂淵之族，操所自出。㊂倉曹屬：公府倉曹，主倉穀事，有掾有屬，掾比三百石，屬比二百石。㊃關中諸將果疑之，馬超、韓遂、侯選、程銀、楊秋、李堪、張橫、梁興、成宜、馬玩等十部皆反：胡三省曰：「操舍關中而遠征張魯，伐虢取虞之計也。蓋欲討超、遂而無名，先張討張魯之勢以速其反，然後加兵耳！」㊄潼關：關名，在今陝西省潼關縣，縣以關名，即古所謂桃林之塞。後漢於弘農華陰縣置潼關，故址在今潼關縣東南。關當黃河之曲，據崤函之固，雄踞山腰，下臨黃河，扼秦、晉、豫三省之衝要。㊅安西將軍：《晉書・職官志》：「四安起於魏初。」四安，謂安東、安西，安南、安北四將軍。㊆奮武將軍：沈約曰：「奮武將軍始於漢末。」㊇門下督：胡三省曰：「督將之居門下者。」㊈國淵：姓國名淵。㊉戰在我，非在賊也：謂制敵之機在我而不在敵。⑪蒲阪津：津名，一曰蒲津，又名夏陽津，在今山西省永濟縣西，接陝西省朝邑縣東境。⑫渭口：渭水入河處。渭口之東即潼關。⑬不許：謂堅守不與戰。⑭任子：解見卷六十四建安七年註㉝。⑮解：曉解。⑯操與遂有舊，於是交馬語移時：胡三省曰：「遂與樊稠交馬語而得以斃稠，與曹操交馬語乃以自斃，然後知遂所以遇稠者非用數也。若馬超等之疑遂，則猶李傕之疑稠耳！」遂、稠接馬交臂共語事見卷六十一興平二年。交馬謂馬首相交，喻其親近。移時，謂歷時甚久。⑰秦胡：謂關西諸胡，羌氐之屬。⑱重沓：《顏氏家訓疏證》：「重沓，多饒積厚之意。」⑲克日：胡三省曰：「克日者，剋定其日也。」克與剋同。⑳虎騎：喻騎士勇猛如虎。㉑道缺：謂無備。㉒二將：謂徐晃、朱靈。㉓既為不可勝：兵法先為不可勝以待敵之可勝，不可勝，謂使敵不可勝己。㉔畜：讀曰蓄。㉕疾雷不及掩耳：《六韜・軍勢篇》：「巧者一決而不猶豫，是以疾雷不及掩耳。」㉖其眾雖多，莫相歸服，軍無適主，一舉可滅：適與嫡同。胡三省曰：「當此之時，關西之兵最為精強，而破於操者，法制不一也。」㉗增河東太守杜畿秩中二千石：漢制郡守秩比二千石，列卿秩中二千石，畿有功，故增其秩視列卿以寵之。㉘軍議校尉：胡三省曰：「軍議校尉，使之議軍事。」㉙州里：同州里之人。《論語·衛靈公》：「言不忠信，行不篤敬，雖州里，行乎哉！」《史記·滑稽列傳》：「若乃州里之會。」州里猶曰鄉里。㉚僑客：羈旅曰僑，見《韓非子·亡徵篇》。《廣雅》作寓。僑客，謂客寓異鄉。㉛鄙：輕視。㉜邑邑：邑與悒同，不樂貌。㉝忖：思量。㉞龐羲、李異等皆恃功驕豪：《蜀志》裴注引《英雄記》，羲與璋有舊，又免璋諸子於難，而異於趙韙叛時斬韙，均各恃功驕豪。㉟外意：意欲外附以叛璋。㊱巴西：郡名，漢末置。《譙周巴記》：「劉璋分巴郡墊江已上為巴西郡。」故治在今四川省閬中縣。㊲劉左將軍：曹操表備為左將軍，故以稱之。㊳累卵之危：《說苑》云：「晉靈公造九層之臺，費用千金，謂左右曰：『敢有諫者斬。』荀息聞之，上書求見，靈公張弩持矢見之。曰：『臣不敢諫也，臣能累十二博綦，加九雞子其上。』公曰：『子為寡人作之。』荀息正顏色，定志意，以綦子置下，加九雞子其上。左右懼，慴息，靈公氣息不續。公曰：『危哉，危哉！』荀息曰：『不危也，復有危於此者。』公曰：『願見之。』荀息曰：『九層之臺，三年不成，男不耕，女不織，國用空虛，鄰國謀議將興，社稷亡滅，君欲何望？』靈公曰：『寡人之過也，乃至於此。』即壞九層臺。」按卵圓滑，累之易傾，故以為危殆之喻。㊴時清：時局清平之時。㊵廣漢：縣名，屬廣漢郡，故城在今四川省遂寧縣東北。㊶劉牧：謂劉璋，璋為益州牧。㊷張松，州之股肱：松為益州別駕。別駕，州之上佐，故曰州之股肱。《左傳》昭九年：「君之卿佐，是謂股肱。」故以喻輔佐之臣。㊸孫車騎：備表權為車騎將軍，故以稱之。㊹土沃：顏師古曰：「沃者，灌溉也。」言其土地有灌溉之利。㊺大業：王、霸之業。㊻今指與吾為水火者曹操也：水火不相容，備謂操為國賊，漢賊不兩立，故以水火為喻。㊼今以小利而失信義於天下：小利謂得益州，失信義謂襲劉璋。以國士待備而備襲之，是示天下以無信無義。㊽兼弱攻昧：《書・仲虺之誥》曰：「兼弱攻昧，取亂侮亡。」傳云：「弱則兼之，闇則攻之，亂則取之，有亡形則侮之。」㊾逆取順守：《前漢書・陸賈傳》陸賈曰：「湯武逆取而順守之。」逆取，謂以武力取天下；順守，謂以文教治天下。㊿終為人利：言今捨而不取，終為他人所取，則利歸於他人。(51)留營司馬：胡三省曰：「留營司馬，掌留營軍事也。」(52)獨坐窮山，放虎自衞：言將反為所噬。(53)江州：巴郡治，故城在今四川省巴縣西。(54)墊江水：水名，即古羌水，亦稱桓水，今名白水江，亦曰白江。源出甘肅省臨潭縣西南西傾山，東南流，經岷、武都、文諸縣，納白水河，入四川省境，至昭化縣北，注于嘉陵江。(55)涪：音浮，縣名，屬廣漢郡，故城在今四川省綿陽縣東北。(56)幔即幕。帷在上曰幕。(57)精光：精潔鮮明。(58)卒：讀曰猝。(59)之適：往還。(60)白水軍：胡三省曰：「白水關在廣漢白水縣，劉璋置軍屯守，即楊懷、高沛之軍也。」白水縣故城在今四川省昭化縣西北。(61)葭萌：縣名，屬廣漢郡，故城在今四川省廣元縣東南。應劭曰：「葭音家。」顏師古曰：「萌音氓。」

十七年（西元二一二年）

㈠春，正月，曹操還鄴㊀。詔操贊拜不名，入朝不趨，劍履上殿，如蕭何故事。

㈡操之西征也，河間民田銀、蘇伯反，扇動幽冀。五官將丕欲自討之，功曹常林㊁曰：「北方吏民樂安厭亂，服化已久，守善者多。銀、伯犬羊相聚，不能為害。方今大軍㊂在遠，外有彊敵㊃，將軍為天下之鎮㊄，輕動遠舉㊅，雖克不武㊆。」乃遣將軍賈信討之，應時克滅。

餘賊千餘人請降，議者皆曰：「公有舊法，圍而後降者，不赦。」程昱曰：「此乃擾攘㊇之際，權時㊈之宜。今天下略定，不可誅之；縱誅之，宜先啟聞。」議者皆曰：「軍事有專無請。」昱曰：「凡專命者，謂有臨時之急耳！今此賊制在賈信之手，故老臣不願將軍行之也。」丕曰：「善。」即白操，操果不誅。既而聞昱之謀，甚悅曰：「君非徒明於軍計，又善處人父子之間㊉。」

故事，破賊文書以一為十。國淵上首級，皆如其實數㈡。操問其故，淵曰：「夫征討外寇，多其斬獲之數者，欲以大武功，聳民聽㈢也。河間在封域之內，銀等叛逆，雖克捷有功，淵竊恥之。」操大悅。

㈢夏，五月，癸未（五月壬辰朔，是月無癸未），誅衛尉馬騰，夷三族㈢。

㈣六月，庚寅（二十九日），晦，日有食之。

㈤秋，七月，螟。

㈥馬超等餘眾屯藍田，夏侯淵擊平之。鄜賊梁興寇略馮翊，諸縣恐懼，皆寄治郡下。議者以為當移就險阻，左馮翊鄭渾曰：「興等破散，藏竄山谷，雖有隨者，率脅從耳！今當廣開降路，宣諭威信，而保險自守，此示弱也。」乃聚吏民治城郭，為守備。募民逐賊，得其財物、婦女，十以七賞，民大悅，皆願捕賊。賊之失妻子者，皆還求降。渾責其得他婦女，然後還之。於是轉相寇盜，黨與離散。又遣吏民有恩信者分佈山谷告諭之，出者相繼，乃使諸縣長吏各還本治以安集之。興等懼，將餘眾聚鄜(一四)城。操使夏侯淵助渾討之，遂斬興，餘黨悉平。渾，泰之弟也(一五)。

(七)九月，庚戌（二十一日），立皇子熙為濟陰王，懿為山陽王，邈為濟北王，敦為東海王(一六)。

(八)初，張紘以秣陵山川形勝，勸孫權以為治所；及劉備東過秣陵，亦勸權居之。權於是作石頭城，徙治秣陵，改秣陵為建業(一七)。

(九)呂蒙聞曹操欲東兵(一八)，說孫權夾濡須水(一九)口立塢，諸將皆曰：「上岸擊賊，洗足入船，何用塢為？」蒙曰：「兵有利鈍，戰無百勝，如有邂逅(二〇)敵步騎蹙人，不暇及水，其得入船乎？」權曰：「善。」遂作濡須塢(二一)。冬，十月，曹操東擊孫權。

(十)董昭言於曹操曰：「自古以來，人臣匡世，未有今日之功；有今日之功，未有久處人臣之勢(二二)者也。今明公恥有慚德，樂保名節(二三)，然處大臣之勢，使人以大事疑己，誠不可不重慮也！」乃與列侯、諸將議，以丞相宜進爵國公，九錫備物(二四)以彰殊勳。荀彧以為：「曹公本興義兵以匡朝寧國，秉忠貞之誠，守退讓之實，君子愛人以德㉟，不宜如此。」操由是不悅。及擊孫權，表請彧勞軍于譙，因輒留彧，以侍中光祿大夫持節參丞相軍事。操軍向濡須，彧以疾留壽春，飲藥而卒。【考異】陳志彧傳曰：「以憂薨。」范書彧傳曰：「操饋之食，發視乃空器也，於是飲藥而卒。」孫盛魏氏春秋亦同。按彧之死，操隱其誅，陳壽云以憂卒，蓋闕疑也。今不正言其飲藥，恐後世為人上者謂隱誅可得而行也。彧行義脩整而有智謀，好推賢進士㊱，故時人皆惜之。

臣光曰：「孔子之言仁也，重矣！自子路、冉求、公西赤，門人之高第，令尹子文、陳文子，諸侯之賢大夫，皆不足以當之，而獨稱管仲之仁，豈非以其輔佐齊桓，大濟生民乎㊲？齊桓之行若狗彘，管仲不羞而相之，其志蓋以非桓公則生民不可得而濟也。漢末大亂，羣生塗炭，自非高世之才不能濟也。然則荀彧捨魏武，將誰事哉？齊桓之時，周室雖衰，未若建安之初也。建安之初，四海蕩覆㊳，尺土一民，皆非漢有，荀彧佐魏武而興之，舉賢用能，訓卒厲兵，決機發策，征伐四克，遂能以弱為彊，化亂為治，十分天下而有其八，其功豈在管仲之後乎？管仲不死子糾而荀彧死漢室，其仁復居管仲之先矣！而杜牧乃以為『彧之勸魏武取兖州，則比之高、光(二九)，官渡不令還許，則比之楚、漢(三〇)，及事就功畢，乃欲邀名於漢代，譬之教盜穴墉發匱而不與同挈，得不為盜乎？』臣以為孔子稱『文勝質則史』(三一)。凡為史者，記人之言，必有以文之，然則比魏武於『高、光』『楚、漢』者，史氏之文也，豈皆彧口所言邪？用是貶彧，非其罪矣！且使魏武為帝，則彧為佐命元功，與蕭何同賞矣！彧不利此，而利於殺身以邀名，豈人情乎？」

(十一)十二月，有星孛于五諸侯(三二)。

(十二)劉備在葭萌，龐統言於備曰：「今陰選精兵，晝夜兼道，徑襲成都。劉璋既不武，又素無豫備，大軍卒(三三)至，一舉便定，此上計也。楊懷、高沛，璋之名將，各杖彊兵，據守關頭(三四)，聞數有牋諫璋，使發遣將軍還荊州，將軍遣與相聞，說荊州有急，欲還救之，並使裝束，外作歸形，此二子既服將軍英名，又喜將軍之去，計必乘輕騎來見將軍，因此執之，進取其兵，乃向成都，此中計也。退還白帝(三五)，連引荊州，徐還圖之，此下計也。若沈吟不去，將致大困，不可㊱久矣！」備然其中計。及曹操攻孫權，權呼備自救，備貽璋書曰：「孫氏與孤本為脣齒㊲，而關羽兵弱，今不往救，則曹操必取荊州，轉侵州界㊳，其憂甚於張魯。魯自守之賊，不足慮也。」因求益萬兵及資糧，璋但許兵四千，其餘皆給半。備因激怒其眾曰：「吾為益州征彊敵，師徒勤瘁㊴，而積財吝賞㊵，何以使士大夫㊶死戰乎？」張松書與備及灋正曰：「今大事垂立，如何釋此去乎？」松兄廣漢太守肅懼禍及己，因發其謀，於是璋收斬松，敕關戍㊷諸將文書，皆勿復得與備關通。備大怒，召璋白水軍督楊懷、高沛，責以無禮㊸，斬之。勒兵徑至關頭，並其兵，進據涪城。

【今註】㊀曹操還鄴：自安定還至鄴。㊁功曹常林：《魏志・常林傳》：「文帝為五官將，林為功曹。」㊂大軍：謂西征之軍。㊃彊敵：謂孫權、劉備。㊄天下之鎮：不留守鄴，鄴時為帝都，故云為天下之鎮。㊅遠舉：舉兵遠征。㊆雖克不武：雖克敵，不足以為武。㊇擾攘：紛爭貌。㊈權時：猶言暫時。權本訓變，謂變通常法以合時宜。㊉又善處人父子之間：操謂昱能諫丕不專殺，使父子無間隙。⑪國淵上首級，皆如其實數：操西征，以國淵為長史，統留事。⑫聳民聽：聳通竦，

《文選注》：「竦，動也。」謂誇大軍功以聳動民聽。㊂誅衞尉馬騰，夷三族：騰詣鄴，見上卷建安十三年。㊃鄳：孟康曰：「音敷。」前漢縣，屬左馮翊，後漢省，故城在今陝西省洛川縣東南。㊄渾：鄭泰之弟。㊅玄皇子熙為濟陰王，懿為山陽王，邈為濟北王，敦為東海王：《山陽公載記》曰：「時許靖在巴郡，聞立諸王，曰：『將欲歙之，必姑與之；將欲奪之，其孟德之謂乎！』」錢大昕曰：「東海王祇以建安五年薨，子羨嗣，魏受禪始除，不應別封皇子，當是北海之譌。」㊆權於是作石頭城，徙治秣陵，改秣陵為建業：胡三省曰：「秣陵，屬丹陽郡，本金陵也，秦始皇改。孫權改曰建業，後避晉愍帝諱，改曰建康。石頭城在今建康城西二里。金陵志：『石頭城去臺城九里，南合秦淮水。』張舜民曰：『石頭城者，天生城壁有如城然，在清涼寺北覆舟山上。江行自北來者，循石頭城轉入秦淮。』陸游曰：『龍灣望石頭山不甚高，然峭立江中，繚繞為垣牆。清涼寺距石頭里餘，西望宣化渡及歷陽諸山。』宋白曰：『晉平吳，分為二邑，自淮水南為秣陵，北為建業。』江表傳紘謂權曰：『秣陵，楚武王所置，名為金陵，地勢岡阜連石頭。昔秦始皇東巡經此縣，望氣者云金陵地形有王者都邑之氣，故掘斷連岡，改名秣陵。今處所具存，宜為都邑。』獻帝春秋又載權曰：『秣陵有小江百餘里，可以安大船。吾方理水軍，當移據之。』又據晉書郗隆傳：『隆為揚州刺史，鎮秣陵。齊王冏檄令赴討趙王倫，隆停檄不下。時王邃鎮石頭，隆軍西赴邃者甚眾，隆遣從事於牛渚禁之，不得止，將士奔邃攻殺隆。』則石頭在牛渚西。詳考是事，秣綾軍將赴邃，欲自牛渚而西勤王也，石頭自在牛渚東。」按秦秣陵故城在舊江寧縣東南，秣陵橋東北；建業即今江蘇省江寧縣。石頭城故址在今江寧縣西石頭山後。牛渚一名采石，在今安徽省當塗縣西北。《寰宇記》云：「牛渚山突出江中，謂之牛渚圻，山北謂之采石，對采石渡口。商旅於此取名，至都輸造石渚，故名。」⑱東兵：引兵東征。⑲濡須水：在安徽省巢縣南，亦名石樑河、柵口水、東關水。源出巢湖，東南流經濡須、七寶二山之間，至無為縣東入江。⑳邂逅：不期而遇。㉑濡須塢：塢為濡須水所經，故名。故址在今安徽省含山縣西南，接巢縣界。《元和郡縣志》云：「初，呂蒙守濡須，聞曹操將來，夾水築塢，形如偃月，名曰偃月塢。」《輿地志》云：「柵江口，古濡須口也。吳築兩城於北岸，魏置柵於南岸。」㉒未有久處人臣之勢：言將取代前朝。㉓今明公恥有慙德，樂保名節：《書‧仲虺之誥》：「成湯放桀于南巢，惟有慙德。」言操恥於篡奪而樂守臣節以致令名。㉔九錫：解詳卷三十六平帝元四年註㊼。㉕君子愛人以德：《禮‧檀弓》曾子曰：「君子之愛人也以德，細人之愛人以姑息。」言君子當以德愛人，不當勸人行不德之事。㉖推賢進士：士之有賢材者推許而進用之。㉗孔子之言仁也重矣至而獨稱管仲之仁，豈非以其輔佐齊桓，大濟民生乎：《論語‧公冶長》：「孟武伯問：『子路仁乎？』子曰：『不知也。』又問，子曰：『由也，千乘之國可使治其賦也，不知其仁也。』『求也何如？』子曰：『求也，千乘之邑、百乘之家可使為之宰也，不知其仁也。』『赤也何如？』子曰『赤也，束帶立於朝，可使與賓客言也，不知其仁也。』」子張問曰：『令尹子文三仕為令尹，無喜色；三已之，無慍色。舊令尹之政，必以告新令尹，何如？』子曰：『忠矣！』曰：『仁矣乎？』曰：『未知，焉得仁？』『崔子弒齊君陳文子有馬千乘，棄而違之。至於他邦，則曰：猶吾大夫崔子也。違之。之一邦，則又曰：猶吾大夫崔子也。違之。何如？』子曰：『清矣！』『仁矣乎？』曰：『未知，焉得仁？』」又〈憲問〉：「子貢曰：『管仲非仁者與？桓公殺公子糾，不能死又相之。』子曰：「管仲相桓公霸諸侯，一匡天下，民到今受其賜。微管仲，吾其被髮左衽矣！豈若匹夫匹婦之為諒也！自經於溝瀆而莫之知也。』子路曰：『桓公殺公子糾，召忽死之，管仲不死，曰未仁乎？』子曰：『桓公九合諸侯，不以兵車，管仲之力也。如其仁，如其仁！』」朱子曰：「如其仁，言誰如其仁者！又再言以深許之。蓋管仲雖未得為仁人，而其利澤及人，則有仁之功矣！」㉘蕩覆：板蕩傾覆。㉙高、光：高祖、光武。㉚比之楚漢：言其局勢如楚漢相峙之時。㉛文勝質則史：此《論語》載孔子之言。朱子曰：「史掌文書，多聞習事，而誠或不足也。」㉜五諸侯：星名。《晉書・天文志》：「五諸侯五星，在東井北。」㉝卒，讀曰猝。㉞關頭：胡三省曰：「即白水關頭也。」㉟白帝：即魚腹縣，漢屬巴郡，故城在今四川省奉節縣東，據白帝山上。《元和志》：「漢末公孫述據此，殿前井有白龍出，因自稱白帝，號山曰白帝山，城曰白帝城。」三國時為蜀漢邊防重地，昭烈征吳，敗還至此，改置永安縣。㊱不可久：言終必為璋所滅。㊲脣齒：喻休戚相關，如脣齒之切近。《左傳》宮之奇曰：「虢，虞之表也；虢亡，虞必從之。諺所謂輔車相依，脣亡齒寒者，其虞虢之謂也。」㊳州界：胡三省曰：「謂益州界。」㊴勤瘁：勤勉勞瘁。㊵積財吝賞：廣積財貨而吝於犒賞。㊶士大夫：謂將士。古者軍政合一，在國從政曰卿，出掌軍旅曰士。㊷戍：邊守。㊸責以無禮：胡三省曰：「責其無客主之禮也。」

十八年（西元二一三年）

㈠春，正月，曹操進軍濡須口，號步騎四十萬，攻破孫權江西營㊀，獲其都督公孫陽。權率眾七萬禦之，相守月餘，操見其舟船、器仗、軍伍整肅，歎曰：「生子當如孫仲謀㊁。如劉景升兒子，豚犬耳！」權為牋與操，說：「春水方生，公宜速去。」別紙言：「足下不死，孤不得安。」操語諸將曰：「孫權不欺孤。」乃徹軍還。

㈡庚寅（初三日），詔幷十四州，復為九州㊂。

㈢夏，四月，曹操至鄴。

㈣初，曹操在譙，恐濱江郡縣為孫權所略，欲徙令近內，以問揚州別駕蔣濟，曰：「昔孤與袁本初對軍官渡，徙燕㊃、白馬民，民不得走，賊亦不敢鈔。今欲徙淮南民，何如？」對曰：「是時兵弱賊彊，不徙必失之。自破袁紹以來，明公威震天下，民無他志，人情懷土，實不樂徙，懼必不安。」操不從。既而民轉相驚，自廬江、九江、蘄春㊄、廣陵戶十餘萬皆東渡江，江西遂虛；合肥以南，惟有皖城㊅。濟後奉使詣鄴，操迎見，大笑曰：「本但欲使避賊，乃更驅盡之。」拜濟丹陽太守㊆。

㈤五月，丙申（十日），以冀州十郡㊇封曹操為魏公，以丞相領冀州牧如故；又加九錫，大輅、戎輅各一，玄牡二駟，衮冕㊈之服，赤舄㊉副焉，軒縣之樂⑪，六佾之舞⑫，朱戶以居，納陛⑬以登，虎賁之士三百人，鈇鉞各一，彤弓一，彤矢百，玈弓⑭十，玈矢千，秬鬯⑮一卣⑯，珪瓚⑰副焉。

㈥大雨水。

㈦益州從事廣漢鄭度聞劉備舉兵，謂劉璋曰：「左將軍懸軍襲我，兵不滿萬，士眾未附；軍無輜重，野穀是資。其計莫若盡驅巴西、梓潼⑱民內涪水⑲以西，其倉廩野穀，一皆燒除，高壘深溝，靜以待之。彼至請戰，勿許，久無所資，不過百日，必將自走，走而擊之，此必禽耳！」劉備聞而惡之，以問灋正。正曰：「璋終不能用，無憂也。」璋果謂其羣下曰：「吾聞拒敵以安民，未聞動民以避敵也！」不用度計。

璋遣其將劉璝、冷苞、張任、鄧賢、吳懿等拒備，皆敗，退保綿竹[20]，懿詣軍降。璋復遣護軍南陽李嚴、江夏費觀督綿竹諸軍，嚴、觀亦率其眾降於備，備軍益彊，分遣諸將平下屬縣，劉璝、張任與璋子循退守雒城[21]。備進軍圍之，任勒兵出戰於鴈橋[22]，軍敗，任死。

(八)秋，七月，魏始建社稷、宗廟。

(九)魏公操納三女為貴人[23]。

(十)初，魏公操追馬超至安定，聞田銀、蘇伯反，引軍還。參涼州軍事楊阜言於操曰：「超有信布[24]之勇，甚得羌胡心。若大軍還，不設備，隴上諸郡[25]非國家之有也。」操還，超果率羌胡擊隴上諸郡縣，郡縣皆應之，惟冀城[26]奉州郡以固守。超盡兼隴右之眾，張魯復遣大將楊昂助之，凡萬餘人，攻冀城，自正月至八月，救兵不至。刺史韋康遣別駕閻溫出告急於夏侯淵[27]，外圍數重，溫夜從水中潛出。明日，超兵見其迹，遣追獲之。超載溫詣城下，使告城中云：「東方無救[28]。」溫向城大呼曰：「大軍不過三日至，勉之。」城中皆泣，稱萬歲。超雖怒，猶以攻城久不下，徐徐更誘溫，冀其改意。溫曰：「事君有死無二，而卿乃欲令長者出不義之言乎？」超遂殺之。已而外救不至，韋康及太守欲降，楊阜號哭諫曰：「阜等率父兄子弟，以義相勵，有死無二，以為使君守此城。今奈何棄垂成之功，陷不義之名乎？」刺史、太守不聽，開城門迎超。超入，遂殺刺史、太守，自稱征西將軍，領幷州牧，督涼州軍事。

魏公操使夏侯淵救冀，未到而冀敗。淵去冀二百餘里，超來逆戰，淵軍不利。氐王千萬[29]反，應超，屯興國[30]，淵引軍還。

會楊阜喪妻，就超求假[31]以葬之。阜外兄天水姜敘撫夷將軍，擁兵屯歷城[32]，阜見敘及其母，歔欷[33]悲甚。敘曰：「何為乃爾？」阜曰：「守城不能完，君亡不能死，亦何面目以視息[34]於天下？馬超背父叛君，虐殺州將[35]，豈獨阜之憂責？一州士大夫皆蒙其恥。君擁兵專制而無討賊心，此趙盾所以書弒君也[36]。超彊而無義多讐，易圖耳！」敘母慨然曰：「咄㊲，伯奕㊳，韋使君㊴遇難，亦汝之負，豈獨義山㊵哉！人誰不死？死於忠義，得其所也。但當速發㊶，勿復顧我，我自為汝當之，不以餘年累汝也。」敘乃與同郡趙昂、尹奉、武都李俊等合謀討超，又使人至冀，結安定梁寬、南安趙衢，使為內應。超取趙昂子月為質，昂謂妻異㊷曰：「吾謀如是，事必萬全，當奈月何？」異厲聲應曰：「雪君父之大恥，喪元㊸不足為重，況一子哉！」

九月，阜與敘進兵入鹵城㊹，昂、奉據祁山㊺以討超。超聞之，大怒。趙衢因譎說超使自出擊之。超出，衢與梁寬閉冀城門，盡殺超妻子。超進退失據，乃襲歷城，得敘母。敘母罵之曰：「汝背父之逆子，殺君之桀賊㊻，天地豈久容汝。而不早死，敢以面目視人乎？」超殺之，又殺趙昂之子月。

楊阜與超戰，身被五創，超兵敗，遂南犇張魯。【考異】楊阜傳云：「十七年九月」武帝紀：「十八年，超在漢陽，復因羌胡為害。十九年正月，趙衢等討超，超犇漢中。」按姜敘九月起兵，超即應出討，超出，衢等即應閉門，不應至來年正月，蓋魏史書捷音到鄴之月耳，楊阜傳誤也。魯以超為都講祭酒㊼，欲妻之以女，或謂魯曰：「有人若此，不愛其親，焉能愛人？」魯乃止。

操封討超之功，侯者十一人，賜楊阜爵關內侯。

㈩冬，十一月，魏初置尚書、侍中、六卿。以荀攸為尚書令，涼茂(四八)為僕射，毛玠、崔琰、常林、徐奕、何夔為尚書(四九)，王粲、杜襲、衞覬、和洽為侍中(五〇)，鍾繇為大理(五一)，王脩為大司農，袁渙為郎中令(五二)，行御史大夫事，陳羣為御史中丞(五三)。袁渙得賞賜，皆散之，家無所儲，乏則取之於人，不為皦(五四)察之行，然時人皆服其清。時有傳劉備死者，羣臣皆賀，惟渙獨否。魏公操欲復肉刑，令曰：「昔陳鴻臚(五五)以為死刑有可加於仁恩者，御史中丞能申其父之論乎？」陳羣對曰：「臣父紀以為漢除肉刑而增加於笞(五六)，本興仁惻而死者更眾，所謂名輕而實重者也。名輕則易犯，實重則傷民。且殺人償死，合於古制，至於傷人或殘毀其體而裁翦毛髮，非其體也。若用古刑，使淫者下蠶室，盜者刖其足，則永無淫放穿踰(五七)之姦矣。夫三千之屬(五八)，雖未可悉復若斯數者，時之所患，宜先施用。漢律所殺，殊死之罪，仁所不及也；其餘逮死者，可易以肉刑。如此，則所刑之與所生，足以相貿矣(五九)。今以笞死之灋易不殺之刑，是重人支體而輕人軀命也。」當時議者唯鍾繇與羣議同，餘皆以為未可行。操以軍事未罷，顧眾議而止。

【今註】㊀攻破孫權江西營：胡三省曰：「大江東北流，故自歷陽至濡須口，皆謂之江西，而建業謂之江東。」㊁孫仲謀：孫權字仲謀。㊂詔幷十四州，復為九州：胡三省曰：「十四州：司、豫、冀、兗、徐、青、荊、揚、益、梁、雍、幷、幽、交也。復為九州者，割司州之河東、河內、馮翊、扶風及幽、幷二州皆入冀州；涼州所統悉入雍州，又以司州之京兆入焉；又以司州弘農、河南入豫州；交州並入荊州，則省司、涼、幽、幷而復禹貢之九州矣！此曹操自領冀州牧，欲廣其所統以制天下耳！」㊃燕：縣名，屬東郡，故城在今河南省延津縣北。㊅蘄春：胡三省曰：「蘄春縣，本屬江夏郡。沈約曰：『吳立蘄春郡。』此據吳志書之也。」蘄春故城在今湖北省蘄春縣北。㊅皖城：縣名，屬廬江郡，即今安徽省潛山縣。㊆拜濟丹陽太守：胡三省曰：「丹陽郡已屬孫權，齊不得之郡也。」㊇以冀州十郡封曹操為魏公：時以冀州之河東、河內、魏郡、趙國、中山、常山、鉅鹿、安平、甘陵、平原凡十郡為魏國，見《魏志．武帝紀》。㊈袞冕：袞服而冕。袞冕本天子禮服，惟上公亦得服之。詩傳云：「袞衣，卷龍衣也。」陳奐曰：「袞與卷古同聲。象龍曲形曰卷龍，畫龍作服曰龍卷，加袞之服曰袞衣，玄衣而加袞曰玄袞，載冠加袞曰袞冕。」㊉赤舃：毛萇曰：「赤舃，人君之盛屨也。」鄭眾曰：「舄有三等，赤馬為上，冕服之舄。」㉑軒縣之樂：《周禮》：「樂縣之位，王宮縣，諸侯軒縣。」鄭眾曰：「宮縣，四面縣；軒縣，去其一面。」鄭玄曰：「軒縣去南面，辟王也。」縣讀曰懸。㉒六佾之舞：舞時行列，人數縱橫皆同曰佾。舞佾之數，天子八，諸侯六。杜預曰：「八佾，八八六十四人；六佾，六六三十六人。」㉓納陛：孟康曰：「納，內也，謂鑿殿基際為陛，不使露也。」顏師古曰：「尊者不欲露而升陛，故內之於霤下也。」霤即中霤，謂室之中央。《釋名・釋宮室》：「中央曰中霤。古者寝穴，後室之霤，當今之棟下，直室之中，古者霤下之處也。」寝亦作複。庾蔚曰：「複為地上累土，謂之穴，則穿地也。複穴皆開其上取明，故雨霤之，是以後因名室為中霤也。」㉔玈弓：玈與臚同，《書・文侯之命》作盧弓。玈弓即黑弓。㉕秬鬯：秬，黑黍；鬯，祭祀之酒。以鬱金草釀秬黍為酒以供祭祀，謂之秬鬯。㉖卣：音酉，盛酒之中尊。孫炎曰：「尊、彝為上，罍為下，卣居中」㉗珪瓚：珪，古圭字，玉器之貴重者；瓚，祭祀時挹酒之祼器。鄭眾曰：「於圭頭為器，可以挹鬯祼祭謂之瓚。」㉘梓潼：縣名，屬廣漢郡，故城即今四川省梓潼縣。《華陽國志》云：「武帝元鼎元年置。以縣東倚梓林，北枕潼水，因以為名。」劉昭曰：「建安二十二年，劉備以為郡。」㉙湔水：《漢書・地理志》云：「梓潼縣有五婦山，馳水所出，南入湔。」馳水一曰五婦水，亦曰潼水。應劭曰：「涪水出廣漢，南入漢。」《水經》云：「涪水出廣漢湔縣西北，東至廣漢與梓潼水合，又西南流，又南入于墊江。」㉚綿竹：縣名，屬廣漢郡，故城在今四川省德陽縣北。㉛雒縣：屬廣漢郡，益州刺史治所，故城在今四川省廣漢縣北。㉜鴈橋：胡三省曰：「鴈江在雒縣南，曾有金鴈，故名。有鴈橋。」㉓魏公操納三女為貴人：操三女，長憲、次節、次華。節後立為皇后，見《後漢書・皇后紀》。㉔信、布：韓信、黥布。㉕隴上諸郡：胡三省曰：「隴西、南安、漢陽、永陽皆隴上諸郡也。」《獻帝起居注》：「初平四年，分漢陽、上郡為永陽。」㉖冀城：冀縣屬漢陽郡，郡守及涼州刺史治此。故城在甘肅省甘谷縣南。㉗遣別駕閻溫出告急於夏侯淵：淵時屯長安。㉘東方無救：言東方之援不至。隴右在西，淵軍屯長安在東，故曰東方。㉙氐王千萬：胡三省曰：「氐王千萬，略陽清水氐種也，其後是為仇池之楊。」㉚興國：胡三省曰：「興國，城名。」㉛求假：猶今之請假。㉜歷城：顧祖禹曰：「上祿縣，漢置，屬武都郡，本名歷城，其後改曰建安。」故城在今甘肅省成縣西。㉝歔欷：《說文繫傳》：「歔欷者，悲泣氣咽而抽息也。」㉞視息：即生存。蓋取生則目能視，鼻能息之意。蔡琰詩：「為復彊視息，雖生何聊賴？」《宋書・徐堪之傳》：「靦然視息，忍此餘生。」皆此義。㉟州將：漢謂州刺史為州將，郡守為郡將。㊱君擁兵專制而無討賊心，此趙盾所以書弒君也：趙盾謂晉卿趙宣子。《左傳》宣三年：「趙穿攻靈公於桃園，宣子未出山而復，太史書曰：『趙盾弒其君。』以示於朝。宣子曰：『不然。』對曰：『子為正卿，亡不越竟，反不討賊，非子而誰？』」故皐以為喻。㊲咄：責讓之聲。㊳伯奕：姜敘字。㊴韋使君：謂韋康。東漢稱州郡長官曰使君。㊵義山：楊阜字。㊶發：謂發兵討超。㊷異：胡三省曰：「據皇甫謐列女傳，異，士氏女也。」㊸喪元：猶言喪首。㊹鹵城：胡三省曰：「鹵城當在西縣、冀縣之間。」趙一清曰：「漢書地理志隴西郡有西縣，安定郡有鹵縣；後漢書郡國志漢陽郡西縣，故屬隴西而安定無鹵縣，蓋後漢省也。此當為安定之鹵城。」鹵縣，今闕，當在甘肅省境。㊺祁山：《水經．漾水注》：「祁山在嶓冢之西，山上有城，極為嚴固。昔諸葛亮攻祁山即斯城也。」故城在今甘肅省西和縣西北。㊻背父之逆子，殺君之桀賊：胡三省曰：「背父，謂馬騰在鄴，不顧而反；殺君，謂殺韋康也。」暴戾曰桀。㊼魯以超為都講祭酒：魯為五斗米道，自號師君，其來學者初名為鬼卒，後號祭酒，見《後漢書．劉焉傳》。胡三省曰：「都講祭酒者，魯使學者都習老子五千文，置都講祭酒，位次師君。」㊽涼茂：姓涼名茂。㊾毛玠、崔琰、常林、徐奕、何夔為尚書：胡三省曰：「魏置五曹尚書：吏部、左民、客曹、五兵、度支。」此五人分掌五曹。㊿王粲、杜襲、衞覬、和洽為侍中：胡三省曰：「自是以後，侍中遂以四人為定員。」(51)大理：胡三省曰：「大理，漢廷尉之職。」(52)郎中令：胡三省曰：「郎中令，漢光祿勳之職。」(53)御史中丞：胡三省曰：「時以御史大夫為三公，以中丞為御史台主。」(54)皦：同皎。(55)陳鴻臚：謂陳羣父紀，紀仕漢為大鴻臚。(56)漢除肉刑而增加於笞：事見卷十五文帝十三年。(57)穿踰：穿謂穿穴，踰為踰垣，故以為盜竊之稱。(58)三千之屬：胡三省曰：「周穆王作甫刑：墨罰之屬千，劓罰之屬千，剕罰之屬五百，宮罰之屬三百，大辟之屬二百，五刑之屬三千。」甫刑，《書．呂刑篇》之別名。〈呂刑序〉傳云：「後為甫侯，故或稱甫刑。」疏云：「穆王時未有甫名，而稱為甫刑者。後人以子孫之國號名之也。」(59)相貿：互相交易。

卷六十七 漢紀五十九

司馬光編集
林瑞翰註

起閼逢敦牂，盡柔兆涒灘，凡三年。（甲午至丙申，西元二一四年至二一六年）

孝獻皇帝壬

建安十九年（西元二一四年）

㈠春，馬超從張魯求兵北取涼州，魯遣超還圍祁山，姜敘告急於夏侯淵。諸將議欲須魏公操節度，淵曰：「公在鄴，反覆四千里，比報，敘等必敗，非救急也。」遂行。使張郃㈠督步騎五千為前軍，超敗走。韓遂在顯親㈡，淵欲襲取之，遂走。淵追至略陽城，去遂三十餘里，諸將欲攻之。或言當攻興國氐㈢，淵以為遂兵精，興國城固，攻不可卒拔，不如擊長離㈣諸羌，長離諸羌多在遂軍，必歸救其家，若捨羌獨守則孤㈤，救長離㈥則官兵得與野戰，必可虜也。淵乃留督將守輜重，自將輕兵到長離，攻燒羌屯，遂果救長離。諸將見遂兵眾，欲結營作塹乃與戰，淵曰：「我轉鬥千里，今復作營壍，則士眾罷㈦敝，不可復用。賊雖眾，易與耳！」乃鼓之，大破遂軍。進圍興國，氐王千萬犇馬超，餘眾悉降。轉擊高平、屠各，皆破之。

㈡三月，詔魏公操位在諸侯王上，改授金璽赤紱㈧遠游冠㈨。

㈢夏，四月，旱。五月，雨水。

㈣初，魏公操遣廬江太守朱光屯皖，大開稻田。呂蒙言於孫權曰：「皖田肥美，若一收孰㈩，彼眾必增，宜早除之。」閏月，權親攻皖城。諸將欲作土山，添攻具，呂蒙曰：「治攻具及土山，必歷日乃成。城備既脩，外救必至，不可圖也。且吾乘雨水以入，若留經日，水必向盡，還道艱難，蒙竊危之。今觀此城不能甚固，以三軍銳氣，四面並攻，不移時可拔，及水以歸，全勝之道也。」權從之。蒙薦甘寧為升城督。寧手持練，身緣城，為士卒先。蒙以精銳繼之，手執枹鼓，士卒皆騰踊。侵晨進攻，食時破之，獲朱光及男女數萬口。既而張遼至夾石㈡，聞城已拔，乃退。權拜呂蒙為廬江太守，還屯尋陽。

(五)諸葛亮留關羽守荊州，與張飛、趙雲將兵泝流克巴東(一二)，至江州，破巴郡太守嚴顏，生獲之。飛呵顏曰：「大軍既至，何以不降，而敢拒戰？」顏曰：「卿等無狀，侵奪我州(一三)。我州但有斷頭將軍，無降將軍也！」飛怒，令左右牽去斫頭，顏容止(一四)不變，曰：「斫頭便斫頭，何為怒邪？」飛壯而釋之，引為賓客。分遣趙雲從外水(一五)定江陽(一六)、犍為(一七)，飛定巴西(一八)、德陽(一九)。

劉備圍雒城，且一年，龐統為流矢所中，卒(二〇)。

灋正牋與劉璋為陳形勢彊弱，且曰：「左將軍從舉兵以來，舊心依依(二一)，實無薄意(二二)。愚以為可圖變化(二三)，以保尊門(二四)。」璋不答。

雒城潰，備進圍成都，諸葛亮、張飛、趙雲引兵來會。

馬超知張魯不足與計事，又魯將楊昂等數害其能，超內懷於邑(二五)，備使建寧督郵李恢(二六)往說之，超遂從武都逃入氐中，密書請降於備。備使人止超，而潛以兵資之。超到，令引軍屯城北，城中震怖。備圍城數十日，使從事中郎涿郡簡雍(二七)入說劉璋。時城中尚有精兵三萬人，穀、帛支一年，吏民咸欲死戰，璋言：「父子在州二十餘年㉘，無恩德以加百姓。百姓攻戰三年，肌膏草野者，以璋故也，何心能安？」遂開城與簡雍同輿出降，羣下莫不流涕。備遷璋于公安，盡歸其財物，佩振威將軍印綬㉙。

備入成都，置酒，大饗士卒。取蜀城中金銀分賜將士，還其穀帛㉚。備領益州牧，以軍師中郎將諸葛亮為軍師將軍益州太守㉛，南郡董和為掌軍中郎將，並署左將軍府事㉜；偏將軍馬超為平西將軍㉝，軍議校尉灋正為蜀郡太守揚武將軍，裨將軍，南陽黃忠為討虜將軍，從事中郎㉞麋竺為安漢將軍，簡雍為昭德將軍，北海孫乾為秉忠將軍㉟，廣漢長黃權為偏將軍，汝南許靖為左將軍，長史龐羲為司馬，李嚴為犍為太守，費觀為巴郡太守，山陽伊籍為從事中郎，零陵劉巴為西曹掾，廣漢彭羕為益州治中從事。

初，董和在郡，清儉公直，為民夷所愛信，蜀中推為循吏，故備舉而用之。

備之自新野犇江南也㊱，荊楚羣士從之如雲，而劉巴獨北詣魏公操，操辟為掾，遣招納長沙、零陵、桂陽。會備略有三郡，巴事不成，欲由交州道還京師。時諸葛亮在臨蒸㊲，以書招之，巴不從，備深以為恨。巴遂自交阯入蜀，依劉璋。及璋迎備，巴諫曰：「備，雄人也，入必為害。」既入，巴復諫曰：「若使備討張魯，是放虎於山林也。」璋不聽，巴閉門稱疾。備攻成都，令軍中曰：「有害巴者，誅及三族。」及得巴，甚喜。

是時益州郡縣皆望風景附，獨黃權閉城堅守，須璋稽服㊳，乃降。於是董和、黃權、李嚴等，本璋之所授用也㊴；【考異】璋以和為益州太守，權為府主簿，嚴為護軍。吳懿、費觀等，璋之婚親也㊵；彭羕，璋之所擯棄也㊶；劉巴，宿昔之所忌恨也；備皆處之顯任，盡其器能。有志之士，無不競勸，益州之民，是以大和。

初，劉璋以許靖為蜀郡太守，成都將潰，靖謀踰城降備，備以此薄靖，不用也。灋正曰：「天下有獲虛名而無其實者，許靖是也㊷。然今主公㊸始創大業，天下之人不可戶說㊹，宜加敬重以慰遠近之望。」備乃禮而用之。

成都之圍也，備與士眾約：「若事定，府庫百物，孤無預焉！」

及拔成都，士眾皆捨干戈，赴諸藏㊺，競取寶物，軍用不足，備甚憂之。劉巴曰：「此易耳！但當鑄直百錢㊻，平諸物價，令吏為官市。」備從之，數月之間，府庫充實。

時議者欲以成都名田宅分賜諸將，趙雲曰：「霍去病以匈奴未滅，無用家為㊼，今國賊非但匈奴㊽，未可求安也！須天下都定㊾，各反桑梓㊿，歸耕本土，乃其宜耳！益州人民，初罹兵革，田宅皆可歸還，令安居復業，然後可役調(51)，得其歡心，不宜奪之以私所愛也。」備從之。

備之襲劉璋也，留中郎將南郡霍峻守葭萌城。張魯遣楊昂誘峻求共守城，峻曰：「小人頭可得，城不可得。」昂乃退。後璋將扶禁(52)、向存等帥萬餘人由閬水(53)上，攻圍峻且一年。峻城中兵纔數百人，伺其怠隙，選精銳出擊，大破之，斬存。備既定蜀，乃分廣漢為梓潼郡(54)，以峻為梓潼太守。

灋正外統都畿(55)，內為謀主，一飡之德，睚眦(56)之怨，無不報復，擅殺毀傷己者數人。或謂諸葛亮曰：「灋正太縱橫(57)，將軍宜啟主公，抑其威福。」亮曰：「主公之在公安也，北畏曹操之彊，東憚孫權之逼，近則懼孫夫人生變於肘腋(五八)，灋孝直(五九)為之輔翼，令翻然翱翔，不可復制(六〇)，如何禁止孝直，使不得少行其意邪？」諸葛亮佐備治蜀，頗尚嚴峻，人多怨歎者。灋正謂亮曰：「昔高祖入關，約灋三章(六一)，秦民知德。今君假借威力，跨據一州，初有其國，未垂惠撫，且客主之義，宜相降下(六二)，願緩刑弛禁以慰其望。」亮曰：「君知其一，未知其二。秦以無道，政苛民怨，匹夫大呼，天下土崩，高祖因之，可以弘濟(六三)。劉璋暗弱，自焉(六四)以來，有累世之恩，文灋羈縻，互相承奉，德政不舉，威刑不肅，蜀土人士，專權自恣，君臣之道，漸以陵替(六五)。寵之以位，位極則賤，順之以恩，恩竭則慢。所以致敝，實由於此。吾今威之以灋，灋行則知恩，限之以爵，爵加則知榮。榮恩並濟，上下有節，為治之要，於斯而著矣(六六)！」

劉備以零陵蔣琬為廣都長。備嘗因游觀，奄(六七)至廣都，見琬眾事不治，時又沈醉(六八)，備大怒，將加罪戮。諸葛亮請曰：「蔣琬，社稷之器，非百里之才也。其為政以安民為本，不以脩飾為先，願主公重加察之(六九)。」備雅敬亮，乃不加罪，倉卒但免官而已。

㈥秋，七月，魏公操擊孫權，留少子臨菑侯植守鄴。【考異】植傳云：「太祖戒之曰：『吾昔為頓丘令，年二十三，思此時所行，無悔於今。今汝年亦二十三矣。』」又云：「植太和六年薨，年三十一。」按植今年年二十三，則死時當年四十一矣！本傳誤也。操為諸子高選(七〇)官屬，以邢顒為植家丞。顒防閑以禮(七一)，無所屈撓，由是不合(七二)。庶子(七三)劉楨，美文辭，植親愛之。楨以書諫植曰：「君侯採庶子之春華(七四)，忘家丞之秋實(七五)，為上招謗，其罪不小，愚實懼焉。」

㈦魏尚書令荀攸卒。攸深密(七六)有智防(七七)，自從魏公操攻討，常謀謨帷幄(七八)，時人及子弟莫知其所言。操嘗稱荀文若(七九)之進善，不進不休；荀公達(八〇)之去惡，不去不止。又稱二荀令(八一)之論人，久而益信，吾沒世不忘。

㈧初，枹罕(八二)宋建因涼州亂，自號河首平漢王(八三)，改元，置百官，三十餘年。

冬，十月，魏公操使夏侯淵自興國討建，圍枹罕，拔之，斬建。

淵別遣張郃等渡河入小湟中㈧㈣，河西諸羌皆降，隴右平。

㈨帝自都許以來，守位而已，左右侍衛莫非曹氏之人者。議郎趙彥常為帝陳言時策，魏公操惡而殺之。操後以事入見殿中，帝不任㈧㈤其懼，因曰：「君若能相輔則厚；不爾，幸垂恩相捨。」操失色，俛仰求出。舊儀，三公領兵朝見，令虎賁執刃挾之㈧㈥。操出，顧左右，汗流浹背，自後不復朝請㈧㈦。

董承女為貴人，操誅承㈧㈧，求貴人殺之。帝以貴人有娠㈧㈨，累為請，不能得。伏皇后由是懷懼，乃與父完書，言曹操殘逼㈨〇之狀，令密圖之。完不敢發，至是事乃泄，操大怒。十一月，使御史大夫郗慮持節策收皇后璽綬，以尚書令華歆為副，勒兵入宮收后。后閉戶，藏壁中，歆壞戶發壁，就牽后出㈨㈠。時帝在外殿，引慮於坐，后被髮徒跣行，泣，過訣曰：「不能復相活邪？」帝曰：「我亦不知命在何時。」顧謂慮曰：「郗公㈨㈡，天下寧有是邪？」遂將后下暴室㈨㈢，以幽死。所生二皇子皆酖殺之，兄弟及宗族死者百餘人。

㈩十二月，魏公操至孟津。

㈪操以尚書郎高柔為理曹掾㊈㊃。舊灋軍征士亡㊈㊄，考竟㊈㊅其妻子。而亡者猶不息。操欲更重其刑，幷及父母兄弟。柔啟曰：「士卒亡軍，誠在可疾㊈㊆，然竊聞其中，時有悔者。愚謂乃宜貸其妻子，一可使誘其還心，正如前科㊈㊇，固已絕其意望，而猥㊈㊈復重之，柔恐自今在軍之士，見一人亡逃，誅將及己，亦且相隨而走，不可復得殺也。此重刑，非所以止亡，乃所以益走耳！」操曰：「善。」即止不殺。

【今註】㊀張郃：郃音格（ㄍㄜˊ）。㊁顯親：後漢縣，屬漢陽郡，蓋光武所置，以封竇友。故城在今甘肅省秦安縣西北。㊂興國氐：《魏略》曰：「建安中，興國氐王阿貴、百頃氐王千萬各有部落萬餘，從馬超為亂。超破之後，阿貴為夏侯淵所攻滅，千萬南入蜀。」㊃長離：水名，在今甘肅省秦安縣，燒當等羌居此，見《水經注》。㊄若捨羌獨守則孤：謂遂若捨羌，任其歸救長離，獨擁兵自守，則勢孤而易破。㊅救長離：謂遂與諸羌合軍救長離。㊆罷：讀曰疲。㊇金璽赤紱：西漢諸侯王金璽盭綬，後漢赤綬。紱即綬，繫印之組。㊈遠游冠：《後漢書．輿服志》：「遠游冠制如通天，有展筩橫之於前，無山述，諸王所服也。」按通天冠，天子所服，其制：「高九寸，正豎，頂少邪卻，乃直下為鐵卷，梁前有山展筩為述。」亦見《後漢書・輿服志》。述，冠飾，述蓋鷸之省文，猶古之鷸冠。《釋文》：「鷸徐音述，本作鷸。」⑩收孰：孰、熟古通。胡三省曰：「收孰，謂稻成熟而收之也。」⑪夾石：亦作硤石，在今安徽省桐城縣北，今名北峽山。⑫巴東：初平六年，趙韙分巴郡安漢以下為永寧郡，建安六年，劉璋以永寧為巴東郡，見《巴記》。故治在今四川省奉節縣東北。⑬我州：謂益州。⑭容止：容貌舉止。⑮外水：水名。在四川。按四川有內水、外水，內水即濟江，亦曰內江；外水即岷江，亦曰蜀江。《水經注》：「江州縣對二水口，右則濟內水，左則蜀外水。」江州，漢為巴郡治，即今四川省巴縣。⑯江陽：縣名，屬犍為郡，建安十八年劉璋分立為江陽郡，見《華陽國志》。故城即今四川省瀘縣治。⑰犍為：郡名，治僰道，故城在今四川省宜賓縣西南。⑱巴西：建安六年，劉璋分巴郡墊江以上為巴西郡，見《巴記》。⑲德陽：縣名，屬廣漢郡，故城在今四川省梓潼縣北。⑳劉備圍雒城，且一年，龐統為流矢所中，卒：《蜀志・龐統傳》云：「卒時年三十六。」唐庚曰：「龐德公以孔明為臥龍，以士元為鳳雛，則士元之齒當少於孔明。孔明卒時年五十四，而士元先卒二十二年，則士元物故尚未三十也。按士元死於雒縣城下，而小說家演為落鳳坡之事，明廣輿志已誤收之，王士禎詩集中亦有落鳳坡弔龐士元之題，皆非正史所有也。」㉑依依：思慕之意，謂依依於劉璋。㉒薄意：薄謂薄倖，薄意即負心。胡三省曰：「時人以璋倚備為用，備反襲璋，議備之薄也。」㉓圖變化：圖謀變化之策。變化，謂讓位於備，變化賓主之勢。㉔尊門：謂璋家門。㉕於邑：朱駿聲曰：「於邑，猶鬱抑也。」邑亦作悒。㉖建寧督郵李恢：胡三省曰：「蜀志後主建興三年，改益州郡為建寧郡。恢此時蓋為益州郡督郵，史因後改郡名而書之耳！」㉗簡雍：姓簡名雍。《蜀志》裴注云：「或曰雍本姓耿，幽州人語諸耿為簡，遂隨音變之。」㉘父子在州二十餘年：劉焉以靈帝中平五年收益州，至是凡二十七年。㉙佩振威將軍印綬：曹操先加璋振威將軍，故備仍令璋佩其印綬。㉚取蜀城中金銀分賜將士，還其穀帛：胡三省曰：「凡城中公私所有金銀，悉取以分賜將士，至於穀帛，則各還所主也。」㉛益州太守：胡三省曰：「此益州太守，非漢武帝所開置之益州郡也。武帝所置之益州郡，劉蜀為南中地，此蓋劉璋置益州太守，與蜀郡太守並治成都郭下。」㉜並署左將軍府事：言與諸葛亮並署左將軍府事。備時為左將軍，故開將軍府。胡三省曰：「署府事者總錄軍府事也。」㉝平西將軍：《晉書・百官志》：「四平立於喪亂。」四平，謂平東、平西、平南、平北四將軍。㉞從事中郎：《後漢書・百官志》將軍府有從事中郎二人，秩六百石，職參謀議。㉟安漢將軍、昭德將軍、秉忠將軍：胡三省曰：「皆備所置將軍號也。」㊱備自新野犇江南：事見卷六十五建安十三年。㊲臨烝：沈約曰：「吳立衡陽郡，臨烝縣屬焉。」是臨烝蓋吳所置。烝一作承，亦作烝。故城即今湖南省衡陽縣。縣臨烝水，故名。烝水即《水經注》之承水。㊳稽服：稽顙服從。㊴黃和、黃權、李嚴等，本璋之所授用也：璋以和為益州太守，權為州府主簿，嚴為護軍，俱見《蜀志》本傳。㊵吳懿、費觀等，璋之婚親也：璋弟瑁娶吳懿妹，即先主穆皇后，見《蜀志・穆后傳》；又璋母費氏，費禕族父伯仁之姑，見《蜀志・費禕傳》。㊶彭羕，璋之所擯棄也：羕仕璋不過書佐，後又為眾人所毀謗，璋髡鉗為徒隸，見《蜀志・彭羕傳》。㊷天下有獲虛名而無實者，許靖是也：靖與從弟劭並有高名，好共覈論鄉黨人物，每月輒更其品題，故汝南俗有月旦評。見《後漢書．許劭傳》。㊸主公：胡三省曰：「主公之稱，始於東都。改明公稱主公，尊事之為主也。」東都謂東漢。東漢都雒，於長安為東，故稱東都。㊹不可戶說：言不可逐戶說諭之。㊺藏：府庫藏物之所。㊻直百錢：胡三省曰：「直百錢，一錢值百也。」杜佑曰：「蜀鑄直百錢，文曰直百。亦有勒為五銖者，大小稱兩如一焉，並徑七分，重四銖。」㊼霍去病以匈奴未滅，無用家為：事見卷十九武帝元狩十四年。㊽今國賊非但匈奴：國賊謂曹操，言操勢強，且非匈奴可比。㊾都定：胡三省曰：「都定猶言皆定也。」余按都者，盛大之意，都定猶言大定。㊿桑梓：《詩．小弁》：「維桑與梓，必恭敬止。」朱傳云：「桑、梓二木，古者五畝之宅，樹之牆下，以遺子孫，給蠶食、具器用者也。」後遂為鄉里之代稱。柳宗元〈聞黃鸝詩〉云：「鄉禽何事亦來此，令我生心憶桑梓。」(51)役調：役謂力役，調謂賦調。(52)扶禁：扶姓，禁名。(53)閬水：嘉陵江流經四川省閬中縣，稱閬水。(54)梓潼郡：備分廣漢之梓潼縣為梓潼郡，治梓潼縣，即今四川省梓潼縣。(55)都畿：備都成都，以蜀郡為都畿。(56)睚眦：亦作厓眥，瞋目怒視貌。(57)縱橫：恣肆無所顧忌。(58)近則懼孫夫人生變於肘腋：肘腋，喻其切近。權以妹妻備，才捷剛猛，侍婢皆執刀侍，備每入，心常凜凜。恐為所圖，見上卷建安十四年。(59)孝直：灋正字孝直。(60)令翻然翱翔，不可復制：言正迎備入益州，不復受制於魏、吳，如鳥之翱翔於太空，不復受制於樊籠。翻與飜同，翻然，翱翔貌。(61)昔高祖入關，約灋三章：事見卷九漢元年。(62)且客主之義，宜相降下：胡三省曰：「以亮等初至為客，益州人士則主也。」宜相降下者，言宜稍自行屈，寬其刑禁，不宜持之過急。(六三)弘濟：弘，廓大；濟，成。言成其帝王之業。(六四)焉：璋父劉焉。(六五)陵替：陵夷替廢於無形。(六六)榮恩並濟，上下有節，為治之要，於斯而著矣：《左傳》孔子曰：「政寬則民慢，慢則糾之以猛；猛則民殘，殘則施之以寬，寬以濟猛，猛以濟寬，政是以和。」孔明為治之要，蓋本乎此。(六七)奄：《方言》：「奄，遽也。」(六八)沈醉，胡三省曰：「言為酒所沈滯也。」(六九)重加察之：胡三省曰：「言再三加察也。」(七〇)高選：猶曰精選。(七一)防閑以禮：以禮教防閑之，使不得為非，防，隄防；閑，獸闌，防以遏水，閑以圈獸，皆禁止之義。(七二)不合：與植情意不合。(七三)家丞、庶子：漢制，列侯家臣有家丞、庶子、行人、洗馬、門大夫，凡五官。後漢省行人、洗馬、門大夫。食邑千戶以上者置家丞、庶子各一人，不滿千戶不置家丞，但置庶子一人，主侍侯使理家事，見《後漢書·百官志》。(七四)春華：楨以自喻其文辭，如春天之華朵，但恣觀賞而已。(七五)秋實：以喻邢顒之禮教，有益於治道，猶秋實之有益於民生。(七六)深密：計慮深密。(七七)智防：胡三省曰：「智以料事，防以保身。」言其智足以料事防身。(七八)謀謨帷幄：運謀謨於帷幄之中。議謀曰謨，《說文》鍇注：「慮一事，畫一計為謀，汎議將足其謀曰謨，大禹謨、皋陶謨，皆汎謨也。」帷幄謂軍帳，行軍野次，張帷幕以為居，故軍府亦曰幕府。(七九)荀文若：荀彧字文若。(八〇)荀公達：荀攸字公達。(八一)二荀令：荀彧為漢尚書令，荀攸為魏尚書令。(八二)枹罕：縣名，前漢屬金城郡，後漢改屬隴西郡，故城即今甘肅省臨夏縣。(八三)河首平漢王：胡三省曰：「河首在金城河關之西，建自以居河上流，故以為號。」按河關縣，前漢屬金城郡，後漢改屬隴西縣，故城在今甘肅省臨夏縣西北。㊃小湟中：胡三省曰：「湟水源出西海鹽池之西北，東至金城久吾縣入河。夾河兩岸之地，通謂之湟中，又有湟中城，在西平、張掖之間，小月氏之地也，故謂之小湟中。」按其地在今青海省東南境，漢時羌人所居。㊄不任：猶言不勝。㊅舊儀，三公領兵相見，令虎賁執刃挾之：胡三省曰：「以其領兵，懼其為變，故防之也。」㊆朝請：漢制，諸侯朝見天子，春曰朝，秋曰請。㊇娞：懷孕。字又作姙、妊、任。㊈操誅承：操誅董承事見卷六十三建安五年。㊉殘逼：凶殘逼上。㊀歆壞戶發壁，就牽后出：《魏略》曰：「歆與北海邴原、管寧俱遊學，三人相善，時人號三人為一龍。歆為龍頭，原為龍腹，寧為龍尾。」裴松之曰：「邴根矩之徽猷懿望，不必有愧華公，管幼安含德高蹈，又恐弗當為尾。魏略此言，未可以定其先後也。」根矩，邴原字，幼安，管寧字。胡三省曰：「歆所為乃爾，邴原亦為操爵所縻，高尚其事，獨管寧耳，當時頭尾之論，蓋以名位言之也。」㊁郗公：胡三省曰：「漢御史大夫，三公也，故以平之。」㊂暴室：應劭曰：「暴室，宮人獄也，今曰薄室。」顏師古曰：「暴室者，掖庭主織作染練之署，故謂之暴室，取暴曬為名耳！」《後漢書・百官志》，有暴室丞，屬掖庭令。《漢官儀》曰：「暴室在掖庭內，丞一人，主宮中婦人疾病者，其皇后、貴人有罪，亦就此室也。」按桓帝廢鄧后，送暴室，后以憂死，見《後漢書・皇后紀》。㊃理曹掾：胡三省曰：「理曹，漢公府無之，蓋操所置。」㊄亡：逃亡。㊅考竟：考覈而窮竟之。㊆疾：憎惡。㊇前科：謂考竟其妻子。㊈猥：《廣雅・釋言》：「猥，頓也。」解詳卷六十六建安十五年註㊂。

二十年（西元二一五年）

㈠春，正月，甲子（十八日），立貴人曹氏為皇后，魏公操之女也。

㈡三月，魏公操自將擊張魯，將自武都入氐㈠，氐人塞道，遣張郃、朱靈等攻破之。夏，四月，操自陳倉㈡出散關㈢，至河池㈣，氐王竇茂眾萬餘人恃險不服。五月，攻屠之。西平㈤金城諸將麴演、蔣石等共斬送韓遂首。

㈢初，劉備在荊州，周瑜、甘寧等數勸孫權取蜀，權遣使謂備曰：「劉璋不武，不能自守。若使曹操得蜀，則荊州危矣！今欲先攻取璋，次取張魯，一統南方，雖有十操，無所憂也！」備報曰：「益州民富地險，劉璋雖弱，足以自守。今暴師於蜀漢，轉運於萬里，欲使戰克攻取，舉不失利，此孫吳㈦所難也。議者見曹操失利於赤壁，謂其力屈，無復遠念。今操三分天下已有其二，將欲飲馬於滄海，觀兵於吳會㈧，何肯守此，坐須老乎？而同盟㈨

無故自相攻伐，借樞於操（一〇），使敵乘其隙，非長計（一一）也。且備與璋，託為宗室，冀憑威靈（一二）以匡漢朝。今璋得罪於左右，備獨竦懼（一三），非所敢聞，願加寬貸。」權不聽，遣孫瑜率水軍住夏口。備不聽軍過，謂瑜曰：「汝欲取蜀，吾當被髮入山（一四），不失信於天下也。」使關羽屯江陵，張飛屯秭歸（一五），諸葛亮據南郡（一六），備自住孱陵（一七）。權不得已，召瑜還。及備西攻劉璋，權曰：「猾虜乃敢挾詐如此。」備留關羽守江陵，魯肅與羽鄰界，羽數生疑貳，肅常以歡好撫之。及備已得益州，權令中司馬（一八）諸葛瑾從備求荊州諸郡，備不許，曰：「吾方圖涼州，涼州定，乃盡以荊州相與耳！」權曰：「此假而不反（一九），乃欲以虛辭引歲（二〇）也。」遂置長沙、零陵、桂陽三郡長吏，關羽盡逐之。權大怒，遣呂蒙督兵二萬以取三郡。蒙移書長沙、桂陽，皆望風歸服，惟零陵太守郝普城守不降。劉備聞之，自蜀親至公安，遣關羽爭三郡。孫權進住陸口，為諸軍節度，使魯肅將萬人屯益陽（二一）以拒羽，飛書召呂蒙，使捨零陵，急還助肅。蒙得書，秘之，夜召諸將，授以方略，晨當攻零陵，顧謂郝普故人南陽鄧玄之曰：「郝子太㉒聞世間有忠義事，亦欲為之，而不知時也。今左將軍在漢中，為夏侯淵所圍；關羽在南郡，至尊㉓身自臨之。彼方首尾倒縣㉔，救死不給，豈有餘力復營此哉㉕？今吾計力度慮，而以攻此，曾不移日而城必破，城破之後，身死何益於事？而令百歲老母，戴白㉖受誅，豈不痛哉？度此家㉗不得外問㉘，謂援可恃，故至於此耳！君可見之，為陳禍福。」玄之見普，具宣蒙意，普懼而出降。蒙迎執其手，與俱下船，語畢，出書示之，因拊手大笑。普見書，知備在公安，而羽在益陽，慙恨入地。

蒙留孫河，委以後事。【考異】按孫河已死㉙，或他人同姓名耳。即日引軍赴益陽。魯肅欲與關羽會語，諸將疑恐有變，議不可往。肅曰：「今日之事，宜相開譬㉚。劉備負國㉛，是非未決，羽亦何敢重欲干命？」乃邀羽相見，各駐兵馬百步上，但諸將軍單刀俱會。肅因責數羽以不返三郡。羽曰：「烏林之役㉜，左將軍身在行間，戮力破敵，豈得徒勞，無一塊土？而足下來，欲收地邪？」肅曰：「不然，始與豫州覲於長坂㉝，豫州之眾，不當一校，計窮慮極，志勢摧弱，圖欲遠竄㉞，望不及此㉟。主上㊱矜愍豫州之身無有處所，不愛土地士民之力，使有所庇蔭，以濟其患，而豫州私獨㊲飾情㊳，愆德㊴墮好㊵，今已藉手於西州矣㊶，又欲翦并荊州之土，斯蓋凡夫所不忍行，而況整領人物之主乎？」羽無以答。會聞魏公操將攻漢中，【考異】備傳云：「曹公定漢中。」孫權傳云：「入漢中。」按操以七月入漢中，備未應即聞之，而八月權已攻合肥。蓋聞曹公兵始欲向漢中，即引兵還耳。劉備懼失益州，使使求和於權。權令諸葛瑾報命，更尋盟好。遂分荊州，以湘水為界，長沙、江夏、桂陽以東屬權，南郡、零陵、武陵以西屬備㊷。

諸葛瑾每奉使至蜀，與其弟亮但公會相見，退無私面。

㈣秋，七月，魏公操至陽平㊸。張魯欲舉漢中降，其弟衛不肯，率眾數萬人拒關堅守，橫山築城十餘里。

初，操承涼州從事及武都降人之辭，說張魯易攻，陽平城下南北山相遠，不可守也。信以為然。及往，臨履㊹，不如所聞，乃歎曰：「他人商度，少如人意。」攻陽平山上諸屯，山峻難登，既不時拔㊺，士卒傷夷㊻者多，軍食且盡，操意沮，便欲拔軍截山㊼而還，遣大將軍夏侯惇、將軍許褚呼山上兵還，會前軍夜迷惑，誤入張衛別營，營中大驚，退散。侍中辛毗、主簿劉曄等在兵後，語惇、褚，言官兵已據得賊要屯，賊已散走。猶不信之㊽，惇前自見，乃還白操，進兵攻衛，衛等夜遁。【考異】武帝紀曰：「公至陽平，張魯使弟衛等據關，攻之不拔，乃引還。賊守備解散，公乃密遣解𣚃等乘險夜襲，大破之。」劉曄傳曰：「太祖欲還，令曄督後諸軍。曄策魯可克，馳白太祖，不如致攻，遂進兵，魯乃奔走。」郭頒世語：「魯遣五官掾降，弟衛拒王師，不得進，魯走巴中。軍糧盡，太祖將還，西曹掾郭諶曰：『魯已降，留使既未反，衛雖不同，偏携可攻。縣軍深入以進，必克；退必不免。』太祖疑之。夜有野麋數千突壞衛營，軍大驚，高祚等誤與衛眾遇，衛以為大軍見掩，遂降。」魏名臣奏載楊暨表曰：「武皇帝征張魯，以十萬之眾，身親臨履，張衛之守，蓋不足言。地險守易，雖有精兵虎將，勢不能施。對兵三日，欲抽軍還。天祚大魏，魯守自壞，因以定之。」又載董昭表：「其承涼州。」以下皆昭表所述，必得實，今從之。

張魯聞陽平已陷，欲降，閻圃曰：「今以迫往，功必輕；不如依杜濩，赴朴胡㊾，與相拒，然後委質，功必多。」乃犇南山，入巴中㊿。左右欲悉燒寶貨、倉庫，魯曰：「本欲歸命國家，而意未得達，今之走避銳鋒，非有惡意。寶貨、倉庫，國家之有。」遂封藏(51)而去。操入南鄭(52)，甚嘉之，又以魯本有善意，遣人慰喻之。

丞相主簿司馬懿言於操曰：「劉備以詐力虜劉璋，蜀人未附，而遠爭江陵，此機不可失也。今克漢中，益州震動，進兵臨之，勢必瓦解。聖人不能違時，亦不可失時也。」操曰：「人苦無足，既得隴，復望蜀(53)邪？」劉曄曰：「劉備，人傑也；有度(54)而遲，得蜀日淺，蜀人未恃也。今破漢中，蜀人震恐，其勢自傾。以公之神明，因其傾而壓之，無不克也。若少緩之，諸葛亮明於治國而為相，關羽、張飛勇冠三軍而為將，蜀民既定，據險守要，則不可犯矣！今不取，必為後憂。」操不從。居七日，蜀降者說蜀中一日數十驚，守將雖斬之而不能安也。【考異】劉曄傳云：「備雖斬之。」按備傳云：「備下公安，聞曹公定漢中，乃還。」如此，則備時猶在公安也。操問曄曰：「今尚可擊不(55)？」曄曰：「今已小定，未可擊也(56)。」乃還。以夏侯淵為都護將軍(57)，督張郃、徐晃等守漢中；以丞相長史杜襲為駙馬都尉，留督漢中事。襲綏懷開導，百姓自樂出徙洛、鄴者八萬餘口。

(五)八月，孫權率眾十萬圍合肥。時張遼、李典、樂進將七千餘人屯合肥。魏公操之征張魯也，為教與合肥護軍薛悌，署函邊曰：「賊至乃發。」及權至，發教，教曰：「若孫權至者，張、李將軍出戰，樂將軍守，護軍勿得與戰(58)。」諸將以眾寡不敵，疑之(59)。

張遼曰：「公遠征在外，比救至，彼破我必矣！是以教指及其未合逆擊之，折其盛勢以安眾心，然後可守也。」進等莫對。遼怒曰：「成敗之機，在此一戰。諸君若疑，遼將獨決之(六〇)。」李典素與遼不睦，慨然曰：「此國家大事，顧君計何如耳！吾可以私憾而忘公義乎？請從君而出。」於是遼夜募敢從之士，得八百人，椎牛犒饗。明旦，遼被甲持戟，先登陷陳，殺數十人，斬二大將，大呼自名，衝壘入至權麾下。權大驚，不知所為，走登高冢，以長戟自守。遼叱權下戰，權不敢動，望見遼所將眾少，乃聚，圍遼數重。遼急擊，圍開，將麾下數十人得出，餘眾號呼曰：「將軍棄我乎？」遼復前突圍，拔出餘眾。權人馬皆披靡，無敢當者。自旦戰至日中，吳人奪氣，乃還，脩守備，眾心遂安。

權守合肥十餘日，城不可拔，徹軍還。兵營就路，權與諸將在逍遙津(六一)北，張遼覘望知之，即將步騎奄至。甘寧與呂蒙等力戰扞敵，凌統率親近扶權出圍，復還與遼戰，左右盡死，身亦被創，度權已免，乃還。權乘駿馬上津橋，橋南已徹丈餘，無版，親近監谷利（六二）在馬後，使權持鞍緩控（六三），利於後著鞭以助馬勢，遂得超度。賀齊率三千人在津南迎權，權由是得免。權入大船宴飲，賀齊下席涕泣曰：「至尊人主，常當持重。今日之事，幾致禍敗。羣下震怖，若無天地，願以此為終身之誡。」權自前收其淚曰：「大慙（六四）！謹已刻心，非但書紳（六五）也。」

㈥九月，巴賨夷帥朴胡、杜濩、任約各舉其眾來附。於是分巴郡，以胡為巴東太守，濩為巴西太守，約為巴郡太守，皆封列侯。

㈦冬，十月，始置名號侯以賞軍功（六六）。

㈧十一月，張魯將家屬出降。魏公操逆拜魯鎮南將軍，待以客禮，封閬中侯，邑萬戶。封魯五子及閻圃等皆為列侯。

習鑿齒論曰：「閻圃諫魯勿王（六七），而曹公追封之，將來之人，孰不思順？塞其本源，而末流自止，其此之謂歟！若乃不明於此，而重焦爛之功（六八），豐爵厚賞，止於死戰之士，則民利於有亂，俗競於殺伐，阻兵杖力，干戈不戢矣！曹公之此封，可謂知賞罰之本矣！」

㈨程銀、侯選、龐悳皆隨魯降（六九），魏公操復銀、選官爵，拜悳立義將軍。

㈩張魯之走巴中也，黃權言於劉備曰：「若失漢中則三巴不振，此為割蜀之股臂也。」備乃以權為護軍，率諸將迎魯。魯已降，權遂擊朴胡、杜濩、任約，破之。魏公操使張郃督諸軍徇三巴，欲徙其民於漢中，進軍宕渠㊉，劉備使巴西太守張飛與張郃相拒五十餘日，飛襲擊郃，大破之，郃走還南鄭，備亦還成都。

操徙出故韓遂、馬超等兵五千餘人，使平難將軍㊆殷署等督領，以扶風太守趙儼為關中護軍。操使儼發千二百兵助漢中守禦，殷署督送之，行者不樂。儼護送至斜谷口，還，未至營，署軍叛亂。儼自隨步騎百五十人，皆叛者親黨也，聞之，各驚，被甲持兵，不復自安。儼徐喻以成敗，慰勵懇切。皆慨慷曰：「死生當隨護軍，不敢有二。」前到諸營，各召料簡㊆諸姦叛者八百餘人，散在原野。儼下令惟取其造謀魁率㊆治之，餘一不問。郡縣所收送，皆放遣，乃即相率還降。儼密白宜遣將㊆詣大營㊆，請舊兵鎮守關中。魏公操遣將軍劉柱將二千人往當，須到，乃發遣。俄而事露，諸營大駭，不可安諭㊅，儼遂宣言：「當差㊆留新兵之溫厚者千人鎮守關中，其餘悉遣東㊇。」便見主者㊈，內諸營兵名籍，立差別之㊉。留者意定，與儼同心，其當去者，亦不敢動。儼一日盡遣上道，因使所留千人分布羅落之㊀。東兵㊁尋至，乃復脅諭，幷徙千人，令相及共東。凡所全致二萬餘口。

【今註】㊀將自武都入氐：武都，本氐、羌所居之地，武帝開以為郡。㊁陳倉：縣名，屬右扶風，故城在今陝西省寶雞縣東。㊂散關：一稱大散關，又稱崤谷，在今陝西省寶雞縣西南大散嶺上，為秦蜀交通孔道。㊃河池：縣名，屬武都郡，故城在今甘肅省徽縣西。㊄西平：郡名，漢末分金城郡置，治西都，即今青海省西寧市。㊅麴演：麴姓，演名，麴同麯，音蛐（ㄑㄩ）。㊆孫吳：謂孫武、吳起。㊇吳會：謂吳、會稽二郡。按此二郡之地為孫吳之根本，故舉以為喻。一說西漢會稽郡治本在吳縣，時俗郡縣連稱，故云吳會，見《陔餘叢考》。㊈同盟：吳、蜀俱志在討操，故曰同盟。㊉借樞於操：樞即戶樞，俗謂門臼，持之以轉動門戶者，以喻操本欲救平吳蜀而未得其機，若自相攻伐，是與之以可乘之機。㊀長計：久安之計。㊁威靈：神靈之威力。㊂竦懼：竦與悚同，亦懼之義。㊃吾當披髮入山：胡三省曰：「言宗室被攻而不能救，無面目以立於天下也。」㊄秭歸：縣名，屬南郡，即今湖北秭歸縣。㊅南郡：胡三省曰：「南郡本治江陵，吳得荊州，置南郡於江南，晉平吳，以江陵為南郡，以江南之南郡為南平郡。亮所據，蓋江南之南郡也。」㉗孱陵：縣名，孱音蟬（ㄔㄢˊ）屬武陵郡，故城在今湖北省公安縣南。㉘中司馬：胡三省曰：「時權署置諸將，有別部司馬，則中司馬者，蓋中軍司馬也。瑾自長史，轉中司馬，位任蓋不輕矣！」㉙假而不反：《孟子・盡心篇》：「久假而不歸，惡知其非有也。」言久假不歸，即為真有。㉚引歲：延引歲月。㉛益陽：縣名，屬長沙郡。應劭曰：「在益水之陽。」故城在今湖南省益陽縣西，㉜郝子太：郝普字子太，錢大昕曰：「楊戲輔臣贊：『郝普字子大。』太當作大。」㉝至尊：謂孫權。㉞縣讀曰懸。㉟豈有餘力復營此哉：言不復有餘力營救零陵。㊱戴白：《漢書・嚴助傳》：「戴白之老，不見兵革。」顏注：「戴白，言白髮在首。」㊲此家：謂郝普。㊳不得外問：問，訊。言不得外界訊息。㊴按孫河已死：河死見卷六十四建安九年。㊵開譬：開導曉諭。㊶劉備負國：謂備有負於孫吳。㊷烏林之役：即謂赤壁之戰。事見卷六十五建安十三年。㊸始與豫州覲於長坂：事見卷六十五建安十三年。豫州謂劉備，時備為豫州牧。覲，《吳書》作覿。㊹圖欲遠竄：謂備本欲投蒼梧太守吳臣。㊺望不及此：言不敢望據有荊州之地。㊻主上：謂孫權。㊼私獨：胡三省曰：「私獨，謂私其一己所獨也。」㊽飾情：矯飾其情偽。謂備詐取劉璋之事。㊾愆德：猶曰失德。肅自謂吳有德於劉而劉負之。㊿墮好：破壞盟好。(51)藉手於西州：胡三省曰：「謂得益州，有以藉手也。」藉謂有所憑藉，益州在西故曰西州。(52)遂分荊州，以湘水為界，長沙、江夏、桂陽以東屬權，南郡、零陵、武陵以西屬備：胡三省曰：「班志：『湘水出零陵陽海山，至酃入江，過郡二，行二千五百三十里。』

吳屬分荊州長沙、桂陽、零陵、武陵，以湘水為界耳，南郡、江夏各依其郡界。」孟康曰：「酃音鈴。」屬長沙，故城在今湖南省衡陽縣東。二郡，謂零陵、長沙郡。㊸陽平：關名，在漢陽郡沔陽縣界，即今陝西省沔縣西北，南北朝謂之白馬戍。㊹臨履：履臨其他。㊺不時拔：不能於預定期限內攻克。㊻夷：同痍。㊼截山：胡三省曰：「截山者，防其追尾也。」按截山，謂依山險為守，以阻截退軍。㊽猶不信之：謂惇、褚猶不信其言。㊾杜濩、朴胡：胡三省曰：「杜濩，賨邑侯也。朴胡，巴七姓夷王也。余據板楯蠻渠帥有羅、朴、督、鄂、度、夕、龔七姓，不輸租賦，此所謂七姓夷王也。其餘戶歲入賨錢口四十，故有賨侯。」孫盛曰：「朴音浮，濩音戶。」板楯七姓見《後漢書・西南夷傳》，又見《華陽國志》。㊿乃犇南山，入巴中：胡三省曰：「今興元府，古漢中之地也。興元之南有大行路，通於巴州。其路險峻，三日而達于山頂。其絕高處謂之孤雲、兩角，去天一握。孤雲、兩角，二山名也。今巴州，漢巴郡岩渠之北界也。三巴之地，此居其中，謂之中巴。」元之興元府，即今陝西省南鄭縣；宕渠故城在今四川省渠縣東北；巴州即今四川省巴中縣；劉璋分巴郡為巴、巴東、巴西三郡，世謂之三巴，巴郡居中，故亦謂之中巴。(51)藏：倉稟府藏。(52)南鄭：漢中郡治，故城在今陝西省南鄭縣東。(53)人苦無足，既得隴復望蜀邪：前書光武詔岑彭等曰：「人苦不知足，既得隴，復望蜀。」操引以為喻。(54)度：謂謀略器局。(55)不：讀曰否。(56)今已小定，未可擊也：胡三省曰：「七日之間，何以遽謂之小定？曄蓋窺覘備之守蜀，有不可犯者，故為此言以對操耳！」(57)都護將軍：胡三省曰：「都護將軍，以盡護諸將而立號，光武始以命賈復。」(58)教曰，

「若孫權至者，張、李將軍出戰，樂將軍守，護軍勿得與戰。」：胡三省曰：「操以遼、典勇銳，使之出戰；樂進持重，使之守；薛悌，文吏也，使勿得與戰。」(五九)疑之：疑操所教不足以應敵。(六〇)獨決之：獨出戰以決勝。(六一)逍遙津：合肥東有逍遙津，水上舊有梁，見《水經注》。按津在安徽省合肥縣東，為肥水津濟之處。(六二)親近監谷利：親近監，官名；谷，姓，名利。《江表傳》云：「谷利者，本左右給使也，以謹直為親近監。」(六三)緩控：胡三省曰：「控即馬鞍。」余按控謂控御銜轡，緩控猶曰緩其銜轡。按馬疾馳時，控銜則止，利欲馬急馳，故使權緩控。(六四)大慙：胡三省曰：「權慙謝賀齊也。」(六五)書紳：《論語・衛靈公》子張問於孔子，以孔子之言書諸紳，權引之答賀齊。邢昺曰：「紳，大帶也。子張以孔子之言書之紳帶，意其佩服，無忽忘也。」(六六)始置名號侯以賞軍功：《魏書》曰：「置名號侯，爵十八級，關中侯，爵十七級，皆金印紫綬；又置關內外侯，十六級，銅印龜紐，墨綬；五大夫，十五級，銅印環紐，亦墨綬；皆不食租。與舊列侯，關內侯凡六等。」按舊制，關內侯爵十九級，列侯爵二十級，自十五級至二十級凡六等。裴松之曰：「後世虛封，蓋自此始。」(六七)閻圃諫魯易王：事見卷六十四建安六年。(六八)重焦爛之功：《前漢書・霍光傳》人為徐福上書曰：「曲突徙薪亡恩，燋頭爛額為上客。」詳見卷二十五漢宣帝地節四年。(六九)程銀、侯選、龐悳皆隨魯降：程銀、侯選，關中諸部師，龐悳，馬超部將；渭南、冀城之敗，皆奔張魯。悳古德字。(七〇)宕渠：縣名，本屬巴郡，時改屬巴西郡，故城在今四川省渠縣東北。(七一)平難將軍：胡三省曰：「平難將軍，曹氏所置。」(七二)料簡：料理簡別。(七三)魁率：為首者。率讀曰帥。(七四)將：胡三省曰：「送也。」(七五)大營：胡三省曰：「謂操營也。」㊅安諭：曉諭之使安帖。㊆差：選擇。《詩・東門之枌》：「穀旦于差，南方之原。」㊇遣東：胡三省曰：「遣之東赴操營。」㊈主者：胡三省曰：「主者，主兵籍者也。」㊉差別：胡三省曰：「言以等差別異之也。」按此差別猶區別，謂區別遣者與留者。㊀分布羅落之：胡三省曰：「分布於行者之間，羅列而遮落之也。」㊁東兵：謂劉桂所將之兵。

二十一年（西元二一六年）

㈠春，二月，魏公操還鄴㊀。

㈡夏，五月，進魏公操爵為王。

初，中尉㊁崔琰薦鉅鹿楊訓於操，操禮辟之。及操進爵，訓發表稱頌功德。或笑訓希世浮偽，謂琰為失所舉。琰從訓取表草視之，與訓書曰：「省表事，佳耳！時乎時乎，會當有變。」時琰本意譏論者好譴呵而不尋情理也，時有與琰宿不平者，白琰傲世怨謗，意旨不遜㊂。操怒，收琰付獄，髡為徒隸。前白琰者復白之云：「琰為徒，對賓客，虯須直視㊃，若有所瞋㊄。」遂賜琰死。尚書僕射毛玠傷琰無辜，心不悅，人復白玠怨謗，操收玠付獄。侍中桓階、和洽皆為之陳理，操不聽。階求案實其事，王曰：「言事者白玠不但謗吾也，乃復為崔琰觖望㈥。此捐君臣恩義，妄為死友㈦怨歎，殆不可忍也！」洽曰：「如言事者言，玠罪過深重，非天地所覆載，臣非敢曲理玠，以枉大倫㈧也。以玠歷年荷寵，剛直忠公，為眾所憚，不宜有此。然人情難保，要宜考覈，兩驗㈨其實。今聖恩不忍致之于理，更使曲直之分不明。」操曰：「所以不考，欲兩全玠及言事者耳！」洽對曰：「玠信有謗主之言，當肆之市朝㈩；若玠無此言，言事者加誣大臣，以誤主聽，不加檢覈，臣竊不安。」操卒不窮治。玠遂免黜，終於家。

是時西曹掾沛國丁儀用事，玠之獲罪，儀有力焉。羣下畏之，側目㈡。尚書僕射何夔及東曹屬東莞㈢徐奕獨不事儀。儀譖奕，出為魏郡太守㈢。賴桓階左右㈣之，得免。尚書傅選謂何夔曰：「儀已害毛玠，子宜少下之。」夔曰：「為不義，適足害其身，焉能害人？且懷姦佞之心，立於明朝，其得久乎？」

崔琰從弟林嘗與陳羣共論冀州人士，稱琰為首，羣以「智不存身」貶之，林曰：「大丈夫為有邂逅耳⑮，即如卿諸人，良足貴乎⑯？」

㈢五月，己亥，朔，日有食之。

㈣代郡烏桓三大人皆稱單于，恃力驕恣，太守不能治，魏王操以丞相倉曹屬⑰裴潛則為太守，欲授以精兵。潛曰：「單于自知放橫日久，今多將兵往，必懼而拒境，少將則不見憚，宜以計謀圖之。」遂單車之郡，單于驚喜，潛撫以恩威，單于讋服⑱。

㈤初，南匈奴久居塞內⑲，與編戶⑳大同，而不輸貢賦，議者恐其戶口滋蔓，浸㉑難禁制，宜豫為之防。秋，七月，南單于呼廚泉入朝于魏，魏王操因留之於鄴，使右賢王去卑監其國。單于歲給綿絹、錢穀如列侯，子孫傳襲其號。分其眾為五部㉒，各立其貴人為帥，選漢人為司馬以監督之。

㈥八月，魏以大理鍾繇為相國。

㈦冬，十月，魏王操治兵擊孫權。十一月，至譙。

【今註】㈠魏公操還鄴：自漢中還。㈡中尉：胡三省曰：「中尉，秦官，漢因之，至武帝改為執金吾。今操復置中尉，實則漢執金吾之職也。」㈢意旨不遜：胡三省曰：「以會當有變為意旨不遜。」

論者蓋以琰會當有變一語寫意刺譏，故曰意旨不遜。㈣虬須直視：胡三省曰：「虬須，卷鬚也；直視者，目不他矚也。」皆倨傲貌。㈤瞋：怒目忤視。㈥觖望：《史記索隱》曰：「觖望猶怨望也。」觖音決（ㄐㄩㄝˊ）。㈦死友：言其交契深厚，至死而不相負。㈧大倫：《孟子》曰：「內則父子，外則君臣，人之大倫也。」㈨兩驗：驗其曲直。玠若有謗主之言則曲，否則為言者所譖。㈩肆之市朝：《論語》子服景伯曰：「吾力猶能肆諸市朝。」古代刑罪人而陳其尸曰肆。應劭曰：「大夫以上尸諸朝，士以下尸諸市。」⑪側目：不敢正視，言畏之甚。⑫東莞：縣名，屬琅邪國，即今山東省沂水縣。⑬出為魏郡太守：朝官補郡為出。⑭左右：《易泰》：「以左右民。」疏：「左右，助也。」按左右本佐佑之古文，李富春《說文辨字正俗》云：「古左右字作𠂇又，又相助字作左右。易、詩、爾雅猶不加傍，後人別製佐佑字，而以左右為𠂇又，論誤左右手是也；尚書、周禮以人傍，皆後人所改也。」⑮大丈夫為有邂逅耳：邂逅謂邂逅明主。此言大丈夫當以正色立朝，不為身計，至於能否展其抱負，在邂逅明主與否耳。邂逅，謂不期而遇。⑯如卿諸人，良足貴乎：言如卿諸人以諂佞保身，誠不足為貴。⑰倉曹屬：漢公府有倉曹，主倉穀事，有椽有屬，椽比三百石，屬比二百石。⑱讋：顏師古曰：「失氣也。」李賢曰：「懼也。」⑲南匈奴久居塞內：南匈奴自光武建武二十六年內附，即入居塞內，事見卷四十四建武二十六年。⑳編戶：即民戶。言其戶口編列於冊籍。㉑侵：漸。㉒分其眾為五部：胡三省曰：「分為左、右、前、後、中五部，分居幷州諸郡而監國者居平陽。」

卷六十八　漢紀六十

起強圉作噩，盡屠維大淵獻，凡三年。（丁酉至己亥，西元二一七年至二一九年）

司馬光編集
林瑞翰註

孝獻皇帝癸

建安二十二年（西元二一七年）

㈠春，正月，魏王操軍居巢㊀，【考異】孫權傳，曹公次居巢，攻濡須，並在去冬，今從魏武紀。孫權保濡須㊁。二月，操進攻之。

初，右護軍蔣欽屯宣城㊂，蕪湖㊃令徐盛收欽屯吏，表斬之。及權在濡須，欽與呂蒙持諸軍節度，欽每稱徐盛之善，權問之，欽曰：「盛忠而勤彊，有膽略，器用好，萬人督也。今大事未定，臣當助國求才，豈敢挾私恨以蔽賢乎？」權善之。

三月，操引軍還，留伏波將軍夏侯惇、都督曹仁、張遼等二十六軍㊄屯居巢。權令都尉徐詳詣操請降，操報使脩好，誓重結婚。

權留平虜將軍㊅周泰督濡須，朱然、徐盛等皆在所部，以泰寒門㈦，不服。權會諸將，大為酣樂，命泰解衣，權手自指其創痕，問以所起，泰輒記昔戰鬥處以對。畢，使復服，權把其臂，流涕曰：「幼平㈧，卿為孤兄弟，戰如熊虎，不惜軀命，被創數十㈨，膚如刻畫，孤亦何心不待卿以骨肉之恩，委卿以兵馬之重乎？」一坐罷，住駕，使泰以兵馬道（一〇）從。鳴鼓角，作鼓吹（一一）而出，於是盛等乃服。

㈡夏四月，詔魏王操設天子旌旗，出入稱警蹕。

㈢六月，魏以軍師華歆為御史大夫。

㈣冬，十月，命魏王操冕十有二旒（一二），乘金根車（一三）駕六馬（一四）設五時副車（一五）。

㈤魏以五官中郎將丕為太子。

初，魏王操娶丁夫人，無子；妾劉氏生子昂，卞生四子，丕、彰、植、熊。王使丁夫人母養昂，昂死於穰（一六），丁夫人哭泣無節，操怒而出之，以卞氏為繼室。植性機警多藝能，才藻敏贍（一七），操愛之。操欲以女妻丁儀，丕以儀目眇（一八），諫止之，儀由是怨丕，與弟黃門侍郎廙及丞相主簿楊脩數稱臨菑侯植之才，勸操立以為嗣。修，彪之子也。操以函密訪於外，尚書崔琰露板㈩答曰：「春秋之義，立子以長㈡。加五官將仁孝聰明，宜承正統，琰以死守之。」植，琰之兄女婿也。尚書僕射毛玠曰：「近者袁紹以嫡庶不分，覆宗滅國。廢立，大事，非所宜聞。」東曹掾邢顒曰：「以庶代宗㈢，先世之戒也，願殿下深察之。」丕使人問太中大夫賈詡以自固之術，詡曰：「願將軍恢崇德度，躬素士之業㈢，朝夕孜孜㈢，不違子道，如此而已。」丕從之，深自砥礪。它日，操屏人問詡，詡嘿然不對。操曰：「與卿言而不答，何也？」詡曰：「屬有所思㈣，故不即對耳！」操曰：「何思？」詡曰：「思袁本初、劉景升父子也㈤。」操大笑。操嘗出征，丕、植並送路側，植稱述功德，發言有章，左右屬目，操亦悅焉！丕悵然自失。濟陰吳質耳語曰：「王當行，流涕可也！」及辭，丕涕泣而拜，操及左右咸歔欷，於是皆以植多華辭而誠心不及也。植既任性而行，不自雕飾，五官將御之以術，矯情自飾，宮人左右並為之稱說，故遂定為太子。左右長御㉖賀卞夫人曰：「將軍㉗拜太子，天下莫不喜，夫人當傾府藏以賞賜。」夫人曰：「王自以丕年大，故用為嗣，我但當以免無教導之過為幸耳，亦何為當重賜遺乎！」長御還具以語操。操悅曰：「怒不變容，喜不失節，故最為難。」太子抱議郎辛毗頸而言曰：「辛君知我喜不㉘？」毗以告其女憲英，憲英歎曰：「太子代君主、宗廟、社稷者也。代君不可以不戚，主國不可以不懼，宜戚而懼，而反以為喜，何以能久？魏其不昌乎？」久之，臨菑侯植乘車行馳道㉙，中開司馬門㉚出，操大怒，公車令坐死。由是重諸侯科禁而植寵日衰。植妻衣繡，操登臺見之，以違制命，還家賜死㉛。

㈥灋正說劉備曰：「曹操一舉而降張魯，定漢中，不因此勢以圖巴蜀，而留夏侯淵、張郃屯守，身遽北還，此非其智不逮，而力不足也。必將內有憂偪故耳！今策淵、郃才略，不勝國之將帥，舉眾往討，必可克之。克之之日，廣農積穀，觀釁伺隙，上可以傾覆寇敵，尊獎王室；中可以蠶食雍、涼㉜，廣拓境土；下可以固守要害，為持久之計。此蓋天以與我，時不可失也。」備善其策，乃率諸將進兵漢中，遣張飛、馬超、吳蘭等屯下辨（三三），魏王操遣都護將軍洪拒之。

(七)魯肅卒，孫權以從事中郎彭城嚴畯（三四）代肅，督兵萬人鎮陸口。眾人皆為畯喜，畯固辭，以樸素書生不閑（三五）軍事，發言懇切，至于流涕，權乃以左護軍虎威將軍（三六）呂蒙兼漢昌太守以代之。眾嘉嚴畯能以實讓。

(八)定威校尉（三七）吳郡陸遜言於孫權曰：「方今克敵寧亂，非眾不濟，而山寇舊惡（三八），依阻深地（三九）。夫腹心未平，難以圖遠。可大部伍，取其精銳（四〇）。」權從之，以為帳下右部督。會丹陽賊帥費棧作亂，扇動山越，權命遜討棧，破之，遂部伍東三郡（四一），彊者為兵，羸者補戶，得精卒數萬人。宿惡盪除，所過肅清，還屯蕪湖。會稽太守淳于式表遜枉取民人，愁擾所在（四二）。遜後詣都（四三），言次（四四）稱式佳吏。權曰：「式白君而君薦之，何也？」遜對曰：「式意欲養民，是以白遜；若遜復毀式以亂聖聽，不可長也！」權曰：「此誠長者之事，顧人不能為耳！」

㈨魏王操使丞相長史王必典兵督許中事㊺。時關羽彊盛，京兆金禕覩漢祚將移，乃與少府耿紀、司直㊻韋晃、太醫令吉本㊼、本子邈、邈弟穆等謀殺必，挾天子以攻魏，南引關羽為援。

【今註】㈠居巢：縣名，屬廬江郡，故城在今安徽省巢縣東北。《後漢書‧郡國志》廬江郡居巢注引《廣志》曰：「有二大湖。」顧祖禹曰：「巢湖在廬州府東五十里。建安中，曹操數與孫氏爭衡於此，諸葛武侯所謂四越巢湖不成者也。」趙一清曰：「四越：一在十四年，一在十八年，一在十九年，並此為四」。廬州即今安徽省合肥縣，四越巢湖不成見諸葛武侯〈後出師表〉。㈡孫權保濡須：胡三省曰：「孫權所保者，十七年所築濡須塢也。」㈢宣城：前漢縣，屬丹陽郡，後漢省，故城在今安徽省南陵縣東。㈣蕪湖：縣名，屬丹陽郡，故城在今安徽省蕪湖縣東，宋白曰：「以其地卑，畜水非深而生蕪藻，故曰蕪湖。」㈤伏波將軍夏侯惇都督曹仁、張遼等二十六軍：《晉書‧職官志》曰：「光武建武初，征伐四方，始權時置督軍御史，事竟，罷。建安中，魏武為相，始遣大將軍督之，二十一年，征孫權還，夏侯惇督二十六軍是也。」㈥平虜將軍：胡三省曰：「平虜將軍蓋孫氏創置。」㈦寒門：寒微之家。㈧幼平：周泰字。㈨戰如熊虎，不惜軀命，被創數十：權初從策討山賊，住宣城，忽略不治圍落，而山賊猝至，權始上馬，賊鋒刃已交，泰奮擊，投身衞權，身被十二創，是日無泰，權幾殆，後從攻皖討黃祖，拒操軍於赤壁，攻曹仁於南郡，擊魏軍於濡須，皆有功。見《吳志・周泰傳》。⑩道：讀曰導。⑪鳴鼓角，作鼓吹：鼓角、鼓吹，俱軍旅之樂。鼓謂軍鼓，角，軍中吹器。樂纂曰：「司馬法，軍中之樂，鼓笛為上，使聞之者壯勇而樂和；細絲高竹不可用也，慮悲聲感人，士卒思歸之故也。」唐紹曰：「鼓吹之樂，以為軍容。」劉瓛曰：「鼓吹未知其始也，漢班壹雄朔野而有之矣，鳴笳以和簫聲，非八音也。」⑫冕十有二旒：古制，天子冕十有二旒，諸侯九，上大夫七、下大夫五，見《周禮・夏官・弁師》。⑬金根車：車名。秦幷天下，取殷山車之製作金根車，金根者，以金為飾。車上有繆龍、文虎，置金馬於衡上，羽蓋黃屋，見《後漢書・輿服志》。⑭駕六馬：古制，天子之車駕六馬。蔡邕曰：「法駕，上所乘曰金根車，駕六馬。」⑮五時副車：《後漢書・輿服志》：「五時車，各如方色，馬亦如之。」蔡邕曰：「五時副車曰五帝車。」薛綜《東京賦》注：「五時之服，各隨其車，車各一色，以為副貳。副車各一乘，今謂之五帝車也。」⑯昂死於穰：事見卷六十二建安二年。⑰敏贍：敏捷豐富。⑱眇：一目小。⑲露板：不封其章奏。⑳春秋之義，立子以長：《春秋公羊傳》曰：「立嫡以長不以賢，立子以貴不以長。」㉑宗：宗子。㉒躬素士之業：親執素士之業。言不以富貴驕人。素士謂士之未出仕者。㉓孜孜：勤勉不倦貌。㉔屬有所思：屬，適也；言適有所思。㉕思袁本初、劉景升父子也：袁紹、劉志俱以廢嫡立庶而亡，故詡引其事以對。紹父子事見卷六十四建安六年、七年，表父子事見卷六十五建安十三年。㉖長御：胡三省曰：「漢皇后宮有旁側、長御。」㉗將軍：謂丕。丕為五官將，故稱之為將軍。㉘不：讀曰否。㉙馳道：應劭曰：「馳道，天子道也，若今之中道。」㉚司馬門：顏師古曰：「司馬門者，宮之外門也。衞尉有八屯衞候司馬，主衞士徼巡宿衞，每面各二司馬，故謂宮之外門為司馬門。」㉛植妻衣繡，操登臺見之，以違制命，還家賜死：胡三省曰：「以違制命罪植妻，則當時蓋禁衣錦繡也。」㉜雍、涼：《晉書・地理志》曰：「漢改周之雍州為涼州，蓋以地處西方常寒涼也。地勢西北邪出，在南山之間。南隔西羌，西通西域，于時號為斷匈奴右臂，獻帝時，涼州數有亂，河西五郡去州隔遠，於是乃別以為雍州。末又依古典定九州，乃合關右以為雍州。魏時復分以為涼州。」㉝下辨：縣名，屬武都郡，故城在今甘肅省成縣西。㉞畯：音俊。㉟閑：熟習。㊱虎威將軍：胡三省曰：「蓋孫權置。」㊲定威校尉：胡三省曰：「亦權創置。」㊳舊惡：胡三省曰：「謂自舊為惡者。」㊴深地：深險之地。㊵可大部伍，取其精銳：胡三省曰：「言可大為部伍，擇取精銳也。」㊶東三郡：胡三省曰：「丹陽、會稽、新都也。」㊷愁擾所在：言遜所在之處，則愁擾其民。㊸都：謂秣陵。時權都秣陵。㊹言次：謂言論之間。㊺魏王操使丞相長史王必典兵督許中事：胡三省曰：「魏王操猶領漢丞相而居鄴，故以必為長史典兵督許。」㊻司直：即丞相司直。㊼吉本：姓吉名本。

二十三年（西元二一八年）

㈠春，正月，吉、邈等率其黨千餘人夜攻王必，燒其門，射必中肩。帳下督扶必犇南城㈠，會天明，邈等眾潰，必與潁川典農中郎將㈡嚴匡共討斬之。

㈡三月，有星孛于東方。

㈢曹洪將擊吳蘭，張飛屯固山，聲言欲斷軍後，眾議狐疑，騎都尉曹休曰：「賊實斷道者，當伏兵潛行。今乃先張聲勢，此其不能，明矣！宜及其未集，促擊蘭。蘭破，飛自走矣！」洪從之，進擊破蘭，斬之。三月，張飛、馬超走。休，魏王族子也。

㈣夏，四月，代郡、上谷烏桓無臣氐等反。先是魏王操召代郡太守裴潛為丞相理曹掾，操美潛治代之功。潛曰：「潛於百姓雖寬，於諸胡為峻。今繼者必以潛為治過嚴而事加寬惠。彼素驕恣，過寬必弛；既弛，將攝㈢之以法，此怨叛所由生也。以勢料之，代必復叛。」於是操深悔還潛之速。後數十日，三單于反問果至。操以其子鄢陵侯㈣彰行驍騎將軍使討之。彰少善射御，膂力過人。操戒彰曰：「居家為父子，受事為君臣，動以王灋從事，爾其戒之！」

㈤劉備屯陽平關，夏侯淵、張郃、徐晃等與之相拒。備遣其將陳式等絕馬鳴閣㊄道，徐晃擊破之。張郃屯廣石㊅，備攻之，不能克，急書發益州兵。諸葛亮以問從事犍為、楊洪，洪曰：「漢中，益州咽喉，存亡之機會。若無漢中，則無蜀矣！此家門之禍也，發兵何疑？」時瀘正從備北行，亮於是表洪領蜀郡太守，眾事皆辦，遂使即真㊆。

初，犍為太守李嚴辟洪為功曹，嚴未去犍為而洪已為蜀郡；洪舉門下書佐㊇何祇有才策，洪尚在蜀郡而祇已為廣漢太守；是以西土咸服，諸葛亮能盡時人之器用也。

秋，七月，魏王操自將擊劉備。九月，至長安。

㈥曹彰擊代郡烏桓，身自搏戰，鎧中數箭，意氣益厲。乘勝逐北，至桑乾㊈之北，大破之，斬首獲生以千數。時鮮卑大人軻比能㊉將數萬騎觀望彊弱，見彰力戰，所向皆破，乃請服，北方悉平。

㈦南陽吏民苦繇役㊁，冬，十月，宛守將侯音反。南陽太守東里袞㊂與功曹應余迸竄得出，音遣騎追之，飛矢交流，余以身蔽袞，被七創而死，音騎執袞以歸。時征南將軍曹仁屯樊以鎮荊州，魏王操命仁還討音。功曹宗子卿說音曰：「足下順民心，舉大事，遠近莫不望風。然執郡將，逆而無益，何不遣之？」音從之。子卿因夜踰城從太守，收餘民圍音。會曹仁軍至，共攻之。

【今註】㈠南城：胡三省曰：「許昌之南城也。」㈡潁川典農中郎將：胡三省曰：「潁川典農中郎將，屯田許下。」㈢攝：《儀禮》注：「攝猶整也。」㈣鄢陵侯：國於鄢陵。鄢陵縣，屬潁川郡，故城在今河南省鄢陵縣西北。㈤馬鳴閣：在今四川省昭化縣西北，俗名馬頭寨。㈥廣石：胡三省曰：「當在巴漢之間。」㈦真：真除蜀郡太守。㈧書佐：胡三省曰：「漢制郡閣下及諸曹各有書佐，幹主文書。靈帝光和二年，樊毅復華下民租口筭碑載其上尚書奏牘，前書『年月朔日，弘農太守臣毅頓首死罪上尚書』，後書『臣毅誠惶誠恐頓首頓首死罪死罪上尚書』，後繫『掾臣條，屬臣淮，書佐臣謀。』」㈨桑乾：縣名，屬代郡，故城在今察哈爾蔚縣東北。㈩鮮卑大人軻比能：《魏志·鮮卑傳》：「軻比能，本小種鮮卑，以勇健，斷法平端，不貪財物，眾推以為大人。」⑪南陽吏民苦繇役：胡三省曰：「苦於供給曹仁之軍也。」⑫東里袞：複姓東里，名袞。

二十四年（西元二一九年）

㈠春，正月，曹仁屠宛，斬侯音，復屯樊。

㈡初，夏侯淵戰雖數勝，魏王操常戒之曰：「為將當有怯弱時，不可但恃勇也。將當以勇為本，行之以智計。但知任勇，一匹夫敵耳！」及淵與劉備相拒，踰年，備自陽平渡沔水，緣山稍前，營於定軍山㈠。【考異】備傳云：「於定軍山勢作營。」法正傳作定軍興勢，今從黃忠傳。淵引兵爭之。灋正曰：「可擊矣！」備使討虜將軍黃忠乘高鼓譟㈡攻之，淵軍大敗，斬淵【考異】淵傳曰：「備夜燒圍鹿角，淵使張郃護東圍，自將輕兵護南圍。備挑郃戰，郃軍不利，淵分兵半助郃，為備所襲，戰死。」張郃傳曰：「備於走馬谷燒都圍，淵救火，從他道與備相遇，交戰，短兵接刃，淵遂沒。」今從劉備、黃忠、灋正傳。及益州刺史趙顒㈢，張郃引兵還陽平㈣。是時新失元帥，軍中擾擾，不知所為。督軍杜襲㈤與淵司馬太原郭淮收斂散卒，號令諸軍曰：「張將軍國家名將，劉備所憚㈥。今日事急，非張將軍不能安也。」遂權宜推郃為軍主。郃出勒兵按陳，諸將皆受郃節度，眾心乃定。明日，備欲渡漢水來攻，諸將以眾寡不敵，欲依水為陳以拒之。郭淮曰：「此示弱而不足挫敵，非筭也。不如遠水為陳，引而致之，半濟而後擊之，備可破也。」既陳，備疑不渡，淮遂堅守，示無還心。以狀聞於魏王操，操善之，遣使假郃節，復以淮為司馬。

㈢二月，壬子（三十日），晦，日有食之。

㈣三月，魏王操自長安出斜谷，軍遮要以臨漢中㈦。劉備曰：「曹公雖來，無能為也，我必有漢川矣！」乃斂眾拒險，終不交鋒。操運米北山下，黃忠引兵欲取之，過期不還，翊軍將軍㈧趙雲將數十騎出營視之，值操揚兵大出，雲猝與相遇，遂前突其陳，且鬬且卻。魏兵散而復合，追至營下，雲入營，更大開門，偃旗息鼓。魏兵疑雲有伏，引去。雲雷鼓震天，惟以勁弩於後射魏兵，魏兵驚駭，自相蹂踐，墮漢水中死者甚多。備明旦自來至雲營，視昨戰處，曰：「子龍一身都為膽也㈨。」

操與備相守積月㈩，魏軍軍士多亡⑪。夏，五月，操悉引出漢中諸軍還長安，劉備遂有漢中。操恐劉備北取武都氐⑫以逼關中，問雍州刺史張既，既曰：「可勸使北出就穀以避賊，前至者厚其寵賞，則先者知利，後必慕之。」操從之，使既之武都，徙氐五萬餘落，出居扶風、天水界⑬。

㈤武威顏俊、張掖和鸞、酒泉黃華、西平麴演等各據其郡，自號將軍，更相攻擊。俊遣使送母及子詣魏王操為質以求助，操問張既，既曰：「俊等外假國威，內生傲悖，計定勢足，後即反耳。今方事定蜀，且宜兩存而鬭之，猶卞莊子之刺虎，坐收其斃也⑭。」王曰：「善。」歲餘，鸞遂殺俊，武威王祕又殺鸞。

㈥劉備遣宜都⑮太守扶風孟達從秭歸北攻房陵，殺房陵太守蒯祺⑯，又遣養子副軍中郎將劉封⑰自漢中乘沔水下，統達軍，與達會攻上庸⑱，上庸太守申耽舉郡降，備加耽征北將軍，領上庸太守；以耽弟儀為建信將軍、西城太守⑲。

㈦秋，七月，劉備自稱漢中王，設壇場於沔陽⑳，陳兵列眾，羣臣陪位，讀奏訖，乃拜受璽綬，御王冠㉑，因驛拜章，上還所假左將軍、宜城亭侯印綬㉒。立子禪為王太子。拔牙門將軍㉓義陽㉔魏延為鎮遠將軍㉕，領漢中太守，以鎮漢中。備還治成都。以許靖為太傅，灋正為尚書令，關羽為前將軍，張飛為右將軍，馬超為左將軍，黃忠為後將軍，餘皆進位有差。遣益州前部司馬犍為費詩即授㉖關羽印綬，羽聞黃忠位與己並，怒曰：「大丈夫終不與老兵同列。」不肯受拜。詩謂羽曰：「夫立王業者，所用非一。昔蕭、曹與高祖少小親舊，而陳、韓㉗亡命後至，論其班列，韓最居上㉘，未聞蕭、曹以此為怨。今漢中王以一時之功，隆崇漢室，然意之輕重寧當與君侯齊乎㉙？且王與君侯譬猶一體，同休等戚，禍福共之。愚謂君侯不宜計官號之高下，爵祿之多少為意也。僕一介之使，銜命之人，君侯不受拜，如是便還。但相為惜此舉動，恐有後悔耳！」羽大感悟，遽即受拜。

㈧詔以魏王操夫人卞氏為王后。

㈨孫權攻合肥。時諸州兵戍淮南㉚，揚州刺史溫恢謂兗州刺史裴潛曰：「此間雖有賊，然不足憂。今水潦方生，而子孝㉛縣軍，無有遠備。關羽驍猾，政㉜恐征南㉝有變耳！」已而關羽果使南郡太守麋芳守江陵，將軍傅士仁守公安，羽自率眾攻曹仁於樊。仁使左將軍于禁、立義將軍龐德㉞等屯樊北。

八月，大霖雨，漢水溢，平地數丈，于禁等七軍皆沒。禁與諸將登高避水，羽乘大船就攻之。禁等窮迫，遂降。龐德在隄上，被甲持弓，箭不虛發㉟，自平旦力戰至日過中，羽攻益急，矢盡，短兵接，德戰益怒，氣愈壯，而水浸盛，吏士盡降，德乘小船欲還仁營，水盛船覆，失弓矢，獨抱船覆水中，為羽所得，立而不跪㊱。羽謂曰：「卿兄在漢中㊲，我欲以卿為將，不早降何為？」德罵羽曰：「豎子，何謂降也？魏王帶甲百萬，威振天下，汝劉備庸才耳！豈能敵邪？我寧為國家鬼，不為賊將也！」羽殺之。魏王操聞之曰：「吾知於禁三十年㊳，何意臨危處難，反不及龐德邪？」封德二子為列侯。

羽急攻樊城，城得水，往往崩壞，眾皆恟懼。或謂曹仁曰：「今日之危，非力所支。可及羽圍未合，乘輕船夜走。」汝南太守滿寵㊴曰：「山水速疾，冀其不久。聞羽遣別將已在郟㊵下，自許以南，百姓擾擾，羽所以不敢遂進者，恐吾軍掎㊶其後耳！今若遁去，洪河㊷以南，非復國家有也。君宜待之！」仁曰：「善。」乃沈白馬，與軍人盟誓，同心固守。城中人馬纔數千人，城不沒者數板㊸。羽乘船臨城，立圍數重，內外斷絕。羽又遣別將圍將軍呂常於襄陽。荊州刺史胡修、南鄉㊹太守傅方皆降於羽。

㈩初，沛國魏諷有惑眾才，傾動鄴都，魏相國鍾繇辟以為西曹掾㊺。滎陽任覽與諷友善，同郡鄭袤㊻，泰之子也，每謂覽曰：「諷姦雄，終必為亂。」九月，諷潛結徒黨與長樂衞尉陳禕謀襲鄴，未及期，禕懼而告之。太子丕誅諷，連坐死者數千人，鍾繇坐免官。

㈩㈠初，丞相主簿楊脩與丁儀兄弟謀立曹植為魏嗣，五官將丕患之，以車載廢簏㊼內朝歌長吳質，與之謀。脩以白魏王操，操未及推驗㊽，丕懼，告質，質曰：「無害也，明日復以簏載絹以入。」脩復白之，推驗無人，操由是疑焉。其後植以驕縱見疏㊾，而植故連綴脩不止，脩亦不敢自絕；每當就植，慮事有闕，忖度操意，豫作答教十餘條，敕門下：「教出，隨所問答之。」於是教裁出，答已入。操怪其捷，推問，始泄。操亦以脩袁術之甥，惡之，乃發脩前後漏泄言教，交關諸侯㊿，收殺之。

㈩㈡魏王操以杜襲為留府長史，駐關中(五一)。關中營帥許攸(五二)擁部曲不歸附而有慢言。操大怒，先伐之。羣臣多諫，宜招懷攸，共討彊敵。操橫刀於厀[53]，作色不聽。襲入欲諫，操逆謂之曰：「吾計已定，卿勿復言！」襲曰：「若殿下計是邪，臣方助殿下成之；若殿下計非邪，雖成宜改之。殿下逆臣令勿言，何待下之不闡[54]乎？」操曰：「許攸慢吾，如何可置[55]？」襲曰：「殿下謂許攸何如人邪？」操曰：「凡人也。」襲曰：「夫惟賢知賢，惟聖知聖，凡人安能知非凡人邪？方今豺狼當路而狐狸是先，人將謂殿下避彊攻弱。進不為勇，退不為仁。臣聞千鈞之弩，不為鼷鼠發機；萬石之鍾，不以莛撞起音[56]。今區區之許攸，何足以勞神武哉？」操曰：「善。」遂厚撫攸，攸即歸服。

(十三)冬，十月，魏王操至洛陽。

(十四)陸渾[57]民孫狼等作亂，殺縣主簿，南附關羽。羽授狼印，給兵，還為寇賊。自許以南，往往遙應羽，羽威震華夏，魏王操議徙許都以避其銳。丞相軍司馬司馬懿、西曹屬蔣濟言於操曰：「于禁等為水所沒，非戰攻之失，於國家大計，未足有損。劉備、孫權，外親內踈；關羽得志，權必不願也。可遣人勸權躡其後，許割江南以封，則樊圍自解。」操從之。

初，魯肅嘗勸孫權以曹操尚存，宜且撫輯關羽，與之同仇，不可失也。及呂蒙代肅屯陸口，以為羽素驍雄，有兼幷之心㊄；且居國上流，其勢㊈難久。密言於權曰：「今令征虜守南郡，潘璋住白帝㊅，蔣欽將游兵萬人，循江上下，應敵所在，蒙為國家前據襄陽，如此，何憂於操？何賴於羽？且羽君臣矜其詐力，所在反覆，不可以腹心待也。今羽所以未便東向者，以至尊聖明，蒙等尚存也。今不於彊壯時圖之，一旦僵仆㊅，欲復陳力，其可得邪？」權曰：「今欲先取徐州，然後取羽，何如？」對曰：「今操遠在河北，撫集幽、冀，未暇東顧，徐土守兵，聞不足言㊅，往自可克；然地勢陸通㊅，驍騎所騁，至尊今日取徐州，操後旬必來爭，雖以七八萬人守之，猶當懷憂㊅。不如取羽，全據長江，形勢益張，易為守也。」權善之。

權嘗為其子求昏㊅於羽，羽罵其使，不許昏，權由是怒。及羽攻樊，呂蒙上疏曰：「羽討樊而多留備兵(六六)，必恐蒙圖其後故也。蒙常有病，乞分士眾還建業，以治疾為名。羽聞之，必撤備兵，盡赴襄陽。大軍(六七)浮江，晝夜馳上(六八)，襲其空虛，則南郡(六九)可下，而羽可禽也。」遂稱病篤，權乃露檄(七〇)召蒙還，陰與圖計。蒙下至蕪湖，定威校尉陸遜謂蒙曰：「關羽接境，如何遠下？後不當可憂也！」蒙曰：「誠如來言，然我病篤。」遜曰：「羽矜其驍氣，陵轢(七一)於人。始有大功，意驕志逸，但務北進，未嫌(七二)於我。有相聞病，必益無備。今出其不意，自可禽制。下見至尊，宜好為計！」蒙曰：「羽素勇猛，既難為敵，且已據荊州，恩信大行，兼始有功，膽勢益盛，未易圖也(七三)！」蒙至都，權曰：「誰可代卿者？」蒙對曰：「陸遜意思深長(七四)，才堪負重，觀其規慮(七五)，終可大任，而未有遠名，非羽所忌，無復是過(七六)也。若用之，當令外自韜隱(七七)，內察形便，然後可克。」權乃召遜，拜偏將軍右部督以代蒙。

遜至陸口，為書與羽，稱其功美，深自謙抑，為盡忠自託之意。羽意大安，無復所嫌，稍撤兵以赴樊。遜具啟形狀，陳其可禽之要。羽得于禁等人馬數萬，糧食乏絕，擅取權湘關㈦米，權聞之，遂發兵襲羽。

權欲令征虜將軍孫皎與呂蒙為左右部大督，蒙曰：「若至尊以征虜能，宜用之，以蒙能，宜用蒙。昔周瑜、程普為左右部督，督兵攻江陵，雖事決於瑜，普自恃久將，且俱是督，遂共不睦，幾敗國事㈨，此目前之戒也。」權寤，謝蒙曰：「以卿為大督，命皎為後繼可也。」

魏王操之出漢中也，使平寇將軍㈧徐晃屯宛以助曹仁，及于禁陷沒，晃前至陽陵陂，關羽遣兵屯偃城㈡。晃既到，詭道作都塹㈢，示欲截其後，羽兵燒屯走。晃得偃城，連營稍前。操使趙儼以議郎參曹仁軍事，與徐晃俱前。餘救兵未到，晃所督不足解圍，而諸將呼責晃促救仁，儼謂諸將曰：「今賊圍素固，水潦猶盛，我徒卒單少，而仁隔絕，不得同力，此舉㈢適所以敝內外耳！當今不前軍偪圍，遣諜通仁，使知外救，以勵將士。計北軍不過十日，尚足堅守，然後表裏俱發，破賊必矣！如有緩救之戮，余為諸君當之！」諸將皆喜。晃營距羽圍三丈，所作地道及箭飛書，與仁消息數通[八四]。

孫權為牋與魏王操，請以討羽自效，及乞不漏，令羽有備。操問羣臣，羣臣咸言宜密之。董昭曰：「軍事尚權[八五]，期於合宜。宜應權[八六]以密而內露之。羽聞權上，若還自護，圍則速解，便獲其利；可使兩賊相對銜持[八七]，坐待其斃。祕而不露，使權得志，非計之上。又圍中將吏，不知有救，計糧怖懼[八八]，儻有他意，為難不小，露之為便。且羽為人彊梁自恃，二城守固，必不速退。」操曰：「善。」即敕徐晃以權書射著圍裏及羽屯中。圍裏聞之，志氣百倍，羽果猶豫不能去[八九]。

魏王操自雒陽南救曹仁。羣下皆謂王不亟行，今敗矣。侍中桓楷獨曰：「大王以仁等為足以料事勢不[九〇]也？」曰：「能。」「大王恐二人[九一]遺力[九二]邪？」曰：「不然。」「然則何為自往？」曰：「吾恐虜眾多而徐晃等勢不便耳！」階曰：「今仁等處重圍之中，而守死無貳者，誠以大王遠為之勢也。夫居萬死之地，必有死爭之心；

內懷死爭，外有彊救，大王案六軍以示餘力，何憂於敗而欲自往？」操善其言，乃駐軍摩陂(九三)，前後遣殷署、朱蓋等凡十二營詣晃。關羽圍頭有屯，又別屯四冢。晃乃揚聲當攻圍頭屯，而密攻四冢，欲壞，自將(九四)步騎五千出戰，晃擊之，退走。羽圍塹鹿角十重，晃追羽，與俱入圍中，破之，傅方、胡脩皆死，羽遂撤圍退，然舟船猶據沔水，襄陽隔絕(九五)不通。

呂蒙至尋陽，盡伏其精兵𦪇𦩷(九六)中，使白衣搖櫓作商賈人服，晝夜兼行，羽所置江邊屯候，盡收縛之(九七)，是故羽不聞知。糜芳、士仁(九八)素皆嫌羽輕己。羽之出軍，芳、仁供給軍資，不悉相及，羽言還當治之，芳、仁咸懼。於是蒙令故騎都尉虞翻(九九)為書說仁為陳成敗，仁得書，即降。翻謂蒙曰：「此譎兵也(一〇〇)，當將仁行，留兵備城。」遂將仁至南郡。糜芳城守，蒙以示之，芳遂開門出降。

蒙入江陵，釋于禁之囚，得關羽及將士家屬，皆撫慰之。約令軍中不得干歷人家，有所求取。蒙麾下士與蒙同郡人，取民家一笠，以覆官鎧，官鎧雖公(一〇一)，蒙猶以為犯軍令，不可以鄉里故而廢瀍，遂垂涕斬之。於是軍中震慄，道不拾遺。蒙旦暮使親近存恤耆老，問所不足。疾病者給醫藥，饑寒者賜衣糧；羽府藏財寶皆封閉以待權至。

關羽聞南郡破，即走，南還。曹仁會諸將議，咸曰：「今因羽危懼，可追禽也。」趙儼曰：「權邀羽連兵之難㉒，欲掩制其後，顧羽還救，恐我乘其兩疲，故順辭求效㉓，乘釁因便，以觀利鈍耳！今羽已孤迸㉔，更宜存之，以為權害㉕；若深入追北，權則改虞於彼，將生患於我矣㉖，王㉗必以此為深慮。」仁乃解嚴㉘。魏王操聞羽走，恐諸將追之，果疾敕仁，如儼所策。

關羽數使人與呂蒙相聞㉙，蒙輒厚遇其使，周游城中，家家致問，或手書示信。羽人還，私相恭訊㉚，咸知家門無恙，見待過於平時，故羽吏士無鬥心。

會權至江陵，荊州將吏悉皆歸附，獨治中從事武陵潘濬稱疾不見。權遣人以牀就家輿致之，濬伏面著牀席，不起，涕泣交橫，哀哽不能自勝。權呼其字㉛與語，慰諭懇惻，使親近以手巾拭其面。濬起，下地拜謝，即以為治中，荊州軍事一以諮之。武陵部從事㉒樊伷誘導諸夷，圖以武陵附漢中王備，外白差督㉓督萬人往討之，權不聽，特召問濬，濬答以五千兵往，足以擒伷。權曰：「卿何以輕之？」濬曰：「伷是南陽舊姓㉔，頗能弄脣吻㉕而實無才略。臣所以知之者？伷昔嘗為州人設饌，比至日中，食不可得，而十餘自起，此亦侏儒觀一節之驗也㉖。」權大笑，即遣濬將五千人往，果斬平之。

權以呂蒙為南郡太守，封孱陵侯，賜錢一億，黃金五百斤；以陸遜領宜都太守。十一月，漢中王備所置宜都太守樊友委郡走，諸城長吏及蠻夷君長皆降於遜。遜請金、銀、銅印以假授初附。擊蜀將詹晏等及秭歸大姓擁兵者，皆破降之，前後斬獲招納凡數萬計。權以遜為右護軍、鎮西將軍，進封婁侯㉗，屯夷陵，守峽口㉘。

關羽自知孤窮，乃西保麥城㉙。孫權使誘之，羽偽降，立幡旗為象人於城上，因遁走，兵皆解散，纔十餘騎。權先使朱然、潘璋斷其徑路，十二月，璋司馬馬忠獲羽及其子平於章鄉㉚，斬之，遂定荊州。

初，偏將軍吳郡全琮[21]上疏陳關羽可取之計，權恐事泄，寢而不答。及已禽羽，權置酒公安，顧謂琮曰：「君前陳此，孤雖不相答，今日之捷，抑亦君之功也！」於是封琮陽華亭侯。權復以劉璋為益州牧，駐秭歸[22]。未幾，璋卒。

呂蒙未及受封而疾發，權迎置於所館[23]之側，所以治護者萬方，時有加鍼[24]，權為之慘慼，欲數見其顏色，又恐勞動，常穿壁瞻之，見小能下食，則喜顧左右，不然則咄唶[25]，夜不能寐，病中瘳[26]，為下赦令，羣臣畢賀，已而竟卒，年四十二。權哀痛殊甚，為置守冢三百家。權後與陸遜論周瑜、魯肅及蒙曰：「公瑾雄烈，膽略兼人，遂破孟德，開拓荊州，邈[27]焉寡儔[28]。子敬因公瑾致達于孤，孤與宴語，便及大略帝王之業[29]，此一快也；後孟德因獲劉琮之勢，張言[30]方率數十萬眾，水步俱下，孤普請諸將，咨問所宜，無適先對[31]，至張子布、秦文表[32]俱言宜遣使脩檄迎之，子敬即駮言[33]不可，勸孤急呼公瑾，付任以眾，逆而擊之[34]，此二快也；後雖勸吾借玄德地㉟，是其一短，不足以損其二長也；周公不求備於一人㊱，故孤忘其短而貴其長，常以比方鄧禹也㊲。子明少時，孤謂不辭劇易㊳，果敢有膽而已；及身長大，學問開益，籌略奇至，可以次於公瑾，但言議英發不及之耳！圖取關羽，勝於子敬。子敬答孤書云：『帝王之起，皆有驅除，羽不足忌㊴。』此子敬內不能辦，外為大言耳！孤亦恕之，不苟責也。然其作軍，屯營不失，令行禁止㊵，部界無廢負㊶，路無拾遺，其灋亦美矣！」

孫權與于禁乘馬併行，虞翻呵禁曰：「汝降虜，何敢與吾君齊馬首乎？」抗㊷鞭欲擊禁，權呵止之。

(十五)孫權之稱藩也，魏王操召張遼等諸軍悉還救樊，未至而圍解。徐晃振旅還摩陂，操迎晃七里，置酒大會。王舉酒謂晃曰：「全樊、襄陽，將軍之功也。」亦厚賜桓階，以為尚書。操嫌荊州殘民及其屯田在漢川㊸者，皆欲徙之。司馬懿曰：「荊楚㊹輕脆㊺易動，關羽新破，諸為惡者，藏竄觀望。徙其善者，既傷其意，將令去者不敢復還。」操曰：「是也。」是後諸亡者悉還出。

(十六)魏王操表孫權為票騎將軍，假節，領荊州牧，封南昌侯(四六)。權遣校尉梁寓入貢，又遣朱光等歸(四七)，上書稱臣於操，稱說天命。操以權書示外(四八)曰：「是兒欲踞吾著爐火上邪(四九)？」侍中陳羣等皆曰：「漢祚已終，非適今日。殿下功德巍巍，羣生注望(五〇)。故孫權在遠稱臣，此天、人之應，異氣齊聲。殿下宜正大位，復何疑哉？」操曰：「若天命在吾，吾其為周文王矣(五一)！」

臣光曰：「教化，國家之急務也，而俗吏慢之；風俗，天下之大事也，而庸君忽之。夫惟明智君子，深識長慮，然後知其為益之大，而收功之遠也！光武遭漢中衰，羣下糜沸(五二)，奮起布衣，紹恢前緒，征伐四方，日不暇及(五三)，乃能敦尚經術，賓延儒雅，開廣學校，脩明禮樂。武功既成，文德亦洽。繼以孝明、孝章，遹(五四)追先志，臨雍(五五)拜老，橫經(五六)問道，自公卿大夫至郡于縣之吏，咸選用經明行修之人，虎賁衞士，皆習孝經，匈奴子弟，亦游太學，是以教立於上，俗成於下。其忠厚清修之士，豈惟取重於搢紳(五七)，亦見慕於眾庶；愚鄙汙穢之人，豈惟不容於朝廷，亦見棄於鄉里。

自三代既亡，風化之美，未有若東漢之盛者也。及孝和以降，貴戚擅權，嬖倖用事，賞罰無章，賄賂公行，賢愚渾殽，是非顛倒，可謂亂矣！然猶緜緜不至於亡者，上則有公卿大夫袁安、楊雲、李固、杜喬、陳蕃、李膺之徒，面引廷爭(五八)，用公義以扶其危；下則有布衣之士符融、郭泰、范滂、許邵之流，立私論以救其敗(五九)。是以政治雖濁而風俗不衰，至有觸冒斧鉞，僵仆於前，而忠義奮發，繼起於後，隨踵就戮，視死如歸。夫豈特數子之賢哉，亦光武、明、章之遺化也！當是之時，苟有明君作而振之，則漢氏之祚，猶未可量也！不幸陵夷頹敝之餘，重以桓、靈之昏虐，保養姦回(六〇)，過於骨肉；殄滅忠良，甚於寇讎。積多士之憤，蓄四海之怒，於是何進召戎，董卓乘釁，袁紹之徒，從而構難，遂使乘輿播越，宗廟丘墟，王室蕩覆，烝民塗炭，大命隕絕，不可復救。然州郡擁兵專地者，雖互相吞噬，猶未嘗不以尊漢為辭。以魏武之暴戾彊伉(六一)，加有大功於天下，其蓄無君之心久矣，乃至沒身不敢廢漢而自立，豈其志之不欲哉？猶畏名義而自抑也！由是觀之，教化安可慢？風俗安可忽哉？」

【今註】㊀定軍山：《華陽國志》曰：「漢中沔陽縣有定軍山，北臨沔水。」按即在今陝西省沔縣東南。胡三省曰：「據瀍正傳，『於定軍興勢作營。』則定軍山正在興勢也。今按興勢山在洋州興道縣西北二十里，去沔陽地里相遠，當從華陽國志。」㊁鼓譟：謂鳴鼓而喧譟。按古時軍隊接戰，常鼓譟以助軍勢。㊂及益州刺史趙顒：胡三省曰：「顒刺益州，操所命也。淵軍既敗，顒亦死。」㊃張命引兵還陽平：自廣石還陽平。㊄督軍杜襲：襲初從操討張魯，操東還，留襲督漢中軍事。見上卷建安二十年。㊅張將軍國家名將，劉備所憚：《魏略》曰：「淵雖為都督，劉備憚郃而易淵。及殺淵，備曰：『當得其魁，用此何為耶？』」㊆魏王操自長安出斜谷，軍遮要以臨漢中：胡三省曰：「斜谷道險，操恐為備所邀截，先以軍遮要害之處，乃進臨漢中。或云遮要，地名。」㊇翊軍將軍：胡三省曰：「備所創置也。」㊈子龍一身都為膽也：言其膽量過人，敢以孤軍抗操大軍。㊉積月：累月。⑪亡：逃亡。⑫武都氐：武都本白馬氐地。⑬使既之武都，徙氐五萬餘落，出居扶風、天水界：胡三省曰：「操蓋已棄武都而不有矣！諸氐散居秦川，苻氏亂華自此始。」⑭猶卞莊子之刺虎，坐收其斃也：解詳卷十漢三年註㊅。⑮宜都：《吳錄》云：「劉備分南郡立宜都郡，領夷道、狼山、夷陵三縣。」按郡治夷道，在今湖北省宜都縣西北。⑯房陵太守蒯祺：胡三省曰：房陵縣本屬漢中郡，此郡疑劉表所置，使蒯祺守之，否則祺自立也。房陵，三國魏曰新城，即今湖北省房縣。

⑰劉封：《蜀志·劉封傳》：「封本羅侯寇氏之子，長沙劉氏之甥也。先主至荊州，以未有繼嗣，養封為子。」⑱上庸：縣名，屬漢中郡，故城在今湖北省竹山縣東南。⑲西城太守：西城縣屬漢中郡。《巴漢志》云：「漢末以為西城郡。」郡治西城，見《水經·沔水注》。故城在今陝西省安康縣西北。⑳沔陽：縣名，屬漢中郡，故城在今陝西省沔縣東南。㉑王冠：胡三省曰：「王冠，遠遊冠也。」㉒上還所假左將軍、宜城亭侯印綬：左將軍及宜城亭侯皆操所表授。㉓牙門將軍：胡三省曰：「備所創置。」㉔義陽：胡三省曰：「魏文帝分南陽郡立義陽郡，又立義陽縣屬焉。此在延入蜀之後，史追書也。」故城在今河南省相柏縣東。㉕鎮遠將軍：胡三省曰：「備所創置。」㉖即授：即荊州授之。㉗陳韓：謂陳平、韓信。㉘論其班列，韓最居上：韓信王而蕭曹侯，故曰韓最居上。㉙然意之輕重寧當與君侯齊乎：胡三省曰：「言備以一時使忠與羽班，而意之輕重則不在此。曹操嘗表羽為漢壽亭侯，故稱之為君侯。」㉚淮南：魏改漢九江郡為淮南郡。㉛子孝：曹仁字。㉜政：同正。㉝征南：謂曹仁，時為征南將軍。㉞立義將軍龐德：胡三省曰：「操以龐德自漢中來歸，故進號立義將軍。」㉟箭不虛發：言每射必中。㊱不跪：示不屈服。㊲卿兄在漢中：《魏略》曰：「德從兄柔在蜀。」㊳吾知于禁三十年：知謂知遇。操收兵兗州，禁即為將。㊴汝南太守滿寵：寵為汝南太守，助仁拒羽，屯於樊城，見《魏志·滿寵傳》。㊵郟：顏師古曰：郟音夾。前漢縣，屬潁川郡，後漢省，即今河南省郟縣。㊶掎：顏師古曰：「掎，從後引之也。」㊷洪河：大河。指黃河而言。㊸板：古者夾板於中築土為垣，謂之板築，故城之高度亦以板數，一板高二尺。

板又作版。㊹南鄉：建安中，割南陽右壤為南鄉郡，見《水經注》。㊺魏相國鍾繇辟以為西曹掾：胡三省曰：「此魏相國府之西曹椽。」㊻袤：音茂。㊼簏：音祿。以竹為高篋。《楚辭注》：「方為篋，圓為簏。」㊽推驗：案驗。㊾植以驕縱見疏：植先以乘車行馳道中，開司馬門出，由是寵衰；其後曹仁為關羽所圍，操以植為南中郎將，行征虜將軍，欲遣救仁，植飲醉，不能受命，由是益見疏。見《魏志・陳思王傳》。㊿漏泄言教，交關諸侯：胡三省曰：「以脩豫作答教，謂之漏泄，與植往來，謂之交關諸侯。」(51)魏王操以杜襲為留府長史，駐關中：胡三省曰：「置留府於關中者以備蜀也。」(52)許攸：胡三省曰：「此又一許攸，非自袁紹來奔之許攸也。」(53)郲：同滕。(54)闡：開明。(55)置：捨。(56)千鈞之弩，不為鼷鼠發機；萬石之鍾，不以莛撞起音：胡三省曰：「三十斤為鈞，千鈞之弩，言其重也；鼷鼠，小鼠也。說文曰：『有螫毒者，或謂之甘鼠。』陸佃埤雅曰：『鼷鼠者，甘口，齧人及鳥獸皆不痛。』博物志云：『鼠之最小者。』本草說鼷鼠極細，不可卒見。四鈞為石，石百二十斤也。莛，草莖也。東方朔曰：『以莛撞鍾。』是皆言力勢重者，不以輕觸而發動也。」鼷音奚，莛音廷。(57)陸渾：縣名，屬弘農郡，故城在今河南省嵩縣東北。顏師古曰：「渾音胡。」(58)有兼幷之心：言有兼幷東吳之心。(59)其勢：謂並存之勢。(60)今令征虜守南郡，潘璋住白帝：征虜謂孫皎，皎時為征虜將軍。住謂屯駐。胡三省曰：「此即甘寧據楚關之計也。」按寧初見孫權，謂權曰：「圖操之計，宜先取黃祖，一破祖軍，鼓行而西，西據楚關，以漸規巴蜀。」見《吳志・甘寧傳》。(61)僵仆：謂死。(62)徐士守兵，聞不足言：言無重兵據守，不足為慮。胡三省曰：「曹操審知天下之勢，慮此熟矣！此兵法所謂城有所不守也。」(六三)陸通：言其地平坦無阻，四通八達。(六四)雖以七八萬人守之，猶當懷憂：胡三省曰：「呂蒙自量吳國之兵力，不足北向以爭中原者，知車騎之地，非南兵之所便也。」(六五)昏：古婚字。(六六)備兵：留備荊州之兵。(六七)大軍：謂吳國大軍。(六八)上：溯流而上。(六九)南郡：胡三省曰：「此南郡謂江陵。」(七〇)露檄：蓋欲使關羽知之。(七一)陵轢：顏師古曰：「轢，謂陵踐也。」李賢曰：「陵轢，猶欺蔑也。」(七二)嫌：疑忌。(七三)蒙曰至未易圖也：胡三省曰：「兵事尚密，遜之言雖當蒙之心，蒙未敢容易為遜言之。」(七四)陸遜意思深長：遜所見與蒙同，故知其意思深長。(七五)規慮：規畫謀慮。(七六)無復是過：言代蒙人選，無有過遜者。(七七)韜隱：歛抑隱藏，不露鋒芒。(七八)湘關：胡三省曰：「吳與蜀分荊州，以湘水為界，故置關。」吳、蜀分荊州以湘水為界，見上卷建安二十年。(七九)昔周瑜、程普為左右部督至幾敗國事：事見卷六十六建安十五年。(八〇)平寇將軍：胡三省曰：「蓋亦曹操所置。」(八一)偃城：在今湖北省襄陽縣北。(八二)都塹：胡三省曰：「詭道出偃城之後通為長塹，故曰都塹。」(八三)此舉：謂促救仁。(八四)晃營距羽圍三丈所，作地道及箭飛書與仁消息數通：胡三省曰：「消息數通，則城內，城外各知安否也。晃營迫羽圍如此而不能制，使呂蒙不襲取江陵，羽亦必為操所破，而操假手於蒙者，欲使兩寇自敝，而坐收漁人、田父之功也。」(八五)權：權詐術數。(八六)權：孫權。(八七)相對銜持：「胡三省曰：以馬為喻也。兩馬欲相踶齧，既加以銜勒，兩不能動矣，而欲鬬之氣未衰。相對銜持，則兩雖跳梁，力必自敝。」(八八)計糧怖懼：計城中糧少，不足以持久，則心懷怖懼。(八九)羽果猶豫不能去：胡三省曰：「羽雖見權書，自恃江陵、公安守固，非權旦夕可拔；又因水勢結圍以臨樊城，有必破之勢，釋之而去，必喪前功，此其所以猶豫也。」余按羽素輕吳兵，又無嫌於陸遜，故頗撤備兵以赴樊。此必羽疑操軍詐為權書，故猶豫不去，非僅恃江陵、公安之守固。（九〇）不：讀曰否。（九一）二人：謂曹仁、呂常，仁守樊，常守襄陽。（九二）遺力：謂未盡全力。（九三）摩陂：《水經・潁水注》：「嵎水自陽翟來，東南為郟之摩陂。」按即在今河南省郟縣東南。（九四）自將：謂羽自將。（九五）襄陽隔絕：與樊隔絕。（九六）艒艫：亦作艑艫，大船，見《集韻》。（九七）而所置江邊屯候，盡收縛之：謂吳兵盡收縛羽所置江邊屯候。江邊屯候，軍吏之屯於江邊以候望敵情者。（九八）士仁：《三國志・關羽傳》作傅士仁，餘傳俱作士仁。陳浩曰：「楊戲輔臣贊注：『士仁字君義，廣陽人也。』吳主孫權傳云：『獲將軍士仁。』呂蒙傳亦雲：『遂到南郡，士仁、麋芳皆降。』是士仁。即其姓名，羽傳獨加傅字，誤也。」王鳴盛曰：「吳志有交州刺史士燮，則當時固有士姓。」按《通鑑》前作傅士仁，此作士仁，蓋摭錄諸傳之文而未加詳考耳！（九九）騎都尉虞翻：權以翻為騎都尉，以謗徙丹陽，蒙請以自隨，見《吳志・虞翻傳》。胡三省曰：「時無官爵，故稱故官。」（〇〇）此譎兵也：蒙以譎詐行兵，故謂之譎兵。（〇一）官鎧雖公：言所取用非為私利。（〇二）權邀羽連兵之難：胡三省曰：「邀當作徼。」徼，求也；連兵，謂與曹仁連兵。（〇三）順辭求效：謙順其辭以求功效。（〇四）羽已孤迸：言羽失根本，勢孤而迸逃。散走曰迸。（〇五）宜更存之，以為權害：胡三省曰：「趙儼之計，戰國策士所謂兩利而俱存之之計也。」《前漢書》蒯通說韓信曰：「方今為足下計，莫若兩利而俱存之。」（〇六）權則改虞於彼，將生患於我矣：虞者，防備，《晉語》云：「衞文公有邢、翟之虞。」此言權將改防羽之心以防魏，如是必為魏患。⑰王：謂魏王操。⑱解嚴：解所嚴兵。仁蓋已嚴兵欲追羽，至是聽儼計，解嚴不復追之。⑲聞：通問。⑳訊：探詢。㉑權呼其字：潘濬字承明。㉒部從事：漢制，州牧、制史部諸郡國，置部從事，每郡國各一人，主督促文書，察舉非法，皆州自辟除。見《後漢書．百官志》。㉓督：督兵之將。㉔伷是南陽舊姓：胡三省曰：「南陽之樊，光武之母黨，故謂之舊姓。」㉕弄唇吻：以言辭動人。㉖此亦侏儒觀一節之驗也：胡三省曰：「侏儒，優人，以能諧笑取寵。觀其一節，足以驗其技。」㉗婁侯：食邑於婁縣。婁縣前漢屬會稽郡，後漢改屬吳郡。范成大《吳郡志》云：「婁縣，今謂之崐山縣。東北三裏有村落名婁縣，蓋古婁縣治所也。」宋之崐山，即今江蘇省崑山縣。㉘峽口：胡三省曰：「峽口，西陵峽口也。」《荊州記》云：「自夷陵泝江二十里入峽口，名為西陵峽，長二十里。」按西陵峽即長江三峽之一，兩岸高山重嶂，形勢至險。㉙麥城：《荊州記》云：「南郡當陽縣東南有麥城。」當陽故城在今湖北省當陽縣東。㉚章鄉：《水經注》作漳鄉，漳水逕其南，故址在今湖北省當陽縣東北。㉛全琮：姓全名琮。㉜權復以劉璋為益州牧，駐秭歸：劉備取益州，遷璋於公安，權破荊州，獲璋復以為益州牧。㉝所館：權所居之館。㉞鍼：以鍼刺治病。㉟咄唶：音拙借，歎息聲。㊱瘳：疾癒。㊲邈：高遠貌。㊳寡儔：言少有其匹。㊴子敬因公瑾致達于孤，孤與宴語，便及大略帝王之業：事見卷六十三建安五年。㊵張言：誇大其言。㊶無適先對：胡三省曰：「猶言莫適先對也。」㊷秦文表：秦松字文表。㊸駮言：猶曰駮議。顏師古曰：「駮者，執意不同，如色之間雜。」蔡邕曰：「其有疑事，公卿百官會議，若臺閣有所正處，而獨執異意者，曰駮議。」㉞子孟德因獲劉琮之勢至勸孤急呼公瑾，付任以眾，逆而擊之：事見卷六十五建安十三年。㉟勸吾借玄德地：事見卷六十六建安十五年。㊱不求備於一人：此《論語》載周公語魯公之言。㊲常以比方鄧禹也：胡三省曰：「鄧禹建策以開光武中興之業，而其後不能定赤眉，故以肅比之。」㊳劇易：事之繁而艱者曰劇，簡而易辦者曰易。㊴帝王之起，皆有驅除，羽不足忌：謂羽之強，適足為吳之驅除。《史記索隱》曰：「驅除，言為之驅除患難也。」㊵令行禁止：令出必行，有禁必止。言其治軍整肅，羣下無敢犯其禁令者。㊶部界無廢負：所部界內，無有廢職事，為罪負者。㊷抗：舉。㊸漢川：胡三省曰：「此漢川，謂襄、樊上下漢水左右之地也。」㊹荊楚：謂荊楚之民。㊺輕脆：猶曰輕脫，不戀鄉土之意。脆，胞之俗字。胞猶輕也，《後漢書·許荊傳》：「風俗胞薄。」胞薄，即輕藉。㊻南昌：縣名，屬豫章郡，故城在今江西省南昌縣東。㊼遣朱光等歸：光等為權所獲，見上卷建安十九年。㊽操以權書示外：胡三省曰：「欲以觀眾心耳！」㊾是兒欲踞吾著爐火上邪：胡三省曰：「蓋言漢以火德王，權欲使操加其上也。」㊿注望：猶屬望。(51)吾其為周文王矣：文王三分天下有其二，猶以服事殷。操蓋以文王自喻。(52)糜沸：喻動亂之甚，如糜粥之沸於釜鼎。(53)日不暇及：喻事繁而日不足。(54)遹：遵循。(55)雍：辟雍。(56)橫經：橫執經書，示恭敬之意。(57)搢紳：謂在朝公卿大夫。古者出仕則搢笏垂紳，故以為喻，(58)爭：讀曰諍。(59)立私論以救其敗：謂私立議論以矯朝議之失。(60)姦回：孔安國曰：「回，邪也姦。」回即姦邪。(61)伉：驕橫。

卷六十九 魏紀五

司馬光 編集
楊向時 註

起上章困敦，盡玄黓攝提格，凡三年。（庚子、辛丑、壬寅，西元二二〇年至二二二年）

世祖文皇帝㈠上

黃初㈡元年（西元二二〇年）

㈠春，正月，武王㈢至洛陽㈣，庚子（二十三日）薨。王知人善察，難眩以偽㈤。識拔奇才，不拘微賤，隨能任使，皆獲其用。與敵對陳，意思安閑，如不欲戰然；及至決機乘勝，氣勢盈溢。勳勞宜賞，不吝千金；無功望施，分豪㈥不與。用法峻急，有犯必戮，或對之流涕，然終無所赦。雅性㈦節儉，不好華麗。故能芟刈羣雄，幾平海內㈧。是時太子在鄴㈨，軍中騷動。羣僚欲秘不發喪。諫議大夫賈逵以為事不可秘，乃發喪。或言宜易諸城守，悉用譙、沛⑽人。魏郡太守廣陵徐宣厲聲曰：「今者遠近一統，人懷效節，何必專任譙沛以沮宿衞者之心。」乃止。青州兵⑾擅擊鼓相引去，眾人以為宜禁止之，不從者討之。賈逵曰：「不可。」為作長檄(一二)，令所在給其稟(一三)食。鄢陵侯彰從長安來赴(一四)，問逵先王璽綬所在。逵正色曰：「國有儲副，先王璽綬，非君侯所宜問也。」凶問至鄴，太子號哭不已。中庶子(一五)司馬孚諫曰：「君王晏駕，天下恃殿下為命，當上為宗廟，下為萬國，柰何效匹夫孝也！」太子良久乃止，曰：「卿言是也。」時羣臣初聞王薨，相聚哭，無復行列。孚厲聲於朝曰：「今君王違世，天下震動，當早拜嗣君，以鎮萬國，而但哭邪！」乃罷羣臣，備禁衛，治喪事。孚，懿之弟也。

羣臣以為太子即位，當須詔命(一六)。尚書陳矯曰：「王薨于外，天下惶懼，太子宜割哀即位，以繫遠近之望。且又愛子(一七)在側，彼此生變，則社稷危矣。」即具官備禮，一日皆辨(一八)。明旦，以王后令，策太子即王位，大赦。漢帝尋遣御史大夫華歆奉策詔，授太子丞相印綬，魏王璽綬，領冀州牧。於是尊王后曰王太后。

㈡改元延康(一九)。

㈢二月，丁未，朔，日有食之。

㈣壬戌（十六日），以太中大夫賈詡為太尉，御史大夫華歆為相國，大理王朗為御史大夫。

㈤丁卯（二十一日），葬武王于高陵⑳。

㈥王弟鄢陵侯彰等皆就國。臨菑監國謁者㉑灌均希指奏臨菑侯植醉酒悖慢，劫脅使者。王貶植為安鄉侯，誅右刺姦掾㉒沛國丁儀及弟黃門侍郎廙，並其男口，皆植之黨也。

魚豢論曰：「諺言：『貧不學儉，卑不學恭。』非人性分殊也，勢使然耳！假令太祖防遏植等在於疇昔，此賢之心，何緣有窺望乎？彰之挾恨，尚無所至；至於植者，豈能興難？乃令楊脩以倚注遇害，丁儀以希意族滅，哀夫！」

㈦初置散騎常侍、侍郎㉓各四人，其宦人為官者不得過諸署㉔令；為金策，藏之石室。時當選侍中、常侍，王左右舊人諷主者，便欲就用，不調餘人。司馬孚曰：「今嗣王新立，當進用海內英賢，如何欲因際會，自相薦舉邪？官失其任，得者亦不足貴也。」遂他選。

(八)尚書陳羣以天朝㉕選用，不盡人才，乃立九品官人㉖之法，州郡皆置中正㉗，以定其選，擇州郡之賢有識鑒者為之，區別人物，第其高下。

(九)夏，五月，戊寅（初三日），漢帝追尊王祖太尉㉘曰太王，夫人丁氏曰太王后。

(十)王以安定太守鄒岐為涼州刺史。西平麴演結旁郡作亂以拒岐㉙；張掖張進執太守杜通，酒泉黃華不受太守辛機，皆自稱太守以應演。武威三種胡復叛。武威太守毋丘興告急於金城太守、護羌校尉扶風蘇則，則將救之，郡人皆以為賊勢方盛，宜須大軍。時將軍郝昭、魏平先屯金城，受詔不得西度㉚，則乃見郡中大吏及昭等謀曰：「今賊雖盛，然皆新合，或有脅從，未必同心；因釁擊之，善惡必離，離而歸我，我增而彼損矣，既獲益眾之實，且有倍氣之勢，率以進討，破之必矣。若待大軍，曠日彌久，善人無歸，必合於惡，善惡既合，勢難卒㉛離。雖有詔命，違而合權，專之可也。」昭等從之。乃發兵救武威，降其三種胡，與毋丘興擊張進於張掖。麴演聞之，將步騎三千迎則，辭來助軍，實欲為變，則誘而斬之，出以徇軍，其黨皆散走。則遂與諸軍圍張掖，破之，斬進。黃華懼，乞降。河西平。

初，燉煌太守馬艾卒官，郡人推功曹張恭行長史事；恭遣其子就詣朝廷請太守。會黃華、張進叛，欲與燉煌並勢，執就，劫以白刃，就終不回，私與恭疏曰：「大人率厲燉煌，忠義顯然，豈以就在困厄之中而替之哉？今大軍垂至，但當促兵以掎㉒之耳，願不以下流之愛㉓，使就有恨於黃壤也！」恭即引兵攻酒泉，別遣鐵騎二百及官屬，緣酒泉北塞，東迎太守尹奉。黃華欲救張進，而西顧恭兵，恐擊其後，故不得往而降。就卒平安，奉得之郡。詔賜恭爵關內侯。

㈩六月，庚午（二十六日），王引軍南巡。

㈪秋，七月，孫權遣使奉獻。

㈫蜀將軍孟達屯上庸，與副軍中郎將劉封不協；封侵陵之，達率部曲㉔四千餘家來降。達有容止才觀，主甚器愛之，引與同輦，以達為散騎常侍、建武將軍，封平陽亭侯。合房陵、上庸、西城三郡為新城，以達領新城太守，委以西南之任。行軍長史劉曄曰：「達有苟得之心，而恃才好術，必不能感恩懷義。新城與孫、劉接連㉟，若有變態，為國生患。」王不聽。遣征南將軍夏侯尚、右將軍徐晃與達共襲劉封。上庸太守申耽叛封來降，封破，走還成都。初，封本羅侯寇氏之子，漢中王初至荊州，以未有繼嗣，養之為子。諸葛亮慮封剛猛，易世之後，終難制御，勸漢中王因此際除之，遂賜封死。

㈴武都氐王楊僕率種人內附。

㈵甲午（二十日），王次于譙，大饗六軍及譙父老于邑東，設伎樂百戲，吏民上壽，日夕而罷。

孫盛曰：「三年之喪，自天子達于庶人。故雖三季㊱之末，七雄㊲之敝，猶未有廢衰斬㊳於旬朔之間，釋麻杖於反哭㊴之日者也。逮于漢文，變易古制，人道之紀，一旦而廢，固已道薄於當年，風頽於百代矣。魏王既追漢制，替其大禮，處莫重之哀，而設饗宴之樂，居貽厥之始，而墮王化之基，及至受禪，顯納二女㊵，是以知王齡之不遐，卜世之期促也。」

(十六)王以丞相祭酒賈逵為豫州㊶刺史。是時天下初定，刺史多不能攝郡。逵曰：「州本以六條詔書察二千石以下，故其狀皆言嚴能鷹揚㊷，有督察之才，不言安靜寬仁，有愷悌之德也。今長吏慢法，盜賊公行，州知而不糾，天下復何取正乎？」其二千石以下，阿縱不如法者，皆舉奏免之。外脩軍旅，內治民事，興陂田，通運渠，吏民稱之。王曰：「逵真刺史矣。」布告天下，當以豫州為灋；賜逵爵關內侯。

(十七)左中郎將李伏、太史丞許芝表言：「魏當代漢，見於圖緯，其事眾甚㊸。」羣臣因上表勸王順天人之望㊹。王不許。

冬，十月，乙卯（十三日）。漢帝告祠高廟，使行御史大夫張音持節，奉璽綬詔冊，禪位于魏。王三上書辭讓，乃為壇於繁陽㊺，辛未（二十九日），升壇受璽綬，即皇帝位。【考異】陳志云：「丙午行至曲蠡，漢帝禪位。庚午，升壇即祚。」袁紀亦云：「庚午魏王即位。」按獻帝紀，乙卯始發禪冊，二十九日登壇受命。又文帝受禪碑至今尚在，亦云：「辛未受禪。」陳志、袁紀誤也。范書云：「魏遣使求璽綬，曹皇后不與，如此數輩，后乃呼使者，以璽抵軒下，因涕泣橫流曰：天不祚爾。左右皆莫能仰視。」案此乃前漢元后事，且璽綬無容在曹后之所，此說妄也。燎祭天地、嶽瀆，改元，大赦。

十一月，癸酉（朔），奉漢帝為山陽公〔四六〕，行漢正朔，用天子禮樂。封公四子為列侯。追尊太王曰太皇帝；武王曰武皇帝，廟號太祖。尊王太后曰皇太后。以漢諸侯王為崇德侯，列侯為關中侯。羣臣封爵，增位各有差。改相國為司徒，御史大夫為司空。山陽公奉二女以嬪于魏。

帝欲改正朔，侍中辛毗曰：「魏氏遵舜、禹之統，應天順民；至於湯、武，以戰伐定天下，乃改正朔。孔子曰：『行夏之時，』左氏傳曰：『夏數為得天正，』何必期於相反？」帝善而從之。時羣臣並頌魏德，多抑損前朝；散騎常侍衞臻獨明禪授之義，稱揚漢美。帝數目臻曰：「天下之珍，當與山陽共之。」

帝欲追封太后父母，尚書陳羣奏曰：「陛下以聖德應運受命，創業革制，當永為後式。案典籍之文，無婦人分土命爵之制。在禮典，婦因夫爵。秦違古灋，漢氏因之，非先王之令典也。」帝曰：「此議是也，其勿施行。」仍著定制，藏之臺閣㊼。

㈥十二月，初營洛陽宮。戊午（十七日），帝如洛陽㊽。

㈨帝謂侍中蘇則曰：「前破酒泉、張掖，西域通使燉煌，獻徑寸大珠，可復求市益得不？」則對曰：「若陛下化洽中國，德流沙幕，即不求自至。求而得之，不足貴也。」帝嘿然。

㈩帝召東中郎將蔣濟為散騎常侍。時有詔賜征南將軍夏侯尚曰：「卿腹心重將，特當任使，作威作福，殺人活人。」尚以示濟。濟至，帝問以所聞見，對曰：「未有他善，但見亡國之語耳！」帝忿然作色而問其故，濟具以答，因曰：「夫作威作福，書之明誡㊾。天子無戲言，古人所慎；惟陛下察之。」帝即遣追取前詔。

㈪帝欲徙冀州士卒家十萬戶實河南㊿。時天旱，蝗，民饑。羣司以為不可，而帝意甚盛。侍中辛毗與朝臣俱求見，帝知其欲諫，作色以待之，皆莫敢言。毗曰：「陛下欲徙士家，其計安出？」帝曰：「卿謂我徙之非邪？」毗曰：「誠以為非也。」帝曰：「吾不與卿議也。」毗曰：「陛下不以臣不肖，置之左右，厠之謀議之官㊄㊁，安能不與臣議邪？臣所言非私也，乃社稷之慮也。安得怒臣？」帝不答，起入內。毗隨而引其裾，帝遂奮衣不還，良久乃出，曰：「佐治㊄㊂！卿持我何太急邪？」毗曰：「今徙，既失民心，又無以食也，故臣不敢不力爭。」帝乃徙其半。帝嘗出射雉，顧羣臣曰：「射雉樂哉！」毗對曰：「於陛下甚樂，於羣下甚苦。」帝嘿然，後遂為之稀出。

【今註】㈠世祖文皇帝：曹丕字子桓，操長子，受漢禪為魏文帝，廟號世祖。

魏之世系如下：

- 武帝
  - (1)文帝
    - (2)明帝
      - (3)齊王芳
    - 陳東海定王霖
      - (4)高貴鄉公
  - 燕王宇
    - (5)元帝

㈡黃初：魏受漢禪，推五德之運，以土德王，土色黃，故紀元曰黃初。是年十月受禪，方改元。㈢武王：曹操謚。㈣洛陽：今縣名，屬河南省。以在洛水之陽，故名。漢改洛為雒，置雒陽縣，曹魏復改雒為洛，故城在今治東北。㈤難眩以偽：謂人不能以偽詐使他相信。㈥豪：同毫。㈦雅性：素性。㈧幾平海內：未能並吳蜀，所以說幾至平定天下。㈨鄴：舊縣名，漢所置。東漢袁紹鎮此，後

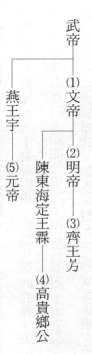

以封曹操，三國魏置鄴都。故城在今河南省臨漳縣西。⑽譙沛：譙，縣名，秦置，漢屬沛郡，故城在安徽省亳縣。沛，漢郡名，東漢時為沛國，故城在今安徽省宿縣西北。曹操，沛國譙人，或以鄉人為可信，故建言易諸城守皆為譙沛人。⑾青州兵：獻帝初平三年，操破黃巾所降者。⑿長檄：李賢曰：「長檄猶今長牒。」胡三省曰：「即軍行所至之帮券也。」憑以支取糧餉。⒀稟食：稟同廩。李賢曰：「廩，給也。」謂由公家發給糧食。⒁彰從長安來赴：彰，操子，字子文，卞皇后所生，操所謂黃鬚兒也。時操自漢中還師而東，彰定代而西迎操，因留彰長安。⒂中庶子：《續漢志》：「太子中庶子，秩六百石，職如侍中。」⒃當須詔命：謂當待漢帝之詔命。⒄愛子：指鄢陵侯彰。⒅辨：胡三省曰：「辨與辦同。蜀本作辦。」⒆改元延康：此漢獻帝改元。⒇高陵：在鄴城西。㉑監國謁者，謁者，官名，掌賓贊受事。魏文防禁藩侯，使謁者監其國，故曰監國謁者。㉒右刺姦掾：官名，胡三省曰：「王莽置左右刺姦，以督姦猾。光武亦置治姦將軍，然公府掾無其員也，魏晉公府始有管軍、刺姦等掾。」㉓散騎常侍侍郎：散騎常侍，秦所置官，有散騎，又有中常侍。散騎，騎從乘輿車後；中常侍得入禁中。漢東京初，省散騎，而中常侍用宦者。魏初置散騎，合之於中常侍為一官，曰散騎常侍，掌規諫，不典事。貂璫插右，騎而散從，後遂為顯職。散騎侍郎，自魏至晉與散騎常侍、侍中、黃門侍郎共平尚書奏事。㉔都署：胡三省曰：「謂左右中尚方、中黃、左右藏、左校甄官、奚官、黃門、掖庭、永巷、御府、鈎盾、中藏府、內者等署。」㉕天朝：謂漢朝。㉖九品官人：按照九品，銓定官等。九品為：上上、上中、上下、中上、中中、中下、下上、下中、下下。㉗州郡皆置中正：其法郡邑設小中正，州設大中正。品第人才，由小中正以九等第其高下，上諸大中正，大中正核實上諸司徒，司徒再核，然後付尚書錄用。㉘王祖太尉：指漢太尉曹嵩。㉙西平麴演結旁郡作亂以拒岐：演時任西平郡守。演曾誅韓遂，威行涼部甚久，故張進等皆應之。㉚時將軍郝昭、魏平先屯金城，受詔不得西度：金城與武威、張掖、酒泉隔河。武威在金城之西，不能渡河馳援。㉛卒：通猝。㉜掎：從後牽引曰掎，又偏引曰掎。㉝下流之愛：流，輩也。下流猶言晚輩。謂不牽於父子之愛，而廢君臣之義。㉞部曲：謂私人所有軍隊。㉟新城與孫、劉接連：蜀之漢中，吳之宜都，皆與新城接連。㊱三季：猶言三代，即夏、商、周。㊲七雄：秦、楚、燕、趙、韓、魏、齊為戰國七雄。㊳衰斬：衰，同縗，喪服，以麻布為之，披於胸前者。斬，不緝其緣，謂衣旁及下際皆不縫緝。斬衰為五服中之最重者，三年之喪服之。㊴反哭：謂居父喪，既葬而反哭。㊵及至受禪，顯納二女：獻帝禪位，冊詔魏王曰：「漢承堯運，有傳聖之義，釐降二女，以嬪於魏。」㊶豫州：統潁川、汝陰、汝南、梁國、沛郡、譙郡、魯郡、弋陽、安豐等郡。㊷鷹揚：謂威武。《詩・大雅・大明》：「維師尚父，時維鷹揚。」㊸左中郎將李伏、太史丞許芝表言，魏當代漢，見於圖緯，其事甚眾：李伏引孔子玉版，許芝引春秋漢含孳、孝經中黃讖、易運期讖，皆據圖緯以立論。㊹羣臣因上表勸王順天人之望：時勸進者有辛毗、劉曄、傅巽、衞臻、桓階、陳矯、陳羣、蘇林、董巴；繼之者司馬懿、鄭渾、羊秘、鮑勛。㊺繁陽：故城在今河南省臨潁縣西北。是年改繁陽為繁昌縣。㊻山陽公：山陽城在今河南省修武縣。曹丕廢獻帝為山陽公，居濁鹿城，在今修武縣西北。㊼臺閣：胡三省曰：「臺閣：尚書中藏故事之處。」㊽洛陽：漢改洛為雒。《魏略》曰：「漢，火行也，火忌水，故洛去水而加佳。魏於行次為土，土，水之牡也，水得土而流，土得水而柔。故除佳加水，變雒為洛。」㊾夫作威作福，書之明誡：《書．洪範》曰：「臣無有作威作福；臣而有作威作福，其害於而家，凶於而國。」㊿帝欲徙冀州士卒家十萬戶實河南：時營洛陽，故欲徙冀州士卒家以實之。㉛毗曰……厠之謀議之官：時辛毗任侍中。胡三省曰：「侍中於周為常伯之任，在天子左右，備切問近對，拾遺補闕。」㉜佐治：辛毗字。

二年（西元二二一年）【考異】陳志，「正月乙亥，朝日于東郊。」裴松之以為朝日在二月。按二月辛丑朔，無乙亥。

㈠春，正月，以議郎孔羨㊀為宗聖侯，奉孔子祀。

㈡三月，加遼東太守公孫恭㊁車騎將軍。

㈢初復五銖錢㊂。

㈣蜀中傳言漢帝已遇害，於是漢中王發喪制服，謚曰孝愍皇帝。羣下競言符瑞，勸漢中王稱尊號。前部司馬費詩上疏曰：「殿下以曹操父子偪主篡位，故乃羈旅萬里，糾合士眾，將以討賊。今大敵未克而先自立，恐人心疑惑。昔高祖與楚約，先破秦者王之；

及屠咸陽，獲子嬰，猶懷推讓。況今殿下未出門庭，便欲自立邪？愚臣誠不為殿下取也。」王不悅。左遷詩為部永昌從事。

夏，四月，丙午（初六日），漢中王即帝位於武擔㊃之南，大赦，改元章武。以諸葛亮為丞相，許靖為司徒。

臣光曰：「天生烝民，其勢不能自治，必相與戴君以治之。苟能禁暴除害以保全其生，賞善罰惡使不至於亂，斯可謂之君矣㊄。是以三代之前，海內諸侯，何啻萬國㊅。有民人、社稷者，通謂之君。合萬國而君之，立法度，班號令，而天下莫敢違者，乃謂之王。王德既衰，彊大之國能帥諸侯以尊天子者，則謂之霸。故自古天下無道，諸侯力爭，或曠世無王㊆者，固亦多矣。秦焚書坑儒，漢興，學者始推五德生勝㊇，以秦為閏位㊈，在木火之間，霸而不王，於是正閏之論興矣。及漢室顛覆，三國鼎跱。晉氏失馭，五胡㊉雲擾。宋魏以降，南北分治，各有國史，互相排黜：南謂北為索虜⑪，北謂南為島夷⑫。朱氏代唐，四方幅裂，朱邪入汴，比之窮新⑬。運歷年紀，皆棄而不數，此皆私己之偏辭，非大公之通論也。臣愚誠不足以識前代之正閏，竊以為苟不能使九州合為一統，皆有天子之名而無其實者也。雖華夏仁暴，大小強弱，或時不同，要皆與古之列國無異，豈得獨尊獎一國謂之正統，而其餘皆為僭偽哉？若以自上相授受者為正邪，則陳氏何所受？拓拔氏何所受？若以居中夏者為正邪，則劉、石、慕容、苻、姚、赫連〔一四〕所得之土，皆五帝三王之舊都也。若以有道德者為正邪，則蕞爾之國，必有令主，三代之季，豈無僻王？是以正閏之論，自古及今，未有能通其義，確然使人不可移奪者也。臣今所述，止欲敍國家之興衰，著生民之休戚，使觀者自擇其善惡得失，以為勸戒，非若春秋立褒貶之法〔一五〕，撥亂世反諸正也。正閏之際，非所敢知，但據其功業之實而言之。周、秦、漢、晉、隋、唐，皆嘗混壹〔一六〕九州，傳祚於後，子孫雖微弱播遷，猶承祖宗之業，有紹復之望，四方與之爭衡者，皆其故臣也，故全用天子之制以臨之。其餘地醜〔一七〕德齊，莫能相壹，名號不異，本非君臣者，皆以列國之制處之，彼此均敵，無所抑揚，庶幾不誣事實，近於至公。然天下離析之際，不可無歲時月日以識事之先後。據漢傳於魏而晉受之，晉傳於宋以至於陳而隋取之，唐傳於梁以至於周而大宋承之。故不得不取魏⑱、宋、齊、梁、陳、後梁、後唐、後晉、後漢、後周年號，以紀諸國之事，非尊此而卑彼，有正閏之辨也。昭烈之於漢，雖云中山靖王之後，而族屬疏遠，不能紀其世數名位，亦猶宋高祖稱楚元王後⑲，南唐烈祖稱吳王恪後⑳。是非難辨，故不敢以光武及晉元帝為此，使得紹漢氏之遺統也。」

㈤孫權自公安徙都鄂㉑，更名鄂曰武昌。

㈥五月，辛巳（十二日）。漢主立夫人吳氏為皇后，后，偏將軍懿之妹，故劉璋兄瑁之妻也。立子禪為皇太子。娶車騎將軍張飛女為皇太子妃。

㈦太祖之入鄴也，帝為五官中郎將，見袁熙妻中山甄氏美而悅之，太祖為之聘焉，生子叡。及即皇帝位，安平郭貴嬪有寵，甄夫人留鄴，不得見，失意，有怨言。郭貴嬪譖之。帝大怒，六月，丁卯（二十八日），遣使賜夫人死。

(八)帝以宗廟在鄴，祀太祖於洛陽建始殿㊂，如家人禮。

(九)戊辰晦，日有食之。有司奏免太尉，詔曰：「災異之作，以譴元首，而歸過股肱，豈禹、湯罪己㊂之義乎？其令百官各虔厥職。後有天地之眚，勿復劾三公。」

(十)漢主立其子永為魯王，理為梁王㊃。

(十一)漢主恥關羽之沒，將擊孫權。翊軍將軍趙雲曰：「國賊，曹操，非孫權也。若先滅魏，則權自服。今操身雖斃，子丕篡盜，當因眾心，早圖關中，居河、渭上流以討凶逆，關東義士必裹糧策馬以迎王師，不應置魏，先與吳戰。兵孰一交，不得卒解，非策之上也。」羣臣諫者甚眾，漢主皆不聽。廣漢處士秦宓陳天時必無利，坐下獄幽閉，然後貸出。

初，車騎將軍張飛，雄壯威猛亞於關羽；羽善待卒伍而驕於士大夫，飛愛禮君子而不恤軍人。漢主常戒飛曰：「卿刑殺既過差，又日鞭檛健兒而令在左右，此取禍之道也。」飛猶不悛。漢主將伐孫權，飛當率兵萬人自閬中會江州㊄。臨發，其帳下將張達、范彊殺飛，以其首順流犇孫權。漢主聞飛營都督有表，曰：「噫！飛死矣㉖。」

陳壽評曰：「關羽、張飛皆稱萬人之敵，為世虎臣㉗。羽報效曹公，飛義釋嚴顏，並有國士之風。然羽剛而自矜，飛暴而無恩，以短取敗，理數之常也。」

㉛秋，七月，漢主自率諸軍擊孫權。權遣使求和於漢。南郡太守諸葛瑾遺漢主牋曰：「陛下以關羽之親，何如先帝㉘？荊州大小，孰與海內？俱應仇疾，誰當先後？若審此數，易於反掌矣。」漢主不聽。

時或言瑾別遣親人與漢主相聞者，權曰：「孤與子瑜，有死生不易之誓，子瑜之不負孤，猶孤之不負子瑜也。」然謗言流聞於外，陸遜表明瑾必無此，宜有以散其意。權報曰：「子瑜與孤從事積年，恩如骨肉，深相明究。其為人非道不行，非義不言。玄德昔遣孔明至吳，孤嘗語子瑜曰：『卿與孔明同產，且弟隨兄，於義為順，何以不留孔明？孔明若留從卿者，孤當以書解玄德，意自隨人耳㉙。』子瑜答孤，言：『弟亮已失身於人，委質定分㉚，義無二心。弟之不留，猶瑾之不往也。』其言足貫神明，今豈當有此乎？前得妄語文疏，即封示子瑜，並手筆與之。孤與子瑜，可謂神交，非外言所間。知卿意至，輒封來表以示子瑜，使知卿意。」漢主遣將軍吳班、馮習攻破權將李異、劉阿等於巫㉛，進兵秭歸㉜，兵四萬餘人。武陵蠻夷皆遣使往請兵。權以鎮西將軍陸遜為大都督、假節，督將軍朱然、潘璋、宋謙、韓當、徐盛、鮮于丹、孫桓等五萬人拒之。

(十三)皇弟鄢陵㉝侯彰、宛侯據㉞、魯陽侯宇㉟、譙侯林㊱、贊侯袞㊲、襄邑侯峻㊳、弘農侯幹㊴、壽春侯彪㊵、歷城侯徽㊶、平輿侯茂㊷皆進爵為公。安鄉侯植㊸改封甄城㊹侯。

(十四)築陵雲臺㊺。

(十五)初，帝詔羣臣，令料劉備當為關羽出報孫權否。眾議咸云：「蜀小國耳！名將唯羽；羽死軍破，國內憂懼，無緣復出。」侍中劉曄獨曰：「蜀雖陿㊻弱，而備之謀欲以威武自彊，勢必用眾以示有餘。且關羽與備，義為君臣，恩猶父子，羽死，不能為興軍報敵，於終始之分不足矣。」

八月。孫權遣使稱臣，卑辭奉章，幷送于禁等還。朝臣皆賀。劉曄獨曰：「孫權無故求降，必內有急。權前殺關羽，劉備必大興師伐之。外有彊寇，眾心不安，又恐中國往乘其釁，故委地求降，一以卻中國之兵，二假中國之援，以彊其眾而疑敵人耳！天下三分，中國十有其八，吳、蜀各保一州，阻山依水，有急相救，此小國之利也；今還自相攻，天亡之也，宜大興師，徑渡江襲之。蜀攻其外，我襲其內，吳之亡不出旬日矣。吳亡則蜀孤，若割吳之半以與蜀，蜀固不能久存，況蜀得其外，我得其內乎？」帝曰：「人稱臣降而伐之，疑天下欲來者心，不若且受吳降，而襲蜀之後也。」對曰：「蜀遠吳近，又聞中國伐之，便還軍，不能止也。今備已怒，興兵擊吳，聞我伐吳，知吳必亡，將喜而進，與我爭割吳地，必不改計抑㊼怒救吳也。」帝不聽，遂受吳降。

于禁須髮皓白，形容憔顇，見帝，泣涕頓首。帝慰諭以荀林父㊽、孟明視㊾故事，拜安遠將軍，令北詣鄴謁高陵。帝使豫於陵屋畫關羽戰克、龐德憤怒、禁降伏之狀。禁見，慚恚，發病死。

臣光曰：「于禁將數萬眾，敗不能死，生降於敵，既而復歸，文帝廢之可也，殺之可也，乃畫陵屋以辱之，斯為不君矣。」

㈥丁巳（二十九日），遣太常邢貞奉策即拜孫權為吳王，加九錫。劉曄曰：「不可。先帝征伐天下，十兼其八，威震海內。陛下受禪即真㊿，德合天地，聲暨四遠。權雖有雄才，故漢票騎將軍南昌侯耳(51)，官輕埶卑。況士民有畏中國心，不可彊迫與成所謀也。不得已受其降，可進其將軍號，封十萬戶侯，不可即以為王也。夫王位去天子一階耳，其禮秩服御相亂也(52)。彼直為侯，江南士民未有君臣之分。我信其偽降，就封殖(53)之，崇其位號，定其君臣，是為虎傅翼也。權既受王位，卻蜀兵之後，外盡禮以事中國，使其國內皆聞；內為無禮以怒陛下，陛下赫然發怒，興兵討之，乃徐告其民曰：『我委身事中國，不愛珍貨重寶，隨時貢獻，不敢失臣禮，而無故伐我，必欲殘我國家，俘我人民以為僕妾，』

吳民無緣不信其言也！信其言而感怒，上下同心，戰加十倍矣。」

又不聽。

諸將以吳內附，意皆縱緩，獨征南大將軍夏侯尚，益脩攻守之備。山陽㉔曹偉，素有才名，聞吳稱藩，以白衣與吳王交書求賂，欲以交結京師，帝聞而誅之。

㈦吳又城武昌。

㈧初，帝欲以楊彪為太尉，彪辭曰：「嘗為漢朝三公，值世衰亂，不能立尺寸之益，若復為魏臣，於國之選，亦不為榮也。」帝乃止。

冬，十月，己亥（初二日），公卿朝朔旦，幷引彪，待以客禮，賜延年扶杖，馮几，使著布單衣、皮弁以見，拜光祿大夫，秩中二千石㉕。朝見，位次三公。又令門施行馬㉖，置吏卒，以優崇之。年八十四而卒。

㈨以穀貴，罷五銖錢。

㈩涼州盧水胡治元多等反，河西大擾。帝召鄒岐還，以京兆尹張既為涼州刺史，遣護軍夏侯儒、將軍費曜等繼其後。胡七千餘騎逆拒既於鸇陰口㊆。既揚聲軍從鸇陰㊇，乃潛由且次㊈出武威。胡以為神，引還顯美㊉。既已據武威，曜乃至，儒等猶未達。既勞賜將士，欲進軍擊胡，諸將皆曰：「士卒疲倦，虜眾氣銳，難與爭鋒。」既曰：「今軍無見糧㊀，當因敵為資。若虜見兵合，退依深山，追之則道險窮餓，兵還則出候寇鈔，如此，兵不得解，所謂一日縱敵，患在數世也㊁。」遂前軍顯美。

十一月。胡騎數千，因大風欲故火燒營，將士皆恐。既夜藏精卒三千人為伏，使參軍成公英督千餘騎挑戰，敕使陽退；胡果爭犇之，因發伏截其後，首尾進擊，大破之，斬首獲生以萬數，河西㊂悉平。

後西平麴光反，殺其郡守。諸將欲擊之，既曰：「唯光等造反，郡人未必悉同；若便以軍臨之，吏民、羌、胡必謂國家不別是非，更使皆相持著，此為虎傅翼也。光等欲以羌、胡為援，今先使羌、胡鈔擊，重其賞募，所虜獲者，皆以畀之，外沮其勢，內離其交，必不戰而定。」乃移檄告諭諸羌，為光等所詿誤者原之，能斬賊帥送首者當加封賞。於是光部黨斬送光首，其餘皆安堵如故。

㈤邢貞至吳，吳人以為宜稱上將軍、九州伯，不當受魏封。吳王曰：「九州伯㈥，於古未聞也。昔沛公亦受項羽封為漢王，蓋時宜耳，復何損邪？」遂受之。吳王出都亭候貞，貞入門不下車。張昭謂貞曰：「夫禮無不敬，法無不行，而君敢自尊大，豈以江南寡弱，無方寸之刃故乎？」貞即遽下車。中郎將琅邪徐盛忿憤，顧謂同列曰：「盛等不能奮身出命，為國家并許、洛，吞巴、蜀，而令吾君與貞盟，不亦辱乎？」因涕泣橫流。貞聞之，謂其徒曰：「江東將相如此，非久下人者也。」

吳主遣中大夫南陽趙咨入謝。帝問曰：「吳主何等主也？」對曰：「聰明、仁智、雄略之主也。」帝問其狀，對曰：「納魯肅於凡品，是其聰也；拔呂蒙於行陳，是其明也；獲于禁而不害，是其仁也；取荊州，兵不血刃，是其智也；據三州虎視於天下，是其雄也；屈身於陛下，是其略也。」帝曰：「吳王頗知學乎？」

咨曰：「吳王浮江萬艘，帶甲百萬，任賢使能，志存經略，雖有餘閑，博覽書傳，歷史籍，采奇異，不效書生尋章摘句而已㊅。」帝曰：「吳可征否？」對曰：「大國有征伐之兵，小國有備禦之固。」帝曰：「吳難魏乎？」對曰：「帶甲百萬，江漢為池，何難之有？」帝曰：「吳如大夫者幾人？」對曰：「聰明特達者，八九十人；如臣之比，車載斗量，不可勝數。」

帝遣使求雀頭香、大貝、明珠、象牙、犀角、玳瑁、孔雀、翡翠、鬥鴨、長鳴雞於吳。吳羣臣曰：「荊揚二州，貢有常典，魏所求珍玩之物，非禮也，宜勿與。」吳王曰：「方有事於西北，江表元元，恃主為命。彼所求者，於我瓦石耳，孤何惜焉。且彼在諒闇㊅之中，而所求若此，寧可與言禮哉？」皆具以與之。

㊆吳王以其子登為太子，妙選師友：以南郡太守諸葛瑾之子恪、綏遠將軍張昭之子休、大理吳郡顧雍之子譚、偏將軍廬江陳武之子表皆為中庶子，入講詩書，出從騎射，謂之四友。登接待僚屬，略用布衣之禮。

㊄十二月，帝行東巡。

㊅帝欲封吳王子登為萬戶侯。吳王以登年幼，上書辭不受，復遣西曹掾吳興沈珩入謝，幷獻方物。帝問曰：「吳嫌魏東向乎？」珩曰：「不嫌。」曰：「何以？」曰：「信恃舊盟，言歸于好，是以不嫌。若魏渝盟，自有豫備。」又問：「聞太子當來，寧然乎？」珩曰：「臣在東朝，朝不坐，宴不與㊇，若此之議，無所聞也。」帝善之。

吳王於武昌臨釣臺㊈飲酒，大醉，使人以水灑羣臣，曰：「今日酣飲，惟醉墮臺中，乃當止耳。」張昭正色不言，出外，車中坐。王遣人呼昭還入，謂曰：「為共作樂耳，公何為怒乎？」昭對曰：「昔紂為糟丘、酒池、長夜之飲㊉，當時亦以為樂，不以為惡也。」王默然慙，遂罷酒。

吳王與羣臣飲，自起行酒，虞翻伏地，陽醉不持。王去，翻起坐。王大怒，手劒欲擊之。侍坐者莫不惶遽。惟大司農劉基起抱王，諫曰：「大王以三爵㊀之後，手殺善士，雖翻有罪，天下孰知之？且大王以能容賢蓄眾，故海內望風；今一朝棄之，可乎？」王曰：「曹孟德尚殺孔文舉(七一)，孤於虞翻何有哉？」基曰：「孟德輕害士人，天下非之。大王躬行德義，欲與堯、舜比隆，何得自喻於彼乎？」翻由是得免。王因敕左右：「自今酒後言殺，皆不得殺。」基，繇之子也。

(廿五)初，太祖既克蹋頓(七二)，而烏桓浸衰，鮮卑大人步度根、軻比能、素利、彌加、厥機等，因閻柔上貢獻，求通市，太祖皆表寵以為王。軻比能本小種鮮卑，以勇健廉平為眾所服，由是能威制諸部，最為彊盛。自雲中(七三)、五原(七四)以東抵遼水(七五)，皆為鮮卑庭。軻比能與素利、彌加割地統御，各有分界。軻比能部落近塞，中國人多亡叛歸之。素利等在遼西、右北平、漁陽(七六)塞外，道遠，故不為邊患。帝以平虜校尉牽招為護鮮卑校尉，南陽太守田豫為護烏桓校尉，使鎮撫之。

【今註】㈠孔羨：孔子二十一世孫。時封宗聖侯，邑百戶。㈡公孫恭：度之次子，康之弟。㈢五銖錢：漢武帝元狩五年，罷半兩錢，行五銖錢。至獻帝初平元年董卓壞五銖錢，今復之。㈣武擔：

山名，在今四川省成都西北。⑤天生烝民……斯可謂之君矣：胡三省曰：「溫公之說，正祖周書所謂『撫我則后，虐我則讎。』之意。白虎通曰：君者，羣也，羣下之所歸心也。」⑥萬國：言其多也。黃帝置左右大監，監於萬國；禹會諸侯於塗山，執玉帛者萬國；皆極言其多。⑦曠世無王：如共工氏之在伏羲神農之間，有窮氏之於夏，共和之於周，皆所謂曠世無王。⑧五德生勝：秦漢方士，採陰陽家之說，謂王統繼易，猶金木水火土之相生相剋。⑨以秦為閏位：漢不以秦為正統，不在五德相生相剋之內，猶歲之有閏月，故曰閏位。⑩五胡：魏晉以匈奴、羯、鮮卑、氐、羌，為五胡。晉代五胡紛起，分據中原，史稱五胡之亂。⑪索虜：南朝以北人辮髮，謂之索頭。⑫島夷：北朝以東南際海，土地卑下，謂之島中。⑬窮新：胡三省曰：「唐莊宗自以為繼唐，比朱梁於有窮篡夏，新莽篡漢。」⑭劉、石、慕容、苻、姚、赫連：匈奴劉淵建國前漢，羯族石勒建國後趙，鮮卑族慕容廆建國前燕，慕容垂建國後燕，慕容德建國南燕，氐族苻洪建國前秦，羌族姚萇建國後秦，匈奴赫連勃勃建國夏。⑮春秋立褒貶之法：《春秋》筆法，重在褒貶。故有謂：「一字之褒，榮於華衮之賜；一字之貶，嚴於斧鉞之誅。」宋家鉉翁作《春秋詳說》，謂《春秋》主乎垂法，不主乎記事，其或詳或略，或書或不書，大率皆抑揚予奪之所繫，蓋能字字求褒貶之故者。⑯混壹：統一。《隋書・煬帝紀》：「漢有天下，車書混一。」⑰地醜：胡三省曰：「醜，類也，謂地之廣狹相類。」⑱魏：「魏」下當有「晉」字。⑲宋高祖稱楚元王後：宋高祖，彭城人，自謂漢楚元王交二十一世孫。胡三省曰：「蓋以彭城楚都，故其苗裔家於此地也。」⑳南唐烈祖稱吳王恪後：南唐初欲祖吳王恪，或請祖鄭王元懿。唐主命考二王苗裔，以吳王孫褘有功，褘子，為丞相，遂祖吳王。㉑孫權自公安徙都鄂：公安，即今湖北省公安縣，故城在今治東北。鄂本春秋楚邑，故治在今湖北省武昌縣。㉒建始殿：魏文所建，以建國之始命名。㉓禹、湯罪己：《左傳》臧文仲曰：「禹、湯罪己，其興也勃焉。」罪己，君上歸罪於己。書云：「萬邦有罪，罪在朕躬，」即罪己之意。㉔主立其子永為魯王，理為梁王：魯、梁本非蜀地，《晉書・地理志》云：「劉備以郡國封建諸王，或遙采嘉名，不由檢其土地所出。」㉕飛當率兵萬人自閬中會江州：閬中，今四川省閬中縣。江州，舊縣名，故城在四川省巴縣西。時張飛由內水下江州。㉖漢主聞飛營都督有表……飛死矣：胡三省曰：「表當自飛上，而都督越次上之，故知其必死也。」㉗虎臣：勇武之臣。《詩・魯頌・泮水》：「矯矯虎臣。」㉘先帝：指漢獻帝。時蜀人傳漢帝已遇害，因稱之為先帝。㉙孤當以書解玄德，意自隨人耳：胡三省曰：「意，料度也。言料度備意必當相從。」㉚委質定分：服虔曰：「古者始仕，必先書其名於策，委死之質於君，然後為臣，示必死節於其君也。」定分，謂亮與備君臣之分已定。㉛巫：舊縣名，漢屬南郡，故城在今四川省巫山縣北。㉜秭歸：在湖北省宜昌縣西北，今秭歸縣。㉝鄢陵：在許昌東北，即今河南省鄢陵縣。㉞宛侯據：宛，舊縣名，為南陽郡治，即今河南省南陽縣。據為環夫人所生。㉟魯陽侯宇：魯陽，屬南陽郡，今河南省魯山縣。宇字彭祖，環夫人所生。㊱譙侯林：譙，屬沛地，故城在今安徽省宿縣西北。林為杜夫人所生。㊲贊侯袞：贊即酇，屬譙郡，故城在今河南省永城縣西南。袞為杜夫人所生。少好學，慕蘧瑗之為人。㊳襄邑侯峻：襄邑，屬陳留郡，故城在今河南省葵丘縣西。峻字子安，秦夫人所生。㊴弘農侯幹：弘農，郡名，治弘農縣，在今河南省靈寶縣南。幹，王昭儀所生，昭儀有寵於操，文帝為嗣，與有力焉。㊵壽春侯彪：壽春，屬淮南郡，今安徽省壽縣。彪字朱虎，孫姬所生。㊶歷城侯徽：歷城，屬濟南郡，今山東省歷城縣。徽，宋姬所生。㊷平輿侯茂：平輿，屬汝南郡。茂，趙姬所生。性慠佷，少無寵於操，及文帝世，又獨不王。㊸安鄉侯植：植字子建，與文帝同為卞皇后所生。文帝即位，植為臨菑侯，與諸侯並就國。黃初二年，監國謁者灌均，希指奏植醉酒悖慢，刼脅使者，有司請治罪，文帝以太后故，貶植爵為安鄉侯，其年改封鄄城侯。㊹甄城：胡三省曰：「甄城屬東郡，蜀本作鄄城，當從之。」故城在今山東濮縣東。㊺陵雲臺：據《水經注》，陵雲臺在洛陽城中金市之東。㊻陿：即狹字。㊼抑怒：抑制憤怒心。㊽荀林父：晉大夫，與楚戰，敗於邲，晉景公復用之，以取赤狄。㊾孟明：秦大夫，與晉戰，敗於殽，被擒。及歸，秦穆公復用之，以霸西戎。㊿即真：謂即位為真天子。(51)權雖有雄才，故漢票騎將軍南昌侯耳：建安二十四年，曹操表權驃騎將軍，假節，領荊州牧，封南昌侯。(52)夫王位去天子一階耳，其禮秩服御相亂也：胡三省曰：「漢自景、武以後，裁削藩王，不使與京師同制。自曹操為魏王，加九錫，禮秩服御，與天子相亂矣。」(53)封殖：胡三省曰：「封，增土以培之。殖，養之使蕃茂也。」(54)山陽：此指郡名，屬兗州。(55)拜光祿大夫，秩中二千石：《晉志》曰：「光祿大夫，漢置，無定員，多以為拜假賻贈之使及監護喪事。魏氏以來，轉復優重，不復以為使命之官。其諸公告老者，皆家拜此位。及在朝顯職，復用加之。」(56)門施行馬：胡三省曰：「魏晉之制，三公及位從公，門施行馬。」程大昌曰：「行馬者，一木橫中，兩木互穿，以施四角，施之於門，以為約禁也。周禮謂之梐枑，今官府前父子是。」(五七)鶉陰口：鶉陰河口。(五八)鶉陰：縣名，前漢屬安定郡，後漢屬武威郡。故城在今甘肅省武威縣東。(五九)且次：縣名，《漢志》武威有揟次縣，孟康曰：「即且次也。」故城在今甘肅省古浪縣北。(六〇)顯美：縣名，前漢屬張掖郡，後漢及魏晉屬武威郡。故城在今甘肅省永昌縣東。(六一)見糧：現存之糧。見、現通。(六二)一日縱敵，患在數世：《左傳》先軫曰：「一日縱敵，數世之患也。」(六三)河西：泛稱黃河以西之地。今陝西、甘肅兩省，及綏遠省鄂爾都司，寧夏省額濟納、阿拉善等旗地皆是。(六四)九州伯：王制：「九州、其一州為天子之縣內，八州八伯。」故權謂九州伯於古未聞。(六五)雖有餘閑……不效書生尋章摘句而已：胡三省曰：「帝好文章，故趙咨以此語譏之。」帝謂魏文。(六六)諒闇：天子居喪之廬。亦作諒陰，涼陰。(六七)朝不坐，宴不與：語出《禮記・檀弓》。(六八)鈞臺：在武昌樊山之北，大江之上。(六九)昔紂為糟丘、酒池、長夜之飲：胡三省曰：「紂以酒為池，糟丘以望七里，一鼓而牛飲者三千人；懸肉為林；使男女倮逐於其間，為長夜之飲。」(七〇)三爵：胡三省曰：「古者，臣侍君宴，不過三爵，懼其失節也。」(七一)曹孟德尚殺孔文舉：文舉，孔融字。漢獻帝時為北海相，曹操忌而戮之。事見卷六十五漢獻帝建安十三年。(七二)太祖既克蹋頓：事見卷六十五漢獻帝建安十二年。(七三)雲中：郡名，秦置，有今山西省境內長城以外及綏遠省之東部、南部地。漢析其東北部置定襄郡，西南部仍為雲中郡；治雲中縣，即今綏遠省托克托縣。(七四)五原：郡名，秦曰九原，漢改五原，治九原縣，即今綏遠省五原縣。(七五)遼水：有東西二源；東源出遼寧省西安縣平頂山，西源出自熱河白岔山，二流至遼源縣匯合。其水縱貫遼寧省西部。
㈥漁陽：郡名。今北平市以東，天津市以北及長城以南，豐潤、遵化諸縣以西皆其地。

三年（西元二二二年）

㈠春，正月，丙寅朔，日有食之。
㈡庚午（初五日），帝行如許昌㈠。
㈢詔曰：「今之計、孝㈡，古之貢士也。若限年然後取士，是呂尚、周晉㈢不顯於前世也。其令郡國所選，勿拘老幼，儒通經術，吏達文法，到皆試用。有司糾故不以實㈣者。」
㈣二月，鄯善㈤、龜茲㈥、于闐㈦王各遣使奉獻。是後西域復通，置戊己校尉㈧。
㈤漢主自秭歸將進擊吳，治中從事黃權諫曰：「吳人悍戰，而水軍沿流，進易退難。臣請為先驅以當寇，陛下宜為後鎮。」漢主不從，以權為鎮北將軍，使督江北諸軍；自率諸將，自江南緣山截領，軍於夷道㈨猇亭㈩。吳將皆欲迎擊之。陸遜曰：「備舉軍東下，銳氣始盛，且乘高守險，難可卒攻。攻之縱下，猶難盡克，若有不利，損我大勢，非小故也。今但且獎厲將士，廣施方略，以觀其變。若此間是平原曠野，當恐有顛沛交逐之憂；今緣山行，軍勢不得展，自當罷於木石之間，徐制其敝耳。」諸將不解，以為遜畏之，各懷憤恨。

漢人自佷山㈡通武陵，使侍中襄陽馬良以金錦賜五谿㈢諸蠻夷，授以官爵。

㈥三月，乙丑（朔），立皇子齊公叡為平原王，皇弟鄢陵公彰等皆進爵為王。甲戌（初十日），立皇子霖為河東王。

㈦甲午（三十日），帝行如襄邑㈢。

㈧夏，四月，戊申（一四日），立鄄城侯植為鄄城王。是時諸侯王皆寄地空名而無其實；王國各有老兵百餘人以為守衛，隔絕千里之外，不聽朝聘，為設防輔監國㈣之官以伺察之；雖有王侯之號而儕於匹夫，皆思為布衣而不能得。灋既峻切，諸侯王過惡日聞；獨北海王袞謹慎好學，未嘗有失。文學、防輔相與言曰：「受詔察王舉措，有過當奏，有善亦宜以聞。」遂共表稱陳袞美。袞聞之，大驚懼，責讓文學曰：「修身自守，常人之行耳，而諸君乃以上聞，是適所以增其負累也。且如有善，何患不聞，而遽共如是，是非所以為益也。」

㈨癸亥（二十九日），帝還許昌。

㈩五月，以江南八郡為荊州，江北諸郡為郢州。

㈡漢人自巫峽建平㊄連營至夷陵㊅界，立數十屯，以馮習為大督，張南為前部督。自正月與吳相拒，至六月不決。漢主遣吳班將數千人於平地立營，吳將帥皆欲擊之，陸遜曰：「此必有譎，且觀之。」漢主知其計不行，乃引伏兵八千從谷中出。遜曰：「所以不聽諸君擊班者，揣之必有巧故也。」遜上疏於吳王曰：「夷陵要害，國之關限㊆，雖為易得，亦復易失。失之非徒損一郡之地，荊州可憂。今日爭之，當令必諧。備干天常，不守窟穴而敢自送，臣雖不材，憑奉威靈，以順討逆，破壞在近，無可憂者。臣初嫌之，水陸俱進，今反捨船就步，處處結營，察其布置，必無他變。伏願至尊高枕，不以為念也！」

閏月，遜將進攻漢軍，諸將並曰：「攻備當在初，今乃令入五六百里，相守經七八月，其諸要害皆已固守，擊之必無利矣。」遜曰：「備是猾虜，更嘗事多，其軍始集，思慮精專，未可干也；今住已久，不得我便，兵疲意沮，計不復生。掎角⑱此寇，正在今日。」乃先攻一營，不利。諸將皆曰：「空殺兵耳。」遜曰：「吾已曉破之之術。」乃敕各持一把茅，以火攻，拔之；一爾執成，通率諸軍，同時俱攻，斬張南、馮習及胡王沙摩柯等首，破其四十餘營。漢將杜路、劉寧等窮逼請降。漢主升馬鞍山⑲，陳兵自繞，遜督促諸軍，四面蹙之，土崩瓦解，死者萬數。漢主夜遁，驛人自擔燒鐃鎧斷後⑳，僅得入白帝城，其舟船、器械，水、步軍資，一時略盡，尸骸塞江而下。漢主大慚，恚曰：「吾乃為陸遜所折辱，豈非天邪！」將軍義陽㉑傅彤為後殿，兵眾盡死，彤氣益烈。吳人諭之使降，彤罵曰：「吳狗！安有漢將軍而降者？」遂死之。從事祭酒㉒程畿泝江而退，眾曰：「後追將至，宜解舫輕行。」畿曰：「吾在軍，未習為敵之走也。」亦死之。初，吳安東中郎將孫桓別擊漢前鋒於夷道，為漢所圍，求救於陸遜，遜曰：「未可。」諸將曰：「孫安東，公族，見圍已困，奈何不救？」遜曰：「安東得士眾心，城牢糧足，無可憂也。待吾計展，欲不救安東，安東自解。」及方略大施，漢果犇潰。桓後見遜曰：「前實怨不見救。定至今日，乃知調度自有方耳。」

初，遜為大都督，諸將或討逆㊂時舊將，或公室貴戚，各自矜持，不相聽從。遜按劍曰：「劉備天下知名，曹操所憚，今在疆界，此彊對也。諸君並荷國恩，當相輯睦，共翦此虜，上報所受，而不相順，何也？僕雖書生，受命主上，國家所以屈諸君使相承望者，以僕尺寸可稱，能忍辱負重㊃故也。各在其事，豈復得辭！軍令有常，不可犯也！」及至破備，計多出遜，諸將乃服。吳王聞之曰：「公何以初不啟諸將違節度者邪？」對曰：「受恩深重，此諸將或任腹心，或堪爪牙，或是功臣，皆國家所當與共克定大事者，臣竊慕相如、寇恂相下之義，以濟國事。」王大笑稱善，加遜輔國將軍，領荊州牧，改射江陵侯。

初，諸葛亮與尚書令灋正好尚不同，而以公義相取，亮每奇正智術。及漢主伐吳而敗，時正已卒，亮嘆曰：「孝直㉕若在，必能制主上東行；就使東行，必不傾危矣。」

漢主在白帝，徐盛、潘璋、宋謙等，各競表言備必可禽，乞復攻之。吳王以問陸遜。遜與朱然、駱統上言曰：「曹丕大合士眾，外託助國討備，內實有姦心，謹決計輒還。」

初，帝聞漢兵樹柵連營七百餘里，謂羣臣曰：「備不曉兵，豈有七百里營可以拒敵者乎？苞原隰險阻而為軍者為敵所擒，此兵忌也。孫權上事㉖今至矣。」後七日，吳破漢書到。

㈩秋，七月，冀州大蝗，饑。

⑫漢主既敗走，黃權在江北，道絕不得還。八月，率其眾來降。漢有司請收權妻子，漢主曰：「孤負黃權，權不負孤也。」待之如初。帝謂權曰：「君捨逆效順，欲追蹤陳、韓㉗邪？」對曰：「臣過受劉主殊遇，降吳不可，還蜀無路，是以歸命。且敗軍之將，免

死為幸，何古人之可慕也？」帝善之，拜為鎮南將軍，封育陽侯，加侍中，使陪乘。蜀降人或云漢誅權妻子，帝詔權發喪。權曰：「臣與劉、葛，推誠相信，明臣本志。竊疑未實，請須。」後得審問㉘，果如所言。

馬良亦死於五谿。

㉔九月，甲午（初三日），詔曰：「夫婦人與政，亂之本也。自今以後，羣臣不得奏事太后，后族之家不得當輔政之任，又不得橫受茅土之爵。以此詔傳之後世，若有背違，天下共誅之。」卞太后每見外親，不假以顏色，常言：「居處當節儉，不當望賞，念自佚也。外舍㉙當怪吾遇之太薄，吾自有常度故也。吾事武帝四五十年，行儉日久，不能自變為奢。有犯科禁者，吾且能加罪一等耳，莫望錢米恩貸也。」

㉕帝將立郭貴嬪為后，中郎棧潛㉚上疏曰：「夫后妃之德，盛衰治亂所由生也。是以聖哲慎立元妃，必取先代世族之家，擇其令淑，以統六官，虔奉宗廟。易曰：『家道正而天下定㉛。』由內及外，

先王之令典也。春秋書宗人釁夏云：『無以妾為夫人之禮(六五)。』」齊桓誓命于葵丘，亦曰：『無以妾為妻。』今後宮嬖寵，常亞乘輿。若因愛登后，使賤人暴貴，臣恐後世下陵上替，開張非度，亂自上起也。」帝不從。庚子（初九日）立皇后郭氏。

(十六)初，吳王遣于禁護軍浩周㉝、軍司馬東里袞詣帝，自陳誠款，辭甚恭慤。帝問周等：「權可信乎？」周以為權必臣服，而袞謂其不可必服。帝悅周言，以為有以知之，故立為吳王，復使周至吳。周謂吳王曰：「陛下未信王遣子入侍，周以闔門百口明之。」吳王為之流涕霑襟，指天為誓。周還而侍子至，但多設虛辭。帝欲遣侍中辛毗、尚書桓階往與盟誓，并責任子㉞，吳王辭讓不受。帝怒，欲伐之。劉曄曰：「彼新得志，上下齊心，而阻帶江湖，不可倉卒制也。」帝不從。

九月，命征東大將軍曹休、前將軍張遼、鎮東將軍臧霸出洞口㉟，大將軍曹仁出濡須㊱，上軍大將軍曹真、征南大將軍夏侯尚、左將軍張郃、右將軍徐晃圍南郡㊲。吳建威將軍呂範督五軍，以舟軍拒休等，左將軍諸葛瑾、平北將軍潘璋、將軍楊粲救南郡，裨將軍朱桓以濡須督拒曹仁。

㈦冬，十月，甲子（初三日），表首陽山㊳東為壽陵㊴，作終制，務從儉薄，不藏金玉，一用瓦器。令以此詔藏之宗廟，副在尚書、秘書、三府。

㈧吳王以楊越蠻夷多未平集，乃卑辭上書，求自改厲：「若罪在難除，必不見置，當奉還土地民人，寄命交州，以終餘年。」又與浩周書云：「欲為子登，求昏宗室。」又云：「以登年弱，欲遣孫長緒㊵、張子布隨登俱來。」帝報曰：「朕之與君，大義已定，豈樂勞師，遠臨江漢。若登身朝到，夕召兵還耳。」於是吳王改元黃武㊶，臨江拒守。

帝自許昌南征，復郢州為荊州。

十一月，辛丑（十一日），帝如宛㊷。曹休在洞口，自陳：「願將銳卒，虎步江南，因敵取資，事必克捷，若其無臣，不須為念。」帝恐休便渡江，驛馬止之。侍中董昭侍側，曰：「竊見陛下有憂色，獨以休濟江故乎？今者渡江，人情所難，就休有此志，勢不獨行，當須諸將。臧霸等既富且貴，無復他望，但欲終其天年，保守祿祚而已，何肯乘危自投死地，以求徼倖？苟霸等不進，休意自沮。臣恐陛下雖有敕渡之詔，猶必沈吟，未便從命也。」頃之，會暴風吹吳呂範等船，綆纜悉斷，直詣休等營下，斬首獲生以千數，吳兵迸散㊸。帝聞之，敕諸軍促渡。軍未時進，吳救船遂至，收軍還江南。曹休使臧霸追之，不利，將軍尹盧戰死。

(十九)庚申晦，日有食之。

(廿)吳王使太中大夫鄭泉聘于漢，漢太中大夫宗瑋報之，吳、漢復通。

(廿一)漢主聞魏師大出，遺陸遜書曰：「賊今已在江漢，吾將復東，將軍謂其能然否？」遜答曰：「但恐軍新破，創痍未復，始求通親㊹，且當自補，未暇窮兵耳。若不推算，欲復以傾覆之餘，遠送以來者，無所逃命。」

(廿二)漢漢嘉㊺太守黃元叛。

㉕吳將孫盛督萬人據江陵中洲㉖，以為南郡外援。

【今註】㈠許昌：故治在今河南省許昌縣西南。漢獻帝都許，魏受禪徙都洛陽，改許都曰許昌。㈡計孝：計謂上計吏，亦曰上計掾，察吏民有明當世之務，習先聖之術者，每歲由郡國上報京師，計於簿籙。孝謂孝廉，為當時選舉之一科。㈢呂尚周晉：呂尚字子牙，隱於釣，年八十餘，文王以為師。此以指年老者。周晉，周太子晉，亦稱王子喬，好吹笙，作鳳鳴，遊於伊洛之間，少有令名，後在緱氏山顛，乘鶴仙去。此以指年少者。㈣故不以實：胡三省曰：「謂用意為奸欺」。㈤鄯善：漢西域諸國之一，王治扜泥城，本名樓蘭，昭帝時更名鄯善。故地在今新疆省鄯善縣東南戈壁中。㈥龜茲：漢西域諸國之一，故城在今新疆省庫車、沙雅二縣之間。㈦于闐：漢西域諸國之一，在蔥嶺以北，王治西城，故址在今新疆省疏勒縣東。㈧戊己校尉：官名，漢元帝初元元年置。戊己之用意，據《漢書・百官公卿表》注：「甲、乙、丙、丁、庚、辛、壬、癸，皆有正位，惟戊己寄治耳，今所置校尉，亦無常居，故取戊己為名也。有戊校尉。一說戊己居中鎮覆四方，今所置校尉，亦處西域之中撫諸國也。」㈨夷道：漢縣名，漢屬南郡，吳屬宜都郡，故城在今湖北省宜都縣北。㈩猇亭：古地名，在今湖北省宜都縣北大江北岸，今名虎腦背市，又名興善坊。⑪佷山：縣名，前漢屬武陵郡，後漢屬南郡，吳屬宜都郡，故城在今湖北省宜都縣。⑫五谿：武陵有五溪：謂雄溪、樠溪、潕溪、西溪、辰溪。夾溪悉為蠻族所居，皆盤瓠種落，謂之五溪蠻。今湖南貴州兩省接壤處，即古五溪蠻地。⑬襄邑，舊縣名，故城在今河南省葵丘縣西。⑭防輔監國：防輔，言防其為非而輔之以正。監國，即監國謁者。⑮巫峽建平：巫峽在四川省巫屬縣東，巴東縣西，因巫山為名。《水經注》：「巫峽首尾一百六十里。」巫縣屬建平郡。⑯夷陵：本春秋時楚國先王之陵墓名，漢置夷陵縣，故城在今湖北省宜昌縣東。⑰國之關限：胡三省曰：「自三峽下夷陵，連山疊嶂，江行其中，迴旋湍激，至西陵峽口，始漫為平流。夷陵正當峽口，故以為吳之關限。」⑱掎角：《左傳》：「晉人角之，諸戎掎之。」胡三省曰：「角者當前與之角，掎者從後掎其足也。」⑲馬鞍山：在夷陵縣，故址在今湖北省宜昌縣境內。⑳驛人自擔燒鐃鎧斷後：胡三省曰：「漢主初連兵入夷陵界，沿路置驛，以達於白帝。及兵敗，諸軍潰散，惟驛人自擔所棄鐃鎧，燒之於隘以斷後。」《水經注》：「燒鎧斷道處，地名石門，在歸秭縣西。」杜佑曰：「歸州巴東縣有石門山，劉備斷道處。」㉑義陽：郡名。本漢義鄉，魏文帝始析南陽郡為義陽郡並置縣為郡治，故城在今河南省桐柏縣東。置郡在彤入蜀之後，史追書也。㉒從事祭酒：謂諸從事之長。㉓討逆：謂孫策。策字伯符，權之兄，曹操表策為討逆將軍，封吳侯。㉔忍辱負重：胡三省曰：「忍辱言能容諸將，負重，則自任也。」㉕孝直：法正字。㉖上事：胡三省曰：「謂上奏言兵事也。」㉗陳、韓：陳謂陳平，韓謂韓信，就其去楚歸漢言。㉘審問：謂確實訊息。㉙外舍：胡三省曰：「后妃謂其外家為外舍。」㉚棧潛：姓棧名潛。㉛家道正而天下定：易家人曰：「夫夫婦婦而家道正，家道正而天下定矣。」㉜無以妾為夫人之禮：《左傳》襄公二十四年：「公子荊之母嬖，將以為夫人，使宗人釁夏獻其立夫人之禮，對曰：『無之。』公怒曰：『汝為宗司，立夫人，國之大禮也，何故無之？』對曰：『周公、武公娶于薛，孝公、惠公娶于商，自桓以下娶于齊，此禮也，則有；若以妾為夫人，則固無其禮也。』公卒立之。」㉝浩周：姓浩名周。㉞任子：遣子入質。㉟洞口：地名，在歷陽江邊。㊱濡須：水名，在安徽省巢縣南。㊲南郡：秦置，約有今湖北省東部及南部之地，治郢，即故楚都，在今枝江縣東南；漢置江陵縣，移郡治於此，即今江陵縣；三國吳移治公安，在今公安縣東北。㊳首陽山：在洛陽東北。㊴壽陵，謂生前預為之陵墓。《後漢書．光武紀》：「建武二十六年，初作壽陵。」注：「初作壽陵，未有名，故號壽陵，蓋取長久之義也。」㊵長緒：孫劭字。㊶黃武：漢自以火德王，火生土，土色黃，故改元黃武，吳蓋自以承漢為土德。㊷宛：舊縣名，漢屬南陽郡，即今河南省南陽縣。㊸迸散：分迸散走。㊹通親：通使交親。㊺漢嘉：郡名，漢嘉郡本前漢青衣縣，地屬蜀郡，後漢順帝陽嘉二年改為漢嘉縣，屬蜀郡屬國，蜀分為漢嘉郡。㊻江陵中洲：據潘璋傳所載：江陵中洲即百里洲。其洲自枝江縣，西至上明，東及江津，江津北岸即江陵故城。

卷七十

魏紀二

司馬光編集
楊向時　註

起昭陽單閼，盡強圉協洽，凡五年。（癸卯、甲辰、乙巳、丙午、丁未，西元二二三至二二七年）

世祖文皇帝下

黃初四年（西元二二三年）

㈠春，正月。曹真使張郃擊破吳兵，遂奪據江陵中洲。

㈡二月，諸葛亮至永安㈠。

㈢曹仁以步騎數萬向濡須，先揚聲欲東攻羨溪㈡，朱桓分兵赴之。既行，仁以大軍徑進。桓聞之，追還羨溪兵，兵未到而仁奄至。時桓手下及所部兵在者纔五千人，諸將業業㈢各有懼心。桓喻之曰：「凡兩軍交對，勝負在將，不在眾寡。諸君聞曹仁用兵行師，孰與桓邪？兵灋所以稱客倍而主人半者，謂俱在平原，無城隍之守，又謂士卒勇怯齊等故耳。今仁既非智勇，加其士卒甚怯，又千里步涉，人馬罷困，桓與諸君共據高城，南臨大江，北背山陵，以逸待勞，為主制客，此百戰百勝之勢。雖曹丕自來尚不足憂，況仁等邪？」桓乃偃旗鼓，外示虛弱，以誘致仁。仁遣其子泰攻濡須城，分遣將軍常雕、王雙等，乘油船㊃別襲中洲。中洲者，桓部曲妻子所在也。蔣濟曰：「賊據西岸，列船上流，而兵入洲中，是為自內㊄地獄，危亡之道也。」仁不從。自將萬人留橐皋㊅，為泰等後援。桓遣別將擊雕等而身自拒泰，泰燒營退。桓遂斬常雕，生虜王雙，臨陳殺溺死者千餘人。

初，呂蒙病篤，吳王問曰：「卿如不起，誰可代者？」蒙對曰：「朱然膽守有餘，愚以為可任。」朱然者，九真太守朱治姊子也；本姓施氏，治養以為子，時為昭武將軍㊆。蒙卒，吳王假然節，鎮江陵。及曹真等圍江陵，破孫盛，吳王遣諸葛瑾等將兵往解圍，夏侯尚擊却之。江陵中外斷絕，城中兵多腫病，堪戰者裁㊇五千人。真等起土山，鑿地道，立樓櫓㊈臨城，弓矢雨注，將士皆失色，然晏如無恐意，方厲吏士伺間隙，攻破魏兩屯。魏兵圍然凡六月，江陵令姚泰領兵備城北門，見外兵盛，城中人少，穀食且盡，懼不濟，謀為內應。然覺而殺之。時江水淺陿，夏侯尚欲乘船將步騎入渚中安屯，作浮橋，南北往來，議者多以為城必可拔。董昭上疏曰：「武皇帝智勇過人，而用兵畏敵，不敢輕之若此也。夫兵好進惡退，常然之數。平地無險，猶尚艱難。就當深入，還道宜利，兵有進退，不可如意。今屯渚中，至深也；浮橋而濟，至危也；一道而行，至陿也。三者兵家所忌，而今行之。賊頻攻橋，誤有漏失，渚中精銳，非魏之有，將轉化為吳臣私慼之，忘寢與食，而議者怡然不以為憂，豈不惑哉？加江水向長，一旦暴矣。增，何以防禦？就不破賊，尚當自完，奈何乘危，不以為懼？惟陛下察之！」帝即詔尚等促出。吳人兩頭並前，魏兵一道引去，不時得泄，僅而獲濟。吳將潘璋已作荻筏，欲以燒浮橋，會尚退而止。後旬日，江水大漲，帝謂董昭曰：「君論此事，何其審也！」會天大疫，帝悉召諸軍還。

三月，丙申（初八日）。車駕還洛陽。

初，帝問賈詡曰：「吾欲伐不從命，以一天下，吳、蜀何先？」

對曰：「攻取者先兵權，建本者尚德化。陛下應期受禪，撫臨率土，若綏之以文德而俟其變，則平之不難矣。吳、蜀雖蕞爾小國，依山阻水。劉備有雄才，諸葛亮善治國；孫權識虛實，陸議㊀見兵勢，據險守要㊁，汎舟江湖㊂，皆難卒謀也。用兵之道，先勝後戰，量敵論將，故舉無遺策。臣竊料羣臣無備、權對，雖以天威臨之，未見萬全之勢也。昔舜舞干戚而有苗服㊂，臣以為當今宜先文後武。」帝不納，軍竟無功。

㈣丁未（十九日），陳忠侯曹仁卒。

㈤初，黃元為諸葛亮所不善，聞漢主疾病，懼有後患，故舉郡反，燒臨邛城㊃。時亮東行省疾，成都單虛，元益無所憚。益州治中從事楊洪啟太子遣將軍陳曶、鄭綽討元。眾議以為元若不能圍成都，當由越嶲㊄據南中㊅。洪曰：「元素性兇暴，無他恩信，何能辦此？不過乘水東下，冀主上平安，面縛歸死；如其有異，犇吳求活耳！但敕曶、綽於南安峽口㊆邀遮，即便得矣。」元軍敗，果順江東下㊇，曶、綽生獲，斬之。

㈥漢主病篤，命丞相亮輔太子，以尚書令李嚴為副。漢主謂亮曰：「君才十倍曹丕，必能安國，終定大事。若嗣子可輔，輔之，如其不才，君可自取。」亮涕泣曰：「臣敢不竭股肱之力，效忠貞之節，繼之以死⑲。」漢主又為詔敕太子曰：「人五十不稱夭，吾年已六十有餘，何所復恨，但以卿兄弟為念耳！勉之！勉之！勿以惡小而為之，勿以善小而不為。惟賢惟德，可以服人。汝父德薄，不足效也。汝與丞相從事，事之如父。」

夏，四月，癸巳（四月己未朔、癸巳在五月初六日），漢主殂於永安。謚曰昭烈⑳。丞相亮奉喪還成都，以李嚴為中都護，留鎮永安。五月，太子禪㉑即位，時年十七。尊皇后曰皇太后，大赦，改元建興。封丞相亮為武鄉侯，領益州牧，政事無巨細，咸決於亮。亮乃約官職，修濃制，發教與羣下曰：「夫參署㉒者，集眾思，廣忠益也。若遠小嫌，難相違覆㉓，曠闕損矣。違覆而得中，猶棄敝蹻㉔而獲珠玉。然人心苦不能盡，惟徐元直㉕處茲不惑。又董幼宰㉖參署七年，事有不至，至于十反，來相啟告。苟能慕元直之十一，幼宰之勤渠，有忠於國，則亮可以少過矣。」又曰：「昔初交州平㉗，屢聞得失；後交元直，勤見啟誨；前參事於幼宰，每言則盡；後從事於偉度㉘，數有諫止。雖資性鄙暗，不能悉納，然與此四子，終始合好，亦足以明其不疑於直言也。」偉度者，亮主簿義陽胡濟也。

亮嘗自校簿書，主簿楊顒直入諫曰：「為治有體，上下不可相侵，請為明公以作家譬之：今有人，使奴執耕稼，婢典炊爨，雞主司晨，犬主吠盜，牛負重載，馬涉遠路，私業無曠，所求皆足，雍容高枕，飲食而已。忽一旦盡欲以身親其役，不復付任，勞其體力，為此碎務，形疲神困，終無一成。豈其智之不如奴婢雞狗哉？失為家主之灋也。是故古人稱：『坐而論道，謂之王公；作而行之，謂之士大夫㉙。』故丙吉不問橫道死人而憂牛喘㉚，陳平不肯知錢穀之數，云自有主者㉛，彼誠達於位分之體也。今明公為治，乃躬自校簿書，流汗終日，不亦勞乎！」亮謝之。及顒卒，亮垂泣三日。

㈦六月，甲戌（十七日）。任城威王彰卒。甲申（二十七日），魏壽肅侯賈詡卒。大水。

㈧吳賀齊襲蘄春㉜，虜太守晉宗㉝以歸。

㈨初，益州郡耆帥㉞雍闓殺太守正昂，因士燮以求附於吳，又執太守成都張裔以與吳，吳以闓為永昌㉟太守。永昌功曹呂凱、府丞王伉率吏士閉境拒守，闓不能進，使郡人孟獲誘扇諸夷，諸夷皆從之。牂柯㊱太守朱褒、越嶲夷王高定皆叛應闓。諸葛亮以新遭大喪，皆撫而不討。務農殖穀，閉關㊲息民，民安食足而後用之。

㈩秋，八月，丁卯（十一日）。以廷尉鍾繇為太尉，治書執灋㊳高柔代為廷尉。是時三公無事，又希與朝政，柔上疏曰：「公輔之臣，皆國之棟梁，民所具瞻，而置之三事㊴，不使知政，遂各偃息㊵養高，鮮有進納，誠非朝廷崇用大臣之義，大臣獻可替否㊶之謂也。古者刑政有疑，輒議於槐棘之下㊷，自今之後，朝有疑議及刑獄大事，宜數以咨訪三公。三公朝朔望之日，又可特延入講論得失，博盡事情，庶有補起天聽，光益大化。」帝嘉納焉。

(十一)辛未（十五日），帝校獵[四三]于滎陽[四四]，遂東巡。九月，甲辰（十九日），如許昌。

(十二)漢尚書義陽鄧芝言於諸葛亮曰：「今主上幼弱，初即尊位，宜遣大使重申吳好。」亮曰：「吾思之久矣，未得其人耳！今日始得之。」芝問其人為誰？亮曰：「即使君也。」乃遣芝以中郎將修好於吳。

冬，十月，芝至吳。時吳王猶未與魏絕，狐疑，不時見芝。芝乃自表請見曰：「臣今來，亦欲為吳，非但為蜀也。」吳王見之曰：「孤誠願與蜀和親，然恐蜀主幼弱，國小執偪，為魏所乘，不自保全耳。」芝對曰：「吳蜀二國，四州之地[四五]，大王命世之英，諸葛亮亦一時之傑也。蜀有重險之固[四六]，吳有三江之阻[四七]，合此二長，共為脣齒，進可幷兼天下，退可鼎足而立，此理之自然也。大王今若委質[四八]於魏，魏必上望大王之入朝，下求太子之內侍，若不從命，則奉辭伐叛，蜀亦順流見可而進，如此，江南之地非復大王之有也。」吳王默然良久曰：「君言是也。」遂絕魏，專與漢連和。

(十三)是歲，漢主立妃張氏(二十)為皇后。

【今註】㈠永安：即白帝城。《水經注》：「蜀先主為吳所敗，退屯白帝，改白帝為永安。」故址在今四川省奉節縣東。㈡羨溪：羨溪在濡須（今安徽省巢縣南）東三十里。㈢業業：危懼貌。㈣油船：胡三省曰：「以牛皮為之，外施油以扞水。」㈤內：同納。㈥槖皐：故址在今安徽省巢縣東北。㈦昭武將軍：官名，吳所置。㈧裁：通纔。㈨樓櫓：一作樓樐，古時戰守望敵之樓。㈩陸議：即陸遜，〈陸遜傳〉云：「遜本名議。」(十一)據險守要：謂蜀憑山川之險要。(十二)汎舟江湖：謂吳得江湖之利便。(十三)舜舞干戚而有苗服：干即盾，戚即大斧：有苗，古苗族之稱，亦曰三苗。《尚書・舜典》：「舜誕敷文德，舞干羽于南階，七旬有苗格。」(十四)臨邛：舊縣名，秦置，即今四川省邛崍縣。漢屬蜀郡。蜀既分置漢嘉郡，則此時當屬漢嘉。(十五)越雋：郡名，本西南夷邛都之地，漢武帝就其他置越雋郡，故治在今四川省西昌縣東南。(十六)南中：指漢益州、永昌二郡之地。(十七)南安峽口：地名，在今四川省夾江縣西北。(十八)順江東下，胡三省曰：「此順蜀青衣水東下也。水經注：『青衣水出青衣縣西蒙山。東至蜀郡臨邛縣，與沫水合。又東至犍為南安縣入於江，所謂南安峽口也。』」(十九)臣敢不竭股肱之力……繼之以死：此用晉荀息答獻公語意。《左傳》僖公九年：「初獻公使荀且傅奚齊，公疾，召之曰：『以是藐諸孤，辱在大夫，其若之何？』稽首而對曰：『臣竭其股肱之力，加之以忠貞，其濟，君之靈也；不濟，則以死繼之。』」⑳謚曰昭烈：以方東漢光武帝，實中興之意。㉑太子禪：禪字公嗣，是為蜀後主。㉒參署：胡三省曰：「謂所行之事，參其同異，署而行之也。」㉓難相違覆，曠闕損矣：胡三省曰：「違異也，覆審也。謂難於違異，難於覆審，則事有曠闕損矣。」㉔敝蹻：草履之破敝者。㉕徐元直：徐庶字。庶，潁川人。其人身雖在魏，心常在蜀。㉖董幼宰，董和字。和，南郡枝江人，時為掌軍中郎將。㉗州平：謂崔州平，崔烈之子，均之弟。亮躬耕隴畝時，與相友善。㉘偉度：胡濟字。㉙坐而論道，謂之王公；作而行之，謂之士大夫：語出《周禮．冬官．考工記》。㉚丙吉不問橫道死人而憂牛喘：丙吉，漢魯國人，少字魏，宣帝時，代魏相為丞相。嘗出，逢清道，羣鬬者死傷橫道，吉過之不問。前行，逢人逐牛，牛喘吐舌，吉使騎吏問：「逐牛行幾里矣？」掾吏謂丞相前後失問。吉曰：「民鬬相殺傷，長安令、京兆尹職也。方春，少陽用事，未可大熱，恐牛近行，用暑故喘，此時氣失節，有所傷害。三公調和陰陽，職當憂是以問之。」掾吏乃服，以吉知大體。㉛陳平不肯知錢糧之數，云自有主者：《後漢書．王陵傳》，漢文帝問右丞相周勃曰：「天下一歲決獄幾何？」勃謝不知。問：「天下錢穀一歲出入幾何？」勃又謝不知。汗出沾背，媿不能對。上亦問左丞相陳平，平曰：「各有主者。」上曰：「主者為誰乎？」平曰：「陛下即問決獄，責廷尉；問錢穀，責治粟內史。」㉜蘄春：郡名，魏置。故城在今湖北省蘄春縣西北。㉝晉宗：原為吳將，叛降魏，魏以為蘄春太守，賀齊襲而虜之。㉞耆帥：謂帥之長者。㉟永昌：舊縣名，吳置郡。故治在今湖北省祁陽縣西北。㊱牂柯：郡名，漢置。有今貴州省遵義、石阡、思南諸縣一帶地，治且蘭，即今平越縣。㊲閉關：胡三省曰：「閉越巂之靈關也。」㊳治書執灋：官名，掌奏劾。漢宣帝幸宣室，齋居決事令侍御史二人治書侍側，後因別置，謂之治書侍御史。及魏又置治書執法，掌奏劾，而治書侍御史掌律令，二官俱置。㊴三事：胡三省曰：「古者謂三公為三事，詩曰：『三事大夫，』謂三公也。」㊵偃息：胡三省曰：「言偃臥以自安也。」㊶獻可替否：《左傳》齊晏子曰：「君所謂可而有否焉，臣獻其否以成其可；君所謂否而有可焉，臣獻其可而去其否。」㊷槐棘：《周禮》：「朝士掌外朝之法，面三槐，三公位焉；左九棘，孤卿大夫位焉。」鄭注云：「樹棘以為位者，取其赤心而外刺，象以赤心三刺也。槐之言懷也；懷來人於此，欲與之謀。」㊸校獵：顏師古曰：「校獵者以木相貫穿，總為闌校，遮止禽獸而獵取之。」㊹滎陽：舊縣名，故治在今河南省成皋縣西南。㊺四州：謂荊、揚、梁、益。㊻重險：胡三省曰：「謂外有斜駱、子午之險，內有劍閣之險也。」㊼三江：韋昭曰：「三江：吳松江、錢塘江、浦陽江也。」又《吳地記》云：「松江東北行七十里，得三江口，東北入海，為婁江；東南入海，為東江；並松江，為三江。」㊽委質：惠棟曰：「質讀為贄。」言委質於君，示忠貞之節。《左傳》僖二十三年，策名委質疏：「質形體也，拜則屈膝而委身體於地，以明敬奉之也。」㊾漢主立妃張氏為皇后：張皇后，張飛之女。

五年（西元二二四年）

㈠春，二月，帝自許昌還洛陽。

㈡初平以來，學道廢墜。夏，四月，初立太學，置博士，依漢制設五經課試之灋㊀。

㈢吳王使輔義中郎將吳郡張溫㊁聘于漢，自是吳、蜀信使不絕。時事所宜，吳主常令陸遜語諸葛亮。又刻印置遜所，王每與漢主及諸葛亮書，常過示遜，輕重、可否有所不安，每令改定，以印封之㊂。漢復遣鄧芝㊃聘于吳，吳主謂之曰：「若天下太平，二主分治，不亦樂乎？」芝對曰：「『天無二日，土無二王』㊄，如并魏之後，大王未深識天命，君各茂其德，臣各盡其忠，將提枹鼓，則戰爭方始耳！」吳王大笑曰：「君之誠款，乃當爾邪！」

㈣秋，七月，帝東巡如許昌。帝欲大興軍伐吳，侍中辛毗諫曰：「方今天下新定，土廣民稀，而欲用之，臣誠未見其利也。先帝屢起銳師，臨江而旋。今六軍不增於故而復修之㊅，此未易也。今日之計，莫若養民屯田，十年然後用之，則役不再舉矣。」帝曰：「如卿意更當以虜遺子孫邪？」對曰：「昔周文王以紂遺武王，惟知時也。」帝不從。留尚書僕射司馬懿鎮許昌。

八月，為水軍，親禦龍舟，循蔡、潁㊆，浮淮如壽春。九月，至廣陵㊇。

吳安東將軍徐盛建計，植木衣葦㊈，為疑城假樓，自石頭㊉至于江乘㊁，聯綿相接數百里，一夕而成。又大浮舟艦於江。時江水盛長，帝臨望歎曰：「魏雖有武騎千羣，無所用之，未可圖也。」帝御龍舟，會暴風漂蕩，幾至覆沒。帝問羣臣：「權當自來否？」咸曰：「陛下親征，權恐怖，必舉國而應。又不敢以大眾委之臣下，必當自來。」劉曄曰：「彼謂陛下欲以萬乘之重牽已，而超越江湖者在於別將，必勒兵待事，未有進退也。」大駕停住積日，吳王不至，帝乃旋師。是時，曹休表得降賊辭：「孫權已在濡須口。」中領軍㊂衛臻曰：「權恃長江，未敢亢衡，此必畏怖偽辭耳。」考核降者，果守將所作也。

㈤吳張溫少以俊才有盛名，顧雍以為當今無輩，諸葛亮亦重之。溫薦引同郡暨豔為選部㈢尚書。豔好為清議，彈射百僚，覈奏三署㈣，率皆貶高就下，降損數等，其守故者十未能一；其居位貪鄙志節汙卑者，皆以為軍吏，置營府以處之。多揚人闇昧之失，以顯其謫㈤。同郡陸遜、遜弟瑁及侍御史朱據皆諫止之。瑁與豔書曰：「夫聖人嘉善矜愚㈥，忘過記功，以成美化。加今王業始建，將一大統，此乃漢高棄瑕錄用之時也。若令善惡異流，貴汝、潁月旦之評㈦，誠可以厲俗明教，然恐未易行也。宜遠模仲尼之汎愛㈧，近則郭泰之容濟㈨，庶有益於大道也。」據謂豔曰：「天下未定，舉清厲濁，足以沮勸；若一時貶黜，懼有後咎。」豔皆不聽。於是怨憤盈路，爭言豔及選曹郎徐彪專用私情，憎愛不由公理，豔、彪皆坐自殺㈩。溫素與豔、彪同意，亦坐斥還本郡以給廝吏㈪，卒於家。

始，溫方盛用事，餘姚虞俊歎曰：「張惠恕才多智少，華而不實，怨之所聚，有覆家之禍；吾見其兆矣。」無幾何而敗。

㈥冬，十月，帝還許昌。

㈦十一月，戊申晦，日有食之。

㈧鮮卑㉓軻比能誘步度根㉔兄扶羅韓殺之。步度根由是怨軻比能，更相攻擊。步度根部眾稍弱，將其眾萬餘落保太原、鴈門㉕。是歲，詣闕貢獻。而軻比能眾遂彊盛，出擊東部大人㉖素利，護烏丸校尉田豫乘虛掎其後，軻比能使別帥瑣奴拒豫，豫擊破之。軻比能由是攜貳，數為邊寇，幽㉗、幷苦之。

【今註】㈠依漢制設五經課試之灋：胡三省曰：「博士課試之法，始於漢武帝，為博士官置弟子五十人，復其身，第其高下，以補郎中、文學、掌故。平帝時，歲課甲科四十人為郎中，乙科二十人為太子舍人，丙科四十人補文學、掌故。東都五經立十四博士，皆以家法教授。古文尚書、毛詩、穀梁、左氏春秋雖不立學官，然皆擢高第為講郎，給事近署。順帝增甲乙之科，員各十人。」㈡張溫：溫字惠恕。文辭淵美，長於應對，為奉使良才。使蜀還，稱美蜀政，權陰銜之，因借事坐以罪，罷黜之。㈢以印封之：《釋名》曰：「印，信也，所以封物以為驗也。」如現時公文書加蓋印信。㈣鄧芝：芝前使吳，至是重報張溫之聘。㈤天無二日，土無二王：語見《孟子》所載孔子之言。㈥修之：胡三省曰：「謂怨也。左傳：『將修先君之怨。』」㈦蔡、潁：蔡謂蔡河，即過河，源出河南省上蔡縣西南，東流經汝南、項城、沈近三縣，亦名小沙河；又東南，入安徽省境，至阜陽縣東南入潁水。潁謂潁水，源出河南省登封縣西境潁谷，東南流經臨潁、西華、南水諸縣，與蔡河合；又東南至西正陽關入淮水。㈧廣陵：舊縣名，故城在今江蘇省江都縣西北。㈨植木衣葦：胡三省曰：「植木於內，以蘆葦遮其外。」㈩石頭：城名，故城在今南京市西石頭山後。⑪江乘：縣名，屬丹陽縣，吳省為典農都尉治，其地在建業東北。⑫中領軍：官名。漢建安四年，魏武丞相府置中領軍。⑬選部：官署名，即吏部，漢稱選部，魏改為吏部，吳循漢制稱選部。⑭三署：謂五官、左、右三署郎。⑮謫：罰也。⑯嘉善矜愚：用《論語》子游語。子游曰：「君子嘉善而矜不能。」⑰月旦之評：《後漢書·許劭傳》：「劭與靖俱有高名，好共覈論鄉黨人物，每月輒更其品題，故汝南俗有月旦評焉。」⑱汎愛：《論語·學而》：「汎愛眾，而親仁。」⑲近則郭泰之容濟：謂宜以近世郭泰之容濟為法則。胡三省曰：「字林宗，泰善人倫，而不為危言覈論，獎拔士人成名者甚眾，而不絕左原、賈淑之險惡，所謂容濟也。」⑳坐自殺：胡三省曰：「謂賜死也。」㉑廝吏：謂賤吏。㉒鮮卑：種族名。《後漢書·鮮卑傳》：「鮮卑者，亦東胡之支也，別依鮮卑山，故因號焉。」㉓太原、鴈門：太原，郡名，秦置，約有今山西省中部地，漢治晉陽，即今太原縣。鴈門，郡名，戰國趙置，秦因之，有今山西省西北部之地，漢治善無，在今右玉縣南。㉔大人：鮮卑族酋長之稱。㉕幽并：二州名。幽州，今河北、遼寧、及山東舊登州、萊州二府之地。并州，今山西省及陝西之舊延安、榆林等府之地。

六年（西元二二五年）

㈠春，二月，詔以陳羣為鎮軍大將軍，隨車駕董督眾軍，錄行尚書㊀事；司馬懿為撫軍大將軍，留許昌，督後臺㊁文書。三月，帝行如召陵㊂，通討虜渠㊃。乙巳（二十八日），還許昌。

㈡并州刺史梁習討軻比能，大破之。

㈢漢諸葛亮率眾討雍闓，參軍馬謖送之數十里。亮曰：「雖共謀之歷年，今可更惠良規。」謖曰：「南中恃其險遠，不服久矣；雖今日破之，明日復反耳。今公方傾國北伐，以事彊賊，彼知官勢㊄內虛，其叛亦速。若殄盡遺類以除後患，既非仁者之情，且又不可倉卒也。夫用兵之道，攻心為上，攻城為下；心戰為上，兵戰為下，願公服其心而已。」亮納其言。謖，良之弟也。

㈣辛未（閏三月戊申朔，辛未，二十四日），帝以舟師復征吳，羣臣大議。宮正㊅鮑勛諫曰：「王師屢征而未有所克者，蓋以吳蜀唇齒相依㊆，憑阻山水，有難拔之勢故也。往年龍舟飄蕩，隔在南岸⑧，聖躬蹈危，臣下破膽，此時宗廟幾至傾覆，為百世之戒。今又勞兵襲遠，日費千金⑨，中國虛耗。今黠虜玩威，臣竊以為不可。」帝怒，左遷勛為治書執灋。勛，信⑩之子也。

夏，五月，戊申（初二日），帝如譙。

㈤吳丞相北海孫劭卒。初，吳當置丞相，眾議歸張昭，吳王曰：「方今多事，職大者責重，非所以優之也。」及劭卒，百僚復舉昭，吳王曰：「孤豈為子布⑪有愛乎？領丞相事煩，而此公性剛，所言不從，怨咎將興，非所以益之也。」

六月，以太常顧雍為丞相、平尚書事。雍為人寡言，舉動時當。吳王嘗歎曰：「顧君不言，言必有中。」至飲宴歡樂之際，左右恐有酒失，而雍必見之，是以不敢肆情。吳王亦曰：「顧公在坐，使人不樂。」其見憚如此。初領尚書令，封陽遂鄉侯，拜侯還寺⑫，而家人不知，後聞乃驚。及為相，其所選用文武將吏，各隨能所任，心無適莫⑬。時訪逮民間及政職所宜，輒密以聞，若見納用，則歸之於上；不用，終不宣泄，吳王以此重之。然於公朝有所陳及，辭色雖順而所執者正；軍國得失，自非面見，口未嘗言。王嘗令中書郎(一四)詣雍有所咨訪，若合雍意，事可施行，即相與反覆究而論之，為設酒食；如不合意，雍即正色改容，默然不言，無所施設。郎退告王，王曰：「顧公歡悅，是事合宜也；其不言者，是事未平也，孤當重思之。」江邊諸將，各欲立功自效，多陳便宜，有所掩襲。王以訪雍。雍曰：「臣聞兵灋戒於小利，此等所陳，欲邀功名而為其身，非為國也。陛下宜禁制，苟不足以曜威損敵，所不宜聽也。」王從之。

(六)利城(一五)郡兵蔡方等反，殺太守徐質，推郡人唐咨為主，詔屯騎校尉任福等討平之。咨自海道亡入吳，吳人以為將軍。

(七)秋，七月，立皇子鑒為東武陽王。

(八)漢諸葛亮至南中，所在戰捷。亮由越巂入，斬雍闓及高定。使庲降(一六)督益州李恢由益州入，門下督巴西馬忠由牂柯入，擊破諸縣，復與亮合。

孟獲收闓餘眾以拒亮。獲素為夷、漢所服，亮募生致之，既得，使觀於營陳之間，問曰：「此軍何如？」獲曰：「向者不知虛實，故敗。今蒙賜觀營陳，若祇如此，即定易勝耳。」亮笑，縱使更戰。七縱七禽而亮猶遣獲，獲止不去，曰：「公，天威也，南人不復反矣。」亮遂至滇池㈦。益州、永昌、牂柯、越巂四郡皆平，亮即其渠率㈧而用之。或以諫亮，亮曰：「若留外人，則當留兵，兵留則無所食，一不易也。加夷新傷破，父兄死喪，留外人而無兵者，必成禍患，二不易也。又夷累有廢殺之罪，自嫌釁重，若留外人，終不相信，三不易也。今吾欲使不留兵，不運糧，而綱紀粗定，夷、漢粗安故耳。」亮於是悉收其俊傑孟獲等以為官屬，出其金、銀、丹、漆、耕牛、戰馬以給軍國之用，自是終亮之世，夷不復反。

㈨八月，帝以舟師自譙循渦㈨入淮。尚書蔣濟表言水道難通，帝不從。

冬，十月，如廣陵故城㈩。臨江觀兵，戎卒十餘萬，旌旗數百里，有渡江之志。吳人嚴兵固守，時天寒，冰，舟不得入江。帝見波濤洶湧，歎曰：「嗟乎！固天所以限南北也。」遂歸。孫韶遣將高壽等率敢死之士五百人，於逕路夜要帝，帝大驚，壽等獲副車、羽蓋以還。於是戰船數千皆滯不得行，議者欲就留兵屯田。蔣濟以為東近湖，北臨淮，若水盛時，賊易為寇，不可安屯。帝從之。車駕即發，還到精湖㊂，水稍盡，盡留船付濟。船連延在數百里中，濟更鑿地作四五道，蹴船令聚；豫作土豚㊂，遏斷湖水，皆引後船，一時開遏入淮中，乃得還。

㈩十一月，東武陽王鑒薨。

㈯十二月，吳番陽賊彭綺攻沒郡縣，眾數萬人。

【今註】㊀行尚書：謂尚書之隨駕者。㊁後臺：謂尚書臺之留許昌者。㊂召陵：舊縣名，漢置，故城在今河南省郾城縣東。㊃通討虜渠：謂通告虜帥以伐吳。㊄官勢：胡三省曰：「漢俗謂天子為縣官，亦謂為國家；官勢猶言國勢也。」㊅宮正：據〈鮑勛傳〉，宮正即御史中丞。㊆唇齒相依：喻休戚相關，如唇齒之切近。《左傳》僖五年：「晉假道於虞以伐虢，宮之奇諫曰：『虢，虞之表也，虢亡，虞必從之；諺所謂輔車相依，唇亡齒寒者，其虞虢之謂也。』」㊇往年龍舟飄蕩，隔在南岸：魏代吳，「帝御龍舟，會暴風漂蕩，幾至覆沒。」事見本卷五年。㊈日費千金：兵法曰：「興師十萬，日費千金。」漢以黃金一斤為一金。⑩勛，信之子也：鮑信，泰山陽平人，字允協，曾與弟韜起鄉里之徒眾應魏武，表為濟北相。從魏武討黃巾，戰死。⑪子布：張昭字。⑫寺：官舍。⑬心無適莫：心之所可為適，心之所否為莫。《論語．里仁》：「無適也，無莫也，義與之比。」朱注引謝氏曰：「適，可也，莫，不可也，於無可無不可之中，有義存焉。」⑭中書郎：魏曰通事郎，晉為中書侍郎。⑮利城：縣名，漢屬東海郡，魏武始分置利城縣。今山東博興縣之東有利城鎮，當富民河南岸，為往來孔道。⑯庲降：地名。裴松之曰：「訊之蜀人云：『庲降地名，去蜀三千餘里。』時未有寧州，號為南中，立此職以摠攝之。晉泰始中，始分為寧州平夷縣，屬牂柯郡。余據蜀志，庲降督住平夷，蓋僑治，非庲降之本地也。至馬忠為庲降督，乃自平夷移住建寧味縣，後遂為寧州治所。」⑰滇池：縣名。屬益州郡。縣有池周回二百餘里，水源深廣，而末更淺狹，有似倒流，故謂之滇池。池在今四川省會理縣南迷水鎮。⑱渠率：大帥。⑲渦：河名，源出河南陽武縣蒗蕩渠，東逕譙郡，又東南至下邳淮陵縣入於淮。⑳廣陵故城：廣陵故城，謂之蕪城。其地當在今江蘇省江都縣，其遺址不可詳考。㉑精湖：據〈蔣濟傳〉，精湖在山陽。山陽即今江蘇省淮安縣。㉒土豚：《目錄》作土膣，《廣韻》作土埏，注云：「以草裏土築城及鎮水也。」

七年（西元二二六年）

㈠春，正月，壬子（初十日），帝還洛陽。謂蔣濟曰：「事不可不曉。吾前決謂分半㈠燒船於山陽湖㈡中，卿於後致之，略與吾俱至譙。又每得所陳，實入吾意。自今討賊計畫，善思論之。」

㈡漢丞相亮欲出軍漢中，前將軍李嚴當知後事，移屯江州，留護軍陳到駐永安，而統屬於嚴。

㈢吳陸遜以所在少穀，表令諸將增廣農畝。吳王報曰：「甚善。今孤父子親受田，車中八牛以為四耦㈢，雖未及古人，亦欲令與眾均等其勞也。」

㈣帝之為太子也，郭夫人弟有罪，魏郡西部都尉㈣鮑勛治之；太子請，不能得，由是恨勛。及即位，勛數直諫，帝益忿之。帝伐吳還，屯陳留界，勛為治書執灋。太守孫邕見出，過勛，時營壘未成，但立標埒㈤，邕邪行，不從正道，軍營令史劉曜欲推之，勛以塹壘未成，解止不舉。帝聞之，詔曰：「勛指鹿作馬㈥，收付廷尉。」廷尉灋議㈦，正刑五歲㈧，三官㈨駮，依律罰金二斤。帝大怒曰：「勛無活分，而汝等欲縱之。收三官已下付刺姦，當令十鼠同穴！」鍾繇、華歆、陳羣、辛毗、高柔、衛臻等並表勛父信有功於太祖⑩，求請勛罪，帝不許。高柔固執不從詔命，帝怒甚，召柔詣臺⑪，遣使者承指至廷尉誅勛。勛死，乃遣柔還寺。

票騎將軍都陽侯曹洪，家富而性吝嗇，帝在東宮，嘗從洪貸絹百匹，不稱意，恨之，遂以舍客犯灋，下獄當死，羣臣並救，莫能得。卞太后責怒帝曰：「梁、沛之間，非子廉無有今日⑫。」又謂郭后曰：「令曹洪今日死，吾明日敕帝廢后矣！」於是郭后泣涕屢請，乃得免官，削爵土。

㈤初，郭后無子，帝使母養平原王叡，以叡母甄夫人被誅⑬，故未建為嗣。叡事后甚謹，后亦愛之。帝與叡獵，見子母鹿，帝親射殺其母，命叡射其子。叡泣曰：「陛下已殺其母，臣不忍復殺其子。」帝即放弓矢，為之惻然。

夏，五月帝，疾篤，乃立叡為太子。丙辰（十六日），召中軍大將軍曹真、鎮軍大將軍陳羣、撫軍大將軍司馬懿，並受遺詔輔政。丁巳（十七日），帝殂⑭。

陳壽評曰：「文帝天資文藻，下筆成章，博聞彊識，才藝兼該。若加之曠大之度，勵以公平之誠，邁志存道，克廣德心，則古之賢主，何遠之有哉？」

㈥太子㊂即皇帝位，尊皇太后曰太皇太后，皇后曰皇太后。初，明帝在東宮，不交朝臣，不問政事，惟潛思書籍。即位之後，羣下想聞風采。居數日，獨見侍中劉曄，語盡日，眾人側聽。曄既出，問何如？曰：「秦始皇、漢孝武之儔，才具微不及耳！」帝初蒞政，陳羣上疏曰：「夫臣下雷同，是非相蔽，國之大患也。若不和睦則有讎黨㊅，有讎黨則毀譽無端，毀譽無端則真偽失實，此皆不可不深察也。」

㈦癸未（五月辛丑朔，是月無癸未），追謚甄夫人曰文昭皇后。

㈧壬辰（五月辛丑朔，是月無壬辰）。立皇弟蕤為陽平王。

㈨六月，戊寅（初九日），葬文帝于首陽陵㊆。

㈩吳王聞魏有大喪，秋，八月，自將攻江夏郡，太守文聘堅守㊇。朝議欲發兵救之。帝曰：「權習水戰，所以敢下船陸攻者，冀掩不備也。今已與聘相拒；夫攻守勢倍，終不敢久也。」先是朝廷遣治書侍御史荀禹慰勞邊方，禹到江夏，發所經縣兵及所從步騎千人，乘山舉火，吳王遁走。

(十一)辛巳（十二日），立皇子冏為清河王。

(十二)吳左將軍諸葛瑾等寇襄陽，司馬懿擊破之，斬其部將張霸。曹真又破其別將於尋陽(一九)。

(十三)吳丹陽(二〇)吳會(二一)山民復為寇，攻沒屬縣。吳王分三郡(二二)險地為東安郡(二三)，以綏南將軍(二四)全琮領太守。琮至，明賞罰，招誘降附，數年得萬餘人。吳王召琮還牛渚，罷東安郡。

(十四)冬，十月，清河王冏卒。

(十五)吳陸遜陳便宜，勸吳王以施德緩刑，寬賦息調。又云：「忠讜之言，不能極陳，求容小臣，數以利聞，」王報曰：「書載：『予違汝弼(二五)』，而云不敢極陳，何得為忠讜哉？」於是令有司盡寫科條，使郎中褚逢齎以就遜及諸葛瑾，意所不安，令損益之。

(十六)十二月，以鍾繇為太傅，曹休為大司馬，都督(二六)揚州如故，曹真為大將軍，華歆為太尉，王朗為司徒，陳羣為司空，司馬懿為票騎大將軍。歆讓位於管寧，帝不許，徵寧為光祿大夫，敕青州給安車㉗吏從，以禮發遣，寧復不至。

㈦是歲，吳交趾太守士燮卒，吳王以燮子徽為安遠將軍，領九真太守；以校尉陳時代燮。交州刺史呂岱以交趾絕遠，表分海南三郡㉘為交州，以將軍戴良為刺史；海東四郡㉙為廣州，岱自為刺史；遣良與時南入，而徽自署交趾太守，發宗兵㉚拒良，良留合浦。交趾桓鄰，燮舉吏也，叩頭諫徽，使迎良。徽怒，笞殺鄰，鄰兄治合宗兵擊，不克。呂岱上疏請討徽，督兵三千人，晨夜浮海而往。或謂岱曰：「徽藉累世之恩，為一州所附，未易輕也。」岱曰：「今徽雖懷逆計，未知吾之卒至；若我潛軍輕舉，掩其無備，破之必也。稽留不速，使得生心，嬰城固守，七郡㉛百蠻，雲合響應，雖有智者，誰能圖之！」遂行，過合浦㉜，與良俱進。岱以燮弟子輔為師友從事㉝，遣往說徽。徽率其兄弟六人出降，岱皆斬之。

孫盛論曰：「夫柔遠能邇，莫善於信。呂岱師友士輔，使通信誓；徽兄弟肉袒，推心委命，岱因滅之以要功利，君子是以知呂氏之祚不延㉔者也。」

㈥徽大將甘醴及桓治率吏民共攻岱，岱奮擊破之。於是除廣州，復為交州如故。岱進討九真㉕，斬獲以萬數；又遣從事南宣威命，暨徼外扶南㉖、林邑㉗、堂明㉘諸王，各遣使入貢於吳。

【今註】㊀分半：謂前在精湖，遇水盡船不得過時，欲分船數之半。㊁山陽湖：精湖。宋白曰：「楚州山陽縣，本射陽縣地，晉義熙置山陽郡及山陽縣，以境內有地名山陽，因以為名。」㊂車中八牛，以為四耦：耒廣五寸為伐，二伐濟耦。按〈考工記〉匠人：「二耜為耦。」耕時以一牛曳一耜，四耦為八耜，故用八牛。㊃魏郡西部都尉：漢獻帝建安十八年，魏武分魏郡置東西部都尉；後以東部都尉立陽平郡，西部都尉立廣平郡，謂之三魏，皆屬司州。按魏郡西部都尉，原為廣平郡，漢置，尋改為廣平國，東漢封吳漢於此。三國魏復為郡，治廣平，在今河北省雞澤縣東。㊄標埒：《說文》曰：「埒，庳垣也。」立庳垣以為表識，謂之標埒。㊅指鹿作馬：此用趙高指鹿為馬事，謂鮑勛混淆是非，責其欺罔。㊆灋議：胡三省曰：「引法而議也。」㊇正刑五歲：正刑，謂治之以罪。五歲，謂判以五歲之刑。魏刑制：「髡刑居作五歲。」髡，古刑名，去髮曰髡。㊈三官：廷尉正、監，平。⑩勛父信有功於太祖：事見卷五十九漢獻帝初平元年，卷六十初平二年、三年。⑪臺：尚書臺。⑫梁沛之間，非子廉無有今日：曹洪字子廉。初平元年，魏武軍至滎陽汴水，遇董卓將徐榮，與戰不利，士卒死傷甚多，魏武為流矢所中，所乘馬被創，洪以馬與魏武，乃得夜遁。⑬叡母甄夫人被誅：事見上卷黃初元年。⑭殂：《通鑑》書法，天子奄有四海者書崩，分治者書殂。《說文》曰：「殂，往死也。」⑮太子：叡字元仲，丕之子，甄夫人所生。⑯讎黨：《左傳》：「晉郤芮曰：『有黨必有讎。』」⑰首陽陵：葬於洛陽東北首陽山，因以名陵。⑱吳王自將攻江夏郡，太守文聘堅守：胡三省曰：「文聘時屯石陽。祝穆曰：『魏初定荊州，屯沔陽為重鎮，晉立沔陽縣，江夏郡自上昶移理焉。』今臨漳山在漢陽軍西六十里，晉沔陽縣治也。意石陽即此地。」⑲尋陽：此江北之尋陽，漢故縣地。故城在今湖北省黃梅縣北。⑳丹陽：郡名，治建業，故址在今南京市東南。㉑吳會：謂吳郡會稽縣，即今江蘇省吳縣。《陔餘叢考》云：「會讀若貴，西漢會稽郡治本在吳縣，時俗郡縣連稱，故云吳會。」㉒三郡：胡三省曰：「三郡，豫章、丹陽、新都也。」或曰三郡，丹陽、吳、會稽也。㉓東安郡：《吳錄》曰：「東安郡治富春。」富春，縣名，秦置，漢仍之，晉改曰富陽，即今浙江省富陽縣。㉔綏南將軍：官名，吳所創置。㉕予違汝弼：意謂予有違誤，汝即匡正，語出《尚書・舜典》：「予違汝弼，汝無面從，退有後言。」㉖都督：《晉志》曰：「黃初三年，始置都督諸州軍事。」㉗敕青州給安車：謂安坐之車。《漢書・武帝紀》云：「遣使者安車蒲輪，束帛加璧，徵魯申生。」蓋自古以安車為尊賢敬老之異數。管寧北海朱虛人，青州所部，故敕青州給安車。㈩海南三郡：謂交阯、九真、日南三郡。㈩海東四郡：謂蒼梧、南海、鬱林、合浦四郡。㈩宗兵：胡三省曰：「自漢末之亂，南方之人率宗黨相聚為兵以自衞。」㈩七郡：謂海南三郡及海東四郡。㈩合浦：郡名，漢置，治徐聞，即今廣東省海康縣治；東漢徙治合浦，即今合浦縣治。㈩師友從事：署為從事，而待之以師友之禮。㈩呂氏之祚不延：謂呂岱子孫無聞。㈩九真：郡名，本秦象郡地，為南越所據。漢武帝滅南越，析置九真郡。今越南境內，河內以南，順化以北皆其地。㈩扶南：古國名。扶亦作夫。始王曰混塡，漢時最盛，真臘、頓遜諸邦皆屬之。故地即今泰國東部地。㈩林邑：古國名。漢末日南郡象林縣功曹區連，殺縣令自立為林邑王。故地即今越南順化等處。㈩堂明：國名，一名道明，在真臘北徼。真臘即今柬埔寨。

烈祖明皇帝㈠上之上

太和元年（西元二二七年）

㈠春，吳解煩督㈡胡綜、番陽太守周魴擊彭綺，生獲之。初，綺自言舉義兵為魏討吳，議者以為因此伐吳，必有所克。帝以問中書令太原孫資，資曰：「番陽宗人，前後數有舉義者，眾弱謀淺，旋輒乖散。昔文皇帝嘗密論賊形勢，言洞浦殺萬人，得船千數，數日間船人復會。江陵被圍歷月，權裁以千數百兵住東門，而其土地無崩解者，是其瀍禁上下相維之明驗也。以此推綺，懼未能為權腹心大疾也。」至是，綺果敗亡。

㈡二月，立文昭皇后寢園於鄴㊂。王朗往視園陵，見百姓多貧困，而帝方營脩宮室，朗上疏諫曰：「昔大禹欲拯天下之大患，故先卑其宮室，儉其衣食㊃。句踐欲廣其禦兒㊄之疆，亦約其身以及家，儉其家以施國㊅。漢之文、景，欲恢弘祖業，故割意於百金之臺㊆，昭儉於弋綈㊇之服。霍去病中才之將，猶以匈奴未滅，不治第宅㊈。明卹遠者略近，事外者簡內也。今建始㊉之前，足用列朝會；崇華㊁之後，足用序內官；華林天淵㊂，足用展遊宴。若且先成象魏㊃，脩城池，其餘一切須豐年，專以勤耕農為務，習戎備為事，則民充兵彊，而寇戎賓服矣。」

㈢三月，蜀丞相亮率諸軍北駐漢中，使長史張裔、參軍蔣琬統留府事。臨發，上疏曰：「先帝創業未半而中道崩殂，今天下三分，益州疲敝，此誠危急存亡之秋也。然侍衞之臣不懈於內，忠志之士忘身於外者，蓋追先帝之殊遇，欲報之於陛下也。誠宜開張聖聽，以光先帝遺德，恢弘志士之氣，不宜妄自菲薄，引喻失義，以塞忠諫之路也。宮中、府中[14]，俱為一體，陟罰臧否，不宜異同。若有作姦犯科及為忠善者，宜付有司論其刑賞，以昭陛下平明之理，不宜偏私，使內外異灋也。侍中、侍郎郭攸之、費禕、董允[15]等，此皆良實，志慮忠純，是以先帝簡拔以遺陛下。愚以為宮中之事，事無大小，悉以咨之，然後施行，必能裨補闕漏，有所廣益。將軍向寵[16]，性行淑均，曉暢軍事，試用於昔日，先帝稱之曰能，是以眾議舉寵為督。愚以為營中之事，悉以咨之，必能使行陳和睦，優劣得所。親賢臣，遠小人，此先漢所以興隆也；親小人，遠賢臣，此後漢所以傾頹也。先帝在時，每與臣論此事，未嘗不歎息痛恨於桓、靈也。侍中、尚書、長史、參軍，此悉端良死節之臣，願陛下親之信之，則漢室之隆，可計日而待也。臣本布衣，躬耕南陽，苟全性命於亂世，不求聞達於諸侯。先帝不以臣卑鄙，猥自枉屈，三顧[17]臣於草廬之中，諮臣以當世之事；由是感激，遂許先帝以驅馳。後值傾覆，受任於敗軍之際，奉命於危難之間(一八)，爾來二十有一年(一九)矣。先帝知臣謹慎，故臨崩寄臣以大事也。受命以來，夙夜憂歎，恐託付不效，以傷先帝之明。故五月渡瀘(二〇)，深入不毛。今南方已定，甲兵已足，當獎率三軍，北定中原，庶竭駑鈍，攘除姦凶，興復漢室，還于舊都，此臣所以報先帝而忠陛下之職分也。至於斟酌損益，進盡忠言，則攸之、禕、允之任也。願陛下託臣以討賊興復之效，不效，則治臣之罪，以告先帝之靈；責攸之禕允等之慢以章其咎。陛下亦宜自謀，以諮諏善道，察納雅言(二一)，深追先帝遺詔，臣不勝受恩感激。今當遠離，臨表涕零，不知所言。」遂行，屯于沔北陽平石馬(二二)。

亮辟廣漢太守姚伷為掾(二三)，伷並進文武之士，亮稱之曰：「忠益者，莫大于進人，進人者各務其所尚，今姚掾並存剛柔以廣文武之用，可謂博雅矣。願諸掾各希(二四)此事以屬其望。」帝聞諸葛亮在漢中，欲大發兵就攻之，以問散騎常侍孫資，資曰：「昔武皇帝征南鄭，取張魯，陽平之役，危而後濟(二五)，又自往拔出夏侯淵軍(二六)，數言：『南鄭㉗直為天獄，中斜谷道為五百里㉘石穴耳』，言其深險，喜出淵軍之辭也。又武皇帝聖於用兵，察蜀賊棲於山巖，視吳虜竄於江湖，皆橈㉙而避之，不責將士之力，不爭一朝之忿，誠所謂見勝而戰，知難而退也。今若進軍就南鄭討亮，道既險阻，計用精兵及轉運鎮守南方四州㉚，遏禦水賊，凡用十五六萬人，必當復更有所發興，天下騷動，費力廣大，此誠陛下所宜深慮。夫守戰之力，力役參倍。但以今日見兵㉛分命大將據諸要險，威足以震懾彊寇，鎮靜疆埸，將士虎睡，百姓無事。數年之間，中國日盛，吳蜀二虜必自罷敝。」帝乃止㉜。

㈣初，文帝罷五銖錢㉝，使以穀帛為用，人間巧偽漸多，競濕穀以要利，薄絹以為市；雖處以嚴刑，不能禁也。司馬芝等舉朝大議，以為用錢非徒豐國，亦所以省刑，今不若更鑄五銖為便。夏，四月，乙亥（初十日），復行五銖錢。

㈤甲申（十九日），初營宗廟於洛陽。

㈥六月，以司馬懿都督荊、豫州諸軍事，率所領鎮宛。

(七)冬，十二月，立貴嬪河內毛氏為皇后(二四)。

初，帝為平原王，納河內虞氏為妃；及即位，虞氏不得立為后，太皇卞太后慰勉焉。虞氏曰：「曹氏自好立賤(二五)，未有能以義舉者也。然后職內事，君聽外政(二六)，其道相由而成；苟不能以善始，未有能令終者也，殆必由此亡國喪祀矣。」虞氏遂絀還鄴宮。

(八)初，太祖、世祖皆議復肉刑，以軍事不果(二七)。及帝即位，太傅鍾繇上言：「宜如孝景之令，其當棄市欲斬右趾者，許之(二八)；其鯨、劓、左趾、宮刑者，自如孝文易以髡笞(二九)，可以歲生三千人。」詔公卿已下議。司徒朗以為肉刑不用已來，歷年數百，今復行之，恐所減之文未彰於萬民之目，而肉刑之問已宣於寇讎之耳，非所以來遠人也。今可按繇所欲輕之死罪使減死，髡刑嫌其輕者，可倍其居作之歲數(四〇)，內有以生易死不訾(四一)之恩，外無以刖易鈦(四二)駭耳之聲。議者百餘人，與朗同者多，帝以吳蜀未平，且寢。

(九)是歲，吳昭武將軍韓當卒，其子綜淫亂不軌，懼得罪，閏月，將其家屬部曲來犇。

㈩初，孟達既為文帝所寵，又與桓階、夏侯尚親善；及文帝殂，階、尚皆卒，達心不自安。諸葛亮聞而誘之，達數與通書，陰許歸蜀。達與魏興㊸太守申儀有隙，儀密表告之。達聞之，惶懼，欲舉兵叛；司馬懿以書慰解之，達猶豫未決，懿乃潛軍進討。諸將言達與吳、漢交通，宜觀望而後動。懿曰：「達無信義，此其相疑之時也。當及其未定促決之。」乃倍道兼行，八日到其城下㊹。吳漢各遣偏將向西城安橋、木闌塞以救達㊺，懿分諸將以拒之。初，達與亮書曰：「宛去洛八百里，去吾一千二百里，聞吾舉事，當表上天子，比相反覆，一月間也，則吾城已固，諸軍足辦。吾所在深險，司馬公必不自來；諸將來，吾無患矣。」及兵到，達又告亮曰：「吾舉事八日而兵至城下，何其神速也！」

【今註】㈠明皇帝：曹叡，文帝長子。㈡解煩督：據〈胡綜傳〉：「劉備下白帝，權以見兵少，使綜料諸縣，得六千人，立解煩兩部督。㈢立文昭皇后寢園於鄴：甄后賜死於鄴，因葬焉。㈣卑其宮室，儉其衣食：《論語》孔子曰：「禹卑宮室，菲飲食，而盡力乎溝洫。」㈤禦兒：地名，為吳越分界之所，今浙江省嘉興縣即其地，有禦兒鄉。㈥儉其家以施國：《國語》：「句踐既獲成於吳，其地北至於禦兒，非其身之所種則不食，非其夫人之所織則不衣，十年不收於國，卒以報吳。」㈦割意於百金之臺：漢文帝嘗欲作露臺，召匠計之，值百金。因曰：「百金，中人十家之產也。吾奉先帝宮室，嘗恐羞之，何以臺為？」㈧弋綈：弋，黑色；弋借作黓。綈，厚繒。㈨匈奴未滅，不治宅第：《漢書・霍去病傳》：「天子為治第，令視之，對曰：『匈奴未滅，無以為家也。』」㈩建始：殿名，在洛陽北宮。《世語》曰：「魏武自漢中還洛陽，起建始殿，近漢濯龍祠。」⑪崇華：殿名，在洛陽北宮。⑫華林天淵：華林，園名。天淵，池名。⑬象魏：古宮門外懸法之所。《周禮・天官・大宰》：「乃懸治象之法於象魏。」象者，法象也。魏者，謂其高巍巍然也。⑭府中：府，謂丞相府。蜀後主建興元年，命亮開府治事。⑮侍中、侍郎郭攸之、費禕、董允：時郭攸之、費禕為侍中。董允為黃門侍郎。⑯向寵：向朗之兄子。猇亭之敗，其軍特完。⑰三顧：先主詣亮，三往乃見，故云三顧。⑱受任於敗軍之際，奉命於危難之間：指先主猇亭之敗，遁歸白帝，亮受遺命輔太子事。⑲爾來二十有一年矣：自建安十二年，至是凡二十一年。⑳瀘：水名，亦曰瀘江水。考其源流，約有兩說：一、《水經・若水注》：「若水東北至犍為朱提縣西，為瀘江水，又東北至僰道縣，入大江。」二、《方輿紀要》：「瀘水，其源曰若水，下流曰瀘水，入金沙江。」朱提縣及僰道縣皆在今四川省宜賓西南，金沙江一流亦納打沖河，至宜賓縣南，合岷江，東流為長江。總上二說，皆以瀘水之上流為若水，若水即今雅礱江。《清一統志》謂：「唐以前以金沙江為瀘水，唐以後始以若水為瀘水，」瀘水時有瘴氣，三四月間經之必死，五月以後，行者得無害。㉑不毛：謂不可播種穀物之地。《周禮・地官・載師》：「凡宅不毛者有里布。」司農注：「宅不毛，謂不樹桑麻也。」《公羊傳》宣十二年：「錫之不毛之地，」又《管子・七臣七主》：「而欲土地之毛。」注：「毛，謂嘉苗。」一說：地不生草木為不毛。㉑雅言：猶正言。㉒石馬：即石馬城，一名陽平關，在今陝西省沔縣西北。其地有白馬山，山石似馬，望之逼真，故名。㉓掾：屬吏，謂丞相掾。㉔希：胡三省曰：「希，慕也。」㉕昔武皇帝征南鄭，危而後濟：事見卷六十七建安二十年。㉖自往拔出夏侯淵軍：事見卷六十八建安二十四年。㉗南鄭：縣名，漢置，故治在今陝西省南鄭縣東。城瀕漢水北岸，北出褒斜道可通長安；西出金牛道可通蜀；浮漢而東可橫貫省之南部而入鄂境，交通便利，形勢險固，為蜀漢重鎮。㉘中斜谷為五百里石穴：斜谷在今陝西省郿縣西南，長四百七十里，即終南山之狹谷。此言五百里，蓋舉其大數。㉙撓：屈曲。㉚四州：荊、徐、揚、豫四州。㉛見兵：見讀現，謂現有之兵。㉜罷：讀曰疲。㉝文帝罷五銖錢：事見卷六十九黃初元年。㉞立貴嬪河內毛氏為皇后：毛皇后，毛嘉之女。㉟曹氏自好立賤：胡三省曰：「武帝立卞后，文帝立郭后，皆非正室。」㊱后職內事，君聽外政：《禮記・昏義》：「古者天子后立六宮、三夫人、九嬪、二十七世婦、八十一御妻，以聽天下之內治，以明章婦順，故天下內和而家理。天子立六官、三公、九卿、二十七大夫、八十一元士，以聽天下之外治，以明章天下之男教，故外和而國治。」㊲初，太祖、世祖皆議復肉刑，以軍事不果：太祖謂魏武，世祖謂魏文帝。魏武曾於漢獻帝建安十八年，議復肉刑。其後魏文帝臨饗羣臣，詔謂大理欲復肉刑，令公卿共議，議未定，會有軍事，議復寢。㊳其當棄市，欲斬右趾者許之：《漢書・刑法志》：「當斬右止，及殺人先自告，及吏坐受財枉法，守縣官財物而即盜之，已論命復有笞罪者，皆棄市。」顏師古注：「止，足也，當斬右足者，以其辠次重，故從棄市也。」此言當棄市者許以斬右趾，則是以刖刑代死刑。㊴其黥、劓、左趾、宮刑者，自如孝文，易以髡笞：《漢書・刑法志》：「當黥者，髡鉗為城旦舂，當劓者笞三百，當斬左趾者笞五百。」㊵髡刑嫌其輕者，可倍其居作之歲數：魏制：「髡刑居作五歲。」倍其居作之歲數，謂對治以髡刑尚嫌其輕者，可延長其居作之期為十年。㊶不訾：猶言無價。訾與貲同。㊷以刖易釱：刖，斬足之刑。釱，鐵鉗。〈急就篇〉：「以鐵錔頭曰鉗，錔足曰釱。以刑具加身曰錔。漢文帝除肉刑，以完易髡，以笞代劓，釱左右趾代刖。㊸魏興：本蜀之西城郡，魏文帝改為魏興。㊹城下：黃初元年，孟達率其部曲降魏，遂以領新城太守，此指新城城下。㊺安橋、木闌塞：安橋，屬魏興安陽縣，故址在今河南省湯陰縣西北。木闌塞，在今陝西省洵陽縣。《水經注》云：「漢水又東逕木闌塞，南右岸有城名陵城，周回數里，左岸壘石數十行，重疊數十里，中謂之木蘭塞。」胡三省曰：「蓋吳兵向安橋，蜀兵向木闌塞也。」

卷七十一　魏紀三

起著雍涒灘，盡上章閹茂，凡三年。（戊申至庚戌，西元二二八年至二三〇年）

司馬光編集
楊向時註

烈祖明皇帝上之下

太和二年（西元二二八年）

㈠春，正月，司馬懿攻新城㈠，旬有六日，拔之，斬孟達。申儀久在魏興，擅承制刻印，多所假授，懿召而執之，歸于洛陽㈡。

㈡初，征西將軍夏侯淵之子楙尚太祖女清河公主㈢，文帝少與之親善，及即位，以為安西將軍，都督關中，鎮長安，使承淵處㈣。諸葛亮將入寇，與羣下謀之。丞相司馬㈤魏延曰：「聞夏侯楙，主壻也，怯而無謀。今假延精兵五千，負糧五千，直從襃中㈥出，循秦嶺㈦而東，當子午㈧而北，不過十日，可到長安。楙聞延奄至，必棄城逃走。長安中惟御史、京兆太守㈨耳。橫門邸閣㈩與散民之穀，足周食也。比東方相合聚，尚二十許日，而公從斜谷㈡

來，亦足以達。如此，則一舉而咸陽以西可定矣。」亮以為此危計，不如安從坦道，可以平取隴右⑫，十全必克而無虞，故不用延計。

亮揚聲由斜谷道取郿⑬，使鎮東將軍趙雲、揚武將軍鄧芝，為疑兵，據箕谷⑭。帝遣曹真都督關右⑮諸軍，軍郿。亮身率大軍攻祁山⑯，戎陳整齊，號令明肅。始，魏以漢昭烈既死，數歲寂然無聞，是以略無備豫⑰；而卒⑱聞亮出，朝野恐懼，於是天水⑲、南安⑳、安定㉑皆叛應亮。關中㉒響震，朝臣未知計所出。帝曰：「亮阻山為固，今者自來，正合兵書致人㉓之術，破亮必也。」乃勒兵馬步騎五萬，遣右將軍張郃督之，西拒亮。丁未（正月辛酉朔，是月無丁未），帝行如長安㉔。

初，越巂太守馬謖，才器過人，好論軍計，諸葛亮深加器異。漢昭烈臨終謂亮曰：「馬謖言過其實，不可大用，君其察之！」亮猶謂不然，以謖為參軍，每引見談論，自晝達夜㉕。及出軍祁山，亮不用舊將魏延、吳懿等為先鋒，而以謖督諸軍在前，與張郃戰于街亭[26]。謖違亮節度，舉措煩擾，舍水上山，不下據城[27]。張郃絕其汲道，擊，大破之，士卒離散。亮進無所據，乃拔西縣[28]千餘家還漢中。收謖下獄，殺之。亮自臨祭，為之流涕，撫其遺孤，恩若平生[29]。蔣琬謂亮曰：「昔楚殺得臣，文公喜可知也[30]。天下未定而戮智計之士，豈不惜乎？」亮流涕曰：「孫武所以能制勝於天下者，用灋明也[31]；是以揚干亂灋，魏絳戮其僕[32]。四海分裂，兵交方始，若復廢法，何用討賊邪？」

謖之未敗也，裨將軍巴西王平連規諫謖，謖不能用。及敗，眾盡星散，惟平所領千人鳴鼓自守，張郃疑其有伏兵，不往偪也，於是平徐徐收合諸營遺迸，率將士而還。亮既誅馬謖及將軍李盛，奪將軍黃襲等兵，平特見崇顯，加拜參軍，統五部兼當營事[33]，進位討寇將軍，封亭侯[34]。

亮上疏請自貶三等，漢主以亮為右將軍，行丞相事。

是時趙雲、鄧芝兵亦敗於箕谷，雲斂眾固守，故不大傷，雲亦坐貶為鎮軍將軍[35]。亮問鄧芝曰：「街亭軍退，兵將不復相錄[36]，箕谷軍退，兵將初不相失，何故？」芝曰：「趙雲身自斷後，軍資雜物，略無所棄，兵將無緣相失。」雲有軍資餘絹，亮使分賜將士，雲曰：「軍事無利，何為有賜？其物請悉入赤岸庫㊲，須十月為冬賜㊳。」亮大善之。或勸亮更發兵者，亮曰：「大軍在祁山、箕谷，皆多於賊，而不破賊，乃為賊所破，此病不在兵少也，在一人耳㊴！今欲減兵省將，明罰思過，校變通之道於將來；若不能然者，雖兵多何益？自今已後，諸有忠慮於國者，但勤攻吾之闕，則事可定，賊可死，功可蹻足㊵而待矣。」於是考微勞，甄壯烈，引咎責躬，布所失於境內，厲兵講武，以為後圖，戎士簡練，民忘其敗矣㊶。

亮之出祁山也，天水參軍姜維詣亮降。亮美維膽智，辟為倉曹掾㊷，使典軍事。【考異】孫盛雜語曰：「維詣諸葛亮，與母相失，後得母書，令求當歸。維曰：良田百頃，不在一畝，但有遠志，不在當歸也。」按維粗知學術，恐不至此，今不取。

曹真討安定等三郡，皆平。真以諸葛亮懲於祁山，後必出從陳倉，乃使將軍郝昭等守陳倉㊸。治其城。

㈢夏，四月，丁酉（初八日），帝還洛陽。

㈣帝以燕國徐邈為涼州㊹刺史。邈務農積穀，立學明訓，進善黜惡，與羌、胡從事，不問小過，若犯大罪，先告都帥，使知應死者，乃斬以徇。由是服其威信，州界肅清。

㈤五月，大旱。

㈥吳王使鄱陽太守周魴密求山中舊族名帥為北方所聞知者，令譎挑揚州㊺牧曹休。魴曰：「民帥小醜，不足杖任㊻，事或漏泄，不能致休。乞遣親人齎牋以誘休，言被讒懼誅，欲以郡降北，求兵應接。」吳王許之。時頻有郎官㊼詣魴詰問諸事，魴因詣郡門下㊽，下髮謝㊾。休聞之，率步騎十萬向皖㊿以應魴；帝又使司馬懿向江陵(51)，賈逵向東關(52)，三道俱進。

秋，八月，吳王至皖，以陸遜為大都督，假黃鉞，親執鞭以見之(53)；以朱桓、全琮為左右督，各督三萬人以擊休。休知見欺，而恃其眾，欲遂與吳戰。朱桓言於吳王曰：「休本以親戚見任，非智勇名將也。今戰必敗，敗必走，走當由夾石、挂車(54)，此兩道皆險阨，若以萬兵柴路(五五)，則彼眾可盡，休可生虜。臣請將所部以斷之。若蒙天威，得以休自效，便可乘勝長驅，進取壽春(五六)，割有淮南以規許、洛(五七)。此萬世一時，不可失也。」權以問陸遜，遜以為不可，乃止。

尚書蔣濟上疏曰：「休深入虜地，與權精兵對，而朱然等在上流乘休後，臣未見其利也。」前將軍滿寵上疏曰：「曹休雖明果而希用兵，今所從道，背湖旁江，易進難退，此兵之絓地也(五八)。若入無彊口(五九)，宜深為之備！」寵表未報，休與陸遜戰于石亭(六〇)。遜自為中部，令朱桓、全琮為左右兩翼，三道並進，衝休伏兵，因驅走之，追亡逐北，徑至夾石，斬獲萬餘，牛馬騾驢車乘萬兩，軍資器械略盡。

初，休表求深入以應周魴，帝命賈逵引兵東與休合(六一)。逵曰：「賊無東關之備，必并軍於皖，休深入與賊戰，必敗。」乃部署諸將，水陸並進，行二百里，獲吳人，言休戰敗，吳遣兵斷夾石，諸將不知所出。或欲待後軍，逵曰：「休兵敗於外，路絕於內，進不能戰，退不得還，安危之機，不及終日。賊以軍無後繼，故至此，今疾進，出其不意，此所謂先人以奪其心㊅㊁也。賊見吾兵必走。若待後軍，賊已斷險，兵雖多何益？」乃兼道進軍，多設旗鼓為疑兵。吳人望見逵軍，驚走，休乃得還。逵據夾石，以兵糧給休，休軍乃振。初，逵與休不善㊅㊂，及休敗，賴逵以免。

㈦九月，乙酉（二十九日），立皇子穆為繁陽㊅㊃王。

㈧長平壯侯曹休上書謝罪，帝以宗室不問。休慙憤，疽發於背，庚子（九月丁巳朔，是月無庚子），卒。帝以滿寵都督揚州以代之。

㈨護烏桓校尉田豫擊鮮卑鬱築鞬㊅㊄，鬱築鞬妻父軻比能救之，以三萬騎圍豫於馬城㊅㊅。上谷㊅㊆太守閻志，柔之弟也，素為鮮卑所信㊅㊇，往解諭之，乃解圍去。

㈩冬，十一月，蘭陵成侯王朗卒。

㈩㈠漢諸葛亮聞曹休敗，魏兵東下，關中虛弱，欲出兵擊魏，羣臣多以為疑㊅㊈。亮上言於漢主曰：「先帝深慮以漢、賊不兩立，王業不偏安，故託臣以討賊。以先帝之明，量臣之才，固當知臣伐賊，才弱敵彊；然不伐賊，王業亦亡，惟坐而待亡，孰與伐之？是故託臣而弗疑也。臣受命之日，寢不安席，食不甘味，思惟北征，宜先入南，故五月渡瀘，深入不毛。臣非不自惜也，顧王業不可偏全於蜀都，故冒危難以奉先帝之遺意也，而議者以為非計。今賊適疲於西，又務於東(七〇)，兵灋乘勞，此進趨之時也。謹陳其事如左：高帝明並日月，謀臣淵深，然涉險被創，危然後安。今陛下未及高帝，謀臣不如良、平(七一)，而欲以長計取勝，坐定天下，此臣之未解一也。劉繇、王朗各據州郡，論安言計，動引聖人，羣疑滿腹，眾難塞胸，今歲不戰，明年不征，使孫策坐大，遂并江東(七二)。此臣之未解二也。曹操智計殊絕於人，其用兵也，髣髴孫、吳；然困於南陽(七三)，險於烏巢(七四)，危於祁連(七五)，偪於黎陽(七六)，幾敗伯山(七七)，殆死潼關(七八)，然後偽定一時耳！況臣才弱，而欲以不危定之，此臣之未解三也。曹操五攻昌霸不下(七九)，四越巢湖不成(八〇)，任用李服而李服圖之(八一)，委夏侯而夏侯敗亡(八二)；先帝每稱操為能，猶有此失，況臣駑下(八三)，何能必勝！此臣之未解四也。自臣到漢中，中間暮年耳。然喪趙雲、陽羣、馬玉、閻芝、丁立、白壽、劉郃、鄧銅等及曲長(八五)屯將(八六)七十餘人，突將、無前(八七)、賨叟(八八)、青羌(八九)、散騎、武騎(九〇)一千餘人，皆數十年之內，糾合四方之精銳，非州之所有；若復數年，則損三分之二(九一)，當何以圖敵？此臣之未解五也。今民窮兵疲，而事不可息，事不可息，則住與行，勞費正等，而不及虛圖之(九二)。欲以一州之地與賊支久，此臣之未解六也。夫難平者事也。昔先帝敗軍於楚，當此時，曹操拊手(九三)，謂天下已定。然後先帝東連吳、越(九四)，西取巴、蜀(九五)，舉兵北征，夏侯授首(九六)，此操之失計而漢事將成也。然後吳更違盟，關羽毀敗(九七)，秭歸蹉跌(九八)，曹丕稱帝。凡事如是，難可逆見。臣鞠躬盡力，死而後已，至於成敗利鈍，非臣之明所能逆覩也。」

十二月，亮引兵出散關(九九)，圍陳倉(一〇〇)，陳倉已有備(一〇一)，亮不能克。亮使郝昭鄉人靳詳於城外遙說昭，昭於樓上應之曰：「魏家科灋，卿所練(一〇二)也；我之為人，卿所知也。我受國恩多而門戶重，卿無可言者，但有必死耳。卿還謝諸葛，便可攻也；」詳以昭語告亮，亮又使詳重說昭，言：「人兵不敵，空自破滅。」昭謂詳曰：「前言已定矣，我識卿耳，箭不識也。」詳乃去。亮自以有眾數萬，而昭兵纔千餘人，又度東救㉓未能便到，乃進兵攻昭，起雲梯衝車以臨城，昭於是以火箭逆射其梯，梯然，梯上人皆燒死；昭又以繩連石磨壓其衝車，衝車折。亮乃更為井闌百尺㉔以射城中，以土丸填塹㉕，欲直攀城，昭又於城內穿地橫截之。亮又為地突㉖，欲踴出於城裏，昭又於內築重牆。晝夜相攻拒二十餘日。曹真遣將軍費耀等救之。帝召張郃于方城㉗，使擊亮。帝自幸河南城㉘，置酒送郃，問郃曰：「遲㉙將軍到，亮得無已得陳倉乎？」郃知亮深入無穀，屈指計曰：「比臣到，亮已走矣。」郃晨夜進道，未至，亮糧盡，引去；將軍王雙追之，亮擊斬雙。詔賜昭爵關內侯。

(十二)初，公孫卒，子晃、淵等皆幼，官屬立其弟恭，恭劣弱不能治國。淵既長，脅奪恭位，上書言狀。侍中劉曄曰：「公孫氏漢時所用㉚，遂世官相承㉛，水則由海，陸則阻山，外連胡夷，絕遠難制，而世權日久；今若不誅，後必生患。若懷貳阻兵，然後致誅，於事為難；不如因其新立，有黨有仇㉒，先其不意，以兵臨之，開設賞募，可不勞師而定也。」帝不從，拜淵楊烈將軍、遼東太守。

(十三)吳王以揚州牧呂範為大司馬，印綬未下而卒。初，孫策使範典財計，時吳王年少，私從有求，範必關白，不敢專許，當時以此見望㉓。吳王守陽羨㉔長，有所私用，策或料覆㉕，功曹周谷輒為傳著簿書，使無譴問，王臨時悅之，及後統事，以範忠誠，厚見信任，以谷能欺更簿書，不用也。

【今註】㊀新城：在今河南省洛陽縣南。㊁歸于洛陽：胡三省曰：「歸儀於京師也。」㊂清河公主：最初魏武想嫁她給丁儀，文帝反對，乃以妻楙。㊃使承淵處：淵鎮長安，見卷六十六漢獻帝建安十六年。㊄丞相司馬：漢丞相官屬有長史而無司馬，遵時用兵，故特置司馬。㊅褒中：縣名，故治在今陝西省褒城縣東南。㊆秦嶺：亦曰秦山，即終南山，簡稱南山。自甘肅省天水縣蜿蜒東行，橫亙陝西省南部，直至河南省陝縣，主峯在陝西省長安縣南。㊇子午：謂子午道，王莽所通。《漢書．王莽傳》：「元始五年，莽通子午道，從杜陵直絕南山徑漢中。」顏師古曰：「子、北方，午、南方也；言通南北相當，故謂之子午。」秦嶺山中有子午谷。《長安志》：子午谷長六百六十里，北口曰子，在西安府南百里；南口曰午，在漢中府洋縣東一百六十里。」此乃漢魏之舊道。魏延所請出子午達長安，即循此道。後此蕭梁時，將軍王神念，以後山避水，橋梁百數，多有毀壞，乃別開乾路，北口仍舊，南口在今洋縣東三十里龍亭，是為今道。㈨長安中惟御史京兆太守耳：胡三省曰：「時遣督軍御史與京兆太守共守長安。」《晉志》曰：「文帝受禪，改漢京兆尹為太守。」㈩橫門邸閣：胡三省曰：「魏置邸閣於橫門以積粟。」㈡斜谷：褒斜谷之北口。按世以斜谷為褒斜谷之總稱，《三國志・蜀志》，雖僅著斜谷之名，而所述皆褒斜全谷之道。褒斜谷為陝西省終南山之谷。南口曰褒，在陝西省褒城縣北；北口曰斜，在陝西省郿縣西南。㈢隴右：泛指河南省隴山以西之地。㈢郿：縣名，故治在今陝西省郿縣東北。㈣箕谷：胡三省曰：「今興元府褒縣十五里，有箕山，鄭子真隱於此，趙雲、鄧芝所據，即此谷也。」褒縣，即今陝西省褒城縣。㈤關右：函谷關以西之地。㈥祁山：在甘肅省西和縣西北。《水經・漾水注》：「祁山在潘冢之西，山上有城，極為嚴固，昔諸葛亮攻祁山，即斯城也。」㈦備豫：謂豫為之備，猶言預備。㈧卒：同猝。㈨天水：郡名，漢置，治平襄，在今甘肅省通渭縣西南。東漢移治冀縣，在今伏羌縣南。㈩南安：郡名。東漢置，有今甘肅省隴西、通渭、會寧、西和諸縣地；治豲道，故城在今隴西縣東北渭水北。㈡安定：郡名。漢置，有今甘肅省東部平涼縣迤東之地。初治高平，即今固原縣治；東漢移治臨涇，在今鎮原縣南。㈢關中：陝西省之地，別稱關中。潘岳《關中記》：「東自函關，西至隴關；二關之間，謂之關中。」徐廣曰：「東函谷，南武關，西散關，北蕭關，地四居關之中，亦曰四塞。」㈢致人：兵法曰：「善戰者致人。」㉔行如長安：如，往也。文帝親帥師繼張郃之後，以張聲勢。㉕以稷為參軍，每引見談論，自晝達夜：胡三省曰：「以孔明之明略，所以待謖者如此，亦足以見其善論軍計矣。觀孔明南征之時，謖陳攻心之論，豈悠悠坐談者所能及哉？」㉖街亭：地名，在陝西臨固縣西。㉗舍水上山，不下據城：按《三國志・魏志・張郃傳》謂謖依阻南山。㉘西縣：《續漢志》：「西縣前漢屬隴西郡，後漢屬漢陽郡，有嶓冢山西漢水。」按西縣即城，故治在今陝西省安康縣西北。㉙恩若平生：胡三省曰：「殺之者，王法也；恩之者，故人之情不忘也。」㉚昔楚殺得臣，文公喜可知也：胡三省曰：「左傳：晉文公及楚子玉得臣，戰於城濮，楚師敗績，晉入楚軍三日館穀，文公猶有憂色，曰：『得臣猶在，憂未歇也。』及楚殺得臣，然後喜可知也。」按其事見《左傳》僖公二十八年，胡引與原文略異。喜可知，杜預曰：「謂喜見於顏色。」㉛孫武所以能制勝於天下者，用法明也：胡三省曰：「孫子始計篇：『法令孰行。』言法令行者必勝也。故其教吳宮美人兵，必殺吳王寵姬二人以明其法。」㉜揚干亂法，魏絳戮其僕：《左傳》：「晉悼公合諸侯，其弟揚干亂行，魏絳戮其僕。悼公謂魏絳能以刑佐民，使佐新軍。」㉝統五部兼當營事：胡三省曰：「既總統五部兵，時亮屯漢中，又使之兼當屯營之事。」㉞亭侯：胡三省曰：「後漢之制，有縣侯、鄉侯、亭侯。」按漢制：列侯大者食縣，小者食鄉、亭，然未以為號；至東漢獻帝，始封曹操為費亭侯。㉟雲亦坐貶為鎮軍將軍：胡三省曰：「據晉書職官志，鎮軍將軍在四征、四鎮將軍之上，今趙雲自鎮東將軍貶為鎮軍將軍，蓋蜀漢之制，以鎮東為專鎮方面，而以鎮軍為散號，故為貶也。」㊱錄：收拾。㊲亦岸庫：亦岸，地名。胡三省曰：「水經注：『褒水西北入出衙嶺山，東南逕大石門，歷故棧道下谷，俗謂千梁無柱也。』諸葛亮與兄瑾書曰：『前趙子龍退軍，燒壞赤崖閣道，緣谷一百餘里，其閣梁一頭入山腹，一頭立柱於水中，今水大而急，不得安柱。』又云：『頃大水暴出，赤崖以南，橋閣悉壞，時趙子龍與鄧伯苗，一戍赤崖屯田；一戍赤崖口，但得緣崖與伯苗相聞而已。』後亮死於五丈原，魏延先退而焚之，即是道也。赤崖即赤岸，蜀置庫於此，以儲軍資。」㊳須：待也。㊴在一人耳：謂兵爭勝敗之關鍵在主將。㊵蹻足：舉足。㊶民忘其敗：胡三省曰：「善敗者不亡，此之謂也。姜維之敗，則不可復振矣。」㊷倉曹掾：《續漢志》：「丞相倉曹掾，主倉穀事。」㊸陳倉：古地名。其地有陳倉山（亦名寶雞山），秦時因山而置縣，故城在今山西省寶雞縣東。㊹涼州：漢置，即今甘肅省地。東漢時置涼州刺史，治隴，即今秦安縣東北故隴城。三國魏移今武威縣。㊺揚州：胡三省曰：「魏揚州止得漢之九江、廬江二郡地，而江津要害之地，多為吳所據。」㊻杖任：倚任。㊼郎官：胡三省曰：「尚書郎。」㊽郡門下：謂鄱陽郡門下。㊾下髮謝：下髮，以落髮代刑。胡三省曰：「吳王之誥，周魴之謝，皆所以譎曹休也。」㊿皖：舊縣名，亦曰皖城。故城即今安徽省潛山縣治。(51)帝又使司馬懿向江陵：時懿督諸軍屯宛，使向江陵。(52)東關：胡三省曰：「東關，即濡須口，亦謂之柵江口，有東西關：東關之南岸吳築城；西關之北岸魏築柵。後諸葛恪於東關作大堤以遏巢湖，謂之東興堤，即其地也。」按東興堤在今安徽省含山縣西南接巢縣界，左右連濡須、七寶兩山；築兩城，在濡須山者曰東關，在七寶山者曰西關以拒魏。(53)親執鞭以見之：胡三省曰：「此猶古之王者遣將，跪而推轂之意也。」(54)夾石、挂車：夾石在今安徽省桐城縣北峽山。又《元豐九域志》：「舒州桐城縣北有挂車鎮，其地有挂車嶺，鎮因嶺而得名。」其地在今安徽省桐城縣境。(55)柴路：以柴塞路。(56)壽春：舊縣名，即今安徽省壽縣。(57)許洛：許謂許昌，獻帝所都；洛謂洛陽，魏之都邑。《魏略》曰：「文帝改長安、譙、許昌、鄴、洛陽為五都，立石表，西界宜陽；北循太行；東北界陽平；南循魯陽；東界郯，為中都之地。」(58)絓地：言其地險，絓礙行軍，不可進退。《孫子·地形篇》曰：「地形有通者，有掛者。我可以往，彼可以來，曰通；可以往，難以返，曰掛。」(59)無彊口：在今安徽省桐城縣北峽山東南。(60)石亭：胡三省曰：「時吳王在皖口，遣遜等與休戰於石亭，則其地當在今舒州懷寧、桐城二縣之間。」按懷寧，晉置縣，故治在今安徽潛山縣。桐城即今安徽省桐城縣。石亭在今潛山縣東北。(61)帝命賈逵引兵東與休合：胡三省曰：「按逵傳：『逵自豫州進兵，取西陽以向東關，休自壽春向皖。』西陽在皖之西，而東關又在皖之東，今與休合，蓋使合兵向東關也。」西陽，關名，在今湖北省黃岡縣東。東關即濡須口。(62)先人以奪其心：《左傳》軍志曰：「先人有奪人之心。」(63)逵與休不善：文帝黃初中，欲假逵節，休曰：「逵性剛，易侮諸將，不可為督。」遂止。逵與休因此結怨。(64)繁陽，舊縣名，漢置，曹丕受漢禪於此，改曰繁昌。故城在今河南省臨穎縣西北。(65)鬱築韃：鮮卑酋名。(66)馬城：胡三省曰：「馬城縣，漢屬代郡，魏晉省，蓋城邑殘破，已棄為荒外之地矣。」(67)上谷：郡名，秦置，有今河北省中部及西部地，漢仍之；治沮陽，在今察哈爾省懷來縣南。(68)素為鮮卑所信：胡三省曰：「自漢建安時，閻柔已護烏桓，故其兄弟為二虜所信。」(六九)羣臣多以為疑：因亮前有祁山之敗，疑魏不可伐。(七〇)今賊適疲於西，又務於東：胡三省曰：「疲於西，謂郿縣祁山之師。務於東，謂江陵、東關、石亭之師。」(七一)良平：張良、陳平。(七二)未解：解通懈。《詩・大雅・烝民》：「夙夜匪解。」未解，言未敢懈怠。(七三)使孫策坐大，遂幷江東：坐大，言坐致強大。策破劉繇事，見卷六十一漢獻帝興平二年。破王朗事，見卷六十二建安元年。(七三)困於南陽：謂攻穰為張繡所敗。(七四)險於烏巢：謂攻袁紹將淳于瓊時事。(七五)危於祁連：胡三省曰：「當考。或曰，圍袁尚於祁山時也。」(七六)偪於黃陽：謂攻袁譚兄弟。(七七)幾敗伯山：謂與烏桓戰於白狼山。(七八)殆死潼關：謂討韓遂馬超於潼關，北渡臨濟河，馬超赴船急戰，矢如雨集，操賴許褚舉馬鞍以蔽，僅乃得渡。(七九)偽定一時：胡三省曰：「言雖定一時之功，而有心於篡漢，故曰偽。」(八〇)五攻昌霸不下：昌霸即昌稀，操累攻不下，後命于禁擊斬之。(八一)四越巢湖不成：謂四次攻孫權。(八二)任用李服而李服圖之：李服即王服，與董承謀殺操，被誅。(八三)委夏侯而夏侯敗亡：謂任夏侯淵守漢中而為先主所敗。(八四)駑下：自謙之稱，以馬為喻，若駑駘下乘。(八五)曲長：謂一曲之長。軍行有部，部下有曲，曲各有長。(八六)屯將：軍伍之長。《後漢書・班固傳》：「陳師按屯。」顏師古曰：「大將軍營五部校尉一人，部下有曲，曲下有屯長一人。」(八七)突將、無前：蜀軍官制名。突將，謂突騎之將，能衝敵陣者；無前，謂所向無前。(八八)賨叟：謂巴賨之兵。巴人謂賦為賨，因謂之賨人。蜀人稱兵為叟。(八九)青羌：羌人之一種。此指西羌之兵。(九〇)散騎、武騎：當時騎兵分部之名。(九一)若復數年，則損三分之二：言不戰而將士之耗損可慮。(九二)及虛圖之：亮意欲及魏與吳連兵未解，乘虛而攻之。(九三)拊手：拍手稱快。(九四)先帝東連吳越：事見卷六十五漢獻帝建安十三年。(九五)西取巴蜀：事見卷六十七建安十九年。(九六)舉兵北征，夏侯授首：事見卷六十八建安二十四年。(九七)吳更違盟，關羽毀敗：事見卷六十八建安二十四年。(九八)秭歸蹉跌，曹丕稱帝：事見卷六十九黃初元年、三年。(九九)散關：地名。在陝西省寶雞縣大散嶺上，亦曰大散關。(一〇〇)陳倉：縣名。故城在今陝西省寶雞縣東。(一〇一)陳倉已有備：曹真已使郝昭先守此。(一〇二)練：熟習。(一〇三)東救：魏兵救陳倉者自東來，故曰東救。(一〇四)井闌百尺：以木交構，若井欄狀，其高百尺也。(一〇五)塹：同塹繞城河水。(一〇六)地突：地道。(一〇七)帝召張郃於方城：方城，山名，在河南省方城縣東北，跨葉縣境。《左傳》僖四年屈完所謂「楚國方城以為城」，即此。時郃將兵伐吳，屯于方城。(一〇八)河南城：在洛陽城西。(一〇九)遲：讀彳，待也。(一一〇)公孫氏漢時所用：公孫度守遼東，見卷五十九獻帝初平元年。(一一一)世官相承：謂公孫度為遼東太守，子孫世襲其官。(一一二)有黨有仇：有黨，謂淵黨脅奪恭位；有仇，謂恭黨與淵為仇。(一一三)見望：為英王所怨望。(一一四)陽羨：舊縣名，故城在今江蘇省宜興縣南。(一一五)料覆：謂審計核對。

三年（西元二二九年）

㈠春，漢諸葛亮遣其將陳戒攻武都㈠、陰平㈡二郡，雍州刺史郭淮引兵救之。亮自出至建威㈢，淮退，亮遂拔二郡以歸。漢主復策拜亮為丞相。

㈡夏，四月，丙申（十三日），吳王即帝位，大赦，改元黃龍㈣。百官畢會，吳主歸功周瑜。綏遠將軍張昭，舉笏欲褒贊功德，未及言，吳主曰：「如張公之計，今已乞食矣㈤。」昭大慙，伏地流汗。

吳主追尊父堅為武烈皇帝，兄策為長沙桓王，立子登為皇太子，封長沙桓王子紹為吳侯。以諸葛恪為太子左輔，張休為右弼，顧譚為輔正，陳表為翼正都尉㈥，而謝景、范慎、羊衜㈦等皆為賓客，於是東宮號為多士。太子使侍中胡綜作賓友目㈧，曰：「英才卓越、超踰倫匹則諸葛恪，精識時機、達幽究微則顧譚，凝辯宏達、言能釋結則謝景，究學甄微、游夏同科則范慎。」羊衜私駮綜曰：「元遜㈨才而疏，子嘿㈩精而狠，叔發㈡辯而浮，孝敬㈢深而陿。」衜卒以此言為恪等所惡，其後四人皆敗，如衜所言。

吳主使以並尊二帝之議往告于漢。漢人以為交之無益而名體弗順，宜顯明正義，絕其盟好。丞相亮曰：「權有僭逆之心久矣，國家所以略其釁情㊂者，求犄角㊃之援也。今若加顯絕，讎我必深，當更移兵東戍，與之角力，須并其土，乃議中原。彼賢才尚多，將相輯穆，未可一朝定也。頓兵相守，坐而須老，使北賊㊄得計，非筭之上者。昔孝文卑辭匈奴，先帝優與吳盟，皆應權通變，深思遠益，非若匹夫之忿者也。今議者咸以權利在鼎足，不能并力，且志望已滿，無上岸之情㊅，推此皆似是而非也。何者？其智力不侔，故限江自保；權之不能越江，猶魏賊之不能渡漢，非力有餘，而利不取也。若大軍致討，彼高當分裂其地以為後規，下當略民廣境，示武於內，非端坐者也㊆。若就其不動而睦於我，我之北伐，無東顧憂，河南之眾，不得盡西㊇，此之為利，亦已深矣。權僭逆之罪，未宜明也。」乃遣衛尉陳震使於吳，賀稱尊號。吳主與漢人盟，約中分天下，以豫、青、徐、幽屬吳，兗、冀、并、涼屬漢，其司州之土，以函谷關為界㊈。

張昭以老病上還官位及所統領，更拜輔吳將軍，班亞三司㊉，改封婁侯㊀，食邑萬戶。昭每朝見，辭氣壯厲，義形於色，曾已㊁直言逆旨，中不進見。後漢使來，稱漢德美，而羣臣莫能屈。吳主歎曰：「使張公在坐，彼不折則廢㉓，安復自誇乎？」明日，遣中使勞問，因請見昭，昭避席謝，吳主跪止之。昭坐定，仰曰：「昔太后、桓王不以老臣屬陛下，而以陛下屬老臣，是以思盡臣節以報厚恩，而意慮淺短，違逆盛旨，然臣愚心所以事國，志在忠益畢命而已。若乃變心易慮以偷榮取容，此臣所不能也。」吳主辭謝焉。

㈢元城哀王禮卒。

㈣六月，癸卯（二十一日），繁陽王穆卒。

㈤戊申（二十六日），追尊高祖大長秋㉔曰高皇帝，夫人吳氏曰高皇后。

㈥秋七月，詔曰：「禮，王后無嗣，擇建支子以繼大宗，則當纂正統而奉公義，何得復顧私親哉？漢宣繼昭帝後，加悼考以皇號㉕。哀帝以外藩援立，而董宏等稱引亡秦，惑誤時朝，既尊恭皇，立廟京都，又寵藩妾，使比長信㉖，敘昭穆於前殿㉗，並四位於東宮㉘，僭差無度，人神弗祐，而非罪師丹忠正之諫，用致丁、傅焚如之禍。自是之後，相踵行之㉙。昔魯文逆祀，罪由夏父㉚；宋國非度，譏在華元㉛。其令公卿有司，深以前世行事為戒，後嗣萬一有由諸侯入奉大統，則當明為人後之義。敢為佞邪導諛時君，妄建非正之號，以干正統，謂考為皇，稱妣為后，則股肱大臣誅之無赦。其書之金策，藏之宗廟，著于令典㉜！」

㈦九月，吳主遷都建業，皆因故府，不復增改，留太子登及尚書九官㉝於武昌，使上大將軍㉞陸遜輔太子，幷掌荊州及豫章三郡㉟事，董督軍國。

南陽劉廙，嘗著先刑後禮論，同郡謝景稱之於遜，遜呵之曰：「禮之長於刑久矣；廙以細辯而詭先聖之教，君今侍東宮，宜遵仁義以彰德音，若彼之談，不須講也。」

太子與西陵都督㊱步騭書，求見啟誨，騭於是條于時事業在荊州界者及諸僚吏行能以報之，因上疏獎勸曰：「臣聞人君不親小事，使百官有司各任其職，故舜命九賢㊲，則無所用心，不下廟堂而天下治也。故賢人所在，折衝萬里(三八)，信國家之利器，崇替之所由也。願明太子重以經意，則天下幸甚！」

張紘還吳迎家，道病卒。臨困，授子留牋(三九)曰：「自古有國有家者，咸欲脩德政以比隆盛世，至於其治多不馨香(四〇)，非無忠臣賢佐也，由主不勝其情，弗能用耳。夫人情憚難者趨易，好同而惡異，與治道相反。傳曰：『從善如登，從惡如崩，』言善之難也。人君承奕世之基，據自然之勢，操八柄(四一)之威，甘易同之歡，無假取於人，而忠臣挾難進之術，吐逆耳之言，其不合也，不亦宜乎！離則有釁(四二)，巧辯緣閒，眩於小忠，戀於恩愛，賢愚雜錯，黜陟失序，其所由來，情亂之也。故明君寤(四三)之，求賢如飢渴，受諫而不厭，抑情損欲，以義割恩，則上無偏謬之授，下無希冀之望矣。」吳主省書，為之流涕。

(八)冬，十月，改平望觀(四四)曰聽訟觀。帝常言：「獄者，天下之性命也。」每斷大獄，常詣親臨聽之。

初，魏文侯師李悝，著灋經六篇(四五)，商君受之以相秦。蕭何定漢律，益為九篇，後稍增至六十篇。又有令三百餘篇，決事比㊻九百六卷。世有增損，錯糅無常，後人各為章句，馬、鄭㊼諸儒十有餘家。以至於魏，所當用者合二萬六千二百七十二條，七百七十三萬餘言，覽者益難。帝乃詔但用鄭氏章句。尚書衛覬奏曰：「刑灋者，國家之所貴重而私議之所輕賤；獄吏者，百姓之所縣命而選用者之所卑下。王政之敝，未必不由此也。請置律博士。」帝從之。又詔司空陳羣、散騎常侍劉邵等刪約漢灋，制新律十八篇，州郡令㊽四十五篇，尚書官令㊾、軍中令㊿合百八十餘篇。於正律九篇為增，於旁章科令為省矣。

㈨十一月，洛陽廟成，迎高、太、武、文(五一)四神主于鄴。

㈩十二月，雍丘王植徙封東阿。

(十一)漢丞相亮徙府營於南山下原上，築漢城於沔陽(五二)，築樂城於成固(五三)。

【今註】㊀武都郡：漢置；今甘肅省之武都、文、成、徽，及陝西省之寧羌等縣皆其地，治武都縣。

㊁陰平郡：陰平，古地名，本羌氐地；漢武帝平西南夷，開陰平道，即由今甘肅省文縣至四川省平

武縣左擔山之道。陰平置郡始於魏，在鄧艾暗渡陰平，襲擊蜀漢以後並置陰平縣，故城在今甘肅省文縣西北。㊂建威：縣名；故城在今甘肅省武都縣東南。㊃改元黃龍：時夏口、武昌並言黃龍出現，故改元。㊄乞食：謂張昭欲迎曹事，見卷六十五漢獻帝建安十三年。㊅輔正、翼正都尉：官名，皆吳所創置。㊆衜：古道字。㊇賓友目：胡三省曰：「目者，因其人之才品，為之品題也。」㊈元遜：諸葛恪字。㊉子嘿：顧譚字。⑪叔發：謝景字。⑫孝敬：范慎字。⑬釁情：釁，嫌隙；情，情欲。謂權久蓄僭逆之情，是有嫌隙於漢。⑭掎角：《左傳》襄十四年：「譬如捕鹿，晉人角之，諸戎掎之。」疏：「角，謂執其角也；掎，謂戾其足也。」⑮北賊：指魏。⑯無上岸之情：胡三省曰：「謂孫權之志在保江，不能上岸而北向也。」⑰非端坐者也：胡三省曰：「言蜀若破魏，吳亦將分功。」⑱河南之眾，不得盡西：言魏在河南之師，將留以防吳，不得盡行西調，以抗蜀兵。⑲其司州之土，以函谷關為界：胡三省曰：「漢武帝置司隸校尉，所部三輔三河諸郡，其界西得雍州之京兆、扶風、馮翊三郡；北得冀州之河東、河內二郡；東得豫州之河南、弘農二郡，位望隆乎牧伯，銀印青綬，在十三部刺史之上。後漢省朔方刺史，以隸幷州，合司隸於十三部之數。魏以司隸所部河東、河南、河內、弘農，並冀州之平陽，合五郡，置司州。以三輔還蜀雍州。此言司州以函谷關為界，以漢司隸所部分之也。」⑳三司：即三公；謂太尉、司空、司徒。㉑婁：舊縣名；今江蘇省崑山縣東北有婁縣村，即其故治。㉒已：當作以。古以、已字通。㉓不折則廢：折，屈服。廢，李奇曰：「失氣也。」晉灼曰：「不收也。」㉔大長秋：官名。秦有將行，漢景帝時改為大長秋，職掌奉宣宮中命，以士人或宦者為之。此指漢宦者曹騰。㉕漢宣加悼考以皇號：事見卷二十五元康元年。㉖長信：漢太后居長信宮。㉗敘昭穆於前殿：謂定陶恭皇與元帝敘昭穆。事見卷三十四。㉘並四位於東宮：東宮謂太后宮；四位，謂丁、傅趙后與元后並稱太后。事見卷三十五。㉙自是之後，相踵行之：謂漢安帝尊父清河孝王為孝德皇；桓帝尊祖河間孝王為孝穆皇，父蠡吾侯志為孝崇皇；靈帝尊祖河間王淑為孝元皇，父解瀆亭侯為孝仁皇，其妃皆尊為后。㉚魯文逆祀，罪由夏父：《左傳》成公二年：「大事于太廟，躋僖公，逆祀也。於是夏父弗忌為宗伯，且明見曰：『吾見新鬼大，舊鬼小，先大後小，順也；躋聖賢，明也。』君子以為失禮。禮無不順，祀、國之大事也，而逆之，可謂禮乎？」㉛宋國非度，譏在華元：《左傳》成公二年：「宋文公卒，始厚葬，用蜃炭，益車馬；始用殉，重器備，君子謂華元於是乎不臣。」㉜藏之宗廟，著於令典：胡三省曰：「明帝無子，知必以支孽為後，故豫下此詔，以約飭為人臣為人子者。」㉝九官：九卿。漢以太常、光祿勳、衞尉、太僕、廷尉、鴻臚、宗正、大司農、少府為正九卿，吳因之。㉞上大將軍：吳於大將軍之上，復置上大將軍。㉟豫章三郡：豫章、鄱陽、廬陵。三郡本屬揚州，而地接荊州，又有山越，易相煽動，故使遜兼掌之。㊱西陵都督：西陵，郡名，吳置，故城在今湖北省浠水縣西南。胡三省曰：「吳保江南，凡邊要之地，皆置督，獨西陵置都督，以國之西門，統攝要重也。」㊲舜命九賢：舜命禹作司空，宅百揆；契作司徒；棄、后稷；皋陶作士；益作朕虞；垂、共工、夷作秩宗；龍作納言；夔典樂。㊳賢人所在，折衝萬里：《晏子春秋》曰：「晉平公欲攻齊，使范昭觀焉。景公觴之，范昭曰：

『願請君之棄爵！』景公曰：『諾！』已飲，晏子命徹尊更之，范昭歸以報晉平公曰：『齊未可伐也，吾欲恥其君，而晏子知之。』仲尼聞之曰：『起於尊俎之間，而折衝千里之外。』」㊴留牋：遺表。㊵其治多不馨香：書：「君陳曰：『至治馨香，感於神明。』」㊶八柄：《周禮．天官》：「太宰以八柄詔王，馭羣臣：一曰爵，以馭其貴；二曰祿，以馭其富；三曰予，以馭其幸；四曰置，以馭其待；五曰生，以馭其福；六曰奪，以馭其貧；七曰廢，以馭其罪；八曰誅，以馭其過。」㊷離則有釁：胡三省曰：「言納忠而不合于上，則上下之情離，釁隙由此而生也。」㊸寤：通悟。㊹平望觀：《水經注》：「平望觀在華林園東南，天淵池水逕觀南。」按華林園在今洛陽北。㊺法經六篇：戰國魏李悝撰。分〈盜法〉、〈賊法〉、〈囚法〉、〈捕法〉、〈雜法〉、〈具法〉，凡六篇。商鞅得之以相秦君，為我國最古之法典。㊻決事比：顏師古曰：「比，以例相比況也。」猶今之判例。㊼馬、鄭：馬融、鄭玄。㊽州郡令：用之於刺史、太守。㊾尚書令：用之於國。㊿軍中令：用之於軍。(51)高、太、武、文：高帝漢大長秋曹騰，太帝漢太尉曹嵩，武帝曹操，文帝曹丕。裴松之曰：「魏初唯立親廟四祀四室而已，至景初元年，始定七廟之制。」(52)沔陽：舊縣名，劉備在此即漢中王位。故城在今陝西省沔縣東南。(53)成固：舊縣名，即今陝西省城固縣。

四年（西元二三〇年）

㈠春，吳主使將軍衞溫、諸葛直，將甲士萬人，浮海求夷洲、亶洲㊀，欲俘其民以益眾。陸遜、全琮皆諫，以為：「桓王創基，兵不一旅。今江東見眾㊁，自足圖事，不當遠涉不毛，萬里襲人，風波難測。又民易水土，必致疾疫，欲益更損，欲利反害。且其民猶禽獸，得之不足濟事，無之不足虧眾。」吳主不聽。

㈡尚書琅邪諸葛誕、中書郎㊂南陽鄧颺等相與結為黨友，更相題表，以散騎常侍夏侯玄等四人為四聰，誕輩八人為八達。玄、尚之子也。中書監劉放子熙、中書令孫資子密，吏部尚書衞臻子烈三人咸不及比，以其父居勢位，容之為三豫㊃。行司徒事董昭上疏曰：「凡有天下者，莫不貴尚敦樸忠信之士，深疾虛偽不真之人者，以其毀教、亂治，敗俗、傷化也。近魏諷伏誅建安之末㊄，曹偉斬戮黃初之始㊅。伏惟前後聖詔深疾浮偽。欲以破散邪黨，常用切齒，而執瀍之吏，皆畏其權勢，莫能糾擿㊆，毀壞風俗，侵欲滋甚。竊見當今年少不復以學問為本，專更以交游為業；國士不以孝悌清脩為首，乃以趨勢游利為先。合黨連羣，互相褒歎，以毀訾為罰戮，用黨譽為爵賞，附己者則歎之盈言⑧，不附者則為作瑕釁⑨。至乃相謂『今世何憂不度邪，但求人道不勤，羅之不博耳；人何患其不己知，但當呑之以藥而柔調耳⑩。』又聞或有使奴客名作在職家人，冒之出入，往來禁奧，交通書疏，有所探問。凡此諸事，皆瀆之所不取，刑之所不赦，雖諷偉之罪，無以加也。」帝善其言。

二月，壬午（初四日），詔曰：「世之質文，隨教而變⑪。兵亂以來，經學廢絕，後生進趣，不由典謨⑫。豈訓導未洽，將進用者不以德顯乎？其郎吏⑬學通一經，才任牧民，博士課試，擢其高第者，亟用；其浮華不務道本者，罷退之。」於是免誕、颺等官。

㈢夏，四月，定陵成侯鍾繇卒。

㈣六月，戊子（十一日），太皇太后卞氏殂。秋，七月，葬武宣皇后。

㈤大司馬曹真以漢人數入寇，請由斜谷伐之；諸將數道並進，可以大克。帝從之。詔大將軍司馬懿泝漢水由西城入，與真會漢中。諸將或由子午谷，或由武威㉔入。司空陳羣諫曰：「太祖昔到陽平攻張魯㉕，多收豆麥以益軍糧，魯未下而食猶乏。今既無所因，且斜谷阻險，難以進退，轉運必見鈔截，多留兵守要，則損戰士，不可不熟慮也。」帝從羣議。真復表從子午道，羣又陳其不便，并言軍事用度之計。詔以羣議下真，真據之遂行㉖。

㈥八月，辛巳（初五日），帝行東巡。乙未（十九日），如許昌。

㈦漢丞相亮聞魏兵至，次于成固赤坂㉗以待之。召李嚴使將二萬人赴漢中㉘，表嚴子豐為江州都督，督軍典嚴後事。會天大雨三十餘日，棧道斷絕。太尉華歆上疏曰：「陛下以聖德當成、康之隆，願先留心於治道，以征伐為後事。為國者以民為基，民以衣食為本。使中國無飢寒之患，百姓無離上之心，則二賊之釁可坐而待也。」帝報曰：「賊憑恃山川，二祖㉙勞於前世，猶不克平，朕豈敢自多，謂必滅之哉？諸將以為不一探取，無由自敝，是以觀兵以闚其釁。若天時未至，周武還師，乃前事之鑒，朕敬不忘所戒。」少府楊阜上疏曰：「昔武王白魚入舟㉚，君臣變色，動得吉瑞，猶尚憂懼，況有災異而不戰竦者哉？今吳蜀未平，而天屢降變，諸軍始進，便有天雨之患，稽閡㉑山險，已積日矣。轉運之勞，擔負之苦，所費已多，若有不繼，必違本圖。傳曰：『見可而進，知難而退㉒』，軍之善政也。徒使六軍困於山谷之間，進無所略，退又不得，非王兵之道也。」散騎常侍王肅上疏曰：「前志㉓有之：『千里饋糧，士有飢色；樵蘇後爨，師不宿飽。』此謂平塗之行軍者也，又況於深入阻險，鑿路而前，則其為勞必相百也。今又加之以霖雨，山坂峻滑，眾迫而不展，糧遠而難繼，實行軍者之大忌也。聞曹真發已踰月而行裁半谷㉔，治道功夫，戰士悉作。是賊偏得以逸待勞，乃兵家之所憚也。言之前代，則武王伐紂，出關而復還；論之近事，則武、文征權，臨江而不濟㉕；豈非所謂順天知時，通於權變者哉？兆民知上聖以水雨艱據之故，休而息之，後日有釁，乘而用之，則所謂：『悅以犯難，民忘其死㉖』者矣。」肅，朗之子也。

九月，詔曹真等班師。

(八)冬，十月，乙卯（十一日），帝還洛陽。時左僕射㉗徐宣總統留事，帝還，主者㉘奏呈文書，帝曰：「吾省㉙與僕射省何異？」竟不視。

(九)十二月，改葬文昭皇后于朝陽陵㉚。

(十)吳主揚聲欲至合肥，征東將軍滿寵表召兗、豫諸軍皆集。吳尋退還，詔罷其兵。寵以為今賊大舉而還，非本意也。此必欲偽退以罷吾兵，而倒還乘虛，掩不備也。表不罷兵。後十餘日，吳果更到合肥城，不克而還。

(十一)漢丞相亮以蔣琬為長史。亮數外出，琬常足食足兵以相供給。亮每言：「公琰㉛託志忠雅，當與吾共贊王業者也。」

(十二)青州人隱蕃逃犇入吳，上書於吳主曰：「臣聞紂為無道，微子先出㉜；高祖寬明，陳平先入㉝。臣年二十二，委棄封域，歸命有道，賴蒙天靈，得自全致㉞。臣至止有日，而主者㉟同之降人，未見精別，使臣微言妙旨不得上達，於邑㊱三歎，曷惟其已！謹詣闕拜章，乞蒙引見。」吳主即召入，蕃進謝，答問及陳時務，甚有辭觀㊲。侍中右領軍㊳胡綜侍坐，吳主問：「何如？」綜對曰：「蕃上書大語有似東方朔，巧捷詭辯有似禰衡，而才皆不及。」吳主又問：「可堪何官？」綜對曰：「未可以治民，且試都輦㊴小職。」吳主以蕃盛語刑獄，用為廷尉監㊵。左將軍朱據、廷尉郝普數稱蕃有王佐之才，普尤與之親善，常怨歎其屈，於是蕃門車馬雲集，賓客盈堂，自衞將軍全琮等皆傾心接待；惟羊衜及宣詔郎㊶豫章楊迪拒絕不與通。潘濬子翥，亦與蕃周旋，饋餉之。濬聞，大怒，疏責翥曰：「吾受國厚恩，志報以命㊷，爾輩在都，當念恭順，親賢慕善。何故與降虜交，以糧餉之？在遠聞此，心震面熱，惆悵累旬。」疏到，急就往使受杖一百，促責所餉。」當時人咸怪之。頃之，蕃謀作亂於吳，事覺，亡走，捕得，伏誅。吳主切責郝普，普惶懼自殺。朱據禁止㊸，歷時乃解。

㈢武陵五谿蠻夷叛吳，吳主以南土清定，召交州刺史呂岱還屯長沙漚口㊹。

【今註】㈠夷洲、亶洲：《後漢書．東夷傳》曰：「會稽海外有夷洲及亶洲。傳言：秦始皇使徐福將童男女數千人入海求蓬萊神仙，不得，福懼誅不敢還，遂止此洲，世世相承，有數萬家，人民時至會稽市。會稽東冶縣人有入海行，遭風流移至亶洲者，所在絕遠，不可往來。」沈瑩《臨海水土志》曰：「夷洲在臨海東，去郡二千里，土地無霜雪，草木不死，四面是山谿，地有銅鐵，唯用鹿骼為矛以戰鬬，摩厲青石以作弓矢，取生魚肉雜貯大瓦器中，以鹽鹵之，歷月餘日仍啖食之，以為上肴也。」㈡見眾：謂現有之民眾。㈢中書郎：官名，即通事郎。《晉志》曰：「魏黃初初，中書既置監令，又置通事郎，位次黃門郎。」㈣三豫：胡三省曰：「三豫者，容三人得預於題品之中也。」㈤魏諷伏誅建安之末：事見卷六十八建安二十四年。㈥曹偉斬戮黃初之始：事見卷六十九黃初二年。㈦糾擿：舉發。㈧歎之盈言：歎美之過溢於言辭。㈨瑕釁：玉之病曰瑕，器之隙曰釁。㈩吞之以藥而柔調：胡三省曰：「謂毀譽所加，彼誠好譽而惡毀，則其心柔服調順，於我無忤，如吞之以藥也。」⑪世之質文，隨教而變：謂殷尚質，周尚文，各隨其教化而異。⑫典謨：謂二典二謨。〈堯典〉、〈舜典〉；〈大禹謨〉，〈皋陶謨〉。⑬郎吏：胡三省曰：「謂尚書郎。」⑭武威：郡名，漢置；治姑臧，即今甘肅省武威縣。胡三省曰：「武威恐當作武都，否則建威也。」⑮陽平攻張魯：事見卷六十七建安二十年。⑯詔以羣議下真，真據之遂行：詔真與之商度可否，真急於出師，遂以詔為據而行。⑰成固、赤坂：成固，即今陝西省城固縣，在南鄭縣東南。赤坂，地名，在南鄭縣東北龍亭山，坂色正赤故名。魏兵泝漢水及從子午道入者，皆會於成固，故於此待之。⑱召李嚴使將二萬赴漢中：時嚴都督江州，令赴漢中。⑲二祖：謂太祖武皇帝，世祖文皇帝。⑳武王白魚入舟：《史記》：「周文王崩，武王奉文王木主，東觀兵於孟津，武王渡河，中流，白魚躍入王舟。是時諸侯不期而會者八百，皆曰：『紂可伐矣！』武王曰：『汝未知天命，未可也。』乃還師。」㉑閡：與礙通。㉒見可而進，知難而退：《左傳》隨武子之言。㉓前志：前史之記載。㉔行裁半谷：謂子午谷之路，行纔及半。㉕武文征權，臨江而不濟：謂曹操、曹丕侵東吳孫權事。見〈漢獻帝紀〉及〈魏文帝紀〉。㉖悅以犯難，民忘其死：見《易．兌卦》彖辭。㉗左僕射：官名。魏改選部為吏部，置尚書令、左右僕射、五曹，合為八坐。㉘主者：尚書諸曹，各有主者。㉙省：視事。㉚朝陽陵：亦在鄴，帝以舊陵卑下，故改葬。㉛公琰：蔣琬字。㉜紂為無道，微子先出：微子，商紂之兄，封於微，子爵，名啟，故曰微子啟，為紂卿士。紂淫亂，數諫不聽，乃抱祭器而奔周。㉝高祖寬明，陳平先入：事見卷九漢高帝二年。㉞得自全致：謂得自全而致身於吳。㉟主者：謂主客之官。㊱於邑：歎息聲。㊲甚有辭觀：謂其敏於言辭，美於儀觀。㊳右領軍：吳置中領軍及左右領軍。㊴都輦：胡三省曰：「國都在輦轂之下，故曰都輦。」㊵廷尉監：自漢以來，廷尉有正、有監、有平。㊶宣詔郎：吳置宣詔郎，掌宣傳詔命。㊷志報以命：謂志在致命以報國恩。㊸禁止：有二義；胡三省曰：「謂雖未下之入獄，使人守之，禁其出入，止不得與親黨交通也。」鄭樵曰：「禁止，謂禁入殿省也。」㊹召交州史呂岱還屯長沙漚口：呂岱討交州事，見卷七十文帝黃初七年。

卷七十二　魏紀四

司馬光編集
楊向時註

起重光大淵獻，盡閼逢攝提格，凡四年。（辛亥至甲寅，西元二三一至二三四年）

烈祖明皇帝中之上

太和五年（西元二三一年）

㈠春，二月，吳主假太常潘濬節，使與呂岱督軍五萬人討五溪蠻。濬姨兄㊀蔣琬為諸葛亮長史，武陵太守衞旍㊁奏濬遣密使與琬相聞，欲有自託之計。吳主曰：「承明㊂不為此也。」即封旍表以示濬，而召旍還，免官。

㈡衞溫、諸葛直軍行經歲，士卒疾疫死者什八九，亶洲絕遠，卒不可得至。得夷洲數千人還。溫、直坐無功，誅㊃。

㈢漢丞相亮命李嚴以中都護署府事㊄。嚴更名平。亮帥諸軍入寇，圍祁山，以木牛㊅運。於是大司馬曹真有疾，帝命司馬懿西屯長安，督將軍張郃、費曜、戴陵、郭淮等以禦之。

㈣三月，邵陵元侯曹真卒。

㈤自十月不雨，至于是月。

㈥司馬懿使費曜、戴陵留精兵四千守上邽㈦，餘衆悉出，西救祁山。張郃欲分兵駐雍、郿㈧，懿曰：「料前軍能獨當之者，將軍言是也。若不能當，而分為前後，此楚之三軍所以為黥布禽也㈨。」遂進。亮分兵留攻祁山，自逆懿于上邽。郭淮、費曜等徼㈩亮，亮破之，因大芟刈其麥。與懿遇於上邽之東。懿斂軍依險，兵不得交，亮引還。懿等尋亮後至于鹵城。張郃曰：「彼遠來逆我，請戰不得，謂我利在不戰，欲以長計制之也。且祁山知大軍已在近，人情自固，可止屯於此，分為奇兵，示出其後，不宜進前而不敢偪，坐失民望也。今亮孤軍食少，亦行去矣。」懿不從，故尋亮⑪。既至，又登山掘營，不肯戰。賈栩、魏平數請戰，因曰：「公畏蜀如虎，奈天下笑何！」懿病之。諸將咸請戰。夏，五月，辛巳（初十日），懿乃使張郃攻無當監⑫何平於南圍⑬。自案中道向亮⑭。懿還亮使魏延、高翔、吳班逆戰，魏兵大敗，漢人獲甲首⑮三千。懿還保營。六月，亮以糧盡退軍，司馬懿遣張郃追之。郃進至木門〔一六〕，與亮戰，蜀人乘高布伏，弓弩亂發，飛矢中郃右膝〔一七〕而卒。

(七)秋，七月，乙酉（十五日），皇子殷生，大赦。

(八)黃初以來，諸侯王瀍禁嚴切，至于親姻皆不敢相通問。東阿王植上疏曰：「堯之為教，先親後疏，自近及遠〔一八〕。周文王刑于寡妻，至于兄弟，以御于家邦〔一九〕。伏惟陛下資帝唐欽明之德，體文王翼翼〔二〇〕之仁，惠洽椒房〔二一〕，恩昭九族，羣后百寮，番休遞上〔二二〕，執政不廢於公朝，下情得展於私室，親姻之路通，慶弔之情展，誠可謂恕己治人，推惠施恩者矣。至於臣者，人道絕緒，禁錮明時，臣竊自傷也。不敢乃望交氣類〔二三〕，脩人事，敘人倫，近且婚媾不通，兄弟乖絕，吉凶之問塞，慶弔之禮廢。恩紀之違，甚於路人，隔閡之異，殊於胡越。今臣以一切之制〔二四〕，永無朝覲之望，至於注心皇極〔二五〕，結情紫闥，神明知之矣。然天實為之，謂之何哉〔二六〕！退惟諸王常有戚戚具爾〔二七〕之心，願陛下沛然垂詔，使諸國慶問，四節〔二八〕得展，以敘骨肉之歡恩，全怡怡〔二九〕之篤義。妃妾之家，膏沐〔三〇〕

之遺，歲得再通，齊義於貴宗㉛，等惠於百司。如此，則古人之所歎，風雅之所詠，復存於聖世矣。臣伏自惟省，無錐刀之用；及觀陛下之所拔授，若以臣為異姓，竊自料度，不後於朝士矣。若得辭遠游㉜，載武弁，辭朱組㉝，佩青紱㉞，駙馬、奉車㉟，趣得一號，安宅京室，執鞭珥筆㊱，出從華蓋㊲，入侍輦轂，承答聖問，拾遺左右，乃臣丹誠之至願，不離於夢想者也。遠慕鹿鳴君臣之宴㊳，中詠常棣㊴匪他㊵之誡，下思伐木友生㊶之義，終懷蓼莪罔極㊷之哀，每四節之會，塊然獨處，左右惟僕隸，所對惟妻子，高談無所與陳，精義無所與展，未嘗不聞樂而拊心，臨觴而歎息也。臣伏以犬馬之誠不能動人，譬人之誠不能動天，崩城㊸、隕霜㊹，臣初信之，以臣心況，徒虛語耳！若葵藿之傾太陽，雖不為回光，然向之者誠也。竊自比葵藿，若降天地之施，垂三光之明者，實在陛下。臣聞文子㊺曰：『不為福始，不為禍先㊻。』今之否隔，友于㊼同憂，而臣獨倡言者，實不願於聖世有不蒙施之物，欲陛下崇光被時雍㊽之美，宣緝熙章明㊾之德也。」詔報曰：「蓋教化所由，各有隆敝，非皆善始而惡終也，事使之然。今令諸國兄弟情禮簡怠，妃妾之家膏沐疏略，本無禁錮諸國通問之詔也。矯枉過正，下吏懼譴，以至於此耳。已敕有司如王所訴。」

植復上疏曰：「昔漢文發代，疑朝有變，宋昌曰：『內有朱虛、東牟之親，外有齊、楚、淮南、琅邪，此則磐石之宗，願王勿疑(五〇)。』臣伏惟陛下遠覽姬文二虢之援(五一)，中慮周成召畢之輔(五二)，下存宋昌磐石之固。臣聞『羊質虎皮，見草則悅，見豺則戰，志其皮之虎也(五三)。』今置將不良，有似於此。故語曰：『患為之者不知，知之者不得為也。』昔管、蔡放誅，周、召作弼(五四)；叔魚陷刑，叔向贊國(五五)。三監之釁，臣自當之(五六)；二南之輔，求必不遠(五七)。華宗貴族藩王之中，必有應斯舉者。夫能使天下傾耳注目者，當權者是也。故謀能移主，威能懾下。豪右執政，不在親戚，權之所在，雖疏必重，勢之所去，雖親必輕。蓋取齊者田族，非呂宗也(五八)；分晉者趙、魏，非姬姓(五九)也。惟陛下察之。苟吉專其位，凶離其患者，異姓之臣也。欲國之安，祈家之貴，存共其榮，歿同其禍者，公族之臣也。今反公族疏而異姓親，臣竊惑焉。今臣與陛下踐水、履炭，登山、浮澗，寒溫燥濕，高下共之，豈得離陛下哉？不勝憤懣，拜表陳情。若有不合，乞且藏之書府，不便滅棄，臣死之後，事或可思。若有毫釐少挂聖意者，乞出之朝堂，使夫博古之士糾臣表之不合義者，如是則臣願足矣。」帝但以優文答報而已。

八月，詔曰：「先帝著令，不欲使諸王在京都者，謂幼主在位，母后攝政，防微以漸，關諸盛衰也。朕惟不見諸王十有二載，悠悠之懷，能不興思。其令諸王及宗室公侯各將適子(六〇)、人朝明年正月，後有少主母后在宮者，自如先帝令。」

(九)漢丞相亮之攻祁山也，李平(六一)留後，主督運事。會天霖雨，平恐運糧不繼，遣參軍狐忠(六二)、督軍成藩喻指(六三)，呼亮來還；亮承以退軍。平聞軍退，乃更陽驚，說軍糧饒足，何以便歸？又欲殺督運岑述以解己不辦之責。又表漢主，說軍偽退，欲以誘賊。亮具出其前後手筆書疏，本末違錯，平辭窮情竭，首謝罪負。於是亮表平前後過惡，免官，削爵土，徙梓潼郡。復以平子豐為中郎將，參軍事。出教敕之曰：「吾與君父子勠力以獎漢室，表都護典漢中，委君於東關㊅，謂至心感動，終始可保，何圖中乖乎？若都護思負一意㊅，君與公琰推心從事，否可復通，逝可復還也。詳思斯戒，明吾用心。」亮又與蔣琬、董允書曰：「孝起前為吾說：『正方㊅腹中有鱗甲，鄉黨以為不可近。』吾以為鱗甲但不當犯之耳，不圖復有蘇、張之事㊅出於不意，可使孝起知之。」孝起者，衛尉南陽陳震也。

㈩冬，十月，吳主使中郎將孫布詐降以誘揚州刺史王淩，吳主伏兵於阜陵㊅以俟之。布遣人告淩云：「道遠不能自致，乞兵見迎。」淩騰布書，請兵馬迎之。征東將軍滿寵以為必詐，不與兵。而為淩作報書曰：「知識邪正，欲避禍就順，去暴歸道，甚相嘉尚。今欲遣兵相迎，然計兵少則不足相衞，多則事必遠聞。且先密計以成本志，臨時節度其宜。」會寵被書入朝，敕留府長史：「若淩欲往迎，勿與兵也。」淩於後索兵不得，乃單遣一督將步騎七百人往迎之，布夜掩擊，督將迸走，死傷過半。淩，允之兄子也。

先是淩表寵年過耽酒，不可居方任㊈。帝將召寵，給事中郭謀曰：「寵為汝南太守、豫州刺史㊉二十餘年，有勳方岳㊀；及鎮淮南，吳人憚之。若不如所表，將為所闚。可令還朝，問以東方事以察之。」帝從之。既至，體氣康彊。帝慰勞遣還。

㈩十一月，戊戌，晦，日有食之。

㈩十二月，戊午（二十日），博平敬侯華歆卒。

㈩丁卯（二十九日），吳大赦，改明年元曰嘉禾㊂。

【今註】㊀姨兄：謂妻之兄。母之姊妹曰姨，妻之姊妹亦曰姨。㊁旍：同旌字。㊂承明：潘濬字。㊃溫、直坐無功誅：衞溫、諸葛直遠征亶洲事，見卷七十一太和四年。㊄以中都護署府事：胡三省曰：「蜀置左右中三都護；署府事，署漢中留府事也。」㊅木牛：運輸之器械。木牛流馬，皆諸葛亮所發明。《事物紀源》：「木牛，即今小車之有前轅者；流馬，即今獨推者是，民間謂之『江洲車子』。」可知木牛流馬，亦車之一種。意者以其能載運，故被以牛馬之名，亦如秧馬之屬，稱其能行也。㊆上邽：舊縣名，秦置邽縣，漢曰上邽，故地在今甘肅省天水縣西南。㊇雍郿：二縣名。雍縣故地在今陝西省長安縣西北，郿縣在今陝西省郿縣東北。㊈此楚之三軍所以為黥布禽也：事見卷十二漢高帝十一年。㊉徼：讀曰邀。㊀故尋亮：有意隨躡亮軍之後。㊁無當監：無當，蜀軍部之號，意謂其軍精勇，敵人無能當者。時亮使何平監護其軍，故官號無當監。⑬南圍：胡三省曰：「蜀兵圍祁山之南屯。」⑭自案中道向亮：謂懿分道進兵，自據中道，與亮主軍相向。⑮甲首：甲士之首級。⑯木門：地名，在今甘肅省天水縣境內。⑰鄰：同膝。⑱堯之為教，先親後疏，自近及遠：《書・堯典》：「以親九族；九族既睦，平章百姓；百姓昭明，協和萬邦。」⑲刑于寡妻，至于兄弟，以御于家邦，《詩・大雅・思齊》之辭。毛萇曰：「刑，法也。寡妻，嫡妻也。」鄭玄曰：「寡妻，寡有之妻，言賢也。御，治也。文王以禮法接待其妻，至于宗族，以此，又能為政治于家邦也。」⑳翼翼：恭敬，嚴正貌。㉑椒房：后妃所居，此以指后妃。㉒番休遞上：以次休息，更遞上直。㉓氣類：胡三省曰：「易曰：『同聲相應，同氣相求。』此言志同道合者，謂疇昔文會之友也。」㉔一切之制：胡三省曰：「一切，謂權宜也。一說：一切，謂不問可否一切整齊之也。」㉕皇極：宅中之位，人君所居。《書・洪範》：「五皇極，皇建其有極。」蔡傳：「皇，君；極，猶北極之極；至極之義，標準之名，中立而四方之所取正者焉。」後世因以指人君。㉖天實為之，謂之何哉：此本《詩・邶風・北門》之辭。胡三省曰：「植之意蓋謂君者，天也，天可違乎？」㉗戚戚具爾：《詩・大雅・行葦》：「戚戚兄弟，莫遠具爾。」箋：「具，俱也；爾，謂進之也。」按爾，義與邇同。詩意謂兄弟勿使遠離，俱宜近處。㉘四節：謂四時之節。㉙怡怡：《論語・子路》：「兄弟怡怡。」㉚膏沐：婦人用以澤髮者。《詩・衞風・伯兮》：「自伯之東，首如飛蓬。豈無膏沐？誰適為容！」㉛貴宗：謂貴戚及公卿之族。㉜遠游：冠名。《後漢書・輿服志》：「遠游冠，制如通天，有展筩橫之於前，無山述，諸王所服也。」㉝朱組：《禮．玉藻》：「公侯佩山玄玉而朱組綬。」㉞青紱：三都尉、諸侍中、常侍，皆戴武弁，佩青紱。㉟駙馬、奉車：皆官名。胡三省曰：「駙馬都尉、奉車都尉及騎都尉，為三都尉，皆漢武帝置。魏晉以後，多以宗室及外戚為之。」㊱珥筆：插筆。古史官入朝，常插筆於冠側，以便記錄，謂之珥筆。㊲華蓋：天子之車蓋。㊳鹿鳴君臣之宴：鹿鳴，《詩．大雅》篇名，敘燕羣臣之事。㊴常棣：《詩．小雅》篇名。述燕兄弟之事。其詩云：「常棣之華，蕚不韡韡，凡今之人，莫如兄弟。」㊵匪他：《詩．頍弁》：「豈伊異人，兄弟匪他。」㊶伐木友生：伐木，《詩．小雅》篇名。述燕友朋故舊之事。其詩云：「相彼鳥矣，猶求友聲，矧伊人矣，不求友生。」㊷蓼莪罔極：蓼莪，《詩．小雅》篇名，念親恩也。其詩云：「哀哀父母，生我劬勞。」「欲報之德，昊天罔極。」㊸崩城：杞梁從齊莊公襲莒而死，其妻哭之城下，十日而城為之崩。見《左傳》襄二十三年。又《列女傳》云：「杞梁既死，其妻內外無五屬之親，既無所歸，乃枕其夫之尸哭於城下，內誠動人，道路過者莫不為之揮涕，十日而城為之崩，既葬，赴淄水死。」㊹隕霜：鄒衍盡忠於君，燕惠王信讒而繫之，衍仰天而哭，正夏而天降霜。㊺文子：書名。《漢志》謂文子為老子弟子，與孔子並時。㊻不為福始，不為禍先：李周翰曰：「福始禍先，謂諸王皆不表，植獨先表也。」㊼友于：兄弟。《書．君陳》：「惟孝友于兄弟。」後人以友于二字連稱，用為兄弟之意。㊽光被時雍：《書．堯典》：「黎民於變時雍。」孔傳：「時，是；雍，和也，言天下眾民，皆變化從上，是以風俗大和。」光被時雍，言帝堯睦族之效。㊾緝熙章明：《詩

・周頌》：「維清緝熙，文王之典。」鄭氏箋曰：「緝熙，光明也。」緝熙，章明，言文王牧民之治。(五〇)宋昌曰……願王勿疑：事見卷十三漢高后八年。(五一)姬文二虢之援：虢仲虢叔，文王之母弟，文王咨於二虢，以成王業。(五二)周成召畢之輔：召公畢公，周之同姓，二伯分治，輔成王以成太平之功。(五三)羊質虎皮，見羊則悅，見豺則戰，忘其皮之虎也：為楊子之言。(五四)管蔡放誅，周召作弼：成王幼，管叔、蔡叔以武庚叛，成王誅管叔，放蔡叔，以周公為師，召公為保，為周之輔弼。(五五)叔魚陷刑，叔向贊國：《左傳》：「晉邢侯與雍子爭田，久而無成。韓宣子使叔魚斷舊獄，罪在雍子。雍子納其女於叔魚，叔魚蔽罪於邢侯。邢侯怒殺叔魚及雍子於朝。宣子問其罪於叔向，不以叔向為私其親而從之決平也。」(五六)三監之釁，臣自當之：謂若因此啟管、蔡之釁，則自當其罪。(五七)二南之輔，求必不遠：二南，周南、召南。意謂周、召之弼，可就近而求。(五八)取齊者田族，非呂宗：謂齊本太公之後，卒為田成子所取。(五九)分晉者趙魏，非姬姓也：言晉本姬姓，終為趙籍、魏斯、韓虔所分。此不言韓，以韓亦姬姓。(六〇)適子：嫡子。(六一)李平：即李嚴，改名曰平。(六二)狐忠：即馬忠，少養外家，姓狐名篤，後復姓馬，改名忠，此姓從先，名從後。(六三)喻指：以後主之旨喻亮。(六四)東關：謂江州，為巴郡治，故城在今四川省巴縣西。(六五)思負一意：胡三省曰：「思負，謂思其罪負；一意，謂一意為國，無復詭變以自營也。」(六六)止方：李嚴字。(六七)不圖復有蘇、張之事：蘇秦、張儀捭闔其說，以反覆諸侯之間，謂李平反覆其說，如蘇張之事。(六八)阜陵：舊縣名，故治在今安徽省全椒縣南。(六九)方任：任方面之寄。(七〇)寵為汝南太守：漢建安中，武王操以寵為汝南太守，太和三年刺豫州，是年都督揚州。㈦方岳：胡三省曰：「自魏以下，以督州為方岳之任，謂其職猶古之方伯岳牧也。」㈧吳改元嘉禾：會稽南始平言嘉禾生，故以改元。

六年（西元二三二年）

㈠春，正月，吳主少子建昌侯慮卒。太子登自武昌入省吳主，因自陳久離定省㈠，子道有闕。又陳陸遜忠勤，無所顧憂。乃留建業。

㈡二月，詔改封諸侯王，皆以郡為國。

㈢帝愛女淑卒，帝痛之甚。追謚平原懿公主，立廟洛陽，葬於南陵，取甄后從孫黃與之合葬，追封黃為列侯，為之置後，襲爵。帝欲自臨送葬，又欲幸許。司空陳羣諫曰：「八歲下殤，禮所不備㈡，況未朞月，而以成人禮送之，加為制服，舉朝素衣，朝夕哭臨，自古以來，未有此比。而乃復自往視陵，親臨祖載㈢。願陛下抑割無益有損之事，此萬國之至望也。又聞車駕欲幸許昌，二宮上下，皆悉居東，舉朝大小，莫不驚怪。或言欲以避衰㈣，或言欲以便移殿舍；或不知何故。臣以為吉凶有命，禍福由人，移走求安，則亦無益。若必當移避，繕治金墉城㈤西宮及孟津別宮，皆可權時分止，何為舉宮暴露野次，公私煩費，不可計量。且吉士賢人，猶不妄徙其家以寧鄉邑，使無恐懼之心㈥，況乃帝王萬國之主，行止動靜，豈可輕脫哉？」少府楊阜曰：「文皇帝、武宣皇后崩，陛下皆不送葬，所以重社稷，備不虞也。何至孩抱之赤子而送葬也哉！」帝皆不聽。三月，癸酉（初七日），行東巡。

㈣吳主遣將軍周賀、校尉裴潛乘海之遼東，從公孫淵求馬。初，虞翻性疏直，數有酒失，又好抵忤人，多見謗毀。吳主嘗與張昭論及神仙，翻指昭曰：「彼皆死人而語神仙，世豈有仙人也？」吳主積怒非一，遂徙翻交州。及周賀等之遼東，翻聞之，以為五谿宜討，遼東絕遠，聽使來屬，尚不足取，今去人財以求馬，既非國利，又恐無獲。欲諫不敢，作表以示呂岱，岱不報。為愛憎㈦所白，復徙蒼梧猛陵㈧。

㈤夏，四月，壬寅（初六日），帝如許昌。

㈥五月，皇子殷卒。

㈦秋，七月，以衞尉董昭為司徒。

㈧九月，帝行如摩陂，治許昌宮，起景福承光殿。

㈨公孫淵陰懷貳心，數與吳通。帝使汝南太守田豫督青州諸軍自海道，幽州刺史王雄自陸道討之㊈。散騎常侍蔣濟諫曰：「凡非相吞之國⑽，不侵叛之臣㈡，不宜輕伐。伐之而不能制，是驅使為賊也。故曰：『虎狼當路，不治狐狸。』先除大害，小害自己。今海表之地，累世委質，歲選計孝㊂，不乏職貢，議者先之。正使一舉便克，得其民不足益國，得其財不足為富；儻不如意，是為結怨失信也。」帝不聽。豫等往皆無功，詔令罷軍。

豫以吳使周賀等垂還，歲晚風急，必畏漂浪，東道無岸，當赴成山㊂。成山無藏船之處，遂輒以兵屯據成山。賀等還至成山，遇風，豫勒兵擊賀等，斬之。吳主聞之，始思虞翻之言，乃召翻於交州。會翻已卒，以其喪還。

㈩十一月，庚寅（二十八日），陳思王植卒。

㈩十二月，帝還許昌宮。

㈡侍中劉曄為帝所親重。帝將伐蜀，朝臣內外皆曰不可。曄入與帝議，則曰可伐；出與朝臣言，則曰不可。曄有膽智，言之皆有形㈣。中領軍㈤楊暨，帝之親臣，又重曄，執不可伐之議最堅。每從內出，輒過曄，曄講不可之意。後暨與帝論伐蜀事，暨切諫。帝曰：「卿書生，焉知兵事？」暨謝曰：「臣言誠不足采，侍中劉曄，先帝謀臣，常曰蜀不可伐。」帝曰：「曄與吾言蜀可伐。」暨曰：「曄可召質也㈥。」詔召曄至，帝問曄，終不言。後獨見，曄責帝曰：「伐國，大謀也。臣得與聞大謀，常恐眯夢㈦漏泄以益臣罪，焉敢向人言之？夫兵，詭道也。軍事未發，不厭其密。陛下顯然露之，臣恐敵國已聞之矣。」於是帝謝之。曄見出，責暨曰：「夫釣者中大魚，則縱而隨之，須可制而後牽，則無不得也。人主之威，豈徒大魚而已。子誠直臣，然計不足采，不可不精思也。」暨亦謝之。或謂帝曰：「曄不盡忠，善伺上意所趨而合之。陛下試與曄言，皆反意而問之，若皆與所問反者，是曄常與聖意合也。每問皆同者，曅之情必無所逃矣。」帝如言以驗之，果得其情，從此疏焉。曅遂發狂，出為大鴻臚㈧，以憂死。傅子㈨曰：「巧詐不如拙誠，信矣。以曅之明智權計，若居之以德義，行之以忠信，古之上賢，何以加諸？獨任才智，不敦誠愨，內失君心，外困於俗，卒以自危，豈不惜哉！」

㈩曅嘗譖尚書令陳矯專權，矯懼以告其子騫。騫曰：「主上明聖，大人大臣，今若不合，不過不作公耳！」後數日，帝意果解。尚書郎樂安廉昭，以才能得幸，好抉擿⑩羣臣細過以求媚於上。黃門侍郎杜恕上疏曰：「伏見廉昭奏左丞⑪曹璠以罰當關不依詔⑫，坐判問⑬。又云，諸當坐者別奏⑭。尚書令陳矯自奏不敢辭罰，亦不敢陳理，志意懇惻，臣竊愍然為朝廷惜之！古之帝王所以能輔世長民者，莫不遠得百姓之權心，近羣臣之智力。今陛下憂勞萬機，或親燈火，而庶事不康，刑禁日馳，原其所由，非獨臣不盡忠，亦其主不能使也。百里奚愚於虞而智於秦⑮，豫讓苟容中行而著節智伯⑯，斯則古人之明驗矣。若陛下以為今世無良才，朝廷乏賢佐，豈可追望稷、契之遐蹤，坐待來世之俊乂乎？今之所謂賢者，盡有大官而享厚祿矣，然而奉上之節未立，向公之心不一者，委任之責不專，而俗多忌諱故也。臣以為忠臣不必親，親臣不必忠。今有疏者毀人而陛下疑其私報所憎，譽人而陛下疑其私愛所親，左右或因之以進憎愛之說，遂使疏者不敢毀譽，以至政事損益，亦皆有嫌。陛下當思所以闡廣朝臣之心，篤厲有道〔二七〕之節，使之自同古人，垂名竹帛。反使如廉昭者擾亂其間，臣懼大臣將遂容身保位，坐觀得失，為來世戒也。昔周公戒魯侯曰：『無使大臣怨乎不以〔二八〕。』言不賢則不可為大臣，為大臣則不可不用也。書數舜之功，稱去四凶〔二九〕，不言有罪無問大小則去也。今者朝臣不自以為不能，以陛下為不任也；不自以為不知，以陛下為不問也，陛下何不遵周公之所以用，大舜之所以去，使侍中、尚書坐則侍帷幄，行則從華輦，親對詔問，各陳所有，則羣臣之行皆可得而知，忠能者進，闇劣者退，誰敢依違而不自盡。以陛下之聖明，親與羣臣論議政事，使羣臣人得自盡，賢愚能否，在陛下之所用。

以此治事，何事不辦？以此建功，何功不成？每有軍事，詔書常曰：『誰當憂此者邪？吾當自憂耳！』近詔又曰：『憂公忘私者必不然，但先公後私即自辦也。』伏讀明詔，乃知聖思究盡下情，然亦怪陛下不治其本而憂其末也。人之能否，實有本性，雖臣亦以為朝臣不盡稱職也。明主之用人也，使能者不敢遺其力，而不能者不得處非其任。選舉非其人，未必為有罪也；舉朝共容非其人，乃為怪耳。陛下知其不盡力而代之憂其職。知其不能也而教之治其事，豈徒主勞而臣逸哉，雖聖賢並世，終不能以此為治也。陛下又患臺閣禁令之不密，人事請屬之不絕，作迎客出入之制，以惡吏守寺門㊀，斯實未得為禁之本也。昔漢安帝時，少府竇嘉辟廷尉郭躬無罪之兄子㊁，猶見舉奏，章劾紛紛。近司隸校尉孔羨辟大將軍狂悖之弟㊂，而有司嘿㊃爾，望風希指，甚於受屬，選舉不以實者也。嘉有親戚之寵，躬非社稷重臣，猶尚如此；以今況古，陛下自不督必行之罰以絕阿黨之原耳。出入之制，與惡吏守門，非治世之具也。使臣之言少蒙察納，何患於姦不削滅，而養若廉昭等乎？夫糾擿姦宄，忠事也；然而世憎小人行之者，以其不顧道理而苟求容進也。若陛下不復考其終始，必以違眾迕世為奉公，密行白人㉔為盡節，焉有通人大才而更不能為此邪？誠顧道理而弗為耳！使天下皆背道而趨利，則人主之所最病者也，陛下將何樂焉？」恕，畿㉕之子也。

帝嘗卒至尚書門，陳矯跪問帝曰：「陛下欲何之？」帝曰：「欲案行文書耳。」矯曰：「此自臣職分，非陛下所宜臨也。若臣不稱其職，則請就黜退，陛下宜還。」帝慚，回車而反。

帝嘗問矯：「司馬公忠貞，可謂社稷之臣乎？」矯曰：「朝廷之望也，社稷則未知也。」

㈣吳陸遜引兵向廬江㉖，論者以為宜速救之。滿寵曰：「廬江雖小，將勁兵精，守則經時。又賊舍船二百里來，後尾空絕，不來尚欲誘致，今宜聽其遂進，但恐走不可及耳。」乃整軍趨楊宜口㉗，吳人聞之，夜遁。

是時吳人歲有來計。滿寵上疏曰：「合肥㉘城南臨江湖，北遠壽春㊴。賊攻圍之，得據水為勢；官兵救之，當先破賊大輩，然後圍乃得解。賊往甚易，而兵往救之甚難，宜移城內之兵。其西三十里，有奇險可依，更立城以固守，此為引賊平地而犄其歸路，於計為便。」護軍將軍蔣濟議以為：「既示天下以弱，且望賊煙火而壞城，此為未攻而自拔，一至於此，劫略無限㊵，必淮北為守㊶。」帝未許。寵重表曰：「孫子言：『兵者，詭道也，故能而示之不能，驕之以利，示之以懾。』此為形實不必相應也。又曰：『善動敵者形之。』今賊未至而移城却內，所謂形而誘之也。引賊遠水，擇利而動，舉得於外，則福生於內矣。」尚書趙咨㊷以寵策為長，詔遂報聽。

【今註】㊀定省：《禮記．曲禮》：凡為人子之禮，冬溫而夏清，昏定而晨省。㊁八歲下殤，禮所不備：陸德明曰：「十六至十九為長殤，十二至十五為中殤，八歲至十一為下殤，七歲以下為無服之殤，生未三月不為殤。」㊂祖載：祭路神曰祖，牲在俎曰載。祖載，謂自臨送葬。㊃避衰：胡三省曰：「謂五行之氣，有王有衰，徙舍以避之也。後人謂之避災。」㊄金墉城：在洛陽城西北。㊅吉士賢人，猶不妄徙其家，以寧鄉邑，使無恐懼之心：用子思居衞事。子思居於衞，有齊寇，或曰：

「寇至，盍去諸？」子思自：「如伋去，君誰與守？」⑦愛憎：胡三省曰：「讒佞之人，有愛有憎，而無公是非，故謂之愛憎。」⑧蒼梧猛陵：猛陵舊縣名，屬蒼梧郡，故治在今廣西省蒼梧縣。⑨帝使汝南太守田豫……自陸道討之：胡三省曰：「海道自東萊浮海，陸道自遼西度遼水。」⑩相吞之國：光武報竇融書曰：「吾與爾非相吞之國。」⑪不侵叛之臣：《左傳》：戎子駒支對范宣子曰：「為不侵不叛之臣。」⑫歲選計孝：胡三省曰：「謂每歲上計及舉孝廉也。」⑬成山：在今山東省文登縣西。⑭言之皆有形：胡三省曰：「謂言蜀之可伐與不可伐，皆有勝負之形，可以動人之聽。」⑮中領軍：官名，主中壘、五校、武衛等三營。漢建安四年，魏武丞相府自置中領軍。文帝踐祚，始置領軍將軍。其後以資重者為領軍將軍，資輕者則為中領軍。⑯召質：召之與對質。⑰眯夢：眯一作寐，猶夢寐。⑱出為大鴻臚：暐原為侍中，侍中在天子左右。大鴻臚，外朝之官，故曰出。⑲傅子：晉傅玄，著書曰《傅子》。⑳抉擿：舉發。亦作擿抉。㉑左丞：官名。續漢志：「尚書左右丞各一人，掌錄文書期會。左丞主吏民章報及騶伯史；右丞主假署印綬及紙筆墨諸財用庫藏。」㉒罰當關不依詔：胡三省曰：「言有罪罰應關白上聞者而不依詔書。」㉓判問：胡三省曰：「剖析其事而責問之。」㉔又云諸當坐者別奏：諸當坐者，謂尚書令、僕之屬。別奏，另行奏聞，蓋欲並坐其罪。㉕百里奚愚於虞而智於秦：韓信之言，見卷十三漢高帝三年。㉖豫讓苟容中行而著節智伯：豫讓事范、中行氏，智伯伐而滅之，移事智伯。後趙襄子滅智伯，豫讓漆身吞炭，必報襄子，五起而不中。人問豫讓，豫讓曰：「范、中行眾人遇我，我故眾人報之；智伯國士遇我，我故國士報之。」

㉗有道：謂有道之士。㉘無使大臣怨乎不以：語出論語。不以，猶曰不用。㉙四凶：共工、驩兜、鯀、三苗。㉚寺門：官署之門。顏師古曰：「凡府廷所在，皆謂之寺。」㉛昔漢安帝時，少府竇嘉辟廷尉郭躬無罪之兄子：胡三省曰：「按范書，郭躬章帝元和三年拜廷尉，和帝永元六年卒，不及安帝時，蓋躬死後，竇嘉方辟其兄子也。」㉜近司隸校尉孔羨，辟大將軍狂悖之弟：裴松之曰：「案大將軍，司馬宣王也。晉書云：『宣帝第五弟，名通。為司隸從事。』疑恕所云狂悖者。」㉝嘿：同默。㉞密行白人：謂陰伺他人之過失以上聞。㉟畿：杜畿，字伯侯，建安中，為河東太守，有能名。㊱廬江：郡名，國魏置，故治在今安徽省六安縣北。㊲楊宜口：地名，即陽泉口，在安徽省六安縣。㊳合肥：縣名，屬安徽省，淮水至此與肥水合故名。㊴壽春：舊縣名，即今安徽省壽縣。魏揚州治壽春，距合肥二百餘里。㊵刼略無限：謂魏將因此受吳兵無限之刼掠。㊶必淮北為守：謂魏必退據淮北以自守。㊷趙咨：字德度，南陽人。本吳臣，黃初初使於魏，文帝重其辯給，遂臣於魏。

青龍元年（西元二三三年）

㈠春，正月，甲申（二十三日），青龍見摩陂㈠井中。二月，帝如摩陂觀龍，改元。

㈡公孫淵遣校尉宿舒、郎中令孫綜奉表稱臣於吳；吳主大悅，為之大赦。

三月，吳主遣太常張彌、執金吾許晏、將軍賀達、將兵萬人，金寶珍貨，九錫備物，乘海授淵，封淵為燕王。舉朝大臣，自顧雍以下皆諫，以為淵未可信而寵待太厚，但可遣吏兵護送舒、綜而已。吳主不聽，張昭曰：「淵背魏懼討，遠來求援，非本志也。若淵改圖，欲自明於魏，兩使不反，不亦取笑於天下乎？」吳主反覆難昭，昭意彌切。吳主不能堪，案劍而怒曰：「吳國士人入宮則拜孤，出宮則拜君，孤之敬君亦為至矣，而數於眾中折孤㈡，孤常恐失計㈢。」昭孰視㈣吳主曰：「臣雖知言不用，每竭愚忠者，誠以太后臨崩，呼老臣牀下，遺詔顧命㈤之言故在耳。」因涕泣橫流；吳主擲刀於地，與之對泣。然卒遣彌、晏往。昭忿言之不用，稱疾不朝。吳主恨之，土塞其門，昭又於內以土封之。

㈢夏，五月，戊寅（十八日），北海王蕤卒。

㈣閏月，庚寅朔，日有食之。

㈤六月，洛陽宮鞠室㈥災。

㈥鮮卑軻比能誘保塞鮮卑步度根㈦與深結和親，自勒萬騎迎其累重於陘北㈧。荊州刺史畢軌表輒出軍，以外威比能，內鎮步度根。帝省表曰：「步度根已為比能所誘，有自疑心。今軌出軍，慎勿越塞過句注也㈨。」比詔書到，軌已進軍屯陰館㈩，遣將軍蘇尚、董弼追鮮卑。軻比能遣子將千餘騎迎步度根部落，與尚、弼相遇，戰於樓煩㈪，二將沒，步度根與泄歸泥㈫部落皆叛出塞，與軻比能合寇邊。帝遣驍騎將軍㈬秦朗將中軍討之，軻比能乃走幕北，泄歸泥將其部眾來降。步度根尋為軻比能所殺。

㈦公孫淵知吳遠難恃，乃斬張彌、許晏等首，傳送京師，悉沒其兵資珍寶。冬十二月，詔拜淵大司馬，封樂浪公。

吳主聞之，大怒曰：「朕年六十，世事難易，靡所不嘗，近為鼠子所前却㈭，令人氣踊如山。不自截鼠子頭以擲于海，無顏復臨萬國，就令顛沛㈮，不以為恨。」

陸遜上疏曰：「陛下以神武之資，誕膺期運，破操烏林㈯，敗備西陵㈰，禽羽荊州㈱，斯三虜者，當世雄傑，皆摧其鋒。聖化所綏，萬里草偃⑲，方蕩平華夏，總一大猷⑳。今不忍小忿而發雷霆之怒，違垂堂㉑之戒，輕萬乘之重，此臣之所惑也。臣聞之，行萬里者不中道而輟足，圖四海者不懷細而害大。彊寇在境，荒服未庭㉒，陛下乘桴㉓遠征，必致闚闟㉔，慼至而憂，悔之無及。若使大事時捷，則淵不討自服。今乃遠惜遼東眾之與馬㉕，奈何獨欲捐江東萬安之本業而不惜乎？」

尚書僕射薛綜上疏曰：「昔漢元帝欲御樓船，薛廣德請刎頸以血染車㉖。何則？水火之險至危，非帝王所宜涉也。今遼東戎貊小國，無城隍之固，備禦之術，器械銖鈍㉗，犬羊無政，往必禽克㉘，誠如明詔。然其方土寒埆㉙，穀稼不殖，民習鞍馬，轉徙無常，卒聞大軍之至，自度不敵，鳥驚獸駭，長驅奔竄，一人匹馬，不可得見，雖獲空地，守之無益，此不可一也。加又洪流滉瀁㉚，有成山之難，海行無常，風波難免，倏忽之間，人船異勢，雖有堯、舜之德，智無所施，賁、育之勇，力不得設，此不可二也。加以鬱霧冥其上，鹹水蒸其下，善生流腫㉛，轉相洿染，凡行海者稀無此患，此不可三也。天生神聖，當乘時平亂，康此民物，今逆虜將滅，海內垂定，乃違必然之圖，尋至危之阻，忽九州之固，肆一朝之忿，既非社稷之重計，又開闢以來所未嘗有；斯誠羣僚所以傾身側息㊂，食不甘味，寢不安席者也。」

選曹尚書㊂陸瑁上疏曰：「北寇㊃與國，壤地連接，苟有間隙，應機而至。夫所以為越海求馬，曲意於淵者，為赴目前之急，除腹心之疾也。而更棄本追末，捐近治遠，忿以改規，激以動眾，斯乃猾虜㊄所願聞，非大吳之至計也。又兵家之術，以功役相疲，勞逸相待，得失之間，所覺輒多㊅。且沓渚㊆去淵，道里尚遠，今到其岸，兵勢三分，使彊者進取，次當守船，又次運糧，行人雖多，難得悉用。加以單步負糧，經遠深入，賊地多馬，邀截㊇無常。若淵狙詐，與北未絕，動眾之日，脣齒相濟；若實了然㊈無所憑賴，其畏怖遠迸，或難卒滅，使天誅稽於朔野㊉，山虜㊊乘間而起，恐非萬安之長慮也。」吳主未許。

瑁重上疏曰：「夫兵革者，固前代所以誅暴亂、威四夷也。然其役皆在姦雄已除，天下無事，從容廟堂之上，以餘議議之耳。至於中夏鼎沸，九域盤互[42]之時，率須深根固本，愛力惜費，未有正於此時舍近治遠，以疲軍旅者也。昔尉佗叛逆，僭號稱帝，于時天下乂安，百姓康阜，然漢文猶以遠征不易，告喻[43]而已。今凶桀未殄，疆埸猶警，未宜以淵為先。願陛下抑威任計，暫寧六師，潛神嘿規[44]，以為後圖，天下幸甚！」吳主乃止。吳主數遣人慰謝張昭，昭固不起。吳主因出，過其門呼昭，昭辭疾篤。吳主燒其門，欲以恐之，昭亦不出。吳主使人滅火，住門良久，昭諸子共扶昭起，吳主載以還宮，深自克責。昭不得已，然後朝會。

初，張彌、許晏等至襄平[45]，公孫淵欲圖之，乃先分散其吏兵，中使[46]秦旦、張羣、杜德、黃彊等及吏兵六十人置玄菟[47]。玄菟在遼東北二百里，太守王贊領戶二百，旦等皆舍於民家，仰其飲食。積四十許日。旦與羣等議曰：「吾人遠辱國命，自棄於此，與死無異。今觀此郡形勢甚弱，若一旦同心，焚燒城郭，殺其長吏[48]，為國報恥，然後伏死，足以無恨。孰與偷生苟活，長為囚虜乎？」

羣等然之。於是陰相結約，當用八月十九日夜發。其日中時，為郡中張松所告，贇便會士眾，閉城門，旦、羣、德、彊皆踰城得走。時羣病疽瘡著厀㊾，不及輩旅，德常扶接與俱，崎嶇山谷，行六七百里，創益困，不復能前，臥草中相守悲泣。羣曰：「吾不幸創甚，死亡無日，卿諸人宜速進道，冀有所達，空相守俱死於窮谷之中，何益也？」德曰：「萬里流離，死生共之，不忍相委。」於是推旦、彊使前，德獨留守羣，採菜果食之。旦、彊、別數日，得達句麗。因宣吳主詔於句麗王位宮㊿及其主簿，紿言有賜，為遼東所刼奪。位宮等大喜，即受詔，命使人隨旦還迎羣。遣卓衣㊀二十五人送旦等還吳，奉表稱臣，貢貂皮千枚，鶡雞皮十具。旦等見吳主，悲喜不能自勝。吳主壯之，皆拜校尉。

(八)是歲，吳主出兵欲圍新城㊁，以其遠水，積二十餘日不敢下船㊂。滿寵謂諸將曰：「孫權得吾移城，必於其眾中有自大之言，今不舉來欲要一切之功，雖不敢至，必當上岸耀兵以示有餘。」乃潛遣步騎六千，伏肥水隱處以待之。吳主果上岸耀兵，寵伏兵卒起擊之，斬首數百，或有赴水死者。吳主又使全琮攻六安㉔，亦不克。

㈨蜀庲降都督㉕張翼用灋嚴峻，南夷豪帥劉冑叛。丞相亮以參軍巴西馬忠代翼，召翼令還。其人㉖謂翼宜速歸即罪㉗。翼曰：「不然。吾以蠻夷蠢動，不稱職，故還耳。然代人未至，吾方臨戰場，當運糧積穀，為滅賊之資，豈可以黜退之故而廢公家之務乎？」於是統攝不懈，代到乃發。馬忠因其成基，破冑，斬之。

㈩諸葛亮勸農講武，作木牛、流馬㉘，運米集斜谷口，治斜谷邸閣㉙；息民休士，三年而後用之㉚。

【今註】㊀摩陂：地名，自青龍見後，改摩陂曰龍陂。㊁折：屈辱。㊂失計：胡三省曰：「謂不能容昭而殺之也。」㊃孰視：審視。孰、熟古通。㊄遺詔顧命：事見卷六十五漢獻帝建安十二年。㊅鞠室：鞠謂蹴鞠，古時擊毬之戲。畫地為域以蹴鞠，因以名室。㊆保塞鮮卑步度根：步度根保塞事見卷七十黃初五年。㊇陘北：謂陘嶺之北。陘嶺即句注山，在山西省代縣西北。㊈句注：山名，句音ㄍㄡ，一名雁門山。又名西陘山，以山形鈎轉，水勢注流而名，為古九塞之一。漢靈帝末，羌胡大擾定襄、雲中、五原、朔方、上郡，並流徙分散。建安二十年，集塞下荒地，置新興郡，自陘嶺以北並棄之，故以句注為塞。⑩陰館：舊縣名，故治在今山西省右玉縣。⑪樓煩：舊縣名，本春秋北狄樓煩國地；漢置樓煩縣，有今山西省神池、五寨二縣地。⑫泄歸泥：扶羅韓之子。⑬驍騎將軍：官名，《晉職官志》：「驍騎將軍、游擊將軍，並漢雜號將軍也。」⑭前却：胡三省曰：「謂稱臣以誘吳，使同前，既又斬其使以卻之也。」⑮顛沛：謂覆軍損將。⑯破操烏林：事見卷六十五漢獻帝建安十三年。⑰敗備西陵：事見卷六十九文帝黃初三年。⑱禽羽荊州：事見卷六十八建安二十四年。⑲草偃：《論語・顏淵》：「君子之德風，小人之德草，草上之風必偃。」言人民從化如風行而草偃。⑳大猷：大道，大謀。㉑垂堂：《漢書・司馬相如傳》：「鄙諺曰：『家累千金，坐不垂堂。』張揖曰：『長屋瓦墮中人也。』」此以戒權不當冒險越海以征遼東。㉒荒服未庭：荒服，謂去京師極遠之地。〈禹貢〉：「五百里荒服。」古代京畿之外，依遠近分地為五等，謂之五服，曰侯、甸、綏、要、荒，荒服在最外。未庭，未來朝於王庭。㉓乘桴：編竹木以為舟，大曰筏，小曰桴。《論語・公冶長》：「乘桴浮於海。」㉔必致闚覦：言將為敵所伺。㉕遠惜遼東眾之與馬：胡三省曰：「謂權所以遠惜遼東而不忍棄絕之者，以其民眾與其地產馬也。」㉖薛廣德請刎頸以血染車：事見卷二十八漢永光元年。㉗銖鈍：二十四銖為一兩，銖言其輕，鈍言其不利。㉘禽克：謂戰克而俘之。㉙埆：地墝瘠薄曰埆。㉚滉瀁：水深廣貌。㉛流腫：謂毒氣下流，腳為之腫。古人謂之重腿，今人謂之腳氣。㉜傾身側息：謂傾身而臥，側鼻而息，不得安臥之意。㉝選曹尚書：吳選曹尚書，即魏選部尚書。㉞北寇：指魏。㉟猾虜：亦指魏。㊱得失之間，所覺輒多：胡三省曰：

「言敵人用智以疲我，苦不自覺，比我覺知，則得失之間，相去多矣。」㊲沓渚：遼東郡有沓氏縣，西南臨海渚。胡三省曰：「據陳壽志：『景初三年，以遼東東沓縣吏民渡海，居齊郡界，為新沓縣。』即沓渚之民也。」㊳邀截：謂半途截擊。㊴了然：胡三省曰：「了然，猶言曉然也。蜀本作孑然，文義尤長。孑，孤孑也，謂淵孤立，孑然無援也。」㊵天誅稽於朔野：言征淵無功。㊶山虜：指山越，為百粵之裔，時散居浙東皖南之山間，故曰山越。㊷九域盤互：九域即九州。盤互，謂各盤據而互為敵。㊸昔尉佗叛逆……告喻而已：告喻尉陀事，見卷十三漢文帝元年。㊹嘿規：暗中策畫。㊺襄平：縣名，遼東郡治所，公孫淵所都。㊻中使：胡三省曰：「謂中節人使也。」㊼玄菟：郡名。漢武帝滅高句驪（朝鮮）國置，今朝鮮咸鏡道及遼東省東部、吉林省南部皆其地。治沃沮城，在今咸鏡道境內；昭帝時徙治高句驪縣，在今遼寧省新賓縣北；東漢又移治瀋陽附近。㊽長吏：漢魏以來，謂郡守、縣令為長吏，此指玄菟太守王贊。㊾崎嶇山谷：崎嶇行於山谷之間。㊿句麗王位宮：高句麗國，即今韓國。時其王位宮，漢高句麗王宮之曾孫，宮生而開目龍視，及長勇壯，數犯漢邊；位宮生墮地亦能開目視人，句麗呼相似為位，以似其祖，故名位宮。(51)皁衣：僕役。古之賤役皆服皁衣。(52)新城：合肥新城，太和六年滿寵所築。《華夷對境圖》：「魏合肥新城今為廬州謝步鎮。」今安徽省合肥縣。(53)下船：謂自船登岸。人船向岸，船高岸卑，故謂舍船就曰下船：以自船而下也。(54)六安：縣名。即今安徽省六安縣，在合肥縣西。(55)庲降都督：《水經注》：「寧州建寧縣，故庲降都督屯，蜀後主建興三年，分益州郡置之。」按建寧縣故治在今雲南省曲靖縣西。(56)其人：

指召翼者。㊆即罪：受其罪責。㊇木牛流馬：運輸之器械，亦車之一類。詳本卷太和五年註㈥。㊈斜谷邸閣：儲糧之所，蜀置邸閣於斜谷以積粟。㊉息民休士三年而後用之：胡三省曰：「按明年亮即出斜谷，所謂息民休士，三年而後用之，通自再攻祁山之後，至是凡三年也。」

二年（西元二三四年）【考異】唐太宗晉書景懷夏侯后傳：后以此年死。云「宣帝居上將之重，諸子並有雄才大略，后知帝非魏之純臣，而后既魏氏之甥，帝深忌之，遂以鴆崩。」按是時司馬懿方信任於明帝，未有不臣之迹，況其諸子乎？徒以魏甥之故，猥鴆其妻，俱非事實，蓋甚之之辭。不然，師自以他故鴆之也。今不取。

㈠春，二月，亮悉大眾十萬，由斜谷入寇，遣使約吳同時大舉。

㈡三月，庚寅（初六日），山陽公㈠卒。帝素服發喪。

㈢己酉（二十五日），大赦。

㈣夏，四月，大疫。

㈤崇華殿災㈡。

㈥諸葛亮至郿㈢，軍於渭水之南。司馬懿引軍渡渭，背水為壘以拒之，謂諸將曰：「亮若出武功㈣，依山而東，誠為可憂。若西上五丈原㈤，諸將無事矣。」亮果屯五丈原。雍州刺史郭淮言於懿曰：「亮必爭北原，宜先據之。」議者多謂不然。淮曰：「若亮跨渭登原，連兵北山，隔絕隴道㈥，搖盪民夷㈦，此非國之利也。」

懿乃使淮屯北原，塹壘未成，漢兵大至，淮逆擊却之。亮以前者數出，皆以運糧不繼，使己志不伸，乃分兵屯田㈧為久駐之基，耕者雜於渭濱居民之閒，而百姓安堵，軍無私焉。

㈦五月，吳主入居巢湖口㈨，向合肥新城，眾號十萬。又遣陸遜、諸葛瑾將萬餘人入江夏、沔口㈩，向襄陽㈡；將軍孫韶、張承入淮，向廣陵㈢、淮陰㈢。

六月，滿寵欲率諸軍救新城，殄夷將軍㈣田豫曰：「賊悉眾大舉，非圖小利，欲質新城以致大軍耳。宜聽使攻城，挫其銳氣，不當與爭鋒也。城不可拔，眾必罷㈤怠，然後擊之，可大克也。若賊見計㈥，必不攻城，勢將自走。若便進兵，適入其計矣。」時東方吏士皆分休㈦，寵表請召中軍兵，並召所休將士，須集擊之。散騎常侍廣平劉劭議以為：「賊眾新至，心專氣銳，寵以少人自戰其地，若便進擊，必不能制。寵請待兵，未有所失也。以為可先遣步兵五千，精騎三千，先軍前發，揚聲進道，震曜形勢。騎到合肥，疏其行隊，多其旌鼓，曜兵城下，引出賊後，擬其歸路，要(一八)其糧道，賊聞大軍來，騎斷其後，必震怖遁走，不戰自破矣。」帝從之。

寵欲拔新城守，致賊壽春(一九)，帝不聽，曰：「昔漢光武遣兵據略陽(二〇)，終以破隗囂(二一)，先帝東置合肥，南守襄陽，西固祁山(二二)，賊來輒破於三城之下者，地有所必爭也。縱權攻新城，必不能拔。敕諸將堅守，吾將自往征之，比至，恐權走也。」乃使征蜀護軍秦朗督步騎二萬，助司馬懿禦諸葛亮，敕懿：「但堅壁拒守，以挫其鋒。彼進不得志，退無與戰，久停則糧盡，虜略(二三)無所獲，則必走；走而追之，全勝之道也。」

秋，七月，帝御龍舟東征。滿寵募壯士焚吳攻具，射殺吳主之弟子泰。又吳吏多疾病。帝未至數百里，疑兵先至。吳主始謂帝不能出，聞大軍至，遂遁，孫韶亦退。

陸遜遣親人韓扁奉表詣吳主，邏者得之。諸葛瑾聞之甚懼，書與遜云：「大駕已還，賊得韓扁，具知吾闊狹，且水乾，宜當急去。」遜未答，方催人種葑(二四)豆，與諸將弈棊、射戲如常。瑾曰：

「伯言[二五]多智略，其必當有以。」乃自來見遜。遜曰：「賊知大駕已還，無所復憂，得專力於吾。又已守要害之處，兵將意動[二六]，且當自定以安之，施設變術，然後出耳。今便示退，賊當謂吾怖，仍來相蹙[二七]，必敗之勢也。」乃密與瑾立計，令瑾督舟船，遜悉上兵馬以向襄陽城。魏人素憚遜名，遽還赴城。瑾便引船出，遜徐整部伍，張拓聲勢，步趣船[二八]，魏人不敢逼。行到白圍[二九]，託言住獵，潛遣將軍周峻、張梁等擊江夏、新市、安陸、石陽[三〇]，斬獲千餘人而還。

羣臣以為司馬懿方與諸葛亮相守未解，車駕可西幸長安。帝曰：「權走，亮膽破，大軍足以制之，吾無憂矣。」遂進軍至壽春，錄諸將功，封賞各有差。

㈧八月，壬申（初十日），葬漢孝獻皇帝于禪陵[三一]。

㈨辛巳（二十九日），帝還許昌。

㈩司馬懿與諸葛亮相守百餘日，亮數挑戰，懿不出。亮乃遺懿巾幗[三二]婦人之服；懿怒，上表請戰。帝使衛尉辛毗杖節為軍師以制之。護軍姜維謂亮曰：「辛佐治杖節而到，賊不復出矣。」亮曰：「彼本無戰情，所以固請戰者，以示武於其眾耳。將在軍，君命有所不受㉓，苟能制吾，豈千里而請戰邪？」

亮遣使者至懿軍，懿問其寢食及事之煩簡，不問戎事。使者對曰：「諸葛公夙興夜寐，罰二十以上，皆親覽焉。所噉食不至數升。」懿告人曰：「諸葛孔明食少事煩，其能久乎？」

亮病篤，漢使尚書僕射李福省侍，因諮以國家大計。福至，與亮語，已，別去㉔，數日復還。亮曰：「孤知君還意，近日言語雖彌日㉕，有所不盡，更來求決耳。公所問者，公琰㉖其宜也。」福謝：「前實失不諮請，如公百年後，誰可任大事者，故輒還耳。乞復請蔣琬之後，誰可任者？」亮曰：「文偉㉗可以繼之。」又問其次，亮不答。

是月，亮卒于軍中。長史楊儀整軍而出。百姓犇告司馬懿，懿追之。姜維令儀反旗鳴鼓，若將向懿者，懿斂軍退，不敢偪。於是儀結陳而去，入谷，然後發喪。百姓為之諺曰：「死諸葛走生仲達。」懿聞之笑曰：「吾能料生，不能料死故也。」懿案行亮之營壘處所，歎曰：「天下奇才也[38]。」追至赤岸，不及而還。

初，漢前軍師[39]魏延，勇猛過人，善養士卒。每隨亮出，輒欲請兵萬人，與亮異道會于潼關，如韓信故事[40]，亮制而不許。延常謂亮為怯，歎恨己才用之不盡。楊儀為人幹敏，亮每出軍，儀常規畫分部，籌度糧穀，不稽思慮，斯須便了[41]，軍戎節度，取辦於儀。延性矜高，當時皆避下之，唯儀不假借延，延以為至忿，有如水火[42]。亮深惜二人之才，不忍有所偏廢也。

費禕使吳，吳主醉，問禕曰：「楊儀、魏延，牧豎小人也，雖嘗有鳴吠之益於時務，然既已任之，勢不得輕。若一朝無諸葛亮，必為禍亂矣。諸君憒憒[43]不知防慮於此，豈所謂貽厥孫謀[44]乎？」禕對曰：「儀、延之不協，起於私忿耳，而無黥、韓[45]難御之心也。今方埽除彊賊，混一函夏[46]，功以才成，業由才廣，若捨此不任，防其後患，是猶備有風波而逆廢舟檝，非長計也。」

亮病困，與儀及司馬費禕等作身歿之後退軍節度[47]，令延斷後，姜維次之；若延不從命，軍便自發。亮卒，儀祕不發喪，令禕往揣延意指。延曰：「丞相雖亡，吾自見在。府親官屬(48)，便可將喪還葬，吾當自率諸軍擊賊；云何以一人死廢天下之事邪！且魏延何人，當為楊儀之所部勒(49)，作斷後將乎？」自與禕共作行留部分(50)，令禕手書與己連名，告下諸將(51)。禕紿延曰：「當為君還解楊長史(52)，長史文吏，稀更軍事，必不違命也。」禕出，犇馬而去。延尋悔之，已不及矣。

延遣人覘儀等，欲案亮成規，諸營相次引軍還，延大怒，攙(53)儀未發，率所領徑先南歸，所過燒絕閣道(54)。延、儀各相表叛逆，一日之中，羽檄交至。漢主以問侍中董允、留府長史蔣琬，琬、允咸保儀而疑延。儀等令槎山(55)通道，晝夜兼行，亦斷延後。延先至，據南谷口(56)，遣兵逆擊儀等，儀等令將軍何平(57)於前禦延。平叱先登(58)曰：「公亡，身尚未寒，汝輩何敢乃爾？」延士眾知曲在延，莫為用命，皆散。延獨與其子數人逃亡，犇漢中，儀遣將馬岱追斬之，遂夷延三族。蔣琬宿衛諸營北行赴難，行數十里，延死問㊄至，乃還。始延欲殺儀等，冀時論以己代諸葛輔政，故不降魏而南還擊儀，實無反意也。諸軍還成都，大赦。謚諸葛亮曰忠武侯。初，亮表於漢主曰：「成都有桑八百株，薄田十五頃，子弟衣食，自有餘饒。臣不別治生以長尺寸。若臣死之日，不使內有餘帛，外有贏財，以負陛下。」卒如其所言。

丞相長史張裔常稱亮曰：「公賞不遺遠，罰不阿近，爵不可以無功取，刑不可以貴執免，此賢愚所以僉忘其身者也。」

陳壽評曰：「諸葛亮之為相國也，撫百姓，示儀軌㊅，約官職，從權制，開誠心，布公道；盡忠益時者，雖讎必賞，犯灋怠慢者，雖親必罰，服罪輸情者，雖重必釋，游辭巧飾者，雖輕必戮；善無微而不賞，惡無纖而不貶；庶事精練，物理其本，循名責實，虛偽不齒㊅；終於邦域之內，咸畏而愛之，刑政雖峻而無怨者，以其用心平而勸戒明也，可謂識治之良才，管、蕭㊅之亞匹矣。」

㈩初，長水校尉廖立㊅，自謂才名宜為諸葛亮之副，常以職位游散，怏怏怨謗無已㊅。亮廢立為民，徙之汶山㊅。及亮卒，立垂泣曰：「吾終為左衽矣。」李平聞之(六六)，亦發病死。平常冀亮復收己，得自補復，策後人不能故也。

習鑿齒論曰：「昔管仲奪伯氏駢邑三百，沒齒而無怨言(六七)，聖人以為難。諸葛亮之使廖立垂泣，李嚴致死，豈徒無怨言而已哉？夫水至平而邪者取灋，鑑至明而醜者忘怒；水鑑之所以能窮物而無怨者，以其無私也。水鑑無私，猶以免謗；況大人君子懷樂生之心，流矜恕之德，灋行於不可不用，刑加乎自犯之罪，爵之而非私，誅之而不怒，天下有不服者乎？」

(土)蜀人所在求為諸葛亮立廟，漢主不聽；百姓遂因時節私祭之於道陌上。步兵校尉習隆等上言，請近其墓立一廟於沔陽(六八)，斷其私祀。漢主從之。

漢主以左將軍吳懿為車騎將軍，假節，督漢中(六九)，以丞相長史蔣琬為尚書令，總統國事，尋加琬行都護，假節，領益州刺史。時新喪元師，遠近危悚，琬出類拔萃(七〇)，處羣僚之右，既無戚容，又無喜色，神守舉止，有如平日，由是眾望漸服。

吳人聞諸葛亮卒，恐魏承衰取蜀，增巴丘(七一)守兵萬人，一欲以為救援，二欲以事分割。漢人聞之，亦增永安(七二)之守以防非常。漢主使右中郎將宗預使吳，吳主問曰：「東之與西，譬猶一家，而聞西更增白帝之守，何也？」對曰：「臣以為東益巴丘之戍，西增白帝之守，皆事勢宜然，俱不足以相問也。」吳主大笑，嘉其抗盡(七三)，禮之亞於鄧芝(七四)。

(十三)吳諸葛恪以丹陽(七五)山險，民多果勁，雖前發兵，徒得外縣平民而已(七六)，其餘深遠，莫能禽盡，屢自求為官出之，三年可得甲士四萬。眾議咸以為丹陽地勢險阻，與吳郡(七七)、會稽(七八)、新都(七九)、番陽(八〇)四郡鄰接，周旋數千里，山谷萬重。其幽邃人民，未嘗入城邑，對長吏，皆仗兵野逸，白首於林莽(八一)；逋亡宿惡，咸共逃竄。山出銅鐵，自鑄甲兵。俗好武習戰，高尚氣力；其升山越險，抵突叢棘，若魚之走淵，猿狖(八二)之騰木也。時觀間隙，出為寇盜，每致兵征伐，尋其窟藏，其戰則蠭至，敗則鳥竄，自前世以來，不能羈也。皆以為難。恪父瑾聞之，亦以事終不逮(八三)，歎曰：「恪不大興吾家，將赤吾族也。」恪盛陳其必捷，吳主乃拜恪撫越將軍㊃，領丹陽太守，使行其策。

㊃冬，十一月，洛陽地震。

㊄吳潘濬討武陵蠻㊅，數年，斬獲數萬。自是羣蠻衰弱，一方寧靜。十一月，濬還武昌。

【今註】㈠山陽公：即漢獻帝。獻帝自禪位至卒，十有四年，年五十四。㈡崇華殿災：胡三省曰：「是歲復修改崇華曰九龍殿，引穀水過九龍，前為王井綺欄，蟾蜍含受，神龍吐出。」㈢郿：縣名，故城在今陝西省郿縣東北，渭水南岸。㈣武功：山名，在陝西省武功縣南。㈤五丈原：鎮名。在陝西省郿縣西南，與岐山縣接界，渭水逕其北。㈥隴道：謂通往甘肅之路。㈦民夷：民謂中國之民，夷謂羌戎。㈧屯田：使軍隊屯戍沃地以墾殖田畝。㈨巢湖口：地名，一名柵江口，在今安徽省和縣西南。㈩沔口：水名，在湖北省漢陽縣西南，舊稱滄浪水。⑪襄陽：縣名，即今湖北省襄陽縣。⑫廣陵：舊縣名，故城在今江蘇省江都縣東北。⑬淮陰：縣名，故治在今江蘇省淮陰縣東南。⑭殄夷將軍：胡三省曰：「殄夷將軍，蓋魏所置，然不在沈約志所謂四十號將軍之數。」⑮罷：讀曰疲。⑯見計：窺見吾所以待敵之計。⑰分休：輪番休息。⑱要：邀遮。⑲壽春：舊縣名，晉時避諱，改春為陽，即今安徽省壽縣。⑳略陽：縣名，本漢沮縣，即今陝西省略陽縣。㉑終以破隗囂：事見卷四十二建武八年。㉒先帝東置合肥，南守襄陽，西固祁山：合肥在安徽省，襄陽在湖北省，魏據此三地以防吳，祁山在甘肅省西和縣西北，據以防蜀。㉓虜略：俘虜刼略。㉔葑：蔓菁。㉕伯言：陸遜字。㉖兵將意動：胡三省曰：「謂敵既知權還，料遜兵當退，已分守要害之處，欲以遮截，遜所部兵，既無進取之氣，而有遮截之慮，則其意恐動，將至於或降或潰也。」㉗蹙：迫。㉘步趣船：自岸步行赴船中。㉙白圍：胡三省曰：「立圍屯於白河口，因以為名。」按白河為漢水支流，源出嵩縣，流至襄陽，會唐河，入漢水，白河口當在襄陽境內。㉚江夏新市、安陸、石陽：江夏，郡名。新市、安陸二縣，皆屬江夏郡。新市縣故城在今湖北省京山縣東北；安陸縣故城在今湖北省安陸縣北。魏初以文聘為江夏太守，屯石陽。沈約曰：「江夏曲陵縣，本名石陽，晉武帝太康元年改曰曲陵，宋明帝泰始六年，併曲陵入安陸縣。」㉛禪陵：在今河南省修武縣北。修武即漢山陽縣，獻帝禪位後，封山陽公，及卒，就其封地而葬，以漢禪魏，因名禪陵。㉜巾幗：婦人之首飾。㉝將在軍，君命有所不受：此為孫武子及司馬穰苴之言。㉞已，別去：語竟而別。㉟彌日：終日。㊱公琰：蔣琬字。㊲文偉：費禕字。㊳前軍師：蜀置中軍師、前軍師、後軍師。㊴與亮異道會於潼關：潼關，關名，在陝西省潼關縣，地當黃河之曲，據崤函之固，扼秦、晉、豫三省之衝；關城雄踞山腰，下臨黃河，素稱險要。延欲與亮異道會於潼關，事見上卷太和二年。㊵如韓信故事：韓信請兵事，見卷九漢高帝二年。㊶斯須便了：猶須臾，胡三省曰：「斯、此也，須、待也，言即此待之，便可辦事。」㊷有如水火：言不可同處。㊸憒憒：昏亂不明。㊹貽厥孫謀：為子孫善後。《詩・

大雅・文王有聲》：「詒厥孫謀，以燕翼子。」詒與貽同。(45)黥、韓：黥布、韓信。(46)函夏：謂全中國。服虔曰：「函夏，函諸夏也。」(47)節度：規劃之意。(48)府親官屬：謂丞相府長史以下官吏。(49)部勒：部署約束。(50)行留部分：行、謂當從亮喪還者；留、謂留從延以拒敵者。部分，猶曰調度。(51)令禕手書，與己連名告下諸將：延刼禕與共作行留處分，然後令禕以手書處分之語，告語其下諸將。(52)還解楊長史：謂歸楊儀處解釋之。(53)攙：音ㄔㄢ，自後爭先曰攙。(54)閣道：棧道，於山嚴絕險之處，鑿石施版梁為閣以通往來。《華陽國志》：「諸葛亮相蜀，鑿石架空，為飛梁閣道。」(55)槎山：斫木施於山巖，復為棧閣以為通路。(56)南谷口：南谷即褒谷。南谷曰褒，北谷曰斜。(57)何平：即王平。平本養外家何氏，後復姓王，此從其初姓。(58)先登：延士眾之先登禦平者。(59)死問：死訊。(60)儀軌：法度。(61)虛偽不齒：虛偽不實者，不加錄用。(62)管蕭：管仲、蕭何。(63)廖立：字公淵，武陵臨沅人，年未三十，先主擢為長沙太守，後主襲位，徙長水校尉。(64)怏怏：失意貌。(65)汶山：郡名，治汶江縣，在今四川省茂縣北。(66)李平：即李嚴，章武八年，諸葛亮以明年當出軍，命嚴以中都護署府事，嚴改名為平。後以矯旨喻亮還軍，被廢為民，徙梓潼郡。廢徙事見上太和五年。(67)管仲奪駢氏邑三百，沒齒而無怨言：《論語・憲問》：「或問管仲，曰：『人也，奪伯氏駢邑三百，飯疏食，沒齒無怨言』」三百，謂三百戶。(68)沔陽：縣名，故城在今陝西省沔縣東南，《三國志・諸葛亮傳》：「亮遺命葬漢中定軍山，因山為墳冢。」定軍山在沔陽東南，故云近其墓立廟。(69)漢主以左將軍吳懿……督漢中：胡三省曰：「代魏延也。」(70)出類拔萃：言出乎常類而超拔乎眾

萃之中。《孟子・公孫丑》：「出乎其類，拔乎其萃。」(七一)巴丘：山名。即巴陵山，又稱天岳，在
湖南省岳陽縣內西南隅，下臨洞庭湖。胡三省曰：「天岳山臨大江，一名幕阜，前有培塿，謂之巴蛇
冢，相傳以為羿屠巴蛇於洞庭，其骨若陵，因謂之巴陵。」(七二)永安：即白帝城，在今四川省奉節縣
東白帝山，城本為魚腹縣城，公孫述據其地，改名白帝城，昭烈帝征吳敗還至此，改置永安縣。(七三)抗
盡：胡三省曰：「謂抗言不為吳屈，又盡情無所隱也。」(七四)禮之亞於鄧芝：蜀先主殂，諸葛亮當國，
遣芝使吳，說以吳蜀二國宜為脣齒，吳遂絕魏連蜀，芝在吳備受禮遇。(七五)丹陽：郡名。三國吳移置，
治建業，故址在今南京市東南。(七六)雖前發兵，徒得縣外平民而已：陸遜先嘗部伍山越為兵，事見卷
六十八漢獻帝建安二十四年。(七七)吳郡：東漢析會稽郡地置，約有今江蘇省境內長江以南，及長江以
北迤東之南通、海門、啟東諸縣地。治吳，即今江蘇省吳縣。(七八)會稽：郡名，有今浙江省東南部各
地，東漢移治山陰，即今浙江省紹興縣。(七九)新都：郡名，三國吳置，晉更名新安，故城在今浙江省
淳安縣西。(八〇)番陽：即鄱陽，郡名，三國吳置，治鄱陽縣，即今江西省鄱陽縣治。(八一)林莽：山林草
莽之間。(八二)狖：《說文》：「狖，鼠屬，善旋。」即黑長尾猿。(八三)事終不逮：胡三省曰：「謂恪所
出山民，終不能及四萬之數也。」(八四)撫越將軍：以招撫山越為將軍號。(八五)武陵溪蠻：武陵有五溪，
雄溪、樠溪、潕溪、西溪、辰溪，夾溪悉為蠻族所居，皆盤瓠種落，謂之五溪蠻，後漢劉尚、馬援皆
曾進討。太和五年，吳遣潘濬討武陵蠻。今湖南、貴州兩省接壤處，即古五溪蠻地。

卷七十三　魏紀五

司馬光編集
林瑞翰註

起旃蒙單閼盡彊圉大荒落，凡三年。（乙卯至丁巳，西元二三五年至二三七年）

烈祖明皇帝中之下

青龍三年（蜀建興十三年，吳嘉禾四年，西元二三五年）

㈠春，正月，戊子（六日），以大將軍司馬懿為太尉。

㈡丁巳（正月辛巳朔，是月無丁巳，丁巳在二月。）皇太后郭氏殂，帝數問甄后死狀於太后㈠，由是太后以憂殂。

㈢漢楊儀既殺魏延㈡，自以為有大功，宜代諸葛亮秉政，而亮平生密指㈢，以儀狷狹㈣，意在蔣琬。儀至成都，拜中軍師，無所統領，從容㈤而已。初，儀事昭烈帝為尚書，琬時為尚書郎，後雖俱為丞相參軍、長史，儀每從行，當其勞劇，自謂年宦先琬，才能踰之，於是怨憤形于聲色，歎咤㈥之音發於五內，時人畏其言語不節，莫敢從也，惟後軍師費禕往慰省之。儀對禕恨望，前後云云㈦，又語禕曰：「往者丞相亡沒之際，吾若舉軍以就魏氏，處世寧當落度㈧如此邪？令人追悔不可復及！」禕密表其言，漢主廢儀為民，徙漢嘉郡㈨。至徙所，復上書誹謗，辭指激切，遂下郡收儀，儀自殺。

㈣三月，庚寅（十一日），葬文德皇后㈩。

㈤夏，四月，漢主以蔣琬為大將軍，錄尚書事，費禕代琬為尚書令。

㈥帝好土功，既作許昌宮⑪，又治洛陽宮，起昭陽、太極殿⑫，築總章觀⑬，高十餘丈，力役不已，農桑失業。司空羣上疏曰：「昔禹承唐虞之盛，猶卑宮室而惡衣服，況今喪亂之後⑭，人民至少，比漢文景之時，不過漢一大郡，加以邊境有事，將士勞苦，若有水旱之患，國家之深憂也。昔劉備自成都至白水，多作傳舍⑮，興費人役，太祖知其疲民也。今中國勞力，亦吳、蜀之所願，此安危之機也，惟陛下慮之。」帝答曰：「王業、宮室，亦宜並立，滅賊之後，但當罷守禦耳，豈可復興役邪？是固君之職，蕭何之大略也(一六)！」羣曰：「昔漢祖惟與項羽爭天下，羽已滅，宮室燒焚，是以蕭何建武庫、太倉，皆是要急，然高祖猶非其壯麗。今二虜未平，誠不宜與古同也。夫人之所欲，莫不有辭，況乃天王，莫之敢違。前欲壞武庫，謂不可不壞也；後欲置之，謂不可不置也。若必作之，固非臣下辭言所屈，若少留神，卓然回意，亦非臣下之所及也！漢明帝欲起德陽殿，鍾離意諫，即用其言，後乃復作之，殿成，謂羣臣曰：『鍾離尚書在，不得成此殿也！』夫王者豈憚一人？蓋為百姓也！今臣曾不能少凝聖聽(一七)，不及意遠矣！」帝乃為之少有減省。

帝耽于內寵，婦官秩石，擬百官之數(一八)。自貴人以下至掖庭灑掃，凡數千人，選女子知書可付信者六人以為女尚書(一九)，使典省外奏事，處當畫可(二〇)。廷尉高柔上疏曰：「昔漢文惜十家之資，不營小臺之娛(二一)；去病慮匈奴之害，不遑治第之事(二二)。況今所損者非惟百金之費，所憂者非徒北狄之患乎？可粗成見所營立，以充朝宴之儀，訖(二三)罷作者，使得就農，二方平定，復可徐興。周禮天子后妃以下百二十人[二四]，嬪嬙[二五]之儀，既已盛矣，竊聞後庭之數，或復過之，聖嗣不昌，殆能由此。臣愚以為可妙簡淑媛[二六]以備內官之數，其餘盡遣還家，且以育精養神，專靜為寶，如此，則螽斯[二七]之徵，可庶而致矣！」

帝報曰：「輒克昌言[二八]，他復以聞。」

是時獵灋嚴峻，殺禁地鹿者身死，財產沒官；有能覺告者厚加賞賜。柔復上疏曰：「中間以來，百姓供給眾役，親田[二九]者既減，加頃復有獵禁，羣鹿犯暴，殘食生苗，處處為害，所傷不訾[三〇]，民雖障防，力不能禦，至如滎陽左右周數百里，歲略不收。方今天下生財者甚少，而麋鹿之損者甚多，卒有兵戎之役，凶年之災，將無以待之。惟陛下寬放民間，使得捕鹿，遂除其禁，則眾庶永濟，莫不悅豫[三一]矣！』

帝又欲平北芒，令於其上作臺觀，望見孟津。衞尉辛毗諫曰：「天地之性，高高下下[三二]。今而反之，既非其理，加以損費人功，民不堪役，且若九河盈溢，洪水為害，而丘陵皆夷，將何以禦之？」帝乃止㉝。少府楊阜上疏曰：「陛下奉武皇帝開拓之大業，守文皇帝克終之元緒㉞，誠宜思齊往古聖賢之善治，總觀季世放蕩之惡政。曩使桓、靈不廢高祖之灋度，文、景之恭儉，太祖雖有神武，於何所施？而陛下何由處斯尊哉？今吳、蜀未定，軍旅在外，諸所繕治，惟陛下務從約節。」帝優詔答之。阜復上疏曰：「堯尚茅茨㉟而萬國安其居，禹卑宮室而天下樂其業，及至殷、周，或堂崇三尺，度以九筵㊱耳！桀作璇室象廊，紂為傾宮、鹿臺㊲，以喪其社稷；楚靈以築章華而身受禍㊳；秦始皇作阿房，二世而滅㊴；夫不度萬民之力，以從㊵耳目之欲，未有不亡者也。陛下當以堯、舜、禹、湯、文、武為灋則，夏桀、殷紂、楚靈、秦皇為深誡，而乃自暇自逸，惟宮臺是飾，必有顛覆危亡之禍矣！君作元首，臣為股肱㊶，存亡一體，得失同之。臣雖駑怯，敢忘爭㊷臣之義？言不切至，不足以感悟陛下，陛下不察臣言，恐皇祖烈考之祚墜于地，使臣身死有補萬一，則死之日猶生之年也。謹叩㊸棺沐浴，伏俟重誅。」奏御㊹，帝感其忠言，手筆詔答。

帝嘗著帽，被縹綾(45)半袖(46)，阜問帝曰：「此於禮何灋服也？」帝默然不答，自是不灋服，不以見阜。阜又上疏欲省宮人諸不見幸者，乃召御府(47)吏問後宮人數，吏守舊令，對曰：「禁密不得宣露。」阜怒，杖吏一百，數之曰：「國家不與九卿為密，反與小吏為密乎？」帝愈嚴憚之。

散騎常侍蔣濟上疏(48)曰：「昔句踐養胎以待用(49)，昭王恤病以雪仇(50)，故能以弱燕服彊齊，羸越滅勁吳。今二敵彊盛，當身不除，百世之責也(51)。以陛下聖明神武之略，舍(52)其緩者，專心討賊，臣以為無難矣！」

中書侍郎(53)東萊王基上疏曰：「臣聞古人以水喻民，曰：『水所以載舟，亦所以覆舟(54)。』顏淵曰：『東野子之御，馬力盡矣，而求進不已，殆將敗矣(55)！』今事役勞苦，男女離曠，願陛下深察東野之敝，留意舟水之喻，息犇駟於未盡，節力役於未困。昔漢有天下，至孝文時，唯有同姓諸侯，而賈誼憂之，曰：『置火積薪之下，而寢其上，因謂之安(56)。』今寇賊未殄，猛將擁兵，檢(57)之則無以應敵，久之則難以遺後(五八)，當盛明之世，不務以除患，若子孫不競(五九)，社稷之憂也！使賈誼復起，必深切於曩時(六〇)矣！」帝皆不聽。

殿中監(六一)督役擅收蘭臺令史(六二)，右僕射衞臻奏案之，詔曰：「殿舍不成，吾所留心。卿推(六三)之何也？」臻曰：「古制侵官之灋(六四)，非惡其勤事也，誠以所益者小，所墮者大也。臣每察校事類(六五)皆如此，若又縱之，懼羣司將遂越職以至陵夷矣！」尚書涿郡孫禮因請罷役，帝詔曰：「欽納讜言(六六)，促遣民作(六七)。」監作者復奏留一月，有所成訖(六八)，禮徑至作所，不復重奏，稱詔罷民，帝奇其意而不責。帝雖不能盡用羣臣直諫之言，然皆優容之。

秋，七月，洛陽崇華殿災，帝問侍中領太史令(六九)泰山高堂隆(七〇)曰：「此何咎也？於禮寧有祈禳之義乎？」對曰：「易傳曰：『上不儉，下不節，孽火燒其室。』又曰：『君高其臺，天火為災(七一)。』此人君務飾宮室，不知百姓空竭，故天應之以旱，火從高殿起也。」詔問隆：「吾聞漢武之時，栢梁災而大起宮殿以厭之(七二)，其義云何？」對曰：「夷越之巫(七三)所為，非聖賢之明訓也。五行志曰：『栢梁災，其後有江充巫蠱事。』如志之言，越巫建章，無所厭也。今宜罷散民役，宮室之制，務從約節，清埽所災之處，不敢於此有所立作，則蓮莆(七四)嘉禾必生此地；若乃疲民之力，竭民之財，非所以致符瑞而懷遠人也。」

(七)八月，庚午（二十四日），立皇子芳為齊王，詢為秦王。帝無子，養二王為子，宮省事秘，莫有知其所由來者。或云芳，任城王楷(七五)之子也。

(八)丁巳（八月丁未朔，丁巳十一日，當繫庚午之前，此蓋承魏志帝紀之誤。）帝還洛陽。

(九)詔復立崇華殿，更名曰九龍(七六)。通引穀水過九龍殿前(七七)為玉井、綺欄(七八)，蟾蜍含受，神龍吐出。使博士扶風馬鈞作司南車(七九)、水轉百戲(八〇)。

陵霄闕始構，有鵲巢其上，帝以問高堂隆。對曰：「詩曰：『惟鵲有巢，惟鳩居之(八一)。』今興宮室，起陵霄闕，而鵲巢之，此宮未成身不得居之象也。天意若曰：『宮室未成，將有他姓制御之。』斯乃上天之戒也。夫天道無親，惟與善人。太戊武丁覩災悚懼，故天降之福（八二），今若罷休百役，增崇德政，則三王可四，五帝可六，豈惟商宗（八三）轉禍為福而已哉！」帝為之動容。

帝性嚴急，其督脩宮室有稽限（八四）者，帝親召問，言猶在口，身首已分。散騎常侍領秘書監（八五）王肅上疏曰：「今宮室未就，見作者三四萬人，九龍（八六）可以安聖體，其內足以列六宮，惟泰極（八七）已前，功夫尚大，願陛下取常食廩之士，非急要者之用，選其丁壯，擇留萬人，使一朞而更之，咸知息代有日，則莫不悅以即事（八八）勞而不怨矣！計一歲有三百六十萬夫（八九），亦不為少。當一歲成者聽且三年，分遣其餘，使皆即農，無窮之計也！夫信之於民，國家大寶也。前車駕當幸洛陽，發民為營，有司命以營（九〇）成而罷；既成，又利其功力，不以時遣（九一），有司徒營（九二）目前之利，不顧經國之體。臣愚以為自今已後儻復使民，宜明其令，使必如期。以次有事，寧使更發，無或失信（九三）。凡陛下臨時之所行刑，皆有罪之吏，宜死之人也。然眾庶不知，謂為倉卒㊈㊃。故願陛下下之於吏，鈞其死也，無使汙于宮掖，而為遠近所疑。且人命至重，難生易殺，氣絕而不續者也，是以聖賢重之。昔漢文帝欲殺犯蹕者，廷尉張釋之曰：『方其時上使誅之則已，今下廷尉，廷尉，天下之平，不可傾也㊈㊄。』臣以為大失其義，非忠臣所宜陳也。廷尉者，天子之吏也，猶不可以失平，而天子之身反可以惑謬乎？斯重於為己，而輕於為君㊈㊅，不忠之甚也，不可不察。」

㈩中山恭王袞疾病，令官屬曰：「男子不死於婦人之手㊈㊆，亟以時營東堂。」堂成，輿疾往居之。又令世子曰：「汝初為人君，知樂不知苦，必將以驕奢為失者也，兄弟有不良之行，當造厀㊈㊇諫之，諫之不從，流涕喻之，喻之不改，乃白其母，猶不改，當以奏聞，並辭國土，與其守寵惟禍，不若貧賤全身也；此亦謂大罪惡耳，其微過細故當掩覆之！」冬，十月，己酉（初三日），袞卒。

㈩㈠十一月，丁酉（二十二日），帝行如許昌。

㈩㈡是歲，幽州刺史王雄使勇士韓龍刺殺鮮卑軻比能㊈㊈，自是種落離散，互相侵伐，彊者遠遁，弱者請服，邊陲遂安。

㈢張掖柳谷口水溢涌㈡，寶石負圖，狀象靈龜，立于川西，有石馬七㈢及鳳凰、麒麟、白虎、犧牛、璜玦、八卦、列宿、孛彗㈢之象，又有文曰「大討曹」，詔書班㈢天下以為嘉瑞。任㈣令于綽連齎以問鉅鹿張臶㈤，臶密謂綽曰：「夫神以知來，不追既往，祥兆先見，而後廢興從之。今漢已久亡，魏已得之，何所追興祥兆乎？此石當今之變異，而將來之符瑞也㈥。」

㈣帝使人以馬易珠璣㈦、翡翠㈧、玳瑁㈨於吳，吳主曰：「此皆孤所不用，而可以得馬，孤何愛焉！」盡以與之。

【今註】㈠帝數問甄后死狀於太后：甄后死見卷六十九魏文帝黃初二年。㈡漢楊儀既殺魏延：事見上卷青龍二年。㈢亮平密指：胡三省曰：「密指，蓋亮密以語諸僚佐，特儀不知耳！」按《蜀志・蔣琬傳》：「亮密表後主曰：『臣若不幸，後事宜以付琬。』」則亮之密指，但後主知之，諸僚佐皆不得知，非但儀也。㈣狷狹：褊急不能容物。㈤從容：舒緩貌。此言儀不當勞劇之事。㈥歎咤之音發於五內：五內即五臟，言其怨憤深也。㈦云云：顏師古曰：「猶言如此如此也。」㈧落度：淪落不偶。度音鐸。㈨漢嘉郡：胡三省曰：「漢嘉縣，故青衣也，漢順帝陽嘉二年，改為漢嘉，屬蜀郡屬國都尉。蜀郡屬國都尉，安帝延光元年所置。蜀分為漢嘉郡。」故城在今四川省雅安縣北。⑩文德皇后：文帝郭后謚曰德，故稱文德皇后。㈡作許昌宮：事見上卷太和六年。㈢又治洛陽宮，起昭陽、太極殿：胡三省曰：「諸葛亮死，帝乃大興宮室。」《水經・穀水注》云：「魏明帝上法太極，於洛陽南宮起太極殿於漢崇德殿之故處，改雉門為閶闔門。」《魏志・高堂隆傳》云：「帝愈增崇宮殿，雕飾觀閣，鑿太行之石英，採穀城之文石，起景陽山於芳林之園，建昭陽殿於太極之北。」㈢築總章觀：胡三省曰：「觀，闕也。總章觀蓋在太極殿前。」相傳黃帝有合宮之聽，舜有總章之訪。章亦作期。張衡〈東京賦〉：「黃帝合宮，有虞總期。」《文選注》云：「謂黃帝明堂以草蓋之，名曰合宮；舜之明堂以草蓋之，名曰總章。」《尸子》曰：「欲觀黃帝之行於合宮，觀堯舜之行於總章。」

㈣況今喪亂之後，人民至少，比漢文景之時，不過一大郡：裴松之曰：「案漢書地理志云，元始二年，天下戶口最盛，汝南郡為大郡，有三十餘萬戶，則文景之時，不能如是多也。案晉太康三年地記，晉戶有三百七十七萬，吳蜀戶不能居半。以此言之，魏雖始承喪亂，方晉亦當無大殊，長文之言，於是為過。」長文，陳羣字。侯康曰：「劉昭注郡國志，云魏武皇帝剋平天下，文帝授禪，人眾之損，萬有一存，景元四年，與蜀通計民戶九十四萬三千四百二十三，口五百三十七萬二千八百九十一人。又案正始五年揚威將軍朱照日所上吳之所領兵戶九十三萬二千，推其民數，不能多蜀矣！昔永和五年，南陽戶五十餘萬，汝南戶四十餘萬，方知於今三帝鼎足，不踰二郡，加有食祿復除之民，凶年饑疾之難，見供可役，裁若一郡，以一郡之人，供三帝之用，斯亦勤矣！則當時固以戶少為病也。」

《通典》云：「魏氏戶有六十六萬三千四百二十三，口有四百四十三萬二千八百八十一。」⑮昔劉備自成都至白水，多作傳舍：《典略》曰：「備鎮成都，拔魏延，督漢中，於是起館舍，築亭障，從成都至白水閣，四百餘區。」⑯是固君之職，蕭何之大略也：胡三省曰：「此指蕭何治未央宮事為言。」明帝謂何勸漢高治未央宮而不失為賢相，羣亦當如是。蕭何事見卷十一漢紀高帝七年。⑰今臣曾不能少凝聖聽：胡三省曰：「凝，定也；停也。言帝不為之留聽也。」⑱帝耽于內寵，婦官秩石，擬百官之數：《魏志・后妃傳》云：「漢制，帝祖母曰太皇太后，帝母曰皇太后，帝妃曰皇后，其餘內官十有四等。魏因漢法，母后之號，皆如舊制，自夫人以下，世有增損。太祖建國，始命王后其下五等：有夫人，有昭儀，有婕妤，有容華，有美人。文帝增貴嬪、淑媛、脩容、順成、良人，明帝增淑妃、昭華、脩儀，除順成官。太和中，始復命夫人登其位於淑妃之上，自夫人以下，爵凡十二等。貴嬪、夫人位次皇后，爵無所視；淑妃位視相國，爵比諸侯王；淑媛位視御史大夫，爵比縣公；昭儀比縣侯，昭華比鄉侯，脩容比亭侯，脩儀比關內侯，婕妤視中二千石，容華視真二千石，美人視比二千石，良人視千石。」⑲選女子知書可付信者六人，以為女尚書：信者，印信。胡三省曰：「漢京都之末，宮中有女尚書。」此蓋襲漢末之前。⑳處當畫可：胡三省曰：「處當，奏事有不合上意，區處其當而下之也；畫可，畫從其所奏。」愚按，處當即畫可，蓋一義兩辭，意謂凡奏事當上意則畫可區處而下之也。㉑昔漢文惜十家之資，不營小臺之娛：此指漢文作露臺事，見卷十五漢紀文帝後元七年。㉒去病慮匈奴之害，不遑治第之事：漢武欲為霍去病治第，去病曰：「匈奴未滅，何以家為？」見卷十九漢紀元狩四年。㉓訖：明監本《魏志・高柔傳》作訖，誤，宜從殿本作乞。㉔周禮，天子后妃以下百二十人：《禮・昏義》：「古者天子后立六官、三夫人、九嬪、二十七世婦、八十一御妻。」㉕嬪嬙：內官之稱。《左傳》哀元年：「宿有妃嬙嬪御焉。」㉖淑媛：貞善曰淑，美女曰媛。㉗蠡斯：詩篇名，以喻后妃子孫眾多。㉘輒克昌言：胡三省曰：「輒以昌言自克也。楊子曰：『勝己之私之謂克。』」㉙親田：躬親田畝。㉚不訾：李奇曰：「訾，量也。」不訾，言不可計量。㉛悅豫：悅樂。㉜天地之性，高高下下：《國語》周太子晉曰：「天地成而聚於高，歸物於下。四岳佐禹高高下下，封崇九山，決汨九川。」《書・禹貢》：「九山刊旅。」又曰：「九河既導。」九川即九河。《史記・夏本紀》以汧、壺口、砥柱、太行、西傾、熊耳、嶓冢、內方、岐為九山；又書傳以徒駭、大史、馬頰、覆釜、胡蘇、簡、絜、鉤盤、鬲津為九河。㉝帝乃止：梁章鉅曰：「水經河水注云魏氏起元武觀於芒垂，張景陽元武觀賦所謂『高樓特起，竦峙岧嶢；直亭亭以孤立，延千里之清飈』也。蓋其竟作之，此所云帝乃止，恐不足據。」㉞守文皇帝克終之元緒：胡三省曰：「元，始也；緒，絲端也。言文帝克終武帝之志，受禪易制，此絲端所從始也。」㉟堯尚茅茨：堯土階三尺，茅茨不翦。按《說文》，以茅葦蓋屋為茨。㊱堂崇三尺，度以九筵：〈周官・考工記〉曰：「殷人重屋，堂脩七尋，堂崇三尺。周人明堂，度九尺之筵，東西九筵，南北七筵，堂崇一筵，五室，凡室二筵。」孫貽讓曰：「重屋，謂屋有二重。」《釋文》曰：「筵，席也。」㊲桀作璇室象廊，紂為傾宮鹿臺：璇一作琁，又作旋。《呂氏春秋・過理》：「作琁室，築為傾宮。」注：「琁室，以琁玉文飾其室也。」又《淮南子本經》云：「帝有桀紂，為琁室、瑤臺、象廊、玉牀。」同書墜形作「傾宮旋室。」注云：「旋室，以旋玉飾室也；一曰室施機關可旋轉，故曰旋室。」書疏云：「紂所積之府倉，名曰鹿臺。」《新序》云：「鹿臺大三里，高千尺。」臣瓚曰：「今在朝歌城中。」朝歌即今河南淇縣。《史記・龜策列傳》云：「桀為瓦室，紂為象廊。」與此稍異。㊳楚靈以築章華，而身受禍：《左傳》昭七年：「楚子城章華之臺。」臺北在今湖北省監利縣西北。胡三省曰：「楚靈王為章華之臺，民不堪命，從亂如歸，王走而死於芋尹氏。」㊴秦始皇作阿房，二世而滅：始皇作阿房築，役民夫七十萬，天下怨憤，事見卷七秦紀始皇三十五年。㊵從：讀曰縱。㊶君作元首，臣為股肱：《左傳》昭九年：「君之卿佐，是謂股肱。」書疏云：「君為元首，臣為股肱耳目，大體如一身也。足行手取，耳聽目視，身雖百體，四者為大，故舉以為言。」㊷爭臣：爭讀曰諍。諍臣，謂敢於諫諍之臣。㊸叩：胡三省曰：「叩，近也。」㊹御：凡進獻於天子皆稱御。㊺帝嘗著帽，被縹綾：《宋書・五行志》曰：「魏明帝著繡帽，被縹紈。」《晉書・輿服志》曰：「帽名猶冠也。義取於蒙覆其首，其本纚也。古者冠無幘，冠下有纚，以繒為之，後世施幘於冠，或因裁纚為帽，自乘輿宴居，下至庶人無爵者，皆服之。」帛之淡青色者曰縹，素絹曰紈，文繒曰綾，《釋名》云：「綾，凌也，其文望之如冰凌之理也。」㊻半袖：胡三省曰：「半袖，半臂也。」言袖短，僅覆半臂。㊼御府：漢少府屬官有御府令，秩六百石，宦者，典官婢，作中衣服及補浣之屬。員吏七人，吏從官三十人。㊽散騎常侍蔣濟上疏：按《魏志・蔣濟傳》，濟上此疏在景初中，此系青龍三年，似誤。(49)昔句踐養胎以待用：胡三省曰：「國語：越王句踐困於會稽，既反國，命壯者無取老婦，老者無取壯妻；女子十七不嫁，丈夫二十不取，其父母有罪。將免乳者以告，公令醫守之。生丈夫，二壺酒，一犬；生女子，二壺酒，一豚；生三人，公與之母；生二人，公與之餼。」按事見越語，醫原作毉。韋昭曰：「毉，乳毉也；母，乳母也；餼，食也。」(50)昭王恤病以雪仇：燕昭王於破燕之後，弔死問孤，欲以報齊；以雪先王之恥。見卷三周紀赧王三年。(51)今二敵彊盛，當身不除，百世之責也：謂當帝之身，不能滅吳蜀，而貽禍於子孫，後世之責，必歸於帝。(52)舍：讀曰捨。(53)中書侍郎：胡三省曰：「按此則魏已改通事郎為中書侍郎矣。」按通事郎即中書通事，曹魏始置。(54)水所以載舟，亦所以覆舟：孔子家語載孔子之言。(55)顏淵曰，「東野子之御，馬力盡矣，而求進不已，殆將敗矣！」：魯定公問於顏淵曰：「東野子之善御乎？」顏淵對曰：「善則善矣，雖然，其馬將失。」定公曰：「何以知之？」顏淵對曰：「臣以政知之。昔舜巧於使民，造父巧於使馬。舜不窮其民，造父不窮其馬，是舜無失民，造父無失馬也。今東野畢之御，上車執轡，銜體正矣；步驟馳騁，朝禮畢矣；歷險致遠，馬力盡矣；然猶求馬不已，是以知之也。」見《荀子．哀公篇》。(56)昔漢有天下至置火積薪之下而寢其上，因謂之安：事見卷十四漢紀文帝六年。(57)檢：斂制。《書．伊訓》：「檢身若不及。」《孟子．梁惠王》：「狗彘食人食而不知檢。」皆斂制之義。(58)久之則無以遺後：言諸將在邊，擅兵既久，則尾大不掉，將貽患於子孫，誠非善計。(59)競：《詩箋》云：「彊也。」(60)使賈誼復起，必深切於曩時：謂使賈誼生於當世，則其憂今必甚於漢文之時。(61)殿中監：胡三省曰：「此殿中監以其時營造宮室，使監作殿中耳！非唐殿中監之官也，觀後所謂校事可知矣！又據晉書輿服志：『大駕鹵簿：左殿中御史，右殿中監。』則魏時殿中監已有定官。」(六二)蘭臺令史：西漢御史大夫有二丞，一曰中丞，在殿中蘭臺，掌圖籍秘書；東漢有蘭臺令史，屬少府，秩六百石，掌奏及印工文書。(六三)推：胡三省曰：「推，考鞫也。」(六四)古制侵官之濾：胡三省曰：「古者百官不相踰越。左傳欒鍼曰：『侵官，冒也。』」侵官，謂侵犯他司職權。(六五)察校事類：胡三省曰：「魏武建國，置校事，使察羣下。」(六六)讜言：顏師古曰：「讜言，善言也。」讜音黨。(六七)促遣民作：謂民之受徵役作者，速遣歸之。(六八)成訖：胡三省曰：「成訖，言欲成殿舍以訖事也。」(六九)太史令：太史令，太常屬官，秩六百石，掌天時星曆，見《後漢書‧百官志》。(七〇)高堂隆：胡三省曰：「漢儒有高堂生，魯人，隆其後也。」(七一)易傳曰至君高其臺，天火為災：京房易傳之辭。(七二)漢武之時，栢梁災而大起宮殿以厭之：事見卷二十一漢紀武帝太初元年。(七三)夷越之巫：漢武用越人勇之議，作建章宮以厭勝，故隆謂為夷越之巫。(七四)蓮莆：《說文》：「蓮莆，瑞草也，堯時生於庖廚，扇暑而涼。」莆亦作脯，見《論衡‧是應篇》，又作甫，見《宋書‧符瑞志》。(七五)任城王楷：楷，任城盛王彰之子，見《魏志》卷十九〈任城盛王彰傳〉。(七六)詔復立崇華殿，更名曰九龍：《魏志》卷二十五〈高堂隆傳〉云：「時郡國有九龍見，故改曰九龍殿。」潘眉曰：「此九龍非一時並見。宋書五行志以郡國前後言龍見者九。」(七七)通引穀水過九龍殿前：《太平寰宇記》引《魏略》作九龍祠。《水經‧穀水注》云：「穀渠東歷故市南，直千秋門，枝流入石逗，伏流注靈芝九龍池。」(七八)為玉井綺欄：《太平寰宇記》引《洛陽記》云：「璇華宮有玉井，皆以白玉壘飾。」(七九)司南車：《宋史・輿服志》曰：「指南車一名司南車，赤質，兩箱畫青龍白虎，四面畫花鳥，重台，句闌鏤拱，四角垂囊，上有仙人，車雖轉而手常南指。」胡三省引崔豹《古今注》曰：「黃帝與蚩尤戰于涿鹿，蚩尤作大霧，士皆迷路，乃作指南車以正四方。」(八〇)水轉百戲：傅玄曰：「人有上百戲而不能動，帝問鈞可動否？對曰：『可動。』其巧可益否？對曰：『可益。』受詔作之。以大木彫構，使其形若輪，平地施之，潛以水發焉。設為女樂舞象，至令木人擊鼓吹簫，作山嶽，使木人跳絙擲劍，緣絙倒立，出入自在，百官行署，舂磨鬪雞，變巧百端。」(八一)惟鵲有巢，惟鳩居之：此《詩・召南・鵲巢》之辭。(八二)太戊、武丁，觀災悚懼，故天降之福：《書咸序》曰：「伊陟相太戊，亳有祥，桑穀共生於朝。」又《書高宗彤日序》：「高宗祭成湯，有蜚雉登鼎耳而雊。」祥者，吉凶之先見者，《說文》段注：「凡統言則災亦謂之祥。」亳有祥，謂亳有災異之兆。高宗謂武丁。彤，祭名。蜚，古飛字。雊，雄雉鳴聲。胡三省曰：「大戊桑穀生朝，武丁飛雉雊鼎，皆能戒懼，轉災為福。」(八三)商宗：大戊稱中宗，武丁稱高宗。(八四)稽限：胡三省曰：「立為期限，以其必成，及期而不成為稽限。」(八五)秘書監：漢桓帝延熹二年，置秘書監，見《後漢書・桓帝紀》。注引《漢官儀》曰：「秘書監一人，秩六百石。」(八六)九龍：謂九龍殿。(八七)泰極：胡三省曰：「謂泰極殿。」(八八)即事：即，就也。謂就役作之事。(八九)計一歲有三百六十萬夫：一歲三百六十日，歲役萬夫，以工日計，是有三百六十萬夫。(九〇)營：胡三省曰：「此營壘之營。」下以營成而罷之營亦同。(九一)不以時遣：謂不如期發遣。(九二)營：胡三省曰：「此營求之營。」(九三)以次有事，寧使更發，無或失信：胡三省曰：「謂始焉於甲處營造，發民就役，次焉於乙處營造，不可仍用甲處就役之民，寧使更發民以供乙處之役也。」(九四)謂為倉卒：卒讀曰猝。言死者本無罪，特出於帝倉猝一時之意。(九五)昔漢文帝欲殺犯蹕者至廷尉，天下之平，不可傾也：事見卷十四漢紀文帝三年。(九六)斯重於為己而輕於為君：令民德己而歸過於君，是重於為己而輕於為君。(九七)男子不死於婦人之手：《禮・喪大記》之言。(九八)造厀：造，詣也、至也，造厀即詣厀，謂至其厀前。厀與膝同。(九九)軻比能：鮮卑大人。(一〇〇)張掖柳谷口水溢涌：《魏氏春秋》曰：「是歲張掖郡刪丹縣金山玄川溢涌。」《漢晉春秋》曰：「氐池縣大柳谷口夜激波涌溢，其聲如雷。」胡三省曰：「刪丹、氐池二縣，漢志皆屬張掖，晉志無之，當是併省也。五代志甘州張掖縣有大柳谷；又後周廢金山縣入刪丹縣，蓋歷代廢置無常，疆土有離合也。」(一〇一)有石馬七：《漢晉春秋》作十三馬，《宋書・符瑞志》作石馬十二，《通鑑》據《魏氏春秋》作石馬七。(一〇二)孛彗：文穎曰：「孛，彗形，象小異。孛星光芒短，其光四出，蓬蓬孛孛也；彗形光芒長，參參如埽彗。」(一〇三)班：頒布。(一〇四)任：縣名。胡三省曰：「任縣前漢屬廣平郡，後漢屬鉅鹿郡，魏復屬廣平郡。」按即今河北省任縣。(一〇五)連齎以問鉅鹿張臶：胡三省曰：「連齎者，連詔書及班下石圖齎以問張臶也。張臶兼內外學，故以問之。」《碑版廣例》：「自光武好圖讖，東漢士至以通七緯為內學，通五經為外學。」李賢曰：「內學，謂圖讖之書也，其事秘密，故稱內。」臶音臻，又音薦。(一〇六)此石當今之變異，而將來之符瑞也：胡三省曰：「後人以此為晉繼魏之徵；牛繼馬，又以為元帝本牛氏繼司馬之徵。」(一〇七)珠璣：珠不圜者為璣，見《說文》。㊷翡翠：玉色綠而質堅者。㊸玳瑁：龜類，甲色黃褐而光滑，可製飾品。

四年（蜀建興十四年，吳嘉禾五年，西元二三六年）

㈠春，吳人鑄大錢㊀，一當五百。

㈡三月，吳張昭卒，年八十一。昭容貌矜嚴，有威風，吳主以下舉邦憚之。

㈢夏，四月，漢主至湔，登觀阪，觀汶水之流㊁，旬日而還。

㈢武都氐符健㊂請降於漢，其弟不從，將四百戶來降。

㈣五月，乙卯（十三日），樂平定侯董昭卒。

㈤冬，十月，己卯初十日帝還洛陽宮。

㈥甲申（十五日），有星孛于大辰㊃，又孛于東方。高堂隆上疏曰：「凡帝王徙都立邑，皆先定天地社稷之位㊄，敬恭以奉之；將營宮室，則宗廟為先，廄庫為次，居室為後㊅。今圜丘、方澤、南北郊、明堂、社稷、神位未定，宗廟之制，又未如禮，而崇飾居室，士民失業。外人咸云宮人之用，與軍國之費略齊，民不堪命，皆有怨怒。書曰：『天聰明，自我民聰明；天明畏，自我民明威㊆。』言天之賞罰隨民，言順民心也。夫采椽㊇卑宮，唐、虞、大禹之所以垂皇㊈風也；玉臺瓊室⑩，夏癸、商辛⑪之所以犯昊天也。今宮室過盛，天彗章灼，斯乃慈父懇切之訓，當崇孝子祇聳之禮，不宜有忽以重天怒。」隆數切諫，帝頗不悅。侍中盧毓進曰：「臣聞君明則臣直，古之聖王，惟恐不聞其過，此乃臣等所以不及隆也。」帝乃解。毓，植之子也。

㈦十二月，癸巳（二十四日），潁陰靖侯陳羣卒。羣前後數陳得失，每上封事，輒削其草，時人及其子弟莫能知也，論者或譏羣居位拱默⑫，正始中，詔撰羣臣上書，以為名臣奏議，朝士乃見羣諫事，皆歎息⑬焉。袁子⑭論曰：「或云：『少府楊阜，豈非忠臣哉？見人主之非，則勃然觸之；與人言，未嘗不道⑮。』答曰：『夫仁者愛人，施之君謂之忠，施於親謂之孝。今為人臣見人主失道，力詆其非，而播揚其惡，可謂直士，未為忠臣也。故司空陳羣則不然，談論終日，未嘗言人主之非，書數十上，外人不知，君子謂羣於是乎長者矣！』

㈧乙未（二十六日），帝行如許昌。

㈨詔公卿舉才德兼備者各一人，司馬懿以兗州刺史太原王昶應選。昶為人謹厚，名其兄子曰默、曰沈，名其子曰渾、曰深，為書戒之曰：「吾以四者為名，欲使汝曹顧名思義，不敢違越也。夫物速成則疾亡，晚就而善終；朝華之草，夕而零落，松柏之茂，隆寒不衰，是以君子戒於闕黨也㈥。夫能屈以為伸，讓以為得，弱以為彊，鮮不遂矣！夫毀譽者，愛惡之原，而禍福之機也。孔子曰：『吾之於人，誰毀誰譽㈦。』以聖人之德，猶尚如此，況庸庸之徒，而輕毀譽哉！人或毀己，當退而求之於身，若己有可毀之行，則彼言當矣，若己無可毀之行，則彼言妄矣；當則無怨於彼，妄則無害於身，又何反報焉？諺曰：『救寒莫如重裘，止謗莫如自脩。』斯言信矣㈧！」

【今註】㈠吳人鑄大錢，一當五百：杜佑曰：「孫權嘉禾五年，鑄大泉，一當五百，文曰大泉五百，徑一寸三分，重十二銖。」㈡漢主至湔，登觀阪，觀汶水之流：裴松之曰：「湔音翦。」胡三省曰：

「湔即漢之湔氐道，屬蜀郡。」沈約曰：「湔縣，蜀所立。」故城在今四川省松潘縣西北。潘眉曰：「晉書何旅曰：『地名觀阪，自上觀下。』汶即岷字，說文作嶓，漢志作嶓，即嶓字之省，又省作岷，隸又作汶。」按岷江源出今四川省松潘縣西北境之岷山，南流至灌縣，折而東南流，至宜賓縣入長江。胡三省曰：「諸葛亮既歿，漢主遊觀，莫之敢止。」㊂武都氐苻健：苻當作苻。胡三省曰：「以此觀之，諸氐固先有苻氏矣，不待苻堅以背文草付之祥乃姓苻也。」杜佑曰：「氐者，西戎別種。漢武帝開武都郡，排其種人，分竄山谷，或在上祿，或在河隴左右。魏武令夏侯淵討叛氐阿貴千萬等，後因拔棄漢中，遂徙武都之氐於秦川，是曰楊氏；苻堅之先，是曰苻氏。楊氏、苻氏同出略陽，世為婚姻。」㊃火辰：《公羊》曰：「大辰者何？大火也。」何休曰：「大火與伐，天之所以示民時早晚，天下之所以取正，故謂之大辰。」《周禮》疏云：「北辰亦為大辰。」大火即心宿，伐即參伐，北辰即北極，以上星名。《爾雅．釋天》：「大辰，房、心、尾也，大火謂之大辰。」《晉志》引陳卓曰：「自氐五度至尾九度曰大火之次，於辰在卯。」蓋就星次而言。㊄天地社稷之位：胡三省曰：「所謂圜丘、方澤、南北郊及社稷神位也。」圜丘，祭天之壇。《周禮》疏云：「土之高者為丘；圜者，象天圜也。」明、清謂之天壇。方澤即方丘，祭地之壇。《周禮》疏云：「土之高者曰丘；方者，象地方也。」古時祭天於圜丘，壇在都邑之南郊，祭地於方澤，壇在都邑之北郊，故亦稱祭天為南郊，祭地為北郊。郊即郊祀之意。㊅將營宮室，則宗廟為先，廐庫為次，居室為後：《禮記．曲禮》之言。㊆天聰明，自我民聰明；天明畏，自我民明威：《書．皋陶謨》之言。蔡沈曰：

「威，古文作畏，二字通用。明者，顯其善；畏者，威其惡。天之聰明，非有視聽也，固民之視聽以為聰明；天之明畏，非有好惡也，因民之好惡以為明畏。」㈧采椽：相傳堯舜採椽不斲。采與採同。言採木未加斲削，即以為椽。㈨皇：盛美之意。㈩玉臺瓊室：《淮南子本經》：「紂為琁室瑤臺。」《文選．東都賦注》：「紂為瓊室，以瓊瑤飾之。」⑪夏癸、商辛：夏癸即夏帝桀，商辛即商王紂。⑫拱默：言拱手緘默無所作為。⑬歎息：謂歎服陳羣之忠勤不伐。⑭袁子：袁宏，晉陽夏人，字彥伯，著有《後漢紀》及〈三國名臣頌〉。⑮未嘗不道：未嘗不言。⑯是以君子戒於闕黨也：《論語．憲問》：「闕黨童子將命。或問之曰：『益者與？』子曰：『吾見其居於位也，見其先生並行也，非求益者也，欲速成者也。』」⑰孔子曰，吾之於人，誰毀誰譽：見《論語．衛靈公篇》。⑱為書戒之曰至斯言信矣：胡三省論曰：「昶之所以戒子姪如此，然高貴鄉公之難，王沈陷於不忠；平吳之役，王渾與王濬爭功。馬伏波萬里還書以戒兄子，固無益於兄子也。」

景初元年（蜀建興十五年，吳嘉禾六年，西元二三七年）

㈠春，正月，壬辰（正月己亥朔，無壬辰日）㊀，山茌縣㊁言黃龍見，高堂隆以為魏得土德，故其瑞黃龍見，宜改正朔，易服色，以神明其政，變民耳目，帝從其議。三月，下詔改元，以是月為孟夏四月，服色尚黃犧，牲用白，從地正也㊂；更命太和歷曰景初歷㊃。

㈡五月己巳（初九日），帝還洛陽。

㈢己丑（二十九日），大赦。

㈣六月，戊申（十八日），京都地震。己亥（是月辛卯朔，己亥初九日，當系戊申之前），以尚書令陳矯為司徒，左僕射衞臻㊄為司空。

㈤有司奏以武皇帝為魏太祖，文皇帝為魏高祖，帝為魏烈祖，三祖之廟，萬世不毀㊅。

孫盛論曰：「夫謚以表行，廟以存容，未有當年而逆制祖宗，未終而豫自尊顯，魏之羣司㊆於是乎失正矣。」

㈥秋，七月，丁卯（初八日），東鄉貞公陳矯卒。

㈦公孫淵數對國中賓客出惡言，帝欲討之，以荊州刺史毌丘儉㊇為幽州刺史。儉上疏曰：「陛下即位以來，未有可書㊈，吳蜀恃險，未可卒平，聊㊉可以此方無用之士，克定遼東。」光祿大夫衞臻曰：「儉所陳皆戰國細術，非王者之事也。吳頻歲稱兵㈡，寇亂邊境，而猶按甲養士，未果致討者，誠以百姓疲勞故也。淵生長海表，相承三世㈢，外撫戎夷，內脩戰射，而儉欲以偏軍長驅，朝至夕卷㈢，知其妄矣！」帝不聽，使儉帥諸軍及鮮卑、烏桓屯遼東南界，璽書徵淵，淵遂發兵反，逆儉於遼隧㈣。會天雨十餘日，遼水大漲，儉與戰不利，引軍還右北平，淵因自立為燕王，改元紹漢，置百官，遣使假鮮卑單于璽，封拜邊民，誘呼鮮卑，以侵擾北方。

㈧漢張后殂。

㈨九月，冀、兗、徐、豫大水。

㈩西平郭夫人㈤有寵於帝，毛后愛弛。帝游後園，曲宴㈥極樂，郭夫人請延皇后，帝不許，因禁左右使不得宣㈦。后知之，明日謂帝曰：「昨日游宴北園㈧樂乎？」帝以左右泄之，所殺十餘人。庚辰（二十一日），賜后死，然猶加謚曰悼。癸丑（按是年改元以三月為四月則癸丑當在十月，魏志官紀系於十月是也，此系九月誤。）葬愍陵，遷其弟曾為散騎常侍。

㈩冬十月，帝用高堂隆之議，營洛陽南委粟山為圓丘⑲。詔曰：「昔漢氏之初，承秦滅學之後，採摭⑳殘缺㉑，以備郊祀，四百餘年，廢無禘禮㉒。曹氏世系，出自有虞，今祀皇皇帝天於圓丘，以始祖虞舜配祭；皇皇后地於方丘，以舜妃伊氏㉓配，祀皇天之神於南郊，以武帝配；祭皇地之祇於北郊，以武宣皇后配㉔。」

(十一)廬江主簿呂習密使人請兵於吳，欲開門為內應，吳主使衛將軍全琮督前將軍朱桓等赴之。既至，事露，吳軍還。

(十二)諸葛恪至丹陽，移書四部㉕屬城長吏，令各保其疆界，明立部伍，其從化平民，悉令屯居。乃內諸將羅兵幽阻㉖，但繕藩籬，不與交鋒，俟其穀稼將熟，輒縱兵芟㉗刈，使無遺種㉘，舊穀既盡，新穀不收，平民屯居，略無所入，於是山民饑窮，漸出降首㉙。恪乃復敕下㉚曰：「山民去惡從化，皆當撫慰，徙出外縣，不得嫌疑有所拘執。」臼陽長㉛胡伉得降民周遺，遺，舊惡民，困迫暫出，伉縛送言府，恪以伉違教，遂斬以徇。民聞伉坐執人被戮，知官惟欲出之而已，於是老幼相攜而出，歲期人數[32]，皆如本規[33]。恪自領萬人，餘分給諸將。吳主嘉其功，拜恪威北將軍[34]，封都鄉侯，徙屯廬江皖口[35]。

(14)是歲，徙長安鍾簴[36]、橐佗、銅人、承露盤於洛陽，盤折，聲聞數十里。銅人重不可致，留于霸城[37]。大發銅，鑄銅人二，號曰翁仲，列坐於司馬門外，又鑄黃龍、鳳皇各一，龍高四丈，鳳高三丈餘，置內殿前。起土山於芳林園西北陬[38]，使公卿羣僚皆負土樹松竹雜木善草於其上，捕山禽雜獸置其中。司徒軍議掾[39]董尋上疏諫曰：「臣聞古之直士，盡言於國，不避死亡，故周昌比高祖於桀紂[40]，劉輔譬趙后於人婢[41]，天生忠直，雖白刃沸湯，往而不顧者，誠為時主愛惜天下也。建安以來，野戰死亡，或門殫戶盡，雖有存者，遺孤老弱。若今宮室狹小，當廣大之，猶宜隨時[42]，不妨農務，況乃作無益之物？黃龍、鳳皇、九龍、承露盤，此皆聖明之所不興也！其功三倍於殿舍。陛下既尊羣臣，顯以冠冕，被以文繡，載以華輿，所以異於小人，而使穿方舉土[43]，面目垢黑，衣冠了鳥㊹，毀國之光，以崇無益㊺，甚非謂也。孔子曰：『君使臣以禮，臣事君以忠㊻。』無忠無禮，國何以立？臣知言出必死，而臣自比於牛之一毛㊼，生既無益，死亦何損？秉筆流涕，心與世辭。臣有八子，臣死之後，累陛下矣！」將奏，沐浴以待命。帝曰：「董尋不畏死邪？」主者奏收尋，有詔勿問。

高堂隆上疏曰：「今世之小人，好說秦漢之奢靡，以蕩聖心，求取亡國不度之器㊽，勞役費損，以傷德政，非所以興禮樂之和，保神明之休也。」帝不聽。隆又上疏曰：「昔洪水滔天二十二載㊾，堯、舜君臣南面而已。今無若時之急，而使公卿大夫並與廝徒共供事役，聞之四夷，非嘉聲也，垂之竹帛㊿，非令名也。今吳、蜀二賊，非徒白地小虜聚邑之寇(五一)，乃僭號稱帝，欲與中國爭衡(五二)。今若有人來告權、禪並脩德政，輕省租賦，動咨耆賢(五三)，事遵禮度，陛下聞之，豈不惕然惡其如此，以為難卒討滅，而為國憂乎？若使告者曰：『彼二賊並為無道，崇侈無度，彼其士民，重其賦斂，下不堪命，吁嗟日甚。』陛下聞之，豈不幸彼疲敝，而取之不難乎？苟如此，則可易心而度，事義之數，亦不遠矣！亡國之主自謂不亡，然後至於亡；賢聖之君自謂亡，然後至於不亡。今天下彫敝，民無儋石[54]之儲，國無終年[55]之蓄；外有彊敵，六軍暴邊[56]，內興土功，州郡騷動，若有寇警，則臣懼版築之士，不能投命虜庭矣！又將吏奉祿，稍見折減，方之於昔，五分居一[57]，諸受休者，又絕稟賜[58]，不應輸者，今皆出半[59]，此為官入兼多[60]於舊，其所出與參少於昔[61]，而度支經用，更每不足，牛肉小賦，前後相繼[62]，反而推之，凡此諸費，必有所在[63]；且夫祿賜穀帛，人主所以惠養吏民，而為之司命者也，若今有廢，是奪其命矣，既得之而又失之[64]，此生怨之府[65]也。」帝覽之，謂中書監令曰[66]：「觀隆此奏，使朕懼哉！」

尚書衛覬上疏曰：「今議者多好悅耳[67]，其言政治，則比陛下於堯舜；其言征伐，則比二虜於貍鼠，臣以為不然。四海之內，分而為三，羣士陳力，各為其主，是與六國分治無以為異也。當今千里無煙[68]，遺民困苦，陛下不善留意，將遂凋敝，難可復振。武皇帝之時，後宮食不過一肉，衣不用錦繡，茵蓐不緣飾(六九)，器物無丹漆(七〇)，用能平定天下，遺福子孫，此皆陛下之所覽也。當今之務，宜君臣上下計校府庫，量入為出，猶恐不及，而工役不輟，侈靡日崇，帑藏日竭。昔漢武信神仙之道，謂當得雲表之露以餐玉屑，故立仙掌以承高露，陛下通明，每所非笑。漢武有求於露，而猶尚見非，陛下無求於露，而空設之不益於好，而糜費功夫，誠皆聖慮所宜裁制也！」

時有詔錄(七一)奪士女(七二)，前已嫁為吏民妻者，還以配士，聽以生口自贖；又簡選其有姿首(七三)者，內之掖庭，太子舍人沛國張茂上書諫曰：「陛下，天之子也；百姓，吏民，亦陛下子也；今奪彼以與此，亦無以異於奪兄之妻妻弟也，於父母之恩偏矣。又詔書得以生口年紀顏色與妻相當自代，故富者則傾家盡產，貧者舉假貸貫，貴買生口以贖其妻，縣官以配士為名，而實內之掖庭，其醜惡乃出與士，得婦者未必喜，而失妻者必有憂，或窮或愁，皆不得志。夫君有天下，而不得萬姓之懽心者，鮮不危殆；且軍師在外，數十萬人，一日之費，非徒千金，舉天下之賦以奉此役，猶將不給，況復有掖庭非員無錄㊃之女？椒房㊄母后之家，賞賜橫與㊅內外交引，其費半軍㊆。昔漢武帝掘地為海㊇，封土為山，賴是時天下為一，莫敢與爭者耳！自衰亂㊈以來，四五十載，馬不捨鞍，士不釋甲，彊寇在疆，圖危魏室，陛下不戰戰業業，念崇節約，而乃奢靡是務，中尚方㊉作玩弄之物，後園建承露之盤，斯誠快耳目之觀，然亦足以騁寇讎之心㊀矣！惜乎舍堯、舜之節儉而為漢武帝之侈事，臣竊為陛下不取也。」帝不聽。

高堂隆疾篤，口占㊁上疏曰㊂：「曾子有言曰：『人之將死，其言也善。』臣寢疾有增無損，常恐奄忽㊃，忠款㊄不昭。臣之丹誠，願陛下少垂省覽。臣觀三代之有天下，聖賢相承，歷數百載，尺土莫非其有，一民莫非其臣，然癸、辛㊅之徒，縱心極欲，皇天震怒，宗國為墟。紂梟白旗㊆，桀放鳴條㊇，天子之尊，湯武有之，豈伊異人？皆明王之胄也！黃初之際，天兆其戒，異類之鳥，育長燕巢㊈，口爪胷赤㊉，此魏室之大異也，宜防鷹揚之臣於蕭牆之內㊈，可選諸王，使君國典兵，往往棊跱㊈，鎮撫皇畿，翼亮帝室㊈。夫皇天無親，惟德是輔㊈。民詠德政，則延期過歷，下有怨歎，則輟錄授能㊈。由此觀之，天下乃天下之天下，非獨陛下之天下也。」帝手詔深慰勞之㊈，未幾而卒。

陳壽評曰：「高堂隆學業脩明，志存匡君，因變陳戒，發於懇誠，忠矣哉！及至必改正朔，俾魏祖虞，所謂意過其通者歟㊈！」

㊄帝深疾浮華之士，詔吏部尚書盧毓曰：「選舉莫取有名，名如畫地作餅，不可啖㊈也。」對曰：「名不足以致異人，而可以得常士。常士畏教慈善，然後有名，非所當疾也。愚臣既不足以識異人，又主者正以循名案常㊈為職，但當有以驗其後耳！古者敷奏以言，明試以功㊀。今考績之灋廢，而以毀譽相進退，故真偽渾雜，虛實相蒙。」帝納其言，詔散騎常侍劉邵作考課灋。邵作都官考課灋七十二條，又作說略㊀一篇，詔下百官議。

司隸校尉崔林曰：「案周考課，其文備矣㊀！自康王以下，遂以陵夷，此即考課之灋存乎其人也。及漢之季，其失豈在乎佐吏之職不密哉？方今軍旅或猥或卒㉓，增減無常，固難一矣！且萬目不張舉其綱㉔，眾毛不整振其領㉕，皐陶仕虞，伊尹臣殷，不仁者遠㉖。若大臣能任其職，式是百辟㉗，則孰敢不肅？烏在考課哉！」

黃門侍郎杜恕曰：「明試以功，三載考績㉘，誠帝王之盛制也。然歷六代㉙而考績之灋不著，關㉚七聖㉛而課試之文不垂，臣誠以為其灋可粗依，其詳難備舉故也。語曰：『世有亂人而無亂灋』。若使灋可專任，則唐、虞可不須稷、契之佐，殷、周無貴伊、呂之輔矣！今奏考功者，陳周、漢之云為，綴京房之本旨㉜，可謂明考課之要矣，於以崇揖讓之風，興濟濟㉝之治，臣以為未盡善也。其欲使州郡考士，必由四科，皆有事效，然後察舉，試辟公府，為親民長吏，轉以功次補郡守者，或就增秩賜爵㉞，此最考課之急務也。臣以為便當顯其身，用其言，使具為課州郡之灋，灋具施行，立必信之賞，施必行之罰。至於公卿及內職大臣，亦當俱以其職考課之。古之三公，坐而論道㉟，內職大臣，納言補闕，無善不紀，無過不舉。且天下至大，萬機至眾，誠非一明所能徧照，故君為元首，臣作股肱，明其一體相須而成也。是以古人稱廊廟之材，非一木之支㈡；帝王之業，非一士之略。由是言之，焉有大臣守職辦課，可以致雍熙㈢者哉？誠使容身保位，無放退之辜，而盡節在公，抱見疑之勢，公義不脩，而私議成俗，雖仲尼為課，猶不能盡一才，又況於世俗之人乎？」

司空掾北地傅嘏曰：「夫建官均職，清理民物，所以立本也；循名責實，糾勵成規㈡，所以治末也。本綱未舉，而造制末程㈨；國略不崇，而考課是先，懼不足以料賢愚之分，精幽明之理也。」議久之不決，事竟不行。

臣光曰：「為治之要，莫先於用人，而知人㈢之道，聖賢所難也，是故求之於毀譽，則愛憎競進，而善惡渾殽㈢；考之於功狀，則巧詐橫生，而真偽相冒；要之其本，在於至公至明而已矣！為人上者至公至明，則羣下之能否，焯然㈢形於目中，無所復逃矣；苟為不公不明，則考課之灋，適足為曲私欺罔之資也。何以言之？公明者，心也；功狀者，迹也。己之心不能治，而以考人之迹，不亦難乎？為人上者，誠能不以親踈貴賤異其心，喜怒好惡亂其志，欲知治經之士，則視其記覽博治㊂，講論精通，斯為善治經矣；欲知治獄之士，則視其曲盡情偽，無所冤抑，斯為善治獄矣；欲知治財之士，則視其倉庫盈實，百姓富給，斯為善治財矣；欲知治兵之士，則視其戰勝攻取，敵人畏服，斯為善治兵矣；至於百官，莫不皆然。雖詢謀於人，而決之在己；雖考求於迹，而察之在心。研覈其實，而斟酌其宜，至精至微，不可以口述，不可以書傳也，安得豫為之法而悉委有司哉㊃？或者親貴雖不能而任職，踈賤雖賢才而見遺；所喜所好者，敗官而不去；所怒所惡者，有功而不錄；詢謀於人，則毀譽相半而不能決；考求其迹，則文具實亡而不能察；雖復為之善灋，繁其條目，謹其簿書，安能得其真哉？或曰：『人君之治，大者天下，小者一國，內外之官以千萬數，考察黜陟，安得不委有司而獨任其事哉？』曰：『非謂其然也。凡為人上者，不特人君而已。太守居一郡之上，刺史居一州之上，九卿居屬官之上，三公居百執事之上，皆用此道以考察黜陟在下之人，為人君者亦用此道以考察黜陟公、卿、太守，奚煩勞之有哉㉕？』或曰：『考績之灋，唐、虞所為，京房、劉邵述而修之耳，烏可廢哉？』曰：『唐、虞之官，其居位也久，其受任也專，其立灋也寬，其責成也遠。是故鯀之治水，九載績用弗成，然後治其罪㉖；禹之治水，九州攸同，四隩既宅，然後賞其功㉗；非若京房、劉邵之灋，校其米鹽之課，責其旦夕之效也。事固有名同而實異者，不可不察也。考績非可行於唐、虞，而不可行於漢、魏，由京房、劉邵不得其本，而犇趨其末故也。』」

（十六）初，右僕射衞臻典選舉，中護軍蔣濟㉘遺臻書曰：「漢主遇亡虜㉙為上將。周武拔漁父㉚為太師。布衣廝養㉛，可登王公，何必守文試而後用？」臻曰：「不然，子欲同牧野於成康，喻斷蛇於文景㉜，好不經㉝之舉，開拔奇之津㉞，將使天下馳騁而起㉟矣！」盧毓論人及選舉，皆先性行而後言才。黃門郎馮翊李豐嘗以問毓，毓曰：「才所以為善也，故大才成大善，小才成小善。今稱之有才而不能為善，是才不中器也㊱！」豐服其言。

【今註】㊀正月壬辰：潘眉曰：「是年正月無壬辰，當作二月，宋書符瑞志作二月也。」㊁山茌縣：前漢曰茌縣，後漢及魏晉曰山茌，屬泰山郡。應劭曰：「茌音淄。」故城在今山東省長清縣東北。㊂三月，下詔改元，以是月為孟夏四月，服色尚黃，犧牲用白，從地正也：胡三省曰：「是月春三月也。殷為地正，以建丑十二月為歲首。服色尚黃，以土代火之次。犧牲用白，從殷也。」唐庚曰：「世言夏得人統，以建寅為正，商得地統，以建丑為正，周得天統，以建子為正，其說非也。以堯典羲和、舜典巡狩觀之，唐虞之世，固以建寅為正矣！至夏后之時，其法尤備，其書傳於後世，謂之夏小正，孔子得之於杞，以為可用，非謂建寅之正自夏后氏始也。至成周時，始用建子為正，以建子為正，商居其間，不應無變改，因以意推之，曰商以建丑為正，而三統之說與焉！夫夏后以建寅為正，吾於論語見之矣！周以建子為正，吾於春秋見之矣！商以建丑為正，於經既無所見，於理亦復不通。夫以建子為正者，取二十四筆之首也；以建寅為正者，取四時之首也；以建丑為正者，其義安在哉！」按唐庚之論甚精該。且曹魏既以建丑之月為歲首，則四月在季春，何得云孟夏四月。蓋建寅正月在孟春，故四月為孟夏，若建丑則正月在仲春，孟夏則為五月矣！㊃改太和歷曰景初歷：何焯曰：「景初歷，尚書郎楊偉所造也，事詳宋書歷志中。曹爽有參軍楊偉，疑即此人。宋書又載黃初中，太史丞韓翊嘗造黃初歷，時陳羣為尚書令，奏以為是非得失，當以一年決定，今注家於羣傳遺之。楊偉之書，晉、宋悉用之，而名字翳然，亦史之闕也。」㊄左僕射衞臻：按《魏志・衞臻傳》，當作右僕射，此據《魏志・明帝紀》。《晉書・職官志》曰：「尚書僕射，漢本置一人。至漢獻帝建安四年，以執金吾榮邵為尚書左僕射，分置左右，蓋自此始。經魏至晉迄于江左，省置無恒，置二則為左右僕射，或不兩置，但曰尚書僕射，令闕則左為省主，若左右並闕，則置尚書僕射以主左事。」劉昭曰：「獻帝分置左右僕射，建安四年，以榮邵為尚書左僕射。」又引《獻帝起居注》云：「邵卒官，贈執金吾。」是邵本為尚書左僕射，既卒，始贈執金吾。《晉志》謂以執金吾為尚書左僕射，似誤。⑥有司奏至三祖之廟，萬世不毀：沈約曰：「時羣公、有司始奏更定七廟之制曰：『武皇帝肇建洪基，撥亂夷險，為魏太祖；文皇帝繼天革命，應期受禪，為魏高祖；上集成大命，清定華夏，興制禮樂，為魏烈祖。』明帝在祚而其下先擬定廟號，非禮也。」⑦羣司：百司執事之臣。⑧毋丘儉：複姓毋丘，名儉。楊慎曰：「複姓有毋邱氏，諸姓氏書毋作母，非也。漢書有曼邱、毋邱，本一姓。史記田齊世家：『伐衞，取毋邱。』索隱曰：『毋音貫。貫邱，故國名，衞之邑，今作毋邱，字殘缺耳！』按索隱以毋字為殘缺，亦非，蓋古字從省，不用貝。漢有毋邱興、毋邱長，毋邱興即毋邱儉之父。」胡三省曰：「毋音無。」按《索隱》，當讀音如貫字。⑨未有可書：言未有豐功偉績可書於史乘。⑩聊：鄭玄曰：「聊，且略之辭。」⑪稱兵：舉兵。⑫相承三世：淵父康、康父度，凡三世相承。⑬卷：讀曰捲。⑭遼隧：胡三省曰：「遼隧縣，二漢屬遼東郡，晉志無其地，蓋在遼水東岸。」隧《漢志》作隊，顏師古曰：「隧音遂。」故城在今遼寧省海城縣西。⑮郭夫人：夫人世為河右大族，黃初中，本郡反叛，遂沒入宮，見幸於明帝，帝疾困，立為皇后，見《魏志．后妃傳》。⑯曲宴：胡三省曰：「曲宴，禁中之宴，猶私宴也。」⑰宣：謂宣世其事。⑱北園：胡三省曰：

「後園在洛城北隅。」⑲營洛陽南委粟山為圓丘：《魏氏春秋》曰：「洛陽有委粟山，在陰鄉，魏時營為圓丘。」孔穎達曰：「委粟山在洛陽南二十里。」⑳摭：《方言》：「摭，取也，陳宋之間曰摭。」㉑殘缺：謂漢初承秦滅學之後，禘祀之儀，所傳者類多殘缺不完。㉒禘禮：胡三省曰：「禮：五年一禘。禘其祖之所自出，以其祖配之，審諦昭穆而祭于太祖也。此禘，謂祭昊天於圜丘也。」㉓舜妃伊氏：胡三省曰：「舜妃，堯女也。堯，伊祁氏。」㉔武宣皇后：武帝后卞氏，謚宣。㉕四部：胡三省曰：「四部當作四郡，謂吳郡、會稽、新都、鄱陽，皆與丹陽隣接，山越依阻出沒，故令各保其疆界。或曰：四部，謂東、西、南、北四部都尉也。」按《吳志・諸葛恪傳》：「丹陽地勢險阻，與吳郡、會稽、新都、鄱陽四郡鄰接。」則以四郡為是，蓋恪欲平山越，恐其竄擾旁郡，故移書四郡嚴保其疆界。依阻，謂依恁山巖險阻。㉖內諸將羅兵幽阻：內讀曰納。言令諸將深入幽邃險阻之地，羅列軍隊以阨守之。㉗芟：音彩。詩傳曰：「除草曰芟。」㉘種：穀種。㉙首：自首。有罪自陳曰首。㉚敕下：胡三省曰：「敕下者，以教令約敕其下也。」㉛臼陽長：胡三省曰：「臼陽既置長，必以為縣，其地當在丹陽郡，而今無考。」㉜歲期人數：見上卷青龍二年。㉝本規：事先之所規度。㉞吳主嘉其功，拜恪威北將軍：陳壽曰：「山越好為叛亂，難安易動，是以孫權不遑外禦，卑詞於魏氏。」王鳴盛曰：「吳所有者，揚、荊、交、廣四州。交、廣山越必多，然距京都甚遠，彼既不來，我亦不往，任其獸伏烏竄而已。荊州南境零陵、桂陽等郡亦稍遠，惟揚是所都。揚所轄各郡中，丹陽一郡正是秣陵所都之地，稅斂調發，舉足輒及，而山越為梗，故吳世恒以此為事。」胡三省曰：「威北將軍，亦孫氏所創置。」(三五)皖口：地當皖水入江之口，在今安徽省懷寧縣西。(三六)簴：音巨。簴一作虡，懸鐘之木。橫曰簨，植曰簴。(三七)霸城：胡三省曰：「即漢京兆霸陵縣故城也。」霸陵在今陝西省長安縣東。(三八)起土山於芳林園西北陬：裴松之曰：「芳林園即今華林園」。齊王芳即位，改曰華林園。按此土山即景陽山，《魏志・高堂隆傳》所謂起景陽山於芳林之園者是。芳林園故址在今河南省洛陽故城中。(三九)司徒軍議掾：胡三省曰：「漢公府無軍議掾，此官魏置也。」(四〇)周昌比高祖於桀紂：《漢書・周昌傳》云：「昌嘗燕入奏事，高帝方擁戚姬，昌還走，高帝逐得，騎昌項。上問曰：『我何如主也？』昌仰曰：『陛下即桀紂之主也。』」(四一)劉輔譬趙后於人婢：成帝寵趙倢行，欲立為皇后，輔上書諫曰：「腐木不可以為柱，人婢不可以為主。」見卷三十一漢成帝永始元年。(四二)猶宜隨時：言猶宜就農隙之時為之。(四三)穿方舉土：穿土為穴，負土為山。胡三省曰：「穴土為方也。漢書所謂方中，亦此義。」(四四)了鳥：胡三省曰：「了鳥，衣冠摧敝之貌。」(四五)以崇無益：崇飾園林而無益於治道。(四六)君使臣以禮，臣事君以忠：《論語》孔子對魯定公之辭。(四七)臣自比於牛之一毛：司馬遷〈答任安書〉曰：「假令僕伏法受誅，若九牛亡一毛，與螻蟻何異！」此蓋祖遷之意。(四八)亡國不度之器：胡三省曰：「謂長安鐘簴、橐佗、銅人、承露盤也。」按凡此諸物，皆足以令人喪志荒政，故曰亡國不度之器。(四九)昔洪水蹈天二十二載：胡三省曰：「隆之言蓋取鯀九載，續用弗成，禹治兗州，作十有三載乃同合，以為二十二載之數。」(五〇)竹帛：謂史乘。古時無紙，或書於竹，或書於帛。(五一)白地小虜聚邑之寇：胡三省曰：「白地，謂大幕不生草木，多白沙也；小虜，謂烏桓、鮮卑也；聚邑之寇，謂盜賊竊發，屯據鄉邑聚落者。」幕讀曰漠，大幕即北方沙漠之地。按胡注，似以白地指匈奴，小虜指烏桓、鮮卑，愚按白地小虜蓋泛指大漠諸胡，與下聚邑之寇為對辭，鄙夷之，故統謂之小虜，非專以白地指匈奴，小虜為烏桓、鮮卑也。(五二)爭衡：胡三省曰：「衡所以稱輕重。爭衡者，言吳、蜀自謂國勢與中國鈞，無所輕重也。」(五三)動咨耆賢：言凡有舉動，必先咨於耆賢。耆，老者尊稱，《禮・曲禮》：「六十曰耆。」(五四)儋石：儋與擔同。《通雅》云：「漢書一石為石，再石為儋，言人擔之也。」《漢書・蒯通傳》云：「守儋石之祿者，闕卿相之位也。」(五五)終年：一整年。(五六)暴邊：言暴露師旅於邊疆，不得休息。(五七)方之於昔，五分居一：言今之俸祿，比之昔日，才五分之一。(五八)諸受休者，又絕稟賜：言諸休假在告者，皆無稟賜之恩。稟與廩同。胡三省曰：「稟，給也。」(五九)不應輸者，今皆出半：原本復免者，今皆輸半稅，言賦斂重也。(六〇)兼多：倍多。(六一)其所出與參少於昔：胡三省曰：「參，三分也。」言百官俸祿所支出但當昔日三分之一。(六二)牛肉小賦，前後相繼：胡三省曰：「此蓋犒賞工徒，度支經用不足以給，故賦牛肉以供之。」(六三)凡此諸費，必有所在：胡三省曰：「指言諸費皆在於營繕也。」(六四)既得之而又失之：言民既已得祿賜穀帛矣，而今復失之也。(六五)府：所在。(六六)帝覽之，謂中書監令曰：胡三省曰：「中書監、令，典奏事。因觀隆奏，遂以語之。」按魏初置秘書令，文帝改為中書令，又置監，與令並掌機密，典奏事。(六七)悅耳：諂諛之言。(六八)千里無煙：謂千里之間，人口滅絕。(六九)茵蓐不緣飾：胡三省曰：「茵蓐之字從草，蓋古人用草為之，後世鞇字有旁從革者，用皮為之也；裀褥二字有旁從衣者，用帛為之也。古樸散，而文飾盛，又從而加緣飾焉！觀書顧命敷席有黼純、綴純、畫純、玄粉純之別，則成周之時已然矣！純，緣也。」(70)丹漆：加丹硃於漆中。(71)錄：胡三省曰：「錄，收也。」(72)士女：女子之通稱。(73)姿首：胡三省曰：「姿謂有色者，首謂鬒髮者。」又胡三省云：「首為髮之美。」髮色黝黑曰鬒。《詩・鄘風・君子偕老》：鬒髮如雲。」(74)非員無錄：胡三省曰：「非員，謂出於員數之外者；無錄，謂宮中錄籍無其名者。」(75)椒房：李賢曰：「后妃以椒塗壁，取其繁衍多子，故曰椒房。」(76)橫與：給與無度。(77)其費半軍：胡三省曰：「謂其費與給軍之費相半也。」(78)昔漢武帝掘地為海，封土為山：胡三省曰：「掘地為海，謂開昆明池也；封土為山，謂作三神、漸台也。」(79)衰亂：謂東漢末年。(80)中尚方：按《晉書・職官志》，少府統中、左、右三尚方。(81)騁寇讎之心：使仇敵得以逞其心志。騁者，恣放之意。(82)口占：顏師古曰：「占，隱度也，口隱其辭以授之也。」胡三省曰：「疾篤不能自書，故口占而使人書之。」(83)曾子有言曰，「人之將死，其言也善。」：見《論語・泰伯》。(84)奄忽：謂死。《文選》馬融〈長笛賦〉：「奄忽滅沒。」又左思〈吳都賦〉：「慌罔奄欻。」注云：「奄欻，去來不定之意。」欻與忽同。諱言死，故云奄忽。(85)款：《史記集解》云：「款，誠也。」(86)癸、辛：癸謂夏桀，辛謂商紂。(87)紂梟白旗：胡三省曰：「武王斬紂首，懸之白旗。」(88)桀放鳴條：商湯破桀於鳴條，放之於南巢。孔安國曰：「鳴條地在安邑之西。」按《孟子》云：「舜卒於鳴條，東夷之人也。」則鳴條似是在東方。《清一統志》云：「南巢在今安徽省巢縣東北五里，即居巢故城。」蓋湯起於東方，桀東征，既敗於鳴條，遂率殘部而奔南巢，則鳴條、南巢，地望必相近。(八九)異類之鳥，育長燕巢：《晉書・五行志》云：「黃初元年，未央宮中有燕生鷹，口爪俱赤。」(九〇)口爪胷赤：按《晉書》及《宋書・五行志》並云「口爪俱赤。」《魏志・高堂隆傳》作「口爪胷赤。」胸字似誤。(九一)宜防鷹揚之臣於蕭牆之內：《詩・大雅・大明》：「維師尚父，時維鷹揚。」毛傳：「如鷹之飛揚也。」後轉以喻武臣之跋扈難御者。蕭牆之內，言禍起於內也。《論語・季氏》：「吾恐季孫之憂，不在顓臾，而在蕭牆之內也。」注：「蕭之言肅也，牆謂屛也。君臣相見之禮，至屛而加肅敬焉！是以謂之蕭牆。」(九二)綦跱：布相跱。(九三)翼亮：輔而彰顯之。(九四)皇天無親，惟德是輔：《書・蔡仲之命》之辭。(九五)輟錄授能：胡三省曰：「錄，圖錄也。」古人深信朝代之興，必有圖錄之祥。輟錄，謂舊朝滅亡；授能，謂新朝代興。(九六)帝手詔深慰勞之：習鑿齒曰：「高堂隆可謂忠臣矣！君侈每思諫其惡，將死不忘憂社稷，正辭動於昏主，明戒驗於身後，謇諤足以勵物，德音沒而彌彰，可不謂忠且智乎！」(九七)及至必改正朔，俾魏祖虞，所謂意過其通者也：胡三省曰：「謂是年黃龍見之議也。意過其通，謂意料之說，執之甚堅，反過其學之所通習者也。」(九八)啖：音談，食也。(九九)循名案常：因其名以考案其才行。常謂常士。(一〇〇)敷奏以言，明試以功：胡三省曰：「言唐虞之治也。」按二語出舜典。書傳曰：「敷，陳；奏，進也。」言士有名行為羣臣所稱譽者，則錄而授之以職，以試其功。(一〇一)說略：胡三省曰：「說略者，說考課之大略也。」(一〇二)按周官考課，其文備矣：胡三省曰：「周冢宰總百官，歲終則令百官府各正其治，受其會，聽其政事而詔王廢置，三歲則大計羣吏之治而誅賞之。其詳見於周禮。」(一〇三)或猥或卒：胡三省曰：「猥，積也；卒，倉猝也。」㉔萬目不能舉其綱：胡之省曰：「以網為譬也。」目謂綱目；綱即繫網大繩。㉕眾毛不整振其領：胡三省曰：「以裘為譬也。」㉖皐陶仕虞，伊尹臣殷，不仁者遠：《論語．顏淵》子夏答樊遲曰：「舜有天下，選於眾，舉皐陶，不仁者遠矣；湯有天下，選於眾，舉伊尹，不仁者遠矣！」陶音遙。㉗式是百辟：《詩．大雅．烝民》：「王命仲山甫，式是百辟。」注云：「汝施行法度於是百君。」㉘三載考績：語出《書．舜典》。㉙六代：胡三省曰：「六代：唐、虞、夏、商、周、漢。」㉚闕：殿本《魏志．杜恕傳》作閱。考證云：「監本閱誤闕，今照冊府元龜改。」是宋本原作閱。《通鑑》據監本作闕。㉛七聖：胡三省曰：「七聖：堯、舜、禹、湯、文、武、周公。」㉜綴京房之本旨：胡三省曰：「漢京房有考功課吏法。」㉝濟濟：眾盛貌。㉞其欲使州郡考士，必由四科至或就增秩賜爵：以上略舉劉劭考課法之大要。胡三省曰：「四科，即漢左雄所上，黃瓊所增者也。」見卷五十二順帝漢安二年。㉟古之三公，坐而論道：三公謂太師、太傅、太保。《考工記》曰：「坐而論道，謂之三公。」注云：「論道，謂謀慮治國之政令也。」㊱廊廟之材，非一木之支；帝王之業，非一士之略：顏師古曰：「此語出於慎子，班固引以贊婁敬、叔孫通。」㊲雍熙：和洽清明。㊳循名責實，糾勵成規：指考課之法而言。㊴本綱未舉而造制末程：本綱謂建官均職，清理民物，即下文所謂國略；末程謂循名責實，糾勵成規。胡三省曰：「舉綱則眾目張矣，言所繫者大也；大髮為程，十程為分，言其細也。文曰：程，品式也。」按即棄本務末之意，與下國略不崇而考課是先為對文，其意略同。㊵知人之道，聖人之所難也：《書

・皋陶》曰：「在知人，在安民。」禹曰：「吁！咸若時，惟帝其難之。」溫公蓋用其意。㉑渾殽：混雜而不分。殽與淆同。㉒焯然：明晰貌。㉓博洽：胡三省曰：「博，廣也，大也；通也，洽，徧也。」㉔臣光曰至安得豫為之法，而悉委有司哉：此段議論為溫公政治見解精髓之所在。胡三省曰：「溫公之論善矣，然必英明之君然後能行之。自漢以下，循名責實，莫孝宣若也。宣帝之政，非由師傅之諭教，公輔之啟沃也。公所謂不可以口述，不可以書傳，其萬世之名言也歟！」㉕凡為人上者至奚煩勞之有哉：胡三省曰：「古人有言曰：『舉一綱，眾目張。』又曰：『正其本，萬事理。』此之謂也。」㉖是故鯀之治水，九載績用弗成，然後治其罪：堯命鯀治水，九載而績用弗成，見《書・堯典》。治其罪，謂舜殛鯀於羽山，見《書・舜典》。㉗禹之治水，九州攸同，四隩既宅，然後賞其功：事見《尚書・禹貢》。四隩既宅，謂四方水涯之地，皆可奠居。賞其功，謂錫禹以玄珪。㉘中護軍蔣濟：胡三省曰：「蔣濟已自中護軍遷護軍將軍，此後書中護軍，蓋先時事也。」按上曰初，右僕射衞臻典選舉，蓋追述先時之事。㉙亡虜：謂鞏信。㉚漁父：謂呂望。㉛廝界：執賤役者。㉜子欲同牧野於成康，喻斷蛇於文景：胡三省曰：「謂草創之規略，不可用於承平之時也。」武王興周，克商王於牧野；漢高斬蛇起義，卒成帝業，故以喻草創之世。㉝不經：非常。㉞開拔奇之津：胡三省曰：「津，江河濟度之要，故以為喻。」㉟馳騁而起：謂擾攘不安。㊱器：器用。

卷七十四 魏紀六

起著雍敦牂盡旃蒙赤奮若，凡八年。（戊午至乙丑，西元二三八年至二四五年）

司馬光編集
林瑞翰註

烈祖明皇帝下

景初二年（蜀延熙元年，吳赤烏元年，西元二三八年）

㈠春，正月，帝召司馬懿於長安，使將兵四萬討遼東㈠。議臣㈡或以為四萬兵多，役費難供。帝曰：「四千里征伐㈢，雖云用奇，亦當任力，不當稍計役費也。」帝謂懿曰：「公孫淵將何計以待君？」對曰：「淵棄城豫走，上計也；據遼東拒大軍㈣，其次也；坐守襄平㈤，此成禽耳！」帝曰：「然則三者何出？」對曰：「唯明智能審量彼我，乃豫有所割棄，此既非淵所及，又謂今往孤遠㈥，不能支久，必先拒遼水，後守襄平也。」帝曰：「還往幾日？」對曰：「往百日，攻百日，還百日，以六十日為休息，如此一年足矣！」

公孫淵聞之，復遣使稱臣求救於吳。吳人欲戮其使㈦，羊衜㈧曰：「不可，是肆匹夫之怒，而捐霸王之計也。不如因而厚之，遣奇兵潛往以要其成。若魏伐不克，而我軍遠赴，是恩結遐夷㈨，義形萬里㈩；若兵連不解，首尾離隔，則我虜其傍郡，驅略而歸，亦足以致天之罰，報雪曩事⑪矣。」吳主曰：「善。」乃大勒兵，謂淵使曰：「請俟後問，當從簡書⑫，必與弟同休戚⑬。」又曰：「司馬懿所向無前，深為弟憂之⑭。」帝問於護軍將軍蔣濟曰：「孫權其救遼東乎？」濟曰：「彼知官備已固⑮，利不可得，深入則非力所及，淺入則勞而無獲。權雖子弟在危，猶將不動，況異域之人⑯，兼以往者之辱⑰乎？今所以外揚此聲者，譎⑱其行人⑲，疑之於我。我之不克⑳，冀其折節事已耳！然沓渚之間，去淵尚遠，若大軍相守，事不速決，則權之淺規㉑或得輕兵掩襲，未可測也。」

㈡帝問吏部尚書盧毓，誰可為司徒者，毓薦處士管寧。帝不能用，更問其次。對曰：「敦篤至行，則太中大夫韓暨；亮直清方，則司隸校尉崔林；貞固純粹，則太常常林。」二月，癸卯（十一日），以韓曁為司徒。

㈢漢主立皇后張氏，前后之妹也。立王貴人子璿為皇太子，瑤為安定王。

大司農河南孟光問太子讀書及情性好尚於秘書郎郤正㉒。正曰：「奉親虔恭，夙夜匪懈，有古世子之風，接待羣僚，舉動出於仁恕。」光曰：「如君所道，皆家戶所有耳㉓！吾今所問，欲知其權略智謀何如也。」正曰：「世子之道，在於承志竭歡㉔，既不得妄有施為，智謀藏於胸懷，權略應時而發，此之有無，焉可豫知也？」光知正慎宜㉕，不為放談㉖，乃曰：「吾好直言，無所回避。今天下未定，智意為先。智意自然㉗，不可力彊致也。儲君讀書，寧當傚吾等竭力博識，以待訪問，如博士探策㉘講試，以求爵位邪？當務其急者。」正深謂光言為然。正，儉之孫也㉙。

㈣吳人鑄當千大錢㉚。

㈤夏，四月，庚子（初九日），南鄉恭侯韓曁卒。

㈥（十九日）庚戌，大赦。

㈦六月，司馬懿軍至遼東，公孫淵使大將軍卑衍㉑、楊祚將步騎數萬屯遼隧，圍塹㉒二十餘里，【考異】晉宣紀云：「南北六七里。」今從淵傳。諸將欲擊之。懿曰：「賊所以堅壁，欲老吾兵也。今攻之，正墮其計。且賊大眾在此，其巢窟空虛，直指襄平，破之必矣！」乃多張旗幟，欲出其南。衍等盡銳趣之。懿潛濟水㉓出其北，直趣襄平。衍等恐，引兵夜走。諸軍進至首山㉔，淵復使衍等逆戰，懿擊，大破之，遂進圍襄平。

秋，七月，大霖雨，遼水暴漲，運船自遼口㉕徑至城下。雨月餘不止，平地水數尺。三軍恐，欲移營，懿令軍中敢有言徙者斬。都督令史㉖張靜犯令，斬之，軍中乃定。賊恃水，樵牧自若，諸將欲取之，懿皆不聽。司馬陳珪曰：「昔攻上庸，八部俱進，晝夜不息，故能一旬之半拔堅城，斬孟達㉗。今者遠來，而更安緩，愚竊惑焉！」懿曰：「孟達眾少而食支一年，將士四倍於達，而糧不淹月㉘，以一月圖一年，安可不速？以四擊一，正令失半而克，猶當為之，是以不計死傷，與糧競也㊳。今賊眾我寡，賊饑我飽，水雨乃爾㊵，功力不設㊶，雖當促之，亦何所為？自發京師，不憂賊攻，但恐賊走。今賊糧垂盡，而圍落未合㊷，掠其牛馬，抄其樵采，此故驅之走也。夫兵者詭道，善因事變㊸，賊憑眾恃雨，故雖饑困，未肯束手，當示無能以安之。取小利以驚之，非計也㊹！」

朝廷聞師遇雨，咸欲罷兵。帝曰：「司馬懿臨危制變，禽淵可計日待也。」雨霽，懿乃合圍。作土山、地道、楯、櫓、鉤、衝㊺，晝夜攻之，矢石如雨。淵窘急，糧盡，人相食，死者甚多，其將楊祚等降。

八月，淵使相國王建、御史大夫柳甫請解圍卻兵，當君臣面縛。懿命斬之，檄告淵曰：「楚、鄭列國㊼而鄭伯猶肉袒牽羊迎之㊽，孤天子上公㊻而建等欲孤解圍退舍，豈得禮邪？二人老耄，傳言失指，已相為斬之。若意有未已，可更遣年少有明決者來。」淵復遣侍中衞演乞克日送任㊾。懿謂演曰：「軍事大要有五，能戰當戰；不能戰，當守；不能守，當走；餘二事，但有降與死耳！汝不肯面縛，此為決就死也，不須送任。」壬午（是年八月即建寅七月，七月庚寅朔，無壬午，壬午在九月，即建寅之八月），襄平潰，淵與子脩將數百騎突圍東南走，大兵急擊之，斬淵父子於梁水之上〔五〇〕。懿既入城，誅其公卿以下及兵民七千餘人，築為京觀〔五一〕，遼東、帶方〔五二〕樂浪、玄菟四郡皆平。

淵之將反也，將軍綸直〔五三〕、賈範等苦諫，淵皆殺之。懿乃封直等之墓，顯其遺嗣，釋淵叔父恭之囚〔五四〕，中國人欲還鄉者，恣聽之，遂班師。

初，淵兄晃為恭任子，在洛陽，先淵未反時，數陳其變，欲令國家討淵。及淵謀逆，帝不忍市斬，欲就獄殺之〔五五〕。廷尉高柔上疏曰：「臣竊聞晃先數自歸，陳淵禍萌，雖為凶族，原心可恕。夫仲尼亮司馬牛之憂〔五六〕，祁奚明叔向之過〔五七〕，在昔之美義也。臣以為晃信有言，宜貸其死；苟自無言，便當市斬。今進不赦其命，退不彰其罪，閉著囹圄，使自引分〔五八〕，四方觀國，或疑此舉也。」帝不聽，竟遣使齎金屑飲晃及其妻子，賜以棺衣，殯斂於宅(五九)。

(八)九月，吳改元赤烏(六〇)。

(九)吳步夫人(六一)卒。初，吳主為討虜將軍(六二)，在吳，娶吳郡徐氏。太子登所生庶賤(六三)，吳主令徐氏母養之。徐氏妬，故無寵。及吳主西徙，徐氏留處吳(六四)而臨淮步夫人寵冠後庭，吳主欲立為皇后，而羣臣議在徐氏，吳主依違(六五)者十餘年。會步氏卒，羣臣奏追贈皇后印綬。徐氏竟廢，卒於吳。

(十)吳主使中書郎呂壹典校諸官府及州郡文書，壹因此漸作威福，深文巧詆(六六)，排陷無辜，毀短大臣，纖介必聞。太子登數諫，吳主不聽，羣臣莫敢復言，皆畏之側目。壹誣白故江夏太守刁嘉謗訕國政，吳主怒，收嘉繫獄驗問。時同坐人(六七)皆畏怖壹，並言聞之。侍中北海是儀(六八)獨云無聞，遂見窮詰累日，詔旨轉厲，羣臣為之屏息(六九)。儀曰：「今刀鋸已在臣頸，臣何敢為嘉隱諱，自取夷滅，為不忠之鬼？顧以聞知當有本末，據實答問。」辭不傾移，吳主遂舍之，嘉亦得免。

上大將軍陸遜、太常潘濬憂壹亂國，每言之[70]，輒流涕。壹白丞相顧雍過失，吳主怒，詰責雍。黃門侍郎謝厷[71]語次問壹：「顧公事何如？」壹曰：「不能佳。」厷又問：「若此公免退，誰當代之？」壹未答，厷曰：「得無潘太常得之乎？」壹曰：「君語近之也。」厷曰：「潘太常常切齒於君，但道無因耳[72]！今日代顧公，恐明日便擊君矣[73]。」壹大懼，遂解散雍事。

潘濬求朝，詣建業[74]，欲盡辭極諫，至聞太子登已數言之而不見從，濬乃大請百寮，欲因會手刃殺壹，以身當之[75]，為國除患。壹密聞知，稱疾不行。

西陵督步隲上疏曰：「顧雍、陸遜、潘濬志在竭誠，寢食不寧，念欲安國利民，建久長[76]之計，可謂心膂股肱，社稷之臣矣。宜各委任，不使他官監其所司，課其殿最[77]。此三臣思慮不到則已，豈敢欺負所天[78]乎？」

左將軍朱據部曲應受三萬緡，工王遂詐而受之，壹疑據實取，考問主者[79]，死於杖下。據哀其無辜，厚棺斂之。壹又表據吏為據隱，故厚其殯。吳主數責問據，據無以自明，藉草(八〇)待罪。數日，典軍吏劉助覺，言王遂所取(八一)，吳主大感悟曰：「朱據見枉，況吏民乎？」乃窮治壹罪，賞助百萬。丞相雍至廷尉斷獄，壹以囚見。雍和顏色問其辭狀，臨出，又謂壹曰：「君意得無欲有所道(八二)乎？」壹叩頭無言。時尚書郎懷敍(八三)面詈辱壹。雍責敍曰：「官有正灋，何至於此？」有司奏壹大辟，或以為宜加焚(八四)裂(八五)，用彰元惡。吳主以訪中書令會稽闞澤(八六)，澤曰：「盛明之世，不宜復有此刑。」吳主從之。

壹既伏誅，吳主使中書郎袁禮告謝諸大將，因問時事所當損益。禮還，復有詔責諸葛瑾、步隲、朱然、呂岱等曰：「袁禮還，云與子瑜(八七)、子山(八八)、義封(八九)、定公(九〇)相見，並咨以時事當有所先後(九一)，各自以不掌民事，不肯便有所陳，悉推之伯言(九二)、承明(九三)，伯言、承明見禮，泣涕懇惻，辭旨辛苦，至乃懷執危怖，有不自安之心，聞之悵然，深自刻怪(九四)。何者？夫惟聖人能無過行，明者能自見耳！人之舉厝，何能悉中？獨當己有以傷拒眾意，忽不自覺，故諸君有嫌難㊈㊄耳！不爾，何緣乃至於此乎？與諸君從事，自少至長，髮有二色㊈㊅以謂表裏，足以明露；公私分計，足用相保㊈㊆，義雖君臣，恩猶骨肉；榮福喜戚，相與共之。忠不匿情，智無遺計，事統是非㊈㊇，諸君豈得從容㊈㊈而已哉？同船濟水，將誰與易？齊桓有善，管子未嘗不歎；有過，未嘗不諫；諫而不得，終諫不止。今孤自省無桓公之德，而諸君諫諍未出於口，仍執嫌難。以此言之，孤於齊桓良優，未知諸君於管子何如耳㊀㊀？」

㈩冬，十一月，壬午（二十四日），以司空衞臻為司徒，司隸校尉崔林為司空。

㈩一十二月，漢蔣琬出屯漢中。

㈩二乙丑（初八日），帝不豫。

㈩三辛巳（二十四日），立郭夫人為皇后。

㈩四初，太祖為魏公，以贊令㊀㊀劉放、參軍事孫資皆為秘書郎。文帝即位，更名秘書曰中書，以放為監，資為令，遂掌機密㊀㊀。帝即位，尤見寵任，皆加侍中、光祿大夫，封本縣侯㊀㊀。是時帝親覽萬機，數興軍旅，腹心之任，皆二人管之。每有大事，朝臣會議，常令決其是非，擇而行之。中護軍蔣濟上疏㉔曰：「臣聞大臣太重者，國危；左右太親者，身蔽；古之至戒也。往者大臣秉事，外內扇動㉕，陛下卓然自覽萬機，莫不祗肅。夫大臣非不忠也，然威權在下，則眾心慢上，勢之常也。陛下既已察之於大臣，願無忘之於左右。左右忠正遠慮，未必賢於大臣；至於便辟取合㉖，或能工之。今外所言輒云中書，雖使恭慎不敢外交，但有此名，猶惑世俗，況實握事要，日在目前？儻因疲倦之間，有所割制㉗，眾臣見其能推移於事㉘，即亦因時而向之，一有此端，私招朋援，臧否毀譽，必有所興；功負賞罰㉙必有所易；直道而上者或壅，曲附左右者反達；因微而入㉚，緣形而出，意所狎信㉛，不復猜覺。此宜聖智所當早聞，外以經意，則形際自見。或恐朝臣畏言不合㉜，而受左右之怨，莫適以聞。臣竊亮陛下潛神默思，公聽並觀，若事有未盡於理，而物有未周於用，將改曲易調㉝，遠與黃、唐㉞角功㉟，近昭武、文㊱之績，豈牽近習而已哉！然人君不可悉任天下之事，必當有所付，若委之一臣，自非周公旦之忠，管夷吾之公，則有弄權敗官之敝。當今柱石之士[27]雖少，至於行稱一州，智效[28]一官，忠信竭命，各奉其職，可並驅策，不使聖明之朝有專吏[29]之名也。」帝不聽[30]。及寢疾，深念後事，乃以武帝子燕王宇為大將軍，與領軍將軍[31]夏侯獻、武衛將軍曹爽、屯騎校尉曹肇、驍騎將軍秦朗等對輔政[32]。爽，真之子；肇，休之子也。帝少與燕王宇善，故以後事屬之。

劉放、孫資久典機任，獻、肇心內不平。殿中有雞棲樹，二人相謂曰：「此亦久矣，其能復幾[33]？」放、資懼有後害，陰圖間之[34]。燕王性恭良，陳誠固辭，帝引放、資入臥內，問曰：「燕王正爾為[35]？」對曰：「燕王實自知不堪大任故耳！」帝曰：「誰可任者？」時惟曹爽獨在側，放、資因薦爽，且言宜召司馬懿與相參[36]。帝曰：「爽堪其事不[37]？」爽流汗不能對，放躡其足，耳之[38]曰：「臣以死奉社稷！」帝從放、資言，欲用爽、懿，既而中變，敕停前命。放、資復入見說帝，帝又從之。放曰：「宜為手詔。」帝曰：「我困篤不能。」放即上牀執帝手強作之，遂齎出，大言曰：「有詔免燕王宇等官，不得停省中。」皆流涕而出。【考異】放傳曰：「宇性恭良，陳誠固辭，帝引見放、資入臥內問曰：『燕王正爾為？』放、資對曰：『燕王實自知不堪大任故耳！』帝曰：『曹爽可代宇否？』放、資因贊成之。又深陳宜速召太尉司馬宣王，帝納其言。放、資既出，帝意復變，詔止宣王勿來。尋更見放、資曰：『我自召太尉，而曹肇等反使吾止之。』命更為詔。帝獨召爽，與放、資俱受詔命，遂免宇、獻、肇、朗官。」按陳壽當晉世作魏志，若言放，資本情，則於時非美，故遷就而為之諱也。今依習鑿齒漢晉春秋、郭頒世語，似得其實。甲申（二十七日），以曹爽為大將軍。帝嫌爽才弱，復拜尚書孫禮為太將軍長史以佐之。是時司馬懿在汲㉙，帝令給使辟邪㉚，齎手詔召之。先是燕王為帝畫計，以為關中事重㉛宜遣懿便道自軹關㉜西還長安。事已施行，懿斯須㉝得二詔，前後相違，疑京師有變，乃疾驅入朝。

【今註】㈠帝召司馬懿於長安，使將兵四萬討遼東：胡三省曰：「討公孫淵也。留司馬懿於長安，以備蜀也；諸葛亮死，乃敢召之。」㈡議臣：當時參預謀議之臣。㈢四千里征伐：遼東郡在洛陽東北三千六百里，見《後漢書．郡國志》劉昭注。此云四千里，取其約數。㈣據遼東拒大軍：胡三省曰：「遼東當作遼水。」按下云「必先拒遼水，後守襄平也。」作遼水是。㈤襄平：襄平縣，漢遼東郡治，公孫氏所都，故城在今遼寧省遼陽縣北。㈥今往孤遠：言今往征，軍孤而道遠。㈦吳人欲戮其使：胡三省曰：「欲報張彌、許晏之事也。」按孫權嘗遣張彌、許晏使遼東，立淵為燕王，淵斬其首，送之於魏。事見卷七十二明帝青龍元年。㈧衜：古道字。㈨遐夷：指公孫淵。㈩義形萬里：言救亡之義，彰於遠域。⑪曩事：謂張彌、許晏之事。曩與昔同。⑫簡書：《詩．小雅．出車》：「王事多難，不遑啟居，豈不懷歸，畏此簡書。」疏云：「古者無紙，有事書之於簡，謂之簡書，以相戒命也。」朱子曰：「鄰國有急，則以簡書相戒命。」⑬必與弟同休戚：胡三省曰：「淵遣使謝吳，自稱燕王，求為兄弟之國，故權因而稱之為弟。」⑭司馬懿所向無前，深為弟憂之：語見《漢晉春秋》，溫公採之。胡三省曰：「此晉史臣為此語耳，權必無此言。」⑮彼知官備已固：胡三省曰：「魏晉之間，謂國家為官。」⑯異域之人：謂公孫淵。⑰往者之辱：謂斬張彌、許晏事。⑱譎：詭詐。⑲行人：使者。⑳不克：言不能平定遼東。㉑淺規：胡三省曰：「謂規圖淺攻不敢深入。」余按規即規謀，言其非深謀遠慮也，不必作規圖淺攻解。㉒秘書郎郤正：胡三省曰：「東漢以馬融為秘書郎，詣東觀典校秘書，秘書郎蓋自融始。」郤《後漢書》作郗，音稀。㉓皆家戶所有耳：言其才行，皆常人所有。㉔承志竭歡：胡三省曰：「承志謂君父之志；竭歡謂左右就養，承順顏色以盡親之歡。」㉕慎宜：慎擇其所宜言。㉖放談：放縱不羈之言。㉗智意自然，不可力彊致也：《蜀志．孟光傳》作「智意雖有自然，然不可強致也。」意不可解，故溫公於上語刪去「雖有」二字，於下語刪去「然」字，於是益不可解。惟何本《蜀志．孟光傳》作「智者雖有自然，然不可力不力強致也」為是。孟光之意蓋謂智意雖與生俱來，然為當世之急，故不可不力強致之，下文言當務其急者，正指此。㉘操策：顏師古曰：「射策者，謂為難問疑義，書之於策，量其大小，署為甲乙之科，列而置之，不使彰顯，有欲射者，隨其所取得而釋之，以知優劣。對策者，顯問以政事經義，令各對之，而觀其文辭。定高下也。」胡三省曰：「射策即探策也。」按射策係書難問於簡策，隨應試者所探取而釋之，故亦謂探策。㉙正，儉之孫也：《蜀志・郤正傳》：「祖父儉，靈帝末，為益州刺史，為盜賊所殺。」按《後漢書・靈帝紀》，中平五年六月，益州黃巾馬相攻殺刺史郗儉，即此。㉚吳人鑄當千大錢：杜佑曰：「孫權赤烏元年，鑄一當千大錢，徑一寸四分，重十六銖。」㉛卑衍：姓卑，名衍。㉜圍塹：開塹為圍以自守。㉝水：遼水。㉞首山：襄平西南，即今遼寧省遼陽縣西南，接海城縣界一名香山，又名駐蹕山。㉟遼口：胡三省曰：「遼水津渡之口也。」㊱都督令史：魏制諸公加兵者置都督令史一人，見《晉書・職官志》。㊲昔攻上庸至斬孟達：事見卷七十一明帝太和二年。㊳糧不淹月：胡三省曰：「淹，留也；言所留之糧不支一月也。」㊴是以不計死傷，與糧競也：胡三省曰：「競，爭也。懿之語珪，猶有庾言，盡其急攻孟達，豈特與糧競哉？懼吳蜀救兵至耳！」㊵乃爾：猶言如此。㊶功力不設：言攻具人力，無所施設。㊷圍落未合：《太平御覽》卷三三七引司馬彪戰略云：「太尉司馬軍到襄平，圍之，北面東面，有圍不合。」㊸善因事變：胡三省曰：「言善兵者能因事而變化也。」㊹取小利以驚之，非計也：驚之，謂使之警惕而知備。胡三省曰：「懿知淵可禽，欲以全取之。」㊺楯櫓鉤衝：胡三省曰：「楯，干也；攻城之士以扞蔽其身。櫓，樓車；登之以望城中。鉤，鉤梯也；所以鉤引上城者。衝，衝車也；以衝城。」㊻楚鄭列國：言楚、鄭俱為諸侯之國，位均同列。㊼肉袒牽羊：楚莊王伐鄭，鄭伯肉袒牽羊以迎，見《左傳》宣公十二年。㊽天子上公：胡三省曰：「漢太傅位上公，懿時為太尉而自謂上公，以太尉於三公為上也。」㊾送任：胡三省曰：「送任，謂送質子也。」㊿斬淵父子於梁水之上：《漢書・地理志》遼東郡遼陽縣注云：「大梁水西南至遼陽，入遼水。」胡三省曰：「司馬懿與諸葛亮相守，閉塞若無能為者，及討公孫淵，智計橫出。鄙語有云：『棊逢敵手難藏行。』其是之謂乎！」(51)京觀：杜預曰：「積尸封土其上，謂之京觀。」顏師古曰：「京，高丘也；觀謂如闕形也。」(52)帶方：《漢書・地理志》，樂浪郡有帶方縣，公孫氏分立為郡，有今朝鮮京畿道及忠清北道之地。陳壽曰：「建安中，公孫康分屯，有以南荒地為帶分郡，倭，韓諸國羈屬焉。」(53)綸直：姓綸名直。(54)釋淵叔父恭之囚：淵囚恭事見卷七十一明帝太和二年。(55)帝不忍市斬，欲就獄殺之：胡三省曰：「晃叔陳淵之必反，非同逆者也，帝欲殺之以絕其類，刑之於市則無名，故欲就獄殺之。」(56)仲尼亮司馬牛之憂：《論語・顏淵》：「司馬牛問君子，子曰：『君子不憂不懼。』曰：『不憂，不懼，斯謂之君子已乎？』子曰：『內省不疚，何憂何懼？』」正義曰：「司馬牛問君子者，問於孔子，言君子之行何如也。子曰君子不憂不懼者，言君子之人，不憂愁，不恐懼。時牛兄桓魋將為亂，牛自宋來學，常憂懼故孔子解之也。」(57)祁奚明叔向之過：胡三省曰：「左傳晉人逐欒盈，殺羊舌虎，囚虎兄叔向。祁奚見范宣子曰：『管蔡為戮，周公右王，何以虎也棄社稷？』宣子言諸公而免之。」按其事見於《左傳》襄公二十一年。社稷即社稷之臣，言何以虎故而棄社稷之臣。(58)引分：胡三省曰：「引分即引決也。」(59)宅：晃所居守。(60)吳改元赤烏：孫權以赤烏集於殿前改元，見《吳志・孫權傳》。(61)步夫人：《吳志・步夫人傳》云：「夫人臨淮淮陰人也，與丞相隲同族。」(六二)吳主為討虜將軍，在吳，娶吳郡徐氏：《吳志・徐夫人傳》云：「夫人初適同郡陸尚，尚卒，權為討虜將軍，在吳，聘以為妃。」(六三)太子登所生庶賤：登字子高，權長子，未即位而薨，謚曰宣，見《吳志・孫登傳》。所生，謂登生母。(六四)及吳主西徙，徐氏留處吳：《吳志・徐夫人傳》云：「後權遷移，以夫人妬忌，廢處吳，積十餘年，後以疾卒。」胡三省曰：「西徙，謂自吳而西徙都武昌也。」(六五)依違：胡三省曰：「依違，不決也。」取或依或違，不知所從之意。(六六)深文巧詆：用法深刻，善為訾詆以入人於罪。(六七)時同坐人：胡三省曰：「其時與嘉同坐者。」(六八)是儀：姓是名儀。《吳志・是儀傳》云：「儀字子羽，北海營陵人也，本姓氏，初為縣吏，後仕郡，郡相孔融嘲儀言氏字民無上，可改為是，乃遂改焉。」(六九)屏息：胡三省曰：「屏息，不敢舒氣也。」按人於怖懾時則屏氣不敢喘息。(七〇)言之：言壹之姦狀於吳主。(七一)厷：胡三省曰：「厷與宏同。」(七二)但道無因耳：胡三省曰：「謂欲奏舉其罪，而非太常之職，故其道無因也。」無因即無由。(七三)今日代顧公，恐明日便擊君矣：漢制丞相職無所不掌，百官有罪，皆得舉動。(七四)潘濬求朝，詣建業：按《吳志・潘濬傳》，時濬與陸遜俱駐武昌，共掌留事。(七五)以身當之：以身當擅殺之罪。(七六)久長：長治久安。(七七)殿最：《漢書音義》曰：「上功曰最，下功曰殿。」李賢曰：「殿，軍後也，課居後也。最，凡要之先也，課居先也。」(七八)天：胡三省曰：「君，天也。」(七九)主者：胡三省曰：「主者，據軍吏也。」按即軍吏之主受繕者。(八〇)藉草：以草為藉而臥其上。(八一)覺，言王遂所取：覺王遂取繕之事而言之於吳主。(八二)道：辯白。(八三)懷紱：姓懷名紱。(八四)焚：刑名。胡三省曰：「殷紂用炮烙之刑，項羽燒殺紀信，漢武帝焚蘇文於橫橋，然未以為刑名也。王莽作焚如之刑，後世不復遵用。」按莽作焚如之刑，燒殺陳良，見《漢書・匈奴傳》。應劭曰：「易有焚如、死如、棄如之言，莽依此作刑名也。」(八五)裂：胡三省曰：「裂謂車裂，古之轘刑。」按車裂之刑行於戰國，《孔叢子》：「齊王行車磔之刑。」又《國策・秦策》：「商君歸還，惠王車裂之而秦人不憐。」車裂即《左傳》之轘刑。《左傳》宣十一年：「轘諸栗門。」杜注：「車裂也。」(八六)闞澤：姓闞名澤。(八七)子瑜：諸葛瑾字。(八八)子山：步騭字。(八九)義封：朱然字。(九〇)定公：呂岱字。(九一)當有所先後：胡三省曰：「謂時事所當行，何者為先，何者為後也。」(九二)伯言：陸遜字。(九三)承明：潘濬字。(九四)刻怪：胡三省曰：「刻，怪也。」(九五)嫌難：有所嫌忌而難於盡言。(九六)二色：胡三省曰：「二色，謂班白也。」班白，謂黑白二色相間雜。(九七)以謂表裏足以明露，公私分計，足用相保：謂君臣分深，略無猜嫌。(九八)事統是非：胡三省曰：「言行事是則君臣同其是，非則同其非也。」(九九)從容：言自為優閑而不以國事為念。(一〇〇)今孤自省無桓公之德至未知諸君於管子何如耳：胡三省曰：「下之於上，不從其令而從其意，孫權自謂優於齊桓而責其臣以管子。使吳誠有管子，亦不敢盡言於權，觀諸陸遜可見矣！」(一〇一)贊令：胡三省曰：「酇縣，漢屬沛郡，王莽改曰贊治，魏分屬譙郡。或曰：贊，相也，凡出令使之贊相，因以為官名，蓋魏武霸府所置也。」酇縣，漢肅何封邑，故城在今河南省永城縣西南。(一〇二)文帝即位，更名秘書曰中書，以放為監，資為令，遂掌機密：胡三省曰：「漢桓帝延熹二年，置秘書監，魏武為魏王，置秘書令、丞，典尚書奏事，黃初初，改為中書，置監、令，中書有監令自此始。自魏及晉，遂為要官。」㉓封本縣侯：按《魏志》劉放、孫資傳，文帝黃初初，放賜爵關內侯，資為關中侯；黃初三年，放進爵魏春亭侯，資關內侯；明帝即位，進放爵西鄉侯，資樂陽亭侯；太和末，資以功進爵左鄉侯，景初二年，平定遼東，以參謀議功各進爵封本縣，放方城侯，資中都侯。按放，涿郡方城人；資，太原中都人。㉔中護軍蔣濟上疏：胡三省曰：「此疏亦是濟為中護軍時所上，通鑑因敍放、資事而書之於此。」㉕往者大臣秉事，內外扇動：胡三省曰：「蓋謂文帝時也。或曰：謂受遺大臣也。」扇亦作煽。扇動，謂擾攘不安。㉖便辟取合：《釋文》曰：「便辟，恭敬太過也。」取合，言與人無忤。辟，讀曰僻。㉗因疲倦之間，有所割制：胡三省曰：「謂因人主疲倦之時，有所剖割而制斷也。」按割制，即竊主權以耑制政事之謂。㉘推移於事：推移即轉易；事即下文所謂臧否毀譽，功負賞罰也。㉙功負賞罰，必有所易：胡三省曰：「負，罪也；易則賞罰不當乎功罪。」㉚因微而入，緣形而出：其意即上文所謂便辟取合，以媚惑人主，因乘其疲倦之間，有所割制也。㉛意所狎信，不復猜覺至外以經意則形際自見：胡三省曰：「言放、資日在左右，狎而信之，不復覺其為姦，非若早聞忠言，自覽萬機，外以示經意國事，則放、資之形際，必呈露而不可掩矣！」杜預曰：「狎，親習也。」形際猶曰形迹。形際自見，言其為忠為姦，將自見於形迹。㉜畏言不合：畏所言不合人主之意。㉝改曲易調：胡三省曰：「以琴瑟為喻也。」意謂宜委棄信任近習之弊而改任公忠體國之士。㉞黃唐：黃帝、唐堯。㉟角功：比功。角有競賽之意，如曰角力。㊱武文：魏武、魏文。㊲柱石之士：言士之才足為國之棟梁砥石者，如周公旦、管夷吾之流。⑱效：著效。⑲專吏：胡三省曰：「專吏，謂專任放、資。」⑳帝不聽：胡三省曰：「自此以前皆非年事此，通鑑因放、資患失之心誤帝托孤之事，遂書之於此以先事。」㉑領軍將軍、武衛將軍：胡三省曰：「魏制領軍將軍主中壘、五校、武衛等三營。武衛將軍蓋領武衛營也。太祖以許褚典宿衛，遷武衛中郎將，武衛之號自此始。後又遷武衛將軍，於是武衛始有將軍之號。晉泰始初，罷武衛將軍官。」㉒對輔政：對，並比之意，言以諸人同輔政，非有專任。㉓劉放、孫資久典機任至此亦久矣，其能復幾：胡三省曰：「殿中畜雞以司農，棲於樹上，因謂之雞棲樹。獻、肇指以喻放、資。夫以此觀獻、肇之經脫，又何足以托孤哉！」㉔間之：謂離間宇、獻、爽、朗諸人。㉕燕王正爾為：胡三省曰：「言燕王性恭良，為事正如此也。」㉖宜召司馬懿以相參：參，參與。言宜召司馬懿與輔政之事以輔爽。㉗不：讀曰否。㉘耳之：附耳語之。㉙是時司馬懿在汲：胡三省曰：「時懿自遼東還師次于汲也。」汲縣自漢以來屬河南郡。按汲故城在今河南省汲縣西南。㉚給使辟邪：胡三省曰：「辟邪，給使之名，猶漢丞相倉頭呼為宜祿也。」㉛關中事重：胡三省曰：「謂備蜀及撫安氐羌也。」㉜軹關：太行八陘之一，形勢險峻，自古為用兵出入之地，關當軹道，因曰軹關，在今河南省濟源縣西北。㉝斯須：頃刻間。

三年（蜀延熙二年，吳赤烏二年，西元二三九年）

㈠春，正月，懿至入見。帝執其手曰：「吾以後事屬君，君與曹爽輔少子。死乃可忍，吾忍死待君，得相見，無所復恨矣！」乃召齊、秦二王以示懿。別指齊王芳謂懿曰：「此是也，君諦視㊀之，勿誤也！」又教齊王令前抱懿頸，懿頓首流涕。

是日，立齊王為皇太子，帝尋殂㊁。

帝沈毅明敏，任心而行，料簡功能屏絕浮偽，行師動眾，論決大事，謀臣將相，咸服帝之大略。性特彊識，雖左右小臣，官簿性行，名迹所履，及其父兄子弟，一經耳目，終不遺忘。

孫盛論曰：「聞之長老，魏明帝天姿秀出，立髮垂地，口吃㊂少言，而沈毅好斷。初，諸公受遺輔導，帝皆以方任處之㊃。政自己出，優禮大臣，開容善直㊄，雖犯顏極諫，無所摧戮，其君人之量，如此其偉也！然不思建德垂風㊅，不固維城之基㊆，至使大權偏據，社稷無衞，悲夫！」

㈡太子即位，年八歲。大赦。尊皇后曰皇太后，加曹爽、司馬懿侍中，假節鉞，都督中外諸軍，錄尚書事㊇。諸所興作宮室之役，皆以遺詔罷之㊈。爽、懿各領兵三千人，更宿殿內。爽以懿年位素高，常父事之，每事諮訪，不敢專行。

初，幷州刺史東平畢軌㊉及鄧颺、李勝、何晏、丁謐皆有才名，而急於富貴，趨時附勢，明帝惡其浮華，皆抑而不用。曹爽素與親善，及輔政，驟加引擢，以為腹心。晏，進之孫㊀；謐，斐之子也㊁。

晏等咸共推戴爽，以為重權不可委之於人。丁謐為爽畫策，使爽白天子，發詔轉司馬懿為太傅，外以名號尊之，內欲令尚書奏事，先來由己，得制其輕重也。爽從之。

二月，丁丑（二十一日），以司馬懿為太傅。以爽弟羲為中領軍，訓為武衛將軍，彥為散騎常侍侍講㊂，其餘諸弟皆以列侯侍從，出入禁闥，貴寵莫盛焉。爽事太傅，禮貌雖存，而諸所興造，希復由之㊃。

爽徙吏部尚書盧毓為僕射，而以何晏代之，以鄧颺、丁謐為尚書，畢軌為司隸校尉。晏等依勢用事，附會者升進，違忤者罷退，內外望風㈤莫敢忤旨。黃門侍郎傅嘏謂爽弟羲曰：「何平叔㈥外靜而內躁，銛巧㈦好利，不念務本，吾恐必先惑子兄弟，仁人將遠，而朝政廢矣！」晏等遂與嘏不平，因微事免嘏官。又出盧毓為廷尉㈧，畢軌又枉奏毓，免官，眾論多訟之，乃復以為光祿勳。孫禮亮直不撓，爽心不便，出為揚州刺史。

㈢三月，以征東將軍滿寵為太尉。

㈣夏，四月，吳督軍使者㈨羊衜擊遼東守將，俘人民而去。

㈤漢蔣琬為大司馬。東曹掾楊戲素性簡略，琬與言論，時不應答。或謂琬曰：「公與戲言而不應，其慢㈩甚矣！」琬曰：「人心不同，各如其面㈡。面從後言，古人所誡㈢。戲欲贊吾是邪，則非其本心；欲反吾言，則顯吾之非，是以默然，是戲之快也㈢。」又督農㈣楊敏嘗毀琬曰：「作事憒憒㈤，誠不及前人。」或以白琬，主者請推治㈥敏。琬曰：「吾實不如前人，無可推也！」主者乞問其憒憒之狀。琬曰：「苟其不如，則事不理，事不理，則憒憒矣。」後敏坐事繫獄，眾人猶懼其必死，琬心無適莫㈦，敏得免重罪。

㈥秋，七月，帝始親臨朝。

㈦八月，大赦。

㈧冬，十月，吳太常潘濬卒。吳主以鎮南將軍呂岱代濬，與陸遜共領荊州文書。岱時年已八十，體素精勤，躬親王事，與遜同心協規，有善相讓，南士稱之。

㈨十二月，吳將廖式殺臨賀㈦太守嚴綱等，自稱平南將軍，攻零陵、桂陽，搖動交州諸郡，眾數萬人。呂岱自表輒行，星夜兼路，吳主遣使追拜交州牧，及遣諸將唐咨等絡繹相繼，攻討一年，破之，斬式及其支黨，郡縣悉平，岱復還武昌。

㈩吳都鄉侯周胤將兵千人屯公安，有罪徙廬陵，諸葛瑾、步騭為之請。吳主曰：「昔胤年少，初無功勞，橫受精兵㈨胤爵以侯將㈩，蓋念公瑾以及於胤也㈪而胤恃此酗淫自恣前後告諭，曾無悛改。孤於公瑾，義猶二君㈫，樂胤成就，豈有已哉㈫？迫胤罪惡，未宜便還，且欲苦之使自知耳！以公瑾之子，而二君在中間，苟使能改，亦何患乎？」

瑜兄子偏將軍峻卒，全琮請使峻子護領其兵。吳主曰：「昔走曹操，拓有荊州，皆是公瑾㉔，常不忘之。初聞峻亡，仍欲用護，聞護性行危險，用之適為作禍，故更止之。孤念公瑾，豈有已哉！」

㈩十二月，詔復以建寅之月為正㉕。

【今註】㈠諦視：審視，熟視。㈡帝壽殂：陳壽曰：「時年三十六。」裴松之曰：「按魏武以建安九年八月定鄴，文帝始納甄后，明帝應以十年生，計至此年正月整三十四年耳！時改正朔，以故年十二月為今年正月，可彊名三十五年，不得三十六也。」㈢口吃：言語蹇難。㈣初，諸公受遺輔導，帝皆以方任處之：胡三省曰：「謂使曹休鎮淮南，曹真鎮關中，司馬懿屯宛也。」此三人與陳羣並受文帝詔輔明帝。方任，謂任以方面之寄。㈤開容善直：開言路，容直諫，善待忠直之臣。㈥不思建德垂風：不思建立德業，以垂風範於後世。蓋指其濫用民力，興作宮室園囿之事而言。㈦不固維城之基：胡三省曰：「詩曰：『宗子維城。』此言帝猜忌宗室以亡魏。」㈧加曹爽、司馬懿侍中，假節鉞，都督中外諸事，錄尚書事：《晉書・職官志》曰：「持節都督，無定員。前漢遣使，始有持節；建安中，魏武為相，始遣大將軍督之，二十一年，征孫權，還，遣夏侯惇督二十六軍是也；文帝黃初三年，始置都督諸州軍事，或領刺史；又上軍大將軍曹真都督中外諸軍事，假黃鉞，則總統內外諸事矣！」胡三省曰：「錄尚書事，東漢諸公之重任也。今爽、懿既督中外諸軍，又錄尚書事，則文武大權盡歸之矣。自此迄于六朝，凡權臣壹是專制國命。」⑨以遺詔罷之：托遺詔以罷之。胡三省曰：「曰以者，非遺詔真有此指也。」⑩畢軌：姓畢名軌。⑪晏，進之孫：何進漢靈帝何皇后之兄，事詳《後漢書・靈帝紀》。⑫謐，斐之子也：丁斐事見卷六十六漢紀獻帝建安十六年。⑬侍講：胡三省曰：「以在少帝左右，令侍講說。侍講之官，起乎此也。」⑭希復由之：言事權一自己出，不復諮訪於懿。⑮望風：承望風旨。⑯何平叔：何晏字平叔。⑰銛巧：取巧。銛亦作餂，音纖。《方言》：「餂，取也。」⑱出盧毓為廷尉：毓原為尚書僕射，尚書內朝官，廷尉外朝官，以內朝官轉任外朝官，故云出。⑲督軍使者：胡三省曰：「督軍使者，漢官也。魏黃初二年，罷督軍官，而吳猶仍漢前。」⑳慢：不敬。㉑人心不同，各如其面：鄭子彦謂子皮曰：「人心不同，各如其面。吾豈敢謂子面如吾面乎！」見《左傳》。㉒面從後言，古人所戒：書益稷舜戒禹曰：「予違汝弼。汝無面從，退有後言。」言余有違戾於道，汝當弼正其失，無面諛以為是而背毀以為非。㉓是戲之快也：言此正楊戲為人朗爽不阿之處。㉔督農：胡三省曰：「猶魏、吳之典農。」蓋主農屯之官。㉕憒憒：《釋文》曰：「憒憒，亂也。」胡三省曰：「悶悶也。」㉖推治：推案其事而究治之。㉗琬心無適莫：《論語・里仁》孔子曰：「君子之於天下也，無適也無莫也，義之與比。」范寧曰：「適莫，猶厚薄也；君子與人，無有偏頗厚薄，唯仁義是親也。」謝顯道曰：「適，可也；莫，不可也；於無可無不可之中，有義存焉！」義與范氏相成。此言琬胸懷坦蕩，未嘗記其前恨。

㉖臨賀：胡三省曰：「臨賀縣，漢屬蒼梧郡，縣臨賀水，因以為名。吳分立為臨賀郡，唐為賀州。」按其地即今廣西省賀縣。㉗橫受精兵：未循官資而受爵將兵，故曰橫受。㉘爵以侯將：胡三省曰：「謂既受侯爵，又將兵也。」㉙蓋念公瑾以及於胤也；以胤為周瑜之子也。公瑾，瑜字。㉚二君：謂諸葛瑾、步騭。㉛欒胤成就，豈有已哉；言欒見胤成就之心，無有止境。㉜昔走曹操，拓有荊州，皆是公瑾：言上二事皆是公瑾之功。事見卷六十五漢紀獻帝建安十三年。㉝詔復以建寅之月為正：明帝改正朔，以建丑之月為正，事見上卷景初元年，今復行夏正，以建寅之月為歲首。胡三省曰：「是時仍用景初曆，但不以十二月為正耳！」

邵陵厲公上

正始元年（蜀延熙二年，吳赤烏三年，西元二四〇年）

㈠春，旱。

㈡越巂蠻夷數叛漢，殺太守㊀，是後太守不敢之郡，寄治安定縣㊁，去郡八百餘里。漢主以巴西張嶷為越巂太守，嶷招慰新附，誅討彊猾，蠻夷畏服，郡界悉平，復還舊治㊂。

㈢冬，吳饑。

【今註】㈠越嶲蠻夷數叛漢，殺太守：《蜀志・張嶷傳》：「初，越嶲郡自丞相亮討高定之後，叟夷數反，殺太守龔祿、焦璜。」叟夷即蜀夷，羌夷之處蜀者。李賢曰：「漢代謂蜀為叟。」㈡安定縣：按《華陽國志》作安上縣，此作安定，字訛。㈢舊治：越嶲舊治邛都，故城在今四川省西昌縣東南。

二年（蜀延熙四年，吳赤烏四年，西元二四一年）

㈠春，吳人將伐魏。零陵太守殷札㈠言於吳主曰：「今天棄曹氏，喪誅㈡累見，虎爭之際，而幼童㈢涖事，陛下身自御戎，取亂侮亡㈣，宜滌荊、揚之地㈤，舉彊羸之數，使彊者執戟，羸者轉運，西命益州㈥軍于隴右，授諸葛瑾、朱然大眾，直指襄陽；陸遜、朱桓別征㈦壽春，大駕入淮陽㈧，歷青、徐。襄陽、壽春困於受敵；長安以西，務禦蜀軍；許洛之眾，勢必分離。掎角㈨並進，民必內應；將帥對向，或失便宜；一軍敗績，則三軍離心，便當秣馬脂車㈩，陵蹈城邑，乘勝逐北，以定華夏。若不悉軍動眾，循前輕舉，則不足大用，易於屢退，民疲威消，時往力竭，非上策也。」吳主不能用(一一)。夏，四月，吳全琮略淮南，決芍陂(一二)。諸葛恪攻六安，朱然圍樊，諸葛瑾攻柤中(一三)。征東將軍王淩、揚州刺史孫禮與全琮戰於芍陂，琮敗走。

荊州刺史胡質以輕兵救樊。或曰：「賊盛不可迫。」質曰：「樊城卑兵少，故當進軍為之外援。不然，危矣！」遂勒兵臨圍，城中乃安。

㈡五月，吳太子登卒。

㈢吳兵猶在荊州，太傅懿曰：「柤中民夷十萬，隔在水南，流離無主，樊城被攻，歷月不解，此危事也，請自討之。」

六月，太傅懿督諸軍救樊，吳軍聞之夜遁。追至三州口(一四)，大獲而還。

㈣閏月，吳大將軍諸葛瑾卒。瑾太子恪先已封侯(一五)，吳主以恪弟融襲爵，攝兵業(一六)，駐公安。

㈤漢大司馬蔣琬以諸葛亮數出秦川(一七)，道險運糧難，卒無成功，乃多作舟船，欲乘漢沔(一八)東下，襲魏興、上庸。會舊疾連動，未時得行。漢人咸以為事有不捷，還路甚難，非長策也。漢主遣尚書令費禕、中監軍姜維(一九)等喻指。琬乃上言：「今魏跨帶九州，根蔕滋蔓，平除未易，若東西(二〇)並力，首尾掎角，雖未能速得如志，且當分裂蠶食，先摧其支黨。然吳期二三(二一)，連不克果(二二)。輒與費禕等議，以涼州胡塞之要，進退有資，且羌胡乃心思漢如渴，宜以姜維為涼州刺史(二三)。若維征行，御制河右，臣當帥軍為維鎮繼。今涪水陸四通，惟急是應，若東西有虞，赴之不難，請徙屯涪。」漢主從之。

(六)朝廷欲廣田畜(二四)穀於揚豫之間，使尚書郎汝南鄧艾行陳、項(二五)以東至壽春。艾以為昔太祖破黃巾，因為屯田，積穀許都，以制四方(二六)，今三隅已定，事在淮南，每大軍出征，運兵過半，功費巨億。陳蔡之間，土下田良(二七)，可省許昌左右諸稻田，幷水東下(二八)，令淮北二萬人，淮南三萬人，什二分休，常有四萬人，且田且守(二九)，益開河渠，以增溉灌，通漕運，計除眾費，歲完五百萬斛以為軍資，六七年間，可積三千萬斛(三〇)於淮上，此則十萬之眾五年食也，以此乘吳㊂，無不克矣！太傅懿善之。是歲，始開廣漕渠。每東南有事，大興軍眾，汎舟而下，達于江淮，資食有餘而無水害。

㈦管寧卒。寧名行高潔，人望之者，邈然若不可及；即之熙熙和易，能因事導人於善，人無不化服。及卒，天下知與不知，無不嗟歎。

【今註】㈠殷札：紹熙本《吳志・孫權傳》引《漢晉春秋》作殷禮。㈡喪誅：胡三省曰：「謂魏累有大喪，蓋天誅也。」㈢幼童：謂齊王芳。㈣取亂侮亡：《書・仲虺之誥》之辭。言敵國有亂象則取之，有亡徵則侮之。《說文》曰：「侮，傷也。」㈤宜滌荊揚之地：三國並立，吳據有荊揚之地。胡三省曰：「滌，洗也，言舉國興師，後無留者，其地如洗也。」㈥益州：謂蜀。㈦別征：別軍出征。㈧淮陽：胡三省曰：「前漢之淮陽，後漢章帝改曰陳郡，此直謂淮陽之陽耳。」㈨掎角：《左傳》襄公十四年：「譬如捕鹿，晉人角之，諸戎掎之，疏云：角之謂執其角也；掎之言戾其足也。」㈩秣馬脂車：《詩・周南・漢廣》：「言抹其馬。」《小雅・何人斯》：「爾之亟行，遑脂為車。」以穀飼馬曰秣馬，以脂塗車軸曰脂車。嚴陣待發之意。⑪吳主不能用：胡三省曰：「傾國出師，決勝負於一戰，苻堅之所以亡也。吳主非不能用殷札之計，不肯用也。」⑫芍陂：水名，在今安徽省壽縣南。李賢曰：「陂徑百里，灌田萬頃。」《華夷對境圖》云：「芍陂周回三百二十四里，與陽泉大業並孫叔敖所作，開溝引湍水為子午渠，開六門，灌田萬頃。」㊂柤中：柤亦作沮，古地名，在今湖北省南漳縣西，地臨沮水。《襄陽記》曰：「柤音為租稅之租。柤中在上黃界，去襄陽一百五十里，土地平敞，宜桑麻，有水陸良田，沔南之膏腴沃壤，謂之柤中。」㊃三州口：胡三省曰：「三州口，謂荊、豫、揚三州之口。魏荊州之地，東至江夏，豫州之地，南至弋陽，揚州之地，西至六安，三州口當在其間。又按王昶傳，昶督荊豫諸軍事，自宛徙屯新野，習水軍於三州，則三州蓋地名。口，水口。」按〈王昶傳〉，三州紹熙本作二州，二州謂荊、豫也，則三州非地名。㊄瑾太子恪先已封侯：胡三省曰：「恪以適當為世子，曰太子誤也。」適讀曰嫡。恪以平山越功封都鄉侯，事見上卷明帝景初元年。㊅攝兵業：胡三省曰：「攝，領也；承也；領父之兵，承父之業也。」㊆秦川：《方輿紀要・陝西下》：「秦孝公徙都之，謂之秦川，亦曰關中。」胡三省曰：「關中之地，沃野千里，秦之故國，謂之秦川。」㊇漢沔：漢水源出陝西省寧羌縣北之嶓冢山，初出時名曰漾水，東流經沔縣南稱沔水，又東經褒城縣納褒水，始稱漢水，漢水東流經襄陽，折而南流，至漢陽縣注入長江，故漢沔並稱。㊈中監軍姜維：胡三省曰：「中監軍即中護軍之任也。」按《蜀志・姜維傳》，維初為中監軍，建興十二年，亮卒，維還成都，轉為右監軍，此仍謂中監軍，非是。㊉東西：謂吳蜀。⑪吳期二三：言吳常二三其期，未能與蜀并力以伐魏。⑫連不克果：胡三省曰：「克，能也；果，決也，言不能決然進兵也。」連，遲久之意。連不克果，謂并力伐魏之事，久不能決。⑬宜以姜維為涼州刺史：按《蜀志・姜維傳》，維領涼州刺史在蜀延熙六年，即魏正始四年，此係正始二年，非是。又按《蜀志．蔣琬傳》，延熙元年詔蔣琬帥諸軍住漢中，又琬薦維疏曰：「自臣奉辭漢中，已經六年。」亦當在延熙六年，不當在延熙四年也。㉔畜：讀曰蓄。㉕陳、項：胡三省曰：「陳縣漢屬陳國，項縣漢屬汝南郡。晉志二縣並屬梁國。」㉖昔太祖破黃巾，因為屯田，積穀許都以制四方：事見卷六十二漢紀獻帝建安元年。㉗土下田良：土下謂土勢低下，土下則沃，故其田良。㉘幷水東下：胡三省曰：「汝水、潁水、蒗蕩渠水、渦水皆經陳蔡之間而東入淮。」㉙令淮北二萬人、淮南三萬人，什二分休，常有四萬人，且田且守：五萬人屯戍，以其什二分休，則是以一萬人更番休息，而屯戍者常有四萬人。㉚二千萬斛：按《魏志．鄧艾傳》作三千萬斛，此作二千萬斛誤。蓋歲完五百萬斛，則六年當及三千萬斛也。㉛乘吳：乘吳之敝而伐之。

三年（蜀延熙五年，吳赤烏五年，西元二四二年）

㈠春，正月，漢姜維率偏軍自漢中還住涪㊀。

㈡吳主立其子和為太子。大赦。

㈢三月，昌邑景侯滿寵卒。

秋，七月，乙酉（十九日），以領軍將軍蔣濟為太尉。

㈣吳主遣將軍聶友、校尉陸凱將兵三萬擊儋耳、珠崖㊁。

㈤八月，吳主封子霸為魯王。霸，和母弟也，寵愛崇特，與和無殊。尚書僕射是儀領魯王傅，上疏諫曰：「臣竊以為魯王天挺懿德，兼資文武。當今之宜，宜鎮四方，為國藩輔，宣揚德美，廣耀威靈，乃國家之良規，海內所瞻望。且二宮宜有降殺㈢，以正上下之序，明教化之本。」書三四上，吳主不聽。

【今註】㈠漢姜維率偏軍自漢中還住涪：胡三省曰：「蜀諸軍時皆屬蔣琬，姜維所領偏軍耳！」㈡儋耳、珠崖：漢武首開此二郡以屬交州，元帝以後棄之，今吳又略取之。㈢宜有降殺：言魯王崇寵不宜與太子等。

四年（蜀延熙六年，吳赤烏六年，西元二四三年）

㈠春，正月，帝加元服。

㈡吳諸葛恪襲六安，掩其人民而去。

㈢夏，四月，立皇后甄氏。大赦。后，文昭皇后兄儼之孫也。

㈣五月，朔，日有食之既。

㈤冬，十月，漢蔣琬自漢中還住涪，疾益甚。以漢中太守王平為前監軍、鎮北大將軍，督漢中。

㈥十一月，漢主以尚書令費禕為大將軍，錄尚書事。

㈦吳丞相顧雍卒。

㈧吳諸葛恪遠遣諜人，觀相徑要，欲圖壽春。太傅懿將兵入舒㊀，欲以攻恪。吳主徙恪屯於柴桑㊁。

㈨步騭、朱然各上疏於吳主㊂曰：「自蜀還者，咸言蜀欲背盟，與魏交通，多作舟船㊃，繕治城郭。又蔣琬守漢中，聞司馬懿南向，不出兵乘虛以掎角之，反委漢中，還近成都。事已彰灼，無所復疑，宜為之備。」吳主答曰：「吾待蜀不薄，聘享盟誓，無所負之，何以致此？司馬懿前來入舒，旬日便退，蜀在萬里，何知緩急而便出兵乎？昔魏欲入漢川㊄，此間始嚴，亦未舉動，會聞魏還而止，蜀寧可復以此有疑邪？人言苦不可信，朕為諸君破家保之。」

㈩征東將軍都督揚豫諸軍事㊅王昶上言：「地有常險，守無常勢。今屯宛，去襄陽三百餘里，有急不足相赴。」遂徙屯新野。

⑥宗室曹冏上書曰：「古之王者，必建同姓以明親親，必樹異姓以明賢賢。親親之道專用，則其漸也微弱⑦；賢賢之道偏任，則其敝也刼奪⑧。先聖知其然也，故博求親疏而並用之，故能保其社稷，歷紀⑨長久。今魏尊尊之灋雖明，親親之道未備，或任而不重，或釋而不任。臣竊惟⑩此，寢不安席，謹撰合所聞⑪，論其成敗曰：昔夏、商、周歷世數十，而秦二世而亡。何則？三代之君，與天下共其民，故天下同其憂⑫；秦王獨制其民，故傾危而莫救也。秦觀周之敝，以為小弱見奪⑬，於是廢五等之爵，立郡縣之官。內無宗子以自毗⑭輔，外無諸侯以為藩衛，譬猶芟刈股肱，獨任胷腹，觀者為之寒心，而始皇晏然自以為子孫帝王萬世之業也，豈不悖哉？故漢祖奮三尺之劍，驅烏合之眾，五年之中，遂成帝業。何則？伐深根者難為功，摧枯朽者易為力，理勢然也⑮。漢監秦之失，封殖子弟。及諸呂擅權，圖危劉氏，而天下所以不傾動者，徒以諸侯彊大，盤石膠固也。然高祖封建，地過古制，故賈誼以為欲天下之治安，莫若眾建諸侯而少其力⑯，文帝不從。至於

孝景，猥用鼂錯之計，削黜諸侯，遂有七國之患（一七）。蓋兆發高帝，釁鍾（一八）文景，由寬之過制，急之不漸故也。所謂末大必折，尾大難掉（一九），尾同於體猶或不從，況乎非體之尾，其可掉哉？武帝從主父之策，下推恩之令（二〇），自是之後遂以陵夷（二一）。子孫微弱，衣食租稅，不預政事，至于哀、平，王氏秉權，假周公之事，而為田常之亂（二二），宗室諸侯，或乃為之符命，頌莽恩德（二三），豈不哀哉？由斯言之，非宗子獨忠孝於惠文之間，而叛逆於哀平之際也，徒權輕勢弱，不能有定（二四）耳！賴光武皇帝挺不世之姿，擒王莽於已成，紹漢嗣於既絕，斯豈非宗子之力也？而曾不監秦之失策，襲周之舊制，至於桓靈，閹宦用事（二五），君孤立於上，臣弄權於下，由是天下鼎沸，姦宄並爭，宗廟焚為灰燼，宮室變為榛藪（二六）。太祖皇帝龍飛鳳翔，掃除凶逆，大魏之興（二七），于今二十有四年矣，觀五代（二八）之存亡，而不用其長策（二九），覩前車之傾覆，而不改於轍迹（三〇），子弟王空虛之地，君有不使之民（三一）；宗室竄於閭閻，不聞邦國之政；權均匹夫，勢齊凡庶。內無深根不拔之固，外無盤石宗盟之助（三二），非所以安社稷，為萬世之業也。且今之州牧、郡守，古之方伯、諸侯，皆跨有千里之土，兼軍武之任，或比國數人，或兄弟並據，而宗室子弟，曾無一人間厠其間，與相維制，非所以彊榦弱枝，備萬一之虞也。今之用賢，或超為名都之主，或為偏師之帥。而宗室有文者，必限小縣之宰，有武者，必置百人之上㊂，非所以勸進賢能，褒異宗室之禮也。語曰：『百足之蟲，至死不僵㊃。』以其扶之者眾也。此言雖小，可以譬大。是以聖王安不忘危，存不忘亡，故天下有變，而無傾危之患矣！」冏冀以此論感悟曹爽，爽不能用。

【今註】㈠舒：胡三省曰：「舒縣屬廬江郡，春秋之故國也，時在吳魏境上，棄而不耕，去皖口甚近。」按其故城在今安徽省廬江縣西。㈡柴桑：縣名，漢屬豫章郡，吳屬九江郡，地有柴桑山，因名。故城在今江西省九江縣西南。㈢步隲、朱然各上疏於吳主：按《吳志・孫權傳》，隲、然等上疏及權保蜀不背盟事在赤烏七年，即魏正始五年，此繫於正始四年，似誤。㈣多作舟船：謂欲以伐吳。㈤昔魏欲入漢川：漢川謂漢中，猶關中之曰秦川。昔魏欲入漢川，指曹真欲入漢中事，見卷七十一明帝太和四年。㈥都督揚豫諸軍事：按《魏志・王昶傳》，當作都督荊揚諸軍事。㈦微弱：謂宗室強盛而帝室微弱，如漢景之世。㈧刼奪：胡三省曰：「謂威權陵偪，刼其君而奪之也。」㈨紀：

年紀。⑩惟：思惟。⑪撰合所聞：纂合所聞而撰述之。⑫與天下共其民，故天下同其憂：呂延濟曰：「與天下共其民，謂建立諸侯，與之共理，同有其利也；故天下有難，則諸侯同憂。」⑬秦觀周之敝，以為小弱見奪，於是廢五等之爵，立郡縣之官：呂向曰：「秦皇觀周所以敝者，乃以執勢而諸侯奪其國也，遂廢五等之爵而立郡縣之吏。」五等之爵，謂公、侯、伯、子、男。⑭毗：胡三省曰：「毗亦輔也。」⑮伐深根者難為功，摧枯朽者易為力，理勢然也：《漢書・異姓諸侯王表序》：「鐫金石者難為功，摧枯朽者易為力，其勢然也。」囧蓋取其文意。⑯欲天下之治安，莫若眾建諸侯而少其力：此賈誼〈治安策〉之言，見卷十四漢紀文帝六年。⑰孝景猥用鼂錯之計，削黜諸侯，遂有七國之患：事見卷十六漢紀景帝三年。《廣雅・釋言》：「猥，頓也。」王念孫曰：「頓猶突也。」按頓，突皆猝然之意。⑱鍾：聚也。《國語・周語》：「澤，水之鍾也。」⑲末大必折，尾大難掉：《左傳》昭公十一年田無宇之言曰：「末大必折，尾大不掉。」⑳武帝從主父之策，下推恩之令：武帝用主父偃之策，令諸侯復推恩於子孫。事見卷十八漢紀武帝元朔二年。㉑陵夷：弭患於無形。㉒為田常之亂：田常篡齊，故引以喻王莽之篡漢。㉓宗室諸侯，或乃為之符瑞，頌莽功德：事見卷三十六王莽初始元年。㉔定：謂安定漢室之力。㉕閹官用事：謂十常侍之亂。㉖由是天下鼎沸，姦宄並爭，宗廟焚為灰燼，宮室變為榛薉：胡三省曰：「謂董卓之亂也。」鼎沸，謂天下紛擾，有如鼎水之沸騰。又《書傳》曰：「在內曰姦，在外曰宄。」㉗大魏之興，于今二十有四年矣：自黃初受禪至是凡二十四年。㉘五代：胡三省曰：「謂夏、商、周、秦、漢。」㉙長策：謂建同姓諸侯以為王室藩衛。㉚不改於轍迹：謂仍蹈王室孤危之故轍。㉛子弟王空虛之地，君有不使之民：胡三省曰：「空虛，謂有封國之名，實不能有其地也；君不使之民，謂抗藩王之尊於國民之上，不得而臣使也。」余按不使之民與空虛之地為對語，言宗室諸侯，空有封國之名，雖君有其民而實不能使之。此二語正與上文不用五代封建之長策而不改王室孤危之覆轍二句相應。㉜盤石宗盟之助：盤亦作磐。呂延濟曰：「盤石，大石也，以其堅重不可轉易也；宗盟，同姓諸侯盟會者也。」㉝而宗室有文者，必限小縣之宰；有武者，必置百人之上：張銑曰：「言宗室位卑也。百人之上，百夫長也。」㉞百足之蟲，至死不僵：魯連子曰：「百足之蟲，死而不僵。」按百足之蟲，即馬陸，又稱馬蚿。

五年（蜀延熙七年，吳赤烏七年，西元二四四年）

㈠春，正月，吳主以上大將軍陸遜為丞相，其州牧、都護、領武昌事如故㊀。

㈡征西將軍都督雍涼諸軍事夏侯玄，大將軍爽之姑子也。玄辟李勝為長史，勝及尚書鄧颺欲令爽立威名於天下，勸使伐蜀，太傅懿止之不能得。

三月，爽西至長安，發卒十餘萬人，與玄自駱口㈡入漢中。漢中守兵不滿三萬，諸將皆恐，欲守城不出，以待涪兵㈢。王平曰：「漢中去涪垂千里㈣，賊若得關㈤，便為深禍。今宜先遣劉護軍㈥據興勢㈦，平為後拒。若賊分向黃金㈧，平帥千人下自臨之，比爾間，涪軍亦至，此計之上也。」諸將皆疑，惟護軍劉敏與平意同，遂帥所領據興勢，多張旗幟，彌亘百餘里。

閏月，漢主遣大將軍費禕督諸軍救漢中。將行，光祿大夫來敏詣禕別，求共圍棊。于時羽檄交至，人馬擐甲，嚴駕已訖，禕與敏對戲，色無厭倦。敏曰：「向聊觀試君耳！君信可人㈨，必能辨賊者也！」

㈢夏，四月，丙辰朔，日有食之。

㈣大將軍爽兵距興勢不得進，關中及氐羌轉輸不能供，牛馬騾驢多死，民夷號泣道路，涪軍及費禕兵繼至。參軍楊偉為爽陳形勢，宜急還，不然將敗。鄧颺、李勝與偉爭於爽前，偉曰：「颺、勝將敗國家事，可斬也。」爽不悅。

太傅懿與夏侯玄書曰：「春秋責大德重㈩，昔武皇帝再入漢中，幾至大敗，君所知也。今興勢至險，蜀已先據，若進不獲戰，退見邀絕㈡，覆軍必矣！將何以任其責？」玄懼，言於爽。五月，引軍還。費禕進據三嶺㈢以截爽，爽爭險苦戰，僅乃得過，失亡甚眾，關中為之虛耗。

㈤秋，八月，秦王詢卒。

㈥冬，十二月，安陽孝侯崔林卒。

㈦是歲，漢大司馬琬以病固讓州職於大將軍禕，漢主乃以禕為益州刺史，以侍中董允守尚書令，為禕之副，時戰國㈢多事，公務煩猥㈣，禕為尚書令，識悟過人，每省讀文書，舉目暫視，已究其意旨，其速數倍於人，終亦不忘。常以朝晡㈤聽事，其間接納賓客，飲食嬉戲，加之博弈，每盡人之歡，事亦不廢。及董允代禕，欲斆㈥禕之所行，旬日之中，事多愆滯㈦。允乃歎曰：「人才力相遠若此，非吾之所及也！」乃聽事終日，而猶有不暇焉。

【今註】㈠其州牧、都護、領武昌事如故：陸遜先為荊州牧、右都護、領武昌事。㈡駱口：即駱谷口，為儻駱谷之北口，在陝西省盩厔縣西南，北通郿縣，南入漢中。胡三省曰：「駱谷屈回八十里，凡八十四盤。」㊂以待涪兵：胡三省曰：「自蔣琬屯涪，蜀之重兵在焉。」㊃垂千里：幾及千里。㊄關：胡三省曰：關，關城也。杜佑曰：「關城俗名張魯城，在西鄉縣西四十里。」西鄉故城在今陝西省西鄉縣南。㊅劉護軍：即護軍劉敏。㊆興勢：山名。《寰宇記》曰：「興勢山在洋州興道縣北四十三里，今郡城所枕，形如一盆，外險而內有大谷為盤道，上數里，方及四門，因名興勢。」杜佑曰：「興勢即洋州興道縣。唐興道縣即今陝西省洋縣，地居漢水北岸，縣東有子午谷之午口，為入川棧道。」㊇黃金：胡三省曰：「黃金谷在興道縣。山有黃金峭、黃金谷。有黃金戍傍山依峭，險折七里。」潘眉曰：「黃金者，谷名。元和郡縣志，黃金谷去黃金縣九里，其谷水陸艱險。語曰：『山水艱阻，黃金、子午。』」《南齊書・高帝紀》云：「黃金山，張魯舊戍，南接漢川，北枕驛道，險固之極。」杜佑曰：「黃金戍在洋州黃金縣西北八十里，張魯所築，南接漢川，北枕古道，險固之極。」㊈君信可人：言君之才行，誠堪重任。㊉責大德重：胡三省曰：「責，責望也；德，恩德也。言責望之甚大者，其恩之為甚重也。」蓋愛之切而後責望之深，是其恩之為甚重也。㊁邀絕：邀擊其後而絕其歸路。㊂三嶺：胡三省曰：「自駱谷出扶風，隔以中南山，其間有三嶺：一曰沈嶺，近芒水；一曰衙嶺，一曰分水嶺。」按《蜀志・姜維傳》，延熙二十年，維率眾出駱谷，至沈嶺，前往亡水，倚山為營，亡水即芒水。註詳卷七十七甘露二年註㊺。㊂戰國：謂列國並立，日有戰爭。㊃煩猥：煩瑣猥難。㊄朝晡：平旦為朝，申時為晡。㊅斆：同效。㊆懲滯：失誤延擱。

六年（蜀延熙八年，吳赤烏八年，西元二四五年）

㈠春，正月，以票騎將軍趙儼為司空。

㈡吳太子和與魯王同宮，禮秩如一，羣臣多以為言㈠。吳主乃命分宮別僚，二子由是有隙。衛將軍全琮，遣其子寄事魯王，以書告丞相陸遜。遜報曰：「子弟苟有才，不憂不用，不宜私出㈡以要榮利，若其不佳，終為取禍。且聞二宮勢敵，必有彼此，此古人之厚忌也。」寄果阿附魯王，輕為交構㈢。遜書與琮曰：「卿不師日磾㈣而宿留阿寄㈤，終為足下家門致禍矣！」琮既不答遜言，更以致隙。

魯王曲意交結當時名士，偏將軍朱績，以膽力稱，王自至其廨㈥，就之坐，欲與結好。績下地住立，辭而不當。績，然之子也。於是自侍御、賓客，造為二端，仇黨疑貳，滋延大臣，舉國中分㈦。吳主聞之，假以精學，禁斷賓客往來。督軍使者羊衜㈧上疏曰：「聞明詔省奪二宮備衛，抑絕賓客，使四方禮敬不復得通，遠近悚然，大小失望。或謂二宮不遵典式，就如所嫌，猶且補察，密加斟酌，不使遠近得容異言。臣懼積疑成謗，久將宣流㈨，而西、北二隅㈩，去國不遠，將謂二宮有不順之愆，不審陛下何以解之？」

吳主長女魯班適左護軍全琮，少女小虎適驃騎將軍朱據⑪。全公主⑫與太子母王夫人有隙，吳主欲立王夫人為后，公主阻之，恐太子立怨已，心不自安，數譖毀太子。

吳主寢疾，遣太子禱於長沙桓王廟⑬，太子妃叔父張休居近廟，邀太子過所居，全公主使人覘⑭視，因言太子不在廟中，專就妃家計議，又言王夫人見上寢疾，有喜色。吳主由是發怒，夫人以憂死，太子寵益衰。

魯王之黨楊竺、全寄、吳安、孫奇等共譖毀太子，吳主惑焉。

陸遜上疏諫曰：「太子正統，宜有盤石之固，魯王藩臣，當使寵秩有差。彼此得所，上下獲安。」書三四上，辭情危切⑮；又欲詣都口陳嫡庶之義，吳主不悅。【考異】吳錄曰：「權時見楊竺辟左右而論霸之才，竺深述霸有文武英姿，宜為嫡嗣，於是權乃許立焉。既而遜有表極諫，權疑竺泄之，乃斬竺。」按竺死在太子廢後，吳錄所述妄也。太常顧譚，遜之甥也，亦上疏曰：

「臣聞有國有家者，必明嫡庶之端，異尊卑之禮，使高下有差，等級踰邈。如此，則骨肉之恩全，覬覦〔一六〕之望絕。昔賈誼陳治安之計〔一七〕，論諸侯之勢，以為勢重，雖親，必有逆節之累；勢輕，雖疏，必有保全之祚；故淮南親弟，不終饗國；失之於勢重也；吳芮疏臣，傳祚長沙，得之於執輕也。昔漢文帝使慎夫人與皇后同席，袁盎退夫人之位，帝有怒色；及盎辨上下之義，陳人彘之戒，帝既悅懌，夫人亦悟〔一八〕。今臣所陳非有所偏，誠欲以安太子而便魯王也。」由是魯王與譚有隙。

芍陂之役〔一九〕，譚弟承及張休皆有功，全琮子端、緒與之爭功，譖承、休於吳主，吳主徙譚、承、休於交州，又追賜休死。

太子太傅吾粲請使魯王出鎮夏口，出楊竺等不得令在京師，又數以消息語陸遜。魯王與楊竺共譖之，吳主怒，收粲下獄，誅。數遣中使責問陸遜，遜憤恚而卒。其子抗為建武校尉，代領遜眾，送葬東還〔二〇〕，吳主以楊竺所白遜二十事問抗，抗事事條答，吳主意乃稍解。

(三)夏，六月，都鄉穆侯趙儼卒。

(四)秋，七月，吳將軍馬茂謀殺吳主及大臣以應魏，事泄，並黨與皆伏誅㈡。

(五)八月，以太常高柔為司空。

(六)漢甘太后殂㈢。

(七)吳主遣校尉陳勳將屯田及作士三萬人，鑿句容㈢中道。自小其至雲陽㈣西城，通會市㈤，作邸閣。

(八)冬，十一月，漢大司馬琬卒㈥。

(九)十二月，漢費禕至漢中行圍守㈦。

(十)漢尚書令董允卒㈧，以尚書呂乂為尚書令。董允秉心公亮，獻可替否，備盡忠益，漢主甚嚴憚之。宦人黃皓便僻佞慧，漢主愛之，允上則正色規主，下則數責於皓，皓畏允，不敢為非，終允之世，皓位不過黃門丞㈨。

費禕以選曹郎㈩汝南陳祗代允為侍中，祗矜厲有威容，多技藝，挾智數，故禕以為賢，越次而用之，祗與皓相表裏，皓始預政，累遷至中常侍，操弄威柄，終以覆國，自陳祇有寵，而漢主追怨董允日深，謂為自輕㊂，由祇阿意迎合，而皓浸潤㊂搆間故也。

【今註】㊀吳太子和與魯王同宮，禮秩如一，羣臣多以為言，吳主乃命分宮別僚，二子由是有隙：殷基《通語》曰：「初，權既立和為太子而封霸為魯王，初拜，猶同宮室，禮秩未分。羣公之議以為太子、國王上下有序，禮秩宜異。於是分宮別僚，而隙端開矣！」胡三省曰：「蓋諫者不特儀也。」㊁私出：胡三省曰：「謂出私門也。」㊂輕為交搆：輒為二宮交相構間。㊃卿不師日磾：金日磾侍漢武帝，目不忤視者數十年，以篤慎見稱，事見卷二十二漢紀武帝後元二年。陸遜蓋引日磾事以戒全琮。㊄宿留阿寄：《史記・武帝紀》云：「遂至東萊，宿留之。」索隱曰：「音秀溜。宿留，遲待之意。」此處轉為放任容忍之義。寄謂全寄；阿，暱稱之辭。㊅廨：公舍。即官吏辦公之處。㊆於是自侍御、賓客，造為二端，仇黨疑貳，滋延大臣，舉國中分：殷基《通語》曰：「丞相陸遜、大將軍諸葛恪、太常顧譚、驃騎將軍朱據、會稽太守滕胤，大都督施績、尚書丁密等奉禮而行，宗事太子；驃騎將軍步隲、鎮南將軍呂岱、大司馬全琮、左將軍呂據、中書令孫弘等附魯王。中外官寮、將軍、大臣，舉國中分。權患之，謂侍中孫峻曰：『子弟不睦，臣下分部，將有袁氏之敗，為天下笑。一人立者，安得不亂？』於是有改嗣之規矣！」㊇衜：古道字。㊈久將渲流：言久之且將宣揚流傳於外國。㊉西北二隅：謂蜀、魏二國。蜀在吳之西隅，魏在吳之北隅。㊁吳主長女魯班，適左護軍全琮；少女小虎，適驃騎將軍朱據：《吳志・孫權步夫人傳》云：「生二女，長曰魯班，字大虎，前配周瑜子循，後配全琮；少曰魯育，字小虎，前配朱據，後配劉纂。」按《吳志・全琮傳》，琮時為衞將軍、左護軍、徐州牧。⑫全公主：即權長女魯班，時適全琮，故冠以夫姓。⑬長沙桓王廟：杜佑曰：「孫權都建業，立兄長沙桓王廟於朱雀橋南。」長沙桓王即孫策。⑭覘：窺伺。⑮辭情危切：胡三省曰：「人不敢言而遜獨言之，所謂危也。」⑯覬覦：非分之望。⑰昔賈誼治安之計：誼〈治安策〉見卷十四漢紀文帝六年。⑱昔漢文帝使慎夫人與皇后同席至夫人亦悟：事見卷十三漢紀文帝二年。⑲芍陂之役：正始二年，全琮與魏戰於芍陂。⑳送葬東還：送遜喪自武昌東還葬吳。

㉑吳將軍馬茂謀殺吳主及大臣以應魏，事泄，幷黨與皆伏誅：吳歷曰：「茂本淮南鍾離長而為王淩所失，叛歸吳，吳以為征西將軍九江太守、外部督，封侯，領千兵。權數出苑中與公卿諸將射，茂與兼符節令朱貞、無難督虞欽、牙門將朱志等合計，伺權在苑中，公卿諸將在門未入，令貞持節稱詔，悉收縛之，茂引兵入苑擊權，分據宮中及石頭塢，遣人報魏。事覺，皆族之。」㉒漢甘太后殂：甘太后當作吳太后，按《蜀志・后妃傳》，吳太后，吳壹之妹，薨於延熙八月，即魏之正始六年。甘后乃後主之母，先已殂於南郡。按〈後主傳〉但云：「皇太后薨。」《通鑑》誤作甘太后。㉓句容：沈約曰：「句容，漢舊縣，屬甘陽郡，今在建康府南九十里，有茅山，亦謂之句曲山。」按即今江蘇省句容縣。㉔雲陽：班固曰：「會稽曲阿縣，本秦雲陽縣也。」沈約曰：「曲阿本曰雲陽。秦始皇改曰曲阿。吳嘉禾三年，復曰雲陽。」按其故治即今江蘇省丹陽縣。㉕會市：胡三省曰：「會市者，

佐市以會商旅。」㉖冬十一月，漢大司馬琬卒：按《蜀志・後主傳》及〈蔣琬傳〉，琬以延熙九年冬十一月卒，延熙九年即魏正始七年，《通鑑》系於正始六年十一月，似誤。㉗圍守：胡三省曰：「魏延鎮漢中，實兵諸圍以禦敵，所謂圍守也。」㉘漢尚書令董允卒：按《蜀志・董允傳》，允以延熙九年卒，即魏正始七年，此繫正始六年，非是。㉙黃門丞：《後漢書・百官志》，少府屬官有黃門令、丞各一人，主省中諸宦者。㉚選曹郎：胡三省曰：「漢六曹尚書，一曹有郎六人，選曹郎屬選部。」㉛謂為自輕：胡三省曰：「謂允為輕己也。」㉜浸潤：積毀也。《論語・顏淵》：「浸潤之譖。」鄭玄曰：「譖人之言，如水之浸潤，漸以成之也。」

卷七十五　魏紀七

起桑兆攝提格盡玄黓涒灘，凡七年。（丙子至壬申，西元二四六年至二五二年）

司馬光編集
林瑞翰註

邵陵厲公中

正始七年（蜀延熙九年，吳赤烏九年，西元二四六年）

㈠春，二月，吳車騎將軍朱然寇柤中，殺略數千人而去。

㈡幽州刺史毌丘儉以高句驪王位宮㊀數為侵叛，督諸軍討之，位宮敗走，儉遂屠丸都㊁，斬獲首虜以千數。句驪之臣得來數諫位宮，位宮不從，得來歎曰：「立見此地將生蓬蒿。」遂不食而死。儉令諸軍不壞其墓，不伐其樹，得其妻子，皆放遣之。位宮單將妻子逃竄，儉引軍還，未幾復擊之，位宮遂犇買溝㊂。儉遣玄菟太守王頎追之，過沃沮㊃千有餘里，至肅慎氏㊄南界，刻石紀功而還㊅，所誅納八千餘口㊆，論功受賞，侯者百餘人。

㈢秋，九月，吳主以驃騎將軍步騭為丞相，車騎將軍朱然為左大司馬，衞將軍全琮為右大司馬。分荊州為二部，以鎮南將軍呂岱為上大將軍，督右部，自武昌以西至蒲圻㈧，以威北將軍諸葛恪為大將軍，督左部，代陸遜鎮武昌。

㈣漢大赦。大司農河南孟光於眾中責費禕曰：「夫赦者，偏枯之物㈨，非明世所宜有也。衰敝窮極，必不得已，然後乃可權而行之耳！今主上仁賢，百僚稱職，何有旦夕之急，而數施非常之恩，以惠姦宄之惡乎？」禕但顧謝踧踖而已㈩。

初，丞相亮時有言公惜赦者，亮答曰：「治世以大德，不以小惠，故匡衡、吳漢不願為赦⑪；先帝亦言：『吾周旋陳元方⑫、鄭康成⑬間，每見啟告治亂之道悉矣，曾不語赦也！若劉景升季玉父子⑭，歲歲赦宥，何益於治？』」由是蜀人稱亮之賢，知禕不及焉。

陳壽評曰：「諸葛亮為政，軍旅數興，而赦不妄下，不亦卓乎！」

㈤吳人不便大錢，乃罷之⑮。

㈥漢主以涼州刺史姜維為衞將軍，與大將軍費禕並錄尚書事。

汶山平康夷反，維討平之。

漢主數出遊觀，增廣聲樂。太子家令巴西譙周上疏諫曰：「昔王莽之敗，豪桀並起以爭神器，才智之士，思望所歸，未必以其勢之廣陿，惟其德之厚薄也。於時更始、公孫述等多已廣大，然莫不快情恣欲，怠於為善。世祖初入河北，馮異等勸之曰：『當行人所不能為者。』遂務理冤獄，崇節儉，北州歌歎，聲布四遠，於是鄧禹自南陽追之㊄，吳漢、寇恂素未之識，舉兵助之，其餘望風慕德，邳彤、耿純、劉植之徒，至於輿病齎棺，繈負而至，不可勝數㊅，故能以弱為彊，而成帝業。及在洛陽，嘗欲小出，銚期進諫，即時還車㊆。及潁川盜起，寇恂請世祖身往臨賊，聞言即行㊇。故非急務，欲小出不敢，至於急務，欲自安不為，帝者之欲善如此。故傳曰：『百姓不徒附。』誠以德先之也。今漢遭厄運，天下三分，雄哲之士思望之時也㊈。臣願陛下復行人所不能為者，以副人望。且承事宗廟，所以率民尊上也。今四時之祀，或有不臨，而池苑之觀，或有仍出㊉，臣之愚滯，私不自安，夫憂責在身者，不暇盡樂，先帝之志，堂構未成㊂，誠非盡樂之時。願省滅樂官後宮，凡所增造，但奉脩先帝所施，下為子孫即儉之教。」漢主不聽。

【今註】㊀位宮：高句驪王名。《魏志・高句驪傳》云：「其曾祖宮生能開目視，其國人惡之，及長大，果凶虐，數寇抄，國見殘破。今天生墮地，亦能開目視人。句驪呼相似為位：似其祖，故名之為位宮。」㊁丸都：漢建安中，高句驪王伊夷模更佐新都於丸都山下，謂之丸都，見《魏志・高句驪傳》及〈毌丘儉傳〉。其地多深山大谷，按儉傳云，儉東馬懸車以登丸都，則其險峻可知。按丸都故城在今遼寧省輯安縣。位於鴨綠江西北岸。㊂買溝：沈欽韓曰：「魏志東夷傳北沃沮一名置溝漊，後漢書東夷傳同。溝漊者，句驪名城也。此誤置為買，又脫漊字。」㊃沃沮：古東夷之國，兩漢時分南北二國。《後漢書・東夷傳》云：「東沃沮在高句驪蓋馬大山之東，東濱大海，北與挹婁、夫餘、南與濊貊接。其地東西狹，南北長，可折方千里。武帝滅朝鮮，以沃沮地為玄菟郡，後為夷貊所侵，徙郡於高句驪西北，更以沃沮為縣，屬樂浪東部都尉，至光武罷都尉官後，皆以封其渠帥為沃沮侯。其土迫小，介於大國之間，遂臣屬句驪。又有北沃沮，一名置溝婁，去南沃沮八百餘里，其俗皆與南同。」按南沃沮即東沃沮，以其處北沃沮之南，故稱。丁謙曰：「蓋馬大山即朝鮮平安道與咸鏡道分界之。山東沃沮地在咸鏡道東南濱海一帶，故狹而長，玄菟郡本立於此。其徙治於古高句驪北，在漢昭帝五年。北沃沮南距東沃沮八百餘里，以地望核之，當在圖門江南北。」㊄肅慎氏：《魏志

・東夷傳》云：「挹婁在夫餘東北千餘裏，濱大海，南與北沃沮接，未知其北所極，古之肅慎氏之國也。」又《晉書・東夷傳》：「肅慎氏一名挹婁，在不咸山北，東濱大海，西接寇漫國，北極弱水。」按不咸山即長白山，其國當在今混同江南北一帶。㊅幽州刺史毌丘儉，以高句驪王位宮數為侵叛，督諸軍討之至刻石紀功而還：《魏志・毌丘儉傳》云：「正始中，儉以高句驪數侵叛，督諸軍步騎萬人出玄菟，從諸道討之，句驪王宮將步騎二萬人，進軍沸流水上，大戰梁口，宮連破走，儉遂束馬縣車以登丸都，屠句驪所都。」按《魏志・東夷傳》，丸都之戰在正始五年。又儉傳云：「正始六年，復征之，宮遂奔買溝。儉遣玄菟太守王欣追之，過沃沮千有餘里，至肅慎氏南界，刻石紀功，刊丸都之山，銘不耐之城。」合〈毌丘儉傳〉與〈高句驪傳〉視之，儉蓋以正始五年征高句驪，破丸都，六年，復征之，宮竄置溝婁，儉乃刻石紀功而還，《通鑑》以此二役俱繫於正始七年，似誤。㊆所誅納八千餘口：言合魏軍所誅殺及所納降者，共八千餘口。㊇蒲圻：宋白曰：「蒲圻縣，漢沙羨縣地，吳黃武二年，於沙羨縣置蒲圻縣，在荊江口，因湖以稱，故曰蒲圻。」按蒲圻故城在今湖北省嘉魚縣西南。㊈夫赦者，偏枯之物：胡三省曰：「木之一邊碩茂，一邊焦槁者，謂之偏枯。赦者，赦有罪也。有罪者赦，則姦惡之人抵罪而獲免於罪，良善之人受抑而不獲伸，故謂之偏枯之物。」㊉禕但顧謝踧踖而已：朱熹曰：「踧踖，恭敬不寧之貌。」此言禕雖是光言，然終不能用。㈡故匡衡、吳漢不願為赦：匡衡疏見卷三十八漢元帝永光二年，吳漢言見卷四十三漢光武建武二十年。㈢陳元方：陳紀字元芳。㈢鄭康成：鄭玄字康成。㈣劉景升、季王父子：劉表字景升，劉琮字季玉。㈤吳人不便大錢，乃罷之：《江表傳》載是歲孫權詔：「謝宏往日陳鑄大錢，云以廣貨，故聽之；今聞民意不以為便，其省息之，鑄為器物，官勿復出也。私家有者，勑以輸藏，計畀其值，勿有所枉也。」按青龍四年，吳鑄大錢，一當五百；景初二年，又鑄當千大錢，至是以吳人不便，悉罷之。⑯漢主以涼州刺史姜維為衛將軍，與大將軍費禕並錄尚書事；汶山平康夷反，維討平之：按《蜀志・姜維傳》，維為衛將軍及討平康夷二事俱在延熙十年，即魏正始八年，此繫正始七年，似誤。汶山郡，漢武元封二分蜀郡北部置，治汶江縣，在今四川省茂縣北，宣帝地節三年，又併歸蜀郡。《晉書・地理志》曰：「汶山郡，漢置。平康縣屬焉。」杜佑曰：「汶山郡，冉駹所居也。」⑰世祖初入河北至北州歌歎，聲布四遠，於是鄧禹自南陽進之：事見卷三十九漢紀更始元年。⑱吳漢、寇恂，素未之識，舉兵助之至至於輿病齎棺，負而至不可勝數：事並見卷三十九漢紀更始二年。⑲及在洛陽，嘗欲小出，銚期進諫，即時還東：《後漢書・銚期傳》云：「光武嘗與期門近出，期頓首車前曰：『臣聞古今之誡，變生不意，誠不願陛下微行數出。』帝為之回輿而還。」銚音姚。⑳及潁川盜起，寇恂請世祖身往臨賊，聞言即行：事見卷四十二漢紀建武八年。㉑思望之時：胡三省曰：「言思望賢主混一。」㉒仍出：頻出。㉓先帝之志，堂構未成：言先帝經營天下之志未成而中道崩殂，譬如作室，但底定其法而未遑構築。《書・大誥》：「若考作室，既底法，厥子乃弗肯堂，矧肯構？」言以作室喻之，父既底定作室之法度，其子乃不肯為之堂基，況肯為之造屋乎？

正始八年（蜀延熙十年，吳赤烏十年，西元二四七年）

㈠春，正月，吳全琮卒。

㈡二月，日有食之。時尚書何晏等朋附曹爽，好變改法度。太尉蔣濟上疏曰：「昔大舜佐治，戒在比周㊀，周公輔政，慎於其朋㊁。夫為國瀍度，惟命世大才，乃能張其綱維，以垂於後，豈中下之吏所宜改易哉？終無益於治，適足傷民。宜使文武之臣各守其職，率以清平，則和氣祥瑞可感而致也。」

㈢吳主詔徙武昌宮材瓦，繕修建業宮，有司奏言武昌宮已二十八歲㊂，恐不堪用，宜下所在㊃，通更伐致㊄。吳主曰：「大禹以卑宮為美，今軍事未已，所在賦歛，若更通伐，妨損農桑。徙武昌材瓦，自可用也。」乃徙居南宮。三月，改作太初宮㊅，令諸將及州郡皆義作㊆。

㈣大將軍爽用何晏、鄧颺、丁謐之謀，遷太后於永寧宮㊇，專擅朝政，多樹親黨，屢改制度，太傅懿不能禁，與爽有隙。五月，懿始稱疾，不與㊈政事。

㊄吳丞相步隲卒。

㊅帝好褻近羣小，遊宴後園。秋七月，尚書何晏上言：「自今御幸式乾殿㊉及遊豫後園，宜皆從大臣，詢謀政事，講論經義，為萬世瀍。」

冬，十二月，散騎常侍諫議大夫㊁孔乂上言：「今天下已平，陛下可絕後園，習騎乘馬。出必御輦乘車，天下之福，臣子之願也。」帝皆不聽。

㊆吳主大發眾集建業，揚聲欲入寇，揚州刺史諸葛誕使安豐㊂太守王基策之㊂。基曰：「今陸遜等已死，孫權年老，內無賢嗣，中㊃無謀主，權自出則懼內釁卒起，癰疽發潰㊄，遣將則舊將已盡，新將未信㊅，此不過欲補綻支黨㊆，還自保護耳！」已而吳果不出。

㊇是歲，雍涼羌胡叛降漢，漢姜維將兵出隴右以應之，與雍州

刺史郭淮、討蜀護軍夏侯霸戰于洮西(一八)，胡王白虎文、治無戴等率部落降維，維徙之入蜀(一九)。淮進擊羌胡餘黨，皆平之。

【今註】(一)昔大舜佐治，戒在比周：《左傳》文公十八年：「醜類惡物，頑嚚不友，是與比周。」杜注：「比，近也；周，密也。」言其與惡人相親近。胡三省曰：「舜之佐堯也，驩兜、共工自相稱引，則流放之，讒說殄行，則堲之，戒比周也。」堲，疾也。《書・舜典》：「朕堲讒說殄行。」(二)周公輔政，慎於其朋：《書・洛誥》周公戒成王曰：「孺子其朋，孺子其朋，其往。」孔安國注曰：「少子慎其朋黨，少子慎其朋黨，戒其自今以往！」(三)有司奏言武昌宮已二十八歲：吳以漢建安二十四年都武昌，至是已二十八年，武昌宮蓋建於初都武昌之時。(四)所在：泛言各地。(五)通更伐致：胡三省曰：「伐致，謂伐材木而致之。通者，凡吳境內悉然也。」(六)太初宮：晉太康地名曰：「吳有太初宮，方三百丈。」(七)義作：從役而不計其酬。(八)大將軍爽用何晏、鄧颺、丁謐之謀，遷太后於永寧宮：太后即明元郭皇后。胡三省曰：「據後魏起永寧寺於銅駝街西，意即前魏永寧殿故處也。又據陳壽志：『太后稱永寧宮。』非徙也；意者晉諸臣欲增曹爽之惡，以遷守加之耳！晉書五行志曰：『爽遷太后於永寧宮，太后與帝相位而別。』蓋亦承晉諸臣所記也。」(九)與：讀如干預之預。(一〇)式乾殿：胡三省曰：「參考魏晉所記式乾殿，當在皇后宮，坤為母，乾為父，言皇后為天下母，以乾為式，從夫之義也。」(一一)諫議大夫：胡三省曰：「秦置諫大夫，掌議論，後漢增為諫議大夫。」

《續漢志》諫議大夫秩六百石。胡廣曰：「光祿大夫，本為中大夫，武帝元狩五年，置諫大夫，為光祿大夫，世祖中興，以為諫議大夫。」㈢安豐：漢置安豐縣，屬六安國，後漢屬廬江郡，魏析置安豐郡，治安豐縣，故城在今河南省固始縣東。㈢策之：胡三省曰：「策之者，計之也。」按即於事先逆料事態演變之趨勢。㈣中：朝中。㈤癰疽發潰：謂國有內釁，猶人體之有癰疽，一旦猝起，將潰爛至不可收拾。㈥未信：未可信任。㈦此不過欲補綻支黨：綻與綻同。補綻，猶曰彌縫。此謂權之集眾於建業，蓋欲乘機彌縫釁隙，樹其黨羽耳！㈧洮西：洮音滔。洮水之西。洮水源出甘肅省臨潭縣西北西傾山，東北流經岷縣，入臨洮縣注入黃河。㈨胡王白虎文、治無戴等率部落降維，維徙之入蜀：《蜀志・後主傳》云：「居之于繁縣。」胡三省曰：「據姜維傳，則白虎文與治無戴二人也。又魏志，曹真討破叛胡治元多，蓋諸胡有治姓也。」繁音婆。

九年（蜀延熙十一年，吳赤烏十一年，西元二四八年）

㈠春，二月，癸巳（三十日），中書令孫資、中書監劉放，三月，甲午（朔），司徒衞臻各遜位，以侯就第，位特進。

㈡夏，四月，以司空高柔為司徒，光祿大夫徐邈為司空。邈嘆曰：「三公論道之官，無其人則缺㈠，豈可以老病忝之㈡哉！」遂固辭不受。

㈢五月，漢費禕出屯漢中。自蔣琬及禕，雖身居於外，慶賞刑威，皆遙先諮斷㊂，然後乃行。禕雅性謙素，當國功名㊃，略與琬比。

㈣秋，九月，以車騎將軍王淩為司空。

㈤涪陵夷反，漢車騎將軍鄧芝討平之㊄。

㈥大將軍爽驕奢無度，飲食衣服，擬於乘輿，尚方珍玩，充牣㊅其家；又私取先帝才人以為伎樂。作窟室㊆，綺疏㊇四周，數與其黨何晏等縱酒其中。弟羲深以為憂，數涕泣諫止之，爽不聽。爽兄弟數俱出遊，司農沛國桓範謂曰：「總萬機，典禁兵，不宜並出。若有閉城門，誰復內入者？」爽曰：「誰敢爾邪？」

初，清河、平原爭界，八年不能決，冀州刺史孫禮請天府㊈所藏烈祖封平原時圖㊉以決之。爽信清河之訴，云圖不可用。禮上疏自辨，辭頗剛切。爽大怒，劾禮怨望，結刑五歲㊁，久而復為幷州刺史，往見太傅懿，有忿色而無言。懿曰：「卿得幷州少邪㊂？恚理分界失分乎？」禮曰：「何明公言之乖也，禮雖不德，豈以官位往事為意邪？本謂明公齊蹤伊、呂，匡輔魏室，上報明帝之託，下建萬世之勳。今社稷將危，天下兇兇，此禮之所以不悅也。」因涕泣橫流。懿曰：「且止，忍不可忍。」

冬，河南尹李勝出為荊州刺史，過辭太傅懿，懿令兩婢侍，持衣，衣落；指口言渴，婢進粥，懿不持杯而飲，粥皆流出霑胷。勝曰：「眾情謂明公舊風發動㉓，何意尊體乃爾！」懿使聲氣纔屬㉔，說年老枕疾，死在旦夕，君當屈幷州，幷州近胡，好為之備，恐不復相見，以子師、昭兄弟為託。勝曰：「當還忝本州㉕，非幷州。」懿乃錯亂其辭曰：「君方到幷州。」勝復曰：「當忝荊州。」懿曰：「年老意荒，不解君言。今還為本州，盛德壯烈，好建功勳。」勝退，告爽曰：「司馬公尸居餘氣，形神已離㉖，不足慮矣！」他日，又向爽等垂泣㉗曰：「太傅病不可復濟，令人愴然！」故爽等不復設備。何晏聞平原管輅明於術數㉘，請與相見。十二月，丙戌（二十八日），輅往詣晏，晏與之論易，時鄧颺在坐，謂輅曰：「君自謂善易，而語初不及易中辭義，何也？」輅曰：「夫善易者，不言易也！」晏含笑贊之曰：「可謂要言不煩也！」因謂輅曰：「試為作一卦，知位當至三公不㈨？」又問：「連夢見青蠅數十來集鼻上，驅之不去，何也？」輅曰：「昔元凱㈩輔舜，周公佐周，皆以和惠謙恭，享有多福，此非卜筮所能明也。今君侯位尊勢重，而懷德者鮮，畏威者眾，殆非小心求福之道也。又鼻者，天中之山㈡，高而不危，所以長守貴，今青蠅臭惡而集之，位峻者顛，輕豪者亡，不可不深思也。願君侯裒多益寡㈢，非禮勿履，然後三公可至，青蠅可驅也。」颺曰：「此老生之常譚㈢。」輅曰：「夫老生者見不生，常譚者見不譚㈣。」輅還邑舍㈤，具以語其舅，舅責輅言太切至。輅曰：「與死人語，何所畏邪？」舅大怒，以輅為狂。

㈦吳交趾、九真夷賊攻沒城邑，交部㈥騷動，吳主以衡陽督軍都尉陸胤為交州刺史、安南校尉，胤入境，喻以恩信，降者五萬餘家，州境復清。

(八)太傅懿陰與其子中護軍師、散騎常侍昭謀誅曹爽。

【今註】㈠三公論道之官，無其人則缺：《書・周官》：「茲惟三公，論道經邦，燮理陰陽，官不必備，惟其人。」三公謂太師、太傅、太保。㈡忝之：忝，辱也。言有辱於其職。㈢諮斷：胡三省曰：「諮之使決斷也。」㈣當國功名，略與琬比：言禕身當國之重任，其功名略與琬等。㈤涪陵夷反，漢車騎將軍鄧芝討平之：《蜀志・後主傳》云：「延熙十一年，涪陵屬國民夷反，車騎將軍鄧芝往討，皆破平之。」《華陽國志》曰：「延熙十三年，涪陵大姓徐巨反，車騎將軍鄧芝討平之。」《通鑑》據《後主傳》在延熙十一年。按漢於巴郡置涪陵縣，漢末劉璋析置涪陵屬國都尉，蜀改為郡，治涪陵，故城即今四川省彭水縣，晉徙治枳縣，在今四川省涪陵縣西。㈥牣：滿也。徐灝曰：「戴氏侗曰，『牛充斥也。』引申為牣滿之偁。」㈦窟室：地下室。潘眉曰：「酈道元云，永甯寺其地，是曹爽故宅，經始之日，於寺院西南隅得爽窟室，下入地可丈許，地壁悉壘方石砌之，石作細密，都無所毀。」㈧綺疏：李賢曰：「綺疏，謂鏤為綺文。」㈨天府：官名，《周禮・春官》之屬。掌祖廟之守藏，凡國之寶器及典法文書，皆受而藏之。後世遂以為朝廷府藏之泛稱。㈩烈祖封平原時圖：烈祖即明帝，黃初三年，封平原王。按此則魏世諸王受封時，皆有地圖在府藏。⑪結刑五歲：胡三省曰：「結刑五歲者，但結以徒作五歲之罪而不使之輸作也。」⑫卿得幷州少邪：胡三省曰：「冀州大於諸州，幷州遠接荒外，故懿意其觖望。懿多權詐，以此言擿發禮耳！」⑬舊風發動：胡三省曰：「魏武之辟懿也，懿辭以風痺，故勝以為舊風發動。」㊃懿使聲氣纔屬：纔屬者，言幾不能相接，蓋故作羸惙之狀以詐勝。㊄當還忝本州：勝南陽人，故謂荊州為本州。㊅司馬公尸居餘氣，形神已離：胡三省曰：「言懿形神已離，惟尸在而餘殘喘耳！」㊆垂泣：泣，淚也，見《廣雅・釋言》。垂泣即垂淚。㊇術數：總謂以陰陽五行生剋制化之理以推測人事之吉凶者，如卜筮，占候。《四庫提要》敘云：「術數之興，多在秦漢以後，要其旨不出乎陰陽五行生剋制化，實皆易之支派，傅以雜說耳！」㊈不：讀曰否。㊉元凱：謂八凱、八元，皆上古才德之士。《左傳》文公十八年：「昔高陽氏有才子八人：蒼舒、隤敳、檮戭、大臨、尨降、庭堅、仲容、叔達，齊聖廣淵明允篤誠，天下之民，謂之八凱。高辛氏有才子八人：伯奮、仲堪、叔獻、季仲、伯虎、仲熊、叔豹、季貍，忠肅共懿宣慈惠和，天下之民，謂之八元。」㊁鼻者，天中之山：胡三省曰：「相書以鼻為天中，自脣以上為人中。」裴松之曰：「相書謂鼻之所在為天中，鼻有山象，故曰天中之山也。」㊂裒多益寡：裒音掊，取也。裒多益寡，謂減有餘以補不足。《易・謙》：「君子以裒多益寡，稱物平施。」輅意謂晏權勢多而德澤少，當思自損有餘以補不足。㊃常譚：謂非出奇之論。譚與談同。㊄夫老生者見不生，常譚者見不譚：不生謂死；不譚亦謂死，蓋人死而不能言談。輅蓋謂颺等死期當在不遠。㊅邑舍：胡三省曰：「邑舍，平源邑邸也。」按輅平原人。㊆交部：即交州。漢制：於州置部刺史，掌奉詔條察刺郡國，故州亦曰部。

嘉平元年（蜀延熙十二年，吳赤烏十二年，西元二四九年）

㈠春，正月，甲午（初六日），帝謁高平陵㊀，大將軍爽與弟中領軍羲、武衛將軍訓、散騎常侍彥皆從。太傅懿以皇太后令，閉諸城門，勒兵據武庫，授兵出屯洛水浮橋㊁。召司徒高柔假節行大將軍事，據爽營，太僕王觀行中領軍事，據羲營。因奏爽罪惡於帝曰：「臣昔從遼東還，先帝詔陛下、秦王及臣升御床，把臣臂，深以後事為念㊂。臣言太祖、高祖亦屬臣以後事㊃，此自陛下所見，無所憂苦，萬一有不如意，臣當以死奉明詔。今大將軍爽背棄顧命㊄，敗亂國典，內則僭擬，外則專權，破壞諸營，盡據禁兵，羣官要職，皆置所親，殿中宿衛，易以私人，根據盤互，縱恣日甚，又以黃門張當為都監，伺察至尊，離間二宮㊅，傷害骨肉，天下洶洶，人懷危懼，陛下便為寄坐㊆，豈得久安？此非先帝詔陛下及臣升御牀之本意也！臣雖朽邁㊇，敢忘往言？太尉臣濟等，皆以爽為有無君之心，兄弟不宜典兵宿衛，奏永寧宮皇太后令敕臣如奏施行。臣輒敕主者及黃門令罷爽、羲、訓吏兵，以侯就第，不得逗留，以稽車駕，敢有稽留，便以軍瀍從事。臣輒力疾將兵屯洛水浮橋㈨，伺察非常。」爽得懿奏事，不通，迫窘不知所為，留車駕宿伊水㈩南，伐木為鹿角㈡，發屯田兵數千人以為衞㈢。

懿使侍中高陽許允及尚書陳泰說爽，宜早自歸罪，又使爽所信殿中校尉尹大目㈢謂爽，唯免官而已，以洛水為誓。泰，羣之子也。

初，爽以桓範鄉里老宿㈣，於九卿中特禮之，然不甚親也。及懿起兵，以太后令召範，欲使行中領軍。範欲應命，其子止之曰：「車駕在外，不如南出。」範乃出，至平昌城門㈤，城門已閉，門候司蕃㈥，故範舉吏也。範舉手中版示之㈦，矯曰：「有詔召我，卿促開門！」蕃欲求見詔書，範呵之曰：「卿非我故吏邪？何以敢爾？」乃開之。範出城，顧謂蕃曰：「太傅圖逆，卿從我去。」蕃徒行不能及，遂避側㈧。

懿謂蔣濟曰：「智囊往矣！」濟曰：「範則智矣，然駑馬戀棧豆，爽必不能用也(一九)！」範至，勸爽兄弟以天子詣許昌，發四方兵以自輔，爽疑未決。範謂羲曰：「此事昭然，卿用讀書何為邪？於今日卿等門戶，求貧賤復可得乎？且匹夫質一人，尚欲望活(二〇)，卿與天子相隨，令於天下，誰敢不應也。」俱不言。範又謂羲曰：「卿別營近在闕南(二一)，洛陽典農(二二)治(二三)在城外，呼召如意。今詣許昌，不過中宿(二四)。許昌別庫(二五)，足相被假(二六)，所憂當在穀食，而大司農印章在我身。」羲兄弟默然不從。自甲夜(二七)至五鼓(二八)，爽乃投刀於地曰：「我亦不失作富家翁！」範哭曰：「曹子丹(二九)佳人(三〇)，生汝兄弟㹠犢(三一)耳。何圖今日坐汝等族滅也！」爽乃通懿奏事，白帝下詔免己官，奉帝還宮。

爽兄弟歸家，懿發洛陽吏卒(三二)圍守之，四角作高樓，令人在樓上察視爽兄弟舉動。爽挾彈到後園中，樓上便唱言故大將軍東南行，爽愁悶不知為計。戊戌（初十日），有司奏黃門張當私以所擇才人與爽，疑有姦，收當付廷尉考實。辭云：「爽與尚書何晏、鄧颺、丁謐、司隸校尉畢軌、荊州刺史李勝等陰謀反逆，須三月中發。」於是收爽、義、訓、晏、颺、謐、軌、勝，并桓範皆下獄，劾以大逆不道，與張當俱夷三族。【考異】魏：「宣王使晏氏春秋曰典治爽等獄，晏窮治黨與，冀以獲宥。宣王曰：『凡有八族。』晏疏丁、鄧等七姓。宣王曰：『未也。』晏窮急，乃曰：『豈謂晏乎？』宣王曰：『是也！』乃收晏。」按宣王方治爽黨，安肯使晏典其獄？就令有之，晏豈不自知與爽最親而冀獨免乎？此殆孫盛承說者之妄耳！

初，爽之出也，司馬魯芝留在府，聞有變，將營騎斫津門出赴爽㉝，及爽解印綬，將出，主薄楊綜止之曰：「公挾主握權，捨此以至東市乎㉞？」有司奏收芝、綜治罪，太傅懿曰：「彼各為其主也。」宥之。頃之，以芝為御史中丞，綜為尚書郎。

魯芝將出，呼參軍辛敞，欲與俱去。敞，毗之子也。其姊憲英為太常羊耽妻，敞與之謀曰：「天子在外，太傅閉城門，人云將不利國家，於事可得爾㉟乎？」憲英曰：「以吾度之，太傅此舉，不過以誅曹爽耳！」敞曰：「然則事就乎？」憲英曰：「得無殆就。爽之才，非太傅之偶也。」敞曰：「然則敞可以無出乎？」憲英曰：「安可以不出？職守，人之大義也。凡人在難，猶或卹之，為人執鞭㊱，而棄其事，不祥莫大焉！且為人任，為人死，親昵之職也㊲，從眾而已。」敞遂出。事定之後，敞歎曰：「吾不謀於姊，幾不獲於義！」

先是爽辟王沈及太山羊祜，沈勸祜應命。祜曰：「委質事人，復何容易㊳？」沈遂行。及爽敗，沈以故吏免，乃謂祜曰：「吾不忘卿前語。」祜曰：「此非始慮所及也㊴。」爽從弟文叔妻，夏侯令女㊵，早寡而無子，其父文寧欲嫁之，令女刀截兩耳以自誓，居常依爽。爽誅，其家上書絕昏㊶，強迎以歸，復將嫁之。令女竊入寢室，引刀自斷其鼻。其家驚惋㊷，謂之曰：「人生世間，如輕塵棲弱草耳，何至自苦乃爾！且夫家夷滅已盡，守此欲誰為哉？」令女曰：「吾聞仁者不以盛衰改節，義者不以存亡易心。曹氏前盛之時，尚欲保終，況今衰亡，何忍棄之，此禽獸之行，吾豈為乎？」司馬懿聞而賢之，聽使乞子字養為曹氏後㊸。

何晏等方用事，自以為一時才傑，人莫能及。晏嘗為名士品目，曰：「唯深也，故能通天下之志，夏侯泰初是也；唯幾也，故能成天下之務，司馬子元是也；唯神也，不疾而速，不行而至，吾聞其語，未見其人。」蓋欲以神況諸己也㊹。

選部郎劉陶，曄之子也，少有口辯，鄧颺之徒稱之，以為伊、呂。陶嘗謂傅玄曰：「仲尼不聖，何以知之？智者於羣愚，如弄一丸於掌中，而不能得天下，何以為聖？」玄不復難，但語之曰：「天下之變無常也，今見卿窮！」及曹爽敗，陶退居里舍，乃謝其言之過。

管輅之舅謂輅曰：「爾前何以知何、鄧之敗？」輅曰：「鄧之行步，筋不東骨，脈不制肉，起立傾倚，若無手足，此為鬼躁，何之視候，則魂不守宅，血不華色，精爽煙浮，容若槁木，此為鬼幽。二者皆非遐福之象也㊺。」

何晏性自喜㊻，粉白不去手㊼，行步顧影，尤好老莊之書，與夏侯玄、荀粲及山陽王弼之徒，競為清談，祖尚虛無，謂六經為聖人糟粕㊽，由是天下士大夫爭慕效之，遂成風流㊾，不可復制焉！粲，彧之子也。

㈡丙午（十八日），大赦。

㈢丁未（十九日），以太傅懿為丞相，加九錫，懿固辭不受。

㈣初，右將軍夏侯霸為曹爽所厚，以其父淵死於蜀㊿，常切齒有報仇之志，為討蜀護軍，屯於隴西，統屬征西(51)。征西將軍夏侯玄，霸之從子，爽之外弟也(52)，爽既誅，司馬懿召玄詣京師，以雍州刺史郭淮代之。霸素與淮不叶(53)，以為禍必相及，大懼，遂犇漢。漢主謂曰：「卿父自遇害於行間耳！非我先人之手刃也。」遇之甚厚(54)。

姜維問於霸曰：「司馬懿既得彼政，當復有征伐之志不？」霸曰：「彼方營立家門，未遑外事，有鍾士孝者，其人雖少，若管朝政，吳蜀之憂也！」士孝者，鍾繇之子尚書郎會也。

㈤三月，吳左大司馬朱然卒。然長不盈七尺，氣候分明，內行脩潔，終日欽欽(55)若在戰場，臨急膽定，過絕於人，雖世無事，每朝夕嚴鼓(56)，兵在營者，咸行裝就隊，以此玩敵，使不知所備(57)，故出輒有功。然寢疾增篤，吳主晝為減膳，夜為不寐，中使、醫藥、口食之物，相望於道，然每遣使表疾病消息，吳主輒召見，口自問訊，入賜酒食，出賜布帛。及卒，吳主為之哀慟。

㈥夏，四月，乙丑（初八日），改元(五八)。

㈦曹爽之在伊南也(五九)，昌陵景侯蔣濟與之書，言太傅之旨，不過免官而已。爽誅，濟進封都鄉侯，上疏固辭，不許。濟病其言之失(六〇)，遂發病，丙子（十九日），卒。

㈧秋，漢衞將軍姜維寇雍州，依麴山(六一)築二城，使牙門將句安(六二)李歆等守之，聚羌胡質任，侵偪諸郡。征西將軍郭淮與雍州刺史陳泰禦之。泰曰：「麴城雖固去蜀險遠，當須運糧(六三)，羌夷患維勞役，必未肯附，今圍而取之，可不血刃而拔其城，雖其有救，山道阻險，非行兵之地也。」淮乃使泰率討蜀護軍徐質、南安太守鄧艾進兵圍麴城，斷其運道，及城外流水，安等挑戰不許，將士困窘，分糧聚雪(六四)，以引日月，維引兵救之，出自牛頭山(六五)，與泰相對。泰曰：「兵灋貴在不戰而屈人(六六)，今絕牛頭，維無反道(六七)，則我之禽也。」敕諸軍各堅壘勿與戰，遣使白淮，使淮趣牛頭，截其還路。淮從之，進軍洮水。維懼，遁走。安等孤絕，遂降。淮因西擊諸羌。鄧艾曰：「賊去未遠，或能復還，宜分諸軍以備不虞。」於是留艾屯白水㊅北。三日，維遣其將廖化，自白水南向艾結營，艾謂諸將：「維今卒還，吾軍人少，灋當來渡而不作橋，此維使化持吾，令不得還，維必自東襲取洮城。」洮城在水北，去艾屯六十里，艾即夜潛軍，徑到，維果來渡，而艾先至據城，得以不敗，漢軍遂還。

㈨兗州刺史令狐愚㊈，司空王凌之甥也，屯於平阿㊆，甥舅並典重兵，專淮南之任。凌與愚陰謀，以帝闇弱，制於彊臣，聞楚王彪㊆有智勇，欲共立之，迎都許昌。

九月，愚遣其將張式至白馬，與彪相聞㊆。凌又遣舍人勞精㊆詣洛陽，語其子廣。廣曰：「凡舉大事，應本人情。曹爽以驕奢失民，何平叔㊆虛華不治，丁、畢、桓、鄧雖並有宿望，皆專競於世，加變易朝典，政令數改，所存雖高，而事不下接㊆，民習於舊，眾莫之從。故雖勢傾四海，聲震天下，同日斬戮，名士減半，而百姓安之，莫之或哀，失民故也。今司馬懿情雖難量，事未有逆，而擢用賢能，廣樹勝己㊆，脩先朝之政令，副眾心之所求，爽之所以為惡者，彼莫不必改㊆。夙夜匪懈，以恤民為先，父子兄弟，並握兵要，未易亡也！」淩不從。

㈩冬，十一月，令狐愚復遣張式詣楚王。未還，會愚病卒。

㈩十二月，辛卯（初九日），即拜王淩為太尉㊇。庚子（十八日），以司隸校尉孫禮為司空。

㈫光祿大夫徐邈卒。邈以清節著名，盧欽嘗著書稱邈曰：「徐公志高行潔，才博氣猛，其施之也，高而不狷，潔而不介，博而守約，猛而能寬，聖人以清為難，而徐公之所易也。」或問欽：「徐公當武帝之時，人以為通，自為涼州刺史㊈，及還京師，人以為介，何也？」欽答曰：「往者毛孝先、崔季珪用事，貴清素之士，于時皆變易車服，以求名高㊉，而徐公不改其常，故人以為通。比來㈡天下奢靡，轉相倣傚，而徐公雅尚自若，不與俗同，故前日之通，乃今日之介也。是世人之無常，而徐公之有常也！」

欽，毓之子也。

【今註】㈠高平陵：明帝陵寢。孫盛曰：「高平陵在洛水南大石山，去洛城九十里。」㈡勒兵據武庫，授兵出屯洛水浮橋：勒兵，謂統御軍隊；授兵，謂授以兵器。懿既據武庫，乃以武庫兵器分授所御諸軍，而後出洛城屯洛水浮橋。酈道元曰：「洛城南出西頭第二門曰宣陽門，漢之小苑門也，對閶闔，南直洛水浮桁。」桁通航，即浮橋。㊂臣昔從遼東還至深以後事為念：事見上卷明帝景初三年。㊃太祖、高祖亦屬臣以後事：太祖武帝，高祖文帝。胡三省曰：「按晉紀，懿自為文帝所信重，太祖未嘗以後事屬之也，若文帝則以明帝屬懿。」㊄顧命：書傳曰：「臨終之命曰顧命。」疏云：「言臨將死去，迴顧而為語也。」㊅二宮：謂帝宮及郭太后永寧宮。㊆寄坐：胡三省曰：「謂雖處天子之位，猶寄寓也。」意謂雖擁有天子之位而無帝王之權。㊇朽邁：胡三省曰：「謂年老衰朽，日月已過也。」㊈臣輒力疾將兵屯洛水浮橋：胡三省曰：「輒，專也。懿雖挾太后以臨爽，而其奏自言輒者至再，以天子在爽所也。」㊉伊水：亦稱伊河，又曰伊川。源出河南省盧氏縣熊耳山，東北流經嵩縣、伊陽、洛陽，至偃師南，入於洛水。⑪鹿角：《三餘贅筆》云：「鹿性警，環居則環其角，圓圍如陣，以防人物之害，故軍中寨柵埋樹木外向，名曰鹿角。」⑫發屯田兵數千人以為衞：胡三省曰：「魏武創業，令州郡例置田官，故洛陽亦有屯田兵。」⑬殿中校尉尹大目：殿中校尉姓尹名大目。胡三省曰：「魏晉之制，有殿中將軍、中郎、校尉、司馬。」⑭爽以桓範鄉里老宿：胡三省曰：「範，沛國人。譙，沛鄉里也。老，耆也；宿，舊也。」《魏略》曰：「範字元則，世為冠族。」⑮平昌城門：酈道元曰：「平昌門，故平門也，洛城南出西頭第三門。」⑯門候司蕃：門候，即守門吏，姓司名蕃。⑰範舉手中版示之：古時無紙，詔令皆書版上，謂之版詔。胡三省曰：「以此觀之，此時猶用版詔，至晉時則有青紙詔矣！」⑱避側：胡三省曰：「避於道旁也。」⑲範則智矣，然駑馬戀棧豆，爽必不能用也：棧豆者馬房之豆料。言爽資質庸駑，顧戀家室而慮不及遠，猶駑馬之戀棧豆，範雖有智謀，爽必不能用之。⑳且匹夫質一人，尚欲望活：胡三省曰：「此謂漢末刼質也。」㉑卿別營近在闕南：胡三省曰：「中領軍營，懿已遣王觀據之，惟別營在耳。」別營猶今曰分營。闕南即洛城之南：洛為帝都，故謂之闕南。㉒典農：謂典農中郎將及典農都尉等官，掌屯田兵。㉓治：治所。㉔中宿：隔宿也。《左傳》僖公二十四年：「命女三宿，女中宿至。」女與汝同。㉕許昌別庫：即許昌武庫。以洛陽有武庫，故在許昌者曰別庫。別庫即支庫。㉖被假：胡三省曰：「被假謂授兵也。」㉗甲夜：胡三省曰：「甲夜，初夜也。夜有五更：一更為甲夜，二更為乙夜，三更為丙夜，四更為丁夜，五更為戊夜。」㉘五鼓：即五更。㉙曹子丹：曹真字子丹。㉚佳人：才行卓越之士。㉛豘犢：豘與豚同。小豕曰豘，小牛曰犢。㉜洛陽吏卒：胡三省曰：「洛陽令所主吏卒也。」㉝將營騎斫津門出赴爽：胡三省曰：「營騎，大將軍營騎士也，津門，洛城南出西頭第一門也，亦曰建城門。」㉞捨此以至東市：言一旦捨棄兵權而降懿，終將為懿所誅。㉟爾：謂如人所云。㊱為人執鞭：《周禮・秋官》條狼氏：「掌執鞭以趨辟。」又《史記・管晏傳》贊：「假令晏子而在，余雖為之執鞭，所欣慕焉。」敞事爽為參軍，故其姊以執鞭為喻。㊲且為人任，為人死，親昵之職也：《左傳》襄公二十五年晏子曰：「君為社稷死則死之，若為已死，非其私暱，誰敢任之？」暱與昵同。私昵，謂為人所親愛。憲英蓋本晏子之意，謂敞既為爽所親昵，今爽有難，義當為之質任，或為之死。㊳委質事人，復何容易：言既委質事人，義當為人死事。觀祜終不應爽辟，殆知爽終至於敗。㊴此非始慮所及也：言爽之敗，亦非始慮所及。胡三省曰：「蓋不欲受知幾之名也。」㊵夏侯令女：姓夏侯，名令女。㊶絕昏：言令夏侯令女與故夫家絕婚。昏古婚字。㊷驚惋：驚歎惋惜。㊸聽使乞子字養為曹氏後：字養即乳養。言聽任夏侯令女乞取他人子乳養之為曹氏後。㊹晏嘗為名士品目至蓋欲以神況諸己也：晏蓋引《易・大傳》之辭以為品目。品目者，謂品其人而為之類目。深謂志慮深遠，幾謂能洞察天下之幾微，神謂神思清逸莫測。泰初，夏侯玄字；子元，司馬師字。㊺鄧之行步至二者皆非遐福之象也：胡三省曰：「管輅之與何、鄧言也，其陳義近於古人；至答其舅，論何、鄧之所以敗，則相者之說耳！何前後之相戾也！」㊻自喜：今人所謂風流自賞。㊼粉白不去手：欲以自塗澤。㊽謂六經為聖人糟粕：《莊子・天道》：「桓公讀書於堂上，輪扁斲輪於堂下，釋推鑿而上，問桓公曰：『敢問公所讀者何言邪？』公曰：『聖人之言也。』曰：『聖人在乎？』公曰：『已死矣！』曰：『然則君之所讀者，古人之糟粕已矣，古之人與其不可傳者死矣！』」按莊子所謂聖人蓋謂古帝王，此所謂聖人蓋指孔子，而引用莊子文意。高誘曰：「糟，酒滓也；粕，已漉之精也。」喻精華已去，所存者但廢料耳！㊾風流：蔚成風尚而流行於當世。㊿以其父淵死於蜀：事見卷六十八漢紀獻帝建安二十四年。(51)統屬征西：胡三省曰：「屬征西將軍府所統。」(52)征西將軍夏侯玄，霸之從子，爽之外弟也：按玄父尚娶於曹氏，曹氏於爽為姑。又尚，淵之從子，而霸乃淵之子，故玄於霸為從子，於爽為外弟。(53)叶：古協字。(54)漢主謂曰至遇之甚厚：

《魏略》曰：「初，建安五年，時霸從妹年十三四，在本郡出行樵採，為張飛所得，飛知其良家女，遂以為妻，產息女，為劉禪皇后。故淵之初亡，飛妻請而葬之。及霸入蜀，禪與相見，釋之曰：『卿父自遇害於行間耳，非我先人之手刃也。』指其兒子以示之，曰：『此夏侯氏之甥也。』厚加爵寵。」（五五）欽欽：《詩・晨風》：「憂心欽欽。」朱子曰：「欽欽，憂而不忘之貌。」（五六）嚴鼓：胡三省曰：「嚴鼓，疾擊鼓也，今人謂之擂鼓。」《漢書・史丹傳》云：「隤銅丸以擿鼓，聲中嚴鼓之節。」（五七）兵在營者，咸行裝就隊，以此玩敵，使不知所備：胡三省曰：「雖不出兵而常為行備，敵人之覘者玩以為常，則不知所以備豫矣！」（五八）夏四月乙丑，改元：按前此仍稱正始十年，至是始改元嘉平。（五九）曹爽之在伊南也：司馬懿之變，爽與帝留宿伊水之南。（六〇）濟病其言之失：濟與爽書但言免官而竟誅爽，是失言於爽，故濟病之。病，憂患之意。《禮・樂記》：「病不得其象也。」註：「猶憂也。」又《論語・衛靈公》：「君子病無能焉！」皇疏云：「猶患也。」（六一）麴山：胡三省曰：「麴山蓋在羌中，魏雍州西南界。據郭淮傳，麴山在翅上。翅，為翅也，為翅要地也，魏屯兵守之。」按《魏志・郭淮傳》：「嘉平元年，與雍州刺史陳泰協策降蜀牙門將句安等於翅上。」（六二）句安：姓句名安。句音鉤，又音苟。（六三）當須運糧：須，等待。言麴城無糧，當須蜀之糧運以資固守。（六四）分糧聚雪：分糧而食，聚雪以飲。（六五）牛頭山：胡三省曰：「牛頭山蓋在洮水之南，以形名山。魏收地形志：後魏真君四年置仇池郡，治階陵縣，縣有牛頭山。五代志：牛頭山在成州上祿縣界。」階陵縣，後魏置，故治在今甘肅省成縣西南。漢上祿縣故治在今成縣西北。隋改倉泉縣置上祿縣，《五代志》所云上祿縣當指此，故城在今成縣西北。〔六六〕兵貴在不戰而屈人：《孫子》曰：「百戰百勝，非善之善者也；不戰而屈人，善之善者也。」〔六七〕反道：反蜀之道，反與返同。〔六八〕白水：亦曰白江，即古羌水，源出甘肅省臨潭縣西南西傾山，東南流入四川境，至昭化縣北，注嘉陵江。〔六九〕令狐愚：複姓令狐，名愚。〔七〇〕平阿：酈道元曰：「淮水過當塗縣北，又北沙水注之，淮之西有平阿縣故城。」《晉書・地理志》云：「平阿縣屬淮南郡，有塗山。」按當塗縣故治在今安徽省懷遠縣東南，而塗山在淮水之東，則平阿故城當在今懷遠縣西南，與塗山隔淮水相望。〔七一〕楚王彪：武帝子，字朱虎。黃初三年，封弋陽王，其年，徙封英王，五年，改封壽春縣，七年，徙封白馬，太和六年，改封楚王。〔七二〕愚遣其將張式至白馬，與彪相聞：白馬故城在今河南省滑縣東，彪蓋封楚王而國於白馬。〔七三〕勞精：姓勞名精。〔七四〕何平叔：何晏字平叔。〔七五〕所存雖高而事不下接：胡三省曰：「言雖存心於高曠而不切事情，與下不接也。」〔七六〕廣樹勝己：勝己，謂賢於己者。胡三省曰：「謂蔣濟、高柔、孫禮、陳泰、郭淮、鄧艾等。」〔七七〕彼莫不必改：胡三省曰：「必當作畢。」按必於文意亦通。〔七八〕即拜王淩為太尉：即拜者，就鎮所拜為太尉。〔七九〕自為涼州刺史：明帝太和初，邈為涼州刺史。〔八〇〕往者毛孝先，崔季珪用事，貴清素之士，于時皆變易車服以求名高：事見卷六十五漢紀獻帝建安十三年。孝先，毛玠字；季珪，崔珪字。〔八一〕比來：近來。

二年（蜀延熙十三年，吳赤烏十三年，西元二五〇年）

㈠夏，五月，以征西將軍郭淮為車騎將軍。

㈡初，會稽潘夫人有寵於吳主，生少子亮，吳主愛之。全公主既與太子和有隙㈠，欲豫自結，數稱亮美，以其夫之兄子尚女妻之。吳主以魯王霸結朋黨以害其兄，心亦惡之，謂侍中孫峻曰：「子弟不睦，臣下分部㈡，將有袁氏之敗㈢，為天下笑。若使一人立者㈣，安得不亂乎？」遂有廢和立亮之意。然猶沈吟㈤者歷年。峻，靜之曾孫也㈥。秋，吳主遂幽太子和。驃騎將軍朱據諫曰：「太子，國之本根，加以雅性仁孝，天下歸心。昔晉獻用驪姬，而申生不存㈦，漢武信江充，而戾太子冤死㈧，臣竊懼太子不堪其憂，雖立思子之宮，無所復及矣㈨！」吳主不聽。據與尚書僕射屈晃，率諸將吏泥頭自縛，連日詣闕請和，吳主登白爵觀㈩見，甚惡之。敕據、晃等無事悤悤㈡。無難督㈢陳正、五營督軍陳象各上書切諫，據、晃亦固諫不已，吳主大怒，族誅正、象，牽據、晃入殿，據、晃猶口諫，叩頭流血，辭氣不撓，吳主杖之各一百，左遷據為新都郡丞，晃斥歸田里，羣司坐諫誅放者以十數。遂廢太子和為庶人，徙故鄣㉓，賜魯王霸死，殺楊竺，流其尸於江，又誅全寄、吳安、孫奇，皆以其黨霸譖和故也㉔。

初，楊竺少獲聲名，而陸遜謂之終敗，勸竺兄穆令與之別族。及竺敗，穆以數諫戒竺，得免死。朱據未至官，中書令孫引以詔書追賜死。

㈢冬，十月，廬江太守文欽偽叛，以誘吳偏將軍朱異㉕，欲使異自將兵迎己，異知其詐，表吳主，以為欽不可迎。吳主曰：「方今北土未一，欽欲歸命，宜且迎之，若嫌其有譎者，但當設計網以羅之，盛重兵以防之耳！」乃遣偏將軍呂據督二萬人與異幷力，至北界㉖，欽果不降。異，桓之子；據，範之子也。

㈣十一月，大利景侯孫禮㉗卒。

㈤吳主立子亮為太子。

㈥吳主遣軍十萬作堂邑塗塘以淹北道㉘。

㈦十二月，甲辰（二十七日），東海定王霖卒。

㈧征南將軍王昶上言：「孫權流放良臣㉙，適庶分爭㉚，可乘釁擊吳。」朝廷從之。遣新城太守南陽州泰㉑襲巫、秭歸㉒，荊州刺史王基向夷陵㉓。昶向江陵，引竹絙為橋，渡水擊之㉔，吳大將施績㉕夜遁入江陵，昶欲引致平地與戰，乃先遣五軍案大道發還，使吳望見而喜，又以所獲鎧馬甲首環城以怒之，設伏兵以待之，績果來追，昶與戰，大破之，斬其將鍾離茂、許旻㉖。

⑼漢姜維復寇西平㉗不克。

【今註】㈠全公主既與太子和有隙：事見上卷正始六年。㈡分部：謂各分部黨。㈢將有袁氏之敗：袁紹子譚、尚不睦，終為曹氏所滅。事見卷六十四建安七年。㈣若使一人立者：謂或立和，或立霸。㈤沈吟：胡三省曰：「沈吟者，欲決而未決之意，今人猶有此語。」按凡事不能立決而反復詳思，謂之沈吟。《後漢書・曹褒傳》云：「晝夜研精，沈吟專思。」正是此意。㈥峻，靜之曾孫也：孫靜，堅之季弟。靜事蹟見卷六十二漢獻帝建安元年。㈦昔晉獻用驪姬而申生不存：驪姬，驪戎女，姬姓。魯莊二十八年，晉伐驪戎，獲驪姬歸，立為夫人，生奚齊及卓子，驪姬乃譖殺太子申生而立奚齊為太子，事詳《左傳》。㈧漢武信江充而戾太子冤死：事見卷二十二漢武帝征和二年。㈨雖立思子之宮，無所復及矣：漢武帝既傷戾太子之冤，乃作思子宮，為歸來望思之臺，事見卷二十二漢武帝征和三年。據蓋引此以為譬。㈩白爵觀：胡三省曰：「白爵觀在建業宮中。」⑾無事忽忽：謂無為忽忽之舉，怱怱者，言作事未加詳慮。⑫無難督：胡三省曰：「吳主置左右無難營兵，又置五營營兵，各置督領之」。⑬故鄣：故鄣縣，屬丹陽郡。顏師古曰：「鄣音章。」李賢曰：「秦鄣郡所治也。」按故鄣即秦之鄣縣，故城在今浙江省長興縣西南。⑭殺楊竺，流其尸於江至皆以其黨霸譖和故也：黨霸譖和事見上卷正始六年。⑮廬江太守文欽偽叛，以誘吳偏將軍朱異：按《吳志・朱異傳》，赤烏四年，隨朱然攻魏樊城，還拜將軍，復破魏廬江太守文欽，斬首數百，遷揚武將軍。十三年，文欽詐降，密書與異，欲令自迎，異表呈欽書，因陳其偽，不可便迎云云，是異時已為揚武將軍，此作偏將軍誤也。⑯北界：胡三省曰：「北界謂魏吳分界之地，在魏廬江郡南，於吳為北。」⑰大利景侯孫禮：禮時為司空。按《魏志・孫禮傳》，禮封大利亭侯，景其謚號。⑱作堂邑塗塘以淹北道：李賢曰：「堂邑，今揚州六合縣。」杜佑曰：「揚州六合縣，春秋楚之棠邑，漢為堂邑。」胡三省曰：「堂邑縣，前漢屬臨淮郡，後漢屬廣陵郡，魏吳在兩界之間為棄地。淹北道，以絕魏兵之窺建業也。」按堂邑故城在今江蘇省六合縣北。塗塘按《吳志・孫權傳》當作涂塘。塗讀曰滁，即古之涂水，今曰滁河，源出安徽省合肥縣北，東流至和縣，於而東北流入江蘇省，至六合縣，復折而東由瓜步注長江。⑲孫權流放良臣：胡三省曰：「良臣謂朱據等。」《晉書・五行志》曰：「是時權意溢德衰，信讒好殺，太子和廢，魯王霸賜死，朱據左遷，陸議憂卒。」⑳適庶分爭：謂太子和、魯王霸之爭立。適讀曰嫡。㉑州泰：姓州名泰。《風俗通》云：「其先食采於州，因氏焉。」㉒巫、秭歸：巫縣即今四川省巫山縣，秭歸即今湖北省秭歸縣。㉓夷陵：縣名，故城在今湖北省宜昌縣東。㉔袒向江陵，引行緄為橋，渡水擊之：編竹為大索曰竹緄。胡三省曰：「吳引沮漳之水浸江陵以北之地以限魏兵，故昶為橋以渡水。」江陵縣，楚之郢都，即今湖北省江陵縣。㉕施績：胡三省曰：「施績，朱然之子也。然本施氏，朱治以為子，魏人本其所自出之姓稱之。」㉖昶欲引致平地與戰至設伏兵以待之，績果來追，昶與戰，大破之，斬其將鍾離茂、許旻：《吳志・朱績傳》云：「魏征南將軍王昶率眾攻江陵城，不克而退，績與奮威將軍諸葛融書曰：『昶遠來疲困，馬無所食，力屈而走，此天助也。今追之，力少，可引兵相繼。吾欲破之於前，足下乘之於後，豈一人之功哉！』融答許績，績便引兵及昶於紀南，紀南去城三十里，績先戰勝而融不進，績遂失利。」㉗西平：郡名，東漢建安中置，治西都，即今甘肅省西寧縣。

三年（蜀延熙十四年，吳太元元年，西元二五一年）

㈠春，正月，王基、州泰擊吳兵，皆破之，降者數千口。

㈡二月，以尚書令司馬孚為司空。

㈢夏，四月，甲申（初九日），以王昶為征南大將軍。

㈣壬辰（十七日），大赦。

太尉王淩聞吳人塞涂水，欲因此發兵，大嚴諸軍，表求討賊，詔報不聽。凌遣將軍楊引以廢立事告兗州刺史黃華，華、引連名以白司馬懿。懿將中軍乘水道討凌，先下赦，赦凌罪，又為書諭凌，已而大軍掩至百尺㊀。凌自知勢窮，乃乘船單出迎懿，遣掾王彧謝罪，送印綬節鉞。懿軍到丘頭㊁，凌面縛水次，懿承詔遣主簿解其縛，凌既蒙赦，加恃舊好，不復自疑，徑乘小船欲趨懿，懿使人逆止之，住船淮中㊂，相去十餘丈。凌知見外㊃，乃遙謂懿曰：「卿直以折簡㊄召我，我當敢不至邪？而乃引軍來乎？」懿曰：「以卿非肯逐折簡者故也！」凌曰：「卿負我。」懿曰：「我寧負卿，不負國家。」遂遣步騎六百送凌西詣京師㊅。凌試索棺釘以觀懿意，懿命給之㊆。

五月，（初十日）甲寅，凌行到項，遂飲藥死㊇。

懿進至壽春，張式等皆自首，懿窮治其事，諸相連者，悉夷三族，發凌、愚冢，剖棺暴尸於所近市三日，燒其印綬章服，親土埋之㊈。

初，令狐愚為白衣時，常有高志，眾人謂愚必興令狐氏。族父弘農太守邵獨以為愚性倜儻⑩，不脩德而願大，必滅我宗，愚聞之，心甚不平。及邵為虎賁中郎將，而愚仕進已多所更歷，所在有名稱⑪。愚從容謂邵曰：「先時聞大人謂愚為不繼，今竟云何邪？」邵熟視而不答。私謂妻子曰：「公治⑫性度猶如故也，以吾觀之，終當敗滅，但不知我久當坐之不邪？將逮汝曹耳！」邵沒後十餘年而愚族滅⑬。

愚在兗州，辟山陽單固⑭為別駕，與治中楊康竝為愚腹心。及愚卒，康應司徒辟，至洛陽，露愚陰事，愚由是敗。

懿至壽春，見單固問曰：「令狐反乎？」曰：「無有。」楊康白事，事與固連⑮，遂收捕固及家屬，皆繫廷尉，考實數十，固固云無有⑯，懿錄⑰楊康，與固對相詰，固辭窮，乃罵康曰：「老傭⑱既負使君⑲，又滅我族，顧汝當活邪？」康初自冀封侯，後以辭頗參錯⑳，亦幷斬之。臨刑，俱出獄，固又罵康曰：「老奴，死自分耳！若令死者有知，汝何面目以行地下乎？」

詔以揚州刺史諸葛誕為鎮東將軍，都督揚州諸軍事㉑。

㈤吳主立潘夫人為皇后。大赦。改元太元。

㈥六月，賜楚王彪死，盡錄諸王公置鄴，使有司察之，不得與人交關㉓。

㈦秋，七月，壬戌（十九日），皇后甄氏殂。

㈧辛未（二十八日），以司馬孚為太尉。

㈨八月，戊寅（初五日），舞陽宣文侯司馬懿卒㉓。詔以其子衞將軍師為撫軍大將軍，錄尚書事㉔。

㈩初，南匈奴自謂其先本漢室之甥，因冒姓劉氏。太祖留單于呼廚泉於鄴，分其眾為五部，居幷州境內㉕。左賢王豹，單于於扶羅之子也，為左部帥，部族最彊。城陽㉖太守鄧艾上言：「單于在內，羌夷失統，合散無主。今單于之尊日疏，而外土之威日重㉗，則胡虜不可不深備也。聞劉豹部有叛胡，可因叛割為二國，以分其勢，去卑功顯前朝㉘，而子不繼業，宜加其子顯號，使居鴈門，離國弱寇㉙，追錄舊勳，此御邊長計也。」又陳「羌胡與民同處者，宜以漸出之，使居民表㉚，以崇廉恥之教，塞姦宄之路。」司馬師皆從之㈡。

㈦吳立節中郎將陸抗屯柴桑，詣建業治病，病差㈢，當還，吳主涕泣與別，謂曰：「吾前聽用讒言，與汝父大義不篤，以此負汝。前後所問，一焚滅之㈢，莫令人見也。」

是時吳主頗寤太子和之無罪，冬，十一月，吳主祀南郊還，得風疾，欲召和還，全公主及侍中孫峻、中書令孫引固爭之㈣，乃止。吳主以太子亮幼少，議所付託。孫峻薦大將軍諸葛恪可付大事，吳主嫌恪剛很自用，峻曰：「當今朝臣之才，無及恪者。」乃召恪於武昌。恪將行，上大將軍呂岱戒之曰：「世方多難，子每事必十思。」恪曰：「昔季文子三思而後行，夫子曰：『再思可矣㈤。』今君令恪十思，明恪之劣也。」岱無以答，時咸謂之失言。

虞善論曰：「夫託以天下，至重也，以人臣行主威，至難也；兼二至而管萬機，能勝之者鮮矣㈥。呂侯，國之元耆㈦，志度經遠，甫以十思戒之，而便以示劣見拒，此元遜之疏，機神不俱者也㈧。若因十思之義，廣諮當世之務，聞善速於雷動，從諫急於風移，豈得隕身殿堂，死於凶豎㊴之刃？世人奇其英辯造次可觀㊵，而哂呂侯無對為陋，不思安危終始之慮，是樂春藻之繁華㊶，忘秋實之甘口也㊷。昔魏人伐蜀，蜀人禦之精嚴，垂發而費禕方與來敏對棊，意無厭倦，敏以為必能辦賊㊸，言其明略內定，貌無憂色也，況長寧㊹以為君子臨事而懼，好謀而成㊺，蜀為蕞爾之國，而方向大敵，所規所圖，唯守與戰，何可矜已有餘，晏然無戚？斯乃禕性之寬簡，不防細微，卒為降人郭循所害㊻，豈非兆見於彼而成於此哉？往聞長寧之甄㊼文偉㊽，今覩元遜之逆呂侯，二事體同，皆足以為世鑒也。」

(十二)恪至建業，見吳主於臥內，受詔牀下，以大將軍領太子太傅，孫引領少傅。詔有司諸事一統於恪，惟殺生大事，然後以聞。為制羣官百司拜揖之儀，各有品序；又以會稽太守北海滕胤為太常，胤，吳主壻也。

(十三)十二月，以光祿勳滎陽鄭沖為司空。

(十四)漢費禕還成都，望氣者云：「都邑無宰相位。」乃復北屯漢壽㊈。

㈤是歲，漢尚書令呂乂卒。以侍中陳祇守尚書令。

【今註】㊀已而大軍掩至百尺：胡三省曰：「不意其至而至曰掩至。掩者，掩其不備也。」酈道元曰：「沙水東南過陳縣，又東南流，注于潁，謂之交口，水有大堰，即古百尺堰。」杜佑曰：「百尺在陳州宛丘縣。」宛丘即古之陳地，在今河南省淮陽縣東南。㊁丘頭：酈道元曰：「丘頭：南枕潁水。」《魏書．郡國志》曰：「王凌面縛於此，故號武丘。」杜佑曰：「即今潁州沈丘縣。」沈丘縣，唐始置，故治在今河南省沈丘縣東南。㊂懿使人逆止之，住船淮中：潁水自沈丘東南流，經阜陽、潁上，復東南流注入淮水。凌自壽春泝淮河以迎懿，懿則順潁水以入淮，據此則懿進軍蓋已近淮。㊃凌知見外：胡三省曰：「凌與懿同為公，初以為蒙赦而欲趨懿，懿逆拒之，乃知以罪而見外。」㊄折簡：胡三省曰：「古者簡長二尺四寸，短者半之。漢制簡長二尺，短者半之。蓋單執一札謂之簡，折簡者折半之簡，言其禮輕也。」㊅西詣京師：自潁水沂流而西詣洛陽。㊆凌試索棺釘以觀懿意，懿命給之：胡三省曰：「給棺釘者，示之以必死。」㊇凌行到項，遂飲藥死：《魏略》曰：「凌行到項，夜呼椽屬與決曰：『行年八十，身名並滅邪？』遂自殺。」㊈親土埋之：《孟子》曰：「比化者，毋使土親膚。」親土即贏葬，儒家主厚葬，葬必具棺槨衣衾，凌有罪，故暴其尸而贏葬之。㊉倜儻：卓異不羈。㊀名稱：有名望而為人所稱道。㊁公治：令狐愚字。㊂初，令狐愚為白衣時，常有高志至邵沒後十餘年而愚族滅：胡三省曰：「此晉人作魏史所書云爾。」⑭單固：單姓固名。單音善。⑮楊康白事，事與固連：胡三省曰：「康所白愚陰事，事與固連也。」⑯固固謂無有：上固字指單固，下固字為固執之固。⑰錄：收捕。⑱老傭：奴僕受雇於人曰傭，老傭猶曰老奴。⑲使君：漢魏之際稱州牧、刺史為使君，此指令狐愚。⑳辭頗參錯：胡三省曰：「言獄辭與單固參雜也。」㉑詔以揚州刺史諸葛誕為鎮東將軍，都督揚州諸軍事：胡三省曰：「王淩死而用諸葛誕，誕亦終於為魏。以司馬懿之明達，豈不知誕之乃心魏氏哉？大敵在境，帥難其才也。」梅磵之意，蓋言大敵壓境，帥才難得，懿雖知誕之不附已而仍不得不用之。㉒盡錄諸王公置鄴，使有司察之，不得與人交關：胡三省曰：「慮復如楚王彪為變也。」交關，猶曰交通，《後漢書・西羌傳》云：「武帝通道玉門，隔絕羌胡，使南北不得交關。」蓋兩漢魏晉以來用語。㉓八月戊寅，舞陽宣文侯司馬懿卒：胡三省曰：「史以懿死為王淩之祟，信乎！儻其果然，故忠勇之鬼也。」干寶《晉紀》曰：「淩到項，見賈逵祠在水側，淩呼曰：『賈梁道，王淩固忠於魏之社稷者，惟爾有神知之。』其年八月，太傅有疾，夢淩、逵為厲，甚惡之，遂薨。」溫公以其事怪誕而略之。㉔詔以其子衞將軍師為撫軍大將軍，錄尚書事：胡三省曰：「魏晉之制，驃騎、車騎、衞將軍、伏波、撫軍、都護、鎮軍、中軍、四征、四鎮、龍驤、典軍、上軍、輔國等大將軍，位皆從公。至錄尚書事，則專制朝政矣！」征東、征西、征南、征北謂之四征；鎮東、鎮西、鎮南、鎮北是為四鎮。㉕太祖留單于呼廚泉於鄴，分其眾為五部，居幷州境內：事見卷六十七漢獻帝建安二十一年。㉖城陽：前漢置城陽國，後漢省入琅邪國，建安三年，魏武帝定徐州，復置城陽郡。故治在今山東省莒縣。㉗今單于之尊日疏，而外土之威日重：謂單于留鄴，雖有尊號而日與部落疏遠；五部帥居外，與部族親接，其勢強盛威望日重。㉘去卑功顯前朝：謂去卑侍衞漢獻帝東還事。見卷六十一興平元年。㉙離國弱寇：離劉豹之國為二以削弱強寇之勢。㉚使居民表：胡三省曰：「表，外也，使居編民之外也。」編民，謂著籍於政府為編戶之民。㉛司馬師皆從之：胡三省曰：「鄧艾所陳，先於徙戎論，司馬師既從之矣，然卒不能杜其亂華之漸，抑所謂漸出者，行之而不究邪！」㉜病差：差今通作瘥，病癒也。㉝前後所同，一焚滅之：言前後所下責問陸遜詔敕，一切悉焚滅之。權責問陸遜事見上卷正始六年。㉞全公主及侍中孫峻、中書令孫弘固爭之：胡三省曰：「爭者，恐和復立為己患也。」㉟昔季文子三思而後行，夫子曰，再思可矣：見《論語·公冶長》。季文子即魯大夫季孫行文。劉寶楠曰：「三思者，言思之多，能審慎也。」程子曰：「思至於再則已審，三則私意起而反惑矣！」㊱能勝之者鮮矣：勝，任也。言能任其事者少矣。㊲元者：猶言元老。㊳此元遜之疏，機神不俱者也：元遜，諸葛恪字。胡三省曰：「疏讀曰疎。機者，逢事會而發；神者，人之靈明；逢事會而靈明無以應之，則為不俱矣！」愚按疏者，闊略而不審慎之謂；機神不俱，言其不能明察事會之幾微，而其意慮所至，不能及遠也。㊴凶豎：謂孫峻。恪後蓋為孫峻所殺。㊵造次可觀：造次，倉卒不加詳審之謂。造次可觀，言其實本不可取，然倉卒之下，似有可觀。㊶春藻之繁華：喻恪之詭辨。㊷秋實之甘口：喻貸之忠戒。㊸昔魏人伐蜀至而費褘方與來敏對棊，意無厭倦，敏以為必能賊：事見上卷正始五年。

㊹長寧：未詳其人。王應麟曰：「蓋蜀人也。」㊺君子臨事而懼，好謀而成：《論語》記孔子之言。言臨事須懷敬懼之心，好謀能決，而後有成。㊻卒為降人郭循所害：循當作脩，注見嘉平四年註㊲。㊼往聞長寧之甄：甄，甄別。㊽文偉：費禕字。㊾漢壽：漢壽縣，漢為葭萌縣，屬廣漢郡，先主改曰漢壽縣，屬梓潼郡，故城在今四川省昭化縣南。

嘉平四年（蜀延熙十五年，吳建興元年，西元二五二年）

㈠春，正月，癸卯（初二日），以司馬師為大將軍。

㈡吳主立故太子和為南陽王，使居長沙；仲姬子奮為齊王，居武昌；王夫人子休為琅邪王，居虎林㊀。

㈢二月，立皇后張氏。大赦。后，故涼州刺史既之孫，東莞㊁太守緝之女也。召緝拜光祿大夫。

㈣吳改元神鳳。大赦。

㈤吳潘后性剛戾，吳主疾病，后使人問孫引以呂后稱制故事。左右不勝其虐，伺其昏睡，縊殺之，託言中惡㊂。後事泄，坐死者六七人㊃。

吳主病困，召諸葛恪、孫引、滕胤及將軍呂據、侍中孫峻入臥內，屬以後事。

夏，四月，吳主殂㊄。

孫引素與諸葛恪不平，懼為恪所治，秘不發喪，欲矯詔誅恪。孫峻以告恪，恪請引咨事㊅，於坐中殺之，乃發喪。謚吳主曰大皇帝。太子亮即位㊆，大赦，改元建興。

閏月，以諸葛恪為太傅，滕胤為衞將軍，呂岱為大司馬。恪乃命罷視聽，息校官㊇，原逋責，除關稅㊈，崇恩澤，眾莫不悅。恪每出入，百姓延頸思見其狀。

恪不欲諸王處濱江兵馬之地㊉，乃徙齊王奮於豫章，琅邪王休於丹陽，奮不肯徙，恪為牋以遺奮曰：「帝王之尊，與天同位，是以家天下，臣父兄。仇讎有善，不得不舉；親戚有惡，不得不誅。所以承天理物，先國後家，蓋聖人立制，百代不易之道也。昔漢初興，多王子弟，至於大彊，輒為不軌，上則幾危社稷㊁，下則骨肉相殘㊂，其後懲戒㊂，以為大諱。自光武以來，諸王有制，惟得自娛於宮內，不得臨民，干與政事，其與交通，皆有重禁㊃，遂以全安，各保福祚，此則前世得失之驗也。大行皇帝覽古戒今，防牙遏萌㊄，慮於千載，是以寢疾之日，分遣諸王各早就國，詔策勤渠，科禁嚴峻，其所戒敕，無所不至，誠欲上安宗廟，下全諸王，各早就國，承㊅無凶國害家㊆之悔也。大王宜上惟太伯順父之志㊇，以中念河間獻王、東海王彊恭順之節㊈，下存前世驕恣荒亂之王，以為警戒㊉，而聞頃至武昌以來，多違詔敕，不拘制度，擅發諸將兵，治護宮室，又左右常從有罪過者㊁，當以表聞，公付有司，而擅私殺㊂，事不明白。中書楊融親受詔敕，所當恭肅，乃云：『正自不聽禁㊂，當如我何？』聞此之日，小大驚怪，莫不寒心。里語曰：『明鑑所以照形，古事所以知今。』大王宜深以魯王㊃為戒，改易其行，戰戰兢兢㊄，盡禮朝廷，如此則無求不得。若棄忘先帝灋教，懷輕慢之心，臣下寧負大王，不敢負先帝遺詔，寧為大王所怨疾，豈敢忘尊主之威，而令詔敕不行於藩臣邪？向使魯王早納忠直之言，懷驚懼㊅之慮，則享祚無窮，豈有滅亡之禍哉！夫良藥苦口，唯病者能甘之；忠言逆耳，唯達者能受之。今者恪等慺慺㉗，欲為大王除危殆於萌牙，廣福慶之基原，是以不自知言至㉘，願蒙三思。」王得牋懼，遂移南昌㉙。

㈥初，吳大帝築東興隄以遏巢湖㉚，其後入寇淮南，敗以內船，遂廢不復治㉛。冬，十月，太傅恪會眾於東興，更作大隄，左右結山俠築兩城㉜，各留千人，使將軍全端守西城，都尉留略㉝守東城，引軍而還。

鎮東將軍諸葛誕言於大將軍師曰：「今因吳內侵，使文舒㉞逼江陵，仲恭㉟向武昌，以羈㊱吳之上流，然後簡精卒，攻其兩城，比救至，可大獲也。」是時征南大將軍王昶、征東將軍胡遵、鎮南將軍毌丘儉等各獻征吳之計，朝廷以三征計異㊲，詔問尚書傅嘏。嘏對曰：「議者或欲汎舟徑濟，橫行江表㊳，或欲四道並進，攻其城壘；或大佃㊴彊埸，觀釁而動，誠皆取賊之常計也。然自治兵以來，出入三載，非掩襲之軍也㊵。賊之為寇，幾六十年㊶矣，君臣相保，吉凶共患，又喪其元帥㊷，上下憂危。設令列船津要，堅城據險，橫行之計，其殆難捷。今邊壤之守，與賊相遠；賊設羅落[43]，又特重密，間諜不行，耳目無聞。夫軍無耳目，校察未詳，而舉大眾以臨巨險，此為希幸徼功，先戰而後求勝[44]，非全軍之長策也。唯有進軍大佃[45]，最差完牢。可詔昶、遵等擇地居險，審所錯置，及令三方一時前守[46]，奪其肥壤，使還堉土，一也；兵出民表，寇鈔不犯，二也；招懷近路，降附日至，三也；羅落遠設，間構[47]不來，四也；賊退其守，羅落必淺，佃作易立，五也；坐食積穀，士不運輸，六也；釁隙時聞，討襲速決，七也。凡此七者，軍事之急務也。不據則賊擅便資，據之則利歸於國，不可不察也。夫屯壘相偪，形勢已交，智勇得陳，巧拙得用，策之而知得失之計，角之而知有餘不足，虜之情偽，將焉所逃？夫以小敵大，則役煩力竭；以貧敵富，則斂重財匱；故曰：『敵逸能勞之，飽能饑之[48]。』此之謂也。」司馬師不從。

十一月，詔王昶等三道擊吳。

十二月，王昶攻南郡，毌丘儉向武昌，胡遵、諸葛誕率眾七萬攻東興。甲寅（十九日），吳太傅恪將兵四萬晨夜兼行救東興。胡遵等敕諸軍作浮橋以度，陳(四九)於堤上，分兵攻兩城。城在高峻，不可卒拔，諸葛恪使冠軍將軍丁奉與呂據、留贊、唐咨為前部，從山西上。奉謂諸將曰：「今諸軍行緩，若賊據便地，則難以爭鋒，我請趨之。」乃辟諸軍使下道(五〇)，奉自率麾下三千人徑進。時北風，奉舉帆二日，即至東關，遂據徐塘(五一)，時天雪寒，胡遵等方置酒高會，奉見其前部兵少，謂其下曰：「取封侯爵賞，正在今日。」乃使兵皆解鎧，去矛戟，但兜鍪(五二)刀楯倮身緣堨。魏人望見，大笑之，不即嚴兵。吳兵得上，便鼓譟斫魏前屯，呂據等繼至，魏軍驚擾散走，爭渡浮橋，橋壞絕，自投於水，更相蹈藉，前部督韓綜、樂安太守桓嘉等皆沒，死者數萬。綜，故吳叛將(五三)，數為吳害(五四)，吳大帝常切齒恨之，諸葛恪命送其首以白大帝廟。獲車乘牛馬騾驢各以千數，資器山積，振旅而歸(五五)。

(七)初，漢姜維寇西平(五六)，獲中郎將郭循(五七)，漢人以為左將軍。循欲刺漢主，不得親近，每因上壽，且拜且前，為左右所遏，事輒不果。

【今註】㈠虎林：一名武林，濱大江，吳置督守之，其地在今安徽省貴池縣西。㈡東莞：胡三省曰：「東莞縣，漢屬琅邪郡，魏分為郡。沈約曰：『晉武帝泰始元年，分琅邪，立東莞郡。』當是魏既分而復合於琅邪，晉又分也。」㈢中惡：胡三省曰：「中惡，暴病而死也。」㈣後事泄，坐死者六七人：胡三省曰：「斯事也，實吳用事之臣所為也。潘后欲求稱制，左右小人正當相與從臾為之，安有不勝其虐而縊殺之理？吳史緣飾，後人遂因而書之云爾。」㈤吳主殂：《吳志・權傳》云：「時年七十一。」㈥咨事：《說文》曰：「謀事曰咨。」㈦太子亮即位：亮字子明，孫權少子，即位時年十歲。㈧恪乃命罷視聽，息校官：胡三省曰：「吳主權置校官，典校諸官府及州郡文書，專任以為耳目，今息校官，即所謂罷視聽也。」㈨原逋責，除關稅：欠賦曰逋，責與債同，此言民之有逋賦者原之，關之有稅者除之。胡三省曰：「古者關譏而不征，後世始征之。關之有稅，非古也，除之是也。」譏，問也，見《廣雅・釋詁》。《禮・王制》：「關執禁以譏。」古者設關，蓋以譏旅禁姦，非以征稅，故恪除之。㈩恪不欲諸王處濱江兵馬之地：諸王謂吳主亮兄奮、休等。時奮居武昌，休居虎林，俱為濱江兵要之地。⑪上則幾危社稷：胡三省曰：「謂吳楚七國、淮南、濟北、燕、廣陵也。」⑫下則骨肉相殘：胡三省曰：「謂如廣川王去之類。」⑬懲戒：懲前事為後來之戒。⑭其與交通，皆有重禁：胡三省曰：「光武設科禁，藩王不得交通賓客。」蓋以杜絕逆謀。⑮防牙遏萌：

《吳志．孫奮傳》云：「防芽遏萌。」牙與芽同。㈥承：胡三省曰：「承當作永。」㈦凶國害家：《書．洪範》曰：「凶于而國，害于而家。」而與爾同。㈧上惟太伯順父之志：惟，思惟。周太王三子，長太伯，次仲雍，次季歷。季歷之子曰昌，有聖德，太王欲傳國季歷以及昌，太伯、仲雍乃逃之荊蠻以成父志。㈨中念河間獻王、東海王疆恭順之節：漢河間獻王德於武帝為兄，東海王疆於明帝亦兄，然二王之事二帝，皆極恭順，並不以居長而驕恣。其事並見《漢紀》。㈩下存前世驕恣荒亂之王以為警戒：如漢代吳楚、淮南、濟北之類，皆以驕恣荒亂而亡，故須引為鑑戒，庶無蹈其覆轍。㈡常從有罪過者：常以罪人及有過失之人侍從。胡三省曰：「吳諸王有常從吏兵，置常從督以領之。」㈢而擅私殺，事不明白：胡三省曰：「明，顯也；白，奏也；謂不顯奏其罪而擅殺之也。」㈢不聽禁：不聽從詔敕之禁約。㈣魯王：謂魯王霸。㈤戰戰兢兢：《詩．小雅．小旻》：「戰戰兢兢，如臨深淵，如履薄冰。」謹慎戒懼貌。《後漢書．鄧皇后紀》：「恭肅小心，動有法度，承事陰后，夙夜戰兢。」㈥驚懼：胡三省曰：「驚當作兢。」兢懼，謹慎戒懼之意。㈦慺慺：李賢曰：「慺慺、猶勤勤也。」按即忠謹貌。㈧言至：盡言無所隱諱。㈨南昌：南昌縣，豫章郡治，故城在今江西省南昌縣東。㈩初，吳大築東興隄以遏巢湖：按《吳志．諸葛恪傳》，隄築於吳黃龍二年，即魏太和四年。隄為濡須水所經，一名濡須塢，遏巢湖之水以拒魏兵，在今安徽省含山縣西南，接巢縣界。㈡其後入寇淮南，敗以內船，遂廢不復治：胡三省曰：「謂正始二年芍陂之敗也。遏巢湖所以利舟師而反為湖內之船所敗，故廢而不治。」㈢左右結山俠築兩城：按《吳志．諸葛恪傳》及《魏志・齊王芳紀》注引《漢晉春秋》俱作左右結山，《通鑑》地理通釋作左右依山。胡三省曰：「俠讀曰夾，古者俠、夾二字通。漢靈帝光和二年，華山亭碑其文有云：『吏卒俠路。』晉宋書諸王有俠轂隊，皆以夾為俠。」又曰：「今柵江口有兩山：濡須山在和州界，謂之東關；七寶山在無為軍界，謂之西關；兩山對峙，中為石梁，鑿石通水。」《新唐書・地理志》曰：「廬州巢縣東南四十里，有故東關。」和州今安徽和縣，無為軍今安徽無為縣。㉝留略：姓留名略。姓譜曰：「留氏世居東陽，為郡豪族。」㉞文舒：王昶字。㉟仲恭：毌丘儉字。㊱羈：牽制。㊲是時征南大將軍王昶、征東將軍胡遵、鎮南將軍毌丘儉等各獻征吳之計，朝廷以三征計異：胡三省曰：「漢置四征將軍，謂征東、征西、征南、征北也，其後又置四鎮將軍，有功進號，則自鎮為征。毌丘儉方為鎮南而曰三征，史槩言之。」㊳江表，即江外。此泛指淮以南，江以北之地。㊴佃：讀曰田，亦作畋，校獵曰田。㊵自治兵以來，出入三載，非掩襲之軍也：言自治兵以來，敵我相持三載，敵軍戒備嚴密，非我軍所能掩襲取勝也。㊶賊之為寇，幾六十年：胡三省曰：「自漢建安十三年赤壁之戰，吳魏始為寇敵，至是年凡五十五年。」㊷又喪其元帥：元帥謂吳主權。㊸賊設羅落：胡三省曰：「謂設烽燧，遠候望，以羅落邊面也。羅，布也；落與絡同。」㊹先戰而後求勝：謂初無必勝之策，及戰而後求勝，則勝負未可知。㊺佃：此佃作之佃，讀如前音。㊻前守：前奪其肥壤，因而守之。㊼閒構：閒者，閒諜。諜者伺閒貨敵以構釁，故曰閒構。㊽敵逸而勞之，飽能饑之：孫武子兵法之言。㊾陳：讀曰陣。㊿乃辟諸軍使下道：胡三省曰：「辟讀如闢，辟諸軍使避路而已軍前進也。」按奉自率麾下上山爭便地，故曰辟諸軍使下道也。㊄徐塘：胡三省曰：「徐塘蓋近東關。」按《通志》作涂塘。㊂兜鍪：胡三省曰：「首鎧也。」按即古之冑，冠於首以禦兵刃。㊃綜，故吳叛將：綜叛吳事見卷七十明帝太和元年。㊅數為吳害：屢為吳國之患。㊆獲車乘牛馬騾驢各以千數，資器山積，振旅而歸：史稱東關之捷。㊇漢姜維寇西平：見上卷嘉平二年。㊈郭循：胡三省曰：「循偏考字書無其字，又考三國志三少帝紀作郭脩，蜀志張嶷傳亦作郭脩，裴松之注亦云：『脩字孝先』，費禕傳作郭循，後主傳亦然。今三國志舊本凡書循者多從循，余謂此循即脩字之誤也，後人以循字無所出，又改亻為彳，遂為循字耳！」按明監本《三國志・費禕傳》，〈後主傳〉俱誤作循，殿本均改正作脩。

卷七十六　魏紀八

司馬光編集
林瑞翰註

起昭陽作噩盡旃蒙大淵獻，凡三年。（癸酉至乙亥，西元二五三至二五五年）

邵陵厲公下

嘉平五年（蜀延熙十六年，吳建興二年，西元二五三年）

㈠春，正月，朔，蜀大將軍費禕與諸將大會於漢壽㊀，郭循㊁在坐，禕歡飲沈醉，循起刺禕，殺之。禕資性汎愛㊂，不疑於人。越巂太守張嶷嘗以書戒之曰：「昔岑彭率師，來歙杖節，咸見害於刺客㊃。今明將軍位尊權重，待信新附太過，宜鑒前事，少以為警。」禕不從，故及禍。詔追封郭循為長樂鄉侯，使其子襲爵。

㈡王昶、毌丘儉聞東軍敗㊄，各燒屯走。朝議欲貶黜諸將，大將軍師曰：「我不聽公休㊅，以至於此，此我過也，諸將何罪？」悉宥之。師弟安東將軍昭時為監軍，唯削昭爵而已。以諸葛誕為鎮南將軍，都督豫州；毌丘儉為鎮東將軍，都督揚州。

是歲，雍州刺史陳泰求敕幷州幷力討胡，師從之。未集而新興、雁門二郡胡以遠役，遂驚反㊆。師又謝朝士曰：「此我過也，非陳雍州之責。」是以人皆愧悅㊇。

習鑿齒論曰：「司馬大將軍引二敗㊈以為己過，過消而業隆，可謂智矣。若乃諱敗推過，歸咎萬物，常執其功而隱其喪，上下離心，賢愚解體，謬之甚矣！君人者苟統斯理以御國，行失而名揚，兵挫而戰勝⑩，雖百敗可也，況於再乎？」

㊂光祿大夫張緝言於師曰：「恪雖克捷，見誅不久。」師曰：「何故？」緝曰：「威震其主，功蓋一國，求不死得乎㊁？」

㊃二月，吳軍還自東興。進封太傅恪陽都侯，加荊揚州牧，督中外諸軍事。恪遂有輕敵之心，復欲出軍。諸大臣以為數出罷勞㊂，同辭諫恪，恪不聽。中散大夫㊂蔣延固爭，恪命扶出。因著論以諭眾曰：「凡敵國欲相吞，即仇讎欲相除也。有讎而長之㊃，禍不在己，則在後人，不可不為遠慮也。昔秦但得關西㊄耳，尚以幷吞六國。今以魏比古之秦，土地數倍，以吳與蜀比古六國，不能

半也。然今所以能敵之者，但以操時兵衆於今適盡，而後生者未及長大，正是賊衰少未盛之時[一六]，加司馬懿先誅王淩，續自隕斃[一七]，其子幼弱，而專彼大任，雖有智計之士，未得施用[一八]，當今伐之，是其厄會。聖人急於趨時，誠謂今日。若順衆人之情，懷偷安之計，以為長江之險，可以傳世[一九]，不論魏之終始，而以今日遂輕其後，此吾所以長歎息者也[二〇]！今聞衆人或以百姓尚貧，欲務閑息，此不知慮其大危，而愛其小勤者也。昔漢祖幸已自有三秦之地，何不閉關守險以自娛樂，空出攻楚，身被創痍[二一]，介冑生蟣蝨，將士厭困苦，豈甘鋒刃而忘安寧哉？慮於長久不得兩存者耳！每覽荊邯說公孫述以進取之圖，近見家叔父表陳與賊爭競之計，未嘗不喟然歎息也[二二]。夙夜反側，所慮如此，故聊流愚言，以達二君子之末。若一朝隕沒，志畫不立，貴令來世知我所憂，可思於後耳！」衆人雖皆心以為不可，然莫敢復難[二三]。丹陽太守聶友素與恪善，以書諫恪曰：「大行皇帝[二四]本有遏東關之計，計未施行，寇遠自送[二五]。將士憑賴威德，出身用命，一旦有非常之功，豈非宗廟神靈社稷之福邪？宜且案兵養銳㉖，觀釁而動。今乘此勢，欲復大出，天時未可。而苟任盛意，私心以為不安。」恪題論㉗後，為書答友曰：「足下雖有自然之理，然未見大數㉘。熟省此論，可以開悟矣！」

滕胤謂恪曰：「君受伊霍之託，入安本朝，出摧彊敵，名聲振於海內，天下莫不震動，萬姓之心，冀得蒙君而息。今猥以勞役之後，興師出征㉙，民疲力屈，遠主有備㉚，若攻城不克，野略無獲，是喪前勞而招後責也。不如案甲息師，觀隙而動。且兵者大事㉛，事以眾濟。眾苟不悅，君獨安之㉜？」恪曰：「諸云不可，皆不見計筭，懷居苟安者也，而子復以為然，吾何望乎？夫以曹芳闇劣㉝，而政在私門㉞，彼之民臣，固有離心。今吾因國家之資，藉戰勝之威，則何往而不克哉？」

三月，恪大發州郡二十萬眾復入寇㉟，以滕胤為都下督，掌統留事。

㈤夏，四月，大赦。

㈥漢姜維自以練西方風俗㊱，兼負其才武㊲，欲誘諸羌胡以為羽翼，謂自隴以西，可斷而有。每欲興軍大舉，費禕常裁制不從，與其兵不過萬人，曰：「吾等不如丞相，亦已遠矣！丞相㊳猶不能定中夏，況吾等乎？不如且保國治民，謹守社稷，如其功業㊴，以俟能者。無為希冀徼倖，決成敗於一舉，若不如志，悔之無及。」及禕死，維得行其志㊵，乃將數萬人出石營㊶，圍狄道㊷。

㈦吳諸葛恪入寇淮南，驅略民人。諸將或謂恪曰：「今引軍深入，疆埸之民必相率遠遁，恐兵勞而功少，不如止圍新城。新城困，救必至，至而圖之，乃可大獲㊸。」恪從其計。五月，還軍圍新城。詔太尉司馬孚督軍二十萬往赴之。

大將軍師問於虞松曰：「今東西有事，二方皆急㊹。而諸將意沮，若之何？」松曰：「昔周亞夫堅壁昌邑，而吳楚自敗㊺。事有似弱而彊，不可不察也。今恪悉其銳眾，足以肆暴，而坐守新城㊻，欲以致一戰㊼耳！若攻城不拔，請戰不可，師老眾疲，勢將自走。諸將之不徑進，乃公之利也！姜維有重兵而縣軍㊽應恪，投食我麥㊾，非深根之寇㊿也，且謂我幷力於東，西方必虛，是以徑進。今若使關中諸軍倍道急赴，出其不意，殆將走矣！」師曰：「善。」乃使郭淮、陳泰悉關中之眾，解狄道之圍；敕毌丘儉案兵自守，以新城委吳㊿。

陳泰進至洛門㊼，姜維糧盡退還。

揚州牙門將涿郡張特守新城，吳人攻之連月，城中兵合三千人，疾病戰死者過半，而恪起土山急攻，城將陷，不可護。特乃謂吳人曰：「今我無心復戰也。然魏灋，被攻過百日而救不至者，雖降，家不坐㊼。自受敵以來，已九十餘日矣。此城中本有四千餘人，戰死者已過半，城雖陷，尚有半人不欲降，我當還為相語，條別善惡，明日早送名，且以我印綬去為信。」乃投其印綬與之，吳人聽其辭而不取印綬。特乃投夜徹諸屋材柵，補其缺為二重。明日，謂吳人曰：「我但有鬬死耳！」吳人大怒，進攻之，不能拔。會大暑，吳士疲勞，飲水泄下流腫病者太半，死傷塗地。諸營吏日白病者多，恪以為詐，欲斬之，自是莫敢言。

恪內惟㊹失計，而恥城不下，忿形于色。將軍朱異以軍事迕㊺恪，恪立奪其兵，斥還建業。都尉蔡林數陳軍計，恪不能用，策馬來犇。諸將伺知吳兵已疲，乃進救兵。

秋，七月，恪引軍去，士卒傷病，流曳㊻道路，或頓仆㊼坑壑㊽，或見略獲㊾，存亡哀痛，大小嗟呼，而恪晏然自若。出住江渚㊿一月，圖起田於潯陽(61)。詔召相銜(62)，徐乃旋師，由是眾庶失望，怨讟(63)興矣！

汝南太守鄧艾言於司馬師曰：「孫權已沒，大臣未附，吳名宗大族，皆有部曲，阻兵仗勢，足以違命。諸葛恪新秉國政，而內無其主。不念撫恤上下，以立根基，競於外事，虐用其民，悉國之眾，頓於堅城，死者萬數，載禍而歸，此恪獲罪之日也。昔子胥、吳起、商鞅、樂毅皆見任時君，主沒猶敗(64)，況恪才非四賢，而不慮大患，其亡可待也(65)！」八月，吳軍還建業。諸葛恪陳兵導從，歸入府館(66)。即召中書令孫嘿，厲聲謂曰：「卿等何敢數妄作詔(67)！」嘿惶懼辭出，因病還家。

恪征行之後，曹(六八)所奏署令長職司，一更罷選(六九)，愈治威嚴，多所罪責，當進見者無不竦息(七〇)。又改易宿衛，用其親近，復敕兵嚴(七一)，欲向青、徐。孫峻因民之多怨，眾之所嫌，構(七二)恪於吳主，云欲為變。冬，十月，孫峻與吳主謀置酒請恪。恪將入之夜，精爽擾動(七三)，通夕不寐；又家數有妖怪(七四)，恪疑之。旦日，駐車宮門。峻已伏兵於帷中，恐恪不時入事泄，乃自出見恪曰：「使君若尊體不安，自可須後(七五)，峻當具白主上。」欲以嘗(七六)知恪意。恪曰：「當自力入(七七)。」散騎常侍張約、朱恩等密書與恪曰：「今日張設非常，疑有他故。」恪以書示滕胤，胤勸恪還，恪曰：「兒輩何能為？正恐因酒食中人耳！」【考異】恪傳曰：「恪省張約等書而去，未出路門，逢太常滕胤。恪曰：『卒腹痛不任入。』胤不知峻陰計，謂恪曰：『君自行旋，未見上。今上置酒請君，君已至門，宜當力進。』恪躊躇而還。」孫盛以為然，恪入，劍履上殿，進謝還坐。設酒，恪疑未飲。孫峻曰：「使君病未善平(七八)，有常服藥酒，可取之。」恪意乃安，別飲所齎。酒數行，吳主還內。峻起如廁，解長衣，著短服，出曰：「有詔收諸葛恪。」恪驚起，拔劍未得，而峻刀交下。張約從旁斫峻，裁傷左手，峻手應斫，約斷右臂。武衛之士㊄皆趨上殿，峻曰：「所取者恪也，今已死。」悉令復刃㊀，乃除地更飲。恪二子竦、建聞難，載其母欲來犇，峻使人追殺之。以葦席裹恪尸，篾束腰，投之石子岡㊁。又遣無難督施寬就將軍施績、孫壹軍㊂殺恪弟奮威將軍融於公安，及其三子。恪外甥都鄉侯張震、常侍朱恩皆夷三族。

臨淮臧均表乞收葬恪曰：「震雷電激，不崇一朝㊃，大風衝發，稀有極日；然猶繼之以雲雨，因以潤物。是則天地之威，不可經日浹辰㊄；帝王之怒，不宜訖情盡意㊅。臣以狂愚，不知忌諱，敢冒破滅之罪㊆，以邀風雨之會。伏念故太傅諸葛恪，罪積惡盈，自致夷滅，父子三首，梟市積日，觀者數萬，詈聲成風，國之大刑，無所不震，長老孩幼，無不畢見。人情之於品物㊇，樂極則哀生。見恪貴盛，世莫與貳㊈，身處台輔，中間歷年，今之誅夷，無異禽獸，觀訖情反，能不憯然㊉！且已死之人，與土壤同域，鑿掘斫刺，無所復加。願聖朝稽則乾坤㊉，怒不極旬，使其鄉邑若故吏民，收以士伍㊉之服，惠以三寸之棺㊉。昔項籍受殯葬之施㊉，韓信獲收斂之恩（九四），斯則漢高發神明之譽也。惟陛下敦三皇之仁（九五），垂哀矜之心，使國澤加於辜戮之骸，復受不已之恩，於以揚聲遐方，沮勸天下，豈不大哉！昔欒布矯命彭越（九六），臣竊恨之。不先請主上，而專名以肆情，其得不誅，實為幸耳！今臣不敢章宣愚情，以露天恩，謹伏手書，冒昧陳聞（九七），乞聖明哀察。」於是吳主及孫峻聽恪故吏斂葬。

初，恪少有盛名，太帝深器重之，而恪父瑾常以為戚（九八），曰：「非保家之主也。」父友奮威將軍張承亦以為恪必敗諸葛氏。陸遜嘗謂恪曰：「在我前者，吾必奉之同升，在我下者，則扶接之。今觀君氣陵其上，意蔑（九九）乎下，非安德之基也！」

漢侍中諸葛瞻，亮之子也。恪再攻淮南（一〇〇），越巂太守張嶷與瞻書曰：「東主（一〇一）初崩，帝（一〇二）實幼弱。太傅（一〇三）受寄託之重，亦何容易？親有周公之才，猶有管、蔡流言之變（一〇四），霍光受任，有燕、蓋、上官逆亂之謀（一〇五）。賴成、昭（一〇六）之明，以免斯難耳！昔每聞東主殺生賞罰，不任下人，又今以垂沒之命，卒（一〇七）召太傅屬以後事，誠實可慮；加吳楚剽急，乃昔所記⑱，而太傅離少主，履敵庭，恐非良計長筭也！雖云東家⑲綱紀肅然，上下輯睦，百有一失，非明者之慮也。取古則今，今則古也⑳。自非郎君㉑進忠言於太傅，誰復有盡言者邪？旋軍廣農，務行德惠，數年之中，東西竝舉，實為不晚，願深採察。」恪果以此敗。

吳羣臣共議上奏推孫峻為太尉，滕胤為司徒。有媚峻者言曰：「萬機宜在公族，若承嗣㉒為亞公㉓，聲名素重，眾心所附，不可量也！」乃表峻為丞相大將軍，督中外諸軍事；又不置御史大夫，由是士人失望㉔。

滕胤女為恪子竦妻，胤以此辭位。孫峻曰：「鯀、禹罪不相及㉕，滕侯何為？」峻與胤雖內不沾洽㉖，而外相苞容，進胤爵高密侯，共事如前。

齊王奮聞諸葛恪誅，下住蕪湖，欲至建業觀變。傅相謝慈等諫，奮殺之，坐廢為庶人，徙章安㉗。

南陽王和妃張氏，諸葛恪之甥也。先是恪有遷都之意，使治武昌宮，民間或言恪欲迎和立之。及恪被誅，丞相峻因此奪和璽綬㉘，徙新都，又遣使者追賜死。初，和妾何氏生子皓，諸姬子德、謙、俊。和將死，與張妃別。妃曰：「吉凶當相隨，終不獨生。」亦自殺。何姬曰：「若皆從死，誰當字孤㉙？」遂撫育皓及其三弟，皆賴以獲全。

【今註】㊀蜀大將費禕與諸將大會於漢壽：禕還屯漢壽見上卷嘉平三年十二月。漢壽即漢之葭萌。㊁郭循：循當作脩，下同。解詳上卷上年註㊲。㊂汎愛：汎亦作氾。《廣雅・釋言》：「汎：博也。」《說文》：「氾，濫也。」意即無所不愛。㊃昔岑彭率師，來歙杖節，咸見害於刺客：二事俱見卷四十二漢光武建武十一年。㊄王昶、毌丘儉聞東軍敗：按《魏志・齊王芳紀》、〈諸葛誕傳〉及《吳志・諸葛恪傳》，嘉平四年十二月，恪破魏諸葛誕、胡遵之軍於東關。胡三省曰：「時三道伐吳，東關最在東，故曰東軍。」㊅公休：諸葛誕字。㊆雍州刺史陳泰求敕幷州幷力討胡至而新興、雁門二郡胡以遠役遂驚反：胡三省曰：「雍州在幷州西南，而雁門、新興二郡，幷州北部也，其道里相去遠。漢末，曹公集塞下荒地為新興郡。」宋白曰：「曹公立新興郡於樓煩。」按新興郡統有今山西省西北部地。郡治即今山西省沂縣。又按《魏志・齊王芳紀》裴註引《漢晉春秋》，討胡作討恪，惟紹熙本作討胡，當係《通鑑》所本。按新興、雁門二郡近塞，去胡不遠，以討胡為遠役，似非；而二郡去吳遠，以討吳為遠役則是；且是時北方無事，亦不宜有伐胡之役。疑討胡本作討恪，宋時已誤恪為胡，其後又改胡為恪，通鑑據宋本作胡，因有此誤。⑧是以人皆愧悅：胡三省曰：「司馬師承父懿之後，大臣未附，引咎責躬，所以愧服天下之心而固其權耳！」⑨二敗：胡三省曰：「謂東關師敗及幷州胡反也。」⑩行失而名揚，兵挫而戰勝：言小失行正所以揚大名於天下，兵雖挫而猶勝也。⑪光祿大夫張緝言於曰至威師震其主，功蓋一國，求不死得乎：胡三省曰：「緝料恪雖中，緝亦卒為師所殺。師方專政，忌才智而疾異己，況以緝而耀明於師乎？」師殺緝事見下正始元年。耀明，謂眩耀其明料之智。⑫罷：讀曰疲。⑬中散大夫：《續漢志》曰：「中散大夫，秩六百石。」《漢官儀》曰：「秩比二千石。」《續漢志》曰：「凡大夫議郎，皆掌顧問應對，無常事。」⑭有讎而長之：《左傳》僖公三十三年晉先軫曰：「墮軍實而長寇讎。」⑮關西：謂函谷關以西。⑯正是賊衰少未盛之時：胡三省論曰：「是時魏興三十餘年，生聚教訓，精兵良將，分鎮方面，諸葛、蔣、費、陸遜、朱然相繼凋謝，吳蜀蓋小儒矣，恪不能兢懼以保勝，恃一戰之捷，遽謂魏人為衰少未盛之時，其輕敵甚矣！」⑰司馬懿先誅王淩，續自隕斃：事見上卷嘉平三年。⑱其子幼弱，而專彼大任，雖有智計之士，未得施用：胡三省曰：「既以司馬師為幼弱，又謂其未能用人，茲可謂不善料敵者矣！」⑲傳世：謂傳世而守。⑳不論魏之終始，而以今日之衰少，吾所以長歎息者也：以今日而輕其後者，謂以魏國今日之衰少而遂輕度其後亦將如今日之衰少。胡三省曰：「恪自謂其才足以辨魏，不欲以賊遺憂後人也。」㉑昔漢祖幸已自有三秦之地至空出攻楚，身被創痍：漢祖即漢高祖。

事見〈漢高帝紀〉。㉒亦鑒荊邯說公孫述以進取之圖，近見家叔父表陳與賊爭競之計，未嘗不喟然歎息也：荊邯語見卷四十二漢光武建武六年，家叔父謂蜀相諸葛亮，亮表見卷七十一魏明帝太和二年。何焯曰：「元遜但知忠武頻煩出師，而不規其務農殖穀，閉關息民三年而後南征，還師之後，又畜力一年，乃屯漢中，其明年始攻祁山耳！」元遜，諸葛恪字，忠武謂諸葛武侯，畜古蓄字。㉓難：詰難。㉔大行皇帝：胡三省曰：「吳王之喪未踰年，故稱之為大行皇帝。」㉕寇遠自送：胡三省曰：「謂魏兵遠來而自送死也。」㉖案兵養銳：抑兵鋒以養銳氣。㉗論：即恪前所著以喻眾之論。㉘大數：胡三省曰：「謂勝負存亡之大數也。」㉙今猥以勞役之後，興師出征：胡三省曰：「勞役謂內有山陵營作，外有東關之師也。」猥，倉猝之義，註已見前。言今於勞役之後，未經休息，倉猝間復興師出征。㉚遠主有備：《左傳》僖公三十二年秦大夫蹇叔諫穆公曰：「勞師以襲遠，師勞力屈，遠主有備。」言敵國之主，以逸待勞，得從容以為備。㉛兵者大事：《左傳》成公十三年曰：「國之大事，在祀與戎。」㉜君獨安之：之，往也。言眾皆不願出征，君獨將安往？㉝闇劣：猶曰闇弱。言其生性愚昧而懦弱。㉞私門：謂司馬氏。㉟三月，恪大發州郡二十萬復入寇：《漢晉春秋》曰：「恪使司馬李衡往蜀說姜維令同舉曰：『古人有言，聖人不能為時，時至亦不可失也。今敵政在私門，外內猜隔，兵挫於外而民怨於內，自曹操以來，彼之亡形未有如今者也。若大舉伐之，使吳攻其東，漢入其西，彼救西則東虛，重東則西輕，以練實之軍，乘虛輕之敵破之必矣！』維從之。」㊱漢姜維自以練西方風俗：維本天水冀人，故自以為習練西土風俗。㊲才武：才幹武略。㊳丞相：

謂諸葛亮。㊴如其功業：保守其功業使如丞相在世之時。㊵及褘死，維得行其志：胡三省曰：「費褘死，蜀諸臣皆出維下，故不能裁制之。」出維下者，言蜀諸臣位望才武，皆不及維。㊶石營：胡三省曰：「石營在董亭西南，維蓋自武都出石營也。」其地在今甘肅省西和縣西北。㊷狄道：狄道縣屬隴西郡，故城在今甘肅省臨洮縣西南。㊸不如止圍新城，新城困，救必至，至而圍之，乃可大獲：胡三省曰：「此即諸葛誕言於司馬師之計也。」按諸葛恪築城於東興，誕言於師曰：「今因吳內侵，使文舒逼江陵，仲恭向武昌，以羈吳之上流，然後簡精卒攻其兩城，比救至，可大獲也。」其意正同，見上卷上年。新城，即合肥新城，見《魏志・齊王芳紀》。㊹今東西有事，二方皆急：時吳攻淮南，而蜀攻隴西。㊺昔周亞夫堅壁昌邑，而吳楚自敗：事見卷十六漢景帝三年。㊻坐守新城：謂圍困新城而不去。㊼致一戰：胡三省曰：「致者，猶古所謂致師也。」謂誘致敵師以求一戰。㊽縣軍：縣讀曰懸。孤軍深入曰縣軍。㊾投食我麥：謂維懸軍深入，後無轉餉，蓋欲資魏方之麥以充軍食耳！㊿非深根之寇：軍無餉饟，不能久持，故曰非深根之寇。(51)以新城委吳：蓋令儉固守合肥舊城，而棄新城於吳軍。(52)洛門：胡三省曰：「即天水冀縣洛門聚。」(53)雖降，家不坐：胡三省曰：「言雖身降而家不坐罪也。」(54)惟：思惟。(55)迕：逆也。亦作忤。(56)流曳：流者，流離散佚；曳者，相牽引而行；蓋羸困不能自振之狀。(57)頓仆：顛頓踣仆。(58)壑：溝渠。(59)或見略獲：或為魏人刼略俘獲。(60)渚：水中小洲。(61)潯陽：北宋本《吳志・諸葛恪傳》作尋陽。即漢尋陽縣故地，故城在今湖北省黃梅縣北，位大江之北。(62)詔召相銜：胡三省曰：「言召命相繼也。舟行以舳艫不絕為相銜，陸行以馬首尾相接為相銜。」(六三)怨讟：猶言怨謗。胡三省曰：「痛怨而謗曰讟。」(六四)昔子胥、吳起、商鞅、樂毅皆見任時君，主沒猶敗：伍子胥見任於吳王闔閭，闔閭死，夫差不能用其言而殺之，盛以鴟鴺而沈之於江。吳起事見卷一周安王二十一年，商鞅事見卷二周顯王三十一年，樂毅事見卷四周赧王三十六年。(六五)況恪才非四賢，而不慮大患，其亡可待也：四賢謂子胥、吳起、商鞅、樂毅。以四賢之才，猶不能終保其身，況恪才不及此四人而無遠慮，其必敗無疑。胡三省曰：「張緝、鄧艾皆料諸葛恪必誅，緝死而艾存者，緝附李豐而艾為師用也。然艾不死於師而死於昭者，功名之際難居，重以鍾會之構間也。」構間，謂構成間隙。(六六)府館：猶曰府舍。(六七)卿等何敢數妄作詔：胡三省曰：「怒其數作詔召之也。」(六八)曹：胡三省曰：「選曹也。」(六九)一更罷選：謂一切罷免而更選之也。《吳志・諸葛恪傳》作「一罷更選」，文意較明。(七〇)竦息：竦懼喘恐。(七一)復敕兵嚴：復戒兵士使治嚴，如欲興師狀。(七二)構：構間。(七三)精爽擾動：《左傳》昭公七年鄭子產曰：「人生始化曰魄，既生魄，陽曰魂。用物精多則魂魄強，是以有精爽至於神明。」疏云：「精亦神也，爽亦明也，精是神之未著，爽是明之未昭。言權勢重，用物多，養此精爽，至於神明也。」擾動，言不安寧。(七四)又家數有妖怪：《吳志・諸葛恪傳》云：「恪將盥漱，聞水腥臭，傳者授衣，衣服亦臭。恪怪其故，易衣易水，其臭如初，意惆悵不悅。嚴畢，趨出，犬銜引其衣，恪曰：『犬不欲我行乎？』還，坐頃刻，乃復起，犬又銜其衣，恪令從者逐犬，遂升車。」(七五)須後：須，待也，言待後日入覲。(七六)嘗：探試。(七七)力入：言強自振作以入覲吳主。(七八)病未善平：平，平復。病未善平，猶言病未全癒。(七九)武衞之士：胡三省曰：「武衞之士，武衞將軍領之。」（八〇）悉令復刃：胡三省曰：「令內刃於鞘也。」內與納同。（八一）以葦席裹恪尸，篾束署，投之石子岡：《吳錄》曰：「恪時年五十一。」胡三省曰：「吳主權托孤時，通吳國上下皆以恪為有才，而峻薦之，峻本無殺恪之心也，恪死於峻手，其罪在恪。」王應麟曰：「楚莫敖狃於蒲騷之役，將自用也；諸葛恪東關之勝，亦以此敗，其失在於自用。」《吳志・諸葛恪傳》云：「建業南有長陵，名曰石子岡，葬者依焉！」篾，竹皮。（八二）遣無難督施寬就將軍施績、孫壹軍：胡三省曰：「施績時在江陵，孫壹時在夏口。」就者，謂以績、壹之軍以取融。融時鎮公安，攝父兵，孫峻恐其拒命，故命寬就江陵、夏口之兵取之。（八三）不崇一朝：《詩・衞風・河廣》：「誰謂宋遠，曾不崇朝。」鄭箋云：「崇，終也。」崇朝即終朝。（八四）浹辰：一周曰浹，周子亥十二辰曰浹辰，即一日也。（八五）訖情盡意：訖亦盡也。（八六）破滅之罪：胡三省曰：「謂破家滅身之罪。」（八七）品物：胡三省曰：「品，眾也，庶也。」即眾物，庶物。（八八）莫與貳：莫敢與比。（八九）憯然：慘痛貌。（九〇）稽則乾坤：胡三省曰：「稽，考也；則，法也，」乾為天，坤為地，言取法於天地。（九一）士伍：《漢書・景帝紀》：「奪爵為士伍，免之。」顏師古曰：「謂奪其爵令為士伍，又免其官職。謂士伍者，言從士卒之伍也。」（九二）三寸之棺：《墨子・節葬》：「禹葬會稽之山，衣衾三領，桐棺三寸，葛以緘之。」《左傳》哀公二年趙簡子曰：「桐棺三寸，不設屬辟，下卿之罰也。」（九三）昔項籍受殯葬之施：漢高帝葬項籍事見卷十一漢高帝五年。（九四）韓信獲收斂之恩：胡三省曰：「斂韓信事今史無所考。史云帝聞信死，且喜且憐之，是必收斂之也。」（九五）敦三皇之仁：胡三省曰：「上古送死，棄之中野，後世聖人易之棺槨，此所謂三皇之仁也。」」(九六)昔欒布矯命彭越：越為梁王，遣欒布使齊，高帝誅越，布自齊還，奏事越頭下，祠而哭之。見卷十二漢高帝十一年。(九七)冒昧陳聞：蔡邕曰：「漢承秦法，羣臣上書曾言昧死言。」胡三省曰：「謂人君之威難犯，冒昧其死罪而言也。」(九八)戚：憂戚。(九九)蔑：胡三省曰：「蔑者，視之若無。」(一〇〇)恪再攻淮南：謂合肥、新城之役。(一〇一)東主：謂孫權。吳在蜀東，故謂其君曰東主。(一〇二)帝：謂吳主亮。(一〇三)太傅：謂諸葛恪。恪為吳太傅，故稱之。(一〇四)親有周公之才，猶有管、蔡流言之變：胡三省曰：「謂周公之才而有叔父之親，且不能免於管蔡之流言。」(一〇五)霍光受任，亦有燕、蓋、上官逆亂之謀：燕謂燕王，蓋謂蓋長公主，上官謂上官桀。桀等謀逆事見卷二十三漢昭帝元鳳元年。(一〇六)成、昭：周成王、漢昭帝。(一〇七)卒：倉卒。(一〇八)吳楚剽急，乃昔所記：胡三省曰：「周亞夫曰：『吳楚剽輕。』太右公曰：『楚俗剽輕易發怒。』自漢以來，皆有是言。」(一〇九)東家：胡三省曰：「東家亦謂吳，立國於東也。」古時家天下，故或稱國為家。(一一〇)取古則今，今則古也：言取古事以忖度今事，今猶古也。蓋謂宜以古事為今事之鑑戒。(一一一)郎君：胡三省曰：「自漢以來，門生故吏率稱恩門子弟為郎君。」吳斗南曰：「漢制二千石以上得任其子為郎，故謂人之子弟曰郎君。」(一一二)承嗣：滕胤字。(一一三)亞公：東漢之制，以太傅位上公，太尉、司徒、司空為三公。司徒位亞太尉，故曰亞公。(一一四)又不置御史大夫，由是士人失望：胡三省曰：「漢承秦前，置御史大夫以副丞相，理眾事。今峻為丞相而不置御史大夫，則專吳國之政，故國人失望。」按西漢置丞相，於政事無所不攬。東漢立三公，則兮相權為而為三。(一一五)鯀、禹罪不相及：舜殛鯀而舉禹，雖父子之親而罪不相及。㊅內不沾洽：胡三省曰：「言其情不浹洽也。」㊆章安：按《續漢志》，章安故治閩越地，光武更名章安，屬會稽郡。故城在今浙江省臨海縣東南，即今章安鎮。㊇璽綬：南陽王璽綬。㊈字孤：乳養曰字，孤即乳育孤兒。

高貴鄉公上

正元元年㈠（蜀延熙十七年，吳五鳳元年，西元二五四年）

㈠春，二月，殺中書令李豐。初，豐年十七八，已有清名，海內翕然稱之。其父太僕恢不願其然，敕使閉門斷客。曹爽專政，司馬懿稱疾不出㈡，豐為尚書僕射，依違二公間㈢，故不與爽同誅。豐子韜以選尚齊長公主㈣，司馬師秉政，以豐為中書令。是時太常夏侯玄，有天下重名，以曹爽親不得在勢任㈤，居常快快㈥；張緝以后父，去郡家居㈦，亦不得意，豐皆與之親善。師雖擢用豐，豐私心常在玄。豐在中書二歲，帝數召豐與語，不知所說。師知其議己，請豐相見以詰豐，豐不以實告。師怒，以刀鐶築殺之㈧，送尸付廷尉。遂收豐子韜及夏侯玄、張緝等皆下廷尉。鍾毓案治，云豐與黃門監㊈蘇鑠、永寧署令⑩樂敦、宂從僕射㊀劉賢等謀曰：「拜貴人日，諸營兵皆屯門㊂，陛下臨軒㊂，因此同奉陛下，將羣僚人兵，就誅大將軍。陛下儻不從，人便當刼將去耳！」又云：「謀以玄為大將軍，緝為車騎將軍。玄、緝皆知其謀。」庚戌（二十二日），誅韜、玄、緝、鑠、敦、賢，皆夷三族。夏侯霸之入蜀也㊃，邀玄欲與之俱，玄不從。及司馬懿薨，中領軍高陽許允謂玄曰：「無復憂矣。」玄歎曰：「士宗㊄卿何不見事㊅乎？此人㊆猶能以通家年少遇我，子元㊇、子上㊈不吾容也。」及下獄，玄不肯下辭，鍾毓自臨治之。玄正色責毓曰：「吾當何罪？卿為令史責人也㊉，卿便為吾作㊁。」毓以玄名士，節高不可屈，而獄當竟㊂，夜為作辭，令與事相附㊂，流涕以示玄，玄視頷之而已。及就東市，顏色不變，舉動自若。李豐弟翼為兗州刺史，司馬師遣使收之。翼妻荀氏謂翼曰：「中書事發，可及詔書未至赴吳，何為坐取死亡？左右可同赴水火者為誰㊃？」翼思未答。妻曰：「君在大州，不知可與同死生者，雖去亦不免。」翼曰：「二兒小，吾不去，今但從坐身死耳，二兒必免㉕。」乃止死。

初，李恢與尚書僕射杜畿及東安㉖太守郭智善。智子沖，有內實而無外觀，州里弗稱也。沖嘗與李豐俱見畿，既退，畿歎曰：「孝懿㉗無子，非徒無子，殆將無家。君謀㉘為不死也，其子足繼其業。」時人皆以畿為誤。及豐死，沖為代郡太守，卒繼父業。

正始中，夏侯玄、何晏、鄧颺俱有盛名，欲交尚書郎傅嘏，嘏不受。嘏友人荀粲怪而問之，嘏曰：「太初㉙志大其量㉚，能合虛聲而無實才。何平叔㉛言遠而情近，好辯而無誠，所謂利口覆邦國之人也㉜。鄧玄茂㉝有為而無終，外要名利，內無關鑰㉞，貴同惡異㉟，多言而妬前；多言多釁㊱，妬前無親㊲。以吾觀此三人者，皆將敗家，遠之猶恐禍及，況昵㊳之乎？」嘏又與李豐不善，謂同志曰：「豐飾偽而多疑，矜小智而昧於權利，若任機事，其死必矣！」

㈡辛亥（二十三日），大赦。

㈢三月，廢皇后張氏㊴。

夏，四月，立皇后王氏，奉車都尉夔之女也。

㈣狄道長李簡密書請降於漢。

六月，姜維寇隴西。

㈤中領軍許允素與李豐、夏侯玄善。秋，允為鎮北將軍，假節都督河北諸軍事。帝以允當出，詔會羣臣，帝特引允以自近。允當與帝別，涕泣歔欷㊵。允未發，有司奏允前放散官物，收付廷尉，徙樂浪，未至，道死。

㈥吳孫峻驕矜淫暴，國人側目。司馬桓慮謀殺峻，立太子登之子吳侯英，不克，皆死。

㈦帝以李豐之死，意殊不平。安東將軍司馬昭鎮許昌，詔召之使擊姜維。九月，昭領兵入見，帝幸平樂觀，以臨軍過㊶。左右勸帝因昭辭，殺之，勒兵以退大將軍。已書詔於前，帝懼不敢發。昭引兵入城，大將軍師乃謀廢帝。甲戌（十九日），師以皇太后令㊷召羣臣會議，以帝荒淫無度，褻近倡優㊸，不可以承天緒㊹，羣臣皆莫敢違。乃奏收帝璽綬，歸藩于齊㊺，使郭芝入白太后㊻。

太后方與帝對坐，芝謂帝曰：「大將軍欲廢陛下，立彭城王據[47]。」帝乃起去，太后不悅。芝曰：「太后有子不能教，今大將軍意已成，又勒兵于外以備非常，但當順旨，將復何言？」太后曰：「我欲見大將軍，口有所說。」芝曰：「何可見邪？但當速取璽綬！」太后意折[48]，乃遣傍侍御[49]取璽綬著坐側。芝出報師，師甚喜，又遣使者授帝齊王印綬，出就西宮。帝與太后垂涕而別，入乘王車[50]，從太極殿南出，羣臣送者數十人，司馬孚悲不自勝，餘多流涕。師又使使者請璽綬於太后，太后曰：「彭城王，我之季叔也。今來立，我當何之[51]？且明皇帝當永絕嗣乎[52]？高貴鄉公[53]，文帝之長孫，明皇帝之弟子。於禮，小宗有後大宗之義[54]，其詳議之。」丁丑（二十二日），師更召羣臣以太后令示之，乃定迎高貴鄉公髦於元城[55]。髦者，東海定王霖之子也，時年十四。使太常王肅持節迎之。師又使請璽綬，太后曰：「我見高貴鄉公小時，識之，我自欲以璽綬手授之。」

冬，十月，癸丑（按魏志帝紀，癸丑當作己丑。是月丙戌朔，己丑初四日），高貴鄉公至玄武館(五六)。羣臣奏請舍前殿(五七)，公以先帝舊處，避止西廂。羣臣又請以灋駕迎，公不聽。庚寅（初五日），公入于洛陽。羣臣迎拜西掖門南，公下輿答拜。儐者請曰：「儀不拜(五八)。」公曰：「吾人臣也。」遂答拜。至止車門，下輿。左右曰：「舊乘輿入(五九)。」公曰：「吾被皇太后徵，未知所為(六〇)。」遂步至太極東堂，見太后。其日，即皇帝位於太極前殿，百僚陪位者皆欣欣焉(六一)！

大赦，改元(六二)。

為齊王築宮于河內。

(八)漢姜維自狄道進拔河間臨洮(六三)，將軍徐質與戰，殺其盪寇將軍張嶷(六四)，漢兵乃還。

(九)初，揚州刺史文欽驍果絕人，曹爽以其鄉里，故愛之(六五)。欽恃爽勢，多所陵傲。及爽誅(六六)又好增虜級以邀功賞，司馬師常抑之，由是怨望。鎮東將軍毌丘儉，素與夏侯玄、李豐善，玄等死，儉亦不自安，乃以計厚待欽。儉子治書侍御史甸謂儉曰：「大人居方嶽重任(六七)，國家傾覆，而晏然自守，將受四海之責矣！」儉然之。

【今註】㊀正元元年：胡三省曰：「是年嘉平六年也。冬十月，高貴鄉公方改元正元，通鑑以是年繫之高貴鄉公，因書正元元年。」㊁曹爽專政，司馬懿稱疾不出：事見上卷邵陵厲公正始八年、九年。㊂依違二公間：顏師古曰：「依違，不決之意。」二公謂曹爽、司馬懿。此言豐並事爽、懿，而不專附一人。㊃齊長公主：漢制，帝之姊妹曰長公主。齊長公主，明帝之女。㊄以曹爽親，不得在勢任：《魏志・夏侯玄傳》：「玄，爽之姑子也。」胡三省曰：「邵陵厲公嘉平元年，玄自關右召詣京師。勢任，權勢之任也。」㊅怏怏：意志不滿貌。《史記・絳侯世家》：「此怏怏者非少主臣也。」㊆張緝以后父去郡家居：緝自東莞太守召拜光祿大夫，見上卷邵陵厲公嘉平四年。家居，言其不在權勢之任，雖有官職，形同家居。《魏書》李豐謂其子韜曰：「緝有才用，棄兵馬大郡，還坐家巷。」正是此意。㊇豐不以實告，師怒，以刀鐶築殺之：《魏氏春秋》曰：「大將軍責豐，豐知禍及，遂正色曰：『卿父子懷姦，將傾社稷，惜吾力劣，不能相禽滅耳！』大將軍怒，使勇士以刀環築腰殺之。」胡三省曰：「刀把上有鐶。築，擣也。」㊈黃門監：胡三省曰：「漢有黃門令，宦者為之。黃門監，蓋魏置也。」㊉永寧署令：胡三省曰：「永寧宮，魏太后宮名，永寧署令，太后宮官也，亦宦者為之。」(十一)冗從僕射：沈約《宋志》曰：「漢東京有中黃門冗從僕射，魏世因其名而置冗從僕射。」按《續漢志》，中黃門冗從僕射一人，秩六百石，宦者為之，主中黃門冗從，居則宿衛，直守門戶，出則騎從，夾乘輿車。(一二)屯門：胡三省曰：「屯宮城門也。」(一三)臨軒：胡三省曰：「檐宇之末曰軒。御坐前臨殿陛曰臨軒。」(一四)夏侯霸之入蜀也：霸入蜀事見上卷邵陵厲公嘉平四年。(一五)士宗：許允字。(一六)不見事：胡三省曰：「猶今人言不曉事也。」(一七)此人：謂司馬懿。(一八)子元：司馬師字。(一九)子上：司馬昭字。(二〇)卿為令史責人也：胡三省曰：「自漢以來，公府有令史，廷尉則有獄史耳！玄蓋責敏以身為九卿，乃承公府指自臨治我，是為公府令史而責人也。」按敏時為廷尉。(二一)卿便為吾作：玄謂敏可任便為己作獄辭。(二二)獄當竟：獄當結。(二三)令與事相附：謂為作獄辭使與所案治之事相附麗。(二四)左右可同赴水火者為誰：謂左右親信之人，誰可與同患難，共生死者。赴人之難如蹈水火，入必焦沒，故以為喻。(二五)今但從坐身死耳，二兒必免：胡三省曰：「謂從兄坐罪止一身，若奔吳不達，禍及妻子也。」(二六)東安：胡三省曰：「東安縣，前漢屬城陽國，後漢屬琅邪國，魏分為郡。沈約曰：『晉惠帝分東莞為東安。』蓋魏分而又省併，既省併而晉又分屬東莞，又自東莞分為郡也。」漢東安縣故城在今山東省沂水縣南，晉郡治蓋縣，在今沂水縣西北。(二七)孝懿：李恢字。(二八)君謀：郭智字。(二九)太初：夏侯玄字。(三〇)志大其量：言其志大而才疎。(三一)何平叔：何晏字平叔。(三二)利口覆邦國：《論語・陽貨》孔子之言：「惡利口之覆邦家者。」利口，謂善於口辯。言將以此為邦家之累。(三三)鄧玄茂：鄧颺字玄茂。(三四)內無關鑰：關鑰所以為界別。內無關鑰者，言其中情昧於名利，而不能甄別善惡。(三五)貴同惡異：同於己者則貴之，異於己者則惡之。(三六)多言多釁：釁隙起於多言，所謂禍由口出。(三七)妬前無親：胡三省曰：「妬前者，忌前也。人忌勝己則無親之者。」按前即勝己之謂。凡其人才勝於己則在己前，不如己則居己後。㊳昵：親近。亦作暱。㊴廢皇后張氏：后，緝之女，以緝罪而廢之。㊵允當與帝別，涕泣歔欷：允自以當遠出，帝室益孤立，故涕泣歔欷，司馬師忌而廢殺之。㊶帝幸平樂觀，以臨軍過：昭引兵入見，途過平樂觀，帝幸觀以臨其軍，觀在洛陽城西。㊷以太后令：史凡稱以某詔、某令者，皆矯托之謂。㊸倡優：樂伶。段玉裁曰：「以其戲言之謂之俳，以其樂言之謂之倡，或謂之優，其實一物也。」㊹天緒：帝統。㊺乃奏收帝璽綬，歸藩于齊：帝時年二十一。㊻使郭芝入白太后：胡三省曰：「芝，太后之從父也，故使之入脅太后。」㊼彭城王據：據，武帝操之子，文帝之弟。㊽折：屈服。㊾傍侍御：胡三省曰：「太后侍御非止一人，傍侍御，謂當時侍御之在傍側者。」㊿王車：胡三省曰：「王車，諸王所乘青蓋車也。」(51)我將何之：之，往也。言我將何以自處。(52)且明皇帝當絕嗣乎：胡三省曰：「太后謂明帝絕嗣，蓋謂以據為後，則兄死弟及，又禮兄弟不得相入廟也。」(53)高貴鄉公：《魏志‧文帝紀》黃初三年，初制封王之庶子為鄉公，嗣王之庶子為亭侯，公之庶子為亭伯。(54)於禮小宗有後大宗之義：胡三省曰：「世嫡為大宗，支子之子各宗其父為小宗。禮王后無嗣，擇建支子以繼大宗。」(55)乃定迎高貴鄉公髦於元城：胡三省曰：「定迎者，議始定而迎之也。元城縣，漢屬魏郡，魏屬陽平郡。時魏王公皆錄置鄴，故出髦而就元城迎之。」王淩既誅，司馬懿盡錄魏諸王公置鄴，見卷七十五邵陵厲公嘉平三年。元城故城在今河北省大名縣東。(56)玄武館：酈道元曰：「魏氏立玄武館於芒重。」胡三省曰：「館在芒山尾，其地直洛城北。」(57)舍前殿：以玄武館之前殿為館舍。(58)儀不拜：於儀不當答拜。(五九)舊乘輿入：舊制天子可乘輿逕入止車門。(六〇)吾被皇太后徵，未知所為：胡三省曰：「言吾方被徵，未知何如，不可以天子自居也。」(六一)百僚陪位者皆欣欣焉：欣欣，喜悅貌。胡三省曰：「謂公之足與有為也，而卒死於權臣之手。余觀漢文帝入立之後，夜拜宋昌為衞將軍，領南北軍，張武為郎中令，行殿中，周勃、陳平、朱虛、東牟雖有大功，其權去矣，夫然後能自固。魏朝百官皆欣欣者，果何所見邪！」梅磵蓋謂高貴鄉公雖有聰慧之質，而不能效漢文所作為，卒不免死於權臣之手。(六二)改元：前此蓋嘉平六年，此後始入正元元年。(六三)漢姜維自狄道進拔河間臨洮：間原作關，何本《蜀志》正作河關。胡三省曰：「河關縣，前漢屬金城郡，後漢屬隴西郡，以地里考之，河關臨洮在狄道西。姜維自狄道西拔河關臨洮，意欲收魏之邊縣以自廣耳！」河關縣，漢宣帝神爵二年置故城在今甘肅省導河縣西。(六四)殺其盪寇將軍張嶷：益部耆舊傳曰：「嶷風濕固疾，至都浸篤，扶杖然後能起。姜維之出，時議以嶷初還，服疾不能在行中，由是嶷自乞肆力中原，致身敵庭。臨發，辭後主曰：『臣當值聖明，受恩過量，加以疾病在身，常恐一朝隕沒，辜負榮遇，天不違願，得預戎事，若涼州克定，臣為藩表守將，若有未捷，殺身以報。』後主慨然為之流涕。」(六五)曹爽以其鄉里故愛之：《魏志・毌丘儉傳》云：「文欽，曹爽之邑人也。」《魏書》曰：「欽字仲若，譙郡人。」(六六)及爽誅：爽誅見上卷邵陵厲公嘉平元年。(六七)大人居方嶽重任：《尚書・堯典》：「咨四岳。」〈舜典〉：「乃日覲四岳羣牧，班瑞于羣后。」孔安國曰：「分掌四方之諸侯，故曰四岳。」胡三省曰：「古者天子巡狩四方，其方之諸侯各會朝方嶽之下。堯舜有四岳之官。魏晉之時征、鎮、安、平總督諸軍，任專方面，時因謂之方嶽重任。」

二年（蜀延熙十八年，吳五鳳二年，西元二五五年）

㈠春，正月，儉、欽矯太后詔起兵於壽春。移檄州郡，以討司馬師。乃表言：「相國懿忠正有大勳於社稷，宜宥及後世，請廢師以侯就第，以弟昭代之。太尉孚忠孝小心，護軍望忠公親事，皆宜親寵，授以要任。」望，孚之子也。儉又遣使邀鎮南將軍諸葛誕㈠，誕斬其使。

儉、欽將五六萬眾渡淮，西至項。儉堅守，使欽在外為游兵。司馬師問計於河南尹王肅。肅曰：「昔關羽虜于禁於漢濱，有北向爭天下之志，後孫權襲取其將士家屬，羽士眾一旦瓦解㈡。今淮南將士父母妻子皆在內州㈢，但急往禦衞㈣，使不得前，必有關羽土崩之勢矣。」時師新割目瘤，創甚。或以為大將軍不宜自行，不如遣太尉孚拒之，唯王肅與尚書傅嘏、中書侍郎㈤鍾會勸師自行，師疑未決。嘏曰：「淮、楚兵勁㈥而儉等負力遠鬭，其鋒未易當也。若諸將戰有利鈍，大勢一失，則公事敗矣。」師蹶然起㈦曰：「我請輿疾而東。」

戊午（初五日），師率中外諸軍以討儉、欽㈧。以弟昭兼中領軍，留鎮洛陽。召三方㈨兵會于陳、許。

師問計於光祿勳鄭袤。袤曰：「毌丘儉好謀而不達事情，文欽勇而無筭，今大軍出其不意，江淮之卒，銳而不能固，宜深溝高壘以挫其氣，此亞夫之長策也㈩。」師稱善。

師以荊州刺史王基為行監軍，假節統許昌軍⑪。基言於師曰：「淮南之逆，非吏民思亂也。儉等誑誘迫脅，畏目下之戮，是以尚屯聚耳！若大兵一臨，必土崩瓦解，儉、欽之首，不終朝而致於軍門矣！」師從之，以基為前軍，既而復敕基停駐。基以為「儉等舉軍足以深入，而久不進者，是其詐偽已露，眾心疑沮也。今不張示威形，以副民望，而停軍高壘，有似畏懦，非用兵之勢也。若儉、欽虜略民人以自益，又州郡兵家為賊所得者，更懷離心⑫，儉等所迫脅者，自顧罪重，不敢復還，此為錯兵無用之地⑬，而成姦宄之源，吳寇因之，則淮南非國家之有，譙、沛、汝，豫㊃尤而不安，此計之大失也。軍宜速進據南頓㊄，南頓有大邸閣，計足軍人四十日糧，保堅城，因積穀，先人有奪人之心㊅，此平賊之要也。」基屢請乃聽，進據㶏水㊆。

閏月，甲申（朔），師次于㶏橋，儉將史招、李續相次來降。

王基復言於師曰：「兵聞拙速，未覩為巧之久也㊇。方今外有彊寇，內有叛臣，若不時決，則事之深淺，未可測也㊈。議者多言將軍持重，將軍持重是也，停軍不進非也。持重非不行之謂也，進而不可犯耳！今保壁壘，以積實⑳資虜，而遠運軍糧，甚非計也。」師猶未許。基曰：「將在軍，君令有所不受㉑。彼得亦利，我得亦利，是謂爭地㉒，南頓是也。」遂輒進據南頓。儉等從項亦欲往爭，發十餘里㉓，聞基先到，乃復還保項。

㈡癸未（閏月甲申朔，無癸未，按魏志帝紀，蓋在春正月。正月甲寅朔，癸未三十日），征西將軍郭淮卒㉔，以雍州刺史陳泰代之。

㈢吳丞相峻率驃騎將軍呂據、左將軍會稽留贊襲壽春。

㈣司馬師命諸軍皆深壁高壘，以待東軍㉕之集。諸將請進軍攻項。師曰：「諸軍㉖知其一，未知其二。淮南將士本無反志，儉、欽說誘與之舉事，謂遠近必應，而事起之日，淮北㉗不從；史招、李績，前後瓦解。內乖外叛，自知必敗。困獸思鬪㉘，速戰更合其志，雖云必克，傷人亦多。且儉等欺誑將士，詭變萬端，小與持久，詐情自露，此不戰而克之術也。」乃遣諸葛誕督豫州諸軍，自安風㉙向壽春；征東將軍胡遵督青、徐諸軍，出譙、宋㉚之間，絕其歸路。師屯汝陽㉛。毌丘儉、文欽進不得鬥，退恐壽春見襲，計窮不知所為。淮南將士家皆在北，眾心沮散，降者相屬，惟淮南新附農民為之用。

儉之初起，遣健步㉜齎書至兗州，兗州刺史鄧艾斬之，將兵萬餘人兼道前進，先趨樂嘉城㉝，作浮橋以待師。儉使文欽將兵襲之，師自汝陽潛兵就艾於樂嘉。欽猝見大軍，驚愕未知所為。欽子鴦，年十八，勇力絕人，謂欽曰：「及其未定擊之，可破也。」於是為二隊，夜夾攻軍。鴦帥壯士先至鼓譟，軍中震擾。師驚駭，所病目突出，恐眾知之，嚙被皆破㉞。欽失期不應，會明，鴦見兵盛，乃引還。

師與諸將曰：「賊走矣，可追之。」諸將曰：「欽父子驍猛未有所屈，何苦而走？」師曰：「夫一鼓作氣，再而衰㉟。鴦鼓譟失應，其勢已屈，不走何待？」欽將引而東，鴦曰：「不先折其勢，不得去也。」乃與驍騎十餘摧鋒陷陳㊱，所向皆披靡，遂引去。師使左長史㊲司馬班率驍騎八千翼而追之㊳。鴦以匹馬入數千騎中，輒殺傷百餘人乃出，如此者六七，追騎莫敢逼。

殿中人尹大目㊴，小為曹氏家奴，常在天子左右，師將與俱行。大目知師一目已出，啟云：「文欽本是明公腹心，但為人所誤耳；又天子鄉里㊵，素與大目相信，乞為公追解語之㊶，令還與公復好㊷。」師許之。大目單身乘大馬，被鎧冑追欽，遙相與語。大目心實欲為曹氏，謬言君侯何苦，不可復忍數日中也㊸？欲使欽解其旨，欽殊不悟，乃更厲聲罵大目曰：「汝先帝家人，不念報恩，反與司馬師作逆，不顧上天，天不祐汝。」張弓傅矢㊹，欲射大目。大目涕泣曰：「世事敗矣！善自努力。」是日，毌丘儉聞欽退，恐懼，夜走，眾遂大潰。欽還至項，以孤軍無繼，不能自立，欲還壽春，壽春已潰，遂犇吳。吳孫峻至東興，聞儉等敗，壬寅（十九日），進至橐皋㊺，文欽父子詣軍降。毌丘儉走北至慎縣㊻，左右人兵稍棄儉去，儉藏水邊草中。甲辰（二十一日），安風津㊼民張屬就殺儉，傳首京師，封屬為侯。

諸葛誕至壽春，壽春城中十餘萬口，懼誅，或流迸山澤，或散走入吳。詔以誕為鎮東大將軍，儀同三司，都督揚州諸軍事。夷毌丘儉三族㊽。

儉黨七百餘人繫獄，侍御史杜友治之，惟誅首事者十餘人，餘皆奏免之。

儉孫女適劉氏，當死㊾，以孕繫廷尉。司隸主簿㊿程咸議曰：「女適人者，若已產育，則成他家之母，於防㊀不足以懲姦亂之源，於情則傷孝子之恩，男不遇罪於他族，而女獨嬰戮〔五二〕於二門〔五三〕，非所以哀矜女弱〔五四〕，均澴制之大分也。臣以為在室之女，可從父母之刑，既醮〔五五〕之婦，使從夫家之戮。」朝廷從之，仍著於律令。

㈤舞陽忠武侯司馬師疾篤還許昌，留中郎將參軍事賈充監諸軍事充，逵之子也〔五六〕。

衛將軍昭自洛陽往省師，師令昭總統諸軍。辛亥（二十八日），師卒于許昌。中書侍郎鍾會從師典知密事，中詔〔五七〕敕尚書傅嘏以東南新定，權留衛將軍昭屯許昌，為內外之援，令嘏率諸軍還。會與嘏謀，使嘏表上，輒與昭俱發，還到洛水南屯住。二月，丁巳（初五日），詔以司馬昭為大將軍，錄尚書事，會由是常有自矜之色。嘏戒之曰：「子志大其量，而勳業難為也，可不慎哉！」

㈥吳孫峻聞諸葛誕已據壽春，乃引兵還〔五八〕，以文欽為都護鎮北大將軍、幽州牧〔五九〕。

㈦三月，立皇后卞氏。大赦。后，武宣皇后弟秉之曾孫女也。

㈧秋，七月，吳將軍孫儀、張怡、林恂謀殺孫峻，不克，死者數十人，全公主譖朱公主㊿於峻曰：「與儀同謀。」峻遂殺朱公主。峻使衛尉馮朝城廣陵㊀，功費甚眾，舉朝莫敢言，唯滕胤諫止之，峻不從，功卒不成。

㈨漢姜維復議出軍，征西大將軍張翼廷爭㊁，以為國小民勞，不宜黷武，維不聽，率車騎將軍夏侯霸及翼同進。八月，維將數萬人至枹罕㊂，趨狄道。征西將軍陳泰敕雍州刺史王經進屯狄道。須泰軍到，東西合勢乃進。泰軍陳倉，經所統諸軍於故關㊃與漢人戰，不利，經輒渡洮水。泰以經不堅據狄道，必有他變，率諸軍以繼之，經已與維戰於洮西，大敗，以萬餘人還保狄道城，餘皆犇散，死者萬計。張翼謂維曰：「可以止矣，不宜復進，或毀此大功，為蛇畫足㊄。」維大怒，遂進圍狄道。辛未（二十二日），詔長水校尉鄧艾行安西將軍，與陳泰并力拒維。戊辰（是月庚戌朔，戊辰十九日，疑為戊寅之誤），復以大尉孚為後繼㊅。泰進軍隴西，諸將皆曰：「王經新敗，賊眾大盛，將軍以烏合之眾，繼敗軍之後，當乘勝之鋒，殆必不可。古人有言：『蝮蛇螫手，壯士解腕㊄。』孫子曰：『兵有所不擊，地有所不守。』蓋小有所失，而大有所全故也。不如據險自保，觀釁待敝，然後進救，此計之得者也。」泰曰：「姜維提輕兵深入，正欲與我爭鋒原野，求一戰之利。王經當高壁深壘，挫其銳氣。今乃與戰，使賊得計，經既破走，維若以戰克之威，進兵東向，據櫟陽積穀之實㊅，放兵收降，招納羌胡，東爭關隴，傳檄四郡㊆，此我之所惡也。而乃以乘勝之兵，挫峻城之下，銳氣之卒，屈力致命。攻守勢殊，客主不同，兵書曰：『脩櫓轒轀，三月乃成；拒堙，三月而後已㊇。』誠非輕軍遠入之利也。今維孤軍遠僑㊈，糧穀不繼，是我速進破賊之時。所謂疾雷不及掩耳㊉，自然之勢也。洮水帶其表，維等在其內，今乘高據勢，臨其項領，不戰必走。寇不可縱，圍不可久，君等何言如是？」遂進軍度高城嶺㊊，潛行夜至狄道東南高山上，多舉烽火，鳴鼓角。狄道城中將士見救至，皆憤踊。維不意救兵卒至，緣山急來攻之，泰與交戰，維退。泰引兵揚言欲向其還路，維懼。九月，甲辰（二十五日），維遁走，城中將士乃得出。王經歎曰：「糧不至旬，向非救兵速至，舉城屠裂，覆喪一州矣(七四)。」泰慰勞將士，前後遣還，更差軍守(七五)。幷治城壘，還屯上邽。

泰每以一方有事，輒以虛聲擾動天下，故希簡上事。驛書不過六百里(七六)。大將軍昭曰：「陳征西沈勇能斷，荷方伯之重，救將陷之城，而不求益兵，又希簡上事，必能辦賊者也。都督大將，不當爾邪？」

姜維退駐鍾提(七七)。

(十)初，吳大帝不立太廟，以武烈(七八)嘗為長沙太守，立廟於臨湘，使太守奉祠而已。冬，十月，始作太廟於建業(七九)，尊大帝為太祖。

【考異】吳曆：「太平元年正月，立太祖廟。」沈約宋書：「孫亮立，明年正月，立權廟。」今從吳志。

【今註】㈠儉又遣使邀鎮南將軍諸葛誕：時誕都督豫州。㈡昔關羽虜于禁於漢濱至後孫權襲取其家屬，羽士眾一旦瓦解：事見卷六十八漢獻帝建安二十四年。㈢今淮南將士父母妻子，皆在內州：胡三省曰：「魏制諸將出征及鎮守方面，皆留質任。時淮南將士皆自內州出戍，故家屬皆留內。」㈣禦衞：胡三省曰：「禦儉、領之眾，使不得進，又衞其家屬。」㈤中書侍郎：胡三省曰：「魏初中書既置監、令，又置通事郎。後改曰中書侍郎。」⑥淮楚兵動：胡三省曰：「壽春，故楚都，時為淮南重鎮，以南備吳，勁兵聚焉！」⑦蹶然起：釋文曰：蹶本又作蹷，行急遽貌。蹶然起，急遽而起之貌。⑧戊午，師率中外諸軍以討儉、欽：〈魏志・高貴鄉公紀〉云：「乙丑，鎮東將軍毋丘儉、揚州刺史文欽反。戊戌，大將軍司馬景王征之。癸未，東騎將軍郭淮薨。」陳景雲曰：「乙丑、癸未之中，不容有戊戌，當是戊辰之誤。」中外諸軍，謂京畿及諸州郡軍。⑨三方：謂東，西、北三方諸州郡。⑩此亞夫之長策也：漢周亞夫堅壁以破吳楚，見卷十六漢景帝前三年。⑪許昌軍：胡三省曰：「魏受漢禪，以許昌為別宮，屯重兵，以為東南一方根本。」⑫又州郡兵家為賊所得者，更懷貳心：胡三省曰：「言州郡兵其家有為賊所得者，必懷反顧而有離散之心也。」⑬此為錯兵無用之地：胡三省曰：「錯，置也，停軍不進，是置之於無用之地。」⑭譙、沛、汝、豫：胡三省曰：「豫即潁川也。豫州時治潁川，故曰譙、沛、汝、豫，四郡皆屬豫州。」⑮南頓：南頓縣，漢屬汝南郡，本頓國。應劭曰：「頓迫於陳，其後南徙，故號南頓。」故城在今河南省項城縣北。⑯先人有奪人之心：《左傳》昭公二十一年廚人濮曰：「有之，先人有奪人之心，後人有待其衰。」言先張軍威以奪敵戰心。⑰濦水：酈道元曰：「軍志汝水東南過定陵縣北，又東南逕奇領城西北，濆水出焉，世亦謂之大濦水，濦水又東南流至樂嘉縣，注于潁水。」按濦水一名溵水，又名大溵河，又稱沙河，源出河南省許昌縣，北汝河自西北來會，東南流入安徽省，至阜陽縣境，注入潁水。⑱兵聞拙速，未覩為巧之久也：此孫子之言。張預曰：「謂但能取勝，寧拙速而無巧久。」⑲外有彊寇，內有叛臣，若不時決，則事之深淺，未可側也：彊寇謂吳、蜀，叛臣謂儉、欽。此言強敵伺隙於外，若儉，欽之叛，不以時定，則吳、蜀乘閒而入，為禍之深淺，實難預測。⑳積實：倉儲軍實。㉑將在軍，君命有所不受：將專閫外之寄，故君命有所不受。孫子、司馬穰宜皆有是言。㉒我得亦利，彼得亦利，是謂爭地：此亦孫子之言，孫子有所謂九地，爭地其一。㉓發十餘里：自項發兵而行十餘里。㉔癸未，征西將軍郭淮卒：《魏志・高貴鄉公紀》，淮以正元二年正月癸未卒。㉕東軍：胡三省曰：「青、徐、兗之軍也。」㉖諸軍：胡三省曰：「諸軍當作諸君。」㉗淮北：胡三省曰：「淮北謂豫、兗也。」㉘困獸思鬪：《左傳》宣公十二年吳王夫槩曰：「困獸尤鬪，況國相乎？」㉙安風：安風縣，前漢屬六安國，後漢併屬廬江郡，魏置安豐郡，以安風等五縣屬焉。故城在今安徽省霍丘縣西南。㉚宋：胡三省曰：「宋謂梁國之地，梁國都睢陽，故宋都也。」㉛汝陽：屬汝南郡，位於古濆水之北岸，濆水，即今之沙河。故城在今河南省商水縣西北。㉜健步：善疾走者。㉝樂嘉城：酈道元曰：「濦水於樂嘉縣入潁，即博陽縣故城，城在南頓縣北四十里，漢宣帝封邴吉為侯國，王莽更名樂嘉。」是樂嘉本漢之博陽，屬汝南郡，故城在今河南省商水縣東北。㉞齧被皆破：胡三省曰：「齧被以忍痛。」㉟夫一鼓作氣，再而衰：《左傳》莊公十年曹劌語魯莊公曰：「夫戰，勇氣也，一鼓作氣，再而衰，三而竭。」㊱陳，讀曰陣。㊲左長史：胡三省曰：「魏公府及諸大將軍位從公者各置長史一人，惟大將軍府及司徒府加置左右長史各一人。」㊳翼而追之：張左右翼而追之。㊴殿中人尹大目：胡三省曰：「大目時為殿中校尉。」見卷七十五嘉平元年。㊵又天子鄉里：文欽譙人，故曰天子鄉里。㊶為公追解語之：胡三省曰：「謂追欽而為師自解釋言之也。」余謂解語喻之使釋怨也。㊷復好：復相友善。㊸君侯何苦，不可復忍數日中也：胡三省曰：「蓋謂文欽何不堅忍數日，與師相持，師病已篤，必當有變也。」按大目蓋謂師疾困篤，謝世但數日中事耳！何苦者，謂何苦求速戰以取敗亡。㊹傅矢：傅與附同，著矢於弓也。㊺橐皋：春秋吳之橐皋邑，哀公嘗會吳子於此，故又稱會吳城。漢置橐皋縣，屬九江郡，東漢廢，故城在今安徽省巢縣西北。㊻慎縣：漢屬汝南郡，魏分屬汝陰郡，故城在今安徽省潁上縣西北。㊼安風津：酈道元曰：「淮水東過安豐縣東北，窮水入焉，水出六安國安風縣窮穀，此謂之安風水，亦曰窮水，又東，為安風津，水南有城，故安風都尉治，後立霍丘戍，安風津都尉部民張屬斬儉，即斯津也。」杜佑曰：「安風津在壽州霍丘城北。」今安徽霍丘縣即古霍丘戍。㊽夷毌丘儉三族：習鑿齒曰：「毌丘儉感明帝之顧命，故為此役，君子謂毌丘儉事雖不成，可謂忠臣矣！夫竭節而赴義者我也，成之與敗者時也，我苟無時，成何可必乎！忘我而不自必，乃所以為忠也。」㊾儉孫女適劉氏，當死：儉孫女名芝，儉子甸之女，為潁川太守劉子元妻。芝母荀氏，荀氏族兄顗、父虞，並景王姻通，並表魏帝以匄其命，詔聽離婚。荀氏詣何曾乞沒為官婢以贖芝之命，曾為司馬氏所貫幸，騰辭上議，朝廷遂改法事，免芝刑戮，見《晉書・何曾傳》及〈刑法志〉。㊿司隸主薄：胡三省曰：「魏晉之制，列卿各置丞、功曹、主薄。」(五一)於防：胡三省曰：「防謂禁防也。」(五二)嬰戮：受誅戮之刑。(五三)二門：謂父母之家及夫家。(五四)女弱：胡三省曰：「女，陰類，稟氣柔弱，在室從父母，既嫁從夫，故曰女弱。」(五五)醮：毛晃曰：「醮，冠娶祭名。酌而無酬酢曰醮。」《晉志》曰：「古者昏冠皆有醮。」故女適人則曰既醮之婦。(七六)充，逵之子也：賈逵事武帝、文帝為魏功臣。(七七)中詔：胡三省曰：「詔自中出，上意也。是時詔命皆以司馬氏之意行，此詔出於禁中之意，故曰中詔。」(七八)吳孫峻聞諸葛誕已據壽春，乃引兵還：《吳志・孫亮傳》，峻引還在是年閏正月。(七九)以文欽為都護、鎮北大將軍、幽州牧：《魏志・毌丘儉傳》云：「吳以欽為都護，假節，鎮北大將軍，幽州牧，譙侯。」《魏書》曰：「欽雖在他國，不能屈節下人，自呂據、朱異等大將皆憎疾之，惟峻常左右之。」(八〇)朱公主：即吳主權之女魯育，適朱據。(八一)廣陵：胡三省曰：「魏之廣陵郡，治淮陰，漢之廣陵故城，廢棄不治。」淮陰故治在今江蘇省淮陰縣東南，廣陵舊治廣陵縣，故城在今江蘇省江都縣東北。(八二)爭：讀曰諍。(八三)八月，維將數萬人至枹罕：《蜀志・後主紀》在是年夏，此據《魏志・高貴鄉公紀》。枹音鈇。枹罕縣，前漢屬金城郡，後漢屬隴西郡，魏廢。應劭曰：「故罕羌侯邑也。」故城在今甘肅省臨夏縣。(八四)故關：胡三省曰：「故關謂漢時故邊關也，在洮水西。」(八五)為蛇畫足：《國策・齊策》曰：「昭陽為楚伐魏，覆軍殺將，移師攻齊，陳軫為齊王使，見昭陽曰：『楚有祠者，賜其舍人酒一巵，舍人相謂曰：數人飲之不足，一人飲之有餘，請各畫地為蛇，先成者飲酒。一人先成，引酒飲之，乃左手持巵，右手畫蛇曰：吾能為之足。為足未成，一人之蛇後成，奪其巵曰：蛇固無足，子安能為之足？遂飲酒。今君攻魏，既勝，復移師攻齊，是為蛇足者也。』昭陽悟，乃還軍。」言既成而復毀之也。(八六)辛未，詔以長水校尉鄧艾行安西將軍，與陳泰並力拒維：戊辰，復以太尉孚為後繼：陳景雲曰：「戊辰不當繫辛未後：殆傳錄者倒其文耳！《晉志》曰：「四安起於魏初，在四鎮之下。」四安者，安東、安西、安南、安北。

(六七)蝮蛇螫手，壯士解腕：《史記·田儋傳》：「蝮螫手則斬手，螫足則斬足，何者？為害於身也。」應劭曰：「蝮一名虺。螫人手足則割去其肉，不然則致死。」按虺、蝮實為二物，虺一名蚖，體長二尺許，土色無文；蝮長亦二尺許，體灰黑，有黑褐色斑紋，俱有劇毒。(六八)進兵東向，據櫟陽積穀之實：胡三省曰：「櫟陽縣，前漢屬左馮翊，後漢、魏省。余謂櫟陽在長安東北，維兵方至狄道，安得便可東據櫟陽？泰蓋言略陽耳，櫟音藥，藥、略聲相近，因語訛而致傳寫字訛耳！」漢略陽故城在今甘肅省秦安縣東北。(六九)四郡：胡三省曰：「四郡謂隴西、南安、天水、略陽。略陽時為廣魏郡，及晉乃更名略陽。」(七〇)脩櫓轒轀，三月乃成；拒堙，三月而後已：此孫子謀攻之言。魏武注曰：「脩，治也；櫓，大楯也。轒轀者，轒牀也。轒牀其下四輪，從中推之至城下也。」杜佑曰：「攻城戰具，作四輪車，車上以繩為脊，生牛皮蒙之，下可藏十人，填隍，推之直抵城下，可以攻掘，金火木石所不能敗，謂之轒轀車。」又魏武注：「距堙者，踊土稍高而前以附其城也。」杜佑曰：「土山即孫子所謂距闉也。」按孫子之說，蓋謂攻守異勢，非不得已不謀攻城之策。(七一)僑：客寄異土曰僑。(七二)疾雷不及掩耳：胡三省曰：「文子之言，淮南子亦有是言。」按《六韜·軍勢》亦曰：「巧者一決而不猶豫，是以疾雷不及掩耳。」喻軍勢發動急驟，令敵猝不及防。(七三)高城嶺：酈道元曰：「隴西首陽縣有高城嶺，嶺上有城，號渭源城，渭水出焉。」首陽縣，漢屬隴西郡，故城在今甘肅省隴西縣西南。(七四)覆喪一州矣：胡三省曰：「隴西、略陽、天水、南安，秦州也。」(七五)泰慰勞將士，前後遣還，更差軍守：胡三省曰：「差，擇也，遣還王經所統將士，更擇軍以守狄道。」㊅驛書不過六百里：胡三省曰：「狄道東至洛二千二百餘里，而驛書不過六百里，蓋傳入近里郡縣，使如常郵筒以達洛陽也。」㊆鍾提：胡三省曰：「鍾提當在羌中，蜀之涼州界也。」《魏志・鄧艾傳》作鍾提，《蜀志・後主傳》作鍾題。㊇武烈：吳主權謚其父堅曰武烈皇帝。㊈冬十月，始作太廟於建業：按《吳志・孫亮傳》，是年十二月作太廟。考異曰：「從吳志。」《吳志》作廟在十二月，非十月也。

卷七十七　魏紀九

起柔兆困敦盡重光大荒落，凡六年。（丙子至辛巳，西元二五六年至二六一年）

司馬光編集
林瑞翰註

高貴鄉公下

甘露元年㈠（蜀延熙十九年，吳太平元年，西元二五六年）

㈠春，正月，漢姜維進位大將軍。

㈡二月，丙辰（初九日），帝宴羣臣於太極東堂，與諸儒論夏少康、漢高祖優劣㈡，以少康為優㈢。

㈢夏，四月，賜大將軍昭袞冕之服，赤舄副焉㈣。

㈣丙辰（初十日），帝幸太學，與諸儒論書、易及禮，諸儒莫能及㈤。

帝嘗與中護軍司馬望、侍中王沈、散騎常侍裴秀、黃門侍郎鍾會等講宴於東堂，并屬文論，特加禮異，謂秀為儒林丈人，沈為文籍先生。帝性急，請召欲速，以望職在外，特給追鋒車虎賁五人⑥，每有集會，輒犇馳而至。秀，潛之子也⑦。

㈤六月，丙午朔改元⑧。

㈥姜維在鍾提，議者多以為維力已竭，未能更出。安西將軍鄧艾曰：「洮西之敗⑨，非小失也。士卒凋殘，倉廩空虛，百姓流離，今以策言之，彼有乘勝之勢，我有虛弱之實，一也；彼上下相習，五兵⑩犀利⑪，我將易兵新⑫，器仗未復，二也；彼以船行，吾以陸軍⑬，勞逸不同，三也；狄道、隴西、南安⑭、祁山各當有守，彼專為一，我分為四，四也；從南安、隴西因食羌穀，若趣祁山，熟麥千頃，為之外倉，五也；賊有黠計⑮其來必矣。」秋，七月，姜維復率眾出祁山，聞鄧艾已有備，乃回從董亭⑯趣南安。艾據武城山⑰以拒之，維與艾爭險，不克。其夜，渡渭東行，緣山趣上邽。艾與戰於段谷⑱，大破之。以艾為鎮西將軍，都督隴右諸軍事。維與其鎮西大將軍胡濟期會上邽，濟失期不至，故敗，士卒星散⑲，死者甚眾，蜀人由是怨維。維上書謝，求自貶黜，乃以衛將軍行大將軍事⑳。

㈦八月，庚午（二十六日），詔司馬昭加號大都督，奏事不名，假黃鉞。癸酉（二十九日），以太尉司馬孚為太傅。

㈧九月，以司徒高柔為太尉。

㈨文欽說吳人以伐魏之利。孫峻使欽與驃騎將軍呂據及車騎將軍劉纂、鎮南將軍朱異、前將軍唐咨自江都入淮泗㊁以圖青、徐。峻餞之於石頭，遇暴疾，以後事付從父弟偏將軍綝。丁亥（十四日），峻卒。吳人以綝為侍中、武衛將軍、都督中外諸軍事，召呂據等還。

㈩己丑（十六日），吳大司馬呂岱卒，年九十六。始，岱親近吳郡徐原，慷慨有才志，岱知其可成，賜巾㡓㊂，與共言論，後遂薦拔，官至侍御史。原性忠壯，好直言，岱時有得失，原輒諫爭，又公論之㊃。人或以告岱，岱歎曰：「是我所以貴德淵者㊄者也。」及原死，岱哭之甚哀，曰：「徐德淵，呂岱之益友㊅。今不幸㊆，岱復於何聞過？」談者美之。

㈪呂據聞孫綝代孫峻輔政，大怒，與諸督將連名共表薦滕胤為丞相。綝更以胤為大司馬，代呂岱駐武昌。據引兵還，使人報胤，欲共廢綝。冬，十月，綝遣從兄憲將兵逆據於江都，使中使敕文欽、劉纂、唐咨等共擊取據，又遣侍中左將軍華融、中書丞㉗丁晏，告喻胤宜速去㉘意。胤自以禍及，因留融、晏，勒兵自衛，召典軍楊崇㉙、將軍孫咨，告以綝為亂，迫融等使有書難綝㉚，綝不聽，表言胤反，許將軍劉丞以封爵，使率兵騎攻圍胤。胤又劫融等，使詐為詔發兵，融等不從，皆殺之。或勸胤引兵至蒼龍門㉛，將士見公出，必委綝就公㉜，時夜已半，胤恃與據期，又難舉兵向宮，乃約令㉝部曲，說呂侯兵已在近道，故皆為胤盡死，無離散者。胤顏色不變，談笑如常。時大風，比曉，據不至，綝兵大會，遂殺胤及將士數十人，夷胤三族㉞。

己酉（初六日），大赦，改元太平㉟。

或勸呂據犇魏者，據曰㊱：「吾恥為叛臣。」遂自殺。

(十)以司空鄭冲為司徒，左僕射㊲盧毓為司空。毓固讓驃騎將軍王昶、光祿大夫王觀、司隸校尉琅邪王祥，詔不許。

祥性至孝，繼母朱氏遇之無道，祥愈恭謹。朱氏子覽，年數歲，每見祥被楚撻㊳，輒涕泣抱持母。母以非理使祥，覽輒與祥俱往。及長娶妻。母虐使祥妻，覽妻亦趨而共之㊴，母患之，為之少止。祥漸有時譽，母深疾之，密使酖祥，覽知之，徑起取酒，祥爭而不與，母遽奪反㊵之。自後母賜祥饌，覽輒先嘗，母懼覽致斃，遂止。漢末遭亂，祥隱居三十餘年，不應州郡之命，母終毀瘁㊶，杖而後起。徐州刺史呂虔檄為別駕，委以州事，州界清靜，政化大行。時人歌之曰：「海沂㊷之康，實賴王祥。邦國不空，別駕之功。」

(十一)十一月，吳孫綝遷大將軍。綝負貴倨傲，多行無禮。峻從弟憲嘗與㊸誅諸葛恪，峻厚遇之，官至右將軍無難督，平九官㊹事。綝遇憲薄於峻時，憲怒，與將軍王惇謀殺綝，事泄，綝殺惇，憲服藥死。

【今註】㊀甘露元年：是年六月改元。㊁與諸儒論夏少康、漢高祖優劣：《魏氏春秋》曰：「帝與侍中荀顗、尚書崔贊、袁亮、鍾毓、給事中中書令虞松等並講述禮典，遂言帝王優劣之差，因問顗等曰：『有夏既衰，后相殄滅，少康收集夏眾，復禹之績；高祖拔起隴畝，驅帥豪雋，芟夷秦項，包舉宇內，斯二主可謂殊才異略，命世大賢者也，考其功德，誰宜為先？』」㊂以少康為優：《魏氏春秋》帝謂荀顗等曰：「自古帝王功德言行，互有高下，未必創業者皆優，紹繼者咸劣也。湯、武、高祖雖俱受命，賢聖之分，所覺縣殊；少康、殷宗中興之美，夏啟、周成守文之盛，論德較實，方諸漢祖，吾見其優，未聞其劣，顧所遇之時殊，故所名之功異耳！少康生於滅亡之餘，降為諸侯之隸，崎嶇逃難，僅以身免，能布其德而兆其謀，卒滅過、戈，克復禹續，祀夏配天，不失舊物，非至德弘仁，豈濟斯勳？高祖因土崩之勢，仗一時之權，專任智力，以成功業，行事動靜，多違聖檢，為人子則數危其親，為人君則回繫賢相，為人父則不能衞其子，身沒之後，社稷幾傾，若與少康易時而處，或未能復大禹之續也。推此言之，宜高夏康而下漢祖矣！」㊃賜大將軍昭袞冕之服，赤舄副焉：胡三省曰：「九錫之漸也。」按袞冕、赤舄，俱人君之服飾。㊄帝幸太學，與諸儒論書，易及禮，諸儒莫能及：時帝與博士淳于俊論易，庾峻論書，馬照論禮，見《魏志．高貴鄉公紀》。㊅以望職在外，特給追鋒車虎賁五人：胡三省曰：「望為中護軍，其職在外。」外謂外朝。傳玄曰：追鋒車，施通幰，遽則乘之，今虎賁五人舁之也。」《晉書．輿服志》曰：「追鋒車，去小平蓋，加通幰如軺車，駕二馬。追鋒之名，取其速也。」幰，車幔也。㊆秀，潛之子也：裴潛事魏武帝，守代有聲，歷州郡入為大司農，封清陽亭侯。㊇六月丙午，改元：《魏志．高貴鄉公紀》，是年五月，鄴及上谷並言甘露降，因改元甘露。㊈洮西之敗：姜維敗陳泰於洮西，見上卷正元二年。㊉五兵：《管子》曰：「蚩尤受盧山之金而作五兵。」孔穎達曰：「步卒之五兵，謂弓矢一，殳二，矛三，戈四，戟五也。」㈡犀利：如淳曰：「今俗刀兵利為犀。」晉灼曰：「犀，堅也。」顏師古曰：「晉說是。」胡三省曰：「古以犀兕為甲，故謂堅為犀。」按犀角銳利，或以利為犀，如說亦可通。㈢我將易兵新：胡三省曰：「將易，艾自謂初代王經也。兵新，謂遣還洮西敗卒，更差軍守也。」㈢彼以船行，吾以陸軍：時姜維駐軍鍾提，鍾提在羌中，自羌中溯古羌水西北行可入隴右，魏軍度隴而西皆陸行。㈣南安：郡名，漢靈帝中平五年置，治獂道縣，故城在今隴西縣東北，位渭水北岸。㈤黠計：詭計。㈥董亭：酈道元曰：「涇谷水出涇谷峽，西北流，白城水注之，東北歷董亭下，復東北流注於渭。」董亭在今甘肅省天水縣東南。㈦武城山：酈道元曰：「渭水東南逕獂道縣故城西，又逕城南，又東逕武城縣西，武城川水入焉。」胡三省曰：「蓋以山名縣也。」武城縣，後魏置，其地有武城山，故城在今甘肅省武山縣南。㈧段谷：酈道元曰：「渭水東歷上邽縣北邽山之陰，南得藉水口，水出西山，東流合段溪水，又東入於渭。」杜佑曰：「秦州上邽縣有段谷。」按段谷在今甘肅省天水縣東南。㈨士卒星散：言士卒潰散如星，不成隊伍。㈩維上書謝，求自貶黜，乃以衞將軍行大將軍事：《蜀志・姜維傳》云：「維謝過引負，求自貶削為後將軍，行大將軍事。」《通鑑》作衞將軍，似非。㈢自江都入淮泗：胡三省曰：「江都縣屬廣陵郡，此自邗溝入淮，自淮入泗也。」江都故治在今江蘇省江都縣北。邗溝，水名，春秋吳時於邗江穿溝以通江淮之水，因稱邗溝，即水經之中瀆水，酈道元謂之韓江。㈢巾褠：巾謂巾幘，褠謂單衣。胡三省曰：「漢魏以來，士庶以為禮服。」又曰：「江南人士交際以為盛服，蓋次朝服。」㈢又公論之：復於眾中公然論其得失。㈣德淵：徐原字。㉕益友：《論語．季氏》孔子之言曰：「益者三友，損者三友：友直，友諒，友多聞，益矣；友便辟，友善柔，友便佞，損矣！」㉖不幸：謂夭折。㉗中書丞：胡三省曰：「魏晉之制，中書無丞，此吳所置。」㉘宜速去：宜速離建業往武昌。㉙典軍楊崇：胡三省曰：「楊崇蓋胤帳下典軍。」㉚迫融等使有書難綝：胡三省曰：「有者，對無之稱，於此則文義不為通，通鑑既因三國志舊文，今亦不欲輕改。」按有書者，其意蓋謂令作書，於書中有所規戒也。㉛蒼龍門：胡三省曰：「吳建業宮之東門也。」㉜委綝就公：委，棄也。言棄綝以就胤。㉝約令：約束而號令之。㉞遂殺胤及將士數十人，夷胤三族：吳書曰：「胤寵任彌高，接士愈勤，表奏書疏，皆自經意，不以委下。」裴松之曰：「孫綝雖凶虐，與滕胤宿無嫌隙，胤若且順綝意，出鎮武昌，豈徒免當時之禍，仍將永保元吉，而犯機觸害，自取夷滅，悲夫！」㉟改元太平：以誅胤改元。㊱據曰，吾恥為叛臣。遂自殺：胡三省曰：「據父範佐孫策以造吳，故恥為叛臣，自殺以明節。」㊲左僕射：註詳卷七十三景初元年註⑤。㊳楚撻：胡三省曰：「楚，荊也；撻，擊也。」言以櫝楚撻擊其體膚。㊴共之：言與祥妻共受驅使。㊵奪反：猶言奪回。《漢書．齊悼惠王傳》：「奪反孝惠卮。」㊶毀瘁：哀毀憂悴。《詩．小雅．無正》：「僭僭自瘁。」毛萇曰：「瘁，病也。」陳奐曰：「毛傳訓瘁為病。爾雅：『顇，病也。』釋文：『或作悴。』說文：『悴，憂也；顇，顦顇也。』疒部無瘁字。」㊷海沂：胡三省曰：「徐州之地，東際海，西北距泗、沂，故曰海沂。」㊸與：讀曰預。㊹九官：胡三省曰：「九官即九卿也。魏明帝太和二年，吳主還建業，留尚書、九官於武昌。」

二年（蜀建興二十年，吳太平二年，西元二五七年）

㈠春，三月，大梁成侯盧毓㊀卒。

㈡夏，四月，吳主臨正殿，大赦，始親政事。孫綝表奏，多見難問。又科兵㊁子弟十八已下，十五以上三千餘人，選大將子弟年少有勇力者便將之，日於苑中教習，曰：「吾立此軍，欲與之俱長。」又數出中書，視大帝時舊事，問左右侍臣曰：「先帝數有特制㊂，今大將軍問事㊃，但令我書可㊄邪？」嘗食生梅，使黃門至中藏㊅取蜜㊆，蜜中有鼠矢㊇，召問藏吏，藏吏叩頭。吳主曰：「黃門從爾求蜜邪？」吏曰：「向求㊈，實不敢與。」黃門不服。吳主令破鼠矢，矢中燥，因大笑，謂左右曰：「若矢先在蜜中，中外當俱濕，今外濕裏燥，此必黃門所為也㊉。」詰之果服，左右莫不驚悚。

㈢征東大將軍諸葛誕素與夏侯玄、鄧颺等友善。玄等死㊁，王淩、毌丘儉相繼誅滅㊂，誕內不自安，乃傾帑藏振施，曲赦有罪㊂，以收眾心；留養揚州輕俠(一四)數千人以為死士。因吳人欲向徐堨(一五)，請十萬眾以守壽春，又求臨淮築城。以備吳寇。

司馬昭初秉政，長史賈充請遣參佐慰勞四征(一六)，且觀其志。昭遣充至淮南，充見誕論說時事，因曰：「洛中諸賢皆願禪代，君以為如何？」誕厲聲曰：「卿非賈豫州(一七)子乎？世受魏恩，豈可欲以社稷輸人乎？若洛中有難，吾當死之。」充默然。還言於昭曰：「諸葛誕再在揚州(一八)，得士眾心，今召之，必不來，然反疾而禍小；不召，則反遲而禍大，不如召之。」昭從之。

甲子（二十四日），詔以誕為司空，召赴京師。誕得詔書愈恐，疑揚州刺史樂綝間己，遂殺綝(一九)，斂淮南及淮北郡縣屯田口(二〇)十餘萬官兵，揚州新附勝兵(二一)者四五萬人，聚穀足一年食，為閉門自守之計。遣長史吳綱將少子靚至吳，稱臣請救，并請以牙門子弟(二二)為質。

(四)吳滕胤、呂據之妻，皆夏口督孫壹(二三)之妹也。六月，孫綝使鎮南將軍朱異自虎林將兵襲壹，異至武昌，壹將部曲來犇。乙巳（初六日），詔拜壹車騎將軍、交州牧，封吳侯，開府辟召，儀同三司，袞冕赤舄，事從豐厚㉔。

㈤司馬昭奉帝及太后討諸葛誕㉕。

吳綱至吳，吳人大喜，使將軍全懌、全端、唐咨、王祚將三萬眾，與文欽同救誕。以誕為左都護、假節、大司徒、驃騎將軍，青州牧，封壽春侯。懌，琮之子；端，其從子也。六月，甲子（二十五日），車駕次項。司馬昭督諸軍二十六萬進屯丘頭㉖。以鎮南將軍王基行鎮東將軍，都督揚豫諸軍事，與安東將軍陳騫等圍壽春。基始至，圍城未合，文欽、全懌等從城東北因山乘險㉗，得將其眾突入城。

昭敕基斂壁，基累求進討，會吳朱異率三萬人進屯安豐㉘為文欽外勢，詔基引諸軍轉據北山。基謂諸將曰：「今圍壘轉固，兵馬向集，但當精脩守備，以待越逸，而更移兵守險，使得放縱，雖有智者，不能善其後矣！」遂守便宜，上疏曰：「今與賊家對敵，當不動如山。若遷移依險，人心搖蕩，於勢大損。諸軍並據深溝高壘，眾心皆定，不可傾動，此御兵之要也。」書奏，報聽㉙。於是基等四面合圍，表裏再重，塹壘甚峻。文欽等數出犯圍，逆擊走之。

司馬昭又使奮武將軍監青州諸軍事石苞督兗州刺史州泰、徐州刺史胡質簡銳卒為游軍，以備外寇。泰擊破朱異於陽淵㉚，異走，泰追之，殺傷二千人。

秋，七月，吳大將軍綝大發兵出屯鑊里㉛，復遣朱異帥將軍丁奉、黎斐等五人前解壽春之圍。異留輜重於都陸㉜，進屯黎漿㉝，石苞、州泰又擊破之。太山太守胡烈以奇兵五千襲都陸，盡焚異資糧。異將餘兵，食葛葉，走歸孫綝。綝使異更死戰，異以士卒乏食，不從綝命。綝怒，九月己巳（朔），綝斬異於鑊里。辛未（初三日），引兵還建業。綝既不能拔㉞出諸葛誕，而喪敗士眾，自戮名將，由是吳人莫不怨之。

司馬昭曰：「異不得至壽春，而吳人殺之，非其罪也，欲以謝壽春而堅誕意，使其猶望救耳！今當堅圍備其越逸，而多方以誤之。」乃縱反閒，揚言吳救方至，大軍乏食，分遣羸疾就穀淮北，勢不能久。誕等益寬恣食，俄而城中乏糧，外救不至。將軍蔣班、焦彝，皆誕腹心謀主也，言於誕曰：「朱異等以大眾來而不能進，孫綝殺異而歸江東，外以發兵為名，內實坐須㊂成敗。今宜及眾心尚固，士卒思用，并力決死，攻其一面，雖不能盡克，猶有可全者，空坐守死，無為也㊃。」文欽曰：「公今舉十餘萬之眾，歸命於吳，而欽與全、端等皆同居死地，父兄子弟盡在江表，就孫綝不欲來，主上及其親戚㊄豈肯聽乎？且中國無歲無事，軍民並疲，今守我一年，內變將起，奈何舍此㊅，欲乘危徼倖㊆乎？」班、彝固勸之，欽怒。誕欲殺班、彝，二人懼。十一月，棄誕踰城來降。

全懌兄子輝、儀㊇在建業，與其家內爭訟，攜其母，將部曲數十家來犇。于是懌與兄子靖及全端弟翩、緝皆將兵在壽春城中，司馬昭用黃門侍郎鍾會策，密為輝、儀作書，使輝、儀所親信齎入城告懌等，說吳中怒懌等不能拔壽春㊈，欲盡誅諸將家，故逃來歸命。十二月，懌等帥其眾數千人開門出降，城中震懼，不知所為。詔拜懌平東將軍，封臨湘侯，端等封拜各有差。

㈥漢姜維聞魏分關中兵以赴淮南，欲乘虛向秦川㊷，率數萬人出駱谷㊸，至沈嶺㊹。時長城積穀甚多而守兵少，征西將軍都督雍涼諸軍事司馬望及安西將軍鄧艾進兵據之以拒維。維壁於芒水㊺，數挑戰，望、艾不應。

是時維數出兵，蜀人愁苦，中散大夫㊻譙周作仇國論以諷之，曰：「或問往古能以弱勝彊者，其術如何？曰：『吾聞之，處大無患者常多慢，處小有憂者常思善。多慢則生亂，思善則生治，理之常也。故周文養民，以少取多；句踐卹眾，以弱斃彊㊼，此其術也。』或曰：『曩者項彊漢弱，相與戰爭，項羽與漢約分鴻溝，各歸息民，張良以為民志已定，則難動也，率兵追羽，終斃項氏㊽，豈必由文王之事乎？』曰：『當商、周之際，王侯世尊㊾，君臣久固，民習所專㊿。深根者難拔，據固者難遷。當此之時，雖漢祖安能杖劍鞭馬而取天下乎？及秦罷侯置守(51)之後，民疲秦役，天下土崩，或歲易主，或月易公，鳥驚獸駭，莫知所從，於是豪彊並爭，虎裂狼分，疾搏者獲多，遲後者見吞。今我與彼皆傳國易世矣，既非秦末鼎沸之時，實有六國並據之勢，故可為文王，難為漢祖。夫民之疲勞，則騷擾之兆生；上慢下暴，則瓦解之形起。諺曰：『射幸數跌(五二)，不如審發。』是故智者不為小利移目，不為意似(五三)改步，時可而後動，數合而後舉，故湯武之師不再戰而克(五四)，誠重民勞而度時審也。如遂極武黷征(五五)，土崩勢生，不幸遇難，雖有智者，將不能謀之矣！』」

【今註】㊀大梁成侯盧毓：《魏志‧盧毓傳》，高貴鄉公即位，進封大梁鄉侯，正元三年，遷司空，進爵封容城侯，甘露二年薨，謚曰成侯。正元二年即甘露元年，以其年六月改元也。此當作容城成侯，作大梁成侯者非也。㊁科兵：胡三省曰：「科，程也，程其長短大小也。或曰，科當作料。」易培基曰：「科兵，太平御覽作料兵家。」㊂特制：胡三省曰：「特制，謂特出上意，以手詔宣行也。」㊃問事：胡三省曰：「問事猶言奏事，不言奏者，自卑挹之意。」余按聞猶知也，聞事即知政事耳，不必解作奏事。㊄書可：胡三省曰：「畫可也。」今則曰批准。㊅中藏：即中藏府，漢制少府屬官有中藏府令一人，秩六百石，掌中藏幣帛金銀諸貨物。㊆蜜：吳歷原作蜜績梅。㊇鼠矢：

矢與屎同。《史記・廉頗傳》：「頃之，三遺矢矣！」⑨向求：向者，向昔。謂昔者嘗從已求蜜也。
⑩今外濕裏燥，此必黃門所為也：新投鼠矢於蜜中，蜜未內漬，故外雖濕而裏燥，因斷為黃門所為。
⑪玄等死：夏侯玄死見上卷正元元年，鄧颺死見卷七十五邵陵厲公嘉平元年。⑫王淩、毌丘儉相繼誅滅：淩死見卷七十五嘉平三年，儉死見上卷正元二年。⑬曲赦有罪：枉而不直曰曲，事不宜赦而赦之謂之曲赦。《魏書》曰：「誕賞賜過度，有犯死罪者，虧制以活之。」⑭輕俠：輕脫好俠之徒。
⑮徐堨：胡三省曰：「徐堨即徐塘，在東關之東堨。」按徐塘當作涂塘，參見卷七十五嘉平三年注第五十一。⑯司馬昭初秉政，長史賈充請遣參佐慰勞四征：胡三省曰：「魏置征東將軍屯淮南，征南將軍屯襄沔以備吳，征西將軍屯關隴以備蜀，征北將軍屯幽幷以備鮮卑，皆授以重兵。司馬昭初當國，故充請慰勞以觀其志。」⑰賈豫州：謂賈逵。逵先為豫州刺史而卒。⑱諸葛誕再在揚州：王淩既誅，以誕為鎮東將軍，都督揚州，東關之敗，徙為鎮南將軍，都督豫州，毌丘儉誅，復以為鎮東大將軍，都督揚州，故曰再在揚州。⑲誕得詔書愈恐，疑揚州刺史樂綝閒己，遂殺綝：胡三省曰：「征東將軍與刺史同治壽春。魏四征之任，率以其州刺史為儲帥，故誕綝閒己。」儲帥者，言為四征副貳，四征失職，則以其州刺史代之。⑳屯田口：胡三省曰：「魏郡縣皆置屯田，凡屯田口，悉官兵也。」㉑勝兵：勝，勝任。言其人年齡體力俱足以任兵役者。㉒牙門子弟：胡三省曰：「牙門諸將之子弟也。」㉓孫壹：壹，奐之子，靜之孫。靜，堅之季弟。㉔詔拜壹車騎將軍至袞冕赤舄，事從豐厚：胡三省曰：「崇異孫壹者，以招攜貳也。」㉕司馬昭奉帝及太后討諸葛誕：胡三省曰：「昭

若自行，恐後有挾兩宮為變者，故奉以討誕。」後謂京師，兩宮謂帝及太后。㉖司馬昭督諸軍二十六萬進屯丘頭：甘露三年，昭平諸葛誕，改丘頭曰武丘以旌武功。唐於此置沈丘縣，故治在今河南省沈丘縣南。㉗因山乘險：胡三省曰：「壽春城外無他山，唯城北有八公山耳。」㉘安豐：安豐縣，漢屬廬江郡，魏分屬安豐郡，故城在今河南省固始縣東。㉙書奏，報聽：胡三省曰：「報基聽行其策。時帝在軍，故諸軍節度皆稟詔指，而裁其可否者，實司馬昭也。」㉚陽淵：顧祖禹曰：「陽淵即陽泉，亦即滿寵傳之陽宜口也，在壽州霍邱西八十里。」酈道元曰：「決水出廬江雩婁縣，北過安豐縣東，又北會陽泉水，水西有陽泉縣故城。決水又北，入于淮。」霍邱，即今安徽省霍邱縣。㉛鏤里：胡三省曰：「後吳主責孫綝以留湖中，不上岸一步，則鏤里當在巢縣界。」㉜都陸：顧祖禹曰：「都陸城在豐縣南。漢博鄉縣，屬九江郡，王莽改曰楊陸，後漢省。」酈道元曰：「博鄉縣，王莽改曰揚陸，泄水出焉！北過芍陂，又西北入于淮。」博鄉縣，漢為侯國，故城在今安徽省霍丘縣南。㉝黎漿：《晉書・地道記》云：「都陸在黎漿南。」酈道元曰：「芍陂瀆水東注黎漿水，水東逕黎漿亭南，又東注肥水，謂之黎漿水口。」㉞拔出：謂救出。救出之於重圍之中，如拔樹木，故謂之拔出。㉟坐須：坐待。㊱空坐守死無為也：胡三省曰：「言不若決死而求生，無為坐守而待斃。」按無為，猶曰非計。班等蓋謂空坐守死，非計之善者。㊲主上及其親戚：謂吳主及全端等吳將之親戚。㊳舍此：謂捨堅守之策。舍讀曰捨。㊴乘危徼倖：謂決死犯圍。㊵金懌兄子輝、儀：輝、儀俱懌兄緒之子。輝，《魏志・諸葛誕傳》、《吳志・孫亮傳》、〈全綜傳〉俱作禕，《魏志・

鍾會傳》作輝。㊶不能拔壽春：言不能拔出壽春之眾於重圍之中。㊷秦川：胡三省曰：「秦地四塞以為固，渭水貫其中。渭川左右，沃壤千里，世謂之秦川。酈道元曰：「清水源出隴山，西南流，合東亭川，又逕清水城南，又西與秦水合。秦水出大隴山秦谷，西南歷隴川，逕六槃口，過清水城西，南注清水。清水上下，咸謂之秦川。川有故秦亭，秦仲所封也，秦之為號始此。」」㊸駱谷：註見卷七十四正始五年註㊁。㊹沈嶺：註見卷七十四正始五年註㊂。㊺芒水：明監本《蜀志・姜維傳》誤作亡水，《揚戲傳》誤同。殿本據《魏志・鄧艾傳》改亡作芒。酈道元曰：「芒水出南山芒谷，北逕盩厔縣竹圃中，分為二水，一水東北為枝流，一水北流，注於渭。」梁章鉅曰：「按盩厔縣志，黑水谷在縣東南，即芒谷也，水黑色，故亦名黑水谷。」㊻中散大夫：《續漢志》曰：「中散大夫，秩六百名。」漢官曰：「秩比千石。」胡廣曰：「光祿大夫本為中大夫，武帝元狩五年置諫大夫，為光祿大夫，世祖中興，以為諫議大夫，又有太中、中散大夫，此四等皆為天子之下大夫，視列國之上卿。」㊼周文養民，以少取多；句踐卹眾，以弱斃強：周文王治岐，尊老養民，諸侯附之，至武王遂代商而有天下，是以少取多也；句踐敗於會稽，既歸而弔死問疾，生聚教訓，卒以弱越而斃強吳。㊽項羽與漢約分鴻溝至終斃項氏：事見卷十漢高帝四年。㊾世尊：世居尊位。㊿民習所專：胡三省曰：「民習見君臣之分明，故專於戴上。」(51)罷侯置守：胡三省曰：「謂罷列國諸侯，分置三十六郡，郡置守也。」(52)射幸數跌，不如審發：胡三省曰：「跌，差也；射數差跌而不中，不如審而後發也。」(53)意似：猶曰疑似。《漢書・梁孝王傳》：「於是天子意梁。」意梁即疑梁。顏師古曰：

「疑，似也。」疑莫能明，每因相類，故疑又訓似。㉞故湯武之師不再戰而克：胡三省曰：「湯伐桀，鳴條一戰而革夏命；武王伐紂，一戎衣而天下大定。」㉟極武黷征：極武猶黷武。胡三省曰：「征伐不欲數，數則黷。」濫而無度曰黷。

三年（蜀景耀元年，吳永安元年，西元二五八年）

㈠春，正月，文欽謂諸葛誕曰：「蔣班、焦彝謂我不能出而走，全端、全懌又率眾逆降㊀，此敵無備之時也，可以戰矣！」誕及唐咨等皆以為然，遂大為攻具，晝夜五六日，攻南圍，欲決圍而出。圍上諸軍臨高發石車㊁、火箭，逆燒破其攻具，矢石雨下，死傷蔽地，血流盈塹，復還城。城食轉竭，出降者數萬口。欽欲盡出北方人省食，與吳人堅守，誕不聽，由是爭恨。欽素與誕有隙，徒以計合，事急愈相疑。欽見誕計事，誕遂殺欽。欽子鴦、虎將兵在小城中㊂，聞欽死，勒兵赴之，眾不為用，遂單走踰城出，自歸於司馬昭。軍吏請誅之，昭曰：「欽之罪不容誅，其子固應就戮，然鴦、虎以窮歸命，且城未拔，殺之，是堅其心也。」乃赦鴦、虎，使將數百騎巡城，呼曰：「文欽之子猶不見殺，其餘何懼？」又表鴦、虎皆為將軍，賜爵關內侯，城內皆喜，且日益饑困。司馬昭身自臨圍，見城上持弓者不發㊃，曰：「可攻矣！」乃四面進軍。同時鼓譟登城。二月，乙酉（二十日），克之。誕窘急，單馬將其麾下突小城欲出，司馬胡奮部兵擊斬之，夷其三族。誕麾下數百人皆拱手為列，不降，每斬一人，輒降之㊄，卒不變，以至於盡。吳將于詮曰：「大丈夫受命其主，以兵救人，既不能克，又束手於敵，吾弗取也。」乃免冑冒陳㊅而死。唐咨㊆、王祚等皆降。吳兵萬眾，器仗山積。

司馬昭初圍壽春，王基、石苞等皆欲急攻之。昭以為壽春城固而眾多，攻之必力屈，若有外寇，表裏受敵，此危道也。今三叛㊇相聚於孤城之中，天其或者使同就戮，吾當以全策縻之。但堅守三面，若吳賊陸道而來，軍糧必少，吾以游兵輕騎絕其轉輸，可不戰而破也。吳賊破，欽等必成禽矣。乃命諸軍案甲而守之，卒不煩攻而破㊈。議者又以為淮南仍⑩為叛逆，吳兵室家在江南，不可縱，宜悉坑之。昭曰：「古之用兵，全國為上，戮其元惡而已㊁。吳兵就得亡還，適可以示中國之大度耳！」一無所殺，分布三河近郡㊂以安處之。拜唐咨安遠將軍，其餘裨將，咸假位號，眾皆悅服。其淮南將士，吏民為誕所脅略者，皆赦之。聽文鴦兄弟收斂父喪，給其車牛，致葬舊墓㊂。

昭遺王基書曰：「初議者云云，求移者甚眾，時未臨履，亦謂宜然㊃。將軍深筭利害，獨秉固志，上違詔命，下拒眾議，終至制敵禽賊，雖古人所述，不是過也！」

昭欲遣諸軍輕兵深入，招迎唐咨等子弟，因釁有滅吳之勢。王基諫曰：「昔諸葛恪乘東關之勝，竭江表之兵，以圍新城，城既不拔，而眾死者大半㊄，姜維因洮西之利，輕兵深入，糧餉不繼，軍覆上邽㊅。夫大捷之後，上下輕敵。輕敵則慮難不深㊆。今賊新敗於外，又內患未弭㊇，是其脩備設慮之時也。且兵出踰年，人有歸志。今俘馘十萬，罪人斯得㊈，自歷代征伐，未有全兵獨克，如今之盛者也！武皇帝克袁紹於官渡，自以所獲已多，不復追奔，懼挫威也⑳。」昭乃止。以基為征東將軍，都督揚州諸軍事，進封東武侯。

習鑿齒曰：「君子謂司馬大將軍於是役也，可謂能以德攻矣㉑。夫建業者異道，各有所尚，而不能兼并也。故窮武之雄，斃於不仁㉒；存義之國，喪於懦退㉓。今一征而禽三叛，大虜吳眾，席卷淮浦，俘馘㉔十萬，可謂壯矣！而未及安坐，賞王基之功；種惠吳人㉕，結異類㉖之情；寵鴦葬欽，忘疇昔之隙；不咎誕眾㉗，使揚土懷愧㉘。功高而人樂其成，業廣而敵懷其德，武昭㉙既敷，文筭又洽，推是道也，天下其孰能當之哉！」

㈡司馬昭之克壽春，鍾會謀畫居多，昭親待日隆，委以腹心之任，時人比之子房㉚。

㈢漢姜維聞諸葛誕死，復還成都，復拜大將軍㉛。

㈣夏，五月，詔以司馬昭為相國㉜，封晉公，食邑八郡㉝，加九錫。昭前後九讓，乃止。

㈤秋，七月，吳主封故齊王奮為章安侯㉞。

㈥八月，以驃騎將軍王昶為司空。

㈦詔以關內侯王祥為三老，鄭小同為五更㉟。帝率羣臣詣太學，行養老乞言之禮㊱。小同，玄之孫㊲也。

㈧吳孫綝以吳主親覽政事，多所難問，甚懼。返自鑊里，遂稱疾不朝，使弟威遠將軍據入倉龍門㊳宿衞，武衞將軍恩、偏將軍幹、長水校尉闓，分屯諸營，欲以自固。吳主惡之，乃推朱公主死意㊴。全公主懼曰：「我實不知，皆朱據二子熊、損所白。」是時熊為虎林督，損為外部督㊵，吳主皆殺之。損妻，即孫峻妹也，綝諫不從，由是益懼。

吳主陰與全公主及將軍劉丞㊶謀誅綝。全后父尚為太常衞將軍，吳主謂尚子黃門侍郎紀曰：「孫綝專勢，輕小於孤㊷。孤前敕之，使速上岸為唐咨等作援，而留湖中，不上岸一步，又委罪於朱異，擅殺功臣，不先表聞。築第橋南㊸，不復朝見。此為自在㊹，無所復畏，不可久忍，今規㊺取之。卿父作中軍都督㊻，使密嚴整士馬，孤當自出臨橋㊼，率宿衞虎騎、左右無難㊽，一時圍之，作版詔敕綝所領皆解散。不得舉手，正爾㊾，自當得之，卿去但當使密耳。卿宣詔卿父，勿令卿母知之。女人既不曉大事，且綝同堂姊，邂逅漏泄，誤孤非小也！」紀承詔以告尚，尚無遠慮，以語紀母，母使人密語綝。

九月，戊午（二十六日），綝夜以兵襲尚，執之，遣弟恩殺劉承於蒼龍門外。比明，遂圍宮。吳主大怒，上馬帶鞬㊿，執弓欲出，曰：「孤，大皇帝適子㊿一。在位已五年，誰敢不從者？」侍中近臣及乳母共牽攀止之，不得出，嘆咤不食，罵全后曰：「爾父憒憒㊿二，敗我大事！」又遣呼紀，紀曰：「臣父奉詔不謹，負上，無面目復見。」因自殺。

綝使光祿勳孟宗告太廟，廢吳主為會稽王㊿三，召羣臣議曰：「少帝荒病昏亂，不可以處大位，承宗廟，已告先帝廢之，諸君若有不同者，下異議。」皆震怖，曰：「唯將軍令。」綝遣中書郎李崇奪吳主璽綬，以吳主罪班告遠近，尚書桓彝不肯署名，綝怒，殺之。

典軍[54]施正勸綝迎立琅邪王休，綝從之。己未（二十七日），綝使宗正楷[55]與中書郎[56]董朝迎琅邪王於會稽[57]。遣將軍孫耽送會稽王亮之國，亮時年十六。徙全尚於零陵，尋追殺之。遷全公主於豫章。

冬，十月，戊午（十月壬戌朔，無戊午，按吳志孫休傳，當作戊寅，戊寅十七日），琅邪王行至曲阿[58]，有老公遮王叩頭曰：「事久變生，天下喁喁[59]。」是日，進及布塞亭。

孫綝以琅邪王未至，欲入宮中。召百官會議，皆惶怖失色，徒唯唯而已。選曹郎虞汜曰：「明公為國伊、周，處將相之任，擅廢立之威，將上安宗廟，下惠百姓，大小踴躍，自以伊、霍復見。今迎王未至，而欲入宮，如是，羣下搖蕩，眾聽疑惑，非所以永終忠孝，揚名後世也。」綝不懌而止。汜，翻之子也。

綝命弟恩行丞相事，率百僚以乘輿法駕迎琅邪王於永昌亭。孫恩奉上璽符，王三讓乃受，羣臣以次奉引[60]，王就乘輿，百官陪位。綝以兵千人迎於半野，拜于道側，王下車答拜。即日御正殿，大赦，改元永安。孫綝稱草莽臣詣闕上書，上印綬節鉞，求避賢路㈥一。吳主引見慰諭，下詔以綝為丞相、荊州牧，增邑五縣㈥二。以恩為御史大夫、衛將軍、中軍督，封縣侯。孫據、幹、闓皆拜將軍，封侯㈥三，又以長水校尉張布為輔義將軍，封永康侯㈥四。

先是丹陽太守李衡數以事侵琅邪王㈥五，其妻習氏諫之，衡不聽。琅邪王上書乞徙他郡，詔徙會稽。及琅邪王即位，李衡憂懼，謂妻曰：「不用卿言，以至於此，吾欲犇魏，何如？」妻曰：「不可，君本庶民耳㈥六，先帝相拔過重，既數作無禮，而復逆自猜嫌，逃叛求活，以此北歸，何面目見中國人乎？琅邪王素好善慕名，方欲自顯於天下，終不以私嫌殺君，明矣！可自囚詣獄，表列前失，顯求受罪，如此，乃當逆見優饒㈥七，非但直活而已！」衡從之。吳主詔曰：「丹陽太守李衡，以往事之嫌，自拘司敗㈥八。夫射鉤斬袪，在君為君㈥九，其遣衡還郡，勿令自疑。」又加威遠將軍，授以棨戟。

己丑（二十八日），吳主封故南陽王和子皓為烏程侯㈦〇。羣臣奏立皇后、太子，吳主曰：「朕以寡德奉承洪業，涖事日淺，恩澤未敷，后妃之號，嗣子之位，非所急也。」有司固請，吳主不許。孫綝奉牛酒詣吳主，吳主不受。齎詣左將軍張布，酒酣，出怨言曰：「初廢少主時，多勸吾自為之者，吾以陛下賢明，故迎之。帝非我不立，今上禮見拒，是與凡臣無異，當復改圖耳㈦！」布以告吳主，吳主銜之，恐其有變，數加賞賜。

戊戌（按吳志孫休傳，在十一月戊戌。十一月壬辰朔，戊戌初七日，通鑑脫十一月三字），吳主詔曰㈦：「大將軍掌中外諸軍事，事統煩多，其加衛將軍御史大夫恩侍中，與大將軍分省㈦諸事。」或有告綝懷怨侮上，欲圖反者，吳主執以付綝，綝殺之，由是益懼。因孟宗求出屯武昌，吳主許之。綝盡敕所督中營精兵萬餘人，皆令裝載㈦，又取武庫兵器，吳主咸令給與。綝求中書兩郎典知荊州諸軍事，主者奏中書不應外出，吳主特聽之。其所請求，一無違者。

將軍魏邈說吳主曰：「綝居外，必有變。」武衛士㈦施朔又告綝謀反。吳主將討綝，密問輔義將軍張布(七六)，布曰：「左將軍丁奉，雖不能吏書，而計略過人，能斷大事。」吳主召奉告之，且問以計畫。奉曰：「丞相兄弟支黨甚盛，恐人心不同，不可卒(七七)制，可因臘會有陛兵(七八)以誅之。」吳主從之。

十二月，丁卯（初七日），建業中謠言明會(七九)有變，綝聞之不悅。夜，大風發屋揚沙，綝益懼。

戊辰（初八日），臘會，綝稱疾不至，吳主彊起之，使者十餘輩。綝不得已，將入，眾止焉。綝曰：「國家屢有命，不可辭。可豫整兵，令府內起火，因是可得速還。」遂入。尋而火起，綝求出。吳主曰：「外兵自多，不足煩丞相也。」綝起離席，奉、布目左右縛之。綝叩頭曰：「願徙交州。」吳主曰：「卿何不徙滕胤、呂據於交州乎(八〇)？」綝復曰：「願沒為官奴。」吳主曰：「卿何不以胤、據為奴乎？」遂斬之，以綝首令其眾曰：「諸與綝同謀者，皆赦之。」放仗者五千人。孫闓乘船欲降北，追殺之(八一)。夷綝三族，發孫峻棺，取其印綬，斲其木而埋之(八二)。

己巳（初九日），吳主以張布為中軍督，改葬諸葛恪㉓、滕胤，呂據等，其罹恪等事遠徙者，一切召還。朝臣有乞為諸葛恪立碑者，吳主詔曰：「盛夏出軍，士卒傷損，無尺寸之功，不可謂能；受託孤之任，死於豎子之手，不可謂智。」遂寢。

㈨初，漢昭烈留魏延鎮漢中㉔，皆實兵諸圍，以禦外敵，敵若來攻，使不得入。及興勢之役，王平捍拒曹爽㉕，皆承此制。及姜維用事，建議以為錯㉖守諸圍，適可禦敵，不獲大利，不若使敵至諸圍，皆斂兵聚穀，退就漢、樂二城㉗，聽敵入平㉘，重關頭鎮守以捍之，令游軍旁出以伺其虛，敵攻關不克，野無散穀，千里運糧，自然疲乏，引退之日，然後諸城並出，與游軍并力搏之，此殄敵之術也。於是漢主令督漢中胡濟卻住漢壽，監軍王含守樂城，護軍蔣斌守漢城。

【今註】㊀逆降：逆與迎同。㊁石車：胡三省：「石車即砲車也。」㊂欽子鴦、虎將兵在小城中：胡三省曰：「鴦、虎，欽之二子也。壽春蓋別有小城。」㊃城上持弓不發：胡三省曰：「其眾無拒守之心也。」㊄每斬一人，輒降之，卒不變，以至於盡：言每斬其一人，輒諭之使降，至於斬盡，終無一人變節者。《魏志・諸葛誕傳》云：「誕麾下數百人坐不降，見斬，皆曰：『為諸葛公死，不恨。』其得人心如此。」㈥陳：讀曰陣。㈦唐咨：咨本魏人降吳，見卷七十文帝黃初六年。㈧三叛：胡三省曰：「三叛，諸葛誕、文欽、唐咨也。」㈨乃命諸軍案甲而守之，卒不煩攻而破：干寶《晉紀》曰：「初，壽春每歲雨潦，淮水溢，常淹城邑，故文王之築圍也，誕笑之曰：『是固不攻而自敗也。』及大軍之攻，亢旱踰年。城既陷，是日大雨，圍壘皆毀。」㈩仍：頻仍。⑪古之用兵，全國為上，戮其元惡而已：胡三省曰：「言全其國之人民，止戮其君，所謂誅其君而予其民也。」⑫舊三河近郡：三河謂河南、河東、河內三郡。河南京都所在，河東、河內皆近京畿，是為近郡。⑬舊墓：胡三省曰：「文欽譙人，舊墓在焉。」舊墓即祖墓，歷代祖先埋葬處。⑭初議者云云，求移者甚眾，時未臨履，亦謂宜然：蓋指前詔基引諸軍轉據北山事。臨履，謂親臨行陣。⑮昔諸葛恪乘東關之勝至而眾死者大半：謂合肥、新城之敗，事見上卷邵陵厲公嘉平五年。⑯姜維因洮西之利：軍覆上邽：謂段谷之敗，事見甘露元年。⑰慮難不深：謂但見敵之易與而不慮克敵之難。⑱又內患未弭：胡三省曰：「謂孫綝君臣相猜。」⑲罪人斯得：罪人謂諸葛誕。《書・金縢》曰：「周公居東二年，則罪人斯得。」⑳武皇帝克袁紹於官渡至不復追犇，懼挫威也：事見卷六十三漢獻帝建安五年。㉑君子謂司馬大將軍於是役也，可謂能以德攻矣：《左傳》僖公二十八年晉文公城濮之勝，君子謂晉於是役也能以德攻。習鑿齒蓋襲其文意以贊司馬文王。㉒故窮武之雄，斃於不仁：胡三省曰：「如夫差、智伯是也。」窮武即黷武。㉓存義之國，喪於懦退：胡三省曰：「如宋襄公是也。」宋襄公好言仁義，不用詐兵，與楚人戰於泓水，傷足而死。㉔俘馘：生擄為俘，截耳為馘。《詩・大雅・皇矣》：「攸馘安安。」傳曰：「馘，獲也。不服者殺而獻其左耳。」㉕種惠吳人：指縱還吳俘事。孔安國曰：「種，布也。」種惠即布惠。胡三省曰：「夫種則有穫，種惠於吳人，使歸心中國以成他日混一之功，如種藝之有秋也。」㉖異類：猶曰敵國，敵我各事其主，故曰異類。㉗誕眾：謂諸葛誕轄域之民。㉘使楊土懷愧：謂州之人，為亂而獲赦，使每念及此，則感國家恩德而心懷愧怍也。㉙武昭：武功昭彰於天下。㉚時人比之子房：子房，張良字。時人蓋以鍾會比漢之張良。㉛復拜大將軍：段谷之敗，維貶為後將軍，行大將軍事，今復拜舊職。㉜相國：《漢書・百官表》，相國、丞相皆秦官，然不並置。胡三省曰：「按漢書蕭何傳，何自丞相拜相國，則相國尊於丞相。」㉝封晉公，食邑八郡：《晉書・文帝紀》曰：「以并州之太原、上黨、西河、樂平、新興、雁門、司州之河東、平陽凡八郡，封為晉公。」㉞吳主封故齊王奮為章安侯：奮徙章安見上卷邵陵厲公嘉平五年，今就以徙所封為侯國。㉟詔以關內侯王祥為三老，鄭小同為五更：《魏志・高貴鄉公紀》以王祥為三老，鄭小同為五更詔曰：「夫養老興教，三代所以樹風化，垂不朽也，必有三老五更以崇至敬，乞言納侮，著在惇史，然後六合承流，下觀而化。宜妙簡德行，其充其選。」《禮・文王世子》：「遂設三老五更，羣老之席位焉！」又《樂記》：「食三老五更於大學。」鄭注：「三老五更，互言之耳，皆老人更知三德五事者也。」孔疏云：「三德謂正直、剛、柔，五事謂貌、言、視、聽、思也。」蔡邕曰：「更當為叟。三老三人，五更五人。」未知孰是。㊱行養老乞言之禮：《禮・王制》：「凡養老，五十養於鄉，六十養於國，七十養於學，達於諸侯。」又〈文王世子〉：「凡祭與養老乞言合語之禮，皆小樂正詔之於東序。」鄭注曰：「養老乞言，養老人之賢者，因從乞善言可行者也。」又〈內則〉：「凡養老，五帝憲，三王有乞言。五帝憲，養氣體而不乞言，有善則記之為惇史；三王亦憲，既養老而后乞言，亦微其禮，皆有惇史。」陳澔曰：「憲，法也。養老之禮，五帝之世，主於法其德行而已；至三王之世，則又有乞言之禮焉。惇史，所以記其惇厚之德也。三王亦未嘗不法其德行，然於乞言之際，其禮微略，不誠切以求之，故云微其禮，然亦皆有惇史焉。」㊲小同，玄之孫也：鄭玄別傳曰：「玄有子為孔融吏，舉孝廉。融之被圍，往赴，為賊所害。有遺腹子，以丁卯日生，而玄以丁卯歲生，故名曰小同。」㊳倉龍門：即蒼龍門。《吳志．孫綝傳》作蒼。胡三省曰：「古倉、蒼字通用。」㊴乃推朱公主死意：朱公主死見上卷正元二年。推即按問，蓋欲推究朱公主所以見殺之意以暴綝罪。㊵外部督：胡三省曰：「吳外部督督建業外營兵。」㊶劉丞：〈吳志．孫綝傳〉，丞作承，《太平御覽》亦作劉承，作丞誤。㊷輕小於孤：亮謂綝以為己幼小而輕視之。㊸築第橋南：《吳志．孫綝傳》，綝還建業，稱疾不朝，築第於朱雀橋南。㊹自在：胡三省曰：「自在，謂居處自如，不復知有君上。」㊺規：圖謀。㊻卿父作中軍都督：紀父尚時為衞將軍，胡三省曰：「衞將軍督中軍。」㊼臨橋：臨朱雀橋。㊽左右無難：胡三省曰：「吳有左右無難督，督無難營兵。」㊾正爾：胡三省曰：「猶言正如此也。」㊿鞬：李賢曰：「鞬，箭服也。」按即盛弓矢之器。(51)適：讀曰嫡。(52)憒憒：《釋文》曰：「憒憒，亂也。」《蜀志．蔣琬傳》云：「作事憒憒。」

皆昏亂之義。(53)廢吳主為會稽王：《吳志・孫亮傳》，亮時年十六。(54)典軍：胡三省曰：「吳制中營置左右典軍。」參閱註(54)。(55)宗室楷：胡三省曰：「楷以吳同姓為宗正。」宗正，掌親屬。(56)中書郎：胡三省曰：「中書郎，即晉中書侍郎之職。」(57)迎琅邪王於會稽：休字子烈，權第六子，太元二年，封琅邪王，居虎林。諸葛恪秉政，徙居丹楊，繼徙會稽。(58)曲阿：杜佑曰：「曲阿，今丹楊郡丹陽縣。」即今江蘇省丹陽縣。(59)喁喁：《史記・司馬相如傳》：「喁喁然皆爭歸義。」正義曰：「喁，口向上也。」按謂眾人向慕，如魚之張口向上。(60)引：讀曰靷，引軸也，以革韋為之，一端繫於軸，一端約於馬胸，以引車軸使車前行。(61)求避賢路：胡三省曰：「謂他有賢者進用，恐妨其路，求引身避之。」(62)增邑五縣：《吳志・孫綝傳》，以綝為丞相，荊州牧，食五縣。按綝遷大將軍，封永寧侯，今吳主休以援立之功，增其食邑至五縣。(63)孫據、幹、闓皆拜將軍封侯：據為右將軍，封縣侯；幹授雜號將軍，封亭侯；闓封亭侯，見《吳志・孫休傳》及〈孫綝傳〉。(64)又以長水校尉張布為輔義將軍，封永康侯：《吳志・孫休傳》永安元年十月壬午詔曰：「長水校尉張布輔導勤勞，以布為輔義將軍，封永康侯。」胡三省曰：「初，休為王時，布為左右督，素見信愛，及即位，遂寵任之。」宋白曰：「吳赤烏八年，分烏傷之上浦立永康縣，屬東陽郡。」即今浙江省永康縣。(65)先是丹陽太守李衡數以事侵琅邪王：休自琅邪王徙封丹陽，見卷七十五邵陵厲公嘉平四年。《襄陽記》曰：「衡為丹陽太守，時孫休在郡治，衡數以法繩之。」(66)君本庶民耳：《襄陽記》曰：「衡字叔平，本襄陽卒家子也，漢末入吳為武昌庶民。」(67)乃當逆見優饒：胡三省曰：「逆，還也，言將優加其官以饒益之。」（六八）自拘司敗：《左傳》文公十年：「臣婦死於司敗也。」杜注曰：「陳、楚名司寇為司敗。」按司寇掌刑獄，衡自囚詣獄，故曰自拘司敗。（六九）夫射鉤斬袪，在君為君：齊桓公與公子糾爭國，管仲射桓公中帶鉤，子糾死，桓公置射鉤之怨而相管仲，遂霸諸侯。晉獻公使寺人披伐蒲，公子重耳踰桓而走，披斬其袪，及重耳返國，釋斬袪之怨與謀國事，遂繼齊桓而成霸業。吳主休蓋以二君自況。王應麟曰：「孫休之遣李衡，有高帝之風度，吳之賢君也。」（七〇）封故南陽王和子皓為烏程侯：和死皓全見上卷邵陵厲公嘉平五年。（七一）當復改圖耳：改圖，謂欲廢休也。（七二）戊戌，吳主詔曰：按《吳志・孫休傳》，在十一月戊戌，《通鑑》脫十一月三字。（七三）省：省視。（七四）綝盡敕所督中營精兵萬餘人，皆令裝載：胡三省曰：「中營兵即中軍也。吳人謂裝船為裝載。綝欲以此兵自隨上武昌。車船裝物皆曰載，詩云：『載輸爾載。』」（七五）武衛士：胡三省曰：「武衛之士也。」（七六）輔義將軍張布：按《吳志・孫綝傳》云：「綝奉牛酒詣休，休不受，齎詣左將軍張布。」又〈孫休傳〉永安元年十二月己巳，詔以左將軍張布討奸臣，加布為中軍督。意張布投輔義將軍，後即遷左將軍，《通鑑》於前亦曰綝以牛酒齎詣左將軍張布，此又曰輔義將軍張布、左將軍丁奉，未詳所以。案《吳志・丁奉傳》云：「太平二年，魏人圖壽春，使奉與黎斐解圍，奉為先登，屯於黎漿，力戰有功，拜左將軍。孫休即位，與張布謀欲誅孫綝。」為《通鑑》所本。惟按亮傳既稱左將軍張布，意孫休即位後，即以布代奉也。（七七）卒：讀曰猝。（七八）陛兵：胡三省曰：「陛兵，宿衛之兵夾殿陛者，所謂陛戟之士。」（七九）明會：胡三省曰：「明會，明日臘會也。吳以土德王，用辰臘。」（八〇）卿何不徙滕胤、呂據於交州乎：胤、據為綝所殺，故吳主休以此責綝。胤、據死見上甘露元年。〔八一〕孫闓乘船欲降北，追殺之：胡三省曰：「琳之諸弟據、恩、幹蓋已就誅，獨闓走，欲投北降。」〔八二〕斲其木而埋之：胡三省曰：「古者棺槨厚薄皆有度，斲而薄之以示貶。」〔八三〕改葬諸葛恪：恪死事見上卷邵陵厲公嘉平五年。〔八四〕初，漢昭烈留魏延鎮漢中：事見卷六十八漢獻帝建安二十四年。〔八五〕及興勢之役，王平捍拒曹爽：事見卷七十四邵陵厲公正始五年。〔八六〕錯：交錯。〔八七〕退就漢、樂二城：諸葛亮築漢、樂二城，見卷七十一明帝太和三年。〔八八〕聽敵入平：謂聽任敵軍使入平地。

四年（蜀景耀二年，吳永安二年，西元二五九年）

㈠春，正月，黃龍二見寧陵㊀井中。

先是頓丘、冠軍、陽夏井中屢有龍見㊁，羣臣以為吉祥，帝曰：「龍者，君德也，上不在天，下不在田，而數屈於井，非嘉兆也。」一作潛龍詩以自諷㊂，司馬昭見而惡之。

㈡夏，六月，京陵穆侯王昶卒。

㈢漢主封其子諶為北地王，詢為新興王，虔為上黨王。

尚書令陳祇，以巧佞有寵於漢主，姜維雖位在祇上，而多率眾在外，希親朝政，權任不及祇。秋，八月，丙子（十日），祇卒㊃。

漢主以僕射義陽董厥為尚書令，尚書諸葛瞻為僕射。

㈣冬，十一月，車騎將軍孫壹為婢所殺㊄。

㈤是歲，以王基為征南將軍，都督荊州諸軍事㊅。

【今註】㊀寧陵：寧陵縣，前漢屬陳留郡，後漢屬梁國，故城在今河南省葵丘縣東南。㊁先是頓丘、冠軍，陽夏井中屢有龍見：《魏志．高貴鄉公紀》，甘露三年，青龍、黃龍仍見頓丘、冠軍、陽夏縣界井中。仍，頻也；屢也。頓丘縣，漢屬東郡，魏屬魏郡，故城在今河北省清豐縣西南；冠軍縣，屬南陽郡，故城在今河南省鄧縣境，即漢霍去病封邑；陽夏縣，漢屬陳國，魏屬梁國，即今河南省太康縣，夏音賈。㊂作潛龍詩以自諷，司馬昭見而惡之：胡三省曰：「帝有誅昭之志，不務養晦，而憤鬱之氣見於辭而不能自揜，蓋亦淺矣！」㊃秋八月丙子，祇卒：《蜀志．陳祇傳》，祇卒在景耀元年。又〈陳祇傳〉云，延熙九年，董允卒，祇代允為侍中，及祇卒，後主詔有曰，祇統職一紀云云，自延熙九年至景耀元年凡十二年為一紀，以此知祇卒不在景耀二年也。㊄車騎將軍孫壹為婢所殺：壹降魏見甘露二年。魏人以曹芳貴人邢氏妻壹，邢美色妒忌，下不堪命，遂共殺壹及邢氏，見《吳志．孫奐傳》。㊅是歲，以王基為征南將軍，都督荊州諸軍事：按《晉書．文帝紀》，時分荊州為二都督，基鎮新野，州泰鎮襄陽。

元皇帝上

景元元年㈠（蜀景耀三年，吳永安三年，西元二六〇年）

㈠春，正月，朔，日有食之。

㈡夏，四月，詔有司率遵前命㈡，復進大將軍昭位相國，封晉公，加九錫。

㈢帝見威權日去，不勝其忿。五月，己丑（初七日），召侍中王沈、尚書王經、散騎常侍王業，謂曰：「司馬昭之心，路人所知也㈢，吾不能坐受廢辱，今日當與卿自出討之㈣。」王經曰：「昔魯昭公不忍季氏，敗走失國，為天下笑㈤。今權在其門，為日久矣，朝廷四方，皆為之致死，不顧逆順之理，非一日也。且宿衞空闕，兵甲寡弱，陛下何所資用？而一旦如此，無乃欲除疾而更深之邪？禍殆不測，宜見重詳㈥。」帝乃出懷中黃素詔㈦投地，曰：「行之決矣！正使死，何懼？況不必死邪？」於是入白太后。沈業犇走告昭，呼經欲與俱；經不從。【考異】世語曰：「經因沈業申意。」今從晉諸公贊。

帝遂拔劍升輦，率殿中宿衛蒼頭官僮鼓譟而出。昭弟屯騎校尉伷⑧遇帝於東止車門，左右呵之，伷眾犇走。中護軍賈充自外入，逆與帝戰於南闕下。帝自用劍，眾欲退，騎督⑨成倅弟太子舍人⑩濟問充曰：「事急矣，當云何？」充曰：「司馬公畜養汝等，正為今日。今日之事，無所問也。」濟即抽戈前刺帝，殞于車下⑪。昭聞之大驚，自投於地；太傅孚犇往，枕帝股而哭⑫，甚哀，曰：「殺陛下者，臣之罪也！」

昭入殿中，召羣臣會議。尚書左僕射陳泰不至，昭使其舅尚書荀顗召之。泰曰：「世之論者，以泰方於舅⑬，今舅不如泰也⑭。」子弟內外咸共逼之，乃入見昭，悲慟，昭亦對之泣，曰：「玄伯⑮卿，何以處我？」泰曰：「獨有斬賈充，少可以謝天下耳！」【考異】魏氏春秋曰：「帝之崩也，太傅司馬孚、右僕射陳泰枕帝尸於股，號哭盡哀。大將軍入禁中，泰見之，悲慟，大將軍亦對之泣，謂曰：『玄伯，其如我何？』泰曰：『獨有斬賈充，少可以謝天下耳！』大將軍久之曰：『卿更思其他。』泰曰：『豈可使泰復發後言？』遂歐血薨。」裴松之以為違實，今從干寶晉紀。昭久之曰：「卿更思其次。」泰曰：「泰言惟有進於此⑯，不知其次！」昭乃不復更言。顗，彧之子也。

太后下令罪狀高貴鄉公，廢為庶人，葬以民禮。收王經及其家屬付廷尉，經謝其母，母顏色不變，笑而應曰：「人誰不死？正恐不得其所，以此幷命，何恨之有！」及就誅，故吏向雄㊄哭之，哀動一市。

王沈以功封安平侯。

庚寅（初八日），太傅孚等上言，請以王禮葬高貴鄉公，太后許之。使中護軍司馬炎迎燕王宇之子常道鄉公璜於鄴㊅，以為明帝嗣。炎，昭之子也。

㈣辛卯（初九日），羣公㊆奏太后，自今令書㊇皆稱詔制。

㈤癸卯（二十一日），司馬昭固讓相國、晉公、九錫之命，太后詔許之。

㈥戊申（二十六日），昭上言成濟兄弟大逆不道，夷其族。

六月，癸丑（朔），太后詔常道鄉公更名奐。甲寅（初二日），常道鄉公入洛陽。是日，即皇帝位，年十五。大赦。改元㊈。

㈦丙辰，（初四日），詔進司馬昭爵位、九錫如前，昭固讓乃止㊉。

㈧癸亥（十一日），以尚書右僕射王觀為司空。

㈨吳都尉嚴密建議作浦里塘㉓，羣臣皆以為難，唯衞將軍陳留濮陽興㉔以為可成。遂會諸軍民就作，功費不可勝數，士卒多死亡，民大愁怨。

㈩會稽郡謠言王亮當還為天子，而亮宮人告亮使巫禱祠，有惡言，有司以聞，吳主黜亮為侯官㉕侯，遣之國，亮自殺㉖，衞送者皆伏罪。

⑾冬，十月，陽鄉肅侯王觀卒。

⑿十一月，詔尊燕王，待以殊禮㉗。

⒀十二月，甲午（十六日），以司隸校尉王祥為司空。

⒁尚書王沈為豫州刺史，初到，下教敕屬城及士民曰：「若有能陳長吏可否，說百姓所患者，給穀五百斛；若說刺史得失，朝政寬猛者，給穀千斛。」主簿陳廞、褚䂮入白曰：「教旨思聞苦言，示以勸賞，竊恐拘介之士㉘，或憚賞而不言；貪昧之人，將慕利而妄舉。苟不合宜，賞不虛行，則遠聽者未知當否之所在，徒見言之不用，因謂設而不行。愚以為告下之事，可少須後。」沈

又教曰：「夫興益於上㉙，受分㉚於下，斯乃君子之操，何不言之有？」褚䂮復白曰：「堯、舜、周公所以能致忠諫者，以其款誠之心著也；冰炭不言，而冷熱之質自明者，以其有實也。若好忠直，如冰炭之自然，則諤諤㉛之言，將不求而自至；若德不足以配唐、虞，明不足以並周公，實不可以同冰炭，雖懸重賞，忠諫之言，未可致也。」沈乃止。

【今註】㊀景元元年：是年六月方改元，《魏志・帝紀》六月前仍稱甘露四年。㊁遵前命：遵前年之命。甘露三年，詔以昭為相國，封晉公，食邑八郡，加九錫，昭前後九讓乃止，至是復申前命。㊂司馬昭之心，路人所知也：言雖路人亦知其存簒奪之心。㊃今日當與卿自出討之：胡三省曰：「卿下當有等字。」㊄昔魯昭公不忍季氏，敗走失國，為天下笑：魯季氏世執魯國之政，至昭公時伐之，不勝，公孫于齊，次于陽州，死於乾侯，事見《左傳》。孫與遜同，遁也。杜預曰：「諱奔故曰孫，若自孫讓而去位者。」㊅重詳：胡三省曰：「重，再也；詳，審也。」㊆黃素詔：胡三省曰：「說文曰：『素，白緻繒也。』此黃素詔者蓋以白緻繒染為黃色以書詔。」古時無紙，書詔於素曰素詔，書之於版則曰版詔。㊇伷：音冑。㊈騎督：胡三省曰：「騎督，督騎兵。」㊉太子舍人：《晉書・職官志》，太子舍人職比散騎、中書等侍郎。胡三省曰：「時未立太子，不應置東宮官屬，濟本昭之私人，授以是官耳！」按〈魏末傳〉，成濟時為賈充帳下督，《通鑑》據《漢晉春秋》作太子舍人。㊁濟即抽戈前刺帝，殞于車下：《魏志・高貴鄉公紀》云：「卒年二十。」〈魏末傳〉曰：「賈充呼帳下督成濟謂曰：『司馬家事若敗，汝等豈復有種乎？何不出擊？』倅兄弟二人乃帥帳下人出，顧曰：『當殺邪？執邪？』充曰：『殺之。』兵交，帝曰：『放仗。』大將軍士皆放仗，濟兄弟因前刺帝，帝倒車下。」㊂枕帝股而哭：胡三省曰：「枕帝於股也。」《左傳》齊大夫崔杼弒其君莊公，晏子枕尸股而哭之，三踊而出。㊃世之論者，以泰方於舅：方比也。以泰比於舅，意即以舅賢於泰。㊄舅不如泰也：謂顗阿附司馬氏，不如己之忠於魏室。㊄玄伯：陳泰字。㊅泰言惟有進於此：言當以弒君之罪罪充。㊆向雄：姓向名雄。㊇迎燕王宇之子常道鄉公璜於鄴：何焯曰：「以親疏論，是時丕後尚有人，璜為宇之子，則操後也。當時惟昭之指，昭穆遠近，莫敢議矣！」上昭字謂司馬昭。酈道元曰：「白祀溝水出廣陽縣之婁城東，東南逕常道城西，故鄉亭也，西去良鄉城四十里，魏少帝璜所封也。」按常道故城在今河北省安次縣西北。㊈羣公：胡三省曰：「羣公：自上公、三公至諸從公也。」魏晉之制，太傅位上公。太尉、司徒、司空為三公，大將軍及諸冠號大將事皆位從公。㊉令書：魏制，帝旨稱詔制，太后旨稱令書。㊁改元：至是始稱景元元年。㊂詔進昭爵位、九錫如前，昭固讓乃止：《魏志・陳留王紀》云：「進大將軍司馬文王為相國，封晉公，增封二郡，並前滿十，加九錫之禮，一如前奏。」《通鑑》曉增封二郡。㊃浦里塘：《吳志・濮陽興傳》：「永安三年，都尉嚴密建丹陽湖田作浦里塘。」胡三省曰：「據范書方術傳，浦里塘在丹陽郡宛陵縣界。」

宛陵，漢為丹陽郡治，即今安徽省宣城縣。㉔濮陽興：胡三省曰：「濮陽，以邑為姓。」興字子元，陳留人，父逸，漢末避亂江東，官至長沙太守。興少有士名，吳主休居會稽時，興為會稽太守，深與相結，及休即位，徵興為太常衞將軍，與休寵臣張布並見信用，見《吳志・濮陽興傳》。㉕候官，今福建省閩候縣。㉖亮自殺，衞送者皆伏罪：吳錄曰：「或云休鴆殺之。至晉太康中，吳故少府丹陽戴顒迎亮喪葬之穎鄉。」㉗詔尊燕王，待以殊禮：《魏志・陳留王紀》：「凡詔命制書奏事上書諸稱燕王者，可皆上平，其非宗廟助祭之事，皆不得稱王名，奏書上書文書及吏民皆不得觸王諱，以彰殊禮，加于羣后。」㉘拘介之士：上有拘守清介之節者。㉙興益於上：胡三省曰：「謂進言有益於上也。」㉚受分：胡三省曰：「謂受賞也。」㉛諤諤：直言不諱貌。《史記・商君傳》：「千人之諾諾，不如一士之諤諤。」王念孫曰：「諤諤，猶詻詻也。」《墨子・親士》：「君必有弗弗之臣，上必有詻詻之下，分議者延延，而支苟者詻詻。」

二年（蜀景耀四年，吳永安四年，西元二六一年）

㈠春，三月，襄陽㊀太守胡烈表言吳將鄧由、李光等十八屯同謀歸化，遣使送質任，欲令郡兵臨江迎拔。詔王基部分諸軍，徑造㊁沮水㊂以迎之，若由等如期到者，便當因此震蕩江表。基馳驛遺司馬昭書，說由等可疑之狀，且當清澄㈣，未宜便舉重兵深入應之。又曰：「夷陵東西皆險陿，竹木叢蔚㈤，卒有要害㈥，弩馬不陳。今者筋角濡弱㈦，水潦方降，廢盛農之務，要難必之利，此事之危者也。姜維之趣上邽，文欽之據壽春，皆深入求利，以取覆沒，此近事之鑒戒也。嘉平已來，累有內難㈧，當今之宜，當務鎮安社稷，撫寧上下，力農務本，懷柔百姓，未宜動眾以求外利也。」昭累得基書，意狐疑，敕諸軍已上道者，且權停住所在㈨，須候節度。基復遺昭書曰：「昔漢祖納酈生之說，欲封六國，寤張良之謀，而趣銷印㈩。基謀慮淺短，誠不及留侯，亦懼襄陽有食其之謬⑪。」昭於是罷兵。報基書曰：「凡處事者多曲相從順，鮮能確然共盡理實⑫，誠感忠愛，每見規示，輒依來旨，已罷軍嚴。」既而由等果不降。烈，奮之弟也。

㈡秋，八月，甲寅（八月丙子朔，無甲寅，甲寅在九月。）復命司馬昭進爵位如前，不受。

㈢冬，十月，漢主以董厥為輔國大將軍，諸葛瞻為都護衞將軍，其平尚書事，以侍中樊建為尚書令。時中常侍黃皓用事，廞、瞻皆不能矯正㉓，士大夫多附之，唯建不與皓往來。秘書令郤正久在內職，與皓比屋，周旋三十餘年，澹然自守，以書自娛，既不為皓所愛，亦不為皓所憎，故官不過六百石，而亦不罹其禍。漢主弟甘陵王永憎皓，皓譖之，使十年不得朝見。

吳主使五官中郎將薛珝聘于漢，及還，吳主問漢政得失。對曰：「主闇而不知其過，臣下容身㉔以求免罪。入其朝不聞直言，經其野民皆菜色。臣聞燕雀處堂，子母相樂，以為至安也，突決棟焚，而燕雀怡然不知禍之將及㉕，其是之謂乎！」珝，綜之子也㉖。

㈣是歲，鮮卑索頭部大人拓跋力微始遣其子沙漠汗入貢，因留為質。

力微之先，世居北荒㉗不交南夏㉘，至可汗毛，始彊大，統國三十六，大姓九十九。後五世至可汗推寅㉙，南遷大澤。又七世至可汗鄰㉚，使其兄弟七人及族人乙旃氏、車惃㉛氏分統部眾為十族㉜。鄰老，以位授其子詰汾，使南遷，遂居匈奴故地。詰汾卒，力微立，復徙居定襄之盛樂㊂，部眾浸盛，諸部皆畏服之㊃。

【今註】㊀襄陽：襄陽縣，漢屬南郡。沈約曰：「魏武平荊州，分南郡編以北及南陽之山都立襄陽郡。」㊁造：至也；詣也。㊂沮水：《左傳》哀公六年：「江漢沮章，楚之望也。」源出今湖北省保康縣西南，流經荊山山脈主峯，東南逕遠安、當陽二縣，受漳水，又東南流至江陵入于大江。㊃且當清澄：清澄謂明其虛實。胡三省曰：「謂事之虛實未定，如水之混濁，莫測其淺深，且當清澄以俟之，蓋亦當時常語也。」㊄叢蔚：草木聚生曰叢，蕃茂曰蔚。㊅卒有要害，弩馬不陳：胡三省曰：「謂猝然敵人於要害之地設伏邀擊，弩馬不得陳其力也。」㊆今者筋角濡弱：胡三省曰：「考工記弓人為弓，冬析幹，春液角，夏治筋，秋合三材。春液角，夏治筋，以陽煦而角濡滑也；冬析幹，秋合三材，以陰凝而堅緻也。春夏之交，陽氣蒸潤，筋角濡弱，則弓弩之力不勁。」㊇嘉平以來，累有內難：胡三省曰：「謂曹爽兄弟既死，累有廢立之事，毌丘儉、諸葛誕相繼而舉兵也。」㊈所在：謂諸軍所至之地。㊉昔漢祖納酈生之說，欲封六國，寤張良之謀，而趣銷印：事見卷十漢高帝三年。⑪亦懼襄陽有食其之謬：以酈生說封六國之謬擬胡烈表言受降之非計。烈為襄陽太守，故以襄陽稱之。食其音異基，酈生名。⑫凡處事者多曲相從順，鮮能確然共盡理實：謂凡上有所示，下僚處事，不論宜否，每多曲相從順，罕有能確然不移，與上共究事理之虛實者。⑬時中常侍黃皓用事，厥、瞻皆不能矯正：揉曲使直曰矯。矯正，謂糾其過失使歸於正。孫盛《異同記》曰：「瞻、厥等以維好戰無功，國內疲弊，宜表後主召還為益州刺史，奪其兵權，蜀長老猶有瞻表以閻宇代維故事。晉永和三年，蜀史常璩說蜀長老云，陳壽嘗為瞻吏，為瞻所辱，故因此事歸惡黃皓，而云瞻不能匡矯也。」⑭容身：言苟容求全而無所建樹。⑮燕雀處堂，子母相樂，以為至安也，突決棟焚，而燕雀不知禍之將及：此《孔叢子》載魏相子順引先人之言，喻處境甚危而不自知。⑯瑒，綜之子也：薛綜見卷七十二明帝青龍元年。⑰北荒：塞北荒漠之地。⑱南夏：夏即華夏，在北荒之南，故稱南夏。⑲後五世至可汗推寅：按《魏書・帝紀》，毛死，貸立；貸死，觀立；觀死，樓立；樓死，越立；越死，推寅立。自毛後五世而至推寅。⑳又七世至可汗鄰：《魏書・帝紀》，推寅死，利立；利死，俟立；俟死，肆立；肆死，機立；機死，蓋立；蓋死，儈立；儈死，鄰立。凡七世。㉑惃：音昆，又音混。㉒分統部眾為十族：按《魏書・官氏志》，鄰七分國人，使諸兄弟各攝領之。乃分其民，以兄為紇骨氏，後改為胡氏，次兄為普氏，後改為周氏，次兄為拔拔氏，後改為長孫氏，弟為達奚氏，後改為奚氏，次弟為伊婁氏，後改為伊氏，次弟為丘敦氏，後改為丘氏，次弟為侯氏，後改為亥氏，七族之興，自此始也。又命叔父之胤曰乙旃氏，後改為叔孫氏，又命疏族為東惃氏，後改為東氏。凡與拓跋氏為十姓，百世不通婚姻。㉓復徙居定襄之盛樂：胡三省曰：「漢定襄郡有成樂縣，後漢屬雲中郡，建安二十年，併雲中、定襄、五原、朔方為新興郡，郡止置一縣以屬新興，而盛樂故縣棄之荒外，故力微得居之。後魏既盛，南都平城，置盛樂宮於其地。永熙中，又置盛樂郡。」㉔部眾浸盛，諸部皆畏服之：拓跋氏始盛，為後魏建國張本。

卷七十八 魏紀十

司馬光編集
林瑞翰註

起亥默敦牂盡閼逢涒灘，凡三年。（壬午至甲申，西元二六二年至二六四年）

元皇帝下

景元三年（蜀景耀五年，吳永安五年，西元二六二年）

㈠秋，八月，乙酉（十六日），吳主立皇后朱氏，朱公主之女也。戊子（十九日），立子𩅦為太子㊀。

㈡漢大將軍姜維將出軍，右車騎將軍廖化曰：「兵不戢，必自焚㊁，伯約㊂之謂也。智不出敵，而力小於寇㊃，用之無厭，將何以存？」

冬，十月，維入寇洮陽㊄，鄧艾與戰於侯和㊅，破之，維退住沓中㊆。

初，維以羈旅依漢㊇，身受重任，興兵累年，功績不立。黃皓用事於中㊈，與右大將軍閻宇親善，陰欲廢維樹宇。維知之，言於漢主曰：「皓姦巧專恣，將敗國家，請殺之。」漢主曰：「皓，趨走小臣耳！往董允每切齒⑽，吾常恨之。君何足介意？」維見皓枝附葉連，懼於失言，遜辭而出。漢主敕皓詣維陳謝，維由是自疑懼⑾。返自洮陽，因求種麥沓中，不敢歸成都。

⑿吳主以濮陽興為丞相，廷尉丁密、光祿勳孟宗為左右御史大夫⒀。初，興為會稽太守，吳主在會稽，興遇之厚，左將軍張布嘗為會稽王⒁左右督將，故吳主即位，二人皆貴寵用事。布典宮省，興關軍國，以佞巧更相表裏，吳人失望。

吳主喜讀書，欲與博士祭酒⒂韋昭、博士盛沖講論，張布以昭、沖切直，恐其入侍，言己陰過，固諫止之。吳主曰：「孤之涉學，羣書略徧，但欲與昭等講習舊聞，亦何所損？君特當恐昭等道臣下姦慝，故不欲令入耳，如此之事，孤已自備之，不須昭等，然後乃解也。」布皇恐陳謝，且言懼妨政事。吳主曰：「王務⒃學業，其流各異，不相妨也。此無所為非，而君以為不宜，是以孤有所及(一六)耳！不圖君今日在事，更行此於孤也(一七)，良甚不取。」布拜表叩頭(一八)。吳主曰：「聊相開悟耳，何至叩頭乎！如君之忠誠，遠近所知，吾今日之巍巍(一九)，皆君之功也。詩云：『靡不有初，鮮克有終(二〇)。』終之實難，君其終之。」然吳主恐布疑懼，卒如布意，廢其講業，不復使昭等入。

(四)譙郡嵇康(二一)，文辭壯麗，好言老莊，而尚奇任俠，與陳留阮籍(二二)、籍兄子咸、河內山濤、河南向秀、琅邪王戎、沛國劉伶特相友善，號竹林七賢。皆崇尚虛無，輕蔑禮法，縱酒昏酣，遺落世事(二三)。阮籍為步兵校尉，其母卒，籍方與人圍碁，對者求止，籍留與決賭(二四)。既而飲酒二斗，舉聲一號，吐血數升，毀瘠骨立(二五)。居喪飲酒，無異平日。司隸校尉何曾惡之，面質(二六)籍於司馬昭座，曰：「卿縱情背禮敗俗之人，今忠賢執政，綜核名實(二七)，若卿之曹，不可長也！」因謂昭曰：「公方以孝治天下，而聽阮籍以重哀飲酒，食肉於公座(二八)，何以訓人？宜擯之四裔，無令汙染華夏。」昭愛籍才(二九)，常擁護之。曾，夔之子也(三〇)。阮咸素幸姑婢，姑將婢去，咸方對客，遽借客馬追之，累騎而還㉒，劉伶嗜酒，常乘鹿車㉓，攜一壺酒，使人荷鍤隨之。曰：「死便埋我。」當時士大夫皆以為賢，爭慕效之，謂之放達。

鍾會方有寵於司馬昭，聞嵇康名而造之。康箕踞而鍛㉓，不為之禮。會將去，康曰：「何所聞而來，何所見而去？」會曰：「聞所聞而來，見所見而去。」遂深銜之。山濤為吏部郎㉔，舉康自代。康與濤書，自說不堪流俗，而非薄湯、武㉕，昭聞而怒之。康與東平呂安親善，安兄巽誣安不孝，康為證其不然，會因譖康嘗欲助毌丘儉㉖，且安、康有盛名於世，而言論放蕩，害時亂教，宜因此除之。昭遂殺安及康。康嘗詣隱者汲郡㉗孫登，登曰：「子才多識寡，難乎免於今之世矣！」

㈤司馬昭患姜維數為寇，官騎路遺㉘，求刺客入蜀。從事中郎荀勗曰：「明公為天下宰，宜杖正義以伐違貳㉙，而以刺客除賊，非所以刑于四海㊵也。」昭善之。勗，爽之曾孫㊶也。

昭欲大舉伐漢，朝臣多以為不可，獨司隸校尉鍾會勸之，昭諭眾曰：「自定壽春以來，息役六年，治兵繕甲以擬二虜。今吳地廣大而下濕，攻之用功差難，不如先定巴蜀，三年之後，因順流之勢，水陸並進，此滅虢取虞之勢也㊷。計蜀戰士九萬，居守成都及備他境，不下四萬，然則餘眾不過五萬。今絆㊸姜維於沓中，使不得東顧，直指駱谷，出其空虛之地，以襲漢中，以劉禪之闇，而邊城外破，士女㊹內震，其亡可知也。」乃以鍾會為鎮西將軍，都督關中。

征西將軍鄧艾以為蜀未有舋，屢陳異議㊺，昭使主簿師纂㊻為艾司馬以諭之，艾乃奉命。

姜維表漢主，聞鍾會治兵關中，欲規進取，宜並遣左右車騎張翼、廖化㊼督諸軍分護陽安關口㊽及陰平之橋頭㊾，以防未然。黃皓信巫鬼，謂敵終不自致㊿，啟漢主寢其事，羣臣莫知。

【今註】㈠立子𩅦為太子：按吳錄，休四子：長𩅦、次𩃙、次壾、次𠅨。又《吳錄》載休詔曰：「今為四男作名字，太子名𩅦，𩅦音如湖水灣澳之灣。」則𩅦音當讀如灣。㈡兵不戢，必自焚：《左傳》

魯眾仲曰：「兵猶火也，不戢，將自焚。」㊂伯約：姜維字。㊃智不出敵，而力小於寇：謂維智料不出於敵將之上，而蜀國力又弱小於魏也。㊄洮陽：胡三省曰：「洮陽，洮水之陽也。洮水之陰，魏不置郡縣，維渡洮而攻之也。」酈道元曰：「洮水源出彊臺山，彊臺，西傾之異名也。東北流逕洮陽曾城北。」沙州記曰：「彊城東北三百里有曾城，城臨洮水。建初二年，羌攻南部都尉於臨洮上，遣行車騎將軍馬防等救之，諸羌退聚洮陽，即此城也。」杜佑曰：「臨洮郡城本洮陽城，臨洮水。」故城在今甘肅省臨潭縣西南。㊅侯和：胡三省曰：「水經注，洮水逕洮陽城，又東逕洪和山南，城在四山中，又東逕迷和城北。意侯和即此地也。」梁章鉅曰：「迷和即侯和也，又謂之泥和城。」㊆沓中：亦稱沓中戍，在今青海省東南境內，當甘肅省臨潭縣西南，維及其後西秦乞伏熾磐皆嘗屯田於此。胡三省曰：「沓中在諸羌中，即沙漒之地，晉張駿據河西，因前趙之亂收河南地，至于狄道，置武街、石門、侯和、漒川、甘松五屯護軍，與後趙分境；乞伏熾磐攻漒川，師次沓中，則侯和之地在塞內，沓中之地在羌中明矣！」㊇初，維以羈旅依漢：維降漢事見卷七十一明帝太和元年。維本魏人，寄迹於蜀，是為羈旅之臣。㊈黃皓用事於中，與右大將軍閻宇親善。陰欲廢維樹宇：參閱上卷景元二年註㊂。㊉往董允每切齒：允惡皓見卷七十四邵陵厲公正始六年。切齒，怒恨至極之貌。《史記・荊軻傳》：「此臣之日夜切齒腐心也。」⑪漢主敕皓詣維陳謝，維由是自疑懼：自黃皓用事於中至此皆維未出洮陽以前事，史追述維所以退住沓中，不返蜀之意。⑫左右御史大夫：胡三省曰：「漢成帝綏和元年罷御史大夫，置大司空，世祖中興，因之，獻帝建安十三年，罷司空，復置御史大夫，未嘗左右也，蓋吳分之。」㊂會稽王：《吳志・孫休傳》、〈孫綝傳〉、〈濮陽興傳〉俱作琅邪王。按休先封琅邪王，居虎林，諸葛恪秉政，徙居丹陽，繼徙會稽，自會稽入立，未嘗封會稽王也。㊃博士祭酒：《續漢志》曰：「博士祭酒一人，秩六百石，本僕射，中興轉為祭酒。」胡廣曰：「官名祭酒，皆一位之元長者也。古禮賓客得主人饌，則老者一人舉酒以祭於地，舊說以為示有先。」沈約曰：「吳王濞為劉氏祭酒，夫祭祀以酒為本，長者主之，故以祭酒為稱。」㊄王務：胡三省曰：「王務猶言王事也。」㊅有所及：謂休與儒生親近，另有意圖，非但講習舊聞而已。㊆不圖君今日在事，更行此於孤也：胡三省曰：「吳主蓋以張布比之孫綝，以綝擅權之時，不使吳主親近儒生也。在事者，在官任事也。」㊇布拜表叩頭：胡三省曰：「據陳壽志，自孤之涉學以下，皆詔答之語，布得詔，惶恐以表陳謝，重自序述，吳主又面答之，自王務學業以下，皆面答之語也，於是布拜叩頭，未嘗再上表也，此表字衍。」㊈巍巍：高大之稱。《論語・泰伯》：「巍巍乎舜禹之有天下也而不與焉！」㊉靡不有初，鮮克有終：此《詩・大雅・蕩》之辭，言其初非有不善，然人少能以善道自終。⑪嵇康：姓嵇名康。《晉書・嵇康傳》云：「康之先姓奚，會稽上虞人，以避怨徙譙郡銍縣，銍有嵇山，家於其側，因以命氏。」⑫阮籍：姓阮名籍。胡三省曰：「姓譜殷有阮門，在岐渭之間，周詩有侵阮徂共之辭，子孫以國為姓。後漢有已吾令阮敦。」⑬遺落世事：不以世間俗事為意。⑭與決賭：胡三省曰：「與決勝負也。」⑮骨立：胡三省曰：「骨立者，言其瘠甚，身肉俱消，唯骨立也。」⑯面質：胡三省曰：「質，正也，面以正義責之也。」⑰綜核名實：《漢書

•宣帝紀》贊：「孝宣之治，信賞必罰，綜核名實。」言綜聚政事而考核其績，以求名實相符。㉘公座：猶今言官署。㉙昭愛籍才：《晉書・阮籍傳》云：「文帝初欲為武帝求婚於籍，籍醉六十日，不得言而止。」又曰：「文帝讓九錫，公卿將勸進，使籍為其辭，辭甚清壯，為時所重。」㉚會，夔之子也：何夔見卷六十三漢獻帝建安五年。㉛累騎而還：胡三省曰：「累，重也，兩人共馬謂之累騎。」㉜鹿車：《風俗通》曰：「俗說鹿車窄小，裁容一鹿。」《方言》曰：「維車，趙魏之間謂之轣轆車，東齊海岱之間謂之道軌。」段玉裁曰：「自其旋轉言之，謂之歷鹿，亦謂之道軌，亦謂之鹿車；自其著絲之筳言之，謂之維車，亦謂之竽車。」歷麓即轣轆。㉝康箕踞而鍛：《晉書・嵇康傳》云：「康性巧而好鍛。」箕踞，謂曲膝而坐，其形如箕。高誘曰：「踞坐展兩足如箕。」崔浩曰：「屈膝坐，其形如箕。」顏師古曰：「謂伸其兩腳而坐，亦曰箕踞，其形似箕。」或伸或屈或踞，實皆曲膝使成箕狀也。鍛，小冶，見《說文》。徐灝曰：「以鐵入火，鑠而椎之，是謂小冶，異於鎔鑄也。」㉞史部郎：尚書吏部郎。㉟非薄湯武，昭聞而怒之：胡三省曰：「湯武革命而康非薄之，故昭聞而怒。」㊱會因譖康嘗欲助毌丘儉：會蓋言毌丘儉反時，康嘗欲助之。㊲汲郡：胡三省曰：「晉泰始二年，始分河內為汲郡，史追書也。」㊳宮騎路遺：胡三省曰：「官騎，騶騎也。」姓路名遺。漢制名騎士曰騶騎。《漢書・惠帝紀》：「武士騶比員外郎。」顏師古曰：「騶本廐之馭者，後又令為騎，因謂騶騎。」㊴違貳：違、貳皆叛離之義，魏自以為承漢為正統，故斥吳、蜀為違貳。㊵刑于四海：韓嬰曰：「刑，一也。」謂正四海之視聽。毛萇曰：「刑，法也。」謂為四海之法則。義俱通。㊷勗，爽之子也：荀爽荀淑之子。㊸此滅虢取虞之勢也：春秋晉獻公假道於虞以伐虢，因以滅虞，以此喻滅蜀可乘勢以滅吳。㊹絆：繫足曰絆，牽制之意。㊺士女：此士女泛言蜀之國人。㊻征西將軍鄧艾以為蜀未有釁，屢陳異議：艾以蜀未有釁隙，不可遽滅，故與會異議。㊼師纂：姓師名纂。㊽左右車騎張翼、廖化：時翼為左車騎將軍，化為右車騎將軍。㊾陽安關口：胡三省曰：「陽安關口，意即陽平關也。」按古陽平關在今陝西省沔縣西北，今陽平關即古陽平關即古陽安關，近代改置陽平關。《清一統志》云：「古陽平關即白馬城，在沔縣界；今陽平關在今陝西省寧羌縣西北，維遣翼、化等督諸軍護陽安關口，即此。㊿陰平橋頭：杜佑曰：「陰平橋頭在文州界。」按陰平古地在今甘肅省文縣西北。自文縣南越摩天嶺，至今四川省平武縣左擔山之閣道，即所謂陰平道。㊿謂敵終不自致：致，至也；詣也。言陰平道險，敵終不自致險地。

四年（蜀炎興元年，吳永安六年，西元二六三年）

㈠春，正月，復命司馬昭進爵位如前㈠，又辭不受。

㈡吳交趾太守孫諝貪暴，為百姓所患。會吳主遣察戰㈡鄧荀至交趾，荀擅調孔爵㈢三十頭送建業，民憚遠役，因謀作亂。夏，五月，郡吏呂興等殺諝及荀，遣使來請太守及兵，凡真、日南皆應之。

㈢詔諸軍大舉伐漢㈣。遣征西將軍鄧艾督三萬人自狄道趣甘松㈤、沓中以連綴㈥姜維，雍州刺史諸葛緒督三萬人自祁山趣武街橋頭㈦絕維歸路；鍾會統十餘萬眾，分從斜谷、駱谷、子午谷趣漢中；以廷尉衛瓘持節監艾、會軍事，行鎮西軍司㈧。瓘，覬之子也㈨。會過幽州刺史王雄之孫戎⑽，問計將安出？戎曰：「道家有言：『為而不恃⑾。』非成功難，保之難也。」或以問參相國軍事平原劉寔曰：「鍾、鄧其平蜀乎？」寔曰：「破蜀必矣，而皆不還。」客問其故，寔笑而不答。

秋，八月，軍發洛陽，大賚⑿將士，陳師誓眾。將軍鄧敦謂蜀未可討，司馬昭斬以徇。漢人聞魏兵且至，乃遣廖化將兵詣沓中，為姜維繼援；張翼、董厥等詣陽安關口，為諸圍外助。大赦。改元炎興。敕諸圍皆不得戰，退保漢、樂二城⒀。城中各有兵五千人。翼、厥北至陰平，聞諸葛緒將向建威，留住月餘待之。鍾會率諸軍平行至漢中。九月，鍾會使前將軍李輔統萬人圍王含於樂城，護軍荀愷圍蔣斌於漢城【考異】晉書文紀作部將易愷，今從魏志。會徑過西，趣陽安口，遣人祭諸葛亮墓㉔。

初，漢武興督㉕蔣舒，在事無稱㉖，漢朝令人代之，使助將軍傅僉守關口，舒由是恨。鍾會使護軍胡烈為前鋒，攻關口。舒詭謂僉曰：「今賊至不擊，而閉城自守，非良圖也。」僉曰：「受命保城，惟全為功。今違命出戰，若喪師負國，死無益矣！」舒曰：「子以保城獲全為功，我以出戰克敵為功，請各行其志。」遂率其眾出。僉謂其戰也，不設備，舒率其眾迎降胡烈。烈乘虛襲城，僉格鬥而死。僉，彤之子也㉗。

鍾會聞關口已下，長驅而前，大得庫藏積穀。

鄧艾遣天水㉘太守王頎直攻姜維營，隴西太守牽弘邀其前，金城太守楊欣趣甘松。維聞鍾會諸軍已入漢中，引兵還。欣等追躡於彊川口㉙，大戰，維敗走。聞諸葛緒已塞道屯橋頭，乃從孔函穀入北道，欲出緒後。緒聞之，卻還三十里。維入北道三十餘里，聞緒軍卻，尋還從橋頭過，緒趣截維，較一日不及㉚。維遂還至陰平，合集士眾，欲赴關城，聞其已破，退趣白水，遇廖化、張翼、董厥等，合兵守劍閣以拒會㈡。

㈣安國元侯高柔卒。

㈤冬，十月，漢人告急於吳，甲申（十月癸巳朔，無甲申），吳主使大將軍丁奉，督諸軍向壽春，將軍留平，就施績於南郡，議兵所向，將軍丁封、孫異如沔中以救漢㈢。

㈥詔以征蜀諸將獻捷交至，復命大將軍昭進位爵賜一如前詔，昭乃受命。

初，舒少時遲鈍，不為鄉親㈢所重，從叔父吏部郎衡，有名當世，亦不知之，使守水碓㈣，每歎曰：「舒堪數百戶長㈤，我願畢矣。」舒亦不以介意，不為皎厲之事。唯太原王乂謂舒曰：「卿終當為台輔。」常振其匱乏，舒受而不辭。年四十餘，郡舉上計掾，察孝廉。宗黨以舒無學業，勸令不就，可以為高。舒曰：「若試而不中，其負在我。安可虛竊不就之高，以為己榮乎？」於是自課，百日習一經，因而對策升第，累遷後將軍鍾毓長史。毓每與參佐㈥射，舒常為畫籌㈦而已，後遇朋人不足，以舒滿數㈧。舒容範閑雅，發無不中，舉坐愕然，莫有敵者。毓歎而謝曰：「吾之不足以盡卿才，有如此射矣！豈一事哉？」及為相國參軍，府朝㈨碎務，未嘗見是非。至於廢興大事，眾人莫能斷者，舒徐為籌之，多出眾議之表，昭深器重之

㈦癸卯（十一日），立皇后卞氏，昭烈將軍秉之孫也。

㈧鄧艾進至陰平，簡選精銳，欲與諸葛緒自江油趣成都㈩。緒以本受節度邀姜維，西行非本詔，遂引軍向白水㈪，與鍾會合。會欲專軍勢，密白緒畏懦不進，檻車徵還，軍悉屬會。

姜維列營守險，會攻之不能克，糧道險遠，軍食乏，欲引還。鄧艾上言賊已摧折，宜遂乘之，若從陰平由邪徑經漢德陽亭，趣涪㈫，出劍閣西百里，去成都三百餘里，奇兵衝其腹心，出其不意，劍閣之守必還赴涪，則會方軌而進，劍閣之軍不還，則應涪之兵寡矣。遂自陰平行無人之地七百餘里，鑿山通道，造作橋閣㈬。山谷高深，至為艱險。又糧運將匱，瀕於危殆，艾以氈自裹，推

轉而下。將士皆攀木緣崖，魚貫而進㉞，先登至江油，蜀守將馬邈降。

諸葛瞻督諸軍拒艾，至涪，停住不進，尚書郎黃崇，權之子也㉟，屢勸瞻宜速行據險，無令敵得入平地，瞻猶豫未納。崇再三言之，至于流涕，瞻不能從。艾遂長驅而前，擊破瞻前鋒，瞻退住緜竹㊱，列陳以待艾。艾以書誘瞻曰：「若降者，必表為琅邪王㊲。」瞻怒，斬艾使，列陳以待艾。艾遣子惠唐亭侯忠出其右，司馬師纂等出其左，忠、纂戰不利，並引還。曰：「賊未可擊。」艾怒曰：「存亡之分，在此一舉，何不可之有？」叱忠、纂等，將斬之。忠、纂馳還更戰，大破斬瞻及黃崇㊳。瞻子尚歎曰：「父子荷國重恩，不早斬黃皓，使敗國殄民，用生何為？」策馬冒陳而死。

漢人不意魏兵卒至，不為城守調度，聞艾已入平土，百姓擾擾，皆迸山澤，不可禁制。漢主使羣臣會議，或以蜀之與吳，本為與國，宜可犇吳，或以為南中七郡㊴，阻險斗絕㊵，易以自守，宜可犇南。光祿大夫譙周以為自古以來，無寄他國為天子者，若入吳國亦當臣服，且治政不殊，則大能吞小，此數之自然也，由此言之，則魏能幷吳，吳不能幷魏，明矣！等為稱臣，為小，孰與為大㊷？再辱之恥，何與一辱㊸？且若欲犇南，則當早為之計，然後可果㊸，今大敵已近，禍敗將及，羣小之心，無一可保，恐發足之日，其變不測，何至南之有乎㊹？或曰：「今艾已不遠，恐不受降，如之何？」周曰：「方今東吳未賓，事勢不得不受，受之不得不禮。若陛下降魏，魏不裂土以封陛下者，周請身詣京都㊺，以古義爭之。」眾人皆從周議。

漢主猶欲入南，狐疑未決。周上疏曰：「南方遠夷之地，平常無所供為㊻，猶數反叛。自丞相亮以兵威偪之，窮乃率從㊼。今若至南，外當拒敵，內供服御，費用張廣，他無所取㊽，耗損諸夷，其叛必矣！」漢主乃遣侍中張紹等奉璽綬以降於艾。北地王諶怒曰：「若理窮力屈，禍敗將及，便當父子君臣背城一戰，同死社稷，以見先帝可也。奈何降乎？」漢主不聽。

是日，諶哭於昭烈之廟，先殺妻子而後自殺。

張紹等見鄧艾於雒(49)，艾大喜，報書褒納，漢主遣太僕蔣顯別敕姜維使降鍾會，又遣尚書郎李虎送士民簿於艾，戶二十八萬，口九十四萬，甲士十萬二千，吏四萬人。

艾至成都城北，漢主率太子諸王及羣臣六十餘人面縛輿櫬詣軍門(50)。艾持節解縛焚櫬，延請相見，檢御將士，無得虜略，綏納降附，使復舊業，輒依鄧禹故事(51)，承制拜漢王禪行驃騎將軍、太子奉車、諸王駙馬都尉，漢羣司各隨高下拜為王官，或領艾官屬。以師纂領益州刺史、隴西太守，牽弘等領蜀中諸郡。艾聞黃皓姦險，收閉，將殺之，皓賂艾左右，卒以得免。

姜維等聞諸葛瞻敗，未知漢主所嚮，乃引軍東入于巴(52)。鍾會進軍至涪，遣胡烈等追維，維至郪(53)，得漢主敕命，乃令兵悉放仗，送節傳於胡烈，自從東道與廖化、張翼、董厥等同詣會降。將士咸怒，拔刀斫石，於是諸郡縣圍守(54)，皆被漢主敕，罷兵降。鍾會厚待姜維等，皆權還其印綬節蓋。

(九)吳人聞蜀已亡(55)，乃罷丁奉等兵。

吳中書丞㊄吳郡華覈詣宮門上表曰：「伏聞成都不守，臣主播越，社稷傾覆，失委附之土，棄貢獻之國，臣以草芥，竊懷不寧。陛下聖仁，恩澤遠撫，卒聞如此，必垂哀悼。臣不勝忡悵㊆之情，謹拜表以聞。」

魏之伐蜀也，吳人或謂襄陽張悌曰：「司馬氏得政以來，大難屢作㊇，百姓未服，今又勞力遠征，敗於不暇，何以能克？」悌曰：「不然。曹操雖功蓋中夏，民畏其威而不懷其德也。丕、叡承之，刑繁役重，東西驅馳，無有寧歲。司馬懿父子累有大功，除其煩苛，而布其平惠，為之謀主，而救其疾苦，民心歸之，亦已久矣！故淮南三叛㊈，而腹心不擾㊉；曹髦之死，四方不動。任賢使能，各盡其心，其本根固矣，姦計立矣。今蜀閹宦專朝㊀，國無政令，而玩戎黷武㊁，民勞卒敝，競於外利，不脩守備。彼彊弱不同，智筭亦勝㊂，因危而伐，殆無不克。噫，彼之得志，我之憂也！」吳人笑其言，至是乃服。

㈩吳人以武陵、五溪夷與蜀接界，蜀亡，懼其叛亂，乃以越騎校尉鍾離牧領武陵太守。魏已遣漢葭縣㈥長郭純試守武陵太守，率涪陵民入遷陵㈥界，屯于赤沙㈥，誘動諸夷，進攻酉陽㈥，郡中震懼。牧問朝吏㈥曰：「西蜀傾覆，邊境見侵，何以禦之？」皆對曰：「今二縣山險，諸夷阻兵，不可以軍驚擾。驚擾，則諸夷盤結，宜以漸安，可遣恩信吏宣教慰勞。」牧曰：「外境內侵，誑誘人民，當及其根柢未深而撲取之，此救火貴速之勢也。」敕外趣嚴㈥。撫夷將軍高尚謂牧曰：「昔潘太常督兵五萬，然後討五溪夷㈦，是時劉氏連和，諸夷率化。今既無往日之援，而郭純已據遷陵，而明府欲以三千兵深入，尚未見其利也！」牧曰：「非常之事，何得循舊？」即帥所領晨夜進道，緣山險行，垂二千里，斬惡民懷異心者魁帥百餘人及其支黨凡千餘級，純等散走，五谿皆平。

㈩十二月，庚戌（十九日），以司徒鄭沖為太保。

㈩壬子（二十一日），分益州為梁州㈦。

㈩癸丑（二十二日），特赦益州士民，復除租稅之半五年。

㈩乙卯（二十四日），以鄧艾為太尉，增邑二萬戶；鍾會為司徒，增邑萬戶㈦㈢。

㈦㈤皇太后郭氏殂。

㈦㈥鄧艾在成都，頗自矜伐。謂蜀士大夫曰：「諸君賴遭艾，故得有今日耳！如遇吳漢之徒，已殄滅矣㈦㈢！」

艾以書言於晉公昭曰：「兵有先聲而後實者㈦㈣，今因平蜀之勢以乘吳，吳人震恐，席卷之時也。然大舉之後，將士疲勞，不可便用，且徐緩之。留隴右兵二萬人，蜀兵二萬人，煮鹽興冶，為軍農要用㈦㈤，並作舟船，豫為順流之事，然後發使告以利害，吳必歸化，可不征而定也。今宜厚劉禪以致孫休㈦㈥，封禪為扶風王，錫其資財，供其左右。郡有董卓塢㈦㈦，為之宮舍，爵其子為公侯，食郡內縣，以顯歸命之寵。開廣陵、城陽以待吳人㈦㈧，則畏威懷德，望風而從矣！」

昭使監軍衛瓘喻艾，事當須報，不宜輒行，艾重言曰：「銜命征行，奉指授之策，元惡既服，至於承制拜假，以安初附，謂合權宜。今蜀舉眾歸命，地盡南海㈦㈨，東接吳會，宜早鎮定。若待國命，往復道途，延引日月，春秋之義，大夫出疆，有可以定社稷，利國家，專之可也（八〇）。今吳未賓，勢與蜀連，不可拘常以失事機。兵法進不求名，退不避罪（八一），艾雖無古人之節，終不自嫌以損國家計也。」

鍾會內有異志，姜維知之，欲構成擾亂，乃說會曰：「聞君自淮南已來（八二），筭無遺策。晉道克昌，皆君之力，今復定蜀，威德振世，民高其功，主畏其謀，欲以此安歸乎？何不法陶朱公汎舟絕迹（八三），全功保身邪？」會曰：「君言遠矣，我不能行。且為今之道，或未盡於此也！」維曰：「其佗，則君智力之所能（八四），無煩於老夫矣！」由是情好歡甚，出則同轝（八五），坐則同席。會因鄧艾承制專事，乃與衛瓘密白艾有反狀。會善效人書，於劍閣要艾章表白事（八六），皆易其言（八七），令辭指悖傲，多自矜伐，又毀晉公昭報書，手作以疑之（八八）。

【今註】㈠復命司馬昭進爵位如前：如前，謂如景元元年之詔。㈡察戰：裴松之曰：「察戰，吳官名號。今揚州有察戰巷。」㈢孔爵：即孔雀。爵、雀古通。㈣詔諸軍大舉伐漢：《魏志・帝紀》在五月，〈鄧艾傳〉、〈鍾會傳〉俱在是年秋。《晉書・文帝紀》云：「八月，軍發洛陽。」為《通鑑》所本。㊄甘松：胡三省曰：「甘松本生羌之地，張駿置甘松護軍，乞伏國仁置甘松郡，後魏時白水羌朝貢，置甘松縣，太和六年，改置扶州，隋改甘松為嘉誠縣，屬同昌郡，武德初，置松州，取甘松嶺為名，以其地產甘松也。」按唐之松州即漢之湔氐道，明為松潘衞，即今四川省松潘縣，在理番縣北，地瀕岷江西岸，循江西北上，有山道通青海，倚山鑿孔，插石支木，形勢險絕。㊅連綴：猶曰牽制。㊆武街橋頭：李賢曰：「下辨縣屬武都郡，今州城同谷縣，舊名武街城。」同谷縣，後魏始置，即今甘肅省成縣地。酈道元曰：「羌水東南逕武街城西南，又東南逕葭蘆城西，又東南流至橋頭，合白水。」又曰：「昔姜維之寇隴右也，聞鍾會入漢中，引還，知雍州刺史諸葛緒屯橋頭，從孔函谷將出北道，緒邀之此路，維更從北道渡橋頭，入劍閣，緒追之不及。」葭蘆城，蜀置，故城在今甘肅省武都縣東南。㊇行鎮西軍司：鍾會時為鎮西將軍，瓘既監艾、會軍，又行會軍司。軍司即軍師，晉避景帝諱改師為司。㊈瓘，顗之子也：衞顗歷事武帝、文帝、明帝。㊉會過幽州刺史王雄之孫戎：王雄刺幽州，遣勇士韓龍刺殺鮮卑軻比能，見卷七十三明帝青龍三年。㊀為而不恃：老子《道德經》之言。不恃，謂不恃重功。㊁賚：賞賜。㊂敕諸圍皆不得戰，退保漢、樂城：胡三省曰：「用姜維之言也。」維議見上卷高貴鄉公嘉平三年。㊃諸葛亮墓：《蜀志・諸葛亮傳》，亮歿，葬漢中定軍山。酈道元曰：「沔水東逕沔陽縣故城南，其城南臨漢水，北帶通逵，南對空軍山，諸葛亮之死也，遺令葬於其山，因即地勢，不起墳壟，惟深松茂柏，攢蔚川阜，莫知墓塋所在。」㊄武興督：《元和郡縣志》曰：「興州城即古武興城也。」唐之興州，宋為沔州，即今陝西省略陽縣地。胡三省曰：「蜀以處當衝要，置武興督以守之。」㉖在事無稱：言其在位庸庸，無有可稱。㉗僉，彤之子也：傅彤死事見卷六十九文帝黃初三年。㉘天水：前漢置天水郡，後漢改曰漢陽郡，魏復曰天水郡。㉙彊川口：胡三省曰：「彊川口在強臺山南，強臺山即臨洮之西傾山。」闞駰曰：「強水出陰平西北強山，一曰強川。姜維之還也，鄧艾遣王欣追敗之於強口，即是地也。」按強水即羌水，見《水經・江水注》。㉚較一日不及：言較遲一日，遂不能及維。㉛合兵守劍閣以拒會：四川省劍閣縣北，大小劍山之間，有棧道絕險，名曰劍閣，亦曰劍門關。《華陽國志》曰：「諸葛亮相蜀，鑿石架空，始為飛閣以通行道。」酈道元曰：「小劍戍西去大劍山三十里，連山絕險，飛閣通衢，故謂之劍閣。」《太平寰宇記》曰：「綿州巴西縣大劍鎮在劍閣口，一人荷戟，萬夫莫向，魏時蜀將姜維拒鍾會於此。」㉜將軍丁封、孫異如沔中以救漢：胡三省曰：「沔中時為魏境，吳兵未能至也，擬其所向耳！吳之巫、秭歸等縣皆在江北，與魏之新城接境，自此行兵，亦可以達沔中，然亦猶激西江之水以救涸轍之魚耳！」㉝鄉親：鄉里親戚。㉞水碓：藉水力推動石杵以舂米之具。㉟數百戶長：胡三省曰：「謂小邑長也。」㊱參佐：胡三省曰：「參軍及諸佐吏也。」㊲畫籌：胡三省曰：「射之畫籌，猶投壺之釋算也。」㊳後遇朋人不足，以舒滿數：胡三省曰：「射以兩人為朋，射之有朋，猶古射儀之有耦也。」杜預曰：「二人為耦。」㊴府朝：胡三省曰：「府朝猶言府庭也。」㊵鄧艾進至陰平，簡選精銳，欲與諸葛緒自江油趣成都，酈道元曰：「涪水出廣漢屬國剛氐道徼外，東南流，逕江油戍北，鄧艾自陰平景谷步道懸兵束馬入蜀逕江油、廣漢者也。」宋白曰：「龍州江油郡北踰山至文州三百三十里。文州，漢陰平地也，鄧艾自陰平行無人之地七百里至江油，即此。」文州即今甘肅省文縣，江油戍在今四川省江油縣東。參閱上年註㊾。㊁白水：胡三省曰：「此白水關也。」李賢曰：「在今梁州金牛縣西，東北至關城百八十里。」唐金牛縣，析利州綿谷置，以金牛道得名，自今陝西省沔縣而西，經寧羌縣南至四川省劍閣縣之大劍關，即古之金牛道，故城在今陝西省寧羌縣東北。㊂若從陰平由邪徑經漢德陽亭趣涪：邪徑即偏僻小道。胡三省曰：「按前漢無德陽縣，後漢志廣陽郡始有德陽縣，蓋因漢故亭而置縣也。自蜀分廣漢置梓潼郡之後，劍閣縣屬梓潼，德陽縣屬廣漢。續漢志以為德陽縣有劍閣，今姜維守劍閣拒鍾會而鄧艾欲從德陽亭趣涪，則此時分為兩縣明矣！然德陽亭亦非此時德陽縣治，蓋前漢德陽亭故處也，此道即所謂陰平景谷道。」涪音浮。漢德陽亭故址在今四川省梓潼縣北，漢涪縣即今四川省綿陽縣，晉更名涪城縣。㊃遂自陰平行無人之地七百餘里，鑿山通道，造作橋閣：胡三省曰：「今隆慶府陰平縣北六十里有馬閣山，峻峭崚嶒，極為艱險，鄧艾軍行至此，路不得通，乃懸車束馬，造作棧閣，始通江油，因名馬閣。又自文州青塘嶺至龍州百五十里，自北而南者右肩不得易所負，謂之左擔路，亦艾伐蜀路也。據鍾會傳，艾自漢德陽亭入江油左擔道，則德陽亭蓋當馬閣山之路。」《元豐九域志》曰：「龍州治江油縣，南至綿州三百餘里。」㊄將士皆攀木緣崖，魚貫而進：胡三省曰：「山崖險陿，單行相繼而進，如貫魚然。」㊅尚書郎黃崇，權之子也：權先為劉璋主簿，先主入蜀，以為益州治中從事，先主伐吳，以權督江北軍，及先主軍敗，權隔在江北，遂降魏。㊱緜竹：緜竹縣屬廣漢郡，故城在今四川省德陽縣北。㊲若降者必表為琅邪王：胡三省曰：「諸葛氏本琅邪人，故以此誘之。」㊳大破斬瞻及黃崇：干寶曰：「瞻雖智不足以扶危，勇不足以拒敵，而能外不負國，內不改父之志，忠孝存焉！」㊴南中七郡：胡三省曰：「越巂、朱提、牂柯、雲南、興古、建寧、永昌也。」㊵斗絕：謂險峻之甚。《後漢書・西南夷傳》：「仇池方百頃，四面斗絕。」又《竇融傳》：「河西斗絕，在羌胡中。」李賢曰：「斗，峻絕也。」㊶為小，孰與為大：言屈為小國之臣，何如為大國之臣。㊷再辱，何與一辱：謂今若降魏，一辱而已；若稱臣於吳，與吳俱亡，復稱臣於魏，則為再辱矣！㊸可果：果，克也，《淮南子・道應》：「今不果往。」又決也，《論語・子路》：「行必果。」㊹恐發足之日，其變不測，何至南之有乎：胡三省曰：「謂眾心已離，既行之後，中道潰散，必不能至南中。」㊺京都：謂魏都洛陽。京都即京師，晉避景帝諱作京都。㊻無所供為：言無租稅力役之征。㊼自丞相亮以兵威偪之，窮乃率從：事見卷七十文帝黃初六年。㊽他無所取：言軍國用度，一切取之於南夷。㊾雒：雒縣屬廣漢郡，即今四川省廣漢縣。㊿漢主率太子諸王至而縛輿櫬詣軍門：杜預曰：「面縛，縛手於後，唯見其面也。」顏師古曰：「面，謂背之不面向也。面縛，謂反背而縛之，杜元凱以為但見其面，非也。」元凱，杜預字。櫬即棺，輿櫬，謂以輿載棺，不將受死。後主以魏黃初四年襲位，時年十七，景元四年出降，年五十七，在位四十一年而蜀亡。(51)依鄧禹故事：胡三省曰：「依鄧禹承制授隗囂故事也。」(52)巴：胡三省曰：「巴即巴中也。」即今四川巴中縣。蜀分巴郡置巴東、巴西二郡，謂之三巴。(五三)郪：郪縣，屬廣漢郡。劉昫曰：「梓州飛烏縣，漢郪縣地，隋取飛烏山以名縣。」故城在今四川省三臺縣南。(五四)闉守：胡三省曰：「闉守，即魏延所置漢中諸闉守兵也。」(五五)吳人聞蜀已亡：漢先主以魏黃初二年即帝位，傳二世，四十三年而亡。(五六)中書丞：胡三省曰：「魏有中書監、令，無中書丞，此官蓋吳置也。」(五七)忡悵：忡，憂傷貌。《詩・召南・草蟲》：「未見君子，憂心忡忡。」悵，悲哀貌，《漢書・李夫人傳》：「弟子增欷，洿沬悵兮。」顏師古曰：「悵，惆悵也。」《後漢書・馮衍傳》：「情惆悵而增傷。」(五八)大難屢作：謂王淩、毌丘儉、諸葛誕相繼舉兵反。(五九)淮南三叛：邵陵厲公嘉平元年，王淩叛，高貴鄉公正元元年，毌丘儉叛，甘露二年，諸葛誕叛。(六〇)腹心不擾：謂國中安定，無離叛之象。(六一)閹宦專朝：謂黃皓弄權。(六二)玩戎黷武：謂維用兵不厭。(六三)彼彊弱不同，智筭亦勝：謂魏強蜀弱，而維才亦不及艾、會。廖化所謂智不出敵而力小於寇。(六四)漢葭縣：沈約曰：「漢獻帝建安六年，劉璋以涪陵縣分立丹興、漢葭二縣，立巴東屬國都尉，後為涪陵郡。」按蜀涪陵郡治涪陵縣，即今四川省彭水縣，丹興縣故治即今四川省黔江縣，漢葭縣在今四川省彭水縣東。(六五)遷陵：遷陵縣屬武陵郡，在吳境。(六六)赤沙：胡三省曰：「赤沙蓋在遷陵、酉陽之間。」(六七)酉陽：酉陽縣屬武陵郡，劉昫曰：「吳分酉陽置黔陽郡。」按其故址即今四川省酉陽縣，在秀山縣西北，地居酉水北岸，與湖南省接壤，當湘蜀二省交通要道。(六八)朝吏：胡三省曰：「朝，郡朝也。」(六九)趣嚴：趣讀曰促，促諸軍治嚴。嚴即莊也，漢明帝諱莊，後漢避明帝諱，改莊為嚴，後漢通借莊為裝，又避莊為嚴，其後沿襲皆以裝為嚴。(七〇)昔潘太常督兵五萬，然後討五溪夷：潘太常謂潘濬，討五溪夷事見卷七十二明帝太和五年。(七一)分益州為梁州：按《晉書・地理志》，益州統蜀、犍為、汶山、漢嘉、江陽、朱提、越巂、牂柯，凡八郡；梁州統漢中、梓潼、廣漢、涪陵、巴、巴西、巴東等七郡，泰始二年，又置新都郡，凡八郡。《晉書・地理志》曰：「梁者，言西方金剛之氣彊梁，故因名焉！」(七二)以鄧艾為太尉，增邑二萬戶；鍾會為司徒，增邑萬戶：艾原為鄧侯，邑六千六百戶，會原為關內侯，至是俱以平蜀功進位增封。潘眉曰：「魏朝爵士無封二萬戶者，宗室諸王惟任城王彰、陳思王植曾封萬戶，正始中，曹爽封武安侯，邑萬二千戶，羣臣惟張魯以客禮封閬中侯，邑萬戶，滿寵封昌邑侯，前後增邑至九千六百戶，鍾會破蜀，進封侯，增邑亦不過萬戶，艾獨增邑二萬戶，若非傳寫之誤，則特典也。」(七三)如遇吳漢之徒，已殄滅矣：吳漢滅蜀，屠成都，事見卷四十二漢光武帝建武十二年，故艾引以為譬。(七四)兵故有先聲而後實者：漢初李左車嘗以是說韓信，見《漢書・韓信傳》，艾蓋祖其說以說司馬文王。先聲後實者，謂務以聲勢屈敵而不尚爭戰，所謂攻心戰術。(七五)煮鹽興冶，為軍農要用：冶謂冶鑄。胡三省曰：「蜀有鹽井，朱提出銀，嚴道、邛都出銅，武陽、南安、臨邛、沔陽皆出鐵。漢置鹽官，艾欲復其利。」(七六)厚劉禪以致孫休：謂厚遇劉禪以誘孫休使降魏。(七七)郡有董卓塢：漢末董卓築塢於扶風郡縣。(七八)開廣陵、城陽以待吳人：胡三省曰：「開廣陵、城陽為王國以待孫休也。廣陵屬徐州，城陽屬青州，蓋魏廣陵治淮陰故城，城陽郡治莒，二郡壤界實相接也。」(七九)地盡南海：胡三省曰：「南中之地，東南帶海，接于交阯。」(八〇)春秋之義，大夫出疆，有可以安社稷，利國家，專之可也：此《春秋公羊傳》之言。(八一)兵法進不求名，退不避罪：孫子曰：「將之至任，不可不察也，進不求名，退不避罪，唯人是保而利於主，國之寶也。」㈢聞君自淮南已來：謂自平諸葛誕以來，誕蓋叛於淮南。㈢陶朱公汎舟絕迹：越大夫范蠡既佐句踐興越滅吳以雪會稽之恥，乃泛舟五湖而止於陶，號曰陶朱公，欲絕迹以自保，見《國語‧越語》。㈣其他，則君智力之所能：言若不欲隱迹江湖，惟有叛耳，此則君智力之所能為也。㈤輩：輿或字。㈥要艾章表白事：謂要截艾之章表白事。胡三省曰：「章表上之魏朝，白事白之晉公。」㈦皆易其言：易其辭旨令悖傲矜伐以怒昭。㈧手作以疑之：手作司馬昭報書，令語氣嚴厲使艾自疑懼。

咸熙元年㈠（吳元興元年，西元二六四年）

㈠春，正月，壬辰（是月壬戌朔，無壬辰），詔以檻車徵鄧艾。晉公昭恐艾不從命，敕鍾會進軍成都，又遣賈充將兵入斜谷，昭自將大軍從帝幸長安。以諸王公皆在鄴㈡，乃以山濤為行軍司馬㈢，鎮鄴。

初，鍾會以才能見任，昭夫人王氏㈣言於昭曰：「會見利忘義，好為事端，寵過㈤必亂，不可大任。」及會將伐漢，西曹屬㈥邵悌言於晉公曰：「今遣鍾會率十餘萬眾伐蜀，愚謂會單身無任㈦，不若使餘人行也。」晉公笑曰：「我寧不知此邪？蜀數為邊寇，師老民疲，我今伐之，如指掌㈧耳！而眾言蜀不可伐，夫人心豫怯，則智勇並竭，智勇並竭而彊使之，適所以為敵禽耳！惟鍾會與人意同，今遣會伐蜀，蜀必可滅，滅蜀之後，就如卿慮㈨，何憂其不能辦邪？夫蜀已破亡，遺民震恐，不足與共圖事，中國將士各自思歸，不肯與同也。會若作惡㈩，祇自滅族耳！卿不須憂此，慎勿使人聞也。」及晉公將之長安，悌復曰：「鍾會所統兵五六倍鄧艾，但可敕會取艾，不須自行。」晉公曰：「卿忘前言邪？而云不須行乎？雖然，所言不可宣也，我要自當以信意待人，但人不當負我耳！我豈可先人生心哉？近日賈護軍⑪問我頗疑鍾會不⑫？我答言：『如今遣卿行，寧可復疑卿邪？』賈亦無以易我語也。我到長安，則自了⑬矣！」

鍾會遣衞瓘先至成都收鄧艾。會以瓘兵少，欲令艾殺瓘，因以為艾罪。瓘知其意，然不可得距⑭，乃夜至成都，檄艾所統諸將，稱奉詔收艾，其餘一無所問，若來赴官軍，爵賞如先⑮，敢有不出，誅及三族。比至雞鳴，悉來赴瓘，唯艾帳內在焉(一六)。平旦開門，瓘乘使者車(一七)，徑入至艾所，艾尚臥未起，遂執艾父子，置艾於檻車。諸將(一八)圖欲劫艾，整仗趣瓘營，瓘輕出(一九)迎之，偽作表草將申明艾事(二〇)，諸將信之而止。

丙子（十五日），會至成都，送艾赴京師。

會所憚惟艾，艾父子既禽，會獨統大眾，威震西土，遂決意謀反。會欲使姜維將五萬人出斜谷為前驅，會自將大眾隨其後，既至長安，令騎士從陸道，步兵從水道，順流浮渭入河，以為五日可到孟津，與騎兵會洛陽，一旦天下可定也。

會得晉公書云：「恐鄧艾或不就徵，今遣中護軍賈充將步騎萬人徑入斜谷，屯樂城(二一)，吾自將十萬屯長安，相見在近。」會得書，驚呼所親語之曰：「但取鄧艾，相國知我獨辦之(二二)，今來大重(二三)，必覺我異矣(二四)。便當速發，事成可得天下，不成退保蜀漢(二五)，不失作劉備也。」

丁丑（十六日），會悉請護軍、郡守、牙門、騎督以上(二六)及蜀之故官，為太后㉗發哀於蜀朝堂㉘，矯太后遺詔，使會起兵廢司馬昭，皆班示坐上人，使下議訖，書版署置，更使所親信代領諸軍。所請羣官，悉閉著益州諸曹屋中，城門宮門皆閉，嚴兵圍守。衛瓘詐稱疾篤，出就外廨㉙，會信之，無所復憚。

姜維欲使會盡殺北來諸將，已因殺會，盡坑魏兵，復立漢主。密書與劉禪曰：「願陛下忍數日之辱，臣欲使社稷危而復安，日月幽而復明。」

會欲從維言誅諸將，猶豫未決。會帳下督丘建，本屬胡烈，會愛信之。建愍烈獨坐，啟會使聽內一親兵出取飲食，諸牙門隨例各內一人。烈紿語親兵及疏與子淵曰：「丘建密說消息，會已作大坑白棓㉚數千，欲悉呼外兵入，人賜白帢㉛，拜散將，以次棓殺內坑中。」諸牙門親兵亦咸說此語，一夜轉相告皆徧。

己卯日（十八日）中，胡淵率其父兵雷鼓㉜出門，諸軍不期皆鼓譟而出，曾無督促之者，而爭先赴城。時會方給姜維鎧杖㉝，白外有匈匈㉞聲似失火者。有頃，白兵走向城。會驚謂維曰：「兵來似欲作惡，當云何？」維曰：「但當擊之耳！」會遣兵悉殺所閉諸牙門郡守內人(三五)，共舉機(三六)以柱門，兵斫門不能破。斯須(三七)，城外倚梯登城，或燒城屋，蟻附亂進，矢下如雨，牙門、郡守各緣屋出，與其軍士相得。姜維率會左右戰，手殺五六人，眾格斬維(三八)，爭前殺會。【考異】衛瓘傳曰：「會留瓘謀議，乃書版云：『欲殺胡烈等。』舉以示瓘，不許，因相疑貳。瓘如廁，見胡烈故給使，使宣語三軍、言會反。會逼瓘定議，經宿不眠，各橫刀膝上，在外諸軍，已潛欲攻會。瓘既不出，未敢先發，會使瓘慰勞諸軍，瓘便下殿。會海遣之，使呼瓘。瓘辭眩疾動，詐仆地，比出閤，數十信追之。瓘至外廨，服鹽湯，大吐，會遣所親人及醫視之，皆言不起，會由是無所憚。及暮，門閉，瓘作檄宣告諸軍，並已唱義，陵旦，共攻會，殺之。」常璩華陽國志曰：「會命諸將發喪，因欲誅之。諸將半入而南安太守胡烈等知其謀，燒成都東門以襲殺會及維。」今從魏志。又世語曰：「維死時，見剖，膽如斗大。」如斗非身所能容，恐當作升。會將士死者數百人，殺漢太子璿及姜維妻子。軍眾鈔略，死喪狼籍。衛瓘部分諸將，數日乃定。

鄧艾本營將士追出艾於檻車，迎還。衛瓘自以與會共陷艾，恐其為變，乃遣護軍田續等將兵襲艾，遇於緜竹西，斬艾父子。艾之入江油也，田續不進，艾欲斬續，既而捨之。及瓘遣續，謂曰：「可以報江油之辱矣！」鎮西長史杜預(三九)言於眾曰：「伯玉(四〇)其不免乎？身為名士，位望已高，既無德音，又不御下以正(四一)，將何以堪其責乎？」瓘聞之，不俟駕而謝預。預，恕之子也(四二)。

鄧艾餘子在洛陽者悉伏誅，徙其妻及孫於西城[43]。鍾會兄毓，嘗密言於晉公曰：「會挾術難保，不可專任。」及會反，毓已卒。晉公思鍾繇之勳[44]與毓之賢，特原毓子峻、迪[45]，官爵如故。

會功曹向雄收葬會尸，晉公召而責之曰：「往者王經之死，卿哭於東市[46]，而我不問。鍾會躬為叛逆，又輒收葬，若復相容，當如王法何？」雄曰：「昔先王掩骼埋胔[47]，仁流朽骨[48]，當時豈先卜其功罪而後收葬哉？今王誅既加，於法已備，雄感義收葬，教亦無闕。法立於上，教引於下，以此訓物，不亦可乎？何必使雄背死違生，以立於世？明公讎對枯骨[49]，捐之中野，豈仁賢之度哉？」晉公悅，與宴談而遣之。

㈡二月，丙辰（二十六日），車駕還洛陽。

㈢庚申（二十日），葬明元皇后。

㈣初，劉禪使巴東[50]太守襄陽羅憲將兵二千人守永安[51]，聞成都敗，吏民驚擾，憲斬稱成都亂者一人，百姓乃定。及得禪手敕，乃帥所統臨于都亭(五二)三日。吳聞蜀敗，起兵西上，外託救援，內欲襲憲。憲曰：「本朝傾覆，吳為脣齒，不恤我難，而背盟徼利，不義甚矣！且漢已亡，吳何得久？我寧能為吳降虜乎？」保城繕甲，告誓將士，厲以節義，莫不憤激。

吳人聞鍾、鄧敗，百城無主，有兼蜀之意，而巴東固守，兵不得過，乃使撫軍步協(五三)率眾而西。憲力弱不能禦，遣參軍楊宗突圍北出，告急於安東將軍陳騫，又送文武印綬、任子詣晉公。協攻永安，憲與戰，大破之。吳主怒，復遣鎮軍陸抗(五四)等帥眾三萬人增憲之圍。

㈤三月，丁丑（十七日），以司空王祥為太尉，征北將軍何曾為司徒，左僕射荀顗為司空。

㈥己卯（十九日），進晉公爵為王，增封十郡(五五)。

王祥、何曾、荀顗共詣晉王，顗謂祥曰：「相王尊重，何侯(五六)與一朝之臣(五七)，皆已盡敬，今日便當相率而拜，無所疑也。」祥曰：「相國雖尊，要是魏之宰相，吾等魏之三公，王、公相去一階而已，安有天子三公可輒拜[五八]者？損號朝之望，虧晉王之德，君子愛人以禮，我不為也。」及入，顗遂拜，而祥獨長揖。王謂祥曰：「今日然後知君見顧之重也！」

(七)劉禪舉家東遷洛陽，時擾攘倉猝，禪之大臣無從行者，惟祕書令郤正及殿中督汝南張通，捨妻子，單身隨禪。禪賴正相導[五九]宜適[六〇]，舉動無闕，乃慨然歎息，恨知正之晚。

初，漢建寧[六一]太守霍弋都督南中，聞魏兵至，欲赴成都，劉禪以備敵既定，不聽。成都不守，弋素服大臨三日，諸將咸勸弋宜速降。弋曰：「今道路隔塞，未詳主之安危，去就大故，不可苟也。若魏以禮遇主上，則保境而降不晚也；若萬一危辱，吾將以死拒之，何論遲速邪？」得禪東遷之問，始率六郡[六二]將守上表曰：「臣聞人生在三[六三]，事之如一，惟難所在，則致其命。今臣國敗主附，守死無所，是以委質，不敢有貳。」晉王善之，拜南中都尉，委以本任。

丁亥（二十七日），封劉禪為安樂公，子孫及羣臣封侯者五十餘人。

晉王與禪宴，為之作故蜀技(六四)，旁人皆為之慼愴，而禪喜笑自若。王謂賈充曰：「人之無情，乃至於此！雖使諸葛亮在，不能輔之久全，況姜維邪？」佗日，王問禪曰：「頗思蜀否？」禪曰：「此間樂，不思蜀也。」郤正聞之，謂禪曰：「若王後問，宜泣而答曰：『先人墳墓，遠在岷蜀，乃心西悲(六五)，無日不思。』因閉其目。」會王復問，禪對如前。王曰：「何乃似郤正語邪？」禪驚視曰：「誠如尊命。」左右皆笑。

(八)夏，四月，新附督(六六)王稚浮海入吳句章(六七)，略其長吏及男女二百餘口而還。

(九)五月庚申（朔），晉王奏復五等爵(六八)，封騎督以上六百餘人(六九)。

(十)甲戌（十五日），改元(七〇)。

(十一)癸未（二十四日），追命舞陽文宣侯懿為晉宣王，忠武侯師為景王。

(十二)羅憲被攻凡六月，救援不到，城中疾病大半。或說憲棄城走，憲曰：「吾為城主，百姓所仰，危不能安，急而棄之，君子不為也！畢命於此矣。」陳騫言於晉王，遣荊州刺史胡烈將步騎二萬攻西陵以救憲。秋，七月，吳師退，晉王使憲因仍舊任，加陵江將軍，封萬年亭侯。

(十三)晉王奏使司空荀顗定禮儀，中護軍賈充正法律，尚書僕射裴秀議官制，太保鄭沖總而裁焉。

(十四)吳分交州，置廣州(七一)。

(十五)吳主寢疾，口不能言，乃手書呼丞相濮陽興入，令子𩅦(七二)出拜之。休把興臂，指𩅦以託之。癸未（二十四日），吳主殂(七三)，謚曰景帝。

羣臣尊朱皇后為皇太后。

吳人以蜀初亡，交阯攜叛(七四)，國內恐懼，欲得長君。左典軍萬彧嘗為烏程令，與烏程侯皓(七五)相善，稱皓之才識明斷，長沙桓王(七六)之儔也；又加之好學，奉遵法度，屢言之於丞相興、左將軍布。興、布說朱太后，欲以皓為嗣。朱后曰：「我寡婦人，安知社稷之慮？

苟吳國無隕，宗廟有賴，可矣！」於是遂迎立皓。改元元興。大赦。

㈥八月，庚寅（初三日），命中撫軍司馬炎副貳相國事。

㈦初，鍾會之伐漢也，辛憲英謂其夫之從子羊祜曰：「會在事縱恣，非持久處下㈦之道，吾畏其有他志也。」會請其子郎中琇為參軍。憲英憂曰：「他日吾為國憂，今日難至吾家矣！」琇固請於晉王，王不聽，憲英謂琇曰：「行矣，戒之，軍旅之間可以濟者，其惟仁恕乎！」琇竟以全歸。詔以琇嘗諫會反，賜爵關內侯㈧。

㈧九月，戊午（朔），以司馬炎為撫軍大將軍㈨。

㈨辛未（十四日），詔以呂興為安南將軍，都督交州諸軍事，以南中監軍霍弋遙領交州刺史，得以便宜選用長吏，弋表遣建寧爨谷㈩為交趾太守，率牙門董元、毛炅㈡、孟幹、孟通、爨能、李松、王素等將兵助興。未至，興為其功曹王統所殺。

㈩吳主貶朱太后為景皇后㈢，追謚父和曰文皇帝，尊母何氏為太后。

㈡冬，十月，丁亥（朔），詔以壽春所獲吳相國參軍事㈢徐紹為散騎常侍，水曹掾㈧孫彧為給事黃門侍郎，以使於吳，其家人在此者，悉聽自隨，不必使還㈤，以開廣大信㈥。晉王因致書吳主，諭以禍福。

㈢初，晉王娶王肅之女，生炎及攸，以攸繼景王㈦後。攸性孝友，多才藝，清和平允，名聞過於炎。晉王愛之，常曰：「天下者，景王之天下也。吾攝居相位，百年之後，大業宜歸攸。」炎立髮委地，手垂過膝㈧。嘗從容問裴秀曰：「人有相否？」因以異相示之。秀由是歸心。羊琇與炎善，為炎畫策，察時政所宜損益，皆令炎豫記之，以備晉王訪問。晉王欲以攸為世子。山濤曰：「廢長立少，違禮不祥。」賈充曰：「中撫軍有君人之德，不可易也。」何曾、裴秀曰：「中撫軍聰明神武，有超世之才，人望既茂，天表如此，固非人臣之相也。」晉王由是意定。丙午（二十日），立炎為世子。

㈢吳主封太子𩅦及其三弟皆為王㈨，立妃滕氏為皇后。

㈣初，吳主之立，發優詔，恤士民，開倉廩，振貧乏，科出宮女(九〇)，以配無妻者。禽獸養於苑中者，皆放之，當時翕然稱為明主。及既得志，轟暴驕盈，多忌諱，好酒色，大小失望，濮陽興、張布竊悔之，或譖諸吳主。十一月朔，興、布入朝，吳主執之，徙於廣州，道殺之，夷三族。以后父滕牧為衞將軍，錄尚書事。牧，胤之族人也(九一)。

(廿五)是歲，罷屯田官(九二)。

【今註】㈠咸熙元年：是年五月始改元咸熙，五月以前仍稱景元五年。㈡以諸王公皆在鄴：楚王彪死後，盡錄諸王公置鄴，使有司察之，事見卷七十五邵陵厲公嘉平三年。㈢行軍司馬：胡三省曰：「行軍司馬之號始此。」㈣昭夫人王氏：即文明皇后，王肅之女，生晉武帝及齊王攸。㈤寵過：寵任過度。㈥西屬曹：胡三省曰：「自漢以來，丞相有東西曹椽屬。」㈦會單身無任：胡三省曰：「魏制凡遣將帥皆留其家以為質任，會單身無子弟，故曰單身無任。」㈧指掌：胡三省曰：「指掌，言易也。」㈨就如卿慮，何憂其不能辦邪：言會雖為亂，自能善其後。㈩作惡：猶言作亂。(十一)賈護軍：謂賈充，充時為中護軍。(十二)不：讀曰否。(十三)了：解決。(十四)然不可得距：胡三省曰：「瓘監艾、會軍，遣之收艾，是以職分使之，故不可得而距。」距與拒同。(十五)爵賞如先：胡三省曰：「謂復加爵賞，如先平蜀時也。」(十六)唯艾帳內在焉：帳內謂艾帳內衞士，在謂留在艾軍未赴瓘所。(十七)使者車：《續漢志》有大使車、小使車，凡追捕考案有所勑取者乘之。⑱諸將：留艾帳內諸將。⑲輕出：謂不帶鎧仗，輕裝而出，示不用武。⑳將申明艾事：偽言將申明艾無反心。㉑樂城：即諸葛亮所築成固之樂城。㉒相國知我獨能辨之：會謂昭知已之力足以取艾。㉓大重：大讀曰太，言兵勢太重，其意不在制艾。㉔必覺我異矣：言必覺我有異心也。㉕蜀漢：謂川中、漢中之地。㉖會悉請護軍、郡守、牙門、騎督以上：胡三省曰：「此皆從會軍在成都者也。」㉗太后：謂明元郭皇后。後殂於上年十二月。㉘蜀朝堂：胡三省曰：「蜀都成都有朝堂。」㉙廨：官署。㉚棓：同棒，大杖。㉛帢：《晉書・輿服志》曰：「魏武以天下凶荒，資財乏匱，擬去皮弁裁謙帛以為帢。」胡三省曰：「帢，魏武帝所製，狀如巾，缺四角。」㉜雷鼓：雷與檑同，急擊鼓也。㉝鎧杖：杖與仗同。㉞匈匈：匈與詾同，喧擾之聲。㉟內人：謂被會閉內在諸曹屋中者。㊱機：同几，案也。㊲斯須：猶須臾也。胡三省曰：「斯，此也；須，待也；言其間無多時，於此可待也。」㊳眾格斬維：蜀秘書令郤音ㄒㄧ正著論論維曰：「姜伯約據上將之重，處羣臣之右，宅舍弊薄，資財無餘，側室無妾媵之褻，後庭無聲樂之娛，衣服取供，車馬取備，飲食節制，不奢不約，官給費用，隨手消盡，察其所以然者，非以激貪厲濁，抑情自割也，直謂如是為足，不在多求。凡人之談，常譽成毀敗，扶高抑下，咸以姜維投厝無所，身死宗滅，以是貶削，不復料擿，異乎春秋褒貶之義矣！如姜維之樂學不倦，清素節約，自一時之儀表也。」裴松之曰：「鍾會大眾既造劍閣，維與諸將列營守險，會不得進，已議還計，全蜀之功，幾乎立矣！但鄧艾詭道傍入，出于其後，諸葛瞻既敗，成都自潰，維若回軍救內，則會乘其背，當時之勢，焉得兩濟，而責維不能奮節綿竹，擁衞蜀主，非其理也。會欲盡坑魏將以舉大事，授維重兵，使為前驅，若令魏將皆死，兵事在維手，殺會復蜀，不為難也。夫功成理外，然後為奇，不可以事有差乎而抑謂不然，設使田單之計，邂逅不集，復可謂之愚闇哉！」胡三省曰：「姜維之心，始終為漢，千載之下，炳炳如丹。」㊴鎮西長史杜預：胡三省曰：「衞瓘行鎮西軍司而杜預為鎮西長史，則為同僚，而軍事則瓘任之也。」㊵伯玉：衞瓘字。㊶不御下以正：謂激田續使報鄧艾以酬其私怨。㊷預，恕之子也：杜恕見卷七十三明帝景初元年。㊸西城：西城縣屬魏興郡，故城在今陝西省安康縣西北。㊹晉公思鍾繇之勳：魏武時，繇有定關中之功。㊺辿：音遷。㊻往年王經之死，卿哭於東市：事見上卷景元元年。㊼昔先王掩骼埋胔：取《禮・月令》孟春之月掩骼埋胔之義。鄭立曰：「骨枯曰骼，肉腐曰胔。」陸德明曰：「露骨曰骼，有肉曰胔。」㊽仁流朽骨：胡三省曰：「周文王澤及朽骨。」㊾讎對枯骨：胡三省曰：「言會已誅，晉公復以枯骨為讎對，不令收葬。」㊿巴東：《譙周巴記》曰：「漢獻帝初平六年，益州司馬趙韙建議分巴郡諸縣漢安以下為永寧郡，建安六年，劉璋改永寧為巴東郡。」(51)永安：永安縣，巴東郡治，本魚腹縣，蜀先主章武二年，改曰永安。故城在今四川省奉節縣東。(52)都亭：胡三省曰：「永安之都亭也。」顏師古曰：「凡言都亭者，並城內亭也。」(53)撫軍步協：協，步騭之子，吳以為撫軍將軍，見《吳志・步騭傳》。(54)鎮軍陸抗：時抗仕吳為鎮軍將軍，都督西陵，見吳志陸抗傳。(55)進晉公爵為王，增封十郡：《魏志・陳留王紀》云：「封十郡，並前二十。」按甘露元年，始以八郡封昭為晉公，景元元年，增封二郡，今又增封十郡，凡二十郡。(五六)何侯：謂何曾。(五七)一朝之臣：謂舉魏朝之臣。(五八)拜人：受人之拜。(五九)相導：輔導。(六〇)宜適：胡三省曰：「宜，當也；適亦當也。禪初入洛，見魏君臣，其禮各有所當。」(六一)建寧：建寧郡，漢為益州郡，蜀後主建興元年改為建寧郡，治味縣，故始在今雲南省曲靖縣西。(六二)六郡：胡三省曰：「南中七郡而此言六郡者，蓋越嶲已降魏也。」南中七郡見景元四年註(五九)。(六三)人生在三：胡三省白：「無父母烏生，無君烏以為生，所謂人生在三也。」(六四)故蜀技：技與伎同，樂藝也。胡三省曰：「如巴渝舞之類。」(六五)乃心西悲：《詩・豳風・東山》：「我徂東山，慆慆不歸，我來自東，零雨其濛，我東曰歸，我心西悲。」西悲，謂悲思其故鄉，豳在山之西，故曰西悲。正語蓋本此。(六六)新附督：胡三省曰：「新附督，蓋以吳人新附者別為一部，置督以領之。」(六七)句章：句章縣屬會稽郡，故城在今浙江省慈谿縣西南。(六八)晉王奏復五等爵：周制列爵五等，公、侯地方百里，伯七十里，子、男五十里。漢廢五等爵，皆稱侯，有縣侯、鄉侯、亭侯，以戶之多寡為等差。胡三省曰：「獻帝建安二十年，魏王操置名號侯以賞軍功，虛封自此始矣！今雖復五等爵，亦虛封也。」(六九)封騎督以上六百餘人：胡三省曰：「賞平蜀之功也。」(七〇)甲戌，改元：始改元咸熙，前此仍稱景元五年。(七一)吳分交州，置廣州：胡三省曰：「漢武帝元鼎六年，開百越，置交趾州刺史，治龍編，獻帝建安八年，改曰交州，治蒼梧廣信縣，十六年，徙治南海番禺縣，至是分為二州，廣州治番禺，交州還治龍編。」按龍編在今安南河內境，廣信即今廣西省蒼梧縣，番禺即今廣州市。(七二)霍：音灣。(七三)吳主殂：《吳志・孫休傳》曰：「時年三十。」(七四)交趾攜叛：景元四年，交趾郡吏呂興反。(七五)烏程侯皓：皓字元宗，權子和之子，立時年二十三。(七六)長沙桓王：孫策。(七七)持久處下：謂事主不變，久為人下。(七八)詔以琇嘗諫會，賜爵關內侯：胡三省曰：「琇，司馬師夫人之從父弟，故以諫會為功而得封。」(七九)撫軍大將軍：《晉書・職官志》，撫軍大將軍位從公，班在驃騎、車騎、衞、伏波等將軍之下。(八〇)爨谷：姓爨名谷。胡三省曰：「爨氏，建寧之大姓，世為耆帥，至隋唐為東爨、西爨蠻。」杜佑曰：「昆明在越巂西南，諸爨所居。」(八一)炅：音桂。(八二)貶朱太后為景皇后：吳主休諡景皇帝，後從夫諡為景皇后。(八三)吳相國參軍事：胡三省曰：「吳未嘗置相國，魏人以晉王為相國，因亦稱吳丞相參軍為相國參軍。」(八四)水曹椽：胡三省曰：「水曹椽，吳相府所置。」(八五)不必使還：言吳不必使紹、彧及其家人還魏也。(八六)以開廣大信：胡三省曰：「以廣中國之信，攜吳人之心。」(八七)景王：司馬師諡景王。其後晉代魏，諡曰景帝。」(八八)鄰：同滕。(八九)吳主封太子䨲及其三弟皆為王：䨲三弟：𩃙、壾、𠅨，皆吳主休自作名，參見景元三年註(一)。《吳錄》曰：「𩃙音如兒觥之觥，壾音如草莽之莽，𠅨音如褻衣下寬大之褻。」《吳志・孫皓傳》云：「封休太子䨲為豫章王，次子汝南王，次子梁王，次子陳王。」(九〇)科出宮女：南本《三國志・吳志・孫皓傳》引《江表傳》作「料出宮女。」章昭曰：「料，數也。」謂宮女多，今數而遣出之。(九一)牧，胤之族人也：胤為孫綝所殺，見卷七十七高貴鄉今甘露元年。(九二)是歲，罷屯田官：置屯田官事見卷六十二漢獻帝建安元年。

資治通鑑今註十五冊出版進度表

冊　次	紀　年	出版時間
1	周紀　秦紀　漢紀	100 年 11 月
2	漢紀	100 年 11 月
3	漢紀	101 年 1 月
4	漢紀　魏紀	101 年 2 月
5	晉紀	101 年 3 月
6	晉紀	101 年 4 月
7	宋紀　齊紀	101 年 5 月
8	齊紀　梁紀	101 年 6 月
9	梁紀　陳紀	101 年 7 月
10	隋紀　唐紀	101 年 8 月
11	唐紀	101 年 9 月
12	唐紀	101 年 10 月
13	唐紀	101 年 11 月
14	後梁紀　後唐紀	101 年 12 月
15	後唐紀　後晉紀 後漢紀　後周紀	101 年 12 月

資治通鑑今註　第四冊
漢紀　魏紀

主編◆國立編譯館中華叢書編審委員會
校註者◆李宗侗　夏德儀等
發行人◆施嘉明
總編輯◆方鵬程
執行編輯◆葉幗英　徐平　王窈姿
校對◆鄭秋燕　楊筠圃
美術設計◆吳郁婷

出版發行：臺灣商務印書館股份有限公司
臺北市重慶南路一段三十七號
電話：（02）2371-3712
讀者服務專線：0800056196
郵撥：0000165-1
網路書店：www.cptw.com.tw
E-mail：ecptw@cptw.com.tw

局版北市業字第 993 號
初版一刷：1975 年 12 月
二版一刷：2012 年 2 月
定價：新台幣 1200 元

ISBN 978-957-05-2673-8（精裝）

資治通鑑今註．第四冊．漢紀魏／李宗侗，夏
德儀等註譯；國立編譯館中華叢書編審委員會
主編．--二版．-- 臺北市：臺灣商務，2012．02
面；　公分．

ISBN 978-957-05-2673-8(精裝)

1．資治通鑑　2.注釋

610.23　　100024401

《資治通鑑今註》一～十五冊

李宗侗 夏德儀等　校註

《資治通鑑》，簡稱《通鑑》，是北宋司馬光所主編的一本長篇編年體史書，共 294 卷，三百萬字，耗時 19 年。記載的歷史由周威烈王二十三年（西元前 403 年）寫起，一直到五代的後周世宗顯德六年（西元 959 年），計跨十六個朝代，包括秦、漢、晉、隋、唐統一王朝和戰國七雄、魏蜀吳三國、五胡十六國、南北朝、五代十國等其他政權，共 1362 年的逐年記載詳細歷史。它是中國的一部編年體通史，在中國史書中有極重要的地位。

《史記今註》一～六冊

馬持盈　註

史記一書，篇幅浩繁，凡五十二萬餘言；所收集之歷史資料，上自黃帝，下至漢武帝，上下三千年間凡政治經濟、天文地理，無所不談。本書以現代人最易瞭解的語言文字註譯其文，全書共六冊，並著重關於中華文化之重要部分、政治經濟之起伏變化及文句組織奇突難解之處註譯，使讀者能融會貫通，研讀自由，輕鬆愉快的閱讀。

《荀子今註今譯》

熊公哲　註譯

定價　720 元

周衰，到了春秋戰國時，王官失職，諸子百家紛紛雜出。能守孔子志業，以荀子與孟子為最重要的人物。戰國學術，集載於荀子。荀子主性惡；法後王；隆禮義；非難諸子。荀子之非難諸子，在辨別是非；他以禮為生於聖人之偽，非固生於人之性，為自外來。他的學說，是糅合墨法而為儒的。

《春秋穀梁傳今註今譯》

賴炎元　註譯

定價　550 元

《春秋繁露》乃漢董仲舒所撰，計 17 卷 82 篇，現在流傳的實為 79 篇。其中 17 篇發揮春秋微言大義，20 篇論治國原則方法，30 篇闡揚天人相應之道，12 篇發揚尊天敬祖之理。總言之，《春秋繁露》主要是以天道及陰陽五行之說來闡發春秋公羊之大義。

讀者回函卡

感謝您對本館的支持，為加強對您的服務，請填妥此卡，免付郵資寄回，可隨時收到本館最新出版訊息，及享受各種優惠。

■ 姓名：________________ 性別：□ 男 □ 女

■ 出生日期：________年________月________日

■ 職業：□學生 □公務(含軍警) □家管 □服務 □金融 □製造
□資訊 □大眾傳播 □自由業 □農漁牧 □退休 □其他

■ 學歷：□高中以下（含高中）□大專 □研究所（含以上）

■ 地址：____
____

■ 電話：(H) ________________ (O) ________________

■ E-mail：________________________________

■ 購買書名：________________________________

■ 您從何處得知本書？

□網路 □DM廣告 □報紙廣告 □報紙專欄 □傳單
□書店 □親友介紹 □電視廣播 □雜誌廣告 □其他

■ 您喜歡閱讀哪一類別的書籍？

□哲學．宗教 □藝術．心靈 □人文．科普 □商業．投資
□社會．文化 □親子．學習 □生活．休閒 □醫學．養生
□文學．小說 □歷史．傳記

■ 您對本書的意見？（A/滿意 B/尚可 C/須改進）

內容________ 編輯________ 校對________ 翻譯________
封面設計________ 價格________ 其他________

■ 您的建議：________________________________
____

※ 歡迎您隨時至本館網路書店發表書評及留下任何意見

臺灣商務印書館 The Commercial Press, Ltd.

台北市100重慶南路一段三十七號 電話：(02)23115538
讀者服務專線：0800056196 傳真：(02)23710274
郵撥：0000165-1號 E-mail：ecptw@cptw.com.tw
網路書店網址：www.cptw.com.tw 部落格：http://blog.yam.com/ecptw

廣告回信
臺灣北區郵政管理局登記證
台北廣字第6450號
免貼郵票

100台北市重慶南路一段37號

臺灣商務印書館 收

對摺寄回，謝謝！

傳統現代 並翼而翔

Flying with the wings of tradtion and modernity.